JN440475

가가와 도요히코 평전

Library of Congress Cataloging-in-Publication Data Schildgen, Robert.

Toyohiko Kagawa : apostle of Love and social justice.
Includes index.

1. Kagawa, Toyohiko, 1888~1960.
2. Missionaries-Japan-Biography.
3. Christian biography-Japan.

밀알 아카데미 34

사랑과 사회 정의의 사도

가가와 도요히코 평전

로버트 실젠 지음 / 서정민·홍이표 옮김

신앙과지성사

추천의 글

희망의 협동조합 | 곽금순(한살림연합 상임대표)

신학생 시절부터 고베의 빈민가에서 가난한 사람들과 함께 때로는 노동운동으로, 때로는 무산정당운동으로, 때로는 협동조합운동으로 사회악과 싸웠던 가가와 도요히코 선생의 전기가 소개되는 것을 기쁘게 생각합니다. 가가와 도요히코가 세계 최대의 단일 생협인 코프고베의 창립자로서 일본 협동조합운동의 아버지라 불리는 이유는 제2차 세계대전 전후 일본에서 가난한 노동자, 농민, 빈민을 위한 사회운동과 협동조합운동은 모두 그의 이름과 연결되어 있기 때문입니다. 일본의 군국주의와 자본주의의 광란에 모든 사회운동들이 혼돈에 빠지고 심지어 전향해 버렸을 때도 초심을 잃지 않았던 그분이 마지막 희망으로 추진한 것이 협동조합운동이었습니다.

우리는 협동조합운동의 근본은 우정과 봉사, 그리고 상호협동에 뿌리를 두고 있어야 한다는 것을 그의 생애와 사상을 통해서 살펴볼 수 있을 것입니다. 이 책은 협동조합 기본법 제정 이후 성과에 매몰되어 물량과 수치 중심으로 치닫고 있는 우리의 현실을 돌아보게 하면서 다시금 협동조합의 존재 이유를 되묻게 해줄 것입니다.

최근 군국주의의 망령이 다시 부활하고 있는 동북아시아의 정세 속에서 협동조합운동을 근간으로 세계평화를 역설했던 가가와 도요히코 선생의 전기가 한국에서 출간되는 것은 시의적절할 뿐만 아니라 꽤 상징적인 사건이 아닐 수 없습니다.

추천의 글

작은 예수 본보기 | 김형미(아이쿱협동조합연구소 소장)

“사랑은 나의 모든 것이다” 협동조합 연구자인 나에게 가가와 도요히코 목사는 일본협동조합운동의 위대한 선구자라고 먼저 강조해야 하겠지만, 그를 떠올릴 때 나의 마음을 사로잡는 건 이 강렬한 외침입니다. 농민조합운동, 노동운동에 앞장서고, 오사카공익사, 고베소비조합·나다구매조합(현 코프 고베), 도쿄학생소비조합, 고토소비조합, 나카노신용조합, 도쿄의료이용구매조합(현 나카노의료생협), 농협공제(JA공제), 공영화재, 일본생활협동조합연합회 등등, 일본 주요 분야 협동조합 설립을 이끌고, 380가지나 저술하고, 평생 평화운동과 그리스도 선교운동을 멈추지 않았던 그 열정, 힘, 지칠 줄 모르는 집요함은 보통사람의 모습을 초월합니다.

1970-80년대 어두운 시대에 청년 그리스도인들은 가가와 목사의 자전소설 『사선을 넘어서』에서 작은 예수를 보았고, 예수의 제자가 되려고 했던 이들에게 가가와 목사의 삶은 강렬한 본보기였습니다. 하지만 당시 가가와 목사가 민중의 자조와 방빈(防貧)의 수단으로서 협동조합에 주목했던 사실은 그동안 잘 알려져 있지 않았습니다.

그는 협동조합운동을 천국의 경제방식에 가장 가깝다고 믿었습니다. 그는 현실에선 실패를 반복하면서도 협동조합운동의 씨뿌리기를 멈추지 않았고, 그가 씨뿌린 협동조합운동이 열매를 맺기 시작한 것은 전후 새로운 세대들의 실천을 통해서였습니다. 설립 97년이 된 코프고베 본부에는 가가와 목사가 후배들에게 써준 7개의 협동조합의 중심사상(이익공락, 인격경제, 자본협동, 비착취, 권력분산, 초정당, 교육중심) 액자가 걸려있어 방문하는 이들에게 숙연함을 전합니다. 가가와 탄생 100주년을 기념해 쓴 이 책의 출판을 기뻐합니다.

모든 생협인들의 사색의 샘 | 김혜정(두레대표)

기독교인으로서 생협인으로서 가가와 도요히코 선생을 존경합니다. 가가와 도요히코 선생은 일본 생협 중 가장 오래된 그리고 최대 규모 생협 중 하나인 코프고베에 지대한 영향을 미쳤고 삶의 전부를 섬김과 나눔에 투신했기 때문입니다.

코프고베는 1995년 고베대지진 당시 자기 가정은 뒤로하고 조합원들의 안부를 물으며 생활물자를 공급한 직원들이 대부분인지라 지역에 생협이 존재해야 할 이유를 분명히 보여준 생협이기에 수 많은 일본인들의 사랑을 받게 되었습니다. 이후 100년의 일본 생협 역사가 올곧게 그리고 생명력 있게 여기까지 올수 있었던 것은 코프고베가 있었기 때문이라고 재평가를 받은 맏형 같은 생협입니다.

이토록 오랫동안 생협의 가치를 잃지 않은 코프고베의 진정한 힘은 과연 무엇인가라는 질문에 서슴없이 가가와 도요히코 선생이 말한 '사랑과 협동'이라고 말하는 직원들이 많습니다. 그에 비해 올해 20주년인 두레생협은 나이테가 많아지고 규모가 커진 만큼 생각도 커졌는지 자문하게 되며, 가가와 도요히코 선생의 평전은 큰 격려가 됩니다. 그리고 가족의 삶과 세상의 변화를 향해 기꺼이 참여하는 두레생협의 조합원들과 세상을 향한 희망의 끈을 찾고자 오늘도 노력하는 두레생협 직원들에게도 귀중한 용기를 줄 것이라 믿습니다. 더 나아가 어지러운 한국사회에 새로운 대안이 되고자 지금도 불철주야 애쓰고 있는 수많은 생협인들에게도 충만한 소명감을 주는 사색의 샘이 될 것이라 확신합니다.

나눔의 즐거움과 축복 | 차흥도(감리교 농촌선교훈련원 원장)

농촌선교의 새로운 방향을 찾기 위해 일본의 유기농업의 현황과 생협 등, 공동체운동을 돌아보러 처음 일본에 간 것이 92년이었어요. 효고현의 유기농 현장들을 둘러보고, 고베에서 일본의 지산지소운동에 대해 들으며 새로운 눈이 생기기 시작했지요. 특히 고베생협을 들렀을 때의 자극(?)은 지금도 생생해요. 당시 고베시의 인구가 150만 명이었는데 고베생협의 조합원이 모두 130만 명이라는 사실과 그 고베생협을 만든 이가 개신교 목사였다는 말에 놀랐는데 그분이 바로 '일본 협동조합의 아버지'라 불리우는 가가와 도요히코 목사였답니다.

지금 한국의 상황은 물질적으론 풍요로워졌지만 정신적으론 이전보다 더 삭막해졌잖아요? 2:8의 사회를 넘어 이제는 1:99의 사회가 되어버린 양극화 현상에 대해 우리는 보고도 못 본체 하고 있는 것은 아닌지 모르겠어요. 초근목피(草根木皮)로 살아가던 시절에도 콩 한알이라도 나눠 먹었는데, 쓰고 버려도 남아도는 세상에서 나눔이 사라져 버렸고 이를 당연시 하는 풍조마저 생겨났으니 말이에요. 인간을 옥죄이는 분리주의적 세계관은 '나만 잘 살면 되고, 우리끼리만 잘 살면 된다'는 사고를 우리 안에 집어넣었고, 그 '우리'의 범위를 매우 협소하게 만들어 버려 어떻게 보면 우리는 지금 '우리'를 상실한 것 같아요.

인간이 본래대로 이어져 있을 때엔 평화로움으로 살게 되고 분리되어 있을 때엔 존재 자체로 살지 못하게 되어 불안과 두려움이 엄습하게 되는 법이지요. 그래서 '돌봄과 나눔' 그리고 '협동과 연대'는 인간 본성의 발현인 것이고, 이렇게 살아갈 때 스스로뿐만 아니라 사회전체가 따뜻해지게 되지요. 이 책을 보시는 여러분들에게 분명히 따뜻한 즐거움과 축복이 임할 것입니다.

사랑이 강물처럼 | 후루야 야스오(古屋安雄, 가가와 도요히코 학회 회장, 국제기독교대학(ICU) 명예교수)

로버트 실젠 선생이 집필한 이 책은 가가와 도요히코(賀川豊彦, 1888-1960)의 탄생 100년을 맞이하던 1988년에 미국에서 출판되었습니다.

저자는 전국적인 환경 잡지 「시에라」(*Siera*)의 편집국장으로 유명하지만, 집필 당시에는 캘리포니아주 생활협동조합이 발행하던 주간지 *Co-op News*의 편집장으로서 무명의 작가 겸 자유 기고가에 가까웠습니다. 하지만 그러한 예측 불가능한 그의 자유로운 입장 덕분에, 오히려 더욱 훌륭한 가가와 평전을 완성할 수 있습니다.

아직까지도 가가와라는 인물은 일본에서도 그의 존재와 업적이 정립되지 못하고 있지만, 근대 일본 사회의 인간화(人間化)에 가가와만큼 크게 공헌한 인물은 찾아볼 수 없습니다. (물론 태평양전쟁 이전의 일이지만) 그런데도 목사로서 평생 관계 맺었던 일본의 그리스도교회에서조차 그는 높은 평가를 받지 못하고 있습니다. 그럼에도 불구하고 가가와만큼 전 세계에 널리 알려진 일본인은 없었습니다. 제2차 세계대전 이전 세계에서 엄연히 존재한 세계적 성인 가운데 한 명이 바로 가가와 도요히코였기 때문입니다.

하지만 그러한 가가와도 전시하에서는 미묘한 어려움에 처하게 되어 대단한 고생을 하였습니다. 그리고 전후에는 미국에서 누리던 한때의 명성 때문에, 전시하에서 남긴 언행이 엄격한 비판을 받았습니다. 또한 그 반대의 측면도 있었습니다. 가가와 스스로가 지니고 있던 그 명성 때문에, 가가와는 맥아더 진주군의 정책과 전후 일본의 방향 설정에 큰 영향을 미쳤던 것입니다. 가가와는 죽은 후에도 칭찬과 비난을 동시에 들었습니다. 이처럼 격렬한 훼예포폄(毁誉褒貶)의 대상이 된 일본인은 일본뿐 아니라 외국에도 그다지 많지 않을 것입니다.

따라서 가가와의 생애와 업적을 객관적으로 그려내는 것은 결코 쉬운 일이 아닙니다. 머지않아 포괄적인 전기가 일본인에 의해서 새롭게 써지지 않으면 안 될 것입니다. 하지만 그 목표를 달성하기 위해서는 살아 있을 당시 일본 국내보다도 오히려 외국에서 더 널리 알려져 있던 가가와의 이미지를 살펴볼 필요가 있습니다. 그러한 의미로 볼 때 이 책의 가치는 지극히 높다고 말할 수 있습니다. 이 책은 유럽과 아시아 각국으로까지는 시야가 미치지 못하고 있지만, 잡지 「크리스천 센추리」를 비롯해 미국의 매스컴에 비쳐진 가가와를 충분히 섭렵하고 있기 때문입니다. 뿐만 아니라 저자는 이 책의 집필을 위해서 조사와 연구를 진행할 당시, 미국에서 목회 활동을 펼치고 있던 가가와 도요히코의 차녀 모미 우메코(籾井梅子) 목사를 인터뷰 하였고, 그 밖에도 도달하기 힘든 다양한 가가와 상(像)에도 근접하고 있기 때문입니다.

이 책을 통해 가가와라는 인물에 대한 관심이 높아지고, 그와 더불어 가가와의 주요 관심사였던 '사랑과 사회정의', 그리고 그 사상의 기본이 되었던 '그리스도교 신앙'에 대한 연구가 계속되길 바랍니다. 다름 아닌 가가와 도요히코의 사랑과 사회정의가, 그가 평생 추구하였던 '하나님 나라'의 신앙이기 때문입니다.

한국어판 서문

한국을 비롯한 동아시아에서 정치, 경제, 사회적인 긴장이 고조되고 있다. 그러한 시기에 이 책의 한국어판이 '신앙과지성사'를 통해 나오게 된 것은 특별한 의미를 지닌다. 저자로서 가가와 도요히코의 삶과 사상이 한국인에게 국가 간 평화와 조화를 일구어 가기 위한 가능한 모든 노력을 다하도록 이끌기를 바란다. 또한 가가와의 이야기를 접한 한국인 독자들이 자국 안에 여전히 팽배해 있는 가난과 불평등의 문제를 직시하고, 그것을 없애고 개선하기 위한 일에 집중할 수 있게 되기를 바란다.

전쟁과 빈곤이 야기하는 무서운 결과를 잘 알고 있던 가가와는 자국 일본뿐 아니라 전 세계를 무대로, 온갖 분쟁을 일으키는 불합리한 상황을 줄여 나가기 위해 쉼 없이 일하였다. 그는 계급(계층), 인종, 종교와 국적 등을 내세울 때, 그것이 폭력을 정당화하고 오히려 증폭시킴을 강조하였으며, 그 위험성에 대해 끊임없이 경고했다.

가가와의 생애는 전대미문의 세계대전과 대량 학살의 시기와 겹쳐 있었으며, 그 과정에서 국제적인 화합을 간절히 호소하였다. 그 후 인류는 평화적인 무역 활동과 조약체결, 그리고 자선단체를 통한 국가 간 조화를 모색해 오면서 진보를 거듭해 온 것이 사실이다. 하지만 여전히 수백, 수천만 명의 사람들이 빈곤과 폭력에 의해서 고통을 받고 있다. 과거 반세기 동안 내가 속한 나라(미국)는 외교 정책이라는 미명하에 폭력적인 위협과 전쟁을 사태 해결의 수단으로 자주 선택하였다. 그 결과 너무나 많은 나라가 괴멸적인 비참한 상태로 전락하고 말았다. 그런 의미에서 이미 10대 시절부터 러일전쟁에 반대하였던, 평화를 향한 가가와의 메시지는 그것이 100년 이상 전에 유효했던 것과 동일한 수준으로 오늘날에도 너무나 중요하게 다가온다. 패전 직후 일본에서 제정된 '평화헌법'(Peace Constitution)을 향한 가가와의 진심어린 지지 표명은 군국주의에 반대하였던 젊은 시절의 신념이 성숙하게 표현된 것에 불과하였다.

가가와는 간디와 마찬가지로 서양 사상에 영향을 받은 아시아의 국제주의자였다. 그뿐만 아니라 가가와는 간디처럼 서양으로부터 받은 사상을 다시 새로운 형태로 바꾸어, 아시아인으로서 다시 서양에 큰 영향을 끼친다. (한 예로서, 위대한 미국의 시민 인권 지도자였던 마틴 루터 킹 목사에게 간디가 중대한 영향을 미쳤던 것을 생각해 볼 수 있다.) 가가와의 국제성이 지닌 여러 측면은, 처음에는 미국에서의 경험으로부터 배양되었다. 예를 들어, 가가와는 일본에서 온 이민노동자를 변호하였고, 미국에서 처음 노동자 조직화에 눈 뜨고 그들의 활동에 관여하게 된다. 귀국 후에는 그 경험을 살려 일본 노동운동의 선구적 지도자가 되었다. 그는 미국의 여러 도시에서 제인 아담스(Jane Addams)가 전개하던 빈민 구제 활동에 매료되었고, 그것을 자신의 연구 테마로 삼았다. 이윽고 그는 빈궁한 사람을 위해 주택과 병원을 설립하던 그녀의 활동 방법을 모국 땅에서 그대로 실현하였다. 그리스도교로 회심한 가가와는 그것을 자신의 특별한 일본적 경험에 적응시켰지만, 동시에 그러한 가가와의 활동은 서구인들로 하여금 자신들의 종교(그리스도교)를 새롭게 바라보도록 이끄는 생생한 증거가 되었다. 가가와는 그리스도교적 관점에 서서 미국 그리스도인들이 지닌 인종주의를 비판하였으며, 그토록 풍부한 나라가 어째서 그 부(富)를 공정하게 분배하지 못하는지 신랄하게 지적하였다. 또한 예수가 가르친 '사랑의 율법'(the law of love)의 기본조차 제대로 드러내지 못하는 의미없는 신학 논쟁과 교파주의에 대해서도 의문을 제기했다. 그러한 불일치와 부조화를 어떻게 해결해야 할지 질문하는 와중에도, 가가와는 선의와 유머 감각을 결코 잃지 않았고, 자연스럽게 일본적(동양적) 관점을 서구인들에게 전달하고 깨우쳤다.

가가와의 국제성은 협동조합(cooperatives)에 대한 그의 변함없는 지지와 애정에서 가장 분명히 드러났다. 가가와는 일본에서 협동조합을 처음으로 조직하였으며, 협동조합 관련 저작과 강연 등을 통해 자국뿐 아니라, 1930년대의 미국 협동조합 지도자들에게도 지대한 영향을 미쳤다. 가가와는 협동조합이 자본주의와 공산주의의 '사잇길'(middle way)에 서 있다고 생각했다. 그리고 협동조합이 '우애의 경제학'(brotherhood economics)에서 없어서는 안 될 '한 축'이라고 믿었다.

내가 이 평전을 집필하게 된 배경에도 이러한 국제적인 우호나 생협운동이 자리 잡고 있었다. 1988년 가가와 도요히코 탄생 100년을 맞아 가가와 목사에 대한 경의를 표시하기 위해 평전의 출판을 계획하였다. 버클리 생활협동조합의 지도자인 일본계 미국인 야스코치 조지(George Yasukochi) 씨는 나에게 가가와 평전을 집필해 달라고 요청하였고, 그 조사연구를 위해 가가와 탄생 100주년 기념위원회가 재정적 지원을 하도록 배려해 주셨다.

이 책의 집필은 나에게 매우 특별한 경험이 되었으며, 가가와의 활동과 사상 사이의 깊은 접점을 발견하는 계기가 되었다. 또한 이 작업은 일본과 동양의 역사를 배울 기회가 되었다. 그리고 가가와와 관련된 수많은 사람들과 풍부한 만남을 가질 수 있었다. 내가 집필자로서 수많은 것을 얻게 된 것처럼, 독자 여러분도 이 책을 통해 값진 깨달음과 정보를 많이 얻게 되시기를 바란다. 또한 가가와가 품었던 평화와 정의를 위한 저마다의 역할을 자신의 자리에서 잘 계승해 주시길 진심으로 바란다.

마지막으로 강조하고 싶은 것은 사회적, 그리고 경제개혁적인 측면에서 가가와가 행한 모든 노력의 기초를 이룬 것은 '심오한 신비주의'(profound mysticism)였다는 사실이다. 또한 그것은 가가와로 하여금 인류를 비롯한 천지의 창조물, 그리고 그 모두의 창조주에게 비밀스러운 애정과 경의를 품도록 이끌었다. 우리의 지구 환경에 유례없는 학대와 남용이 가해지고 있고, 그로 인한 빈곤이 더욱 심화되는 이때에 서로에 대한 사랑과 존경은 가가와가 우리에게 남긴 가장 중요한 유산인지도 모른다. 일찍이 많은 측면에서 가가와와 공통된 통찰을 지녔던 프랑스의 성직자이자 철학자인 떼이야르 드 샤르뎅(Teilhard de Chardin)은 이렇게 말했다.

> "인류는 자멸과 찬미 사이에 서 있다."
> (humanity stands between suicide and worship.)

아마도 이 평전은 독자들이 찬미를 선택하도록 마음을 울리는 데 도움을 주리라 확신한다.

2016년 4월 2일

로버트 실젠

차례

제3장 빈민가 속으로

제4장 아메리카 간주곡

제5장 노동쟁의의 주도

제6장 농민과 피차별 부락민 곁을 지키며

제7장 '하나님 나라' 운동

프롤로그

간디, 슈바이처, 가가와

1909년 크리스마스이브의 일이었다. 21세의 재능 많은 학생 한 명이 책과 옷 보따리를 짊어지고 화물 열차에 매달렸다. 일본 최대의 빈민가 중 하나인 고베(神戸) 후키아이(葺合) 신카와(新川) 지구를 향하는 길이었다. 여윈 몸에 약해빠진 몰골의 청년은 어둡고 좁은 방 두 칸이 전부인 회칠한 벽의 초라한 오막살이집에 여장을 풀었다. 집 뒤편에 공동변소, 세면소, 부엌이 달려 있고 넝마주이, 포주, 매춘부, 마부, 환자, 실업자 등이 공동으로 그 시설을 모두 이용하고 있다.

그가 처음 한 방에 같이 기거한 사람은 영양실조와 피부병에 걸려 있는 알코올 의존증 환자, 매독환자, 교도소에서 갓 출소한 살인 전과자였다. 이 방은 살해당한 전 주인의 유령이 나온다는 소문도 있어 한동안 들어와 사는 사람이 없었다. 그런데 이 유령만으로는 부족한 것일까, 가가와는 동거하게 된 살인 전과자가 허구한 날 망령(亡靈)에 가위 눌리는 것을 진정시키지 않으면 안 되었다.

일본에서 가장 영향력 있는 사회개혁가이며 종교지도자였던 그리고 1930년대에 아마도 세계적으로 가장 유명했고, 존경 받았던 일본인, 바로 그 가가와 도요히코의 경력은 이처럼 특별한 방법과 상황으로부터 시작되었다. 그는 그리스도교에 입교한 후, 복음을 문자 그대로 믿으며 살기로 결심했다. 물질적으로도 정신적으로도 자신이 가지고 있는 것을 모두 가난한 이들에게 바치기로 결심한 소수의 곧 그 무거운 짐을 짊어지고자 한 그리스도인 중의 한 사람이었다. 그를 일생 동안 괴롭혔던 눈병 트라코마(trachoma), 슬럼가에 들어가기 전에 두 차례나 목숨을 위협했던 결핵이 다시 재발할 수도 있다는 큰 위험을 무릅쓰고 슬럼가 사람들을 먹이고, 돕고, 가르치고, 설교하며 함께 살았던 것이다.

그는 욕도 먹고 매도 맞고 다 빼앗기고, 불량배로부터 칼을 들이대는 협박을 당하기도 했다. 그는 자신이 지닌 마지막 옷 한 벌까지 다른 이에게 주어버리고, 역시 가난하기 짝이 없는 이웃으로부터 여성의 옷을 빌려 겨우 몸을 가려야 할 때도 있었다. 그러나 그는 담대하게 그곳에서 함께 살며 전도자로서의 생활을 하였다. 처음에 그를 미친 사람으로 여겼던 사람들은 그가 초인적인 힘을 지니고 있다고 믿고 그를 따르며 신앙을 갖기에 이르렀다. 그를 조롱하던 사람들도 그를 '가가와 선생님'이라고 부르게 되었다.

왼쪽부터 간디, 슈바이처, 가가와

이 '가가와'라는 이름은 서구에서 큰 명망과 신비한 카리스마를 지닌 마틴 루터 킹(Martin Luther King) 목사나 마더 테레사(Mother Teresa) 수녀의 이름이 등장할 때와 같은 존경심을 사람들에게 불러일으켰다. 이 일본인 전도자는, 가난한 사람들에게 자기를 부정하고 헌신한 그리스도와 같은 모범(Christlike model)이 되었으며, 정의에 굶주리고 목말라 자신을 불사른 평화의 사람으로 평가되고 있다. 그는 실제로 '일본의 간디', '일본의 슈바이처', '일본의 성 프란체스코'로 불리었고, 혹은 '일본의 성자(聖者)'로 존경을 받기도 했다. 그는 '그리스도의 무사(Christ's Samurai)'라고도 불리었고, 독일의 어떤 작가로부터는 게르만적 표현으로 '그리스도교 기사단(騎士團)'(Christian Kinghthood)[1)]

의 모범이 된다고 평가받기도 하였다. 1940년, 그가 일본의 군사 체제에 위반된 기사를 출판했다는 혐의로 투옥되었을 때, 「뉴욕타임즈」(*New York Times*)는 '일본의 간디가 체포되다'(GANDHI OF JAPAN PUT UNDER ARREST)라는 1면 톱기사를 냈다.[2)]

그의 생애와 활동에 대해서는 『가가와, 간디, 슈바이처, 세 개의 트럼펫』[3)] 이라는 드라마틱한 제목의 책이나 『아시아는 어디에』[4)] 등의 책에 기록되어 있으며, 여러 언어로 기술된 수백 편의 논고에서 가난한 이들을 위해 애쓴 목사, 사회활동가로서 행한 정력적인 활동이 상세히 기록되어 있다. 그의 손으로 쓴 방대한 양의 논문, 소설, 시 등은 독일어, 네덜란드어, 스페인어, 체코어, 중국어, 힌두어, 히브리어, 스칸디나비아어 등으로 번역되기도 했다.[5)] 그러한 번역은 미국이나 영국의 주요 신문, 잡지에 정기적으로 게재되었다. 1936년 한 해만 해도 미국, 캐나다에서 75만 명이 그의 연설을 들었다. 가가와 소설 중 한 편인 『한 알의 밀알』(一粒の麦, *A Grain of Wheat*)을 논평한 유명한 문예비평가 알프레드 카진(Alfred Kazin)은 다음과 같이 말했다.

> "가가와는 오늘날 동양에서 가장 위대한 그리스도교 지도자이다. 그의 활동이 조국을 향한 전도자로서의 사명이었기 때문에 번연(John Bunyan)이나 말년의 톨스토이처럼 소설을 널리 활용하였다. … 가가와의 책은 『천로역정』이 17세기 영국에서 성공한 것, 혹은 『부활』이 19세기 후반 러시아에서 성공한 것에 비교될 만큼 대 성공을 거둔 것 자체가 의의가 크다."[6)]

가가와 도요히코의 활동은 그의 조국에만 머물지 않았다. 강연, 저작 등에서 그가 반복하여 주장한 반전사상이나, 그가 이미 16세 때 군사교련을 거부한 것과 같은 평화적 행동은 서구에서 그를 흠모하는 평화 운동가들에게 큰 감명을 안겨주었다. 그러나 제2차 대전 발발 후, 그가 일본정부에 굴복하여 '적'에게 협력했다는 정보는 그에 대한 비난을 불러일으켰고, 많은 사람들이 그에게 환멸을 느끼기도 했다.[7)] 1955년에 그가 노벨상 후보로 거론되기도 했으나 앞서의 비난 여론이 수상에 방해가 되었을지도 모른다.

이상이 근대사에서 가장 매력적이면서도 복잡한 생애를 살다 간 한 인물에 대한 간단한 스케치이다. 가가와는 국내에서도 해외에서도 대단히 명성 높은 예언자인데, 그가 어떻게 하여 전 국민적으로 저명한 인사로 부상했는가 하는 것이 그의 긴 생애에 있어 가장 흥미를 자아내는 부분이다. 1920년대 초 황금시대, 가가와는 마더 테레사였고, 업턴 빌 싱클레어(Upton Beall Sinclair)였으며, 소스타인 베블런(Thorstein Veblen)이었고, 사무엘 곰퍼스(Samuel Gompers)이기도 했으며, 제인 아담스(Jane Addams)이기도 했다. 혹은 그들을 모두 합해도 따르지 못할 다재다능, 정력적 활동 또한 자제력이 풍부한 개성을 지닌 주인공이기도 했다. 그는 슬럼에서 활동한 전도자이기도 한 동시에 베스트셀러 작가이며 선구적 사회학자였다. 그리고 일본에서 노동운동을 시작한 노동운동의 아버지이며 농민지도자, 생활협동조합의 지도자이기도 했다.

1919년에 간사이노동동맹회(関西労働同盟会) 이사장에 취임한 그는 1921년 역사상 가장 큰 스트라이크(노동쟁의), 즉 고베의 가와사키(三崎), 미쓰비시(三菱) 양 조선소에서 회사의 방침에 항의하는 3만 명에 이르는 노동자들을 지도하여 데모대의 선두에 섬으로써 전국적인 주목을 받았다. 재능 있던 그는 단지 데모행진을 지도하거나 무산자의 입장에 서서 교섭하고, 연설하는 것에 머물지 않고 노동자들을 고무하는 노래를 짓고, 노동조합신문도 편집하였다.

좌익운동을 하는 이들이 폭력적인 행동으로 목표를 이루고자 할 때, 평화주의자였던 그는 도시노동운동에서 자신이 할 수 있는 역할이 별로 없다는 것을 발견했다. 하지만 그는 여러 면에서 도시노동자보다도 비참한 상황에 놓여 있는 농민들의 참상에 눈을 돌렸다. 가난한 농민들을 위해 일본농민조합(日本農民組合)을 만드는 일에 온 정열을 쏟았다. 그는 사와야마소비조합(沢山消費組合)을 만들었는데, 그것이 지금은 1년 매상 1천억 엔(2006년 현재로는 연 3천억 엔)에 이르는 재정 규모로 발전했다. 그는 생활협동조합에 평화주의의 유산을 남겼고, 그리하여 생협은 지금도 현대 일본의 가장 강력한 평화운동의 일환으로 발전한 것이다.

정부는 노동운동을 이유로 그를 투옥시키기도 했으나, 그의 조직력, 명성 등을 이용하기도 했다. 1923년 간토 대지진(関東大震災) 당시에는 그를 구제 사업의 지도자로 임명하였다. 가가와는 제2차 세계대전 이전, 국내는 물론 세계적으로도 유명한 인물이었고, 1924년, 1931년, 1935년, 1941년 계속 미국에 초청을 받았으며, 또한 아시아 유럽의 여러 나라를 방문했다. 그의 국제적 명성과 일본국민들에 대한 영향력으로 인해 종전 이후 새 정부의 총리감으로 이름이 오르내리기도 했을 정도다. 아무튼 그는 패전 이후에도 물심양면으로 일본의 부흥을 위해 온 힘을 쏟았다. 그는 사회민주주의 정당의 후보자를 지원하고, 일본의 복수정당에 의한 근대적인 다원적 민주주의 국가 변혁을 꾀하기 위해 여러 형태의 개혁에 힘을 쏟았다.

신앙을 사회적 활동에 연결시키는 그의 신학과 그의 복잡한 인생 그 자체가 근대 일본을 그대로 보여준다는 점이 가가와를 재평가해야 할 이유다. 그러나 그는 그를 성인(聖人)으로 치장한 전기 작가의 희생양이 되기도 하였고, 인간적 결점을 드러낼 때는 사람들에게 실망을 안기기도 하였다. 그는 일면 프로테스탄트의 성인으로 지칭됨으로 인해, 비신화화(非神話化, demythologizing) 연구의 희생자가 된 가톨릭 성인들과 같은 운명에 처해진 점도 있다. 철저한 가가와 신봉자들마저 그의 업적을 지나치게 단순화시켜 평가절하하는 우를 범했다. 그를 일본의 가난하고 고통 받는 자들을 위해 십자가를 짊어지도록 하나님이 택하신 자로서는 존경하지만, 그가 졌던 다른 십자가, 곧 복잡하며 모순된 갖가지 방황 중에 놓였던 한 인간으로서의 인격적 십자가는 부정했던 것이다.

그의 인생을 어둡게 점철했던 전쟁이 그가 그토록 정열을 바쳐 싸웠던 사회 변혁의 꿈을 일거에 좌절시켰다는 사실은 비극적 아이러니가 아닐 수 없다. 패전 후 일본 평화헌법의 입안자들과 연합국총사령부(GHQ)의 민주화 시도 등은 늙은 가가와의 오랜 꿈을 늦게나마 어느 정도 실현해 주었다. 그가 정부에 대항하도록 지도했던 노동조합은 그로부터 사반세기가 지난 지금 완전히 자유를 보장받았다. 그가 제창한 여성참정권도 부여되었다. 농지개혁도 제정되었다. 충분하지 않을지는 모르지만 재벌의 전횡도 감소되었다. 신

왼쪽부터 서재에 앉은 가가와의 젊은 시절과 노년의 모습
ⓒ賀川記念館

교(信敎)의 자유도 보장되었고, 유명한 헌법 제9조에 의해 정치상 무력(武力) 행사를 금지한 일은 이 나라의 굳건한 법으로 자리 잡았다.

전쟁 전의 개혁자들은 전후 시대에 벌어지는 일련의 상황에 압도되어 무대 뒤편으로 퇴장할 수밖에 없었다. 가가와가 세상을 떠난 지 10년이 되던 1970년에 그의 동지였으며 가가와 전기의 저자이기도 한 구로다 시로(黑田四郎)는 다음과 같이 탄식했다.

> "실로 유명한 가가와, 5년에 걸쳐 그와 함께 전국을 돌았을 때, 그의 이름을 모르는 사람은 단 한 사람뿐이었다. 그러나 지금의 젊은이들은 가가와의 이름을 거의 모른다."[8)]

하지만 우리가 그의 촌철살인 같은 유머, 보잘것없는 것들에 대해서도 놀라울 정도로 예민하였던 섬세한 감각, 작은 것도 결코 놓치지 않는 눈, 그의 개인적 일상의 익살스러운 면면을 무시한다면, 역시 남는 것은 엄숙한 가가와를 묘사할 수밖에 없을 것이다. 참으로 큰 주제인 원자력에 대해서도 "나는 종교적인 입장에서 원자과학을 이해해 나가지 않으면 안 된다. 나는 원자핵의 훌륭한 구조에 흥미를 지니고 있다"[9]고 하기도 했다. 1950년 뉴욕의 국제연합(UN) 건물을 지나갈 때, 오래 입어 남루해진 검은 양복 차림의 땅딸막한 인사가 두꺼운 안경 너머 흘깃 곁눈으로 쳐다보며 하는 말이 이랬다. "이 건물은 지나치게 사각형이로구먼, 유엔(UN)의 의미를 나타내는 상징은 아니잖은가."[10]

그는 자신의 작품 속에 일러스트를 그려 넣는 만화가이기도 했다. 그중에는 일본의 환경오염을 풍자하는 내용도 있다. 또한 서예의 달인이기도 했다. 이는 그의 자녀들도 자주 자랑하던 모습이다. 그는 늘 배앓이가 있어 화장실에 오래 있는 편이었다. 그래서 용변을 보는 동안 구술로 수많은 편지를 쓰곤 했다. 가정 내에서는 되도록 새 양복을 사 입지 않고, 검소한 생활을 강조하는 가부장적 권위의 면모로 늘 잔소리를 늘어 놓기도 했다. 한편으로는 여성해방론을 열렬히 주장하면서 부인을 치켜세우는 책을 내기도 했다. 그의 집 2층 서재는 책 무게로 무너져 내릴 듯한 책장과 책상을 보강하지 않으면 안 될 정도로 책이 많이 쌓여갔다. 그리고 가끔 그는 좋아하는 찬송가를 음조를 무시한 채 큰 목청으로 부르곤 하였다.[11]

이처럼 활력 넘치는 면모를 주로 몇 시간이고 오랫동안 침묵으로 묵상하면서 지내는 병약한 한 사나이에게서 발견해 낸다는 것은 실로 힘든 일인지도 모른다. 하지만 가가와는 자신도 인정하였던 바와 같이 치명적인 수많은 질병을 온 몸에 달고 다녔다. 그러한 질병과 수많은 위기 상황을 넘어섰다는 의미에서도 그는 예상 밖의 경험을 지닌 사람, 즉 '기적의 사람'이었다. 가가와는 스스로를 '하나님의 도박사'(God's Gambler)라고 불렀다. 그리고 "누구든지 나를 위하여 제 목숨을 잃으면 구원하리라"(눅 9:24)는 성서 말씀에 의거하여 자신을 맡겼고, 또 그것을 경험하였다. 그는 사선(死線, death line)을 넘었고, 마침내 영웅의 반열에 섰다. 흥미를 돋우는 그의 고군분투와 그 결과가 오늘날 우리 자신의 투쟁과 어떤 관계가 있을까? 그러한 것을 그의 탄생 100년인 1988년에 우리의 탐구 주제로 삼고자 한다.

제1장

신비적 반역자의 형성

제1장

신비적 반역자의 형성

근대 격변기 속에 태어난 한 아이

가난한 환경의 사람들에게 그리스도의 사랑으로 다가감으로써 그 이름을 세상에 떨친 인물이 있다. 하지만 그 사람도 마구간 같은 빈궁한 집안에서 태어나 자란 것은 아니다. 가가와 도요히코(賀川豊彦)는 상인이요 부유한 지주였고 토호(土豪) 가문 출신의 정치가이기도 했던 부친의 대저택에서 소년 시절을 보냈다. 그래서 그 환경이 무너지고 그에게 역경이 닥쳐왔을 때, 그 타격은 말할 수 없을 만큼 컸다. 하지만 그 어려움이야말로 그로 하여금 고난을 견뎌 이기는 사람으로 만들었으며, 그것을 실존적으로 증명하도록 이끌었다. 또한 세상 사람들이 그를 신비적인 인물로서만이 아니라 실제적인 인물로 알아갈 수 있게 도왔다. 그는 고난을 당할 때에는 '걸식' 수준의 남루한 생활로 연명해 가면서도 드라마 속에서 신과 마주하는 황홀경을 느꼈으며, 그것을 아름다운 시로 표현할 수 있는 능력의 인물로 거듭나 갔다.[1)]

가가와를 이해하고자 할 때, 그의 평범하지 않은 유년 시절, 할아버지와 아버지, 그가 맞닥뜨리게 된 사회 모순에 주목하지 않으면 안 된다. 이것은 서구인의 입장에서는 이해하기 힘들지도 모른다. 그는 가가와(賀川) 가문의 적자(嫡子)로 태어난 것이 아니라 첩의 자식으로 태어난 서자(庶子)였다. 그렇기는 해도 그는 상류층 가문의 특권(그것이 존속되었을 때까지지만)을 누릴 수 있었다.

가가와의 아버지 덴지로(傳次郎)는 1847년 3월 17일에 시코쿠(四国) 동편에 가까운 아와(阿波)에서 태어났다. 혼슈(本州)의 서남 방향의 휘어진 곳의 아랫부분에 살포시 담겨 있는 시코쿠는 세토나이카이(瀬戸内海)라는 좁은 해협에 의해서 혼슈와 분리되어 있다. 덴지로는 양조장을 경영하고 있던 이소베야노고로(礒部柳五郎)의 아홉 형제 중 한 명으로 태어나 가가와 가문의 양자가 되었다. 가문 혈통의 계승과 존속에 무게를 둔 이러한 가부장적 사회에서는 적자(嫡子)가 없는 집안의 경우, 그 혈통을 보존하기 위해 양자를 얻어 적당한 처녀와 혼인시켜 가문을 잇게 하는 일이 빈번했다. 덴지로의 양자 입양도 그러한 이유 때문이었다.

덴지로는 15살 때에 그 지방의 가장 유력한 명문 가문의 당주(當主, 당대의 호주)였던 가가와 세이베이(賀川盛平)의 양자가 되었다. {이후 덴지로는 준이치(純一)로 개명한다 – 역자 주} 가가와 가문은 수세기에 걸쳐서 이 지역의 촌장 역할을 수행한 가계였으며, 지주(地主)이기도 한 상류층 가문이었다. '가가와'라는 성씨는 태평양으로부터 불과 5km 정도밖에 안 떨어진 곳에 흐르는 요시

가가와 도요히코의 모친 스가오가메(菅生かめ)와 부친 가가와 준이치(賀川純一) ©賀川記念館

노가와(吉野川)를 기념하여 이름 붙여진 것이었다. 겐로쿠 시대(元禄時代, 1688–1703)까지 가가와 집안은 봉건 체제에 제대로 뿌리를 내려, 19개 마을의 오조야(大庄屋)가 되어 있었을 정도였다. 강변의 토지에서 그들은 쌀농사는 물론 과일 재배, 양잠(養蠶), 그리고 채소 재배 등을 주요한 현금 수입원으로 삼고 있었다. 도요히코는 가가와 가문의 '14대째 당주'가 되었다. 양자로 입적되었던 덴지로(傳次郎)는 준이치(純一)라고 개명하여 곧 7살 연하의 여성과 결혼했다. 이러한 양자결연(養子結緣)은 아와(阿波) 지역을 관할하던 다이묘(大名, 영주)의 권유에 의해서 이루어진 것이다.

오조야(大庄屋)는, 에도시대 지방역원(공무원)의 한 직분이다. 여러 마을로부터 수십 마을을 관할하면서, 법령 전달, 관내 촌장의 단속통제, 소송 조정 등의 업무를 맡았다. 토호의 계보를 잇는 경우도 많아서, 성씨(苗字) 대도(帯刀)가 허용되었고, 그중에는 여러 사격(士格)으로서, 지역 토지를 소유하고 지배하는 권한인 지행(知行)을 실시하기도 했다.

이러한 전통적인 속박은 준이치의 다른 경력과 날카로운 대조를 이룬다. 그는 일본이 '봉건'사회로부터 '근대'사회로 비약적으로 변모하여 가던 시대의 산물이었다. 17세기 중엽까지 일본은 거의 모든 외국인을 추방하였고, 외국에 나가는 것이나 서양 책자의 수입을 금지하였으며, 중국과의 접촉도 제한하는 등, 쇄국 정책을 취해 온 도쿠가와 막부와 무사들에 의한 신비로운 나라였다.

그것은, 세계에서 일어나고 있던 거대한 공업적 혹은 정치적 발달로부터 일본이 완전히 지체되고 배제되는 것을 의미하였다. 200년 후 미국이 '포함외교'(砲艦外交, gunboat diplomacy)로 일본의 개국을 강요하고, 1854년 페리 제독(Commodore Perry)이 에도만(江戸湾)에 진입해 오자 일본은 급격히 변화해 갔다. 서구의 힘을 직면하고 느낀 놀라움과 공포는 변화하지 않으면 곧 정복될 수 있다는 경각심을 일본인들에게 심어주었다. 그러한 과정에서 서구인을 자주 곤혹스럽게 만든 것이기도 하지만, 서구의 방식을 적극적으로 도입하려는 열의와 동시에 철저한 전통주의가 기묘하게 섞인 일본만의 근대화 과정이 시작된 것이다.

봉건 제도 자체에 대한 불만이 일어나면서 새로운 사고도 촉발되었으며, 1868년에 천황제를 받든 메이지유신이 일어나 일본은 입헌군주제 국가가 되었다. 하지만 진정한 입헌군주제 국가가 된 것은 아니었다. 왜냐하면 일본은 천황을 신이라고 보았고, 실제로 천황에게 '신적인 권위'가 부여되고 있었기 때문이다. 일본은 신권정치(神權政治) 체제와 민주정치로의 길을 여는 입헌군주제를 겸비한 기묘한 혼합 체제의 사회였다. 천황은 과거의 전통이나 국가 통일이라는 측면에서 결합된 '안정'의 상징이었으며, 국가주의적 제사 의식과 프랑스 혹은 독일을 모델로 하여 도입한 징병제도에 의해 지탱될 수 있었다.

봉건적 농업사회로부터 공업사회로의 급속한 변화는 여러 일그러진 부작용을 낳았고, 이내 그것은 제1차 세계대전으로부터 제2차 세계대전에 이르는 시기에 일본을 전체주의로 몰아가는 원인이 되었다. 고색창연한 사무라이의 제복을 입고, 허리에 칼을 걸치고 촘마게(丁髷, 에도시대 남자들의 상투머리)를 묶고 있던 사람들이 한 세대 안에 제복을 입고, 어깨에 총을 걸친 군인이나 근대적 군함을 조타하는 수병으로 바뀌어 버린 것이다. 제2 세대가 끝나갈 무렵에는 그전까지 자신들을 위협하던 침입자를 모두 내쫓는 데 성공했고, 그 고립된 변방의 섬나라는 독자적인 제국주의를 실행에 옮기면서 조선에 침입하였고, 중국과의 전쟁을 시작했다. 그 과정에서 수백만의 농민이 경작지를 떠나 도시로 흘러 들어가야만 했지만, 이것은 산업혁명을 달성하기 위해 불가피한 산통(産痛)이라고도 생각했다.

결국 이 나라는 전통적인 가부장적 사회와 도시노동자나 새롭게 대두된 농민계급, 서구의 관습과 생각을 받아들이며 대담하게 영역을 확대해 가던 중산층 계급의 새로운 요구 등, 서로 다른 입장의 충돌을 도저히 일치시키지 못하는 지경에 이르렀다. 근대 자본주의, 사회주의, 의회 민주주의, 그리스도교, 새로운 형태의 예술과 문학, 근대 과학의 발견, 또한 노동조합운동과 마르크스주의 등은 그전까지 이 세계가 경험해 보지 못했던 회오리 같은 변화와 자극을 이 사회에 던졌던 것이다. 가가와 준이치의 인생은 이 같은 격동의 시대에 시작된 것이다. 따라서 그 아들 도요히코의 생애도 이러한 새로운 다양성 그리고 모순과 갈등을 마주하는 일의 연속이었다.

도요히코의 아버지 준이치는 우수한 학도였다. 그 자질이 도요히코에게도 그대로 계승되었다. 준이치는 정치 개혁을 주장하며, 민의의 폭넓은 반영을 주창한 자유민권운동의 지지자가 되었다. 정치결사단체였던 '지조샤'(自助社)의 간부까지 맡았던 그는 훗날 정치적 문제를 일으키게 된다. 당시 그의 동료들 중에는 국가적 업적을 달성한 수많은 젊은 활동가가 있었다. 제2차 세계대전 후에 크게 활약한 정계의 지도자 오자키 유키오(尾崎行雄)도 그중 한 명이었다. 준이치는 1875년에 도쿄로 옮겨 가 천황의 자문기관인 원로원의 서기관으로 발탁되었다. 하지만 '지조샤'가 천황의 조칙(詔勅)에 비판적 입장을 개진하면서 곧바로 그는 사직서를 내고 도쿠시마(徳島)로 돌아왔다. 묘도현(名東県, 도쿠시마의 지명) 현령이었던 도미오카 게이메이(富岡敬明)는 그를 묘도현 다카마츠(高松) 지청장(支庁長)으로 임명했다. 하지만 그는 정치 활동에 지쳐 버려 과감히 감투를 버리고 요코하마(横浜)로 이사했다. 이후 은행가이자 기업가였던 다나카 헤이하치(田中平八)의 도움에 힘입어 가부토초(兜町)에 위치한 달러 시세거래소(현 도쿄증권거래소의 전신)에서 중매업을 시작했지만, 다시 고베로 옮겨 와 '가가와회조점'(賀川回漕店), 즉 '가가와 해상운송대리점'이란 간판을 걸고 주변 각지에 지점을 확대해 갔다.

준이치의 결혼 생활은 순조롭지 않았다. 그는 다른 여성과 동거를 시작했다. 당시 상류계급의 남성이 첩을 두는 일은 하나의 전통처럼 인정받던 터라 드문 일이 아니었다. 하지만 이런 풍습은 성실하고 청교도적인 신앙을 지녔던 도요히코가 훗날 격렬히 비판한 '일부다처제'에 해당하는 것이었다. 결국 준이치는 아이를 못 낳는 아내 미치(みち)와 어머니 곁을 떠났고, 게이샤 마스에(益栄)와 사랑에 빠져 함께 살기 시작했다. {마스에의 본명은 스가오 가메(菅生かめ)이다 - 역자 주} 이윽고 둘은 1873년에 단이치(端一)의 탄생을 시작으로 모두 다섯 명의 아이를 낳게 됐다. 둘째는 딸이었고, 1888년 7월 10일에 도요히코(豊彦)가 태어났다. 그것은 가메(도요히코의 모친)가 시코쿠(四国)의 해협으로부터 멀리 떨어진 항만공업도시인 고베의 준이치 저택으로 옮긴 후의 일이었다. 첩의 자식이라 할지라도 준이치는 이 아이들을 집안의 대(代)를 잇는 아들, 즉 사자(嗣子)로 삼기 위해 정식 양자로 맞이했다.

태어난 지 7일 후, 갓난아기인 도요히코는 고향 도쿠시마의 오오아사히코신사(大麻比古神社)의 제신(祭神) 도요케 다이진(豊受大神)과 사루타히코(猿田彦

가가와가 태어난 집이 있던 자리에는, 1905년에 미쓰비시소우코(三菱倉庫)의 전신인 도쿄소우코(東京倉庫) 효고출장소(兵庫出張所)가 세워졌다. 현재는 이시이본사(石川本社) 건물로 사용 중이며, 건물 현관 앞에는 가가와 탄생지라고 적힌 기념비가 세워져 있다. 메이지 시대에 성장한 가가와의 체취를 느끼기에 적절한 공간이다. (652-0833 兵庫県神戸市兵庫区島上町1-2-10)

命)의 글자를 각각 따 와서 도요히코라고 이름 지었다. 그에게는 신생자로서 보통 행해지는 신도 의식이 당연히 거행되었을 것이다. 생후 1개월이 되었을 때에는 자수가 새겨진 검은 색 기모노를 입고 미야마이리(宮参り)를 실시하였고, 4개월(120일) 되었을 때에는 밝은 색 기모노를 입고 작은 식기나 젓

神武天皇即位紀元
二千五百四十八年
明治廿一年七月十日歳次
戊子旧六月二日午吉祥辰
亥上刻誕生於兵庫津
長者神社
本命星ハ四緑木星
生性ハ懐爐ノ火性也
玉依姫尊神魂
豊受姫尊 各賜其神字
猿田彦尊
賀川豊彦 トヨヒコ
春日武甕槌尊宣
稲門御神奉
實父賀川純一
謹名之

아버지 준이치가 직접 쓴 도요히코의 명명서(命名書) ©賀川記念館

가락을 놓은 상 앞에 앉아 밥을 처음으로 입에 넣어 먹는 쿠이조메(食い初め), 즉 초반례((初飯禮) 의식을 실시했다. 또 그는 일본의 풍습에 따라서, 유모나 모친의 등에 업혀 자라났을 것이다.

유소년 시기의 몇 년 동안 도요히코는 응석을 부리며 행복하게 자랐다고 볼 수 있다. 그는 영리하고 사교적이었으며, 장난기 넘치고 부유한 가정에서만 누릴 수 있는 여러 즐거움도 충분히 만끽했다. 기지와 재치가 풍부한 도요히코는 유연한 화술을 통해 부친의 회사 종업원들 사이에서도 인기가 많았던 것 같다. 그렇게 길러진 특유의 화법은 훗날 그가 강연할 때, 혹은 대화를 나눌 때에 유감없이 발휘된다.

부모의 죽음과 불행한 유년기

하지만 잇달아 불행이 찾아왔다. 1892년 11월, 준이치는 이질과 독감에 걸려 44세의 젊은 나이에 죽고 만다. 아마도 잦은 과음(過飲)과 사치스러운 생활 등이 그 원인이 되었을 것이다. 아버지의 갑작스런 죽음은 5살에 불과했던 도요히코에게 큰 충격을 주었다. 그때 도요히코는 친구와 싸움을 하고 있었는데, 화를 억누를 수 없었는지 문빗장을 들고 상대방 아이를 몰아붙이기도 했다. 그는 점장(店長)에게 제지당하고서야 문빗장을 내려놓았다. 계단을 올라 준이치가 누워 있는 방에 들어갔을 때, 임종을 마친 아버지 준이치를 둘러싼 사람들의 슬픔과 긴장감을 느끼면서 도요히코도 울기 시작했다. 훗날 가가와가 폭력에 대해서 강한 혐오감을 가진 것은 부친의 사망과 겹치는 유소년 시절의 슬픔과 분노의 기억에 기인하고 있는지도 모른다.

두 달 후인 1893년 1월 10일, 4남 마스요시(益慶)가 태어난 지 불과 8일 만에 도요히코의 어머니 가메(かめ)도 죽었다. 이 가여운 신생아 외에도 그녀는 두 살배기 사내 아이인 요시노리(喜敬)와 여덟 살 딸아이 에이(栄), 다섯 살 도요히코 그리고 마지막 장남인 단이치 등, 모두 다섯 명의 아이들을 남겨 두고 세상을 떠났다.

친족 회의를 가진 결과, 19세의 단이치가 가장이 되어, 차남 도요히코와 에이는 고향인 도쿠시마로 돌아와, 홀로 남은 정실부인 미치(みち)와 그 시어머니(도요히코의 할머니) 세이(せい)와 함께 살게 되었다. 이러한 가정적 변화가 어린 도요히코에게 어떤 큰 상처를 주었는가는 그가 후에 남긴 저작이나 발언들에서 자주 등장하고 있기 때문에 충분히 짐작하고도 남는 부분이다. 배가 고베에서 도쿠시마로 출발할 때, 선상에서 가족이나 친구에게 손을 흔들며 이별을 고하던 도요히코는 훗날 "사랑 없는 너른 집"(a big house without love)으로 여행을 떠나는 것 같았다고 회고했다.

가가와 가문의 3형제(왼쪽부터 마스오시, 요시노리, 도요히코)ⓒ賀川記念館

"사랑 없는"이라고 말하기는 했지만 동시에 그곳은 흥미로운 새 보금자리였고, 드넓은 대지의 공간이기도 했다. 지붕은 일본 전통인 고즙(藁葺)나무의 초가로 덮여 있었고, 방은 넓었으며, 격자 문창(門窓)이나 후스마(ふすま, 붙박이 이불장 문), 방과 방을 구분 짓는 미닫이문(障子), 다다미가 수없이 많이 놓인 커다란 집이었다. 그리고 가업을 경영하기 위해 곳곳에 마련된 별장도 몇 채 있었다.

눈에 보이는 물리적 환경은 쾌적했다. 하지만 아직 어린 아이들은 그곳에서 자신들이 변변찮은 존재로 무시당하고, 야박하게 다루어질 거란 사실을 상상하지 못했다. 남편 준이치에게 늘 소홀하게 취급받아 온 정실부인 미치는 남편이 더 애정을 주었던 첩실의 아이들에게 우호적이지 않았다. 그녀는 도요히코 남매를 엄격하게 대하였고, 분노를 억누를 수 없을 때에는 감정을 폭발시켜 아이들을 질책하면서 화를 풀었다. 계집아이인 에이에 대해서는 종종 때리기까지 하면서 자신의 울분을 풀곤 했다. 남편의 첩이 낳은 아이들이 같은 집에 존재하고 있다는 사실 자체에 늘 화가 나 있었기 때문에, 갑자기 쳐들어온 것 같은 꼴 보기 싫은 아이들에게 애정을 갖는 것 자체가 그녀로서는 도저히 할 수 없는 일이었나 보다.

이러한 처우는 심리적인 측면에서 이미 부모님을 여의고 평온하던 가정의 상실로 인해서 마음에 큰 상처를 느끼고 있던 이 재능 많은 민감한 소년에게 매우 고통스러운 상황이었다. 자의식이 싹트기 시작함과 동시에 가가와는 자신이 배척되고 소외당하고 있으며, 사랑받지 못 하는 사람임을 강하게 느끼고 있었다. 이러한 감정은 도쿠시마에 머무는 동안 계속 그의 마음속을 지배하였으며, 그 공허한 마음이 결국 그리스도교에 마음을 열게 만든 바탕이 된 것 같다. 그리스도교적 이상에 있어서, 또한 그가 만난 친절한 그리스도인들 속에서 그는 머물 곳이 없는 사람이 기댈 수 있는 보금자리를 비로소 찾아냈기 때문이다. 몸과 마음의 양면에 있어서 이미 고아와 같은 사람에게 묵을 장소조차 없었던 아기 예수의 탄생 설화나, 베개로 쓸 돌마저 없었던 '인자(人子) 예수'의 곤란했던 처지를 자신과 동일시하였을 것이라는 점은 충분히 짐작할 수 있는 일이다.

가가와 일가는 불교의 한 종파인 진언종(真言宗)의 독실한 신도였으며, 집 안에도 전형적인 가미다나(神棚)나 불단(仏壇)이 설치되어 있었고, 선반 위에는 여러 선조

부모를 여읜 후 도요히코가 자란 아버지 준이치의 생가. 도쿠시마현 나루토시(鳴門市) 오아사초(大麻町)에 위치해 있다 ©賀川記念館

의 이름이 새겨진 위패를 봉안해 놓았다. 6-7세 무렵부터 가가와는 매일 아침 식사하기 전에 위패에 음식을 공양해야만 했다. 가미다나가 있는 어두운 방에 들어가, 양초에 불을 붙이고 좌종(坐鐘)을 울리는 것이 일상이었다. 그 때마다 이 소년이 품게 된 종교적 감정은 바로 공포였다. 하지만 그는 이러한 일본의 제사의식이 경신(敬神)과 영적 존재를 향한 감각을 기르는 데 도움이 된다고 생각했다.[2)]

유소년 시절에 허락된 배움은 그의 인생에서 큰 위로였다. 가족은 입학 최저 연령이 6세인데도 불구하고, 4세 9개월에 불과한 도요히코를 지역 초등학교에 입학시키는 데 성공했다. 이 조숙한 학생은 훌륭한 실력을 드러냈다. 그는 공부에 대한 갈증도 컸을 뿐 아니라, 기복이 심한 마음 상태와 요동치는 불안한 가정환경으로부터 도망치고 싶다는 강한 열망이 있었기 때문에 다른 아이들과 달리 오히려 학교에 늘 가고 싶어 했다. 어떤 선생님은 이 신동이 천부적인 학자감일 뿐만 아니라, 서예와 그림에도 보통 재능이 아니라는 것을 직감하고 큰 감명을 받기까지 했다. 책이 가가와의 생애 마지막 순간까지 그의 피난처가 되었던 것은 결코 놀랄 만한 일이 아니다.

도요히코는 많은 시간을 홀로 보내면서, 큰 소리로 울거나 자기 연민에 빠져 침울해지곤 했다. 훗날 그가 빈궁한 사람들이나 소외된 사람들에게 깊은 동정심을 나타낸 것은 유년기에 형성된 감정과 더불어 '그리스도교적 사랑'이 단지 이론에만 머물러서는 안 된다는 사실을 알고 있었기 때문이다. 유년 시절에 경험한 마음의 상처는 도요히코로 하여금 타인의 고통에 더욱 특별한 적극성으로 반응하도록 이끌었다. 가가와는 그와 같은 상황을 다음과 같이 묘사하고 있다.

> "우리 집에는 방이 많이 있었고, 머슴들이 여럿 있었다. 우리 선조는 봉건제 하에서 19개의 촌락을 치리하고 있었을 만큼 고을에서 제일가는 재산가였다. 공장도 소유하고 있었고, 염료로 쓰이는 쪽을 생산하였으며, 양조장에서 술도 빚었고, 광대한 전답을 갖고 있었다. 나의 계모와 그 시어머니(할머니)는 내가 와 있는 것을 기뻐하는 것 같지 않았다. 두 사람은 나

를 일종의 난입자 그것도 불법 침입자라도 되는 것처럼 대했고, 나는 그 큰 집에서 사랑받는 일은 기대하지 못한 채 하루하루 살아야만 했다. 그래서 나는 늘 집에 있어도 마치 없는 것처럼 행동했다. 나는 자주 뜰의 꽃밭이나 대나무 숲 안에 비집고 들어가 그곳에 숨었으며, 들판에 나와 머슴으로 일하던 장정들과 함께 일을 하거나 토장(土蔵, 흙벽으로 만든 창고)에 들어가 갑옷과 투구, 칼(일본도), 방패 등, 나의 선조가 봉건 시대에 사용하던 유품을 관찰하기도 했지만, 어린 시절의 나는 실로 외로웠다.”[3)]

에도시대의 귀중품들을 보관하던 창고는 빛이 들어가는 작은 창문만 달랑 하나 있을 뿐, 음습하고 어두운 건물의 한가운데에 위치해 있었다. 그 1피트 두께의 진흙벽과 기왓장은 귀중품을 화재로부터 지킬 수 있도록 설계돼 있었다. 이러한 토장은 과거와 현재의 우울한 기분에 빠질 때마다, 이상적인 피난처로서 손색이 없었다. 도요히코는 실제로 선조의 사무라이 갑옷으로 놀거나 성장한 뒤에도 말안장 등의 귀중한 유품을 장난감으로 삼기도 했으며, 책이나 족자에 그려진 옛 영웅들의 이야기를 천천히 숙독할 수 있었다.

그는 누나에게서 조금의 위안도 느낄 수 없었다. 그녀는 놀이 상대로서 어떤 공통점도 찾을 수 없었고, 심정적으로도 버팀목이 되지 못했다. 그녀는 계모와 할머니에게 자주 얻어맞았고, 툭 하면 노동을 강요당하였던 결과, 말이 없어지고 생기가 없었다. 훗날 가가와는 그의 자전적 소설 안에서 불쌍한 그녀에 대해서 정신의 절반 정도는 병든 존재로서, 동정심과 함께 조금은 경멸이 섞인 느낌으로 묘사하고 있다.

‘약자 돌봄’의 인격 형성

가가와의 성격이 그의 유소년 시절의 경험에 의해서 완전하게 결정지어졌다고 단정할 수는 없다. 많은 사람들이 유년 시절에 다양한 거부와 상실을 경험하고 있다. 단지 가가와가 보통 사람과 달랐던 것은 그가 지극히 민감하고 날카로운 아이였다는 점이다. 따라서 어떤 사건이 보통 이상으로 그에게 큰 상처를 입히고, 마음속 깊이 스며들어, 이후에도 선명하게 떠올리게 되었다는 점이다. 이러한 사건들은 성장한 이후에도 한 사람의 성격 등을 설명하기 위한 정서적인 참조 재료로서 충분히 이용될 수 있다. 가가와는 유년 시절에 경험한 자신의 고독과 비참함에 대해서 이후에도 반복해서 말하였다. 그의 마음은 대표적 소설 『사선을 넘어서』 안의 곳곳에서 토로되어 있거나, 『고난에 대한 태도』(1924), 『남겨진 가시』(1926), 『신과 고난의 극복』(1932) 등의 작품에서도 발견된다.

인간이 느끼는 소외감이나 우울감은 그 사람이 놓인 상황에 기인하는 것임을 가가와는 되풀이하여 강조하였다. 이러한 공허한 마음의 청년이 돌아갈 가정을 가족 가운데서 찾아낼 수 없자, 결국 명상(기도)이나 이웃을 향한 봉사, 종교단체 참가, 혹은 그리스도 안에서 그 대안을 찾기 위해 애쓰게 된 것이다.

앞에 소개한 고생들은 마치 충분하지 않았던 것처럼, 또 하나의 새로운 사건이 이 내성적인 소년을 덮쳐 왔다. 가가와가 10살이 되었을 때, 그는 학교 직원의 딸을 죽음에 이르게 하려 했다는 누명을 쓰게 되었다. 그 여자 아이는 개천에 떨어져 중상을 입었고, 늑막염(肋膜炎)에 걸려 결국 죽고 말았다. 그런데 도요히코가 그 아이를 도랑 밑으로 쓰러뜨린 것이라며, 주변 아이들이 비난하기 시작한 것이다. 문제는 지역민들이 모두 그 이야기를 믿었고, 소녀의 부친은 도요히코에게 조의(賻儀) 명목으로 100엔을 요구했다. 결국 도요히코는 변상을 위해 자신이 기르던 닭이 낳은 달걀을 팔아서 모았던 돈 전부를 그 아이의 부모에게 건넸다. 유년기의 어둡고 우울한 이 사건은 도요히코의 마음에 깊은 상처를 남겼고, 그 후의 인생에도 적잖은 영향을 미쳤다. 가가와는 1960년의 죽기 6개월 전까지도 그때의 억울했던 일에 대해 다음과 같이 쓰고 있다. {하지만 『우리 마을을 떠나다』(1955)를 보면, 그 이야기를 한 것은 죽기 5-6년 전인 것으로 보인다 – 역자 주}

"내 일생 가운데 가장 슬펐던 일이 무엇인가 말하면, 범하지도 않은 죄를 범했다고 고백하여, 그 여자아이를 위해 내 저금을 털고 약값에 모두 쓴 일이었다."

머지않아 도요히코는 그 여자아이가 논에 물을 대는 물방아를 밟고 있다가 잘못하여 위에서 떨어지게 된 것임을 알았다. 마을 아이들이 그에게 누명을 씌운 것은 가가와 집안이 당시 불만이 깊어져 가고 있던 소작인들의 분노로 인해, 아이들 사이에서도 표적이 되고 있었기 때문일지 모른다. 지대(地代)의 징수, 종교 의식이나 지역 행사에 동원하는 것 등, 상류 계급으로서 지역민에게 자행하던 일들은 어린 도요히코조차 모두의 이목을 끄는 위치에 있도록 만들었다. 또한 그의 학교 성적도 시기의 대상이 되었다. 마을 전체가 혐의도 없는 어린 도요히코에게 근거 없는 비난과 소문을 증폭시켰다. 남동생 마스요시의 말에 의하면, 도요히코는 마을 아이들에 의해서 자주 "첩의 자식!"이라고 불리는 등, 놀림거리가 되고 있었다.[4)]

그는 책을 읽거나 창고에 들어가 있을 뿐 아니라 냇가를 걷거나 저택 안의 대나무 숲, 소나무 숲, 뽕밭 안 등을 산책하면서 그 안에 깃드는 새들을 바라보기도 하였다. 강가의 모래톱(砂洲)이나 갈대밭에서 달팽이나 민물 게를 찾아내면, 그들에게 말을 건네거나 하면서 시간을 보냈다. 고대 천황(天皇)의 능묘는 집에서 약 2km도 안 되는 거리에 있었는데, 그곳은 도요히코가 깊은 생각에 빠지기에 더없이 좋은 사색 장소였다.

젊은 날의 도요히코가 자연 속으로 침잠했던 것은 그에게 논밭 일이 부과되어 있었기 때문이기도 하다. 그는 물컹한 논바닥에 서서 모심기를 하거나, 가축을 돌보거나, 멍석을 짜거나, 농사일의 잔심부름을 해야만 했다. 그의 시나 수상록 등에서 잘 표현되는 창조에 대한 경이로움의 감각은 이른바 '자연시인'(nature poets)에게 자주 나타나는 낭만주의가 아니라, 이러한 유소년 시절의 체험에 기인한 자연과의 일체감에서 비롯된 감각이라고 볼 수 있다. 학교 동무나 가족과의 턱없이 부족한 의사소통은 오히려 소년으로 하여금 사계절의 변화나 농작물의 성장, 그 밖의 변화무쌍한 자연의 리듬에 넋

도요히코가 어린 시절 자연을 벗삼아 노닐었던 요시노가와(吉野川) ©賀川記念館

을 잃게 만들었고, 그 결과 소년은 우주와의 사귐으로까지 나아갔다. 이러한 배경으로 인해 훗날 가가와는 농업에 특별한 관심을 가졌으며, 급성장한 공업도시에서 발생하는 환경오염에 대해서도 엄격한 비판 활동을 전개한 것이다.

가성 혹은 사칠에시 기행된 종교 행사 이외에, 도요히코에게 영향을 미친 또 하나의 중요한 경험은 일상 속에서 학습한 유교(儒教)뿐 아니라, 9살 때에 도쿠시마의 오츠무라(大津村)에 위치한 임제종(臨済宗) 선사(禅寺)인 쇼우인지(正因寺)에서 받은 불교 참선 훈련이었다. 이처럼 동양의 경전을 배운 것은 그가 훗날 『동양 사상의 재음미』(1949)나, 특히 영어권에 소개하려고 쓴 『그리스도교와 일본』 등의 저서에서 그리스도교와 아시아 철학 혹은 종교 사이의 접점에 대해 고민할 것을 촉구하고 있다.

그가 공부하며 접했던 유교 서적이나 불교 경전은 그를 더욱 우울하게 만들었다. 왜냐하면 그가 이해한 수준의 범위 안에서 볼 때, 이러한 책들은 보통 사람들은 도저히 실천할 수 없을 것만 같은 이상향을 추구하고 있다는 생각이 들었기 때문이다. 공자, 맹자의 사상 등, 다양한 중국의 고전에 대해서 가가와는 그 내용을 쉽게 이해할 수는 있었지만, 그들의 사상에 대해 다음과 같이 한탄하고 있다.

> "이러한 사상을 실천에 옮기는 것은 또 다른 문제다. 나의 가정의 생활 기준은 이러한 사상들로부터 완전히 동떨어진 것이었다. 집안 전체에는 어느 방을 가든지, 심지어 창고에 가더라도 온갖 추잡하고 음란한 책들이 흘러넘쳤으며, 친척의 집에 가도 마찬가지였다. 오직 불교 사원만이 청아하고 순결한 장소로서의 분위기를 간직하고 있었다."

훗날 그는 그리스도교에 대해서도 똑같은 감상을 가졌다. 즉 그리스도교의 이론과 실천 사이의 깊은 골을 직시해야 한다고 비판하였고, 인간의 행동이 성서의 말씀과 일치해야 한다고 촉구했다. 주일만 되면 강하게 교리를 설파하지만 교회 문 앞에 웅크리고 있는 굶주리는 사람들에 대해서 눈길도 주지 않는다며, 소위 믿는다고 하는 그리스도인들의 위선에 대해 가가와는 통렬히 비판하였다. 그 결과 그는 기성교회에 수많은 적을 만들고 말았다.

젊은 도요히코는 세상의 부패에 대해 가시 돋친 비판을 할수록 자기혐오(self-contempt)에 빠지곤 했다.

> "나의 아버지는 죄를 범했으며 그 결과로 내가 태어났다. 나의 형도 마찬가지로 그릇된 길에 빠져들어 가정을 붕괴시키고 말았다. 이를 보면서 더욱 간절해진 나의 한 가지 기도는 어떻게든 나는 이 오염된 공기로부터 빠져 나와 그들이 밟아간 간악(奸惡)한 길을 반복하지 말아야 한다는 것이었다."

몇 번인가 집안 회사의 일로 전할 심부름이 있어서 형 단이치를 방문하였을 때, 도요히코는 형이 게이샤 술집에서 몹시 취해 야단법석을 치며 노는 모습을 보고 오싹함을 느꼈다.

집안 여성들은 부친의 방탕함에 대해서 어린 시절부터 수도 없이 반복해 알려주면서 "너는 절대로 그러면 안 된다"며 가르치고 있었다. 그 결과 도요

도쿠시마중학교 시절의 도요히코(앞줄 오른쪽) ⓒ賀川記念館

히코의 걱정스러운 마음은 더욱 강해졌고, 그러한 방탕함으로 인생을 낭비해선 안 된다는 생각을 어린 시절부터 단단히 먹게 되었다. 그 때문에 도요히코는 학교에서도 늘 자신을 엄격히 규제하기로 결심했다. 그는 보통 아이들이 일반적으로 보이는 버릇없는 태도도 없었고, 매사를 청교도적으로 자제하였기 때문에 다른 소년들로부터 '괴짜 책벌레'(*eccentric bookworm*)라고 불리었다. 특히 도덕적 특징도 유전한다는 다윈의 사상을 알게 되었을 때, 그의 악(惡)에 대한 두려움은 더욱 강해졌다. 그는 자신이 방탕한 선친으로 인해, 악독한 성질의 유전자를 갖고 태어났다고 믿었기 때문이다. 11살의 민감한 소년 도요히코의 우려는 아래의 문장에서도 잘 표현되어 있다.

> "만일 아주 작은 것이라도 부주의하면 나는 순식간에 악의 소용돌이에 빠져버려, 그 결과를 예측할 수조차 없는 심각한 결말에 이르게 되리라는 것을 알고 있었다. 이것을 민감하게 느끼고 있었음에도 불구하고, 나는 그때 이 위기에 어떻게 대처하여 승리할 수 있을 것인가에 대해 확실한 방법이 떠오르지 않았다."[5)]

소작농의 딸과 관련된 꺼림칙한 사건이 있은 후, 도요히코는 오늘로 말한다면 카운셀러나 심리상담사의 치료가 필요할 만큼 심각한 마음의 병으로 괴로워하고 있었다. 그의 심리 상태는 격렬히 요동치며 침체되어 갔고 때로는 엉엉 울었으며, 대부분의 시간을 혼자서 독서하며 보냈다. 그는 현립 도쿠시마중학교(県立徳島中学校)에 갈 수 있도록 조치해 달라고 형 단이치에게 부탁했다. 형은 동생이 이처럼 어려운 상황을 극복하기 위해서는 기숙사에 들어가는 편이 좋을 것 같다고 생각했다. 아직은 입학 연령보다 1살이 어렸지만, 무리하게 한 해를 속여서 중학교 입시를 보았다. 그리고 우수한 성적으로 입학시험에 합격하여 1900년 4월에 정식 입학을 하게 됐다. 감옥과도 같던 마을을 떠나, 새로운 공간에서 새로운 진로가 눈앞에 펼쳐진다고 생각하니 도요히코는 기쁨으로 가슴이 벅찼다. 그때의 마음을 다음과 같이 회고하고 있다.

> "중학교에 합격한 소식을 들었을 때만큼 내 인생 중에 기뻤던 적은 또다시 없었을 정도였다."[6)]

마이어스, 로건 박사와의 운명적 만남

2학년이 되자, 그리스도인으로서 도쿠시마중학교의 영어 교사였던 가타야마 쇼우키치(片山正吉)가 주재하는 사립학교, 가타야마학교(片山塾)의 기숙사로 옮겼다. 집에 있을 때보다 훨씬 여유 있고 쾌적한 청춘의 나날들이었다. 그의 사촌동생들도 같은 기숙사에 머물고 있었다. 도요히코는 주로 책만 읽고 있었기 때문에 '책벌레'라고 불렸지만, 그렇다고 해서 동료 학생들로부터 고립되는 일도 없었다. 당시에는 호기심과 영어 습득을 목적으로 예배에 출석하는 학생들이 있었다. 도요히코도 사촌동생 니이 이타루(新居格)와 함께 그 친구들을 따라 교회 예배에 출석하게 되었으며, 그때 비로소 외국인 그리스도인과 처음 만나게 되었다.

학교는 늘 고민으로 가득 차 있고, 특히 부모의 존재를 강력히 필요로 하고 있던 도요히코에게 그리스도인과의 만남을 중개해 준 것만이 아니라, 제

2의 부모를 만나게 해 주었다. 미국 켄터키주에서 일본으로 건너 온 28세의 남장로교회 선교사 찰스 로건 박사(Dr. Charles A. Logan)는 매주 학생에게 '예수전'(life of Christ)을 영어로 강의하고 있었다. 도요히코는 1902년에 로건 박사가 부임한 이래, 그 강의를 계속 듣고 있었다. 그러던 중, 또 한 명의 남장로교회 선교사이자 로건 박사의 의형제이기도 했던 버지니아주 출신의 해리 마이어스 박사(Dr. Harry W. Myers)를 가타야마 선생 집에서 만나게 된다. 마이어스 박사는 도요히코가 영어로 어떤 이야기를 암송해 선보였을 때 크게 감탄하였다.[7] 빛나는 눈을 가진 이 가냘픈 학생에게 한눈에 매료되었다. 마이어스 선교사와 그의 아내 그레이스 필드 마이어스(Grace Field Myers) 부인은 도요히코를 집에 초대하며 특별히 돌보아 주었다. 도요히코는 선교사들의 친절과 응원, 위로와 격려를 받으며 마음이 녹았을 뿐 아니라, 타락해 가는 다른 사람들과 달리 성서의 가르침을 생활 속에서 제대로 실천하며 살아가는 사람들을 발견한 것이 크게 기뻤다. 여기서 자연스럽게 싹튼 선교사들에 대한 감동과 존경을 그는 다음과 같이 기술하고 있다.

평생의 은사 로건 박사와 함께. 1951년 고텐바(御殿場) 다카네가쿠엔(高根学園) ©賀川記念館

은사 마이어스 박사와 함께 ©賀川記念館

"미국을 출발해 일본에 도착한 지 얼마 안 된 로건 박사가 그리스도의 생애에 대해 학생들에게 강의하기 시작한 것은 내가 중학 3학년의 3학기였을 때다. 영어 공부가 될 수 있도록 배려하여 강의는 영어로 진행되었다. 그것은 외국인이 직접 발음하여 전달되는 영어를 내가 처음으로 듣게 된 순간이었다. 또한 그리스도의 가르침이라는 것을 듣게 된 것도 그 때가 처음이었다. 그때까지 나는 마이어스 박사 부부를 가끔씩 보곤 했지만, 직접 이야기를 나눈 적은 없었다."[8]

가가와는 "온화하고 빛나는 얼굴"의 로건 박사에게 매료되었고, 매번 충실한 강의에 대해 깊이 감사하는 마음을 가졌다. 강의 교안은 선교사가 가지고 있던 구식 기계를 사용하여 초록색 잉크로 등사 인쇄한 문서들이었다. 훗날 도요히코는 그때의 추억을 다음과 같이 말하고 있다.

"로건 박사의 주의 깊은 수업 준비는 나의 마음을 끌어당겼다. … 그 무렵 나는 지식에 대한 갈증이 심했기 때문에, 종종 로건 박사의 집에 가는 시간이 아깝게 느껴지기도 했다. 하지만 나는 그를 아주 신뢰하고 좋아했기 때문에, 그의 집을 자주 방문했다. 솔직히 말하면, 그 당시의 나는 이 세상에서 가장 고독한 인간이었으며, 누구든지 나에게 친절히 대해 줄 사람을 간절히 찾고 있었기 때문에, 자연스럽게 그분은 나를 끌어당길 수 있었다. 그는 매우 상냥하고 친절하였으며, 우리에게 영어를 무상으로 가르쳐 주면서, 탁월한 방법으로 『창세기』의 매력적인 이야기들을 설명해 주었다."[9]

도요히코는 이러한 수업이 정말 마음에 들었기 때문에, 일반 영어 수업보다도 훨씬 많은 시간을 로건 박사와의 수업을 위해 할애하고 준비했다. 가가와는 이러한 스타일의 사람이 자신에게 얼마나 필요했는지를 다음과 같이 고백하고 있다.

"내가 로건 박사의 창세기 강의를 들은 것은 정확히 15살 때였다. 그때 나는 처음으로 스스로의 삶이 새롭게 시작되고, 살아 있다는 감각, 즉 내가 인간이라는 사실에 눈을 떴다.”[10]

행동과 실천을 수반한 그리스도교의 모범으로서 다가온 미국인 선교사들의 모습은 감수성 예민한 청년에게 잊을 수 없는 강렬한 인상을 남겼다.

> “로건 박사와 마이어스 박사의 가정은 사랑이 무엇인가를 나에게 가르쳐 주었다. 그리스도교가 무엇인지를 가르쳐 준 것은 비단 성서만이 아니다. 이들 두 가정이 보여준 사랑이었다. 싸움에 지쳐 갈 곳이 없을 때, 이 두 가정은 언제든지 나에게 열려 있었고, 날 기쁘게 맞아 주었다. 그들은 나를 마치 자신들의 자식 가운데 한 명인 것처럼 보듬고 키워 주었다.”[11]

그들은 도요히코가 우수하다는 사실은 인정하고 있었지만, 그가 훗날 성공할 것이라고 예상하지는 않았다. 로건 부인은 “도요히코가 이렇게 유명하게 될 줄 알았다면, 더 정확하고 아름다운 영어 발음을 가르쳐 주면 좋았을 텐데!”[12]라고 회상하기도 했다. 가가와는 실로 뛰어난 독해력을 갖고 있었지만, 그의 영어 발음에는 심한 사투리가 섞여 있었다. 하지만 그것이 꼭 결점만은 아니었다. 그의 어색한 발음은 어찌 됐든 이국적인 멋과 정서를 풍겨서 오히려 청중을 매료시켰고, 그리스도교 신앙의 세계적 보편성에 대한 확신을 더욱 강화하도록 자극했기 때문이다.

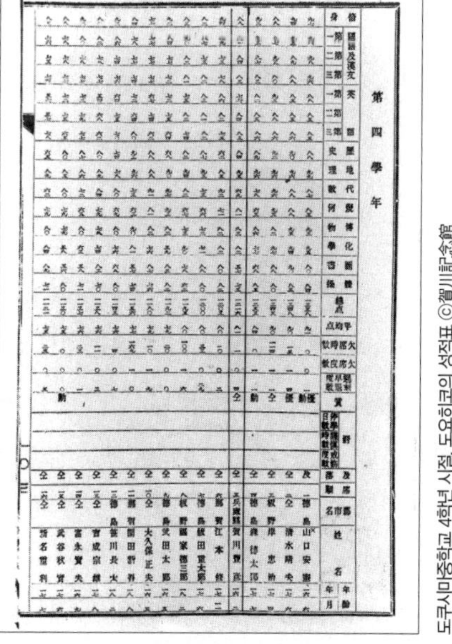

도쿠시마중학교 4학년 시절 도요히코의 성적표 ©賀川記念館

도요히코가 이처럼 장로교 선교사들과 만나게 된 것은 실로 행운이었다. 그들은 헌신적인 그리스도인이었을 뿐만 아니라, 청년 도요히코의 열정을 자극하는 지적인 수단을 가지고 있었다. 그들은 전도자였다. 로건 박사와 처음 만난 것은 천막 집회에서였다. 하지만 그들은 오늘날 일반적으로 행해지는 부흥집회와 같은 좁은 시야의 성경 축자적 열광주의자들이 결코 아니었다. 그들은 설교가 회중을 향해 이루어지는 신성한 연출 무대라기보다는 오히려 하나의 의무라고 생각하였다. 그들이 전한 복음의 메시지는 "너희는 모든 족속에 가서 전하라"(마 28:18-20)는 성서의 명령에 따르는 것이었으며, 사도 바울을 모범으로 삼는 생활이었다.

일본 문화에 민감한 그들은 일본어와 영어 양쪽 모두를 구사하며 말하고, 읽고, 책을 출판했다. (미국 남장로교회 특유의) 엄격한 근본주의 분위기 속에서 학생들을 지도하면서도 그들은 시야가 넓고 교양이 깊었으며, 전위적인 신학이나 세속적인 불가지론에 대해 논하는 것도 두려워하지 않았다. 그들은 확실히 젊은 가가와의 지적인 갈급함을 채워 주고 있었다. 외국 문화에 무지한 채, 그 나라의 종교를 경멸하며, 현지 사람들에게 모멸감(열등감)을 품게 만드는 자화자찬의 자기중심적 선교사가 아니었다. 마이어스와 로건 박사 가족과의 만남을 통해서 가가와는 열심어린 복음주의 신앙을 받아들이게 됨과 동시에 지적인 성장도 이룰 수 있었다. 천재적인 기억력을 가진 가가와에 대해서 마이어스 박사는 "가냘프지만 조숙한 14살 소년"(slender, precocious boy of fourteen)이라고 추억하고 있다.

그리스도교 신앙의 발아

선교사들과 가까운 관계를 형성하였다고 해서 도요히코의 고민이 모두 없어진 것은 아니었다. 12-13살 무렵부터 그는 이미 각혈(咯血, 피를 토함)을 하는 등, 여러 형태로 결핵의 징후를 보였다. 결핵은 가가와를 평생 동안 괴롭힌 수많은 지병들 가운데 처음으로 겪게 된 질병이었다. 병에 대한 고민도 버거운데 재정적 문제까지 함께 닥쳐왔다. 조상이 물려준 가가와 집안의 자산은 1903년 4월의 파산으로 모두 사라졌다. 그것은 도요히코의 형 단이치의 무모한 투자, 엉성한 재산 관리와 끝모를 방탕한 생활 때문에 일어난 파국이었다. 가재도구나 유산의 모든 것들은 차재(借財)의 변제에 충당하기 위해 강제 매각되었다. 큰 저택의 안방마저도 모두 내어줘야만 했다.

파산으로 인해 더 이상 수업료와 하숙비를 지불할 수 없게 되자, 도요히코는 머물던 곳에서 나와야만 했다. 다행히 유복한 숙부 모리 로쿠베(森六兵衛)가 수업료를 계속 지불해 주었고, 그는 숙부의 집에서 새로이 머물게 되었다. 모리 숙부는 도쿠시마철도(德島鉄道)의 사장이었으며, 지역에서 정치적 영향력도 컸다. 숙부는 원조를 해 준다는 생색을 냈으며, 청년쯤 됐으면 이런 현실 앞에서 책임있게 행동해야 한다고 생각했기 때문에 도요히코의 응석을 받아주기는커녕 통제하고 엄격히 대했다. 하숙을 시켜주는 대신 숙부 집의 잡일을 해야 했고, 그의 사촌동생 모리 간조(森完蔵)의 과외 공부를 봐주어야만 했다.

모리 숙부는 완전한 세속적 인물이었기 때문에 종교에 대해서는 그 어떤 가치도 인정하지 않았으며, 하물며 외국 종교인 그리스도교 따위에 대해서는 논할 가치도 느끼지 않고 있었다. 자연히 그는 도요히코가 성서를 공부하거나 교회에 출석하고 그리스도인과 사귀는 것을 반대하였고, 그로 인한 불협화음과 갈등은 끊이지 않았다. 어른이 청년에게 설교를 늘어놓게 되면 대부분 이런 모양새가 되어 버리기 일쑤이듯, 숙부가 열심히 설득하려고 하면 할수록 도요히코는 더욱더 그리스도교 쪽에 심취해 갔다. 이러한 가정의 경제적 문제에 엎친 데 덮친 격으로, 파산한 지 1년도 채 안 된 시기에 도요히코의 형 단이치가 한국을 여행하던 중 객사(客死)하고 만다.

마이어스 박사와 로건 박사는 가가와가 장래에 그리스도교에 입신할 것이라고 기대했다. 하지만 가가와에 대한 두 사람의 관심은 그리스도교 전도의 성과를 증명할 일본제 트로피 하나를 더 모으는 차원에 머물지 않았다. 그것을 훨씬 뛰어넘는 생각을 그들은 하고 있었다. 두 사람은 도요히코가 수재라는 사실과 신체적, 정신적, 경제적으로 큰 문제를 떠안은 채 깊이 고민하고 있다는 사실을 잘 알고 있었다. 그걸 꿰뚫어 본 마이어스 박사는 다음과 같이 가가와를 위로했다.

> "자! 이제 그만 울고, 눈물을 거두어라! 그리고 저길 봐! 울고 있는 눈에는 태양도 우는 것처럼 보이고, 미소 짓는 눈에는 태양도 웃는 것처럼 보인다."

이 말은 불안과 분노에서 해방되라는 성서적인 메시지였다. 도요히코는 선교사들의 집에서 언제나 맛있는 식사만 얻어먹고 온 것이 아니었다. 그는 마이어스 박사의 다방면에 걸친 장서를 자유롭게 열람하고 있었다.[13]

도요히코는 닥치는 대로 책을 읽어 갔지만, 그중에서도 특히 톨스토이, 러스킨, 그리고 칸트에게 매력을 느꼈다. 마이어스 박사는 크리스트리프의 『근대의 의혹과 신념』(*Doubt and Belief*)이나 페어번의 『종교철학』(*Philosophy of Religion*) 등도 읽으라고 권했다.[14] 가가와는 학교 신문에 논문을 쓰기 시작하였으며, 17살 되던 해에는 러스킨의 『참깨와 백합』(*Sesame and Lilies*)을 번역하여 「도쿠시마 마이니치신문」(德島每日新聞)에 발표하였다. 가가와는 톨스토이의 평화주의나 아베 이소(安部磯雄), 기노시타 나오에(木下尚江) 같은 그리스도교적 사회주의 사상의 영향도 받았다. 이 시절에 시작되어 십대를 관통하여 계속된 가가와의 난독(亂讀) 습관은 훗날 그의 베스트셀러가 되는 『사선을 넘어서』에 생생히 묘사돼 있다.

'예수전'을 통해 그리스도교 신앙에 눈을 뜬 가가와는 훗날 자신의 관점으로 새롭게 쓴 여러 편의 예수전을 출판했다 ©賀川記念館

하지만 가가와에게 가장 크고 깊은 정신적 영향을 미친 책은 바로 성서였다. 부친을 여읜 소년은 '사랑하는 하늘의 아버지'라는 말에 매료되었고, 그 말만으로도 위로를 받았다. 선교사가 설명해 준 것처럼 그 신(神)은 친근하게 함께 있어 주시는 분이며, 이 세계에 안 계신 곳이 없는 분이셨다. 그 신의 대리 부모와도 같이 존재한 선교사는 가가와에게 온 우주의 부모님을 소개해 준 것이었다.

로건 박사와 마이어스 박사 정도의 경건한 이들조차도 도요히코가 성서를 얼마나 깊이 이해하고 있었는지를 잘 몰랐던 것 같다. 사람의 종교적 경험이라는 것은 겉만 보아서는 쉽게 알아채기 어렵기 때문이다. 1903년이 저물던 연말 어느 날, 소년 도요히코는 흐느껴 울면서 다가와 이렇게 말했다.

> "그리스도의 십자가 이야기를 읽고 있노라면, 사도 바울과 같이 그리스도의 사랑에 압도되어 버립니다."[15]

그 말을 듣고서야, 마이어스 박사는 처음으로 가가와의 신앙의 깊이를 깨닫게 되었다.

지난해 여름, 선교사들은 휴기에 들어가기 전에 학생들에게 산상수훈 등의 성구 암송을 숙제로 냈다. 누가복음의 성구를 읽고 암송하던 중 가가와에게는 알 수 없는 전율이 파도처럼 밀려왔다. 들의 백합화와 꼭 들어맞는 자신의 이미지가 떠오르는 느낌이었다.

> "백합화를 생각하여 보라. 실도 만들지 않고 짜지도 아니 하느니라. 그러나 내가 너희에게 말하노니 솔로몬의 모든 영광으로도 입은 것이 이 꽃 하나만큼 훌륭하지 못하였느니라. 오늘 있다가 내일 아궁이에 던져지는 들풀도 하나님이 이렇게 입히시거든 하물며 너희일까 보냐 믿음이 작은 자들아."(눅 12:27-28)

예수 그리스도의 이 말씀을 접한 가가와는 비로소 영원할 것만 같은 자신의 비참한 삶의 중심에 신의 말씀이 비수처럼 와 꽂힘을 느꼈다.

심리적인 문제로 인한 고민, 가족과의 불화와 소외감으로 인한 고통, 금전적인 어려움, 질병으로 인한 걱정 등, 온갖 불안함으로 가득 차 있던 젊은 도요히코는 이 성경 말씀을 읽으면서 한없는 위로를 받는 것 같았다. 그는 돌연 “두려워하지 말라. 내가 너와 함께 함이라. 놀라지 말라. 나는 네 하나님이 됨이라”(사 41:10)라는 성서의 메시지를 마음속 깊이 깨달았다. 그는 이때의 격렬한 영적 경험에 대해서 여러 번에 걸쳐 여러 방법으로 표현하였다. 1931년에는 이렇게 말하였다.

> “이러한 단순한 성서 암송 가운데서 나는 깊은 영감에 휩싸였다. 그리스도를 통해 나는 진리를 깨달았고, 생명을 찾아냈으며, 신을 경외하고 성화를 이루게 되는 길을 발견했다.”[16]

그는 이 강렬한 영적 체험을 통해서 신의 임재하심을 느꼈고, 타락하게 되지는 않을까 하는 걱정이나 불안으로부터 비로소 해방되는 것을 느꼈다. 도요히코는 “만약 네가 더러워진 마음을 모두 닦아 정결케 하고, 순결한 삶으로 들어가고 싶다면, 들에 핀 백합화의 심정이 되고, 하늘과 땅을 바로 응시해라!”라고 신께서 직접 말씀하고 계신 것처럼 느꼈다.[17] 이때의 형언하기 어려운 체험에 대해서 가가와는 “나는 나의 아버지 되신 신을 하늘과 내 안에서 발견했다”라고 간결하게 표현하였다.[18]

도요히코는 다만 혼자서 머리까지 이불을 덮은 채 지극히 간단하게 “오! 신이시여! 나를 좋은 아이로 만들어 주세요. 아멘!”이라고 하늘 아버지 되신 신에게 기도할 뿐이었다.[19] 가가와는 이미 신을 추상적이거나 신학적 명제 차원에서만이 아니라 친밀한 실재로서 경험하였다. 그는 신에게 너무나 친근한 감정을 품게 되었으므로, 부성적 이미지만으로는 충분치 않았고, 오히려 종교적 경험을 섬세히 표현하기 위해 모성적인 측면을 더 느꼈다. 그의 기도는 아기가 엄마 젖을 빨아 먹는 것과 같은 행위였으며, 모든 사람은 갓난아기가 어머니의 자궁 속에서 머물듯이 신의 품속에서 살아가는 것이라고 그는 말하고 있다.

가가와는 자신의 책에도 적었듯이 완전히 "새로 태어난 것"(born again)은 아니었다. 강렬한 신앙적 체험은 있었지만 하룻밤 사이에 모든 것을 바꿀 수 있는 것은 아니었다. 하지만 성서의 위로는 그가 그리스도교의 가능성에 눈 뜨게 하고 마음 문을 열도록 이끌었다. 이 새로운 신앙은 가정의 의미를 재발견하도록 하였다. 그를 지도하던 선교사들에게도 그의 영적 성장은 눈부신 변화로 각인되었다.

결국 1904년 1월 하순, 평소에 상냥하였던 마이어스 박사가 책을 빌리러 온 도요히코에게 "그리스도를 믿을 텐가?"라고 진지하게 물었다. 그러자 도요히코는 믿고 있다는 확신을 가지고 대답하였으며, 기도하고 있다는 말도 덧붙였다. 마이어스 박사는 "그러면 왜 교회에 나오지 않는가?"라고 또 물었다. 그러자 도요히코는 "그렇게 하면 숙부가 저를 집에서 내쫓아 버릴 것입니다"라고 답했다. 숙부 모리 로쿠베(森六兵衛)는 가톨릭의 개종자들이 16세기경에 농민 반란군에 참여했다는 이유로 그리스도교를 싫어했다. {1637년 큐슈의 시마바라(島原)에서 농민을 대표한 아마쿠사 시로(天草四郎)와 기리시탄 세력이 협력해 일으킨 변란 사건을 말함 – 역자 주} 마이어스 박사는 초기의 일본 그리스도인들은 로마 세국에 '눈에는 눈'으로 대응해 달라는 (앙갚음의) 방식을 선택하지 않았다고 반론했다.

"가가와 군은 겁쟁이입니다!" 마이어스 박사는 소리쳤다. "네? 뭐라구요?" 도요히코는 놀라서 되물었다. "가가와 군은 겁쟁이란 말입니다!" 마이어스 박사는 그 말을 반복했다.

도요히코는 숨이 막혀왔다. 존경하는 선교사로부터 그런 소리를 듣게 된 것은 충격이었을 뿐만 아니라 소위 '남자다움'에 대한 모욕과도 같았기 때문이다. 사무라이의 역사뿐 아니라 새로운 강력한 군국주의 국가에서 '겁쟁이'라고 불린 것은 도요히코처럼 인습에 함몰되지 않은 소년에게조차 충격이었다. 마이어스 박사는 "진정한 남자라면, 결과를 걱정하지 않고 신념을 갖고 일어서는 것!"이라고 말하고 싶었을 것이다. 도요히코는 마이어스 박사의 이 도전적 발언을 받아들였고, 마침내 일요일에는 교회에 출석하기 시작했다.

1904년 2월 11일, 도요히코는 도쿠시마일본기독교회(徳島日本基督教会)에서 마이어스 박사로부터 세례를 받았다.[20] 16세 때의 일이다. 이것은 신(神)과 함께하지 않던 시절, 절망에 빠져 영혼이 어두운 밤을 헤매고 있던 모습으로부터 신의 임재에 휩싸였다고 느낀 신비적 체험에 이르게 된 종교적 경험을 포함하는 신앙생활의 공적인 출발점이었다. 그가 보다 깊은 차원의 그리스도교 신앙을 확립하게 되기까지는 이후 몇 년의 기간이 더 필요했다. 그 추가적 세월은 급속한 지적 성장의 시기였으며, 한편으론 무거운 질병과 심각한 영혼 탐구의 시기였다.

도요히코가 세례를 받은 '도쿠시마일본기독교회'의 당시 모습 ⓒ賀川記念館

제2장

생각을 행동으로

제2장

생각을 행동으로

마이 웨이의 소년, 메이지가쿠인 신학예과로

가가와 도요히코는 열다섯 살(정확히는 16세 – 역자 주) 때 처음으로 그 당시 대두되고 있던 군국주의에 저항하는 행동을 했다. 1904년 2월 8일, 일본이 다이렌(大連)항에서 러시아 함대에 어뢰 공격을 하는 것으로 러일전쟁의 막이 올랐다. 도요히코는 그 수주일 전에 세례를 받았다. (2월 10일 러시아에 선전포고가 있었고, 다음 날인 2월 11일에 세례를 받았다 – 역자 주) 당시에는 극소수의 일본 그리스도교인과 사회주의자가 천연 자원의 낭비와 농민 및 노동자의 살육 등을 이유로 들어 전쟁을 반대하였다. 실제로 전쟁이 시작되고 겨우 6개월 만에 2만 명 이상이 전사했다.

1895년의 청일전쟁 승리에 도취되어 군국주의와 국가주의의 불꽃이 일본 내에 타오르고 있었다. 그전보다 일본은 군국주의화를 향해 급속히 치닫고 있었다. 봉건 제도의 해체와 1868년 5개조의 서약문 이후로 일본의 지도자들은 나라 안팎의 위협으로부터 새 정부를 지키기 위해서 강력한 군비가

러일전쟁 당시 서울에 진주하는 일본군(좌)과 불에 타며 침몰하는 러시아 발트함대의 전함(우). 20세기 초엽 당시 세계 최강을 자랑하던 발트함대는, 49척의 군함 중 3척만 남기고, 전사자가 5,000명을 넘는 참패를 기록하며 일본의 전쟁 승리를 알렸다.

필요하다고 주장했다. 1만 명의 제국 군대는 광대한 봉건 영토를 가진 과거의 고케닌(御家人, 에도시대의 장군 직속의 하급 무사)들에 의해 만들어져 육군과 해군이 조직되었다.

1873년에는 징병령이 공표되어 모든 건장한 남자들에게 사회적 위치와 관계없이 3년간 병역 의무와 그 후 4년간 예비역 의무를 부과하였다. 그때까지 300년간 평민은 칼을 휘두르는 행위가 금지되어 있었으므로 이것은 혁명적인 변화였다. 인구의 80%를 차지하는 농민은 병역 이행을 기뻐하지 않았다. 병역은 착취되어 온 긴 역사에 새로운 착취를 하나 더 추가하는 것일 뿐이었기 때문이다. 그래서 징병제가 처음 실시될 때, 그들은 역설적으로 이것을 말 그대로 '혈세'(血稅)라 불렀다.[1]

교육 제도는 애국주의와 군국주의를 강조하는 것으로 개정되었다. 도요히코의 도쿠시마중학교에서는 군복을 착용하고, 군사 교련을 정규 과목으로 채택해 가르쳤다. 어느 날 학생들이 총을 들고 야외 훈련 행진을 할 때, 도요히코는 총을 땅에 던져 버린 뒤, 자신은 평화주의자이므로 사람을 죽이는 무기는 들지 않겠다고 선언했다.[2] 교사는 총을 다시 들라고 명령했다. 도요히코는 계속 그 지시를 거부하였고 교사에게 발로 차이고 두들겨 맞았다. 하지만 끝내 그는 굴복하지 않았다.

이 사건으로 가가와는 '푸른 악마'(青い悪魔, The Blue Devil)라는 별명을 가진 교감에게 끌려갔다. 그 교감이 그리스도교인이라는 사실을 알고 있던 가가와는 곧바로 마태복음 26장 52절에 나오는 "칼을 쓰는 사람은 모두 칼로 망한다"는 구절을 인용해 자신의 논리를 펼쳤다. 결국 가가와는 징계만으로 사건을 끝낼 수 있었다.[3] 그의 행동은 권위주의에 대해 단호히 맞서서 싸우는 용감하고 청년다운 태도였다. 치열한 정의감, 개인적 위험을 무릅쓰더라도 자신의 믿음에 따라 행동하는 힘, 예수의 말씀에 따라 타인을 위해서 자신을 희생하는 정신 등, 이후에 가가와가 보여준 행동들의 특징은 이 사건에 의해 점점 확립되어 간 것이 틀림없다.

가가와는 완고하게 신앙을 고집하고 장래의 약속된 출세를 거부했다. 1905년 3월, 그는 중학교를 졸업했다. 그의 집안 배경과 사회적 위상을 보면, 그는 실업가나 관리와 같은 높은 지위에 오를 수 있는 고등교육을 충분히 받을 수 있었다. 그래서 숙부인 모리 로쿠베(森六兵衛)는 빛나는 장래가 보장되는 명문 도쿄제국대학의 학비를 내주겠다고 제안했다. 하지만 도요히코는 그의 관대한 제의를 단호히 거절하고, 도쿄에 있는 미국 장로교 학교인 메이지가쿠인(明治學院)에 가서 그리스도교 전도자가 되기 위한 공부를 하기로 결정했다.

외래 종교에 헌신하기로 결심한 것을 계기로 실용주의적 실업가였지만, 동시에 일본의 전통적 가치와 관념에 사로잡혀 있던 숙부와 갈등을 빚게 되었고, 가가와와 숙부 사이의 반목은 정점에 다다랐다. 그리스도교인이 되는 것의 이점은 무역이나 외교에 필요한 영어를 배우거나, 기타 여러 면의 서양 문명을 탐구하는 것에 있었다. 많은 일본인 청년들이 실제로 그렇게 해오고 있었다. 하지만 300년 전에 일본에서 추방당한 그리스도교에 참여하고 개종하는 것은 가족, 국가, 전통적 생활에 대한 있을 수 없는 배신 행위였다. 그것은 근대에 있어서 전통적 종교를 믿고 있는 부모가 아들딸이 가족의 신앙을 버리고 이교에 빠질 때 느끼게 되는 충격과 비슷했을 것이다.

이 개성 강한 두 사람 사이에 일어난 논쟁에 대해서는 1920년 출판되어 베스트셀러가 된 그의 유명한 자전소설 『사선을 넘어서』에 잘 소개돼 있다.

하지만 숙부의 심한 반대는 가가와가 그리스도교인으로 살아가겠다는 결심을 더 강화시킬 뿐이다. 가가와에게는 강한 반대도 허사였다. 왜냐하면 가가와는 이미 가족으로부터 떨어져 있었고, 학교 당국의 방침에 반대하였음에도 결국은 자신이 승리했던 경험으로부터 용기를 얻어 권위주의에 대항하는 기쁨마저 느끼고 있었기 때문이었다. 그의 소설, 수필, 담화에서 자주 그러한 우울함을 언급하고 있다.

집에서 쫓겨난 젊은 가가와는 짐을 정리하여 마이어스 박사의 집으로 향했다. 메이지가쿠인에 입학할 때까지 머물러도 좋다는 약속을 받았기 때문이다. 마이어스 박사는 도요히코의 능력을 매우 높이 평가하고 있어서, 그의 학업을 지탱해 줄 기금을 마련키 위해 파견 교회에 모금 활동을 벌였다. 1905년 4월, 도요히코는 상경하여 메이지가쿠인 고등부 신학예과(神學豫科)에 입학했다.

가가와는 기숙사에 머물게 되었는데, 이상한 독서광적인 모습으로 다른 학생들을 놀래키고 당황스럽게 만들었다. 친구들은 그에게 '초연'(超然, transcendentalist or outsider)이라는 별명을 붙여 주었다. 오랫동안 그를 가르친 라이샤워 박사(Dr. A. K. Reischauer)는 그가 메이지가쿠인 개교 이래 가장 우수한 학생이었다고 말했다. 학교 도서관은 영문 서적이 충분히 갖춰져 있어서, 뭔가에 홀린 듯한 이 17세 소년은 칸트의 『순수이성비판』(*the Critique of Pure Reason*)이나 다윈의 『종의 기원』(*Origin of Species*), 러스킨의 『근대화가』(*Modern Painters*), 쇼펜하우어의 『의지와 표상으로서의 세계』(*The World as Will and Representation*), 밀러의 『동방의 성전』(*Sacred Books of the East*) 등, 난해한 작품을 모조리 읽었다. 또한 그는 몸젠의 『로마사』(*Rome*), 그로츠의 『그리스

메이지가쿠인 고등학부 신학예과 시절의 가가와 ©賀川記念館

사』(*Greece*) 등에 크게 감동받아 자신이 번역할 수 있는 능력 범위 안에서 모든 고전을 섭렵하기 위해 몰두했다.

친한 친구이자 1932년에 가가와의 최초의 영문 전기를 집필한 윌리엄 엑슬링(William Axling)은 가가와가 메이지가쿠인에 다니던 2년 동안 도서관에 소장된 주요 저작은 거의 전부 읽었다고 말했다.[5] 그의 열광적인 독서 태도는 『사선을 넘어』에 조금 비꼬아서 묘사돼 있다.

가가와는 독서를 하기 위해 수업을 빠지기까지 했는데, 그것은 교사들에게 정말 고마운 일이었을지 모른다. 왜냐하면 어떤 과목의 경우에는 교사 이상으로 많은 지식을 알고 있어서 자주 교사를 당혹케 만들었기 때문이다. 그 당시의 가가와는 양복을 입어도 멋있었고, 기숙사에서 쉴 때 입는 기모노 차림으로도 멋있어 보이는 건장한 청년이 되어 있었다. 160cm 정도의 어른 같은 키에 빛나는 눈, 호리호리한 체격에다 몸가짐도 의식적으로 바로 하고 있다. 그 당시의 가가와는 세상 사람들이 익히 알고 있는 가가와의 이미지 – 안경 너머로 들여다보는 느낌이나 낡은 검은색 양복을 입은 조금 땅딸막한 남자 – 는 전혀 없는 스마트한 모습이었다. 도요히코는 종종 책을 읽다가 그 속에 빠져들어 밤새도록 책을 독파하느라 식사를 거르기도 했다.[6] 이러한 독서 습관은 나중에 약화되기는 했지만, 만년에 그의 눈이 거의 보이지 않을 때까지 계속되었다. 소란스러운 역이나 비행장에서도 주변을 신경 쓰지 않고 잘 보이는 한쪽 눈으로 돋보기안경을 들여다보며 책을 읽는 모습은 자주 목격되곤 했다.

가가와의 독서는 전문 분야라고 할 수 있는 게 따로 없었고, 굳이 말하자면 서양의 지식과 문화 등, 모든 분야에 걸쳐 있었다. 철학, 과학, 문학, 역사, 신학, 농학, 예술 등, 모든 분야를 망라해서 읽었다. 이 시기에 보인 그의 유일한 약점이라고 한다면, 숙제를 하지 않거나 일본과 중국의 고전 작품은 별로 공부하지 않았다는 것이다.[7] 그가 긴 세월에 걸쳐 모은 놀라울 정도의 지식의 집합은 후에 가가와의 이야기를 이해할 수 없다는 청중의 불만을 사게 되는 근본 원인이 될 정도였다. 그는 언뜻 봐서 전혀 관계없는 생각을 연결시켜 하나의 화제로부터 갑자기 다른 화제로 생각을 넘기곤 했기 때문이다.[8]

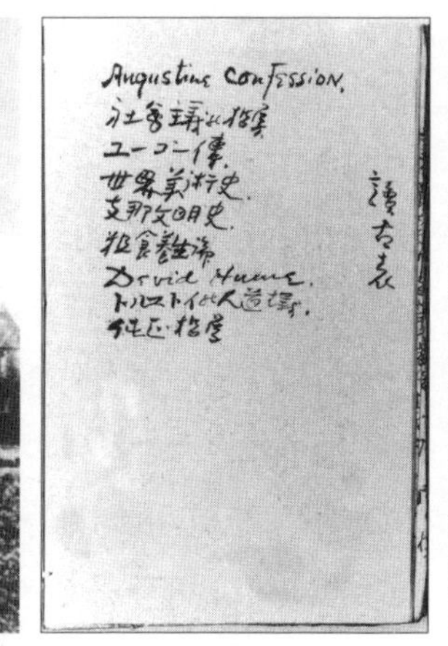

도요히코 재학 시절의 메이지가쿠인 도서관(좌)과 일기에 적은 독서표
ⓒ賀川記念館

마르크스주의(Marxism) 또한 이 젊은이의 마음을 사로잡았다. 가가와는 도서관의 마르크스 책에 몰두했고, 마르크스주의에 심취하도록 주변의 친한 학생들에게 권하였다고, 그의 동급생 무라타 시로(村田四郎)는 말했다.[9] 마르크스주의와의 첫 만남은 아마도 「평민신문」(平民新聞)이었던 것 같다. 그것은 1903년 12월 창간되었지만, 반전주의적 입장 때문에 1년여 만에 정부에 의해 발매 금지 처분을 당했다.

가가와는 자본주의에 대한 비판, 그 문제점 분석, 노동자 계급의 고통에 대한 동정 등, 마르크스주의에 찬동하는 부분이 컸다. 수 년 후에 그는 일본의 마르크스주의자들과 싸웠지만, 그때도 문제점을 지적하면서 자주 마르크스주의를 인용했다. 왜냐하면 일본은 유럽보다 100년 늦게 공업화가 시작되었으나, 마르크스, 엥겔스가 묘사한 1830년대 영국의 비참한 상황은 정확히 100년 후 일본에서 재현되고 있었기 때문이다.

가가와는 10대에 마르크스주의의 자본주의에 대한 평가를 받아들였으나, 평화주의자인 가가와는 마르크스주의자들의 폭력 옹호와 노동자 계급의 계급 투쟁은 거부했다. 마르크스주의에 동의할 수 없는 또 하나의 큰 이유는 마르크스주의가 인간을 오로지 경제적 동물로 정의하고 인간의 주관적이고 종교적인 측면을 무시하는 것에 있었다. 두터운 신앙심을 가지고 있던 청년에게 마르크스주의의 무신론과 종교에 대한 모욕은 받아들이기 힘든 것이었다. 이윽고 그는 가난한 사람들의 생활을 개선시키기 위해서 전력을 쏟는데, 젊은 시절부터 이미 인간이 가진 문제를 경제적 상황을 개선하는 것으로 해결할 수 있다고는 믿지 않았다. 마르크스의 철학이 무시한 인간의 종교적 차원과 내면의 변화가 없어서는 안 된다고 믿었다. 만약 종교의 신비로우며 동시에 윤리적인 것이 없다면 사회주의 그 자체는 개인의 존엄에 대한 경외심을 잃고 마음이 없는 비인간적인 것이 되어 갈 것이라고 그는 확신했다.

20세기 초 원리주의자들을 위협해 온 지적(知的) 발달을 – 오늘날에도 그들에게 있어서 아직 큰 문제가 되고 있지만 – 이 젊은 개종자는 기꺼이 받아들이고 있었다. 다윈주의에 분개하기보다는 가가와는 『종의 기원』에 의해 계발되었다. 더욱이 진화의 과정을 더 이해하기 위해서 그는 고생물학을 배웠다. 하지만 그는 마르크스주의의 계급 투쟁에 반대한 것과 같이 '적자생존'이라는 투쟁으로의 진화를 강조하는 다윈설에 의문을 제기하기도 했다. 그는 진화라는 것은 오히려 생물 간의 조화의 결과, 신의 계획에서 비롯된 수확이며, 무수한 형태의 아름다움으로 태어나려 하는 우주의 기적이며, 인간의 자유와 자각 아래 무한히 진보하고 계속 성장하는 것으로 여겼다. 전 생애를 통해서 그는 저서나 강연 중에 지구상의 생명의 발달에 대한 경의를 밝혔고, 열심히 지질학, 생물학 그리고 그 외의 다른 과학도 연구했다.

이러한 자연에 대한 감정은 종종 그가 자연을 바라볼 때의 기분을 표현한 자전 소설의 일부분에도 나타난다. 그의 독서는 '자연의 로맨스'(romance of nature) 안에 있어 이와 같이 자연에 관한 지식과 애정은 더 깊어졌다고 했다. 그의 독서는 명상을 돕고, 그의 명상은 독서를 도왔다. 고베시가 내려다보이는 롯코산(六甲山)을 산책할 때도 그는 식물 표본을 수집하거나 나무, 벌을 관찰하기도 했다. 신(神) 안에 존재하는 것들은 과학과 상관없는 것이 아니라 과학이 있음으로써 발달해 갔다. 그래서 그는 제럴드 말리 홉킨스(Gerard Manley Hopkins)가 남긴 다음 말에 감동하였다.

"세계는 신의 영광으로 가득 차 있다.

그것은 체로 잘 거른 금박이 빛나는 것처럼, 불꽃이 되어 타오른다."

막연한 신념을 구체적 사상으로

어린 나이부터 조숙했던 가가와는 인간의 힘이 미치는 세계의 진보에 대해서 황홀한 시적 감각을 반영하고 있었다. 그의 첫 작품은 1906년 방학에 도쿠시마에 돌아갔을 때, 「도쿠시마 마이니치신문」(德島每日新聞)에 7회에 걸쳐 연재한 '세계평화'에 관한 논문이다.[10] 이 야심찬 신진 지식인은 발전의 관점에서 칸트, 엥겔, 마르크스의 사상을 섞어가면서 예수의 생애에 대해 새롭게 해석하였다. 더 나은 민주주의와 진정한 세계 평화의 궁극적인 근원인 인간 정신의 해방을 향한 확실한 진보를 그동안 이루어 왔다고 그는 논했다.

가가와는 이 초기 작품에서 자본주의야말로 제국주의와 식민지주의의 근원이며, 전쟁을 일으켜 인간의 진보를 방해하는 것이라는 마르크스의 이론을 받아들였다. "그것에 대한 반대의 의견으로, 돈의 힘에 근거한 독재 정치에 맞서 싸우는 것은 사회주의다"[11]라고 그는 분명히 말했다. 자본주의와 제국주의의 힘은 더 올바른 사회의 출현으로 머지않아 소멸될 것이라고 낙관적이고 순진하게 예상하고 있다.[12] 그리스도교인이 해야만 하는 역할은 관계된 사회 건설에 기여하는 것이라고 젊은 시절의 가가와는 이미 결심하고 있다. 그리스도교인은 신앙을 가진 자신 안의 평화를 도모하면서도 그것을 세상에 펼쳐가야 한다고 확신했다.

> "이것이야말로 예수께서 '하나님 나라가 너희 안에 있으며, 하나님의 나라가 가까이 온 줄을 알라'(막 1:15; 눅 10:9-11; 11:20; 21:31)라고 하신 말씀의 의미다. 세계 평화는 그 도상에 있다. 그것은 가까워지고 있다. 평화는 우리의 마음속에 이미 존재하고 있다."[13]

젊은 가가와는 사회주의와 복음과 그리고 착취적인 경제 시스템에 의해 생겨난 장벽으로부터 인간의 정신을 해방하는 것의 필요성을 연관시켰다. 그는 자본주의의 결점을 들어 세계 규모의 전쟁과 고난은 식민지주의와 제국주의에 기인한다고 생각했다. 종교는 자기만족적인 경건주의, 웅장한 의식이나 교회관료(교권)주의에 갇혀서는 안 된다고 그는 주장했다. '하나님 나라'를 실현하기 위해서는 사람들의 행동을 일으켜야만 한다는 성서의 말씀을 그는 믿고 있었다.

가가와의 '해방신학'(liberation theology)이 나름의 형태를 잡아가고 있을 때, 그가 전개하던 제국주의 비판은 일본도 포함시키는 것이었다. 가가와가 다닌 고향 모교의 스즈키 겐타로(鈴木券太郎) 교장은 가가와가 논설을 실었던 「도쿠시마 마이니치신문」에 러일전쟁을 일으키는 일본의 입장을 정당화하기 위한 논설 "제국주의에 대해서"를 발표하였다. 그 내용에 대해 가가와는 여지없이 신랄한 비판을 가했다.[14] 이 젊은 철학자 가가와는 굳게 지켜져 온 부유층 계급에 무분별하게 지렛대를 놓아주는 정부의 농간을 공격하기 위해서, 자본주의가 위기를 되풀이하는 원인이라고 지적한 엥겔의 이론을 이용하였다. 그에게 글을 쓴다는 것은 권위에 도전하는 또 하나의 방법이자

가루이자와(軽井沢)의 오키노 이와사부로(沖野岩三郎)의 별장에서 열린 메이지가쿠인동창회(明治学院同窓会).
맨 앞줄 오른쪽이 가가와 ©賀川記念館

기회였다. 서구의 철학 지식을 능숙하게 구사하는 필력을 앞세운 이 억압받던 시골 청년은 일약 체제를 비판할 수 있는 작가로 발돋움했다.

이런 신출내기로서의 글들은 가가와에게 단지 처녀작 논문이라는 의미뿐만 아니라 경찰 조사를 받게까지 만들었다. 그는 일생에 걸쳐 여러 번에 걸쳐 감시를 받게 되지만, 이것이 그를 향한 첫 번째 감시였다. 1900년 제정된 치안경찰법(治安警察法)은 국가에 위협을 준다고 판단될 때는 언제든지 출판, 정치 단체, 노동조직 등을 탄압할 수 있는 권한을 정부에게 준 법률이었다. 이 법은 그 30년 후에 일본이 군국주의의 길로 접어드는 과정에서 점점 강화되어 갔다. 공적인 정보는 감시되고, 비교적 온건한 반대운동조차 탄압당하게 됐다.[15)]

그 후의 활동에 전조가 되는 또 하나의 경험은 단기 전도 여행이었다. 로건 선교사가 자전거를 타고 시골에 전도 여행을 갈 때, 고향에 내려와 있던 가가와는 로건 부인의 자전거를 타고 동행했다. 그는 이 시기의 추억을 결코 잊을 수 없다고 회고했다.[16)]

가가와는 성적(性的)인 면에서는 미숙했다. 그는 청년기 동안 계속 여성에 대해서 놀라울 정도로 내성적이었고, 여성을 숭배하듯 하며 조용히 멀리서 경이롭게 바라보았다. 그는 몇 번인가 비참한 실연(失戀)을 경험했으나, 이에 대해서 그의 자전 소설은 감정적으로 그리고 약간은 희화적으로 잘 묘사하고 있다. 그는 청교도적인 태도로 성욕에 대한 두려움과 성적 행동을 감춘 채 공상이나 저술에 몰입함으로써 그것을 승화시켰다. 그의 자전 소설 『태양을 쏘는 자』 안에는 도요히코를 모델로 하는 주인공 니미 에이치(新見栄一)가 나오는데, 그는 여러 명의 애인들 중에서 한 명을 아내로 고르는 공상을 하면서 병석에 눕고 있다. 아래는 소설에 묘사된 내용이다.

> “에이치(栄一)는 자신을 속이고, 기에코(喜恵子)를 속이고, 다마에(玉枝)를 속이고, 신(神)을 속이고, 사회를 속이는 것 같아서 거의 정신병 환자처럼 되어 병석에서 일어날 수가 없었다. 그가 지금까지 섬겨온 순수한 마음에 머물러 주신다는 신(神)은 먼 곳으로 도망가 버리신 것 같은 생각이 들었

다. 그는 삼손처럼 예언자로서의 영력을 잃어버렸다고 생각했다. 단지 그가 모든 결혼 제의를 취소하고 일생 독신 생활을 서약한다면, 신께서 다시 돌아올 것이라고 생각했다. 하지만 그는 결혼을 하고 싶다. 일생에 한 번만이 아니다. 순수한 처녀의 살갗을 만지고, 처녀의 가슴 뛰는 심장 소리를 듣고 싶다. 그리고 처녀의 마음의 피를 뒤집어쓰지 않으면 왠지 남자가 된 것 같은 기분이 들지 않는다.

그도 끓는 청춘의 피를 소유한 청년이다. 지금까지 몇 번이나 망설였다. 하지만 소녀의 피부는 한 번도 언급한 적이 없다. 그는 그 정도로 소심하다. 고베 하나쿠마(花隈)의 다마노야(玉の家)에서 고히데(小秀)와 기요노스케(喜代之助)가 잡아끌어서 에이치를 둘 가운데에서 자게 하였을 때에도, 그는 성적 관계를 맺지 않았을 정도로 소심한 남자였다. 하지만 그도 청춘의 피가 끓어 오르는 시기가 그리 길게 이어지지 않으리란 것을 알고 있었다."[17]

가가와는 그리스, 로마의 여신들도 그의 환상 속에 받아들였다. 성에 대한 태도에 관한 이런 이야기들은 자주 그의 강연이나 저서 안에 나타나 있다. 성에 대한 금욕과 순수함은 단지 성의 그리스도교적 규범이 아니라 일본 사회와 자신의 가족의 경험에 얽힌 그의 감정의 결과이기도 했다. 그리스도교에 입교하기 이전에도 그는 아버지와 형의 성적 타락을 비난하고 자신도 같은 덫에 걸리는 것이 아닌가 하는 우려를 몇 번이나 했다.

그 이외의 가족에 대한 문제는, 일본에서 일반적인 매춘으로 결부되는 방탕한 생활, 즉 그의 아버지에게서 볼 수 있던 '첩실(妾室) 제도'에 있다고 그는 생각했다. 어린 시절 곳간 안에서 발견한 춘화에 불쾌감을 느낀 가가와는, 그로 인해 일찍이 배운 불교와 유교의 가르침에 따른 삶을 살지 않는 이들에게 불결함을 느끼게 된 것이다. 성의 탐닉은 그에게 공포였다. 따라서 여성에 대한 순화된 환상은 그의 분명하고 강한 소망을 승화시키는 하나의 방법이었다.

하지만 가가와의 종교적 감정은 단지 억압된 성의 승화에 머물지만은 않았다. 성욕에 눈뜨기 훨씬 전부터 그의 종교적 경외심은 존재했다. 종교적 경험에 대해서는 각 개인이 서로 다른 능력을 가지고 있다. 가가와는 예술가나 운동선수 각자의 다른 재능을 가지고 있는 것처럼, 종교적인 특별한 능력을 부여 받았던 것이다.

1906년 여름 방학을 마치고 메이지가쿠인에 돌아온 그는 다시 열심히 공부를 계속해 갔다. 그 와중에 그는 또 하나의 항의운동을 일으켰다. 어느 일요일에 다카나와 교회(高輪教会)의 문 앞에 서서 형식주의적 종교에 항의했다. 그는 잔뜩 몸을 치장한 부인들의 주일 예배 출석을 비판하였고, 교회는 사교 파티를 위한 장소가 아니라고 외쳤다.[18] 이는 분명히 기성교회와 충돌한 그의 첫 번째 면모였다. 교회 측은 가가와가 세속적인 운동에 너무 적극적으로 관여하기 때문에 저런다고 비판하였으며, 한편 가가와는 교회가 그리스도교적 가치를 세상에 적용하는 일에 실패하였다면서 그들을 비난했다.

호기심 넘치는 청년들이 그러한 것처럼 가가와도 다양한 시도를 했다. 톨스토이가 그랬던 것처럼, 고기는 건강에 해롭다는 켈로그 박사(Dr. Kellogg)의 저서 『조식론』(粗食論, *water therapy*)에 감화를 받아 채식주의자가 되었다.[19] 사랑을 실천하려는 그의 노력은 동물의 세계에까지 미쳤던 것이다. 어떤 때는 길 잃은 고양이를 보살피기 위해 자신의 방에 데려온 적이 있었고, 혹은 진흙투성이의 개를 데려온 적도 있다. 개를 데려오지 말라고 반대하는 사람들에게 가가와는 이렇게 말했다.

> "누구라도 보기에 좋은 개는 도와주기도 하겠지. 하지만 불운한 들개들은 내가 나서지 않으면 아무도 돌보지 않을 것이다."[20]

심지어 그는 거지를 돌봐 주기 위한 시도도 하였다. 거지의 상처를 치료해주기 위해 방으로 데려오자, 같은 방을 쓰던 친구는 거지가 남기고 간 악취로 한동안 고생해야만 했다.[21] 가가와는 돈이 남으면 궁핍한 동료 학생들에게 건네주거나, 그리스도교에 회심하려는 거지에게 좋은 옷을 사 주기도 하였다.

하지만 이 젊은 학생이 허영이나 유혹에 넘어간 적이 전혀 없었다는 것은 아니다. 가가와의 초기 사진에서 잘 확인되듯이, 허세 부리는 자의식이 그의 얼굴에 고스란히 드러나기도 했다. 제복 차림은 이렇게 입는다든가, 전통 기모노의 스타일은 이렇게 한다든가, 가가와의 사진을 보면 그가 옷차림에 매우 신경 쓰는 청년이었음을 잘 알 수 있다. 어느 날 마이어스 박사가 학비로 보내준 돈으로 검정 깃에 하얀색이 들어간 깔끔한 학생복을 새로 맞춘 적이 있었다. 이내 마이어스 선생을 속였다는 후회가 밀려왔다. 극심한 양심의 가책을 느낀 가가와는 마이어스 박사에게 용서를 구하기 위해 사과의 편지를 썼다. 그리고 그 제복은 두 번 다시 입으려 하지 않았다.[22]

그는 우수했지만 조금은 유별난 지식인이었고, 신출내기 활동가로서 대담하게 역할을 수행하였다. 하지만 때로는 '괴짜'라고 불리는 대가를 치러야 했다. 어느 날 20명 정도의 학생이 그를 대학 야구장으로 끌고 가 '자칭 평화주의자 놈'이라고 심하게 폭행하는 집단괴롭힘 사건이 일어났다. 그는 저항하지 않았고 폭력으로 응수하지도 않으면서 "이 동기생들을 용서해 주소서"라고 소리 내어 기도했다.[23] 몇 년 후 그는 매우 유사한 역할을 사회에서도 감당하게 되는데, 이 사건은 그리스도교의 수난자로서 살아갈 미래를 위해 귀한 훈련의 기회가 되었다.

고베신학교 진학과 나가오 마키 목사와의 만남

1907년 3월, 메이지가쿠인 예과에서 학기를 마친 가가와는 미국 남장로교의 신학교로서 9월에 개교하는 고베신학교(神戸神学校, 훗날 중앙신학교)에 입학하기로 결심했다. 마이어스 박사가 그곳에서 교회사, 천문학, 음악, 그밖의 과목을 가르치도록 임명되었기 때문에 아마 가가와도 그 학교로의 진학을 결정하였을 것이다.[24] 신설된 신학교는 메이지가쿠인과 비교하면 보수적이었고, 도서관의 장서도 그렇게 많이 갖춰져 있는 것이 아니라서, 메이지가쿠인이 가가와의 기질과 성향에는 더 잘 맞았다. 하지만 마이어스 박사에 대한 깊은 충성심 때문에 전학을 결심했다.

가가와는 실업가나 정치가의 길을 거부했지만, 그렇다고 해서 기성 교회 안에서 자신이 만족할 만한 신선한 공간을 찾는 것도 쉽지 않았다. 실제로 그는 짧은 시간에 일자리를 구할 수 있었다. 고베신학교 개교까지 시간 공백이 있을 때, 도쿄와 고베의 중간쯤에 위치한 아이치현(愛知県)의 오카자키 교회(岡崎教会)에서 와치 마키타(和知牧太) 목사의 전도활동을 돕기로 하였다. 와치 목사는 논란을 야기하는 가가와의 정치사상에 대해서 간파하고 있었기 때문에, 교회에서는 사회주의 사상을 드러내지 말라고 주문했다. 물론 교회 안에서는 정치적 활동을 하지 않았지만, 외부의 다른 활동이 원인이 되었고, 결국 가가와는 7월에 이 교회를 떠나지 않으면 안 되었다.

나가오 마키 목사(좌)와 그의 평전(우) ©賀川記念館

어느 날, 극장에서 그 전년도 9월 러시아에 대한 일본의 승리를 공식 결정한 포츠담 조약을 둘러싼 '평화조약 비판 및 탄핵 대연설회'가 열렸는데, 그곳에서 대립하고 있던 정당들 간에 치열한 충돌이 빚어졌다. 오겠다고 선언했던 연사들이 대회 장소에 나타나지 않았기 때문이다. 가가와는 단상에 올라가 평화주의에 입각한 연설을 실시해서 군중을 진정시켰다.[25] 심지어 그는 실망하고 화난 군중들에게 입장권을 환불해 주겠다고 약속하였다. 하지만 환불을 위해 줄을 선 사람들 전부에게 돈을 돌려줄 수 없게 되자, 그는 자신의 가난한 저금 계좌에서 차액을 지불할 수밖에 없었다. 가가와는 이 일로 인해 무일푼이 되었고, 경솔한 행동을 문제삼은 오카자키 교회도 그를 해고해 버려 실업자가 되고 말았다.[26]

하지만 그는 거기서 30km 떨어진 도요하시시(豊橋市)의 일본기독교회(日本基督教会)에서 전도 활동을 돕게 되었다. 도요하시는 비단 명산지로서 직물섬유공업의 중심지였다. 자연스럽게 공단의 발전이 야기하는 세속적 풍토가

이 지역에도 만연해 있었다. 일본의 대부분 교회는 미국 소도시에서 쉽게 볼 수 있는 십자가 첨탑이 달린 소박한 느낌이 많았지만, 이곳 도요하시 교회는 미국 오지의 허름한 창고 같은 건물을 사용하고 있었다. 일반 주택의 1층이 예배당이었고, 2층이 나가오 마키(長尾卷) 목사의 거주지였다.

겸손한 나가오 목사는 그리스도교의 가르침을 실천하는 진정한 신앙인이었기에 금세 가가와는 나가오 목사를 향한 깊은 존경심을 갖게 되었다.[27] 나가오 목사는 10명의 자녀가 있었기에 가난하였지만, 근처의 곤궁한 마을 이웃들에게도 먹을 것을 나눠 주면서 돌보았고 복음을 전파하고 있었다. 가가와는 그때의 감동에 대해 다음과 같이 말하였다.

> "그(나가오)는 이 세상의 지위는 없었다. 대개의 목사는 가난하지만, 이 정도로 가난한 목사는 본 적이 없었다. 나는 1871년 그의 전도를 도울 생각으로 도요하시에 가서 그를 만났다. 나는 폐렴으로 그들의 낡은 2층에서 자게 되었고 매우 큰 신세를 졌다. … 나는 그의 활동 가운데서 평범한 '생명의 예술'(the art of life)을 발견했다. 나는 그를 통해 나 자신을 돌아보았고 이웃을 섬기라는 음성을 들었다. 예수가 하나님의 아들이요, 목수이셨듯이 나가오 마키의 삶도 그러했다. … 일본인은 몇 십 년 지나도 나가오 마키에게 많은 가르침을 받게 될 것임에 틀림없다. 나가오 마키는 가난, 박해, 고난으로 가득 찬 그리스도교의 길을, 신앙의 힘으로 극복해 나가는 무사적(武士的) 수행을 한 그리스도교의 무사였다. … 특히 그는 거지들을 지극히 공손히 대하며 잘 돌봤다. 자신은 힘들면서도 가난한 사람들을 도왔다. 일본의 목사 중에 내가 가장 감동하였고 영향을 받게 된 사람은 나가오 마키(長尾卷)이다. … 그의 얼굴을 보는 것만으로 나는 '종교의 예술'을 느꼈다. 나는 그가 완전한 그리스도교 예술의 모범이라고 생각한다. … 내가 고베의 빈민가에 들어와 빈민 전도를 생각하게 된 것은 나가오 마키로부터 배웠기 때문이다. … 나는 그를 통해 일본의 참 그리스도교를 배웠다."[28]

가가와는 모범적인 그리스도교인이라고 생각되는 사람을 찾았을 때는 항상 존경하고 칭찬을 아끼지 않았다. 나가오 마키 목사를 돕는 한편, 광신적이라 생각될 정도로 노방 전도와 설교를 실시했다. 그는 '거리의 전도사'(street orator)가 되었다. 이 곱상한 젊은이는 저녁마다 나막신을 신은 기모노 차림으로 북을 두드리며 도요하시의 빈민가를 돌아다니면서 누구든지 들을 만한 사람이 있으면 그들을 향해 복음을 전하였다. 만약 타인을 위한 희생이 개인적 구원의 열쇠가 된다면, 단연 그는 복음적 희생의 길을 걸어갔을 것이다. 진정한 신자는 좋은 소식을 나누지 않으면 안 되기 때문이라고 믿었다. 예수가 말씀을 전한 것처럼 베드로와 바울도 말씀을 전했다. 그리고 그들의 열렬한 신봉자들도 똑같이 열의를 가지고 말씀을 전했다. 폐결핵 징후가 나타나 몸이 아팠지만 늦더위와 비에도 아랑곳없이 가가와는 매일 6주간 천막 전도사의 열정을 품고 설교를 이어갔다. 비가 오던 마지막 날 밤에는 피곤에 지친 나머지 폐에서 괴사 현상이 일어났고, 40도가 넘는 열이 나서 쓰러지고 말았다.[29] 이때의 사건을 그는 다음과 같이 회고했다.

나가오 마키 목사 신앙 40주년 기념 전도집회 후(1919) ⓒ賀川記念館

"2년 동안의 대학 공부를 마친 직후인 19살의 여름, 나는 빈민가에서 전도 활동을 했다. 매일 혼자서 40일간 전도했다. 40일째의 밤 9시쯤이었다. 설교를 하는 중에 비가 오기 시작했다. 일주일간 나의 목소리는 점점 약해져 갔고, 비에 젖은 몸을 가누지 못해 나는 점점 비틀거리기 시작했다.

때로는 숨쉬기조차 힘들거나 극심한 한기를 느꼈다. 하지만 무슨 일이 일어나더라도 설교를 마치기로 마음을 단단히 먹었다. 나는 마지막으로 외쳤다. '저는 여러분에게 고합니다. 예수는 사랑입니다. 저는 쓰러질 때까지 하나님은 사랑이시라고 단언할 것입니다. 사랑이 있는 곳에, 하나님과 생명이 나타나는 것입니다!' "[30]

그는 열흘 가까이 위독한 상태로 병상에 누워 있었다. 이때 그는 신비한 사후 체험을 했는데, 그것은 그에게 오래도록 깊은 영향을 미쳤다. 이 체험으로 그는 신의 존재를 느꼈고 이 경험을 서술한 소설의 제목처럼 실로 『사선을 넘어서』의 체험을 한 것이었다. 이때 일어난 것은 잊을 수 없었고 어떤 확신을 그에게 주었기 때문에 몇 년 후 그가 쓴 것처럼 후의 그의 인생을 완전히 바꿔 놓았다.

"3일째에 나의 상태는 절망적이었다. 기침을 할 수 없어서 숨 쉬는 것도 겨우 할 수 있었다. 1주일 동안 나는 그저 기도하고 기다리면서 그 자리에 누워 있을 뿐이었다. 그리고 출혈이 심해지고 고열을 앓았다. 나는 죽을 때가 다가왔다고 생각했다. 의사는 '친구들에게 알리세요!' 라고 말했다. 해가 서쪽으로 저물어가고 있었다. 나는 베개 위에서 그 빛을 느꼈다. 4시간을 기도하면서 마지막 순간을 기다리고 있었다. 그때 나는 특별하고 불가사의한 체험을 했다. 신의 영혼을 느끼며 황홀해졌고, 신이 내 안에 있고 내 주위를 덮고 있는 것처럼 느꼈다. 나는 넋을 잃고 큰 기쁨에 넘쳤다. 그때 나는 한 컵 정도의 핏덩어리를 토했다. 그리고 다시 숨을 쉴 수 있게 되었고 열이 내려갔다. 나는 더 이상 '죽음' 이라는 것을 생각하지 않았다. 의사가 9시 반에 돌아왔다. 그는 실망했다. 그는 나의 화장 허가서를 쓰고 있었기 때문에 돌팔이 의사로 소문이 날까 봐 두려워하였던 것이다."[31]

가가와는 이 경험을 소설에서는 다음과 같이 썼다.

"에이치도 자기 손의 맥을 짚어보고 맥이 없다는 사실에 놀랐다. 하지만 그는 신이 그에게 위탁한 어떤 사업, 즉 빈민 문제를 통해 예수의 정신을 발휘해 보고 싶다는 목적을 이루기 위해서 빈민굴에서 일생을 보내는 성스러운 야심을 실현할 때까지는 죽지 않겠다는 확신이었다.

그는 죽음을 뛰어넘어 신비의 세계에 파고들었다는 어떠한 신념을 가지고 있었다. 그래서 그는 바닥의 마루 기둥에 전기 불빛이 반사되는 한 지점을 응시했다. 1분, 2분, 3분, 4분, 5분, 10분, 15분을 계속 응시했다. 그동안 그는 지금껏 경험해 보지 못한 불가사의한 경이로움에 휩싸였다. 그것은 응시하는 빛의 한 점이 무지개처럼 보이고, 자신이 누워 있는 방이 낙원같이 느껴지며, 곱지 않은 덮고 있는 이불이 마치 비단처럼 보이게 하였다. 그리고 그의 아버지 하나님의 손에 단단히 붙잡혀 있는 것, … 부(否) … 신은 아버지로 부르는 것보다도 가까이에 계신 존재이며, 자신 안에도 깃들어 계신 분이며 신 안에도 자신이 내재해 있다는 것을 실감하며 기쁨을 느꼈다. 그리고 그가 이 기쁨을 느끼자마자 열은 금방 떨어졌고, 맥은 완전히 정상으로 돌아온 것을 알고 스스로도 놀라워했다."[32]

가가와는 그에게 사명을 다할 힘을 준 신의 존재를 느꼈다. 가가와에게 신은 추상적이고 신학적인 대상이 아니라 지금보다 한층 더 직접적인 체험이 되었다. 설교를 더하여 다른 신비주의자같이 소설이나 시나 수필 등의 예술적 표현을 통해서 그의 경험을 표현한 것이다. 어떤 경우, 가가와의 신학과 신비적 경험은 그의 창작 작품으로 가장 잘 알 수 있다. 그것이 일본의 신학자 구마노 요시타카(熊野義孝)가 가가와의 신앙을 '시적(詩的) 그리스도교'(poetic Christianity)라고 말한 이유다.[33]

치명적이었던 결핵의 투병과정은 오히려 고난을 극복하도록 이끄는 믿기 힘들 정도의 에너지를 그에게 부여했다. 그것은 그의 의지를 단련시켰고, 인내력을 키워서 폐병, 트라코마, 신장병, 결핵성 치루, 축농증, 심장병 등, 일련의 질병으로 고통 받게 될 인생을 견딜 수 있게 하는 준비이기도 했다. 그는 투병의 경험을 역으로 이용하고 좋은 기회로 삼아 같은 질병을 앓는 사람들에게 조언을 하기도 했다. 하지만 그는 사람들의 고난을 자신의 일처럼 아주 예민하게 느끼는 사람이었다. 그래서 오랜 세월 가가와는 적절한 의료 제공을 위한 논의와 그것을 구체적으로 실행하기 위한 방법을 확보하기 위해 온 힘을 쏟았다. 그는 자신이 겪는 고통과의 싸움에서는 금욕적이었지만, 타인의 아픔을 누그러뜨리는 일에는 노력을 아끼지 않았다.

그는 병이 조금씩 호전되면서 고베신학교에서 다시 공부를 시작했다. 하지만 도서관에 가는 것을 즐겼던 지적이고 자유로운 분위기의 메이지가쿠인과는 다른 환경과 맞닥뜨렸다. 새로 세워진 이 신학교에서는 진화론에 반대하는 근본주의적인 입장을 견지하는 교수들이 있었기 때문이다. 공부를 하는 한편, 가가와는 새로운 노방 전도에 나섰는데 그곳은 신학교에서 1킬로미터 반 정도 떨어진 이쿠타가와(生田川) 강을 건너가야 나오는 후키아이신카와(葺合新川)의 빈민가였다. 그곳에서 1주일이 지나자, 그는 병이 재발하여 시달리기 시작했다. 결국 마이어스 박사는 그를 고베위생병원에 입원시켰고, 회복을 위해 고베 동쪽 아카시시의 미나토병원(湊病院)에 옮겨 입원시켰다. 그 경비는 전부 마이어스 박사가 지불하였다.

아마 가가와는 마이어스 박사에게 계속 부담을 주고 싶지 않았을 것이다. 4개월 후에는 그곳을 나와서 아이치현의 도요하시로부터 8km, 가마고리역

고베신학교 교정에서 찍은 단체사진(두 번째 줄 가운데가 가가와)
ⓒ賀川記念館

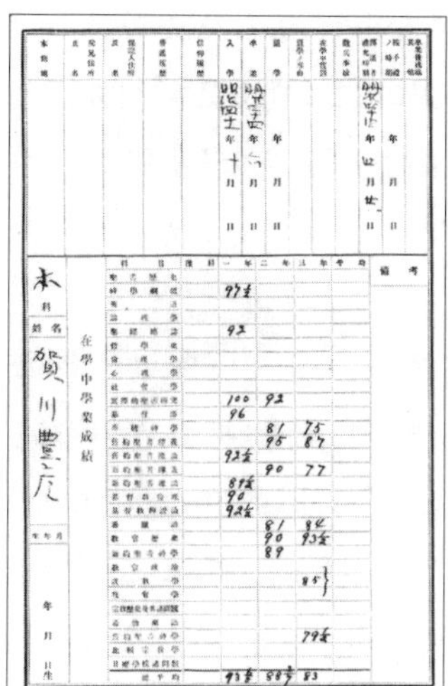

在學中學業成績

賀川豊彦

KOBE THEOLOGICAL SCHOOL

神戸神學校 卒業證書

HOLY BIBLE

Under the care of the Southern Presbyterian Mission.

This

DIPLOMA

is awarded to

Toyohiko Kagawa

on his completing the course of studies required by this institution

Faculty

고베신학교 재학 당시의 성적표(좌)와 졸업장(우) ©賀川記念館

에서 1km 반가량 떨어진 아츠미만의 후소라는 어촌 마을로 들어갔다. 폐결핵 요양에는 깨끗한 공기가 좋다고 믿었기 때문이다.[34] 1908년 1월부터 9월까지 어부들이 쓰던 허름한 빈집을 한 달에 1엔으로 빌렸다. 그가 인생의 후반에 주장했던 검소한 생활을 하였다. 생선은 풍부하고 저렴했고, 야채, 과일, 계란, 두부 등을 먹으면서 자취 생활을 이어갔다. 그의 한 달 생활비는 15엔에 불과했다.[35]

'사선'을 넘나든 투병과 문학 작가의 탄생

한적한 환경은 건강에 매우 좋았다. 설교를 해야 하는 빈민가도 없었고, 읽을 책도 적었으며 숙제도 없고 현대적인 과제에 관한 열띤 논란도 없었기 때문이다. 마을 사람들은 그를 따뜻하게 맞아 주었고 친하게 지냈다. 마을 사람들을 위해서 편지를 대신 써 주거나 아이들과 놀이를 하기도 했다. 교육적인 의견이 필요할 때는 상담을 해 주기도 했다. 봄에는 마을 어부에게 이끌려 밤에 고기잡이에 함께 나가기도 했다.[36]

가가와는 완전히 고독한 생활을 한 것은 아니었다. 그가 쓰고 있던 습작 소설 『오두막 일기』에 따르면 고베나 도쿄 근처의 교외 마을을 여행하는 것으로 나온다. 그것은 전보다 훨씬 평온한 생활이었다. 가가와에게 자연 환경이나 철학적 사상이나 자신에 대해서 명상할 수 있는 자유로운 시간이 주어진 셈이었다.

그의 장래와 관련해서 이 시기가 가장 중요한 의미를 지니게 된 것은 조용히 집필 활동에 집중하는 시간을 가질 수 있었다는 점이다. 12년 후 최종 완성되었을 때, 그를 일약 스타 작가로 만든 소설 『사선을 넘어서』의 초고를 그곳에서 쓴 것이다. 가가와는 그 시절 아주 적은 돈밖에 가지고 있지 않았지만, 헌 잡지를 원고지 대신 사용해서 먹과 붓으로 소설을 썼다. 소설의 원제는 『비둘기 흉내』였는데, 이것은 성서의 마태복음 10장 16절의 말씀에서 따온 것이었다.

> "보라 내가 너희를 보냄이 양을 이리 가운데로 보냄과 같도다 그러므로 너희는 뱀 같이 지혜롭고 비둘기 같이 순결하라."(마 10:16)

이 성경 구절만큼 가가와에게 잘 어울리는 문장은 없을 것이다. 지적인 독서가였고, 예리한 두뇌 회전으로 거짓된 권위에 도전할 수 있다는 의미에서 그는 지혜로운 뱀과 같다. 동시에 가난한 사람들에게 헌신하는 모습과 모든 불의에 비폭력으로 대하는 것은 온유하고 순결한 비둘기와 같다. 가가와는 그리스도교인이며 메이지가쿠인의 졸업생이었던 그 당시, 소설가로 명성이 높았던 시마자키 도손(島崎藤村)에게 겁도 없이 자신의 소설을 보여주었다.

시마자키 도손

수 년 후에 쓴 편지에서 가가와는 소설을 쓴 동기와 운이 좋았던 환경에 대해서 서술하고 있다. 이윽고 1920년 소설이 출판되자, 그 책은 놀랍게도 베스트셀러가 되었다.

“폐병 회복을 위해 아카시(明石)의 병원을 떠나, (아이치현의) 미카와·가마고리에 있는 어부 별채로 옮겼을 때, 나는 홀로 지내는 것이 너무 외로워서 매일 소설을 쓰기 시작했습니다. … 그렇게 소설을 쓰고 싶어진 이유는 내 작은 가슴에 과거의 슬픈 경험이 너무 심각하게 남아 있었으나, 종교적으로 변해가면서 나의 마음도 함께 변화해 갔다는 사실을 꼭 소설로 쓰고 싶었기 때문입니다. 집필을 마쳤을 때 나는 시마자키 도손 선생에게 한번 보여드린 적이 있었습니다. 그러자 선생님은 정중한 편지를 보내 주셔서, 몇 년간 더 깊은 수준으로 스스로를 성찰한 뒤에 정리하여 세상에 발표해도 늦지 않겠다고 말씀하셨던 것입니다.

그 후 폐병은 점점 회복되었고, 저는 빈민굴에 들어갔습니다. 그리고 13년이 흘렀습니다. 13년째 되던 해에 가이조샤(改造社)의 야마모토 사네히코(山本実彦) 선생이 빈민굴의 내 사무소까지 찾아와서 그 소설을 출판하자고 제안하셨습니다. 그 결과 나는 『사선을 넘어서』 상권 뒷부분의 3분의 1을 새로 써서 첨가했습니다. 그때 저는 앞의 3분의 2에 해당되는 문장이 너무 거칠고 서툴다고 생각하였습니다. 하나를 고치기 시작하면 전체를 고쳐야 하였지요. 하지만 왠지 피를 토할 때 쓴 내용들은 실로 엄숙하고 그 당시의 제 기분을 가장 진실하게 표현하였던 문장들이었기 때문에, 더 유려한 문장보다는 저의 진솔한 심정을 택하고 싶어졌습니다. 결국 서툰 문장들일지라도 있는 그대로, 그때의 엄숙하였던 피 토하는 심정을 남겨두기로 했습니다. 그로 인해 『사선을 넘어서』 전반부를 보면, 제대로 다듬어지지 않은 부분도 있지만, 더 뺄 것도 늘릴 것도 없을 만큼, 그 당시의 심정이 잘 표현되어 있는 것도 사실입니다.

(이 소설의) 모델 말입니까? 그것은 제 주위의 사람들에게 물어보세요. 저의 심정을 적다 보니 모델에 대해서는 말할 수 없는 많은 사정이 있습니다. 몇 번인가 아리시마 다케오(有島武郎) 선생이 말씀하신 것처럼, 소설은 소설이지만, 사실 그 이상의 진실함이 작품에 깃들어 있다고 합니다. 저도

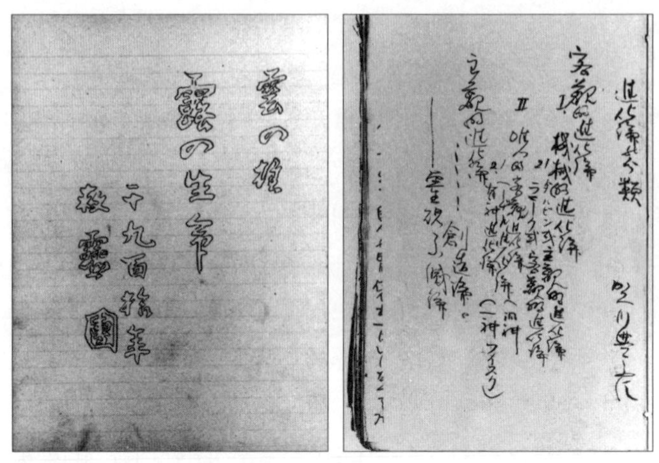

결핵 투병 중에 슬럼의 생활에 대해 쓴 가가와의 일기. 오른쪽은 「暇な蒲郡」의 일부 내용 ©賀川記念館

아리시마 선생의 표현 방식으로 이 부분의 이해를 구하고 싶습니다.

저는 그 소설이 반드시 성공한 소설이라고 생각하지는 않습니다. 그것은 잡지 「카이조」(改造)에 연재하였을 때, 너무 서툰 부분이 많아 저부터가 조마조마하였지요. 그러다 보니 책으로 묶여 나왔을 때, 그토록 많이 팔리는 걸 보면서 놀라지 않을 수 없었습니다. 하지만 지금 와서 생각해 보면, 독자는 역시 제가 생각한 대로 서툰 문장은 넘어가 주고, 제가 쓰고자 하였던 '그 마음의 역사'(the history of my heart), 즉 마음의 변화 과정을 전체적으로 읽어 주셨다고 생각해서 참 감사하고 있습니다."[37]

위의 글은 문장가 혹은 비평가로서의 가가와가 자기 작품의 한계를 충분히 자각하고 있었음을 보여준다. 그것은 그의 '신학'이 지적 체계를 통해서 표출되었다기보다, 그가 창작한 작품을 통해서 표현된다는, 이른바 '시적(詩的) 그리스도교'의 이상을 엿볼 수 있게 한다. 즉 가가와는 예술가였던 것이다. 이 사실은 그의 다른 많은 업적 사이에서 잊혀지기 쉬운 부분이다.

그는 자기 소설의 문체적 한계에 대해서 솔직하고 겸허하게 평가하고 있으나, 그것은 그 당시 사람들의 반응을 상기시킨다. 당대의 유명한 대중 소설가이자 문예평론가였던 기쿠치 간(菊池寬)은 세련된 문체만이 문학의 유일한 가치는 아니며, 이야기의 내용이 미적(美的) 의식을 가지고 있는 것이라고 논했다. 가가와의 소설에 대해서는 다음과 같이 고백하였다.

"문학계에 속한 한 사람으로서 나는 상당한 반감을 갖고 이 작품을 읽기 시작했다. 그리고 '그는 못 썼다. 못 썼다' 라고 생각한 몇 부분에서조차, 내 눈에서 눈물이 차오르는 것을 어찌 할 수가 없었다."[38]

가가와는 당시 일본의 지배적 풍토였던 '예술을 위한 예술' 형태의 문학에서는 거의 가치를 발견하지 못했다. 처음부터 가가와의 소설과 시는 우아함을 배제하더라도 사회 문제에 깊이 관계했다. 이러한 미학(美學)은 그의 자전적 소설에 등장하는 에이치가 1912년에 메이지 천황(明治天皇)의 죽음에 대해 고찰하는 대목에서 더욱 강조되어 있다.

"에이치는 세상의 급속한 변화에 별로 개의치 않았다. 메이지에서 다이쇼로의 변화가 어떻게 되든, 정치체제가 어떻게 바뀌든, 문학계가 어떻게 바뀌든, 그것은 에이치에게 별로 중요하지 않았다. 자기 주변의 빈민조차 구하지 않는 ×××의 정치가 어떻게 변할 것인가의 문제는 에이치에게 상관없는 일이었다. 문학도 같았다. 일본 전국의 80-90%를 차지하는 가난한 사람들에게 다가가지 않는 문학이라면, 그런 것은 어찌 되어도 상관없었다. 귀족의 심심풀이나 난봉꾼의 노리갯감으로서 무슨 무슨 백작이 무슨 무슨 따님에게 반해서 무엇 무엇 했다든지, 누구 누구의 아드님이 아무개 기생과 무엇을 했다든지, 그런 내용의 작품을, 에이치는 문학이라고 여기지 않았다. 예술지상주의가 뭔지 모르겠지만, 남의 집에 몰래 들어가서 생선을 훔쳐 달아난 도둑고양이가, 지붕 위에서 어울렸다고 해서 그것이 예술이 된다고는 생각하지 않았다."[39]

이 소설을 쓴 가가와의 주된 목적은 자신과 자신의 내면적 생활, 그리고 마음의 움직임을 그리는 것에 있었다. 이 책이 1920년에 독자의 마음을 사로잡은 것은 결점도 많지만 그것이 일본 도시의 떠들썩함이나 풍경을 잘 그려냈고, 그 시대의 지적(知的) 흥분 상태를 잘 전했기 때문이다. 가명이었지만 등장인물의 대다수는 실존 인물이었다. 그들의 행동이나 대화는 가가와가 말하고 싶은 것, 즉 당시의 젊고 총명한 고민 많은 지식인이 무엇을 느끼고 있었는지를 정확히 전달했다.

소설가가 자주 하는 작업이지만, 가가와도 자신의 소설에서 역사적 사실을 조금 바꾸었다. 예를 들어, 적대적 관계로 표현되는 그의 숙부는 주인공의 아버지로 바꾸었다. 그의 성장, 질병, 마음의 변화, 압력, 성격의 형성 등은 자전적으로 자세히 그려졌다. 이 책은 가가와가 직접 잘 알고 있는 가난한 사람들의 모습 등, 이 시대의 사실에 입각한 풍경들을 선명하게 그리고 있다는 점에서 서구의 독자들에게는 특히 유익하다. 서구의 사상을 급속하게 받아들이면서 발생한 여러 흥분 상태와 혼란을 소개하고 있기 때문이다. 성실하고 심지 곧은 10대의 주인공이 어느 날, 영광의 착각 속에서 괴로워하며 갑자기 공허함을 느끼게 된다. 그는 종교적 도취와 성적 환상을 경험한다. 이 소설은 단지 젊은 가가와뿐만 아니라 20세기에 펼쳐지는 근대 일본(new Japan)의 이야기인 것이다.

가가와는 1908년 아이치현 바닷가의 고독한 오두막에서 홀로 소설 초고를 쓸 때 가졌던 몇 가지의 고민에 대해서 다시 생각에 잠겨 말하였다. 그는 일기에다 고요함 속의 선별적 감정을 기록하고 있는데, 그것은 종교에 대한 사상과 인간이 그 가능성에 연결되어 있는 한 발전을 거듭하여, 인생의 투쟁에 도전하는 것으로 확장해 가는 과정이었다. 그래서 가가와는 "일기는 우리가 어려운 문제에 처해 있는 한 존재하는 것이다"고 썼다.[40]

고난, 도전, 역경은 어떤 의미에서 개인적 부활로 이끌 '십자가'일 수 있다고 보았다. 그래서 가가와는 젊은 시절부터 그러한 내용을 반복 서술하고 있다. 종교적 정적주의(静寂主義), 고통으로부터의 전적인 해방의 요구, 명상적 세계로의 도피에 대한 거부 등이었다. 바닷가에서 고독하게 생활하면서 그는 '속죄애'의 사상을 전개했다. 그 '속죄애'란 이 세상과 깊이 관계하는 행위를 통해서 인간은 성장해 나간다는 것과 인간과 인간의 사이를 가르는 것은 이웃에게 봉사하는 것으로 없어질 것이라는 개념이었다.

4월까지 그의 건강은 징병 검사를 받게 될 정도로 회복하였다. 결과는 병종합격(丙種合格)으로 '징병유예' 판정이었다.[41] 그가 이런 경험을 했다는 것은 그의 평화주의가, 그의 이상주의적 초기 사상을 근간으로 하였어도, 무조건적인 것이 아니라 어떤 상황에서의 윤리였다는 것을 나타내고 있다.

가가와는 점점 건강이 회복됨에 따라 자신의 생각을 더욱 명확히 해갔다. 그는 전보다 자연의 가치를 중요시하고, 모든 생물에 대해서 한층 더 깊은 애정을 품었다. 그는 가난한 가운데에서도 떠돌이 개들에게 먹을 것을 주었고, 오두막의 작은 불단(佛壇) 주위에 똬리 트고 있던 뱀과도 사이좋게 지냈다.[42] 그의 말에 따르면 "영혼을 정화하는 자연의 청아함을 발견한 것"이다. 그는 "자연은 영혼의 새로운 옷"이라고 생각했다.[43]

그의 건강 상태가 좋아졌다고는 해도 발작은 결코 없어지지 않았다. 9월에 고베신학교에서 공부를 재개한 지 얼마 안 되어서 축농증(蓄膿症)이 발병했다. 다음 달 그는 효고현립병원에 입원했다. 수술 후 폐가 충분히 회복되지 않았고, 오히려 더 악화되어 위독한 상태가 되었다. 가가와가 병원에 입원한 후 17일 동안 마이어스 박사와 동급생들은 그의 곁에서 철야로 간호했다.[44] 히라타케 다츠(平竹辰)라는 친구는 만일의 경우에 대비해서 가가와의 장례를 준비하기까지 했지만 가가와는 기적적으로 회복했다. 11월에는 결핵성치루 수술을 받기 위해 교토제국대학(京都帝國大學) 병원으로 옮길 수 있었다.

두 번의 임사(臨死) 체험 과정에서 가가와는 확실히 신과 언약을 맺었다.

> "만약 당신께서 나를 살려주신다면, 나는 빈민굴로 들어가 당신의 자녀들을 섬기겠다고, 나는 신에게 말씀드렸다."[45]

두 번의 큰 고비(도요하시에서의 결핵 투병과 이번 고베에서의 투병) 가운데, 가가와가 이와 같은 결단을 하도록 이끈 쪽이 어느 쪽인지는 정확하지 않다. 다만 소설에는 두 번의 병, 그리고 신비 체험과 가난한 사람들을 섬기기로 한 결심을 함께 서술하고 있다. 설교나 강연에서도 그는 어느 쪽 병으로 결심을 굳혔는지 늘 모호하게 말하였다.

어느 쪽이든 간에 가가와의 결심을 더욱 확고히 한 계기가 또 있다. 호나미(穂波) 목사가 목회하던 교토고조(京都五条)의 교토요시다기독교회(京都吉田基督教会)에서 요양하는 동안에 가가와는 존 웨슬리(John Wesley)의 전기를 읽고 더욱 결심을 굳히게 되었다. 믿음을 행동으로 옮긴 웨슬리는 폐병을 앓으면서도 도시 빈민들을 위해 헌신적으로 일하는 모범을 보여주었다. 그는 영국 옥스퍼드대학(Oxford University)에서 '신성구락부'(Holy Club)를 조직했다. 1주일에 2회 단식을 하고, 엄격하게 프로테스탄트의 수도 생활을 실천하는 동아리였다. 가가와는 웨슬리의 업적과 가톨릭적인 수도원 운동의 성격 모두에 대해서 자주 높게 평가했다. 왜냐하면 그것은 원시 그리스도교 공동체를 재창조하는 제도적 방법이었기 때문이다. 많은 종파 혹은 교파로 나누어져 다원적인 종교 전통을 가진 일본인으로서 가가와는 서구 기독교가 가지는 엄격한 교파적 구별에 당황하고 난처해하고 있었기 때문이다. 가가와는 종파 문제로 다툰 적은 없었고, 오히려 철저한 초교파주의자였다. 그는 장로교회의 신자로서 세례를 받았고 일생 장로교 신앙인이자 목사로 살았지만 교파간의 논쟁과 그리스도교 교회 내의 분열이나 관용 없는 배타성에 대해서는 비난하였다.

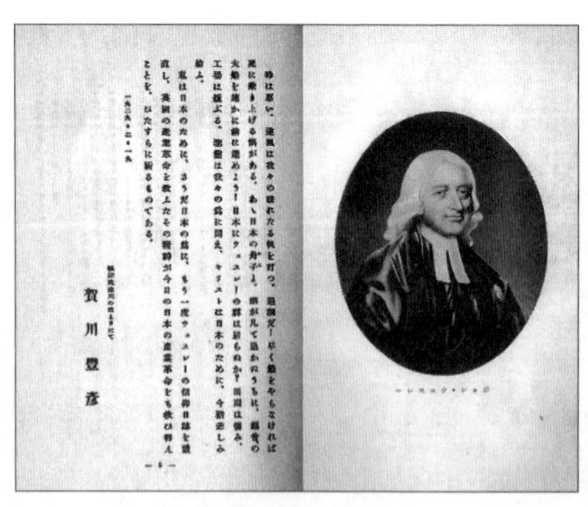
賀川豊彦

결핵 투병 중에 존 웨슬리의 삶과 신앙에 감동한 가가와는 훗날 『존 웨슬리의 신앙일지』(ジョン·ウェスレー信仰日誌, 教文館出版部, 1929)를 번역 출간하기까지 하였다.

1908년 말부터 1909년 초의 겨울, 그가 건강을 회복해 학교에 돌아왔을 때, 그는 한동안 중단했던 독서에 다시 욕심을 내기 시작했다. 그것은 러시아 아나키스트(무정부주의자) 크로포트킨(Peter Kropotkin)의 『빵의 쟁취』(1892)나 마르크스 연구자 후쿠다 도쿠조(福田德三)의 『일본경제사론』 등이었다. 가가와는 발전하기 위한 원동력이 되는 '협동'(협조)의 이론을 확실히 크로포트킨으로부터 배웠다. 고베신학교의 소장 도서는 한정되어 있었으므로, 가가와 등의 학구파 학생들은 관세이가쿠인(関西学院)의 도서관까지 자주 책을 빌리러 갔다. 또한 그는 교수나 동료 학생들로부터도 책을 빌렸는데, 반드시 하루나 이틀 밤 사이에 다 읽고 돌려주는 것으로도 유명했다. 그가 브리태니커 백과사전 전권을 몇 달 만에 다 읽었다는 전설적인 이야기도 있다.

후쿠다 도쿠조는 도쿄상과대학(東京商科大学, 현 히토츠바시대학) 출신의 경제학자로서, 독일에 유학하여 루요 브렌타노(Lujo Brentano, 1844–1931)의 영향을 크게 받았다. 귀국 후 모교 교수가 된 후쿠다는, 일본 경제학의 여명기에 신역사학파 및 사회정책 이론의 보급에 힘썼다.

가가와는 독일어를 독학하였는데, 한동안 다른 독서를 그만두고 매일 독일어에만 집중할 정도로 열심이었다. 그것은 독일의 철학서를 원서로 읽어내기 위함이었다.[46] 그는 이때의 지식을 『사선을 넘어서』에서 고전적인 여러 독일 저서를 인용하는 방식으로 표현하고 있다.

권위에 대한 그의 또 하나의 저항은 신학교에서 일어났다. 가가와는 네 명의 학생과 함께, 그들이 존경하는 히브리어 학자 아오키 초주로(青木澄十郎) 교수의 파면에 항의하기 위한 데모를 조직했다. 아오키 교수는 성서고등비판, 즉 성서 연구에 '과학적' 방법을 도입한 인물이었다. 그 방법은 고대의 문헌을 다루는 것과 같이 성서의 출전, 원작자, 성립의 연대를 끈기 있게 분석하여 설명하는 것이었다. 가가와는 이런 유형의 연구 방법을 지지했다. 그 이유는 가가와의 고고학과 역사 연구의 방법론에 관한 지식이 깊어진 것, 거기에다 그의 기본적인 신앙이 이제는 실존주의적 신앙으로 자리 잡아 '과학적' 탐구로 인해 그 신앙이 위협받을 일이 없어졌기 때문이었다.

교장 대리는 데모 주도자의 퇴학 처분을 예배당의 예배 시간에 공표했고, 그들이 예배당을 떠날 때 그 한 명 한 명을 불러 마지막 악수를 하기까지 했다. 활동가 지망생이었던 가가와는 이 사건을 그리스도교인으로서 권위를 향해 마땅히 해야 할 저항으로서, 마치 연극을 하는 듯한 무대로서 이용하였다. 가가와는 눈물을 흘리면서(그의 특징 중 하나이기도 하지만) 일어나 학교의 행위를 규탄하였다. 그의 정확한 표현은 알 수 없으나 엑슬링이 재현한 표현은, 많이 성장한 가가와의 독립심과 조화를 이루고 있다.

> "그리스도교는 사랑의 종교입니다. 신학교는 사랑의 학교입니다. 사랑의 학교라면 잘못을 저지른 학생을 가르치고 이끌어주는 것이 당연합니다. 신이 어떤 사람도 버리지 않는 것처럼 신학교는 어떤 학생도 퇴학 처분과 같은 심한 처분을 하면 안 됩니다."[47]

그는 거기에다 그리스도교적 논리(Christian logic)를 집어넣어 "어찌 됐든 저 이외의 네 명의 학생들은 용서해 주십시오. 저 한 명만을 퇴학시켜 주십시오!"라고 덧붙였다. 이를 통해 타인을 위해 자신을 희생한 예수와 같은 역할을 의식적으로 달성해 냈다.[48] 이 경우 다른 학생을 위해 자신의 학업을 포기하겠다는 것이었지만, 말 그대로 그 비타협적인 '완고함' 마저도 예수와 닮으려 했던 또 하나의 사례라 할 수 있다. 그것은 실제로 훌륭한 전략이었다. 가가와는 결국 승리했고, 그를 포함하여 학생 전원이 복학할 수 있었기

고베신학교 동창들과 함께(1910) ⓒ賀川記念館

때문이다.

하지만 이 시기는 어떤 면에서는 매우 어두웠다. 신과 하나 된다는 도취감과 함께 가난한 이웃을 위해 봉사한다는 내면의 맹세에도 불구하고 가가와는 심각하게 침체되어 있었다. 병, 실망, 소명을 수행할 수 없다는 무력감, 이제는 신의 품 안에 안겨 있지 않다는 생각과 같은 회의가 그를 괴롭혔고, 어느 순간에는 그를 자살 충동에 가까운 상황으로까지 몰고 갔다. 이런 절망은, 그의 소설 속이나 아래의 일기에 뼈저리게 표현되어 있다.

> "1909년 1월 20일(수)
> 기숙사에서 폐병 환자 배척운동이 일어났다. 새 집을 찾아야만 살 수 있다.
> 1909년 1월 22일(금)
> 독일어 공부하고 돌아와서 플루타르크를 읽었다. 재미있다. 자살의 꿈!
> 1909년 1월 23일(토)
> 서양 의사는 나에게 절대로 완쾌될 수는 없다고 말했다. 나를 믿지 않는 것 같다. 자살을 하고 싶다. 자살!"[49]

플루타르크(Plutarch, 46?–120?)는 그리스의 역사가로 *Parallel Lives of Illustrious Greeks and Romans*(영웅전) 등의 저자이다.

그는 계속 소설을 쓰고 있었지만 거의 위로가 되지 않았다.

> "1909년 1월 29일(금), 30일(토)
> 집필 중인 소설의 일곱 장을 반나절에 걸쳐 수정. 창작의 고통을 외쳐 본다. 17장까지 읽고 스스로도 질린다. 전혀 재미가 없다."[50]

더욱 심각했던 것은 그때까지 그를 지탱해 주었던 신앙마저 잃을 수도 있었다는 점에 있었다. 몇 달 후 기록된 그의 일기는 큰 소리로 절규하고 있다.

> "1909년 4월 11일(일)
> 애사(哀史, 슬픈 역사)로다. 애사(哀史)로다. 광기인가, 자살인가?

그리스도교라고 해도 거짓말이다. 경제 위에 아무런 권위도 없다. 아아! 지칠 때까지 압박당하는 이 아이. 울고 또 운다. 이 약한 몸뚱이를 유지하기 위해.
1909년 5월 30일(일)
나는 완전히 절망이다. 절망이다. 절망이다. 인생의 가치를 완전히 의심하며, 이제는 다 끝났다. 밤새도록 울었다.
1909년 5월 31일(월)
절망,
절망,
절망,
절망, 자살. 인간은 모두 거짓이다."[51]

그는 낙담하고 의기소침해 있었지만, 일종의 철학적 돌파구를 새롭게 모색했다. 그것은 『무의 철학』(*The Philosophy of Negation*)에 나오는 것인데, 죽음이라는 문제의 해결은 개인에게 있어서 최대의 과제라면서, 가가와는 죽음의 시야 속에 모든 가치를 두었고, 그 하나의 선택으로 자살을 생각했다.

"아! 현재는 과연 가치가 있는가? 이 가치 없는 세계를 과연 신이 만들었을까? 우리의 생존은 신의 행위인 것일까? 인간의 육체적 행위의 결과인 것일까? …
예전에는 죽을 생각으로 살면 된다고 말했지만, 지금은 살아 있는 것만큼 힘든 고통이 또 있으랴. … 아! 생존의 가치가 근본으로부터 의심된다. 인간은 몇 번 사는 것인가? 아! 그냥 해결할 수 있는 길은 이것이다. 죽는다! … 죽는다! … 죽음, 죽음, 죽음….
아! 나도 신과 같이 싸운다. 아! 신도 괴로워하고 있을 것이다. 신이시여, 신이시여…."[52]

엑슬링과 같은 초기의 가가와 전기 저자들에 의하면, 갑작스런 회심을 통해 우뚝 선 이상화된 가가와의 이미지가 지배적이다. 하지만 그와 달리 가가와의 신앙은 깊은 회의를 통해 수렁에 빠지거나 멈추기도 하면서 여러 단계를 거치면서 전개되고 있었다.[53] 그의 죽음에 대한 이해는, 매우 복잡한 발달 단계에 있어서 최종 국면 중 하나였다. 영혼이 요동칠 것 같은 계시가 있은 후에 다시 그와 같은 수준의 깊은 절망이 다가왔다. 그리고 영광이 소멸된 후에 타인을 위해 자신을 희생하는 불타오르는 소망을 품게 된 것이다.

가가와는 일시적으로 인생에 대한 생기 넘치는 태도로부터 방향을 바꾸어 끊임없는 고통으로부터 벗어나게 해주는, 즉 신비한 세계로의 해방을 이루어 줄 것만 같은 죽음을 받아들인 것으로 보인다. 예수가 십자가 도상에서 느끼신 것과 같이 가가와는 마치 이미 죽음의 강을 건넌 것처럼 느끼고 있었다. 예수가 그 길을 걸어가신 것처럼, 아무리 무겁다 할지라도 그는 십자가를 지고 죽을 결심을 하였다. 그의 광명은 생각할 수 있는 한 가장 고귀한 방법으로 죽는다는 극심한 노력을 기울이는 것이었다. 세상 사람들은 예수가 십자가를 진 목적에 대해서는 깊이 성찰하고 있지 않지만, 그는 예수가 한 것처럼 자신을 희생시키고자 했다. 가가와는 그것을 '속죄애'(贖罪愛, redemptive love)라고 불렀다.

그는 어린 시절에 정신적으로 외톨이였기 때문에 보통의 젊은이들과 비교해서 오해받는 수난자의 역할을 짊어지기에는 궁극적으로 더 적합했다. 그는 버림받는다는 것을 한탄하는 것으로 세상과 이어지는 것을 배웠다. 하지만 '운다'라는 차가운 위로의 근저에는 무언가에 속하고, 사람에게 인정받고 싶다는 결코 채워지지 않는 큰 소망이 있었다. 그는 고독을 사랑했지만, 동시에 사람에게 인정받게 되는 것을 갈망하는 언뜻 보면 모순된 인물이었다.

그는 자기희생을 대담하게 실천했고, 그것으로 널리 알려졌다. 그는 예수의 희생이야말로 타인을 향한 봉사에 있어서 최고의 모범이라고 생각하고 있었다. 그렇다 할지라도 가가와가 1909년의 크리스마스이브에 고베 신카와의 빈민가에 실제로 뛰어들어 헌신하기 시작하자, 그를 아는 사람들은 모두가 놀라워했다.

제3장

빈민가 속으로

제3장

빈민가 속으로

온실을 나와 목숨 건 일상으로

가가와는 신학교의 기숙사를 나와, 이토 데이지(伊藤悌二)와 함께 옷가지와 이불이 든 짐을 가지고 후키아이 신카와를 통하는 이쿠타가와(生田川)의 다리를 건넜다. 그가 읽은 디킨스(Dickens)의 『크리스마스 캐럴』에 묘사된 것 못지않은 끔찍한 지옥 같은 도시로 들어섰다.[1] 갑자기 경기가 좋아진 공업 도시 고베(神戸)는 산업 혁명 초기 단계의 모든 도시에서 공통적으로 나타나는 빈부간의 갈등이 심화된 역동적인 일본 제2의 항구 도시였다. 당시 일본은 공업화가 가속화되어 구미선진국들을 뒤쫓고 있었다.

1868년 메이지유신으로 일본이 완전 개항할 때까지 고베는 다소 침체된 교역 지방이었고 가옥은 겨우 천여 채에 불과했다. 후에 가가와가 주도한 조선소 파업의 무대가 되는 고베항은 그해 1월에 개항했다. 그 후 20년간 인구는 13만 5천 명에 달하며 "동양의 관문"이라는 이름에 걸맞은 도시가 되었지만 더 큰 확장은 1907년에 시작되었다.[2] 가가와가 1909년 크리스마스 전야에 빈민가에 들어갔을 때 시내 가옥이 10만여 채, 인구는 38만 8천 명에 달했다.

가가와가 처음 도착했을 당시의 비참한 빈민가. 하수구와 분뇨통의 구분이 없는 모습 ⓒ賀川記念館

일본 대부분의 소작농들은 농촌의 황폐화와 과중한 세금과 토지세, 가끔씩 찾아드는 기근에 시달리며 대거 도시로 몰려들었다. 단지 새로운 삶의 자극을 원하거나 돈을 벌기 위해 자발적으로 도시를 찾는 사람도 있었지만 대다수는 농촌에서의 극빈으로부터 도망쳐 왔다. 젊은 여성들은 가정부나 마을 수공업 현장의 일꾼으로 보내지거나 그저 가족을 살리고 돈을 벌기 위한 목적으로 등 떠밀려 창녀로 내다 팔렸다.[3] 이렇게 농촌에서 온 이주민들은 빈민가로 흘러 들어왔다. 고베의 후키아이 신카와에서는 만천여 명의 사람들이 8만 9천백 제곱미터, 약 2만 7천 평의 구역 내에 지어진 허름한 연립 주택이나 칸막이로 나눠진 집에서 다닥다닥 붙어 생활하고 있었다. 진창길의 양쪽 폭은 좁고 부패한 오물들과 역류하는 하수, 분뇨를 나르는 분뇨통의 악취로 가득 차 있었다. 또 파리나 모기가 공중에 떼 지어 날아다니고 쥐나 빈대가 오물 속을 돌아다니고 있었다. 행인들의 싸우는 소리, 노름꾼이나 매춘부, 건달들의 목소리가 끊임없는 소음을 일으키고 있었다. 알코올 의존증 환자와 실업자가 허름한 차림새로 낮에도 바깥을 배회하고, 밤에는 노숙자가 건물에 기대어 잠을 잤다.

가가와의 새 집은 전형적인 통칭 '신카와의 주택'이었는데 다섯 집이 한 동인 연립 주택이었다. 주거의 규모는 다다미 한 장을 기준으로 그 넓이를 쟀다. 6인 가족이 다다미 여섯 장인 육첩방(六疊房)의 셋집에 사는 것은 자연스러운 일이었다. 가가와의 집은 다다미 오첩(五疊) 방의 넓이로 앞쪽이 세 량, 뒤쪽이 두 량이었다. 뒤뜰에는 우물이 있고, 화장실은 이웃의 다른 집들과 공동으로 사용했다. 이런 환경 속에서 범죄와 질병은 더욱 팽배해져, 폐결핵, 폐렴 그리고 영양실조와 공중위생의 결여로 다양한 만성 질병과 함께 콜레라, 장티푸스, 디프테리아, 천연두 같은 전염병이 주기적으로 발생했다. 난방을 위해서는 운반이 용이한 숯불과 석탄을 사용했지만, 그것은 종종 화재의 원인이 되었다. 그리고 조명으로는 석유 램프를 사용했다.

연립 주택의 집세는 한 달에 2엔 정도로 저렴했지만 당장의 생활도 장담할 수 없는 세입자들의 경제적 상황으로 인해 이 동네에서는 일반적으로 날마다 집세를 지불해야 했다. 가가와의 경우 신용이 있어서 월세로 집세를 냈다.[4] 가가와는 아주 적은 돈밖에 없어서 낡은 다다미 세 장을 깔았다. 석유 램프를 구할 수 없어서 그날 밤은 캄캄한 어둠 속에서 잤다. 그는 곧 이런 지옥과 같은 장소에 어울리는 안내인을 만날 수 있었다. 얼굴이 곰보인 이나기 고타로(稲木幸太郎)는 크리스마스 밤에 묵을 곳을 찾아 나타났다. 가가와는 노방 설교에서 그를 알게 됐다. 가가와는 자신의 강도 행각을 은폐하기 위해 방화까지 범한 죄로 9년의 징역을 살고 출옥한 24살의 이나기 고타로를 오히려 이해하고 받아들였다. 가가와의 기록에 의하면 당시 200가구 이상이 그의 방화로 전소했다. 이나기 고타로는 감옥 안에서 글을 배워서 성서에 대해서 알고 있었다. 그리고 노상에서 그리스도교 신자가 되겠다고 고백하고 개종했지만, 그가 가가와에 접근한 이유는 가가와를 이용하기 위함이었다. 그는 가가와에게 끊임없이 돈과 식량을 요구하는 골칫거리로 변했고, 둘 사이는 이내 악화되었다.

이 셋방으로 이사한 것만으로도 빈민가에서 가가와의 위상은 높아졌다. 제대로 교육받지 못한 주민들은 미신에 깊이 빠져 귀신의 존재를 믿고 있었고, 귀신이 나온다며 공포에 떨고 있었다. 가가와가 셋방에 들어오기 1년 전 먼저 그 셋방에 살았던 사람은 20전 정도의 작은 돈 때문에 이웃과 싸우다가 칼에 맞아 죽었다. 다른 사람의 셋방에서 행패를 부리고 있었는데, 오히려 호되게 얻어맞고 칼에 찔렸고, 결국 자신의 방에 실려 오는 사이에 사망했다고 한다. 이 때문에 가가와의 셋방 근처에서 죽은 남자의 귀신이 나온다는 소문이 나돌아 가가와가 이사 오기 전까지 그 집은 비어 있었다. 그런 방에 이사를 온 대담한 사람은 큰 능력과 뛰어난 용기를 지닌 사람이거나, 아니면 미치광이일 거라고 여겨졌을 것이다.[5] 가가와의 전설은 이렇게 그가 자신의 셋방에 도착하자마자 그에 대한 기묘한 소문과 함께 시작되었다.

물론 그는 어떤 귀신보다도 살아있는 이웃들 쪽이 훨씬 무서웠다. 전염병을 옮기는 자도 있었고, 도둑, 깡패, 도박꾼, 매춘부의 포주 등, 어엿한 범죄자들도 있었다. 옆방의 남자는 매춘방에 여자들을 감금하고 있었다. 바로 가까운 곳에는 알코올 의존증에 걸린 폐품 수집하는 사람과 그의 가족이 살고 있었고, 또 인력거꾼이 있었는데 그는 낮 시간에 승객을 태울 때 쓰는 담요를 깔고 길에서 잤다.

가가와는 이런 사람들이 아무리 타락해 있어도 성 프란체스코(Francescod' Assisi)나 존 웨슬리, 영국의 사회개혁자 캐논 바네트(Canon Barnett)나 그 외의 그가 읽은 적이 있는 하나님의 자녀로서 힘없는 사람들을 위해 자신을 희생한 여러 사람들의 삶의 방식으로 그들을 돕기 위해 그리스도교 집회에 그들을 데리고 가기로 결심했다. 가가와는 이들이 모범으로 삼은 '친구를 위하여 자기 목숨을 바치라'는 복음서의 말씀(요 15:13)에 따라 온전히 헌신하기로 결심했다.

가가와는 여러 번 절망의 위기에 놓인 적도 있었고, 자신이 감당하기 어렵다고 느끼기도 했다. 그는 가난한 사람들을 섬기며 자신의 모범을 통해 그들의 삶을 개선하겠다는 비전으로 대단히 이상주의적인 기대를 가지고 들어갔다. 그러나 이윽고 이 빈곤 속에서 빚어진 불신, 매정함, 인간성의 상실이 상상했던 것 이상으로 그의 활동을 훨씬 어렵게 만들고 있다는 사실을 깨달았다. 그는 그런 환경에서 인간이 경험할 수 있는 총체적인 타락이 얼마나 깊고 강한 것인지 배울 수 있었다.

가가와가 말하기를 주민 중에 어떤 사람들은 그가 순진한 것을 알고 그를 골려 주기도 했다고 한다. 잘 알려진 도박 중독자 소노다 운페이(園田運平)가 가가와에게 이렇게 말했다. "가가와, 너는 상냥한 놈이지. 직업을 잃고 먹을

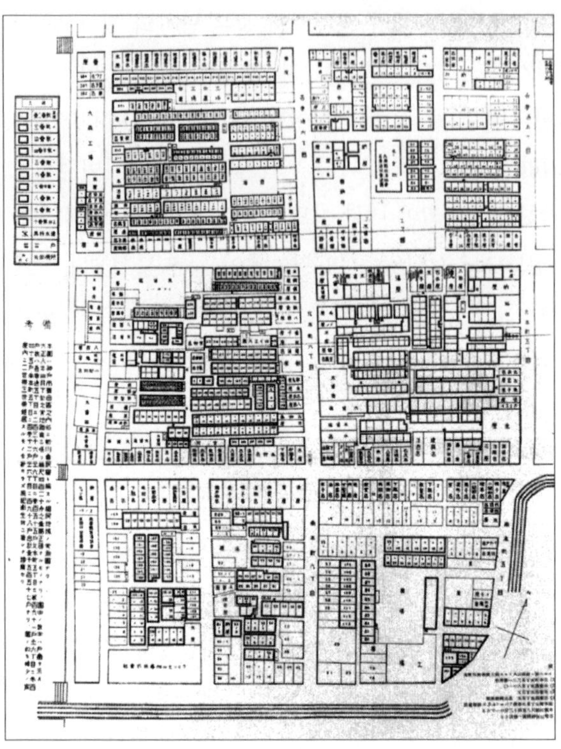

1919년에 제작된 신카와 빈민가의 판잣집 배치도. 20~30호에 화장실이 하나씩 붙어 있고, 좁은 방에는 십수 명이 함께 동거했다 ⓒ賀川記念館

게 없어서 힘든 술주정뱅이가 있는데 제자로 삼아주게." 가가와는 당연히 이 이야기를 받아들여 마루야마 헤이키치(丸山兵吉)라는 남자가 오게 됐다. 가가와는 그에게 '동상'(銅像)이라는 별명을 붙였다. 항상 술을 마셔서 얼굴 색깔이 구릿빛이었고, 움직이지 않고 몇 시간씩 가만히 있었기 때문이다.

빈민가에서 이런 인물들이나 다른 사람들에 대한 가가와의 반응은 다소 복잡했다. 동정, 사랑, 자기비판, 칭찬, 과학적인 초연함, 어떤 종류의 도덕적 우월성 등, 이것들은 혐오감과도 완전히 결합했다. 가가와가 가난한 사람들에 대해 취한 감성적이고 지적인 응답들은 수많은 경험들 속에서 그를 지탱해주는 충분한 힘이 되었다. '동상'에 대해서 그는 나중에 이렇게 말했다. "당장 나는 이 동상을 돌봐야 했다. 나는 그를 부양하지 않으면 안 되었다. 나는 내 자신이 불쌍했다." 이외에도 그는 과학적 초연함이라는 우스꽝스러운 기분에 이어 다음과 같이 복잡한 기분을 표현하고 있다.

> "나도 기다림에 지쳐서 '이런 게으른 놈!' 하고 생각한 적이 자주 있었지만 사람 좋은 마루야마, 기도를 잘하는 마루야마, 빈민 생활에 익숙해져 여러 가지 문제가 일어나도 아무렇지 않게 흘려 보낼 줄 아는 마루야마는 내가 빈민굴의 생활을 연구하는 데에는 꼭 필요한 사람이었으므로, 그 후 나는 불평 없이 그를 내버려 두었다."[6)]

가가와는 마루야마가 음식 준비를 거들기 시작하고 그가 "항상 온화하고 하나님께 기도를 했기 때문에" 그를 좋아했다. 게다가 가가와는 마루야마를 자신의 자선사업에 있어서 돈키호테 모험의 산초와 같은 역할로 여기고, 이 식객에 대해 다음과 같이 호의를 표하고 있다.

> "이자는 나에게 친절하고, 약 2년간 나와 같이 기거했다. 잘 알지 못하는 빈민굴에 갑자기 뛰어든다는 것은 다이코 히데요시(太閤秀吉) 시대의 유명한 무사인 이와미 주타로(岩見重太郎)가 탐험이나 모험에 나선 것과 조금도 다르지 않다. 나의 모험에는 항상 마루야마가 함께였다. 다행히 마루야마가 막노동판의 고지식한 사람이라서 나를 높은 사람처럼 생각했는지, 혹은 협객의 두목처럼 생각했는지 어떤 경우에든 그렇게 대해줘서 좋았다. 그 대신 나도 그만한 희생을 했다. 그에게 먹일 것이 없었으므로 세 끼 식사를 두 끼로 줄였고, 덮고 잘 이불이 없었으므로 옴(scabies)을 앓고 있는 그와 함께 자서 나도 피부를 박박 긁어야 했다."[7)]

이 "개종자"는 가가와에게 처음으로 피부병을 전해 주었다.

비좁은 공간에서 빈자들과 함께 생활하고 있다는 가가와의 관대함에 대한 소문은 빠르게 퍼져 나갔다. 때로는 부은 얼굴에 긴 머리를 풀어헤친 손을 떠는 남자가 문간에 나타나 가가와에게 재워달라고 부탁했다. 그는 두부

행상이었는데 오래전 술주정뱅이를 죽여서 최근까지 1년 반 감옥에 갔다 왔다. 술주정뱅이가 그에게 달려들어 그가 짊어지고 있던 나뭇가지를 엮어서 만든 바구니에서 두부를 꺼내 내던졌다. 화가 난 그는 갖고 있던 막대기로 술주정뱅이의 머리를 때려 죽여 버렸다. 그는 사면되었지만 이미 미쳐버려서 그에게 죽은 남자의 귀신이 나온다고 했다. 이런 불안으로 인한 불면증 때문에 그는 힘들어했다. 그는 가가와가 귀신이 나온다는 집에서도 담대히 사는 것을 보며 가가와가 귀신을 지배하는 능력을 가지고 있는 사람이라고 믿었다. 그 남자는 밤에 잘 때, 가가와가 손을 잡아주지 않으면 잘 수 없었다. 그는 사망자의 귀신이 나오는 악몽을 꾸면 가가와의 손을 꽉 잡았기 때문에 가가와는 그를 깨워 두려움을 가라앉혀 주어야 했다.[8)]

또 다른 식객은 하야시 지로(林次郎)라는 매독에 걸린 거지로 그는 며칠 동안 아무것도 먹지 못했다.[9)] 다른 사람들도 몰려 왔으나 그중에는 마흔 살의 남편을 업고 데려온 여자도 있었다. 그 남편은 류마티즘으로 손발을 움직이지 못했는데 신앙을 통한 치유를 원했다. 가가와는 다니고 있던 신학교에서 월 11엔씩 지급되는 장학금으로 부양해야 할 '가족'이 생긴 것이다. 이 식

1910년 빈민가에서 두 번째로 가진 크리스마스 축하 행사 후. 맨 뒷줄 왼쪽에서 네 번째에 아기를 어깨에 안고 있는 사람이 가가와
ⓒ賀川記念館

객들은 수입이 하나도 없었으므로 가가와는 몇 엔이라도 더 벌기 위해서 마이어스 박사에게 가서 신학교의 굴뚝 청소를 할 수 있도록 부탁했다. 그는 이외에도 남은 일들을 했고, 하루 식사를 죽 두 그릇으로 줄였지만 이런 남들과는 다른 가족 구성을 유지했다.

이 젊은 이상주의자는 가난한 사람들을 섬기는 것이 책으로 읽는 것과 다름을 깨달았다. 실제로 그들과 매일 함께 먹고, 자고, 살며, 그들의 거친 폭력과 촌스러움, 무지의 영역에 휩쓸리게 되는 것은, 이상과는 전혀 다른 문제라는 것을 일찍 배울 수 있었다. 신체에 가해지는 위험은 질병으로부터의 위험과 맞먹었다. 가가와가 빈민가에 들어온 지 며칠 안 되어 빈민가에 사는 어떤 남자가 단도를 들이대며 돈을 요구했다. 그 남자는 하야시(林)에게 쫓겨났지만, 이번에는 하야시가 같은 요구를 했다. 게다가 소노다(園田)는 권총을 가져와 30엔을 빌려달라고 협박했다. 소노다와 하야시가 심각한 싸움을 시작했을 때 충직한 “동상”이 끼어들어 겨우 끝낼 수 있었다. 소노다는 그날 밤 돌아와서 가가와의 뺨을 때리고, 바닥의 화로에 타고 있던 풍로를 던져 문을 부쉈다. 가가와는 뒷문으로 도망쳐 나와 해변에서 기도했다.

그 후에도 비슷한 폭력 사건이 이어졌고, 집안에서 다섯 발의 총이 발사되기도 했다. 집에 돌아온 가가와를 단도를 든 폭력 단원이 지켜주었다. 그러나 그 남자도 자신의 행동에 대한 대가를 가가와에게 요구했다. 때때로 가가와는 위험으로부터 벗어나기 위해 서둘러 도망쳐야 했다. 화난 술주정뱅이에게 맞아 앞니 2개가 부러지기도 했다.

가가와는 성서의 말씀을 따르기 위해 한층 노력하는 것으로 이러한 고난과 맞서 싸웠다. 그는 더욱 자선사업에 몰두함으로써 짜증과 분노를 털어낼 수 있었다. 그는 좁고 불결한 거리를 서성거리던, 누더기를 입은 거지에게 자신이 입고 있던 옷을 벗어 주었다. 거지나 노름꾼들, 거리에 배회하는 부랑자들은 가가와가 전하는 그리스도교에 대해 적어도 그들이 원하는 것을 제공해 주는 것 정도로 이해했다. 한 거지가 가가와에게 찾아와 “셔츠가 필요하다”고 졸라서 셔츠를 주었다. 그랬더니 상의와 바지까지 요구했다. 가가와는 그것들도 벗어 주었다. 그가 입고 있던 옷 전부를 내어 준 것이다.

가가와와 평생 동안 협력한 의사 마지마 유타카(馬島僴)의 봉사를 통해 아이들의 위생 보건 상태를 돌보는 모습 ©賀川記念館

그래서 가가와는 이웃에 사는 매춘부의 선홍색 무늬 기모노를 빌려 입었다. (빈민가에서 남자가 여자 옷을 입는 경우는 드물지 않았다.) 극심한 가난으로 사람들은 눈에 띄는 것은 뭐든지 걸쳤다. 하지만 가가와가 여자 기모노 차림으로 등교를 했을 때는 센세이션을 일으켰음에 틀림없다. 아마 고지식한 학생들에게 놀림을 받았을 것이다. 신약성서에 빠져 있던 이 청년은 옷이 벗겨져 놀림을 받으면서 왕의 자색 옷에 휘감긴 예수를 생각하지 않을 수 없었다. 거부당하는 상황을 적극적인 경험적 자산으로 바꾸는 것을 아는 사람에게는 그러한 낙담적 상황이 오히려 정신적 위안을 안겨 주었다.

빈민굴의 성자가 되다

가가와의 "기묘한" 행동도 마이어스 박사의 신뢰를 흔들지는 못했다. 마이어스는 가가와가 가지고 있는 뛰어난 무언가를 꿰뚫어 보고 있었다. 그리고 이 청년이 아무리 그리스도교계나 지역 주민에게 충격을 주어도 마이어스는 그를 기꺼이 도와주었다. 한편으론 마이어스 박사의 원시 그리스도교에 대한 심취가 가가와의 종교적 열정을 이해하는 데 중요한 역할을 했다.

하지만 그런 신학적 입장으로 인해 마이어스 박사는 천황제를 반대하는 설교를 공공연히 설파했고, 결국 일본에서 추방당하게 됐다. 그런 마이어스 박사는 항상 이상한 복장으로 나타나는 제자의 모습을 너그러운 인내로 바라보았다.

> "그 당시, 센스가 있거나 기분 좋은 옷을 입은 가가와를 만나는 것은 전혀 기대할 수 없었다. 새로운 셔츠나 기모노 상의는 다음 날이면 누군가에게 줘버렸다. 우리는 결국 집에 가가와의 옷을 충분히 준비해 두는 것으로 문제를 해결했다. 매주 화요일 그는 아침을 먹으러 우리 집에 와서 옷을 갈아입었다. 그리고 입고 있던 것은 세탁하기 위해서 두고 갔다."[10)]

가가와는 정기적으로 빈민가 순회를 비롯해, 투병 중인 사람들을 방문해서 그들이 약을 얻을 수 있도록 도움을 주고, 의사의 왕진을 알아보고, 환자의 욕창을 씻겨주고, 위생적 생활을 하는 사람들이라면 들어가기를 꺼려 할 불결한 화장실을 직접 청소하기도 했다. 가가와는 환자나 극빈자들이 사는 곳에 가는 것뿐만 아니라, 상당 기간 동안 손을 쓰지 못한 고민들에 대해서도 경청하였고, 오늘날의 "정신 의학적인 소셜워커"(사회복지사)의 선구자로

빈민가의 아이들과 함께. 미국감리교 출판회가 인쇄한 사진이다.
ⓒ賀川記念館

서 행동했다. 이를 통해 그는 자신의 소설이나 사회학 연구에 담겨 있는 비일상적 이야기나 경험에 대한 지식들을 축적할 수 있었다.

그는 나중에 소설의 인물로 등장하는 '고양이 할머니'와 같은 몇 명의 불행한 사람들을 좋아했다. 이 노파는 신카와의 한 지역에서 혼자 사는 사람이나 가족에게 세를 놓은 다다미 두 첩 방보다 조금 더 큰 집에서 살고 있었다. 토굴과 같은 방은 무너져 내리고 있었으며 악취도 심했다. 숯처럼 까맣게 그을은 천장 아래 방에서 노파는 목을 매 자살한 남자의 귀신이 돌아오지 못하도록 추레한 고양이를 키우고 있었다. 이 노파는 양철통이나 철 조각, 버려진 고무 인형이나 냄비, 그 밖에 거리에서 구할 수 있는 쓰레기나 잡동사니를 모으고 그것을 팔아 생계를 유지하고 있었다. 가가와는 이 노파의 집을 정기적으로 청소하고 정리했지만 더러운 다다미 위를 진흙 발로 더 더럽히는 고양이들을 쫓아내지 않으면 무의미하다는 것을 깨달았다. 그럼에도 불구하고 가가와는 그녀가 소중하게 여기는 것들을 정돈하고 깨끗하게 하려고 노력했다.

이 고양이 할머니에 대해 가가와는 책을 통해 읽었거나 들은 훌륭한 행위를 의식적으로 흉내 냈을지도 모른다. 그는 뉴욕 구세군 '하얀 앞치마단'(*white apron parties*)의 운동을 알고 있었다. '하얀 앞치마' 단원들은 스스로 청소할 수 없는 사람들의 집을 방문해 하얀 앞치마를 걸치고 청소 봉사활동을 했다. 어느 날 가가와는 노파에게 이불이 없다는 것을 알고 그 이유를 물었다. 노파는 길 건너편 남자가 빌려달라고 해서 가지고 갔는데 그 후로 돌려받지 못했다고 대답했다. 가가와는 급히 집을 나와 큰 이불을 구해 돌아와 노파에게 주었다.

가가와는 빈민가를 종종 자신의 "실험실"이라고 불렀지만, 이 노파나 이웃 사람들을 그의 소설과 연구의 재료로 의식적으로 이용할 생각은 없었다. 그는 그들의 고통에 대해 크나큰 배려심과 그가 여러 번 자신의 시에서 표현한 감정에 따라 움직인 것이다. 고양이 할머니는 빈민가에 흘러 들어오기 몇 년 전에 남편과 딸을 잃었다. 그녀는 여자 아기를 입양해 성인이 될 때까지 키웠는데, 이후 그 아이는 노파를 피했고 돌보지 않았다.

노파는 폐품 주운 것을 자랑스럽게 가가와에게 보내오기도 했다. 어느 날 그녀는 우편 회사에서 낸 요란한 색의 포스터를 몇 장 그에게 가지고 왔다. 그것들은 예술 작품은 아니었지만, – 러스킨(John Ruskin)을 읽은 적이 있어서 가가와는 예술 작품에 대한 명확한 개념을 갖고 있었다 – 가가와는 미소와 함께 굉장히 아름다운 그림이라고 칭찬하며 집에 돌아와 그 그림을 벽에 붙였다. 그 벽에는 무너지는 토벽을 보호하기 위해서 이미 신문지가 너덜너덜하게 붙여져 있었다.

그는 포스터의 색을 응시하던 중, 빈민가의 어둠과 대조되는 빨강, 파랑, 보라, 초록 등, 여러 색의 명암에 대해 깊이 생각했다. 그는 소설 『태양을 쏘는 자』에서 그것에 대해서 서술하고 있다.

“에이치는 고요히 저물어 가는 빈민굴의 노란 색 일몰 광선 중에 빨강, 파랑, 보라, 초록색도 섞여 있다는 사실을 신기하게 바라보았다. 에이치는 이러한 색깔들에 대해 생각하면서 빈민굴도 모두가 불가사의한 이상(異象)에 둘러싸여 모든 것들을 잊은 듯한 세상이 아닐까 하는 명상에 잠겼다. 이를 통해 빈민굴과 초라한 생활이 오히려 천국 혹은 밝은 정토(浄土) 세계와 같다는 생각을 하게 되었다.”11)

그의 이러한 종교적 재능은 반쯤 정신이 나간 이상한 부인과의 만남도 신비 체험으로 승화시키는 것을 가능케 했다.

가가와는 빈민가의 사람들에 대한 배려뿐만 아니라 그들을 칭찬하는 능력도 비범했다. 고양이 할머니가 자신의 이불을 가지고 간 남자에 대해 아무런 적의를 드러내지 않았을 때, 가가와는 ‘톨스토이의 무저항주의’를 생각하게 되었고, 그래서 한층 더 노파를 좋아하게 되었다. 최악의 상황에 있는 사람들이 보이는 관대함의 수준은 종종 그를 놀라게 했다. 고통 앞에서 그는 항상 진실된 눈물을 흘렸고, 어려움 앞에서도 숨기려 하지 않고 잘 울었다.

신카와의 타락과 혼돈 속에서 가가와는 자신의 시간을 가장 효과적이고 의미 있게 사용하기 위해 매우 규칙적으로 일과를 보냈다. 그는 무질서한 식객들이 아직 잠에서 깨어나기 전인 새벽 여명에 일어나 기도하거나 명상했다. 이것은 가가와가 일생 동안 지속한 영적인 습관이었다. 불교의 승단, 가톨릭 수도회 등의 규칙적인 수행적 삶에 대해 이해했던 그는 자신이 만든 수도회의 최초의 수도사가 되었고, 이것은 그의 아침 의무이기도 했다. 가가와는 영적인 성장은 신의 은총에 의해서뿐만 아니라 충실한 묵상을 통해 가능하다고 믿었다.

가가와의 출현 후 조금씩 밝은 분위기로 변모해 간 빈민가의 모습 ⓒ賀川記念館

그에게는 마술적인 위로의 능력이 있다는 평판이 있었다. 그는 사람들을 열심히 의사에게 보냈지만 그중에는 단지 가가와에게 기도를 받고 싶어서 오는 사람들도 있었다. 이른바 그리스도교 신앙의 종교적 위로를 통해 '치유'되는 이들도 있다. 가가와는 자신의 신앙으로 치유가 이루어진다고 주장하지는 않았다. 그는 자신의 기도가 신기하게 좋은 결과로 이어지는 것에 당혹스러워했으나, 그의 평판이 좋아질수록 빈민가의 밖에서도 환자들이 그를 만나기 위해 찾아왔다. 가끔 가가와는 그 명성이 성가신 것이라고 생각했다. 왜냐하면 가가와에게 위로받길 원하는 사람들이 그의 독서와 저작, 명상에 필요한 시간을 빼앗았기 때문이었다.

그는 자신의 명성에 대해 다음과 같이 자조적으로 기록하였다.

"이 애송이는 이제는 가짜 신이다. 매일매일 저쪽 집에서 또 이쪽 집에서,

'선생님, 예수의 기도를 해 주세요'라는 요청을 받았다. 그리고 또 이상하게도 에이치의 기도가 잘 들었다."[12]

일본인들은 종교에 대해 다원적, 실용주의적인 태도가 있어서 사람들은 다양한 종교적 행위를 시도하는 경향이 있었다. 그리고 특정 종교의 인기는 실생활의 문제를 해결하는 데 유효하다고 생각되었다. 새로운 종교적 효력을 보여주는 자나 새로운 종교가 끊임없이 나타나는 과정에서 가가와도 그리스도교의 신 종파를 대표하는 한 사람이 된 것이었다. 가가와는 그의 힘에 일종의 신통력이 작용하고 있을지도 모른다는 가능성을 무시한 것은 아니었지만 그 어떤 초자연적인 힘이라기보다는 오히려 자기 암시에 의한 결과라고 생각했다.[13]

그는 매일 깡패들 간의 분쟁이나 가정 내 불화를 중재하는 역할을 부탁받았다. 매일 빈민 생활의 새로운 공포가 그를 짓눌렀다. 가가와는 어떤 여자가 남편에게 구타를 당하고 찾아왔을 때, 추잡한 욕설, 상이나 그릇을 내던지는 소리, 폭언을 퍼붓고 가구가 부서지는 소리가 들려왔다고 불행의 불협화음에 대해 생생히 증언하고 있다. 그 여자는 남편이 부젓가락(화로에 꽂아 두고 불덩이를 집거나 불을 헤치는 데 쓰는 쇠로 만든 젓가락)으로 그녀의 사타구니에 입힌 상처를 그에게 보였다. 더 나아가 남편은 그녀의 입에 재갈을 물리고 그녀의 목에 단도를 들이대고 죽이겠다고 협박해서 세 바늘이나 꿰매는 상처를 입히기도 했다. 가가와는 붕대를 감고 있던 사타구니의 상처를 보았다. 그리고 그가 이러한 현실을 바꾸기 위해 아무것도 할 수 없다는 사실을 인지하고 큰 두려움이 엄습해 오자 늘 그랬던 것처럼 함께 울었다.

가가와는 지역 사람들로부터 존경을 받아 "선생님"이라고 불리게 되었다. 그것은 문자 그대로는 '교사'라는 의미지만 가장 존칭이고, 오히려 유대인 사회의 '랍비'와 비슷하다. 이런 점에서 교사는 단지 어떤 사실을 전달하는 사람에 그치지 않고, 거의 신성한 지혜의 보고였다. 가가와는 선생님이 되어 자택에서 학교를 열고, 그의 학생들이 아침 일찍 일하러 가기 전, 국어나 산수나 그 외의 기초적인 과목을 가르쳤다.

그는 신학교의 수업에 출석하지 않을 때에는 빈민가의 아침 순찰을 하고 병자를 구하고, 싸움을 해결하거나 굶고 있는 사람에게 먹을 것을 전달했다. 그가 맡은 꺼림칙한 일은 시신 처리를 하는 것으로 경제적으로 여유가 없는 가정을 위해 장례 준비를 하는 것이었다. 가가와는 시체를 관에 넣기 전에 알코올이나 뜨거운 물로 씻어 주었다. 어떨 때는 직접 시체를 무덤까지 수레로 옮겼다. 그가 빈민가에 들어와서 첫 해는 14건, 그다음 해는 19건, 이런 장례를 맡았다. 이 활동에 대해서 그는 "처음에 그것은 아주 힘든 시련이었지만, 주님이 나를 축복해 주셨고, 나는 이 일을 기쁘게 했다"라고 간단히 말했다.[14)]

아이들과 노동자를 가르치다

집에서 그는 가능한 한 많은 시간을 방대한 독서와 집필에 몰두했다. 그 후 그는 마을을 돌며 알코올 의존증 환자에게 말을 걸었다. 그들이 아직 비교적 취하지 않았을 때를 노린 것이다. 그는 빈민가 이주자들의 무지가 그들의 상태를 악화시킨다고 확신해서 저녁 식사 후인 8시까지 그들이 성서를 읽을 수 있도록 어른을 위한 또 하나의 학교를 만들었다.

이들 학생 중 한 명인 다케우치 마사루(武內勝)는 가가와의 가난한 사람들 사이에서 행동을 넓혀서, 사회운동이 다방면으로 확장되어 가는 것과 함께, 후에 가가와가 가장 신뢰하는 조력자의 한 사람이 되었다. 다케우치는 에나멜(enamel) 공장에서 일하며, 또 부업으로 집에서 단추를 만드는 어머니와 형제들을 도왔다. 그는 처음에 그의 아버지를 통해서 가가와와 알게 됐는데, 그의 아버지 다케우치 요우조(武內用三)는 거리의 점쟁이로 가가와가 그의 노점 가까이에서 설교하는 것을 들은 적이 있었다. 다케우치 마사루는 일하기 전인 아침 5시에 와서 가가와에게 학교의 정규 과목인 성서 수업을 받았다. 그는 후에 고베 직업안정소 소장 외에도 신카와에서 가가와의 세틀먼트(인보(隣保)사업소)의 책임자도 되었다.

가가와는 어두워지면 밤길을 비추는 초롱불을 들고 다케우치를 데리고 길가에서 설교를 했다. 가가와 자신도 그것은 효과적이지 않다고 느끼고 있었지만 단호하게 끊임없이 노력했다. 첫 4년 8개월 동안 50명 정도의 그리스도교 신자를 만드는 것에 성공했을 뿐이다. 설교 후 그는 지역 그리스도교도와 새로운 신자들과 함께 기도회를 했다. 일주일에 한 번, 그는 항구의 하역 인부들에게 설교했다.

자유 시간이 있을 때는 나막신과 기모노를 입고 고베의 마을을 걷거나 대나무 지팡이를 짚고 롯코산 또는 누노히키 폭포까지 나갔다. 그는 피서지의 별장과 정원, 공원이 있는 이런 목가적인 풍경에 올라 대조적인 광경을 보았다. 그는 절이나, 앞으로 그가 수없이 증언대에 서게 되는 재판소를 포함한 근대적인 서구풍의 시청과 관청 거리를 내려다 볼 수 있었다. 서쪽의 츠키미산(月見山) 위에는 천황의 별장이 있었고, 북쪽에는 웅장한 부도쿠덴(武德殿)이 세워져 있었다. 하지만 하류의 평지에는 빈민가와 조선소가 형성되고, 도시의 경제적 중심지의 범죄나 산업공해가 만연해 있었다.

이런 고독한 산책 이외에 빈민가에서 할 수 있는 또 하나의 휴식은 그가 전개하던 전도 활동 사이사이에 그의 마음을 이끄는 여성들에 대한 생각이

빈민가의 아이들을 공부시키며, 소풍을 데려간 가가와 ©賀川記念館

었다. 가가와의 잘생긴 용모와 매력은 확실히 많은 여성에게 인기를 끌었는데, 그중에 여러 명은 다른 여성들보다 훨씬 더 적극적인 애정공세를 펼치기도 했다. 고베에 사는 가가와의 여성 제자들 중에 적지 않은 사람들이 가가와에게 완전히 빠져 있었거나, 혹은 그를 결혼상대로 내심 원하고 있었던 것 같다. 그 당시에 같이 찍은 사진 몇 장에는 젊은 여성이 많이 찍혀 있다. 가가와는 1913년 자신이 결혼하자, 많은 젊은 여성들이 종교 활동까지 흥미를 잃고 단념하게 되었다고 한심하게 보았다.[15)]

그는 이 자전적 소설 안에서 여성들을 둘러싼 그의 고민을 감추지 않고 상당한 분량으로 서술하고 있다. 그중에 몇 명과의 애정과 각각의 배우자로서의 바람직한 방향에 대해서 이런저런 생각도 적고 있다. 여러 여성과의 만남을 아로새긴 빈민가 생활의 기록은 그의 자전소설 『태양을 쏘는 자』에 잘 묘사되어 있다.

후원자의 등장과 협동조합의 첫 시도

가가와는 마이어스 박사와의 관계가 있었기 때문에, 1909년에 시작된 그의 빈민가 생활을 지탱하는 자금을 확보하는 것이 가능했다. 자신의 수입에 얼마간의 기부금을 더한 뒤 마이어스 박사는 뉴욕 장로교회의 피어슨(Arthur T. Pierson) 목사의 부인과 같은 유력한 기부자에게 가가와의 일에 대해 이야기했다. 부인은 가가와와 만나서 직접 그의 활동을 목격했다. 그녀는 초기에 가가와의 활동을 위해서 550엔(25달러)을 기부했다.[16)] 조지아 주의 하트 시블리(J. Hart Sibley)라는 사업가는 1913년에 회사 형편이 어려움에도 불구하고 가가와를 도와주기 위해서 매월 5달러씩 송금해 주었다.

가가와는 신카와에 들어간 지 불과 1년 만에 살고 있는 집을 넓힐 수 있을 만큼의 충분한 자금을 확보했다. 그는 인접한 셋방을 빌려, 그 방과 자신의 방 사이의 벽을 허물고 집회와 수업을 할 수 있는 넓은 공간을 만들었다. 이 새로운 공간이 낮에는 가가와의 서재가 되고, 저녁에는 강의실과 예배당, 그리고 밤에는 잘 곳 없는 사람들의 피난소가 되었다. 그는 회색 강단에서 설교를 하면서, 등 뒤의 하얀 회반죽 벽을 칠판으로 하기 위해서 그을음으로 검게 했다. 그가 요점을 설명하기 위해서 빠르게 쓰거나 그리거나 하는 특별한 기법을 향상시킨 것은 이때다. 후에 그의 폐병에 초크 가루가 나쁘다는 것을 알고 먹과 붓과 종이로 바꿨다.

빈민가 속에 새로 마련한 가가와의 자택 앞에서 ⓒ賀川記念館

일요일 아침 5시 예배에는 근처에서 약 20명의 입교자가 참석하였다. 고양이 할머니와 이발사와 그의 아내, 두부 장수, 청소부, 전직 깡패, 그가 맡은 고아 소녀가 있었고, "선생님"이라고 외치며 연립주택에서 나와 찬송가를 부르고 기도하는 여러 다른 사람들이 있었다. 가가와는 설교 때 정장을 하지 않고 노동자의 평소 복장인 검은 무명옷을 입었다. 이 비상하게 박식한 청년은 무학의 사람들에게 가능한 알기 쉬운 말로 전했고 그들이 신에게 소리를 내어 기도하도록 권했다. 그는 청소부가 한 "하늘의 아버지, 끓는 물이 든 주전자가 많은 사람들이 있을 때 뒤집어졌지만 아무도 다치지 않은 것에 감사합니다"라는 기도처럼 그들의 어린아이 같은 기도의 표현을 관대하게 받아 주었다.[17]

가가와가 본 가장 심각한 사회적 거래의 하나는 '영아살해'(嬰兒殺害) 풍조였다. 그것은 사생아나 버림받은 영아가 빈민가에 팔려와 점차 굶어 죽게 되는 것이었다. 전형적인 예로, 영아가 알선업자에게 넘겨지는 경로다. 그때 업자는 부모에게 영아를 데려가는 보수를 받는다. 이어서 그 업자는 약 30엔의 돈과 옷 10벌로 두 번째의 상대에게 인도하고 그 남자는 거기다 또한 명에게 20엔과 옷 5벌로 인도한다. 영아는 값을 낮춰가면서 계속 팔려 간다. 그 전체에 걸쳐 누가 얼마의 돈을 벌었는지 알 수 없으니 아기는 모유도 없이 우유도 사지 못하므로 죽만 먹는 동안에 굶어 죽는 것이다. 마지막에 죽었을 때의 원인은 영아 살해라기보다는 오히려 영양실조라고 여겨진다. 아주 많은 사람들의 손을 거쳤기 때문에 아이의 엄마를 찾아내는 것은 어렵다.[18] 이 비인도적 악습의 희생자를 장례 지내는 것도 가가와의 일이었다.

아직 신학생일 때, 1910년인가 1911년 초의 어느 날 그는 '엄마'가 되었다.[19] 여자 아기를 맡고 있던 마을의 여자가 사소한 절도로 구금되어 그 여자는 가가와를 출두시켜 그 여자 아기를 데려가도록 경찰에 부탁했다. 그가 경찰에 아기를 데리러 갔을 때, 그 여자 아기는 더러웠고, 병으로 인해 절반은 아사(餓死) 상태였다.

그처럼 비참한 상황임에도 불구하고, 그는 어느 정도 유머를 섞어 부모가 된 어색함을 잘 그리고 있다. 시내 전차를 타기에도 힘들 만큼 아기의 상태가 나빴기 때문에, 그는 아기를 의사에게 데리고 갔다. 의사는 아기가 살아날 거라는 확신은 없었지만 가당 연유의 조합 방법이나 언제 아기에게 우유를 먹이는 게 좋다거나, 열을 내리기 위해 얼음찜질을 하는 방법 등에 대해서 세심하게 지시했다. 가가와는 벽에 기대어 대나무 의자 2개를 마주보게 하여 아기의 침상을 만들었다.[20] 그는 그 아기에게 애착을 갖게 되어 그 아기를 키워야 할지, 고아원에 보내야 할지 깊은 고심에 잠겼다.

> "… 둘도 없는 예술품을 손에 넣었다고 생각하니 놓아주는 것이 아까웠다. 어쨌든 그것이 에이치의 손 안에 있는 동안은 그 아기를 마음대로 할 수 있어서 밤에 안고 자도, 키스를 해도, 업어도 오이시(おいし-아기 이름)는 에이치에게 하나의 완전한 장난감이었다. 빈민굴에 있으면서 여러 가지 싫증이 나던 시기이기도 했고, 여자와 그다지 인연이 없기도 하였기에 여자를 품지 않고 아이를 낳음으로 해서 – 아니, 남자에게 질려서 임시로 여자가 된 셈으로 치고, 오이시와 둘이서 이 세상을 방랑하는 것 같은 기분이 될 수 있어서 얼마나 행복한지 모른다고 생각했다. 따라서 얼음으로 열을

식히거나, 우유를 타거나 하는 것이 정말 귀찮은 일이라는 생각을 하면서도, 아기와 떨어지는 것이 얼마나 힘든 것인지도 함께 생각했다."[21]

첫날 밤 아이는 잘 잤지만 이틀째 밤은 계속 울어서 가가와는 난감해졌다. 옆에 누워 있던 다른 식객 3명은 모두 그 아기를 내쫓으라고 그를 졸랐지만 그는 아기를 돌보며, 이마에 얼음을 올리거나 기저귀를 갈거나 했다. 페미니즘에 관한 그의 초기 인식은 다음과 같다.

"그때 에이치는 마음으로부터 어머니의 어려움을 떠올렸다. 이 아기 하나만으로도 얼마나 많은 수고와 노동과 걱정이 필요한지 모른다. 어머니는 그것을 잠자코 해냈다. 한밤중에 7-8번이나 일어나 기저귀를 갈거나 우유를 먹이는 것을 노동이라고 생각하면 할 수 있는 것이 아니다. 완전히 본능이 아니면 할 수 없다고 생각한다."[22]

그는 낮에 신학교에 가 있는 동안 아기를 돌봐줄 여성을 찾았을 때 무척 기뻐했다. 그 여자는 자신의 아이에게 가가와가 늘 상냥하게 대해 주었기 때문에 호의를 갖고 돌봐 주었다. 그는 아주 안심했고 "지옥에서 성인을 만난 것처럼 기뻤다. 그리고 신이 나서 학교에 갔다. 하지만 아이로부터 떨어져 보니, 아이가 없는 것도 행복한 일이었다."[23]

그날 밤 아기는 가가와를 한숨도 자지 못하게 했다. 아기는 설사가 심했고, 열도 높아서 그는 눈물을 머금고 간호했다. 아기와 자신이 성서의 인물인 이스마엘과 그의 어머니 하갈처럼, 지금 물이 없는 황야를 헤매고 있는 것 같았다. 가가와는 넉 달간 이 아기를 돌보았고 생모가 효고현의 어떤 마을에 있다는 사실을 알아내서 아기를 데려다 주었다.[24] 그가 이 아기의 양육을 위해 어떤 재정적 지원을 할 수 있는지는 확실하지 않았다.

가가와는 또 당시 일본의 가난한 사람들 간에 일반적으로 보이는 인간의 가치를 실제로 겪고 서술했다. 살아남기 위해, 돈을 벌기 위해서 부모는 자주 아이를 그중에서도 특히 여자 아이를 여공이나 게이샤 또는 매춘업자에

방치 아동 및 소년소녀 보호시설인 고베애린관(神戸愛隣館) 건물(좌)과 초기의 애린관 동역자들(우) ©賀川記念館

게 팔았다. 그는 빈곤이 가져온 비인격화에서 발생하는 빈민가의 도덕적 타락을 비난했다. 그 한 예다. 남편이 도박을 시작하자 아내는 적은 수입을 늘리기 위해서 고물을 주워다 팔기 시작했다. 그들의 12살 난 아들은 소매치기가 되었다. 딸은 가가와가 인도해서 세례를 받았지만, 신카와에서 일하기 위해 3년 계약에 300엔으로 팔렸다.

가가와는 가난한 사람들의 곤궁한 상태에 그리고 한 개인으로서 아주 적은 이웃을 구할 수밖에 없다는 사실에 거의 절망적이었다. 1912년 초 상경해서 고베와 같은 음울한 수도의 상태를 보고 그는 더 비관적이 되었다. 빈민가의 불행을 없애려고 2년간 노력했지만 개인적인 자선 행위로는 사회 경제 제도의 틀에 맞춰진 빈곤이라는 근본적인 문제를 해결할 수 없다는 것을 깨달았다. 소설을 통해 가가와는 그와 같이 인간이 타락한 상태에서 생활하는 것의 좌절감과 무력감을 매일 느끼는 상황을 표현했다.

때때로 그는 참지 못하고 정부에 대해 통렬한 풍자를 했다. 그는 유행하던 장티푸스로 쇠약해진 환자들이 복도에서 자야 하는 병원의 4등 병동으로 이동되는 것에 분개하고 소설에 썼다. 그는 사회가 무감각할 뿐만 아니라 상식이 결여됐다고 생각했다.

"변소는 20채에 1개밖에 없어 그것을 퍼내는 것이 항상 늦어져서 작은 도랑까지 넘쳐서 길은 언제나 악취로 가득했다. 그런 상태는 그렇다고 해도 격리 병원을 세우고 1년에 10만 엔의 방역비를 예산에 넣어도 아무것도 변하지 않을 것이다. 페스트 창궐 때도 그랬지만 모든 전염병 때는 대개가 그렇다. 빈민가와 같은 무서운 전염병 소굴을 소각하는 것을 잊고 전염병의 통지를 발표하고 36시간이나 걸려서 방역관을 고용하고 소독하지 않은 격리 병원의 복도에 수백 명의 사람을 자게 하는 것으로 방역이 되고 있다고 생각하는 시 당국의 머리에는 뭔가 큰 구멍이 뚫려 있는 것이다. 하지만 4등실 무료 치료의 들러리가 생각해도 그것은 공상이며, 위험한 발상이 아닐 수 없다."[25]

'위험한 발상'에 대한 가가와의 비아냥은, 정부가 1900년의 치안경찰법을 발표하고 정부에 대한 반대와 비판을 제한하였고, 또 가가와 자신이나 다른 정부 비판자가 이 법률이 1920년대부터 1930년대에 걸쳐 강화될 때 억압을 당하게 될 거라는 미래의 전조(前兆)와도 같았다. 1912년 메이지 천황의 죽음에 대해서 그가 지녔던 우울한 생각처럼, 그의 분노는 때로는 절망에 가까웠다.

"천황의 장례식 기간 동안 전국은 음악도 듣지 않았다. 일본은 지금부터 변한다고 에이치는 생각했으나 빈민가는 여전히 바깥의 모든 것에 무관심했다. 여기에만 진보의 파도가 밀려오지 않는 것 같았다. 골목 네거리에는 감시를 붙여 100명에 가까운 사람들이 밤늦게 나막신 위에 촛불을 켜고 도박을 하고 있다. 매춘부는 5분이나 10분 간격으로 손님을 골목에 물고 들어왔다. 거지도 같은 표정으로 꿈쩍하지 않은 채 그늘진 얼굴을 하고 있다. 다만 근래 들어 빈민가에서 성장한 불량소년, 불량소녀가 함께요 앞의 막과자 가게(駄菓子屋)에 들러 소란을 피우는 게 눈에 띄었다."[26]

하지만 위안도 있었다. 같은 문장 안에 그는 빗속을 맨발로 뛰어 다니는 순수한 기쁨, 번개에 대한 기대감, 그리고 또 하늘의 색채에 대한 연구를 서술하고 있다. 이와 같은 그의 서술은 압도적인 누추함과 퇴폐의 한가운데서 지극한 기쁨의 순간과 종교적 황홀을 드러내고 있다.

그는 자선에 의지하는 것도 좋아하지 않았고, 빈민가의 주민들이 의존하는 것도 원하지 않았다. 그는 사회사업의 초기부터 경제적 자급을 장려했으므로 협동조합은 그의 주의를 끌었다. 협동조합은 이미 일본에 존재했고, 영국의 로치데일에서 종교적·정치적 혁명가인 파업 중의 직공들에 의해서 1844년에 설립됐는데 초기에 성공을 거둔 소매업자 협동조합에서 시작돼, 유럽 여러 나라에서 잘 확립돼 있었다. 가가와는 1905년에 이시카와 산시로(石川三四郎)의 책을 읽고 협동조합에 대해서 배웠다. 그는 기업의 민주적 통제라는 생각과 협동조합이 사람들이 자신들의 생활의 책임을 가질 수 있도록 하는 방법에 깊은 감명을 받았다. 그는 그것을 현재의 경제적 곤란과 일본 사회의 온정주의에 의해 만들어진 의존 상태에서 벗어날 수 있는 방법이라고 생각했다.

가가와는 건강에 대한 연구를 통해 영양 불량이 빈민가에서 최악의 문

1919년에 가가와가 설립한 오사카의 공익사(公益社)는 소비조합으로 시작했지만, 이후 빈민(서민)을 위한 장례식 지원 기관으로 발전해 갔으며, 오늘날에도 그 사업을 이어가고 있다 ⓒ賀川記念館

제 중 하나인 것을 알았다. 빈민가 사람들은 적절한 식사에 대해서 잘 몰랐고, 또 너무 가난해서 충분한 식량을 살 수 없었으며, 요리할 장소가 없는 사람들도 있었다. 이런 사실을 생각해서 가가와는 1912년에 협동조합의 식당 '텐고쿠야'(天國屋)를 만들 결심을 해서 수익의 60%를 관리자인 나카무라 에이지로(中村栄次郎)에게 주고 남는 것은 생활협동조합의 몫으로 하기로 했다. 그는 그의 사업을 개시하는 자본금으로 마이어스 박사에게 120엔을 빌렸다. 나카무라는 자신의 절을 고치기 위해 그가 모은 기부금을 착복하고 자신을 위해 써 버린 사기꾼이 된 승려였다. 나카무라는 지금까지의 악행을 부끄러워하고 완전히 개종했다. 가가와는 지금까지 사람을 의심하는 것을 모르는 열정으로 그의 개종을 믿고 그에게 모든 관리를 맡겼다. 나카무라는 조리장과 식당에 필요한 중고 비품들을 잘 갖추었다. '천국옥'이라는 팻말을 새로 만든 장소 앞에 내걸었다. [27]

식당은 1912년 11월 18일에 개점하여 순식간에 호평을 얻었다. 하루 전에 선전하는 사람에게 부탁해 빈민가를 돌았다. 이 사람이 너무 노골적으로 식사가 공짜인 것처럼 선전해서 배가 고픈 사람들이 새벽 3시 반부터 몰려들어 줄을 섰다. 식사비를 잘 내려고 하는 고객도 있어서 5시까지 식사는 다 팔렸다. 그래서 다시 한 솥 밥을 지었을 정도로 잘 됐다. 그러나 사업은 순수한 젊은 창업자가 상상했던 것처럼 간단하지 않았다. 돈을 안 내고 도망가는 사람도 있어서 하루 매상은 14엔이나 15엔 중에서 약 10분의 1은 장부에서 지워야 했다. 신카와에 다른 식당이 있어서 경쟁 상대이기는 했지만, 천국옥의 단골은 70명에서 80명 있었고, 하루 중 이른 시간에는 항만 노무자(본선과 거룻배 사이의 짐꾼)들이나 인부들이 많았고, 오후가 되면 여자들이 몰려들었다. 가가와도 종종 가게 일을 도왔는데, 손님들의 왕성한 식욕에 금욕적인 채식주의자였던 그는 놀라움을 금치 못했다.

가가와는 빈민가가 비참해진 주요한 원인 중 하나가 알코올 의존증임을 잘 알고 있었다. 따라서 가가와는 금주를 강력히 주장하였고, 가게에 술을 내는 것도 인정하지 않았다. 술을 원하는 손님에게는 그리스도교의 사업이므로 술을 팔 수 없다고 말했다. 간혹 지배인이 술집에 가서 술을 사 와서 그것을 손님에게 내주는 경우는 있었지만, 가가와는 이 빗나간 방법이라도 음식의 질과 신선도가 다른 식당보다 우수했기 때문에 괜찮을 거라고 생각했다.

그러나 이 사업은 실패했다. 그 몰락은 경쟁 가게의 사주로 이루어진, 주정뱅이 불량배로 유명했던 한 정원사에 의해 급속히 진행됐다.[28] 가가와는 『태양을 쏘는 자』에서 이 에피소드를 서술하였는데, 남자 한 명이 식당을 나와서 가가와의 교회에 들어가 행패를 부리고, 가구를 엉망으로 부수며, 도끼로 전도용 오르간을 내리치는 모습을 묘사하고 있다. '툭하면 싸우는 놈'(喧嘩安, 겐카야스)이라는 별명의 술주정뱅이 한 명이 붉게 녹슨 칼을 들고 알몸인 채로 뛰어들었으나, 가가와는 소동에 휘말리지 않기 위해 그를 설득했다. 그러나 그 남자는 가가와의 멱살을 잡고 배를 향해 발길질을 가했다. 여러 사람들이 이 현장에 달려와 가가와를 덮치던 남자를 떨어뜨렸다. 이때는 순사도 도착하여 술이 깰 때까지 가만히 놓아 달라는 가가와의 간청에도 불구하고 공격한 남자를 체포해 끌고 갔다. 가가와는 그 남자의 아내가 그를 태워 가는 경찰의 짐수레 차를 끝까지 붙잡고 놓지 않는 모습을 보고 함께 울었다.[29]

처음 시도한 협동조합(식당)이 실패하였지만 가가와는 협동조합의 이념 그 자체에 대해서는 결코 실망하지 않았다. 오히려 조합 관리의 중요성에 대해서 몇 가지 반성할 점을 발견하였다. 협동조합은 민중(시민)에게 사업의 관리권을 주고, 엘리트들의 금고에 자본을 축적하기보다는 오히려 회원 상호간에 공평하게 부를 분배하는 것이므로, 그 자체로서 '행동하는 그리스도교'(Christianity in action)라고 여전히 확신하고 있었다.

사랑의 물꼬가 트이다

소외감을 많이 느끼고 있던 이 젊은이는 주위의 시선은 차가웠지만 이제 자신의 힘으로 자신에게 어울리는 환경을 만들어 가려고 하였다. 주위 사람들이 그를 오만하다고 비난할수록 그는 자신을 더 표현하기 시작했다. 하지만 그것은 예언자의 오만함과 같이 그 행동이 도덕적으로 바르다는 확신이 있는 사람의 당당함이었다. 그는 자신의 행위가 역사에 기록되어 『사도행전』 다음에 기록될 것이라고 공공연하게 말했다. 어떤 사람이 농담으로 가가와에게 "저명한 정치 지도자인 이토 히로부미(伊藤博文)와 당신 중 누가 더 위대하냐"고 물었을 때, 가가와는 "내가 히로부미의 나이까지 살아 있으면 내가 반드시 위대해진다"라고 대답하였다고 한다.[30)]

그에게는 자신의 업적을 크게 기뻐하는 과시적인 자아가 있었지만 동시에 재빨리 그 자아를 부드럽고 유머러스한 자신과의 비꼼으로 결합시키곤 했다. 그는 그것을 재치 있는 변증론으로 잘 바꿔 현인(賢人)이라는 이미지―그것이 또 그의 평판을 높인 것이지만―를 만들어 냈다. 예를 들어 청중 가운데에 노파가 그의 이야기를 다 잊어버린다고 불평했을 때, "불행한 것을 포함해서 모든 것을 잊지 않는다면 그것이 오히려 힘듭니다. 때로는 잊어버리는 것이 행복합니다. 계속 오십시오!"라고 말했다.[31)]

그리고 가가와의 집필 활동도 더욱 탄력을 받기 시작했다. 다윗과 요나단에 대한 그의 동화책 『우정』은 1912년 12월에 출판되었고, 1년 후에 예언자 예레미야에 대한 책이 출판되었다. 한편 그는 부단한 신학적, 철학적 연구도 계속 해 나갔는데, 그다음 해 12월, 그의 세 번째 책이자 알버트 슈바이

헐벗은 아이들을 돌보는 시바 하루 ©賀川記念館

처의 역사적 예수 탐구의 번역서인 『기독전논쟁사』(基督伝論争史)가 출판되었다. 그러한 활약은 그에게 필요한 자양분이 되었는데, 그러한 열심어린 모습은 봉사하는 사람들로부터 자연스럽게 인정받는 계기가 되었다. 그는 "선생님!"이라고 불리는 것을 좋아했고, 나중에는 "거지들의 두목"(物乞いたちの親分)이라고 불리게 되자 흔쾌히 자기소개에 자신은 "두목"(오야붕, 親分)이라고까지 하였다.

소설이나 신학 서적 이외에도 그는 획기적인 사회학적 논문이자 654쪽에 달하는 대작 『빈민 심리의 연구』를 위해서 자료와 관찰 기록을 모으는 데 시간을 할애했다. 이것은 빈민의 상태를 상세하게 조사한 일본 최초의 책 가운데 하나다. 또한 가가와는 1911년 1월에 발족한 구령단(救霊団)이라고 칭한 소규모 종교 그룹의 작은 성공을 누릴 수 있었다. 다케우치 마사루(武内勝)와 가가와에게 감화된 다른 사람들이 만든 이 조직은 자신들이 일할 때는 일하고, 물건은 공유하며, 본부에서는 기도를 같이 드리면서, 어떤 의미로서는 수도

救靈團年報

초기의 구령단(예수단) 건물(좌)과 1911년부터 초기 구제 사업의 내용을 상세히 기록한 『救靈團年報』(우) ⓒ賀川記念館

원적인 공동체의 가치를 구현했다. 그것은 '예수의 벗 모임'(イエスの友会)으로 발전해 가게 된다.

특별히 중요한 사건은 가가와의 연애 사건이다. 그는 1912년 10월에 처음 만나 그의 예배에 출석하기 시작한 총명하고 실천적인 여성 시바 하루(芝ハル)에게 점점 끌리고 있었다. 가가와는 그녀가 일하는 인쇄 공장에 설교하러 간 적이 있었다. 하루는 불운했던 가족을 위해 가계를 도우려고 일하고 있었다. 그녀는 점점 그의 그룹에 확실히 속하게 되어 예배에도 정기적으로 출석하게 되었다.

하루의 조직력과 활동력은 가가와에게 큰 인상을 남겼다. 1912년의 크리스마스, 그는 큰 천막을 세우고 100명이 넘는 가난한 사람을 초대해서 무료로 식사를 제공했고 그들의 아이들을 위해서 축하회를 열었다. 빈민가의 주민들 중에는 전날부터 와서 천막 안에서 기다리는 사람들도 있었다. 밖에서는 가가와를 도와주는 사람들이 큰 냄비로 팥밥(赤飯, 세키한)을 만들고 있었다. 굶고 있는 군중을 위한 음식은 고기 조림, 생선토막구이, 국과 곤약, 그리고 과자 한 봉지와 귤이었다.

가난한 사람들을 위한 이 축제의 행사 진행 중에 가가와의 눈에 띈 것은 음식을 준비하거나 접시에 담아서 내고 있는 하루의 세심한 태도였다. 그것은 봉사로 도우러 온 몇몇 도내의 유복한 교회 부인들의 피상적인 태도와 극히 대조적이었다. "그녀는 열심히 하고 있다. 도내 교회의 사람들과 같이 아름다운 목소리로 말하지는 않지만, 조용히 일을 하고 있다"라고 가가와는 그녀를 칭찬하였다.[32] 배가 고픈 거지들 중에는 시끌벅적한 천막 속에서 몇 공기나 먹고도 밥을 가지고 가려고 앞치마나 소매를 벌려 넣어 달라는 이들도 있었다. 가가와는 몇몇 귀부인들이 거지들의 거칠게 먹는 법을 흉내 내면서 비웃는 것이 신경 쓰였다. 가가와는 하루가 "그냥 조용히 교양 있는 부인들에게도 이겨가며 웃지도 않고 음식을 나르고 팥밥을 거지들의 소매에 넣고 있는" 것을 깨달았다.[33] 훗날 그녀는 가가와가 자신의 모습을 "거룩한 태도"라고 부른 것에 감동해서 울었다.

가가와는 독신인 채로 계속 있어야 할지, 아니면 마음을 고백해야 할지

조선인 노동자 가족의 아이들을 돌보는 하루 ⓒ賀川記念館

항상 고민하고 있었는데, 마침내 그의 낭만적인 성격이 승리를 쟁취했다. 그는 '하루'에 대해서 적극적으로 칭찬하였고, 그녀의 여러 행동을 감상적으로 다루었으며, 전 생애에 걸친 결혼 생활 가운데서 그가 자주 활용한 예술 장르로서의 연애 시를 통해 그녀를 극찬하였다. 하루를 향한 그의 연모가 표현된 산문시는 계속해서 쏟아져 나왔다. "그녀의 다정한 배려는 정녕 기쁘지 아니한가? 부드러운 분홍색 피부, 아름다운 머리칼과 온화한 볼에, 가늘고 맑은 눈동자를 가진 그녀를 잃게 된다는 것은 견딜 수 없는 일이다." 이처럼 가가와는 그녀의 봉사 정신을 칭송하면서 자신의 애정을 정열적으로 표시했다. "그녀는 항상 조용하고 사람들이 신경 쓰지 못하는 것까지도 신경 써 준다. 그러한 여성스러운 따뜻함은 그에게 없어서는 안 되는 힘이었다. 혹시 그녀가 결혼이라도 하여서 다른 곳으로 가 버리면, 그의 활동에 큰 손실이 발생하리라는 것은 그도 충분히 알고 있었다."

하루는 가가와의 단정한 용모, 영웅적인 태도, 그리고 카리스마 넘치는 능력에 반한 많은 젊은 여자 가운데 한 사람이었다. 그녀들은 흠모하는 스타 곁에 몰려드는 요즘 시대의 '팬'(fan)과 크게 다르지 않았다. 하루는 가가와와의 첫 만남을 완곡하게 기록하였지만, 서로가 품었던 애정의 마음을 구태여 감추지 않고 서술하고 있다.

"고베의 유명한 빈민가 길목에서 비바람을 맞아가면서 하나님의 사랑을 설교하는 한 청년이 있다. 나는 그가 깡패들에게 둘러싸여 놀림을 당하고 멸시를 받으며, 발길질 당하는 모습을 자주 보았다. 그는 폐병을 앓고 있었지만, 자신의 옷이나 돈을 사람들에게 나누어 주었고, 자기 음식을 누군가에게 먹여 주고 자신은 굶었다. 나는 그를 지탱해 주는 주변의 사람들이 모두 그리스도교인이라는 사실이 놀랍고 이상했다. 안개가 태양에 의해 사라지는 것처럼, 내 눈에는 빈곤과 박해에 맞서 승리를 쟁취한 그의 용감한 정신이 명확히 보이기 시작했다. 그 당시 나는 고베인쇄회사의 여공으로 일하면서, 반장이었기 때문에 거의 남는 시간이 없었지만, 낮의 쉬는 시간에 작업복을 걸친 채로 서둘러 그의 설교를 들으러 달려 갔다. 그리고 쉬는 날에는 그와 함께 가난한 사람들을 위해서 일할 수 있었다. 이 청년을 알면 알수록 나는 그를 통해서 활동하고 계신 신(하나님)의 사랑을 잘 알게 되었다. 그리고 결국은 마이어스 박사로부터 세례를 받았다."[33]

가가와가 접하고 있던 다른 여자들과 하루의 다른 점은 총명함과 지성, 그리고 실천적 능력이었다. 그는 점점 그녀가 자신의 일을 뒷받침 해주고, 자신의 사업에 확실하게 공헌해 줄 수 있는 애인이 될 사람이라고 확신하게 되었다. 이처럼 강해지는 애정은 그리스도교인으로서 빈민가에서 열심히 생활하는 그들이 공통의 목표를 공유하면서 강한 유대를 맺도록 이끌었다. 그녀는 굶주려 구걸하고, 불결하며, 정신이 이상한 사람들을 보고도 주저하지 않고 다가갔으며, 거지들의 몸에 난 상처들도 거리낌 없이 돌보아 주었다. 그녀는 단지 멀리서 그의 영웅적인 행위를 칭송하는 것에서 머물지 않고, 실제적으로 가가와를 도와 그의 사회 활동이 진보해 나가는 것을 지탱해 주기에 더없이 잘 어울리는 결혼 상대임을 증명해 갔다. 바로 이 점에서 그녀는 가가와의 전도 활동을 함께 해 나가기에 더없이 충분한 완강함과 넓은 마음을 지니고 있는 여성이었다. 실제로 그러한 자질들이 없었다면, 그녀는 신카와의 고난을 결코 견뎌내지 못하고 금방 낙오하였을 것이다. 하루 자신은 이렇게 적고 있다.

> "그 부근에는 약자와 병자, 장애인들이 많았다. 1만 명 이상의 사람들이 5,6블록에 모여 살았는데, 그들은 모두 생존 경쟁에서 패배한 사람들이었다. 나는 그리스도교의 작은 무리가 가난한 사람들 안에서 생활하게 된 것을 알고 매우 기뻤다."[35)]

그녀는 문득 자신이 그렇게까지 칭찬한 그 사람을 자연스럽게 자신의 모범으로 삼고 있음을 깨달았다. 1912년 11월 어느 날 밤, 그녀는 신카와를 지나 걷고 있을 때, 아이의 울부짖는 소리를 들었다. 어머니가 병으로 누워 있는 가정의 아버지가 어린 여자 아이를 때리는 장면을 목격하게 된 것이다. 아이의 아버지가 화를 낸 이유는 램프의 등불이 꺼져 있었기 때문이다. 하루는 자신이 가진 돈 전부를 주고, 집 전체를 청소한 뒤 그 아이도 목욕시켰다. 그러면서 그녀는 가난한 사람들을 도와야 한다는 자신의 사명을 발견했다. 그녀는 그 순간을 이렇게 회고했다.

> "이 일로 나는 큰 자극을 받았다. 그들과 함께 살면서 그런 불행한 사람들을 도와줄 수 있다면, 나는 기쁘게 그 일을 할 것이다. 나는 빈민가에 들어갈 결심을 했다."[36)]

그들의 연애를 회상하면서 가가와는 자신의 공상에 대해서 희화화했으며, 그녀가 오히려 그렇게 예쁜 얼굴이 아니었고, 따라서 성적(性的)으로도 그녀에게 크게 끌리지는 않았음을 고백했다. 그녀의 정신적인 성장과 그녀의 사회적·종교적 활동과 도움을 가가와는 확실히 칭찬하면서 높게 인정하였다. 하지만 그렇다고 해서 처음부터 그녀에 대해 보통의 '연애' 감정이 일어났던 것은 아니다. 그러한 기분 가운데서 그는 외모가 좀 더 고운 하루의 여동생에게 마음을 줄까 생각해 본 적도 있지만, 결국 언니만큼의 내면이 발견되지 않음에 마음을 고쳐 먹은 바 있다.

빈민굴 아이들을 돌보는 가가와 하루(가운데) ⓒ賀川記念館

“(하루의) 여동생을 좋아해 볼까 생각했다. 예쁜 동생이었다. 하지만 언니만큼 맑고 깨끗한 성격은 아니었다.”

이런 로맨틱한 농담에서 '금욕적인 선생님'은 하루를 진실한 실천적 여성으로, 즉 그녀를 한 명의 잔 다르크로 부르면서 “용기 있고 다부진 여성적” 이미지를 새롭게 느끼게 되었다. 그는 자전적 소설에서 결혼에 대해서 명상하는 장면을 묘사하면서, 파트너에 대해서 다음과 같이 썼다. “이런 여자를 아내로 가진 사람은 행복할 거라고 생각한다. 돌봐 주는 아내로서는 그녀처럼 실수 없는 여성도 드물 거라고 믿는다. 하지만 뛰어난 미인인 것도 아니고….” 이러한 마음의 노출과 더불어 더욱 좋지 않은 태도는 가가와에게 여전히 대단한 엘리트 의식이 있었다는 점이다. 그러한 마음은 지적인 신여성에 대한 환상의 미련을 남겼던 것일까? 이 여성은 인쇄공장의 여공이니까 자신보다는 신분이 낮다는 생각을 품으면서, “그는 결혼 상대를 선택할 때에 그녀의 신분 때문에 주저했다”[37]라고 묘사했다. 그러한 숙고 끝에, 그는 이 로맨틱한 사랑을 다른 상대로 옮기게 되지만, 그녀의 아름다움은 그러한 진리 추구의 사도에게는 너무도 표면적인 것이라고 결론을 내리며 다음과 같이 냉소하고 있다.

“그녀는 분(粉)과 연지(臙脂)를 바르면 피부가 아름다워 보인다. 하지만 분이 잘 발라져 언뜻 아름답게 보이기는 하지만, 맨 얼굴을 보면 색깔은 시퍼렇고 모공에는 피지가 끼어서 보는 사람이 안타까울 정도다.”38)

그의 공상에도 불구하고, 그리고 성서연구회에 출석하고 전도 활동을 도와주는 매력적인 젊은 여성들이 몰려들어 왔음에도 불구하고, 감상적인 기대감과 결혼 생활에 실제적으로 도움을 주는 완고함, 이 두 가지의 감각을 겸비하면서 그의 마음은 언제나 시바 하루에게로 돌아갔다. 그는 여성을 대하는 태도가 매우 소극적이어서 그녀(하루)가 자신에게 청혼을 하면 자신이 그 응답에 대해 숙고하게 되기를 기다리고 있었던 것 같다.

이런 감정들에 대해 가가와가 남긴 가장 리얼한 회상은 자전적 소설에서 다음과 같이 표현되고 있다.

“내 문제에 대해 물어보고 싶은 것이 있다. … 그것은 시간이 있을 때가 아니면 안 된다 … 라고 말하며 그녀는 돌아갔다. … 그것은 반드시 결혼 문제일 것이다. … 그리고 바로 나에게 청혼할지도 모른다. … 오늘까지의 그녀의 태도로는 … 약 2년 반 동안 조금도 변함없이 스스로 빈민굴에 봉사하러 오는 저 용기 있는 태도에 대해서, 나는 마음 깊이 감탄하고 있다. … 그래서 내가 직접 청혼하지는 않지만, 그녀가 청혼해 온다면 나는 기쁘게 승낙할 것이다. 그녀는 다른 여자와 다르다. 독립된 생각을 가지고 있으며, 독립된 의지를 가진 강한 여자이다. 충분히 자유 결혼을 할 수 있는 여자다. 저 여자라면 용모와는 상관없이, 여자로서 참으로 훌륭하다.”39)

아마도 그들 사이에는 강한 인연의 깊이가 있었기 때문에, 그녀의 외모에 대한 이런 종류의 평가에 대해 출판물의 기록이 나와도 그녀는 개의치 않았을 것이다. 사실 그녀는 절세의 미인은 아니지만 충분히 매력적이었다. 그녀는 26세가 되었지만 – 그 시대의 여성으로서는 혼기를 놓친 과년한 나이에 가까웠다 – 이러한 비(非)인습적인 사실도 가가와의 마음에 오히려 어필했다. 혼기를 넘겼음에도 그녀는 로맨스나 경제적 안정을 위해서 결혼을 서두른 것이 아니었으므로, 가가와가 칭찬하는 순수함을 여전히 가지고 있을 수 있었다. 많은 점에서 그녀는 여성 해방의 선구자이며, 나아가 자신의 책임과 사명을 다하면서 사회의 인습에 굴하지 않았다.

시바 하루와 결혼

하루는, 말하자면 실제적으로 맡겨진 일을 척척 해내는 사람이었고, 가가와와 마찬가지로 체제와 통념에 영합하지 않는 사람이었다. 가가와 같은 신념과 주장을 펼치는 남자에게는 이상적인 배우자 상대였다. 그녀는 가가와가 사업을 진행하면, 그 정당성이나 이유를 묻지 않고 도와 줄 수 있었다. 왜냐하면 그의 종교적 열의와 사회봉사에 대한 헌신을 열렬하게 공감하고 있었기 때문이다. 더욱이 그녀는 그 어떤 사람들도 순수하게 좋아할 타입의 인물이었다. 가가와는 자신이 아는 그녀의 모습을 아낌없이 자랑하고, 그리스 여신에까지 비교해 가면서 그녀를 향한 신뢰의 표현을 서슴지 않았다.

결혼 기념사진 ⓒ賀川記念館

"그녀는 그 누구든지 매료시켜 버린다. 그리고 그녀는 누구든지 자신의 일에 끌어들이는 매력을 가지고 있다. 그녀가 떠난 다음에는 잔향(殘香)이 감돈다. 이런 여성은 얼굴로는 판단할 수 없다. 그녀는 비너스가 아니라 여신 주노(Juno)의 위엄을 가지고 있다. 그녀는 유희의 상대가 아니라 충실한 통치자다."

여신 주노는, 로마 신화에 나오는 주피터(Juppiter)의 기품 있는 부인으로, 여성의 행복과 출산, 육아 등 결혼생활을 수호하는 최고위의 여성 수호 여신이다 – 역자 주

하루는 그들이 얼마나 서로 친밀하게 끌리고 있는지를 알았다. 하루의 교류 방법은 가가와가 그녀에 대해서 높은 평가를 하는 만큼 대단히 현명했다. 그녀는 심한 감기에 걸려 이불을 덮고 자고 있던 가가와 옆에 앉아서, 어떤 남자에게서 청혼 받은 것에 대해서 진지하게 생각하고 있는 것을 가가와에게 전했다. 하지만 그녀의 또 다른 생각은 신카와에 와서 그와 함께 생활하고 그의 하녀로서 일하는 것이었다. 하지만 평판을 나쁘게 하지 않기 위해서 가가와는, 그녀가 그의 집으로 이사 올 때 나돌 소문도 생각하며 이렇게 대답했다.

"그러면 나와 결혼할 생각으로 오시오."

그러자 그녀는 얼굴을 붉히며 마음에 걸리는 것을 고백했다.

"선생님과 저는 신분도 다르고 교육받은 수준도 다릅니다."

그러자 가가와는 살짝 손을 내밀어 바닥에 있던 그녀의 손에 포개어 얹었다. 그는 울고 있었다. 그것을 감추기 위해서 이불에 얼굴을 파묻었다.

그것은 강렬한 감정 표현을 억제해 온 연애 관계에서 비로소 진실을 토로하는 순간이었다. 긴 침묵이 이어진 후, 그녀는 2-3주 이내에 자신의 결심을 알리겠다고 대답했다. 그녀는 결국 청혼을 받아들이는 편지를 그에게 보냈고, 결론적으로 그녀의 사랑을 선언하고 고백했다. 그는 다음 날 아침 6시에 항구의 해변에서 그녀와 만나 다시 답장을 전해 주었고, 그곳에서 둘은 결혼에 대한 서로의 생각을 확인하며 일출을 바라보는 밀회를 가졌다. 두

사람은 1913년 5월 27일에 고베기독교회(神戸基督教会)에서 결혼식을 올렸다. 주례는 가가와가 신학교에서 은사로 모신 아오키 초주로(青木澄十郎) 목사였다.

결혼식을 마친 두 사람의 신혼 여행지는, 다름 아닌 빈민가 그 자체였다. 결혼식 며칠 후에는 빈민가의 많은 사람들을 집으로 초대해서 초밥을 제공하면서, 하루를 그들에게 '하녀'라고 소개했다. 그는 그들에게 이렇게 말했다

> "나는 여러분의 충직한 하인이 되고 싶지만, 힘도 없고 변변치 못합니다. 하지만 그녀가 여러분의 하녀가 되어 줄 것입니다."[40]

이때부터 계속 그녀는 그 누구보다 가가와 그룹을 지탱하고 가난한 사람들을 위해 가장 앞에서 추진하고 행동하는 인물이 되었다. 그녀는 재정적인 것에서부터 거지의 상처 소독까지 모든 일을 처리했다. 매일 저녁 두 사람은 날씨와 관계없이 주의를 끌기 위해 긴 장대에 '하나님은 사랑이시다'라든지 '오직 믿음으로!'라고 쓴 커다란 등을 가지고 술집 앞의 야외 설교 장소에 나갔다.

그녀는 자신이 짊어진 힘든 역할을 통해서 성장을 경험하였다고 다음과 같이 회고했다.

> "나와 빈민가 사람들과의 사이에는 그다지 큰 차이는 없다고 생각했을지도 모른다. 하지만 내가 하려고 했던 일이 아주 큰 차이를 만들어 냈다."[41]

가가와는 하루에게 빈민가 일에만 안주하지 말고, 교육을 받고 자신의 잠재 능력을 키워야 한다고 주장하였다. 가가와는 해방된 여성을 원했는데, 그 하나는 사람들이 성장해서 스스로의 인생을 지배하는 것을 보고 싶었기 때문이고, 또 하나는 그 자신의 목표를 위해서였다. 그는 책임을 짊어질 '여신 주노(Juno)'가 필요했으며, 누추한 가운데 그와 생활할 수 있는 이상주의

자이면서도, 동시에 수많은 과제를 처리할 수 있는 실제적이고 지혜로운 배우자를 원했던 것이다. 이러한 엄격한 요구를 만족시킬 수 없는 아내라면, 그가 계획하는 모든 일을 가로막는 존재에 불과하다고 생각했다.

1913년의 여름은, 폭염도 극심했지만 특히 가뭄이 아주 심해서 물을 길어 와야만 했다. 가가와는 아내를 위해서 집의 기둥 사이에 해먹(그물침대)을 쳤다. 힘든 일이 계속되고 초라한 끼니가 반복되자 그녀의 건강이 나빠졌다. 하루는 원래 건강한 체질이었으나 – 그녀는 95세까지 살았다 – 다케우치 마사루(武内勝)에 의하면 그녀도 그와 같은 어려운 상황에서 무리를 하면 종종 쓰러졌다고 한다.

가가와는 그간의 노력의 결과로 빈민가에서 도박의 감소 같은 개선을 이루었지만 신카와나 일본 전국의 빈곤 문제의 심각성은 여전했기 때문에 늘 우울했다. 그의 치열한 노력과 희생도, 결국 국내의 극심한 빈곤과 열악한 노동 조건, 그리고 불공정한 부의 분배에 대해서 미미한 효과밖에는 낼 수 없다는 사실을 그는 잘 알고 있었다.

두 사람은 빈민가에서 개인적인 행동에서 잠시 동안 떨어져 새로운 전망을 모색해야 한다는 결단을 내렸다. 마이어스 박사와 로건 박사로부터 총액 200엔을 빌리고, 올리버(Charles A. Oliver)가 쓴 『주일학교 교수법』(*The Teaching Method for Sunday Schools*)의 번역료로 50엔을 로건 박사로부터 받았다. 그 후 가가와는 프린스턴대학과 마이어스 박사가 공부한 미국 장로교의 핵심적인 교육 기관인 프린스턴신학교에서 공부하기 위해 미국행을 결심했다. 여러 명의 가족들과는 화해하였고, 다른 여러 사람들과도 친밀한 관계를 유지하고 있었기 때문에 일본 관습이기도 했던 전별금을 받아 뱃삯을 내는 데 큰 도움이 되었다. 하루는 요코하마공립여자신학교(横浜共立女子神学校)에서 교육을 받기 위해서 신카와를 떠났다. 그녀는 체중이 줄었고, 결핵을 앓고 있었는지도 몰랐다. 확장되고 있던 신카와의 일을 신뢰할 수 있는 다케우치(武内)에게 맡겼다.

1914년 8월, 제1차 세계대전이 발발한 직후 가가와는 니뽄유센(日本郵船, 당시 일본의 최대 선박회사 – 역자 주) 탄바마루(丹波丸)를 타고 미국으로 출발했다.

요코하마공립여자신학교에서 공부 중인 하루(위, 뒷줄 왼쪽 끝) 졸업식 사진(아래, 앞줄 왼쪽에서 두 번째)
ⓒ賀川記念館

확실히 미완성 단계에 두고 온 일이 많았다. 그는 평화에 대한 젊은 이상향이, 다름 아닌 위대한 칸트의 나라에서 분쇄되고 있는 서구 세계를 향해하고 있었다. 그는 4년 동안 존경을 온 몸에 받았고, 그곳에서는 유명한 스타가 되기도 했던 빈민가를 떠났다. 마음에서 우러나오는 사랑을 안겨 준 아내와도 떨어지게 되었다. 그의 유학 자금은 한정되어 있었고, 그의 책 『빈민심리의 연구』에 대해 현대의 어떤 학자들은 그의 작품 가운데 가장 대단한 것이라고 평가하기도 하지만, 그 당시에는 선뜻 출판에 나서는 곳이 없어서 계속 보류된 상태 원고가 방치되어 있었다. 태평양을 처음으로 건너던 그때의 미국행 여정은 26살의 왜소한 청년이 아시아의 표준으로나 서구의 표준으로 보더라도, 이미 그 연령대에서는 찾아볼 수 없는 탁월한 실적을 가지고 있었음에도 불구하고, 한가로운 유람은 있을 수 없었다.

제4장

아메리카 간주곡

제4장

아메리카 간주곡

새로운 사상의 정초(定礎), 프린스턴 유학 시절

가가와는 샌프란시스코에 상륙해서 미국 횡단 열차를 탔다. 그는 시에라(Sierras) 네바다 산맥을 넘어 사막 지역으로 내려와 로키 산맥을 통과해서 초원 지대를 가로질러 캔자스 시티(Kansas City)에 도착했다. 거기서 남쪽으로 미주리와 미시시피를 가로질러 남부 조지아주의 애선스(Athens)에 갔다. 여기에서 그에게 지원금을 보내주던 벽돌 회사 중역 시블리(Sibley) 씨를 방문했다.

2-3일 머무는 동안, 그는 마치 궁궐과 같은 기둥이 정면에 세워져 있는 고대 콜로니아식(old colonial style)의 저택에 감탄했다. 또한 이 여행을 통해 미국의 인종적 다양성과 광활함에 다시금 놀라워했다. 그것은 같은 종류의 민족 집단에 기초해 만들어진 섬나라에서 온 인간에게는 강렬한 체험이었다. 그래서 그는 소설 『태양을 쏘는 자』에서 이 깊은 인상을 여지없이 표현했다.

그의 건강은 좋아지고 있었으며, 프린스턴에서 면학 장학금을 매월 25달러 받고 있어서 금전적으로도 걱정이 없었다. 그는 심리학과 수학(數學) 과정

프린스턴대학 시절의 동료들과 함께(둘째 줄 오른쪽에서 세 번째)
ⓒ賀川記念館

을 등록한 뒤, 흥미를 끄는 것이라면 무슨 책이든 붙잡고 독파했다. 그는 결국 실험 심리학에 대해 쓴 논문이 호평을 받아 문학석사(M.A.) 학위의 취득 자격에 상응하는 단위를 인정받았으나, 메이지가쿠인에서 취득한 그의 이수 단위가 미국 대학의 학위에 상당하지 않을 수 있다는 점이 지적되어 정식으로 학위를 수여하지는 못했다.

가가와는 매우 많은 책을 읽었고 장로교의 선교사 마이어스, 로건 두 명의 박사 곁에서 개인 수업을 받은 바 있기 때문에, 프린스턴신학교(Princeton Theological Seminary)의 과목에서는 흥미를 끄는 것이 거의 없다는 것을 깨달았다. 그는 자전적 소설에서도 신학교에 대해서 비판적인 감상을 서술했다.[1] 그는 신학학위를 위해서 필요한 일반 과목의 이수를 면제 받아 대학에서 생물학, 특히 진화론에 대한 연구에 집중하는 시간을 가졌다.

그는 발생학, 유전학, 비교해부학, 고생물학 등의 과목을 이수했는데, 그것은 진화론이 그리스도교와 대립하는 것이 아니라 오히려 조화하는 것이라고 보는 자신의 견해를 보강하기 위함이었다. 이들 연구는, 그리스도교는 모든 것의 구원을 위해 방향을 잡고 있다는 점, 따라서 그리스도교는 '진화의 종교'(religion of evolution)라는 그의 초기의 견해를 점점 확고히 해 갔다. 가가와는 일본에서는 이미 배웠던 크로포트킨(Kropotkin)과 마찬가지로, 우주의 가장 낮은 단계의 것에서 점점 고도로 발전해 가는 진화란, 물질 상호 관계 간 '사랑의 확장'(increasing love)을 보여주는 예증이라고 보았다.

가가와는 계속 이어지는 생존 경쟁에서 다윈의 '적자생존' 학설은 진화에 대한 불공평한 해석이라고 이해하게 되었다. 종(種)의 구성원이 서로 도와주는 능력은 적어도 투쟁하는 능력과 같은 수준으로 생존을 위해 중요한 부분이다. 그가 이 견해를 인간 세계(사회)로 바꾸어 생각했을 때, 그것은 '사회적 다윈주의'(Social Darwinism, 사회진화론)에 대한 그의 해답이 되었고, 협동조합에 대한 그의 철학의 근거가 되었다.

'사회적 다윈주의'는 사회적 약자에 대한 멸시를 정당화한다. 즉 진화론적 경쟁은 살아남을 힘이 없는 열성 유전자를 도태시키기 위한 자연의 불가피한 방법이라고 설명하면서, 그것을 '과학적'으로 증명하며 보강하였다. 하지만 가가와는 협력하는 사람들이 더욱 생존해 갈 수 있고, 상호 협력이 경쟁보다도 성공을 위한 훨씬 강력한 방법이 될 수 있다고 반론했다. 우리가 나중에 알게 되는 것처럼 이런 연구는 그의 앞으로의 사상에 깊은 영향을 미친다.[2)]

가가와는 일본에서 학생 시절에 소문난 공부벌레였던 것처럼 프린스턴에 와서도 공부에 몰두했다. 그는 학구적인 생활을 정말로 즐겼다. 그것은 빈민가의 위험하고 곤란한 생활로부터의 해방이기도 했다. 여기에서 그는 몇 년 동안 누리지 못했던 건강 회복의 기회와 충분한 명상의 시간을 얻었다. 그는 자전적 소설에서 유학생 시절의 자신에 대해 묘사하였는데, 프린스턴에서의 지적인 활동과 자유로운 사색에 대해서 다음과 같이 적었다.

> "그는 골격의 진화를 연구하기 위해 혼자서 대학 박물관에 어두워질 때까지 남아 있었다. 그리고 사자 얼굴의 스케치나 호랑이 등골뼈 연구 등에 여념이 없었다. 아침에는 해 뜨기 전에 일어나, 밤에는 12시 가까운 시간까지 독서를 했다. 도서관에서는 그리스도교의 출현 이전의 이집트, 그리스, 바빌론, 아시리아 등의 종교사(宗教史)와 그 문화 추이 등을 연구했다.

그는 불한당에게 위협당하지 않고, 전염병 염려도 없이 이 유명한 대학에서 조용히 공부할 수 있다는 사실에 깊이 감사했다."[3]

가가와에게도 외국인 유학생이라면 누구나 갖고 있는 언어 문제가 있었다. 그는 아마도 영어를 모국어로 하는 대부분의 사람보다도 많은 영어 문장을 읽었겠지만, 그가 쓸 수 있는 영어 회화는 한정되어 있었다. 네덜란드인 유학생 장 반 바렌(Jan Van Baalen)은 가가와와 함께 가장 앞에 앉았지만 "교실에서 노트를 쓰는 것이 처음 몇 달은 힘들었다. 하지만 애드먼 박사(Dr. Erdman)의 수업은 예외였다. 그는 외국인에 대해서 잘 알고 있었다"고 말했다.[4] 애드먼 박사는 바렌이나 가가와를 특별히 신경 써 주면서, 그들이 요점을 파악하지 못한 것 같으면, 자신의 생각을 반복해 말해 주었다고 그는 말했다. 반 바렌은 가끔 "도요히코의 노트가 자신의 노트만큼 빈 공간이 많다"는 것에 안심하기도 했다.[5] 가가와는 '도어'(door)라는 단어 등의 발음을 잘 못했지만, 그의 어휘력은 기억력만큼이나 놀라운 수준이었다.

프린스턴 재학 중 가가와는 소극적으로 행동했다. 20년 후 강연 여행으로 전 미국을 돌며 미국인에게 감하를 북돋는 인물이 된 것과 비교하면 실로 소극적인 학생이었다. 그는 일본에서의 업적에 대해서 겸손했고, 빈민가에서 활약한 자신의 역할에 대해서 결코 스스로 먼저 이야기하지 않았다. 반 바렌은 같은 기숙사에 살면서 가가와와 자주 이야기 나누었으며, 같은 학생 그룹에 들어 있기까지 했지만, 고

프린스턴 시절에 가가와가 작성한 논문 ⓒ賀川記念館

베 신카와에서 가가와의 실제 삶에 대해서는 나중에 책으로 읽고서야 비로소 알게 되었다.

일본에서 온 이 웅변가, 길거리 설교자, 작가, 사회사업가, 스스로에 대한 자부심이 강한 이 왜소한 청년의 첫 미국 방문은 우리가 아는 것과는 전혀 다른 모습이었다. 그는 과묵하고 아주 공손한 동양인이었다. 동급생인 해리 리치몬드(Harry Richmond)는 다음과 같이 가가와를 평가했다.

"우리는 판단하기에 앞서 매우 신중해야 한다. 이 점에서 우리는 일본인이 자존심 강하고 거만하다고 늘 생각했지만, 그에 비해 가가와는 얼마나 멋진 남자인가!"[6)]

가가와는 냉정한 사무라이(武士)나 외국인을 배척하는 전통주의자보다도, 미국에서는 비공격적이고 정중한 아시아인의 이미지가 받아들여진다는 것을 바로 깨달았다. 그는 자신이 사무라이 같은 호전적인 일본보다는 불교적이고 신비한 일본을 표현하는 것을 뿌듯하게 느꼈다. 1915년 12월에 그의 대표작 『빈민 심리의 연구』가 출판된 사실마저도 학내에서는 전혀 언급하지 않았다.

게다가 그는, 당시 미국에 대해 가진 감정을 솔직하게 말하려 하지 않았다. 그는 자신이 보고 체험한 인종차별에 대한 노골적인 비판을 피했다. 그는 사람들을 굉장히 정중하게 대했고, 일본인의 인사법과 웃는 얼굴로 자신을 소개했다. 실제로 그는 미래의 일본에 있어서 예언자가 될 인물이었지만, 프린스턴의 급우들에게 그러한 인상을 주지 않으려고 애썼다.

그러나 그는 국제적인 관계에 대해서는 곧바로 솔선수범했다. 반 바렌이 프린스턴에 도착하고 얼마 지나지 않아, 가가와가 문을 노크하고 자기소개를 했다.

"반 바렌 씨, 네덜란드에서 오셨다고 들었는데요, 저는 일본 출신입니다. 저는 당신을 찾아와서 우리나라(일본)가 당신 나라에 얼마나 큰 덕을 입었었는지, 그리고 우리나라 국민이 당신 나라의 국민들을 얼마나 존경하고 있는지 말씀드리고 싶었습니다."[7]

반 바렌은 자신이 본국에 있을 때는 두 나라의 친밀한 관계에 대해서 아무것도 배우지 못했다고 대답하였고, 가가와는 정중하게 그 역사를 가르쳐 주었다.

"그렇습니다. 우리는 당신들로부터 많은 것을 배웠습니다. 특히 당신들의 의학과 과학을 배웠습니다.{난학(蘭學)을 말함 – 역자 주} 우리나라의 항구는, 그 당시 네덜란드 이외의 모든 유럽 제국에 대해서는 폐쇄하였습니다. 결국 우리는 네덜란드 이외의 모든 것에 대해서는 두려워하게 되었습니다."[8]

도쿠가와 막부의 250년간에 걸쳐서 나가사키(長崎) 항구에 그 출입이 허락된 유럽 국가는 네덜란드 이외에는 없었던 것이 역사적 사실이다. 가가와는 그러한 만남 중에서도 그저 외국인 간의 잡담을 한 것이 아니었다. 그는 자신이 일본인을 대표하는 사람이라고 생각하면서, 이렇게 잘 모르는 외국인 한 사람 한 사람을 대하려고 하였다. 이미 그의 사고방식은 많이 '서양화'되어 있었기 때문에 일본에서는 좀 다른 종류의 사람처럼 생각되기도 했지만, 자국민에게 "부끄럽지 않겠다"는 생각으로 여전히 완전한 일본인으로서 행동했다. 일본인의 문화는 가족과 사회 집단에 있어서 자신의 위치와 역할을 서양인들에 비해 훨씬 더 자각하는 점에 있었다.

그는 프린스턴에서 다른 학생들과 친하게 지냈고, 같이 카누 여행이나 하이킹을 즐겼다. 첫 여름 방학 기간 중, 그는 뉴욕시에서 한시적인 일을 맡게 됐다. 몇 가지를 찾아보고 그는 시외로 30킬로미터 떨어진 장소에 있는 대규모 여름 휴양지의 별장에서 하인으로 일하게 되었다. 그곳에서 그는 프린스턴에 돌아오기까지 한 달간 일했다.[9]

그 이듬해는 프린스턴에서 차분히 연구하면서 보냈다. 그는 학위 논문을

Scholae Theologiae Ecclesiae Presbyterianae
in Foederatis Rebuspublicis Americae
Rectores Curatores Professores
Omnibus has litteras lecturis
Salutem in Domino Nostro Iesu Christo.

Quum nobis ius tam sacras scientias docendi quam ad gradum Sacrae Theologiae Baccalaurei promovendi ex suprema potestate Reipublicae Neo-Caesariensis concessum sit; quumque Toyohiko Kagawa vir vita inculpatus fide Christianus humanioribus litteris penitus instructus Scholae Theologiae curriculum usque ad metam persecutus se studiis amplioribus isteque acumine coram nobis habito dignum publico honore esse demonstraverit;
Idcirco notum sit quod supradictum Toyohiko Kagawa
Sacrae Theologiae Baccalaureum creari voluimus.

프린스턴 신학교 졸업증서(좌)와 일본인 동창생들과(우) ©賀川記念館

다 쓰고 1916년 5월에 신학사 학위(Bachelor of Divinity degree)를 받았다. 다른 65명의 졸업생과 함께 그는 강단 위에 올라 졸업장을 받고, 큰 목소리로 클래스의 찬미가를 불렀다.

> 영광의 주 예수의 십자가를 우러러, 이 세상의 부귀영화는 먼지와도 같도다.
> 십자가밖에는 자랑이 없도다. 이 세상의 것은 모두 사라지리라.
> 보라! 주님의 얼굴, 주님의 손과 발, 은혜와 슬픔, 하나로 흘러간다.
> 은혜와 슬픔, 하나로 녹아가며 가시는 눈부신 관으로 빛나리라.
> 아아, 주님의 은혜는 갚을 길 없으며, 다만 내 몸과 혼을 바쳐 무릎 꿇노라.

When I survey the wondrous cross,	주 달려 죽은 십자가
On which the Prince of glory died,	우리가 생각할 때에
My richest gain I count but loss,	세상에 속한 욕심을
And pour contempt on all my pride.	헛된 줄 알고 버리네
Forbid it, Lord, that I should boast,	죽으신 구주밖에는
Save in the death of Christ, my Lord	자랑을 말게 하소서

All the vain things that charm me most,	보혈의 공로 힘입어
I sacrifice them to His blood.	교만한 맘을 버리네
See, from His head, His hands, His feet,	못 박힌 손발 보오니
Sorrow and love flow mingled down!	큰 자비 나타내셨네
Did e'er such love and sorrow meet,	가시로 만든 면류관
Or thorns compose so rich a crown?	우리를 위해 쓰셨네
Were the whole realm of nature mine,	온 세상 만물 가져도
That were a present far too small;	주 은혜 다 갚겠네
Love so amazing, so divine,	놀라운 사랑 받은 나
Demands my soul, my life, my all.	몸으로 제물 삼겠네

"When I Survey the Wondrous Cross" (주 달려 죽은 십자가)
Words : Isaac Watts (1707)
Music : Lowell Mason (1824)
새찬송가 149장(통합찬송가 147장)

미국의 빈민복지와 노동운동을 배우다!

그는 그 겨울에 시카고대학에 입학할 생각이었다. 하지만 여름에는 일을 찾아야만 했다. 그는 다시 뉴욕으로 돌아가서, 일본에서 한 것과 같은 수준으로 빈민가를 돌아보았다. 일본에서 빈곤에 대해 날카롭게 분석하였던 것처럼, 분노와 해학의 초연함을 교차시키면서 뉴욕의 빈민가에 대한 감상을 아래와 같이 적었다.

"일이 없는 것이 다행이었는지 그는 뉴욕의 빈민가(slums)를 연구했다. 차이

나타운에서 월 스트리트, 바우어리(Bowery) 등의 빈민가를 방황해 보았다. 그리고 허드슨 강과 이스트 강에 끼여 깊은 산골짜기 같은 빌딩 숲의 맨해튼은 1번가에서 3번가까지 총연장 16km라고 생각된다. 이곳이 전부 빈민가라는 사실을 알고 그는 정말 놀랐다. 바우어리 거리에 가면 젊은 매춘부가 자신을 부르며 윗도리를 끌어 당겼다. 노동자들의 교회가 있는 14번가에는 수많은 매춘부가 손님을 부르면서 거리를 배회하고 있었다. 병에 찌들어 말라비틀어진 사람들도 있었고, 반대로 어떤 사람들은 병적으로 뚱뚱했다. 후키아이 신카와와 마찬가지로 보초가 곳곳에 서 있어 매춘부들을 감시하고 있었다. 거리의 야시장에는 강렬한 색채의 나체 그림엽서가 팔렸다. 성병 전문 의사가 등불까지 밝혀가며 환자를 기다리고 있었다.

● 바우어리 거리는 싸구려 호텔과 술집, 방랑자들로 유명하다 – 역자 주

흑인 빈민가가 있는가 하면 유대인 빈민가도 있다. 세계 17개국의 사람들이 우선은 이 빈민가에서 짐을 풀고 한숨 돌린 뒤, 다시 이곳에서 미국 전 지역으로 퍼져 나가므로 그 혼잡함은 이루 말할 수 없었다. … 세계의 돈이 넘쳐흐르고 있는 월 스트리트 바로 뒤편이 뉴욕에서도 그 유명한 바우어리 빈민가이다! 자본주의의 죄악상이 너무나 명확히 보이는 곳이다. … 그는 수년간 빈민가에서 살던 눈을 통해, 뉴욕의 빈민가를 여러 측면에서 연구했다. 그리고 가난한 사람들에게는 나라의 수준이나 동양 서양의 구별이 관계 없음을 발견하였다.” 10)

가가와 이전에 혹은 그 후에 미국을 방문한 일본의 혁명가나 개혁운동가들도 마찬가지였지만, 그곳의 경험은 일본의 문제가 결코 일본만의 독자적인 것이 아니라 전 세계의 불공정한 경제 상황이 반영된 것임을 가가와는 확신하게 되었다. 다른 일본의 지도자들처럼 가가와도 미국에 사회 변혁을 위한 노동조직으로부터 배움을 얻었다. 가가와는 1916년 여름에 뉴욕에서 목격한 양복재봉직공 조직의 데모에 깊은 감명을 받았다. 거리를 행진하는 6만 명의 다국적 노동자 집단이 시위하는 광경에 노동자 연대의 장중한 힘

을 느꼈고, 일본에 돌아가서 노동조합운동을 해야겠다는 결의를 굳게 다지는 계기가 되었다.[11] 그를 감동시킨 그날의 행진에 대한 인상을 아래와 같이 생생하게 묘사하고 있다.

> "시위대가 행진한다! 6만 명의 바늘 직공의 시위대가 행진한다! 옆으로 16명 정도가 늘어서서 1시간 반이나 행진을 계속한다. 맨해튼에 있는 450개의 양복 제조 회사의 자본가가 이스트 사이드(East Side)에 있는 6만의 가난한 직공을 내쫓았다. 눈부시게 빛나는 8월의 태양 아래에서 이탈리아 노동자, 유대인 노동자, 보헤미안 노동자 그리고 그 외의 세계 각국의 노동자가 하나 되어 행진한다.
>
> '빵을 달라!'(We want bread)라고 쓴 플래카드도 있다. '자본주의를 타파하자!'(Down with Capitalism)라고 쓴 것도 있다. 양장 옷을 처음 입어 본 것 같은 풍모의 시리아 여자도 있고, 높은 굽의 구두를 신고 처음으로 거리에 나섰기에 걷는 데 어려움을 느끼는 듯한 보헤미안 여성들도 한 무리 지나갔다.
>
> 여러 색깔의 조합 깃발이 정오의 태양 빛을 받으며 휘날리는 가운데 행진은 계속된다. 그것은 장엄하다고 할까, 비참하다고 할까. 마치 도살장에 끌려가는 어린 양들의 큰 무리처럼 쓸쓸한 눈빛을 한 수만의 영혼들이 걸어간다! ….
>
> '가난한 사람들이 이렇게 많다니! 그리고 이토록 많은 사람들이 450명의 사람들(경영자들– 역자 주)에 대적하여 싸우고 있다! 아무리 구제 사업을 한다 해도 소용없다! 노동조합이다! 노동조합이다! 노동자 스스로의 힘으로 자신을 구하는 것 이외에는 길이 없다. 나는 일본에 돌아가 노동조합부터 시작한다!' 그는 이런 생각을 하면서 행진을 지켜 보았다.[12]

그는 일할 곳을 찾아서 일본인이 경영하는 직업소개소에 매일 갔다. 그리고 겨우 일을 찾았지만 집 열쇠를 잘 잠그지 않아 도난 경보기가 잘못 울리는 바람에 해고되었다. 이런 실패를 겪은 후, 휴양지에 돌아와 다시 큰 저택에 고용되었지만 그 저택의 10대 딸의 아침 식사의 계란에 소금 대신 설탕을 잘못 뿌리는 바람에 그곳도 바로 그만두어야 했다. 어처구니없는 실수로 부끄러워진 가가와는 자발적으로 그곳을 나온 뒤, 캐나다 국경에 가까운 나이아가라의 식당에서 일을 다시 시작하였다. 그래서 1916년의 여름 끝 무렵에는 시카고에 돌아가 공부를 계속할 수 있는 충분한 여행 경비를 벌었다.

제인 아담스 ⓒJane Addams Biography

시카고에서 그는 제인 아담스의 유명한 세틀먼트(settlement)를 방문하였고, 생명과학 분야의 공부를 계속할 생각으로 시카고대학에 정식 입학하였다. 하지만 학비가 부족한 것뿐만 아니라 계속 반복되는 기침으로 결핵의 재발을 걱정하게 되었다. 그는 프린스턴의 신선한 공기에서는 건강하게 지냈지만, 시카고의 도시 공기는 건강상 많이 좋지 않음을 깨달았다. 그는 더 이상의 공부는 단념하기로 하고, 여행 경비를 버는 대로 일본에 돌아가기로 결심했다.

귀국하기 위해서는 150달러가 필요했으나 그는 50달러밖에 가지고 있지 않았다. 그는 일본인 동료로부터 유타 오그덴의 일본인회(日本人會)가 서기를 구하고 있다는 소식을 들었다. 가을이 되어 그는 유타 주가 있는 서부로 향했다. 그는 귀국하기 위한 경비를 버는 것뿐만 아니라 서부의 로맨틱한 분위기에도 마음이 흥분됐다. 그곳에서 "그는 미국 서부 산악의 사막 지대에 가기로 결심했다. 사막에서 기도하고, 포유류 동물의 화석을 줍고 싶었기 때문이다."13)

일본인회는 월 50달러에 그를 서기로 고용했다. 그는 사무로 일했고, 편

제인 아담스의 세틀멘트를 배우고 돌아와 일본에 설립한 시칸지마 세틀먼트(위)와 그 개념을 확대해 가가와가 도입한 개량주택(아래)
ⓒ賀川記念館

지 쓰기를 돕고, 일본인 마을을 순찰했다. 그는 눈에 덮인 겨울에는 썰매를 타고 농장의 일본인 노동자들이 사는 남루한 집을 방문했고, 그 사막 지대의 채광업자 집에도 들렀다. 순찰을 하면서 시간을 들여 석화된 목재, 화석 그리고 그 지역의 몇몇 식물 표본을 수집했다.

가가와는 노동조합에 대한 그의 새로운 확신을 시험해 보기 위해, 일본에 돌아갈 때까지 기다릴 필요가 없이 그 지역의 사탕수수 농장에서 일본인 노동자들을 조합에 가입시키기 위한 운동을 맹렬하게 전개하였다.[14] 사탕수수는 유타 주 북부에서 급부상한 농작물로 가가와가 있을 무렵에는 지방 경제의 중심을 이루었다. 수확이 시작되면 가공 공장은 사탕수수 1톤당 5.5달러에 매입했다. 어떤 오그덴의 공장은 사상 최고의 조업을 하고 있었으며, 다른 공장들도 그 생산 능력을 하루하루 배가시켜 갔다. 새로운 사탕수수 공장이 두 곳이나 만들어졌고, 그중 한 곳에는 200만 달러가 투자되었다.[15] 오그덴의 한 공장에서만 하루 1,000-1,200톤의 사탕수수를 가공하는 생산 능력을 갖추고 있었다. 대략 12만 5천 톤을 생산하는 9천 에이커(36,423평방미터)의 농장 부지가 합병된 설탕 공장에 보내지기 위해 개간되고 있었다.[16] 봄 날씨가 좋지 않았던 적도 있어서 수확은 평소보다 늦게 시작되었으나 9월 말까지는 잘 진척되고 있었다.[17]

그런데 농민들은 사탕수수 매입 가격에 결코 만족할 수 없었다. 결국 주 정부 농업국이 나서서 더 좋은 가격 설정을 목표로 협상을 시작했다. 농민들은 통계를 내서 자신들이 39.5센트밖에 수입을 낼 수 없는데, 설탕 회사는 사탕수수 1톤당 9.18달러의 순이익을 내고 있음을 밝혔다.[18] 그해 연말까지 설탕 회사는 1톤당 7달러로 대폭 가격을 올리는 데 동의했다.[19]

소작농들은 지주로부터 극히 일부의 급료밖에 받지 못했으므로, 일본인 소작농들은 증액을 요구할 권리가 있었다. 그들은 가가와에게 몰몬교 신자들인 지주들과의 교섭을 도와줄 것을 부탁했다. 지주들은 몰몬교에 다니는 소작농들과 일본인 소작농들을 이간시켜 대립하게 만들 심산이었었지만, 가가와는 어떻게든 양자를 잘 설득해서 하나의 소작농 조합에 가입시키려고 노력했다. 그들은 그때부터 지주에게 사탕수수 대금을 더 많이 지불하

조 힐(Joe Hill, 1879-1915)은 스웨덴 출신의 미국 가요 작가이자, 세계산업노동자조합(IWW)의 노동운동가이다. 1902년에 스웨덴에서 이민 온 힐은 1910년 IWW의 산 페드로(캘리포니아 주) 지부의 간사가 되었고, 이듬해에 그의 대표곡인 '목사와 노예'(The Preacher and the Slave)를 만들었다. 그 곡은 IWW가 발간하던 『IWW 노래집』(I.W.W.Songs)에 수록되어 'In the Sweet Bye and Bye'의 멜로디로 널리 애창되었다. "너는 곧 먹을 것이다. 안녕, 안녕 / 하늘 위의 저 영광스러운 나라에서 / 일하고 기도하라, 건초 위에서 살면서 / 너가 죽으면 하늘에서 파이를 얻을 것이다."라는 내용의 가사이다. 그가 지은 노래의 대부분은 일용직 노동자, 착취업소의 이민 노동자들, 철도 인부들을 소재로 다루었고, 사회주의적 색채가 강했다. 그러던 중 1914년 솔트레이크 시티에서 일어난 강도 살인 사건에 휩쓸려, 본인도 가슴에 총상을 입었지만, 살인 용의자로 몰려 재판 10여 일 만에 유죄 판결을 받고 총살형을 당했다. 그가 급진 노동운동가였기 때문에 곧바로 유죄판결을 받았다는 비난과 데모가 이어졌고, 우드로 윌슨 대통령도 유타 주지사에게 청원서를 보냈지만, 총살은 신속하게 진행되었다. 1915년 11월 18일에 총살 당하기 전날 밤, 힐은 IWW의 지도자 빅 빌 헤이우드에게 다음과 같은 내용의 전보를 쳤다. "잘 있게, 빌. 나는 진정한 혁명가답게 죽네. 나를 애도하는 데 시간을 낭비하지 말게. 조합을 만들게." 이로써 힐은 미국 진보적 노동운동의 순교자이자 영웅이 되었다. 가가와는 미국에서 이 사건을 접했고, 그 직후 힐이 죽은 유타 주에서 일본인 노동자들을 위한 노동조합 운동을 전개한 것이다. 그 이듬해 IWW의 회원 5명에게 가해진 테러 살해는 충격을 더했을 것이다.

도록 요구했고, 지주들이 그것을 거절하자 매우 중요한 봄의 파종 작업을 거부했다. 결국 3월이 되어 조합은 지주로부터 증액을 약속 받았다. 그 결과 일본인 농장 노동자의 수입이 연 5만 달러 늘어났다.[20] 일본인 농민들은 감사의 마음으로 가가와에게 100달러를 지불했고 그것은 일본에 돌아갈 뱃삯으로 충분했다.

가가와는 미국의 노동운동사에 있어서 중요한 격동기에 마침 그곳에 와 있었다. 그가 동부에서 목격한 몇 번의 데모는 늘어만 가는 불만이 표출된 것이었는데, 자주 잔혹한 진압에 직면했다. 유독 눈물이 많았던 가가와는 1916년 11월 5일에 세계산업노동자조합(International Workers of the World; IWW)의 멤버 5명이 워싱턴 주 에버렛(Everett)의 무장대원들에게 살해되었고, 40명 이상이 부상당한 것을 알고, 분명 눈물을 흘렸을 것이다. 세계산업노동자조합(IWW)의 발라드 음악가이자 시인인 조 힐(Joe Hill)도, 현재는 미국 노동운동계와 진보 단체의 전설적인 인물이지만, 솔트레이크 시티에서 총살당했다(1915).

미국노동총동맹(American Federation of Labor; AFL)은 1일 8시간 노동과 아동 노동 금지의 입법을 위해 국회에 압력을 넣고 있었다. 가가와는 오그덴에 도착하여 얼마 지나지 않은 때에, 일본 노동운동의 지도자로서 나중에 가가와의 동료가 되는 스즈키 분지(鈴木文治)가 캘리포니아의 유리카(Eureka)에서 열린 캘리포니아 AFL 대회에 참가하고 있었다. 스즈키는 미국 노동운동의 지도자들에게 노동조합의 조직화에 대해 배우고 있었다.

하지만 그 당시는 미국 노동운동에 있어서도 미일관계에 있어서도 어려운 시대였다. 인종차별주의의 압력이 미국에서 아주 강했기 때문에 미국노동조합동맹의 대회는 미국에 있는 일본인 노동과 고용의 보이콧을 지지하는 결의를 채택하였다. 일본인에 대한 이런 적의에 가득 찬 편견은 수년 후 배타적 이민정책 및 외국인 배척 토지법을 통해 더욱 강력히 표면화되었지만, 그것은 일본의 반미 감정을 더욱 부추기는 결과를 낳았다. 일본의 군국주의 정부는 이 문제를 이용하여서 일본 국민에게 제국주의의 확대를 납득시켰으며, 그것을 자기 방어의 적절한 형태로 바꾸고 포장했다. 빈민가를 조사하고 허드렛일을 하였으며, 뉴욕에서 아시아인에 대한 차별을 직접 목격하고 흑인에 대한 멸시도 면밀히 관찰했기 때문에, 가가와는 그가 나중에 자주 말한, 이른바 '지옥으로서의 미국'(hell America)에 대해 많이 배웠다. 하지만 동시에 그는 '천국으로서의 미국'(heaven America), 즉 약속과 자유와 희망의 나라로서의 가능성도 높이 평가하였다.

가가와는 오그덴을 떠나, 북서부를 우회하여 스네이크 강과 콜롬비아 강을 배로 통과한 뒤, 마지막에 시애틀에서 일본을 향해 출발했다.[21] 그는 월트 휘트먼(Walt Whitman)처럼 광대한 대지를 횡단하는 여행을 하였고, 신록의 여름을 즐겼으며, 서부의 고원이나 사막에서 명상하면서 미국을 체험했다. 시인인 그는 미래의 작품에서 이 체험을 표현하고 있다. 거기에다 중요한 것은, 이윽고 가가와를 유명하게 하는 비폭력 사회 활동의 새로운 형태인 노동조합이 처음으로 시험해 본 곳이 인구가 적은 오그덴이었다는 점이다.

귀국선이 알류산 열도와 북태평양의 빙하를 지나갈 때, 그는 일본에서 정의를 위한 비폭력 투쟁을 전개하기로 결심했다. 그는 북극해의 오로라가 밤하늘에 빛나고 있을 때, 배의 갑판에 나와 기도했다. 그때의 결의를 가가와는 이렇게 적고 있다.

"그는 일본에 돌아가서 「태양을 쏘는 사람」이 된다. 그리고 일본의 가난한 사람들과 억압받는 노동자들을 구하기 위해 그는 다시 빈민가로 들어간다. 그는 일본을 더욱 자유로운 나라로 만들기 위해서 노동자의 자유 조직을 만든다! … 그는 마지막 순간까지 예수의 제자로서 노동자와 자본가의 전쟁에 폭력은 사용하지 않는다. 그는 사람을 물리치기 전에 우선 자신부터 십자가에 건다. … 적은 칼을 쓰더라도 그는 결코 칼을 뽑지 않는다. 최후까지 그는 공의와 인도로 적과 싸우고, 피 흘리며 지더라도 십자가에 쓰러질 때까지 분투한다. 일본을 구할 방법은 '자유노동조합'밖에 그 길이 없다!"22)

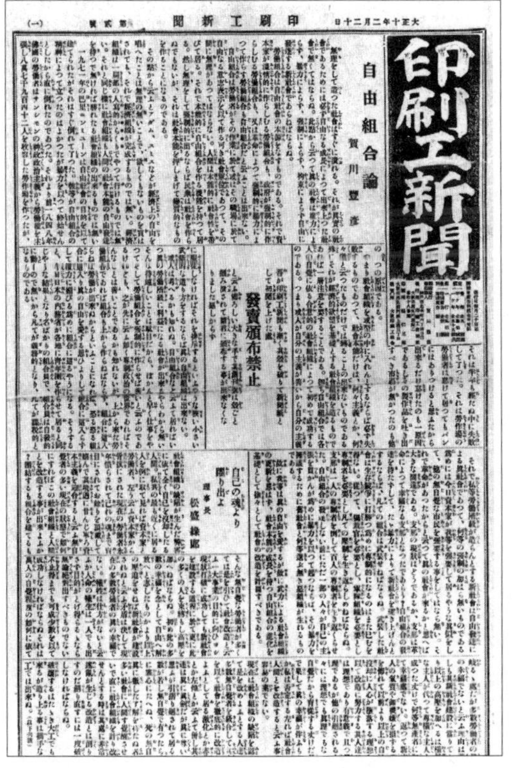
大正十年二月二十日　印刷工新聞

印刷工新聞

自由組合論　賀川豊彦

發賣頒布禁止

귀국 직후 노동운동에 뛰어든 가가와가 인쇄공신문에 기고한 글 '자유조합론'

제5장

노동쟁의의 주도

제5장

노동쟁의의 주도

반복된 실패에도 포기는 없다!

가가와는 1917년 5월, 제1차 세계대전에 힘입은 호황 덕분에 고베 지역의 해운업과 공업이 활성화되자 다시 그곳으로 돌아갔다. 서구 사회가 봉건시대 일본의 문호를 강제로 열고 나서 불과 60년밖에 안 지났지만, 이 섬나라는 물자의 주요 공급국으로 변신하여 프랑스, 영국, 미국의 동맹국으로서 서구 제국의 '대전'(大戰)의 소용돌이 속으로 빨려 들어갔던 것이다. 이러한 우방국의 숙련된 지도와 영향하에서 일본은 군사 산업도 새롭게 일어나기 시작했다.

1차 세계대전을 통한 이득은 신카와 근처나 빈민촌까지는 당도하지 않았다. 오히려 도시에 유입되어 온 수천 명의 신규 노동자가 더해져 주택 부족 문제가 극심해졌다. 그 때문에 10만 명 정도의 거주 인구가 증가해 도심의 상황은 갈수록 악화되었다.[1] 가가와가 이끈 몇 명의 여성 개종자가 매춘업계로 돌아가거나 접객업으로 다시 팔려가는 한편, 남성 개종자들도 도박이나 도둑질, 불법 사기 등에 다시 손을 대는 상황에서 크게 상심할 수밖에 없었다. 전쟁 직후의 불황기를 맞아 허탕 쳐버린 날품팔이 노동자들은 목숨이 붙어 있으니 할 수 없이 살아가야 하는 벌레 같은 존재로 내몰리고 있었다. 하지만 다케우치 마사루(武內勝)로부터 지도를 받은 동료들은 결국 자립에 성공하여 자급 공동체를 유지해 나갔고, 수입은 서로 나누어 가졌으며, 잉여금은 빈민에게 나누어 주었고, 설교 활동과 피난소 마련 등, 초대 그리스도교 공동체가 보여주었던 순수한 모습으로 일해 나갔다.

가가와의 의식은 눈에 띄게 원숙해져 가고 있었다. 그가 슬럼에서 감당한 역할과 미국에서 관찰하며 축적한 경험들은 개인적 자선 행위가 얼마나 영웅적이라 할지라도 고베 신카와를 휘어 싸고 있는 절망적 빈곤의 상황은 결코 근절할 수 없다는 생각을 하게 만들었다. 린보칸(隣保館)과 같은 보다 잘 조직된 자선활동의 형태조차도, 그러한 빈궁함의 근본적 원인은 해소할 수 없다고 보았다. 즉 '빈곤'은 경제 체제 자체에 깊이 뿌리 내리고 있는 문제이므로, 표피만 건드는 자선행위로는 그 궁극적 문제 해결이 어렵다고 판단한 것이다. 정치적 및 산업적 조직체계 전체를 바꿀 수 없다면, 그가 지금껏 열정적으로 헌신해 온 구제 활동도 현대적 표현으로 말하면 '응급처치' 정도에 불과한 임시적 방법에 지나지 않는다는 것이다. 그는 사회 전체를 각성시키기 위해서는 '노동조합'과 '정치적 행동'에 의지할 필요성을 느꼈다. 그러한 수단을 통해 그리스도인들은 특유의 종교적 윤리와 도덕성을 쏟아부으며 사회 조직의 변혁을 요구해야 한다는 것이었다. 하지만 가가와는 대부분의 그리스도인들이 그 사명을 실천해 오지 않았다고 보았다. 이 문제에 대해 가가와는 다음과 같이 말했다.

> "만약 오늘날의 빈곤 계층을 해소하려 한다면, 기존의 자선주의로는 불가능하다. 자선주의는 항상 빈민 계급을 증가시켜 온 경향이 있다. 고대 종교의 자선활동이 걸인들을 양산했던 것이나 영국의 빈민구제법이 실패한 것도 이를 잘 증명한다. 그래서 나는 구제사상을 철저히 하는 것은 아무리 강조해도 지나침이 없다고 보지만, 노동 문제의 근저를 깊숙이 성찰하

지 않으면 안 된다고 본다. 거기에는 사회주의 및 사회개량주의, 국가사회주의 등과 같은 각종 주의, 주장도 있겠지만, 오늘날 일본의 현상에 비추어 볼 때, 노동조합의 건전한 발달 이상으로 중요한 급무는 없다고 생각한다.”[2)]

이러한 새로운 정치적 접근은 그가 후키아이 신카와를 저버린다는 것을 의미하지 않았다. 오히려 그 반대였다. 가가와 정도로 연민의 정이 가득한 사람은 주위 사람들의 아픔을 치유하려는 역할을 지속해 갈 것임에 틀림없었고, (고베의) 슬럼은 그가 종교 활동은 물론, 노동조합운동을 전개하기 위한 전략 기지가 되어 갔다. 특히 그는 일본이 눈부신 발전을 이룩하던 그 시기에 빈민을 돌보아야 한다는 눈앞의 긴급 과제를 보다 광범위한 개혁운동과 연결시키려 했다. 빈민을 잘 돌보기 위한 과거의 방식과 새로운 방식 사이에는 아무런 대립 요소도 발견되지 않았다.

아내 하루와 합류한 가가와는 짧은 도쿄 여행을 마친 뒤 고베의 슬럼으로 다시 돌아왔다. 실은 도쿄 여행도, 가가와가 쓴 『빈민 심리의 연구』가 널리 팔리고 있었고, 그로 인한 유명세로 강연 일정이 잡혔기 때문에 떠났던 것이다. 1922년까지 이 작품은 9판 인쇄를 거듭한 결과, 일본 국민의 시선이

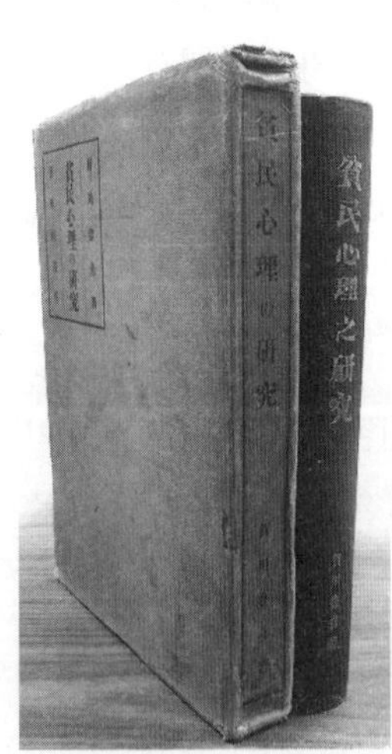

『빈민 심리의 연구』와 그 안에 사진으로 수록된 고베 빈민의 모습

빈민들의 궁핍한 삶에 향할 수 있도록 이끌었다. 이 책의 매력은 물론, 저자 가가와의 인간적 매력은 책에 소개된 내용 그 자체였다. 그는 학문상의 목적으로 빈민을 연구하는 사회학자나 저널리스트가 아니었다. 가가와는 빈민들과 비위생적이고 불결한 환경 속에서 늘 동고동락하고 있었던 것이다. 따라서 그 책은 삶의 소재, 동정심, 구체적이고 실감나는 소설적 묘사 등이 혼합된 작품이었다. 그는 『빈민 심리의 연구』 서문에서 다음과 같이 인상적인 문장을 남겼다.

"나는 아침부터 밤까지 빈민굴에 살고 있었기 때문에, 가난이 얼마나 괴로운 일인지를 절감하고 있었다. 하지만 동시에 가난이라는 것이, 정신생활에 어떤 영향을 미치는지에 대해서 고민하면서 그들의 실상을 목격해 보면, 실로 입에 담을 수도 없고, 차마 글로도 쓸 수가 없는 참담함을 느끼게 되어, 매 순간 끝없는 염세관(厭世觀)에 사로잡히는 일이 이어졌다."[3]

그는 일본 사회에서 혁명을 추구한 것은 아니었다. 일관되게 평화주의자로 살았던 그는 현존 질서를 폭력적으로 뒤집을 것을 주창하는 사람들에게 딱히 줄 수 있는 도움이 없었다. 가가와는 프랑스 혁명(1789)의 연구 성과나 러시아에서의 유혈 사태(1917년 볼셰비키 혁명)를 뉴스로 접하고 있었다. 그 결과 만약 평화적 수단을 선택했을 때와 비교하면, 혁명의 경우는 너무나 큰 폭력사태를 일으켜 결국에는 수많은 생명을 희생시키고 말 것이라고 확신하게 되었다.

따라서 노동자 스스로의 힘으로 임금이나 노동 조건을 개선함은 물론, 노동현장을 넘어 더 넓게 사회 전반을 개혁하기 위한 수단에 힘을 집중해야 한다고 보았다. 가가와는 노동조합에 희망을 걸었다. 당시 일본은 유권자가 300만 명에 불과했다. 즉 일본 돈 3엔 이상을 납세하고 있는 일본인 남성에게만 투표권이 부여되어, 제외된 대다수 일본 국민은 주권을 행사하지 못하고 있었다. 그래서 가가와를 비롯한 노동조합 멤버들은 1,200만 명에 달하는 25세 이상 남성 모두에게 선거권을 줄 수 있도록 하기 위해 안간힘을 썼으며, 그 결과 시급하게 요청되던 보통선거법의 제정에 크게 기여하였다.[4] 노동조합에 가세한 협동조합은 노동자와 소비자에게 주요 산업의 소유권과 지배력을 제공하는 활동이었다. 또한 소수 사람들에게만 부(富)를 집중시키기보다는 사람들에게 사회의 이익 분을 재분배함으로써 일본 경제를 건전하게 하도록 궁극적으로는 세계 경제의 흐름도 개혁할 수 있다고 가가와는 믿고 있었다.

노동조합, 협동조합 및 보통선거권 운동이야말로, 그가 이후 5년에 걸쳐 엄청난 열정과 카리스마적인 조직력을 투입한 세 가지의 핵심 분야였다. 그러한 사회 활동에 동기를 부여한 것은 다름 아닌 확고한 그의 그리스도교 신앙이었다. 프린스턴대학에서의 공부를 끝내고 귀국한 1년 뒤였던 1918년 4월에 가가와는 '일본기독교회대회'(日本基督教会大会)에서 목사 안수식에 참례하여 비로소 정식 목사가 되었다. 이날의 안수식은 그의 생애 가운데 하나의 기념비적인 사건이었음에도 불구하고, 그다지 관심을 얻지 못하고 있다. 가가와는 교회의 입장에서 보면, 학생 시절부터 계속 비정통적인 '독불장군'의 이미지였다. 그는 자유로운 미국 북장로교의 메이지가쿠인에서 공부했지만, '성서근본주의'를 주장하던 미국 남장로교의 고베신학교 사이에 놓여 진퇴양난에 빠져 있었다. 메이지가쿠인의 개방적 신학 풍토와 지적인 분위기는 가가와의 성향과 견해에 가까웠지만, 그는 중고교 시절부터 그를 키워 준 마이어스 박사나 로건 박사와의 관계에 충실해야만 했기 때문이다.

빈민과 노동자들의 여건 개선과 함께 가가와는 목사로서 영혼의 변혁, 즉 인간으로서의 참된 성장을 사람들에게 요청했다. 가가와는 영적인 방면을 무시하고서는 경제 개혁도 진정한 성과를 얻을 수 없다고 믿었다. 그는 물질적 풍요라는 조건이 '복음' 그 자체가 요구하는 신앙적 성장을 위한 하나의 전제 조건이 될 수는 있다고 보았지만, 물질이 더 훌륭하고 더 자유로운 인간을 자동적으로 창조해 낼 수는 없다고 보았다. 그는 이미 일본이나 미국에서 중산층 및 상류 계급 사람들의 영적 결핍을 충분히 목격해 왔기 때문에, 영적인 측면을 채워주어야만 진정한 인간의 성장을 달성할 수 있음을 잘 알고 있었다. 물질적 조건의 개선은 그 자체가 목적이 아니고, 인간의 인

'예수단우애구제소' 초기 진료 모습 ⓒ賀川記念

격이 개화하는 한편, 그 잠재된 모든 능력을 자유롭게 발전시키는, 즉 신과 인간의 만남을 위한 하나의 기초였다.

가가와의 '진화 이해'는 보다 높은 수준의 자각을 가능케 하는 기회가 주어지면, 개인이든 민족이든 '진화'할 것이라고 믿는 것이었다. 그는 신체로부터 영혼을, 물질로부터 영혼을 그리고 세상으로부터 현세를 분리하는 낡은 종교적 이원론은 받아들이지 않았다. 그는 현세(現世)에서 경험하는 육체적 고통은 신체와 분리된 영혼이 기쁨을 얻게 되는 내세(來世)를 통해 보답받게 될 것이라는 가르침을 거부했다. 신은 지금 이 순간 바로 이곳, 물질적 세계 안에 계신다고 보았다. 영혼이 물질보다 더 높고, 더 좋은 것이라는 것을 주장하지는 않았고, 양자는 서로가 유기적으로 관련되고 있다. 가가와는 그 개념을 아래와 같이 요약했다.

> "우리가 신비적 경험을 하게 되는 것은 자기만 만족하기 위함이 아니며, 궁핍한 사람을 구원하고, 어려움을 겪는 사람을 돕기 위함이며, 사람들을 교육하기 위함이라 말하고 싶다. 그렇지 않다면 거센 파고로 밀려오는 자본주의 문화에 우리는 제대로 대응할 수 없을 것이다."[5]

사람이 이 세상으로부터 도피하기 위해 신이 계신 높은 곳에 올라가는 것이 아니고, 오히려 신이 이 세상의 축조를 돕기 위해 인간 삶의 현장에 내려오실 수 있었던 것이다. 이것이야말로 가가와가 말하는 성육신(受肉, incanation) 교리의 모든 것이며, 지상에 신의 나라(神の国)를 건설해야 한다는 일관된 주장이었다.

이러한 가가와의 사상운동은 개인적 자선으로부터 사회적 문제로 전환된 보다 정치적인 해결책을 지향했다. 그렇다고 가가와의 이러한 사상적 이행이 슬럼에서의 구제 사업을 결코 후퇴시키지는 않았다. 그는 다양한 프로그램을 계속 이어갔다. 궁핍한 노동자들의 아이들을 위해 탁아소와 유치원을 열었다. 질병이 슬럼의 환경 개선과 교육 확대에 가장 큰 장애 요인임을 알게 되었으므로, 그는 실업가였던 후쿠이 스테이치(福井捨一)의 도움을 얻어, 고베 신카와의 활동 거점 근처에 진료소 '예수단우애구제소'를 세웠다. 그 밖의 여러 후원자들로부터 도움을 받아, 여러 협력 의사와 간호사를 고용할 수 있었다. 또한 인도주의로 충일한 의사 마지마 유타카(馬島僴)가 파트타임으로 자원 봉사를 해주기도 했다. 하루와 그 여동생 혼다 우타(本多うた), 그리고 마지마 히사(馬島ひさ)는 병원에서 일하며 환자들을 함께 돌보았다.[6]

하루가 맡은 일 가운데 하나는 궁색한 위생상의 문제로 많이 발생하던 트라코마(trachoma)를 앓는 사람들의 눈을 씻어 준 뒤, 치료를 돕는 것이었다.

가가와는 빈번하게 실명의 위기까지 이르렀다 ©賀川記念館

트라코마는 전염성 눈병으로 초기에는 눈곱이 끼고 충혈되다가 눈꺼풀의 안쪽에 좁쌀 같은 것들이 생기며, 만성기에 이르면 각막이 흐려지다가 결국 실명하게 된다. 1917년에 고베의 슬럼으로 돌아간 후, 가가와 부부도 그 병에 걸리고 말았다. 결국 그때의 후유증으로 두 사람은 평생 동안 간헐적인 고통에 시달리며 힘겨워해야 했다. 때때로 가가와는 몇 달 동안 거의 맹인처럼 보지 못하며 지내기도 하였다.

가가와는 미국에서 일본으로 돌아오자마자 또 하나의 협동조합을 설립했다. 가가와와 다케우치는 오사카에 있는 칫솔 공장으로부터 40km나 힘들게 장비를 짐수레에 싣고 운반해 와서 고베의 슬럼에 내려놓았다. 칫솔 공장을 세워 노동자들에게 일터를 제공하려는 복안이었다. 가가와는 그 당시 접한 영국 길드의 사회주의 활동으로부터 영향을 받아 노동자가 공동으로 소유한 산업 시설을 구상하고 있었다. 수익을 창출하는 노동자들이 생산수단을 소유함으로써 동시에 경영을 제어할 권리가 있다는 것은 가가와에게 당연한 일로 여겨졌다. 만약 노동자 스스로가 이윤을 서로 나누어 가지면, 일본에 만연해 있던 노동자 착취의 작태도 멈출 것이라고 가가와는 믿었다. 이처럼 가가와의 비전은 노동자 또는 소비자의 산업시설 소유와 공장 관리에 근거하는 사회의 실현이었다. 우선적으로 칫솔 공장을 세워 그러한 시스템이 효과적으로 기능한다는 것을 증명해 보이려 했다.

칫솔 제조업을 선택한 이유는 그것이 가정 필수품이기에 안정된 연간 매출을 확보해 줄 것이라고 보았기 때문이다. 마이어스 박사의 소개로 어떤 호주 사람이 가가와를 돕기 위해 1만 엔 상당의 원자재를 기부하였고 동시에 그 공장 생산품의 구입도 약속해 주었다. 이 프로젝트는 전쟁 이전에 벌였던 음식점 사업의 실패 사례에 비하면, 훨씬 더 주의 깊게 계획되었으며, 가가와 개인도 '노동자에 의한 공장 관리'라는 이상주의를 열정적으로 불태우고 있었기 때문에, 이 사업은 분명히 성공할 것만 같아 보였다. 칫솔 제조업은 솔을 막대기에 삽입할 때에 고도의 기술과 집중력이 필요한 사업이었다. 하지만 노동자들 상당수는 이런 고생스러운 일을 반복하며 오래 해야 하는 것에 실증을 느끼고 불만을 제기하기 시작했고, 아예 작업을 포기

산업(노동)조합 결성의 필요성에 대해 강연하는 가가와 ©賀川記念館

하는 경우도 있었다. 결국 칫솔 공장은 음주로 인한 태만과 질병으로 의한 다수의 결근자로 인해 골치를 썩게 되었다. 직원은 끊임없이 더 좋은 직장을 찾아 옮겨가기 일쑤였고 원자재를 훔쳐가는 좀도둑 문제도 심각했다. 1917년 연말에 이르자 이 사업은 매월 천 엔의 적자를 기록하게 되었고, 결국 1920년 3월에 폐업을 맞고 말았다.[7)]

가가와는 자기 관리 및 욕망의 억제가 힘든 빈곤층 노동자들에게 너무나 비현실적인 희망을 투영시켰던 것이다. 그 결과 가가와의 혁명적인 아이디어는 실패로 끝나고 말았다. 비록 그들이 아침 출근 시간에 늦지 않게 도착했다 할지라도, 많은 노동자들은 숙취에서 헤어 나오질 못해 세밀하고 정확한 작업을 실행하지 못했다. '룸펜·무산계급'을 노동자 계급으로 끌어올리는 것은 결코 쉬운 일이 아니었다. 가가와의 낙관주의는 상식을 깨는 참신한 아이디어와 긍정적 가치를 제시하지만, 슬럼 지역 주민들을 제대로 구해내어 자급적 생산성을 지닌 개개인으로 바꿔 나가는 길은 결코 쉽지 않다는 것을 하나의 경고로서 다시 경험할 수가 있었다.

하지만 이러한 실패에도 불구하고 협동조합에 대하여 의기소침하지 않았다. 그 당시 그가 조직한 '협동직업고용소'는 번영하고 있었기 때문에 용기를 얻을 수 있었다. 일반인들이 운영하는 '직업중개소'는 비싼 주선료를 받고 있었기 때문에 수수료가 저렴한 협동직업고용소는 기존 업계와 맞설 수 있었다. 슬럼의 수많은 사람들, 특히 가가와의 학교나 교회에 와 있던 젊은 이들 중에는 '새롭게 태어난' 것과 같이 자기 개선을 이룩한 이들이 많았고, 가가와는 그러한 변화의 가능성에 신뢰를 잃지 않았다. 또한 그는 일하는 어머니들의 아이들을 돌봐 주기 위한 캠프를 기획했다. 이러한 활동은 빈민을 돕는 일임과 동시에 사회에 필요한 영유아 시설의 설치를 자극한 하나의 모델을 제공하는 일이었다. 정치적 변화와 함께 진료소, 학교, 직업고용소 그리고 소비자와 노동자가 함께 소유하는 기업 등이 점차 그가 전개하는 새로운 시스템의 일부가 되어 갔다.

고베에서 촉발된 일본의 노동조합운동

가가와는 사회 개혁의 '때'가 무르익었다고 보았다. 일본 노동자들 사이에서 장시간 노동, 아동 취로 및 위험한 노동 조건에 대한 불평이 증가해 갔다. 많이 불충분한 상태였지만, 여성 및 15살 이하 아이의 노동 시간을 하루 12시간 이하로 정한다는 '공장법'이 제정된 것도 겨우 1912년 이후의 일이었다. 전쟁 특수(제1차 세계대전)로 인한 일본의 이익이 저소득층에게까지는 충분히 이르지 않는 점에서 노동자의 불만은 들불처럼 타올랐다. 다수의 노동자들은 하루 50전 이하의 수입이 전부였고, 최고 수입으로 평가받던 광산 노동자들도 하루에 2엔 이하에 불과했다.[8] 한편 상류계급의 사람들은 전쟁 경기의 이익을 만끽하며 무분별한 소비의 확대를 즐기면서 지냈다. 노동자들은 그들의 생활수준이 한층 더 악화되는 것을 눈으로 확인하면서 강한 분노를 느끼기 시작했다. 1914년에는 무려 8,000명의 노동자들이 집결해 일으킨 50건의 스트라이크(쟁의)가 발생했지만, 1918년에는 6만 6천 명이 관여하게 되는 417건의 쟁의로 극적인 증가세를 보였다.[9]

노동자들은 억압적인 법률이 노동조합 조직을 가로막고 있음에도 불구하고, 그 설립 요건의 개선을 요구하기 시작했다. 1900년에 통과된 치안경찰법으로 인해 그들은 집회를 개최할 경우에 반드시 경찰에 등록한 뒤, 특별 허가를 얻어야만 행사를 치를 수 있었다. 경찰은 집회를 주시하다가 폭력 활동으로 간주하면 곧바로 집회를 해산시킬 수 있는 절대 권력이 주어졌다.[10] 1911년에는 무정부주의 지도자로 알려진 고토쿠 슈스이(幸德秋水)의 대역사건(大逆事件) 관련 재판 및 처형이 단행되었고, 그 이후의 노동계 집회에 대한 탄압은 더욱 엄혹해졌다.

일본은 급격히 봉건 체제로부터 근대 산업사회로 탈바꿈했기 때문에, 서구 민주주의가 성숙해 오기까지의 몇 세대에 걸친 의견의 대립과 상이점을 충분히 관용해 줄 여유가 없었다. 그 점에 있어서는 서구 사회에조차 1930년대까지도 노동자에 대한 무력탄압이 자주 일어났던 것에서 볼 수 있듯이, 서구 민주주의의 형성 과정 자체가 노사 대립을 평화적으로 해결하기 위한 면에서 좋은 모범이 된다고 단언할 수는 없다. 세계평화의 실현에 관하여 가가와 등이 쓴 논문에 대해서도 경찰의 감시 및 심문 활동이 거세졌으며, 출판물에 대한 검열 활동도 강화되었다. 1913년 1년 동안에만 신문의 경우 총 1,100여 회나 발매 금지 조치를 당했다.[11] 이러한 억압적 분위기 가운데서 출판물들은 알아서 엄격한 자기 검열과 규제를 행하였고, 그

대역사건에 연루되어 고초를 치른 오키노 이와사부로(沖野岩三郎) 목사와 함께한 가가와. 오키노는 가가와의 메이지가쿠인 신학부 선배이다 ⓒ賀川記念館

결과 언론의 자유는 위축될 수밖에 없었다.[12)]

정부의 간섭과 위협으로 인해 조합운동의 지도자들은 조합조직을 구체화해가는 과정에서 실로 조심스러울 수밖에 없었다. 어떤 사람들은 명확한 '조합조직'의 형태를 취하지도 않았으며, 실질적으로는 '조합'임에도 불구하고 그 단체를 조합이라고 부르지도 않았다. 그 가운데 주목을 받은 노동 조직 하나는 바로 '우애회'(友愛会)였다. 이 단체는 슬럼가 생활의 무서움에 대하여 여러 편의 논문을 집필한 그리스도교 사회주의자 저널리스트였던 스즈키 분지에 의해서 1912년에 창립되었다. 이 조직은 도쿄 미타(三田)에 있던 유니테어리언(Unitarian) 교회의 도서실에서 그해 8월에 열린 조그만 모임에서 발족하였다. 하지만 이 소규모 조직은 8년 사이에 3만 명의 회원이 가입했을 정도로 급성장했다. 스즈키는 처음부터 진정한 노동조합을 조직하고 싶어 했다. 이 단체의 설립은 그의 장기적 목표의 시작에 불과했지만, 그는 정부가 조합에 대해 억압적 법률을 제정해 적대적 태도로 일관하자, 곧 조합 폐지(해산)를 운운하며 더욱 거세게 나올 것이라고 예상했다.[13)]

스즈키 분지와 함께한 가가와 ⓒ賀川記念館

스즈키는 우애회를 세운 다음 단계로 교육사업 및 상조회(相助會)와 같은 모임을 조직해 나갔다. 즉 강연 활동 및 노동자를 위한 개인 상담이나 법률상담, 그리고 저축 사업(모임 본부에 저축하는 것을 권함)을 병행해서 우애회 소속 회원들의 개인적 재정 지원을 도모했다. 또한 의료 부문에서는 노동자에게 문턱이 낮은 진료소를 개설해, 무료 혹은 저렴한 실비만으로 의료 혜택을 받을 수 있도록 했으며, 건강 교실 등의 교육 프로그램도 개최했다.[14] 또한 스즈키는 진보적 사상을 지닌 기업가들과도 적극적으로 관계를 맺어 조직에 대한 조언과 협력을 구했다.[15] 노동조합의 가치는 노동자의 생활을 향상시키며, 한편으론 노사 간의 질서 있는 관계를 조성해 가기 위한 방법이라 강조하며, 이것을 노동자들뿐만 아니라 사회의 일반 시민들에게까지 폭넓게 계몽하고 설득하겠다는 것이 그의 전략이었다.

자리를 잡아간 '예수단진료소' ©賀川記念館

노동자들 사이에 불만이 쌓여 갈수록 '우애회'는 점차 투쟁적으로 변해갔다. 가가와가 1917년에 프린스턴대학에서 돌아왔을 때는 우애회 고베지부의 회원이 1,200명이나 불어 있었다. 가가와의 부재 중 이 단체를 이끌었던 다케우치가 조합의 필요성을 가가와에게 소개했다고 생각된다. 가가와가 처음 공식적으로 조합과 접촉을 가진 것은 1917년 9월 9일의 우애회 고베지부 강연 때였다. 그 후 가가와는 자주 집회에 초청받아 강연을 했다. 그는 열정적인 어조로 노동자의 권리 실현에 대해 역설했다. 농담과 풍자와 해학을 섞어 가면서 말했지만, 인간의 존엄성과 같은 무거운 주제를 강조할 때도 일상의 친숙한 사례를 들어가며 흥미진진하게 이야기를 전달했다. 그의 강연은 결코 청중을 무시하고 업신여기는 지식인의 현학적 언설이 아니었고, 노동자와 함께 괴로워하며 그들의 곤란한 사정을 깊이 이해한 사람만이 할 수 있는 이야기였다. 그는 노동자에 대해서도 다음과 같이 말했다.

> "고베는 아시는 바와 같이, 통상 무역으로 번성한 항구이기 때문에 수많은 창고가 건설돼 있습니다. 최근에도 대량의 화물이 창고에 수납돼 있습니다만, 그 시설은 실로 훌륭한 것입니다. 내부는 청결하게 청소해서 관리되며, 습기를 방지하는 특수 장치도 마련돼 있어 화물을 보관하기 위한 필요 설비는 무엇 하나 소홀한 것이 없습니다. 그래서 그 창고 자체가 귀한 가치를 지녀 창고를 지키는 사람마저 고용돼 있을 지경입니다. 반면 궁핍함 속에서 괴로워하는 노동자들은 애처롭게도 최근 고베항에 적재된 저 화물들을 오히려 부럽게 올려다보고 있습니다. 한번 보십시오. 오늘날 저 화물들은 숨 쉬는 노동자 이상으로 좋은 대우를 받고 있는 실정입니다. 오늘날은 정말이지 사람보다 물질이 더욱 존중받는 시대입니다. 상리(商利)의 목적인 화물은 사람보다도 존중받고, 사람은 물건보다도 가볍게 다루어지는 시대입니다. … 우리는 재화를 존경하는 현대 사회를 변화시켜, 인간을 존중하는 사회로 환원시키지 않으면 안 됩니다."[16]

가가와는 우애회에서 강연한 지 한 달 뒤, 고베연합회의 평의원에게 추천되었다. 분명히 조합은 이 인상적인 웅변가에게 호의적이었다. 1918년 4월에 오사카의 텐노지공회당(天王寺公会堂)에서 열린 제6회 연차대회에서는, 고베에서보다 더욱 강경한 요구를 가가와는 연설을 통해 역설했다. 그는 사회개혁을 위한 '이중정책'을 요구했다. 하나는 노동자들에게 교육과 의식 고양을 실시할 것, 또 하나는 사회보장 제도를 확립하는 것이었다. 가가와는 5월에 고베연합회의 평의원 및 새롭게 발족한 지역 신문인 「신고베」(新神戸)의 편집 고문으로 지명되었다. 연단에서 보여준 모습과 다름없이, 신문 지상에서도 사회의 재건과 쇄신을 핵심 테마로 논하였다.

> "고베는 장래에 세계 유수의 상공업 도시 가운데 하나가 될 것이다. … 확장된 고베는 '신고베'가 되지 않으면 안 된다. 그러한 '새로운 고베'는 확실히 노동자의 삶을 기초로 하는 새로운 공업 생산 시스템을 선택하지 않으면 안 된다."[17)]

노동자를 위해 '정의'를 요구하는 가가와의 호소는 일본 경제의 상태가 급속히 악화되어 가던 때에 표출된 것이었다. 일본 경제가 번영하던 중이었음에도 충분한 보상과 혜택을 받지 못하고 있다는 박탈감으로 씁쓸해하던 다수 대중의 불만은 1918년 7월과 8월에 정점에 다다랐다. 1916년 이후부터는 생활비가 2배로 상승하였고, 1917년부터 1918년에 걸쳐서는 50%나 급등하여 7월에는 쌀 가격이 30%까지 올랐다. 이른바 '쌀 소동'이 전국 각지에서 일어나 데라우치(寺內) 내각이 총사퇴하게 된 것도 모두 그러한 배경이었다. 정부는 배고픈 주민들이 이성을 잃고 시위를 일으키자, 폭동으로 규정하고 진압을 위해 주요 도시에 군대를 급파했다. 고베에서는 2만 명의 성난 군중이 상점이나 신문사를 급습해 방화를 자행하는가 하면, 쌀집이나 술집을 덮쳐 식량을 약탈했다. 가가와는 일부 폭도들이 술까지 마음대로 손에 넣게 되면 더 이성을 잃어 사태가 더욱 심각해질 것이라는 사실을 잘 알고, 술집과 양조장 주변은 특별히 더 엄중하게 경계할 것을 미리 충고해 둔 바 있었다. 하지만 그의 충고는 경시되었고, 폭동 사태가 계속 이어지는 동안 약탈은 걷잡을 수 없이 번져갔다. 폭동이 3일째로 접어들자 군대와 특별 경찰이 폭력적으로 폭동을 진압함으로써 사태는 겨우 진정되었다.[18)]

이 혼란으로 인해 가가와 등은 투쟁적 성격을 더욱 강화해 갔다. 그래서 스즈키(鈴木) 등, 우애회의 지도부 안의 온건파에게 명확한 입장을 취해 줄 것을 요구하며 압력을 가했다. 가가와는 '예언자적 분노'를 가지고 일본의 모순된 경제 시스템을 격렬히 비판했고, 혁명적인 슬로건과 그리스도교적

노동쟁의로 인해 경찰에 체포되는 시위 노동자 ©賀川記念館

형제애의 이상을 결합한 내용으로 논객들을 꾸렸다.

> "만국의 노동자여! 단결하라! … 모두들 국경 넘어 뛰어 올라 춤추며 서로 입맞춤 하라! … 자본주의와 가족 제도, 그리고 투표권과 의회 제도를 사랑의 마음으로 바로 세우라! 그리고 노동자여, 당신들을 얽어 묶는 그 인습과 미신을 사랑의 마음으로 파괴하라! … 사랑과 자유의 날이 마침내 왔노라!"[19]

인간의 존엄성을 강조한 가가와는 "적어도 자본가가 자신의 말(馬)에게 해주는 것 정도의" 취급이라도 자신이 고용한 사람들에게 해 줄 것을 요구했다.[20] 장시간의 노동이나 최저의 비참한 생활밖에는 이어갈 수 없는 부족한 임금, 열악하고 위험한 노동 환경에 대해 격렬히 항의했다. 그의 엄격한 비판은 조직된 교회에도 영향을 미쳤다. 교회가 돌봐야 할 사람들보다 첨탑을 높게 세우는 것이나, 오히려 스테인드글라스와 같은 교회의 치장에 거액을 들이기 위해 오히려 자본가 계급의 사람에게만 관심을 집중하는 교회의 행태에 대해 비난하였다.[21] 사회 변혁을 요구하던 가가와는 그 당시 유행한 슬로건이었던 '부국강병'(富國强兵)을 조소했다. 일본이 군국주의를 강화해 나가기 위해 드높이 내걸었던 이 슬로건으로 인해, 노동자가 마땅히 받아야 할 혜택이 가장 뒷전으로 밀려나 버렸음을 지적한 것이다.

> "사회 변혁을 요구한다는 것은 노동자에게 더 많은 임금을 주어야 한다는 것을 의미하지 않는다. 물질 본위, 즉 황금만능주의의 문명보다도 인간 본위의 문명으로 옮겨 가야 한다는 것을 강조하려 함이다. … 부국강병만이 나아갈 길이라 강조하는 사회 전체의 풍조에 염증을 느낀다. 우리들은 인간이 인간으로서 대우받게 되는 신문명과 사회 개조를 요구한다. 그러한 인간 본위의 문명은 뒤에서 방탕하게 놀면서 돈을 낭비하는 자본가의 존재를 허락하지 않는다. 그 문명은 노동 본위의 문명이어야만 한다. 정신적으로도, 육체적으로도, '노동자 문명'이 되지 않으면 안 된다."[22]

항상 다감하면서도 동시에 격정적이었던 가가와는 이 시기에 실로 예언자적 분노를 가슴에 품고 살았다. 자신의 눈앞에 펼쳐진 비참함을 보며 분노했고, 사람들을 학대하는 잔혹함으로부터 자본가가 부를 얻게 되는 경제 시스템에도 격분하였다. 자신이 기쁨으로 받아들인 복음서의 형제애를 교회 현장에서 제대로 가르치지 않고 오히려 그것을 거부하고 있는 교회의 위선에도 분노를 느꼈다. 인간으로서의 당연지심을 저버린 정부 관료와 공무원들의 행태에도 화가 치밀어 올랐다. 가정 내에서도 서자(庶子)로 자라며 부당한 대우를 받아왔던 그는 현재의 일본이라는 '거대한 가족' 내에서도 정의롭지 못한 처사가 자행되고 있음을 직시했다. 그러한 부당함은 세계 규모의 경제 시스템에 기인한 것임을 간파하고, 비판활동을 이어갔다.

가가와가 1919년에 발간한 책 『노동자숭배론』 ⓒ賀川記念館

노동자 한 사람 한 사람은 고귀한 인격체!

그러나 그가 표출한 분노는 그나마 절제된 것이었다. 1920년대에 들어서면서 일본에서는 눈에 띄게 폭력 혁명에 대한 호소가 판을 쳤지만, 가가와는 결코 그 운동에 참가하지 않았다. 그는 도덕적 이유에서도, 동시에 전략적 이유 때문에서라도 사회 문제를 해결하는 수단으로 폭력이 사용되어서는 안 된다고 믿었다. 부당한 경제 시스템이 인간을 절망의 골짝으로 몰아넣고 있음을 설명하기 위해 마르크스의 언어를 활용했지만, 계급투쟁의 문제에 있어서는 교의적인 마르크스주의자들과 분명한 선을 그으며 구분 지었다. 그처럼 가가와는 혁명주의자 등이 내심 품고 있던 전체주의적 요소에 대해서도 비판적이었다. 그것이 인간의 자유와 존엄성에 대해 심각한 위협이 되며, 종국에는 자본주의가 그러했듯이 인간을 비인간화시켜 버리는 장치가 되어 버릴 수 있다고 보았기 때문이다.

> "나는 자본주의의 파괴를 바란다. 하지만 그와 동시에 나는 무산자(無産者)이 전제(專制)에 대해서도 반대한다. 나는 산업민주주의의 실현을 바랄 뿐이다. 자본주의는 산업전제주의(産業專制主義)다. 그래서 나는 그것에 반대하는 것이다. 만약 이러한 '산업전제'를 무너뜨려 무산자전제(無産者專制)를 함으로써 기존의 모순을 대체하려 한다면, 결국 모두 다 '전제적'이라는 점에서 근본적 변화는 없다. 나는 교환의 자유와, 직업의 자유와, 이동의 자유를 빼앗는 노동군제(勞動軍制)의 세계에 살고 싶지 않다."[23)]

노동운동을 통한 정부 및 자본가에 대한 압력에 더하여서, 가가와는 사회의 평화적 발전과 시스템 재구축을 위한 또 하나의 중요한 수단으로 변혁의 합법화를 가능케 하는 '보통선거권' 확보가 절실하다고 확신했다. 투표권 소지자가 300만 명에 불과한 상황에서 1,200만 명의 성년 남성으로 확대한다면, 결국 노동조합의 개혁 요구는 실현될 수 있을 것이라 보았다. 가가와 및 주변 활동가들은 우애회가 보통선거권을 요구하는 강력한 제창 세력이 되어 주어야 한다고 역설했다. 하지만 그 점에 있어서 스즈키나 훨씬 더 보수적인 우애회 회원들은 가가와와 의견을 달리하고 있었다. 보수파는 정부의 압박을 두려워한 나머지 정치적 활동은 가급적 회피하고자 했던 것이다. 스즈키는 노동자의 선두에 서서 길을 모색하고 있었지만, 가가와에게는 그가 심한 겁쟁이처럼 보였다. 심지어 노동운동 내부의 혁명주의자들에게도 스즈키는 그러한 평가를 받았다. 그들은 스즈키가 실업계(일본 자본가)와 결합되어 있기 때문에 기성화되었고, 그 결과 노사의 조화를 강조하는 그의 말에도 의문을 품게 되었고, 스즈키의 지도력에 대해 회의하는 사람들이 늘어나 더 이상 참고 인내하는 것이 힘들어져 갔다.

1918년 12월, 스즈키가 파리평화회의에 참석하기 위해 여행을 떠나자, 가가와를 비롯한 투쟁적 지도자를 대표하던 히사토메 코조우(久留弘三)와 다카야마 기조우(高山義三)는 우애회의 노선을 보다 투쟁적인 방향으로 잡아 나갔다.[24] 가가와는 스즈키와 그리스도교 신앙을 공유하면서, 종교적 동기로부터 노동자의 투쟁에 관련되었다는 점에서 공통 분모를 지니고 있었지만, 정치적 문제에 대해서는 입장을 달리하고 있었다. 어느 책의 저자가 쓰고

고베 예수단은 빈민, 곧 착취당하던 노동자들의 피난처가 되었다 ⓒ賀川記念館

있듯이, "스즈키는 온건한 개혁가였지만, 그와 달리 가가와는 온건한 혁명가"였기 때문이기도 했다.[25] 가가와는 노동조합이 일본 정치의 무대 한쪽에 자신을 드러내고, 법률 개정을 이끌어 낼 수 없다면, 그것은 '조합' 결성의 자유 자체가 박탈된 상태나 다름없다고 생각했다.

1918년 12월 26일, 고베에서 개최된 우애회 지부 대표자 회의에서, 노동조합운동의 여러 활동을 조정하기 위해서 간사이노동동맹회(關西勞動同盟會)의 설립이 만장일치로 통과되었다. 기관지의 이름도 노동자에 대한 관심을 더욱 명확히 하기 위해서 「노동자신문」(勞動者新聞)이라고 고쳐서 발행하고, 가가와가 편집장으로 선임되었다.[26] 가가와는 「무산계급해방론」, 「사회개조의 정신적 동기」, 「임금 노예의 해방」, 「생존권과 노동권」, 「조합의 자유」 등의 테마로 저술과 강연에 열정을 불태웠다. 얼마 가지 않아 정부는 이 조합의 기관지 발행을 금지시켰지만, 그것은 억압적 정부의 탄압 하에서 노동운동이 얼마나 열악하고 취약한 상황에 놓여 있는지를 명확히 증명하는 사건이었다.

가가와는 1919년 1월 음력 16일 밤, 3,000명이 모인 대규모 집회에서 보통선거 운동의 지도적 제창자인 이마이 요시유키(今井嘉幸)와 함께 강연했다. 가가와는 노동조합을 법적으로 인정해 줄 것을 요구하였고, 집회가 끝날 때는 다음과 같은 결의가 이루어졌다.

> "우리 노동자들은 일본 산업의 성장과 문화의 발전에 비추어, 우리의 상호부조(相互扶助), 독립과 자위(自衛)를 위해서 필요한 노동조합의 공적인 재인식을 요구한다."

가가와는 2월 2일, 다른 집회에서 한 진보적 학자를 대표하던 가와카미 하지메(河上肇)와 함께 조합이 법적 지위를 갖는 것은 노동자의 당연한 권리라는 점을 역설했다. 그 밖에도 제국 의회의 노련한 독불장군 오자키 유키오와 함께 가가와는 교토, 오사카, 도쿄를 순회하는 이른바 '강연 여행'을 통해서 보통선거권 확보의 필요성을 호소하였다. 교토에서는 2월 15일, 우애회의 멤버 300명은 두 사람의 환영식과 겸하여 가가와가 지은 '노동자 찬가'를 제창하며 교토 시내를 3시간 넘게 행진하는 데모 행사를 펼치기도 했다.

> "눈을 떠라! 일본의 노동자들이여! 과거의 인습을 깨고, 세계 개조를 이룰 때까지! 극기면려노력(克己勉勵努力)을 하자! 밭을 갈고 기계를 돌리고 배를 만들어도, 바닥을 치는 푼돈을 땅에서 파내는도다! 피땀을 작은 빵과 바꾸는도다! 노동자야말로 존경받아야 하는도다!"[27]

가가와 일행이 강연회 장소에 도착하면, 과도한 혼잡으로 인해 입장이 어려운 사람들이 이야기를 듣고자 문을 뜯고 창문을 깨는 상황도 속출했다. 성대한 박수 소리와 함께 통과된 선언문은 대담하게 참정권을 요구하면서, 명확한 문장으로 보통선거권이 필요하다는 사실을 호소했다. 그것은 "현행의 경제 시스템이 양산하는 정의롭지 못한 상태를 멸종시킴으로써, 무산 계급의 궁핍함을 완화시키고, 그들을 억압하는 자본가의 행태"를 변화시키기 위함이었다.[28] 보통선거권을 요구하는 대중운동은 계속 이어졌으며, 가가와는 그 선두에 서 있었다. 보통선거 법안은 1920년에 제국의회에 제출되었다. 최초의 노력은 무위로 돌아가 실패하였지만, 5년 뒤인 1925년에는 마침내 보통선거법이 제정되었다. 그 법안의 골자는 납세 액수에 관계없이 25세 이상의 남자라면 누구에게나 선거권을 부여하는 것으로, 결국 선거권자는 300만 명에서 1,250만 명으로 늘어났다.

1919년 4월 중순, 간사이 노동동맹회가 정식으로 설립되자 가가와는 오사카 중앙 공회당에서 열린 발족식에서 의장으로 선임되었다. 대회는 가가와에 의해 작성된 성명서를 당당하게 채택하였다.

> "우리들은 … 이제 선언하노라. 노동력은 하나의 상품에 불과한 것이 아니다. 자본주의 문화는 임금 철칙과 기계의 압박을 통해, 노동자를 하나의 상품으로 대하며, 사회의 최하층에 침륜(沈淪)시켜 버렸다. 따라서 우리는

1919년 우애회 간사이동맹회의 결성 직후 동료들과. 이때 가가와는 이사장으로 선임되었다 ⓒ賀川記念館

노동조합의 자유와 생존권, 그리고 노동권과 집합계약권과 정의에 근거하는 동맹파업의 권리를 주장하며, 치안경찰법 제17조의 철폐와 현행 공장법의 개정을 요구하노라. 또한 우리는 8시간 노동제의 채택과 최저 임금제의 제정을 모든 노동 조직에 요구하노라."[29)]

노동 조건의 개선은 그 자체가 목적이 아니고, 오히려 인간의 자유를 실현하기 위한 수단이었다. 가가와의 입장에서 볼 때, 현존하는 경제 시스템은 그리스도교의 가르침은 물론이고, 세속적 차원의 인도주의조차 모독하는 수준이었다. 따라서 그는 정의를 요구하는 열정으로 충만해져, 하나의 설득력 있는 탄원이라 할 수 있는 "우리는 무엇보다도 먼저 인간이 되고 싶다. 우리가 요구하는 것은 단지 임금 인상만 말하는 것이 아니며, 8시간 노동제 도입만도 아니다"라는 내용을 정리하였던 것이다.[30)]

1919년 8월에 도쿄에서 열린 우애회 제7주년 대회는 일본의 국가(國歌)인 '기미가요'(君が代) 제창으로 시작되지 않고 가가와가 지은 노동찬가로 시작되었다. 스즈키의 지도력과 인품에 대한 불만이 고조되어 있음을 정면으로 표출시킨 긴장감이 바로 그 노래의 울림 속에도 담겨 있었다. 몸집이 유난

히 큰 스즈키는 옷차림도 늘 고급스러웠고, 과도한 식욕을 여과 없이 드러낸 것으로 알려져 있었다. 보통은 노동운동의 지도자라고 하면, 조금 야윈 모습에 제대로 못 먹어 지쳐 있는 듯한 치열한 이미지를 떠올리게 되지만 그는 전혀 반대였다. 게다가 넉넉한 이미지의 스즈키와 가가와가 대립하고 있었다. 가가와가 노사 간의 중재를 주도하던 고베 지역의 스트라이크(노동쟁의) 때도, 스즈키가 간섭하는 순간 가가와를 위시로 한 노동자들이 바랐던 시점보다 훨씬 빨리 파업이 좌절되어 버린 일도 있었기 때문에 그러한 이미지는 심화되었다. 하지만 스즈키는 강연을 통해서 새로워지려는 우애회의 방침과 방향성에 대해 찬의(贊意)를 표시했다. 연이어 가가와가 발언을 요구하고 나서자 그곳엔 팽팽한 긴장감이 감돌았다. 대표자들은 직접적인 연설 대결이 벌어지게 됐다고 생각했지만 가가와는 실내가 너무 더우니 대표자들 모두가 윗도리를 벗는 것이 좋지 않겠는가 하고 제안할 뿐이었다.[31] 긴박하게 흐르던 대회장의 공기는 그렇게 완화될 수 있었다. 주된 의견 차는 잠시 옆에 숨겨 두면서 가가와와 그 동료들은 스즈키와 함께 접점을 찾아가며 우애회를 새로운 방향으로 이끌어 갔다. 결국 스즈키는 우애회의 회장으로 재선되었다.

가가와는 이전부터 노동자 집회에서 발언해 왔던 것과 거의 비슷한 내용들을 정리하여 새롭게 구성된 조합의 강령에 반영했다. 그 내용의 요체는 오히려 '인간 정신의 독립선언'이라고 말해야 하는 것이었다.

> "노동자는 한 사람 한 사람이 고귀한 인격체다. 그의 입장은 단지 임금의 시세에 따라 노동력을 매매해 더 많은 수익을 얻으려는 식의 접근과는 근본적으로 달랐다. 그 중심에는 조합의 자유를 획득해야만 한다는 신념이 있었다. 우리는 결코 기계가 아니며, 우리는 개성의 발달과 사회의 인격화를 위하여, 생산자가 온전한 교양을 갖춘 사회조직과 생활의 안전과 자기 상황에 대한 스스로의 지배권을 요구한다."[32]

가가와는 국제노동기구(International Labour Organization)의 선언을 지지하면

서, 거기에 다음과 같이 덧붙이고 있다.

> “우리 노동자들은 전 세계에 다음과 같이 선언한다. 일본의 노동자는 국제연맹과 함께, 평화와 자유와 평등이 이 지구상을 지배할 때까지, 국제노동기구(ILO)의 노동선언의 정신에 근거하여 순교자처럼 싸울 것이다.”[33]

가가와가 쓴 20항목의 요구 사항은 국제노동기구(ILO)의 헌장과 닮아 있었고, 그 밖의 여러 나라가 채택한 노동 요구 선언의 내용과 일치하고 있었다. 즉 노동조합 결성의 자유, 아동 노동 착취의 철폐, 최저 임금제 도입, 하루 8시간·주 48시간의 노동 시간 제한, 노동자 주택의 공적 관리, 노동자 보상 시스템과 노무자 보험 제도의 확립 등이었다.

가가와는 전 생애에 걸쳐 여성주의자(feminist)이기도 했다. 충분한 교육을 받지 못한 자신의 아내에게 강권하여 교육을 받게 하였고, 그 후에는 자신의 딸들이 의사나 목사 등, 이른바 ‘남자들만의’ 직업에 진출할 것을 권면했다. 또한 가가와는 동등한 노동 가치의 이념에 입각하여 남녀의 동등한 임금과 여성의 노동 감독자 임명 등도 요구했다. 그가 관여한 강령은 보통

YMCA 강당에서 경제와 노동에 대해 강의하는 가가와. 강연제목은 ‘유심적 경제사관’(唯心的經濟史觀) ⓒ賀川記念館

선거권과 치안 경찰법의 개정을 또다시 요구하였다.[34] 일본에서 불평등한 위치에 있던 외국인 노동자들에 대해서도 일본인 노동자와 동등한 대우를 받아야 한다는 원칙을 지지하였다.

비폭력주의에 기초한 가가와의 노동운동

이러한 어수선한 시기가 지나가자, 가가와는 조합 내부의 라이벌 그룹과의 긴장관계와 견제로 인하여 지지 세력을 잃기 시작했다. '직접 행동', 즉 폭력 행사를 강경하게 주장하는 그룹과의 대립이 그것이었다. 노동조합 내의 투쟁적 입장의 강화에도 몇 가지 이유가 있었다. 첫 번째는 치안 경찰법의 엄격한 법률조항의 철회와 보통선거권 획득의 여러 노력이 실패로 돌아가자 노동자들이 지도부에 대해 크게 실망하고 환멸을 느끼는 분위기가 형성됐기 때문이다. 두 번째는 1920년 초부터 경기가 급격히 악화되어 불황으로 인한 대량 일시 해고가 감행되었고, 그 결과 안 그래도 열악했던 노동환경이 더욱 나빠졌기 때문이다. 이와 같이 좌절감과 패배의식이 만연해 갔고, 경제적으로 궁핍함이 심각해지자 무정부주의의 주장이 큰 매력을 얻게 된 것이다. 그들은 변혁의 핵심적 수단으로 폭력을 강조하고 있었다. 수년 후, 도쿄 경찰에 의해서 끔찍한 죽음을 맞게 되는 오스기 사카에(大杉栄)가 주도한 무정부주의자 그룹은 노동자의 선거권 행사만으로는 보다 윤택한 생활을 확보하는 것은 사실상 불가능하다고 주장하였다.

조합 내부의 긴장감은 1920년에 더더욱 고조되어 갔다. 10월에 가가와는 노동조합 전국대회의 대표를 맞이하기 위하여 오사카 역으로 향했다. 그때, 도쿄 지구의 대표는 무정부주의를 표방하는 흑기(黒旗)를 휘날리며 폭력을 통한 적의 섬멸을 제창하며 행진하고 있었다. 이것이 마중을 나온 가가와 일행에 대한 그들의 집단적 인사였다. 하지만 가가와는 그들의 행태를 무시하면서, 오히려 그에 맞서 자신이 만든 노동가를 부르면서 비(非)무정부주의자들을 이끌었다. 도쿄 대표의 일방적 방식은 혼란을 부추길 뿐이라고 확신하였기 때문에 가가와의 행동도 단호하였다.

조합 내부의 두 그룹 사이의 이 같은 대립과 긴장관계는, 10월 3일 텐노지공회당에서 시작된 대회와 4-5일에 오사카 교회(大阪教會)에서 열린 대회에서도 똑같이 연출됐다. 무정부주의자의 사나운 기세는 대회가 시작되는 순간부터 공공연하게 표출되었다. 무정부주의자 다카다(高田和逸)는 "직접적 행동인가, 의회주의인가, 어느 쪽인지를 확실하게 결판 짓는 것 이외에는 길이 전혀 없다"고 외쳤고 같은 세력의 사람들은 대갈채로 화답했다. 거구의 스즈키가 흥분한 군중을 가라앉히자마자, 또 한 명의 무정부주의자가 "우리는 의회를 거부한다"고 외쳤다.[35] 가가와는 논리정연하게 무정부주의자의 말과 행동이 지닌 잘못들을 지적하였다. "의회 정치에는 많은 문제점이 있음은 잘 안다. 하지만 그렇다고 해서 의회주의를 거부하는 것은 경솔한 행동이다. 만약 우리가 보통 선거권을 가지지 않는다면, 시민은 의회에서의 경험을 쌓을 기회조차 얻지 못하게 되고, 결국 일본의 정치 무대에서 역사적인 사명과 역할을 완수할 수도 없게 될 것이다."[36] 폭력을 수단화하려는 자세로는 결코 효과적으로 목적을 달성할 수 없음을 논하는 가가와에 대해서 개인적 인식 공격이 격렬하게 가해졌다. "저 철부지 예수 중놈(ヤソ坊主)을 끌어내라! 빈민굴의 두목을 끌어내라!" 조합 중앙집행부의 허락 없이 '비공인파업'(혹은 분산동맹파업, wildcat strike)을 전개할 권리가 각 직장에 있는가 하는 쟁점에서는 무정부주의자들이 패배했지만, 결정적인 논의에 있어서는 결국 그들의 회의 방해 등으로 인해 합의 도출에 이르지 못하였다.

노동조합 내부의 대립뿐 아니라, 우익의 전체주의 노선도 가가와가 추구하는 민주주의와 큰 간극을 드러냈다. 결국 우익 권력과도 가가와는 그 후에 몇 년 동안 끊임없이 충돌하였고, 그들에 저항하는 분규는 더욱 거세질 뿐이었다. 현실적이었던 가가와는 조합이 그 활동에 대해 절묘한 균형을 잡아가지 않으면 안 된다고 보았다. 조직 만들기와 의회 공작에 의해서 운동을 전개해 가는 정도의 '투쟁성'을 가짐과 동시에 치안경찰법을 통한 광범위한 감시와 검열의 '칼'을 가진 정부를 자극하는 도발적 언동을 가급적 피한다는 두 입장을 동시에 견지한 것이다. 그것은 법률 개정을 위한 노력을

왼쪽부터 오스기 사카에(좌), 아라하타 간손(중)과 사카이 도시히코(우)

통해 경찰 권력을 후퇴시켜 감으로써, 진정한 민주주의를 자유롭게 발전시킬 수 있는 환경을 만들어 보자는 전략이었다. 가가와는 좌익 세력의 폭력성은 결국 우익의 반발을 불러일으켜, 종국에는 노동자 전체의 동맹이라는 꿈을 스스로 파괴하는 꼴이 될 거라고 반복해서 경고했다. 가가와의 말대로 1923년에는 무정부주의자의 지도자였던 오스기 사카에(大杉栄)가 경찰에 의해 살해당하였고, 공산당은 살벌한 통제와 단속을 겪어야 했다. 가가와는 혁명에 대한 집착과 그 실현을 위한 폭력의 수단화는 권력자들을 자극하여 충돌이 일어날 것을 염려했는데, 결국 그의 말은 증명되고 말았다.

그 시기 즈음, 가가와는 베테랑 전략가로 변해 가고 있었다. 논쟁을 하는 상대방에 대해서 어느 정도까지 압박하는 것이 가장 효과적이고 적당한 것인지를 그는 잘 알고 있었다. 정곡을 찔러야 할 부분과 주거니 받거니 하면서 공세와 수비를 펼쳐야 할 부분, 순순히 인정해야 할 부분은 무엇인지를 잘 알고 있었다. 그는 이미 '빨갱이'(アカ)라는 딱지가 붙은 상태여서 일부 일본인 그리스도교 신자들 중에서는 그를 향해 '악마'라고까지 비난하는 이들도 있었다. 자신의 이미지가 일반 대중에게 어떻게 각인되고 있는지, 혹은 좌익에 대해서는 사람들이 어떻게 반응할지에 대해서도 예민하게 의식하고 있었다. 절친해서 함께 여행도 자주 떠났던 가가와의 친구 구로다 시로는 일반적인 사람이 트러블 메이커(Trouble Maker)인 가가와를 방문하는 것의 위험성에 대해서 다음과 같이 반응했다고 증언하였다.

"나 역시 고베 신카와 빈민굴의 가가와를 방문하였던 것만으로, 신앙 깊은 그리스도교인이었던 어머니로부터 의절 통보를 받는 원인이 되었다. 그 결과 독자였음에도 나는 3년 동안이나 고향 집에 돌아가는 것이 허락되지 않았다.”[37]

무정부주의자들에게 가가와의 의회주의와 그리스도교의 이상은 너무나 신사적으로 보였다. 그래서 무정부주의자들은 가가와가 지나치게 타협적이라고 비판하였지만, 실제로는 경찰과의 관계에서 가가와가 여러 면에서 마찰하고 있다는 사실도 그들은 잘 알고 있었다. 1920년 가을의 소란스러웠던 한 집회가 있고 나서 며칠 후, 고베지방재판소의 검사는 가가와가 기관지에 게재한 기사에 관해 조사하기 위해 그를 호출했다.[38]

그 수 주 전인 9월 18일 밤에는 나카노시마 공회당(中之島公会堂)에서 열린 도쿄 사회주의자 동맹의 집회가 경찰에 의해서 강제 해산 당한 일이 있었다. 가가와는 그곳에서 ‘노동자의 건강’이라는 일견 아무 문제없어 보이는 테마로 강연을 실시하고 있었다. 강연자 도착 전부터 제복을 입은 경관 이외에 사복 스파이가 여기저기에 배치되어 있었고 연단 뒤에는 해당 지방 경찰서장까지도 제복 차림으로 앉아 있었다. 입장료가 30전(하루 약 2엔의 임금이 평균이었던 노동자에게는 큰 돈)이었음에도 수많은 청중이 운집했다. 모두 들어가지 못하게 되자, 사람들은 집회장 바깥쪽에 모였다. 가가와는 훗날 공산당의 지도자가 되는 아라하타 간손(荒畑寒村)과 무정부주의자 사카이 도시히코(堺利彦)와 함께 단상에 올라가 있었다. 아라하타가 개회를 선언한 후, 가가와는 노동자 계급의 건강에 대해 강연을 시작했다. 하지만 이내 경찰서장이 단상에 올라서더니 “연설 중지!”라고 큰 소리로 외쳤다. 군중이 거세게 항의하는 소동이 벌어지는 가운데 가가와는 연단에서 물러났다.

다음 강연자는 궁핍한 아이들의 생활상에 대해 논하였는데, 그 또한 중지명령을 받고 난 뒤에 물러났으며, 이어진 강연자들에게서도 똑같은 상황이 연출됐다. 마지막 순간에 경찰은 집회 해산을 명령했다. 참석자들의 항의 소리가 더욱 거세지자 지하층에 배치돼 있던 240명 정도의 경찰 병력이 회의장을 순식간에 덮쳤고, 군중들은 폭력으로 진압되었다. 집회가 중지된

고베YMCA에서 개최된 가가와 강연 집회

이유를 분명히 해달라고 요구했지만, 경찰서장은 답변하지 않았다. 아라하타는 집회 해산 명령을 끝까지 거부했다. 청중 가운데 어떤 사람은 단지 말투가 불손했다는 이유로 체포되었으며, 그 결과 10명은 경찰서에 연행되어 2시간에 걸쳐 취조를 당했다. 참석자 대부분이 밖에 나온 후, 오스기(大杉)는 창문을 통해 성원을 보내는 군중들을 향하여 다음과 같이 외쳤다.

> "아이들의 경우 화재 벨을 울리면 그로 인해 화재가 발생한다고 잘못 생각하는 경우가 많다. 그런데 정부 당국은 이 어리석은 아이들처럼, 우리가 연설을 하기 때문에 노동 문제가 발생한다고 착각하고 있다. 이런 생각은 실로 바보 같지 않은가? 오히려 우리는 여러 문제를 직면하고 있기 때문에 연설을 하는 것이다."[39)]

이틀 후, 고베 YMCA 홀에서도 사회주의자 동맹은 똑같이 경찰의 강연 방해와 해산 명령을 받았다. 거기서도 대회장은 1,200명의 참가자로 가득 차 있었고, 바깥에도 군중으로 넘쳐났다. 첫 번째 강연자는 "일찍이 미국에서 자유의 함성이 울려 퍼졌을 때…"라는 말과 함께 이야기의 운을 뗐는데, 그 말이 끝나기 무섭게 순사 부장은 강연 중단을 외쳤다.

그 강연자 다음으로 가가와가 '사회의 재구축'에 대하여 말했는데, 노동자의 평등과 단결의 자유, 상호 원조의 노력이 사회를 새롭게 세워가는 핵심 열쇠가 된다고 말하였다. 이윽고 그가 "노동자여, 단결하라!"라고 외치자 또 다시 연설 중지가 명해졌다. 그 후의 강연자도 마찬가지였다. 하지만 아라하타는 순사 부장이 수차례 팔을 잡아당기며 강연을 방해하여도 끝까지 이야기를 멈추지 않았다. 아이오이바시(相生橋) 경찰서의 서장이 직접 나설 때까지 연설은 계속되었고 연설을 마친 뒤에야 폐회를 선언했다.[40]

가가와 같은 사람을 공격한 것은 어리석은 일이었다. 무산계급 운동을 추진하는 과정에서 그는 폭력을 수단화하지도 않았으며, 정부의 전복을 꾀하려는 시도도 없었기 때문이다. '조합운동·참정권·의회를 통한 개혁'이라는 그의 운동 계획은 노동자를 위해 정의를 구현해 가는 평화적이면서도 실제적인 수단에 의존했다. 하지만 경찰 및 공무원들은 가가와의 뒤를 좇는 등, 감시를 멈추지 않아, 어떤 사람은 그가 희생의 어린양이 되었다고 말했다.

> "스트라이크에 반대하고 의회 절차의 필요성을 고집하며, 모든 상황에 대하여 가장 냉정한 관점을 잃지 않았던 가가와 같은 사람을 박해하는 것은 참으로 어리석은 짓이라고 지적하는 사람도 있었다."[41]

일본의 장래를 생각할 때, 가가와를 박해하는 현상은 분명 불길한 징조였다. 동시에 노동운동 내부에서 일어난 분열에도 영향을 미쳤다. 무정부주의자와 의회주의자의 분열에 더하여서 가가와는 다른 측면에서도 반대를 직면했다. 1921년 2월, 가가와 부부는 어느 지역

협동조합의 결성에 대해 강연하는 가가와 목사 ⓒ賀川記念館

학교를 방문하여 공동구매조합(생협)의 결성 과정에 대하여 강연을 하고 있었다. 그런데 갑자기 사회주의자로 자칭하는 자들이 떠들썩하게 입장해 강연을 방해하기 시작했다. 그들은 "너는 우리의 노동운동을 자본주의에 팔아먹고 있다!"라며 소리 질렀다. 가가와의 협동조합에 대한 관심이, 노동자의 에너지를 계급투쟁으로부터 이탈시키는 결과가 생길까 봐 두려워한 것이다. 청중 몇 사람은 이러한 무례한 행태에 분노하여 이내 난투극이 벌어졌고, 다수의 부상자가 발생했다. 그 결과 질서 회복을 명목으로 경찰이 개입해 진압함으로써 집회는 아수라장이 되었다.[42]

노동운동의 방향으로서의 생활협동조합

이념 논의가 급속히 변화해 가는 가운데, 가가와는 여러 반발에 직면하면서도 활발하게 노동운동을 지속해 갔다. 1920년 6월에는 오사카 지역 인쇄업자들의 조합 결성을 성공시켰고 그 기관지에 글을 기고했다. 11월에 그 조합은 조직을 확대하여 간사이인쇄공동맹(関西印刷工同盟)이 된다. 그는 하리마조선소(播磨造船所) 노동조합의 조합장에 취임해 줄 것을 요청 받음과 동시에 조선소 노동자들을 위한 생활협동조합 결성에 온 힘을 기울였다. 그렇게 진력을 다해 일본에서 최초로 설립한 생협이 바로 '고베구매조합'(神戸購買組合)이다.

그는 영국의 협동조합, 사회개조론, 길드(guild) 사회주의, 페이비언 사회주의(Fabian Socialism) 등의 풍부한 전통을 접하면서, 노동자 스스로가 회사를 소유하고 경영하는 사회를 만들어 보자는 비전을 제시했다. 조합운동에 종사하는 한편, 그는 19세기 이상주의적 사회주의자 로버트 오웬(Robert Owen)으로부터, 시드니 웹(Sidney Webb) 부부, 조지 버나드 쇼(George Bernard Shaw), 버트런드 러셀(Bertrand A. W. Russell), 그리고 램지 맥도널드(James Ramsay McDonald) 등에 이르는 방대한 저작을 읽었다.[43] 그들에게 이끌린 가가와는 자본주의도 국가사회주의도 아닌 '제3의 길'로서의 소유 체계를 지지하게 되었다. 그래서 가가와는 다음과 같이 쓰고 있다.

> “노동운동을 통해 내가 추구하는 것은 노동자가 산업을 제어하는 일종의 길드 사회주의를 확립시키는 것이다. 나는 사회주의와 노동운동은 본질적으로 같은 목표를 향하고 있다고 본다. 즉 노동자의 주체적 산업 관리의 실현이다.”[44]

논의의 중심은 ‘노동자의 산업 관리’가 조합 활동과 의회제 민주주의에 의해서 달성되어야 할 것인가, 그렇지 않다면 직접적 행동을 통한 공장의 탈취에 의해서 달성되어야 하는가 하는 입장의 대립이었다. 근성 있는 무정부주의자들에게 가가와의 점진적 접근 방식이 체제와의 타협처럼 보였다. 노동보험에 관한 연구의 일환으로 2백 호에 달하는 빈곤층 가족을 조사하는 정부 사업을 가가와가 맡게 되었을 때, 가가와는 무정부주의자들로부터 새로운 공격을 받게 되었다. 즉 정부의 그러한 업무를 맡는 것 자체가 억압적 체제를 옹호하는 것과 진배없다는 비판이었다. 협동조합에 대해서는 그것이 혁명을 향한 열정을 무뎌지게 하여, 결국 직접적 행동의 기개마저 꺾

1920년 11월에 가진 간사이인쇄공동맹 결성 기념사진(아랫줄 가운데가 가가와)
ⓒ賀川記念館

어버리는 개량주의 활동에 지나지 않는다며 공격했다.[45] 가가와는 무정부주의자(아나키스트)와 러시아 영향권 하의 볼셰비키를 명확하게 구별하면서도 양쪽 모두를 반대했다. 무정부주의자들의 간섭으로 인해 집회가 혼란스러워진 것에 대해서 가가와는 다음과 같이 말했다.

"이 경우, 반대하는 것은 무정부주의자들이었다. 노동자들 가운데서는 무정부주의가 거의 보지 않았다. 반대하는 이들은 노동자가 아니라 오히려 학생 혹은 샐러리맨을 포함한 중산층 계급에 속한 이들의 반대였다. 하지만 오사카나 도쿄에는 명확한 생디칼리즘(Syndicalism, 조합공동체주의)이나 볼셰비키(Bolshevik) 그룹이 있다. 도쿄에는 스스로를 '도쿄의 소비에트'라고 부르는 그룹도 있다."[46]

이어서 가가와는 몇 개의 신문지를 추려낸 뒤 그 가운데 하나를 골랐다. 그리고 한자로 인쇄된 '소'(蘇, 소비에트)라는 글자를 가리키며 이렇게 말했다.

"이 「노동자」(労働者)라는 신문은 생디칼리스트의 경향이 짙습니다. 하지만 그 신문은 '도쿄 소비에트'의 발행이라는 사실을 잘 알 수 있지요? 이뿐 아니라, 다른 그룹이 발행하고 있는 무정부주의 혹은 무정부주의적인 생티칼리즘 계열의 신문 「노동운동」이 있습니다. 내가 이해하는 선에서 볼 때, 이 신문은 오스기(大杉) 씨와 관련돼 있다고 봅니다. 현재 일본 노동자들 사이에는 볼셰비키주의(Bol'shevism)로 향해 가는 강력한 흐름이 있습니다. 저는 개인적으로 그러한 경향에 반대하고 있습니다. 왜냐하면 볼셰비즘은 노동자들 스스로에게 위험을 안길 우려가 있다고 생각하기 때문입니다. 최근의 발전 단계를 보건대, 일본과 같은 군국주의 국가에서는 이러한 운동이 군대에 의해 손쉽게 짓밟혀 버릴 것입니다. 저는 그러한 비극 이외의 어떤 결과도 쉽게 상상할 수 없습니다."[47]

확신을 갖고 활동하던 가가와로서는 상상할 수 없던 사건이 일어났다. 자신보다도 온건한 운동에 대해서도 정부가 엄격하게 탄압한 것이다. 일본인의 삶에 대해 날카로운 시각을 가졌음은 물론, 방대한 역사 지식을 갖고 있었음에도, 자신의 활동 영역에서는 늘 비현실적 상황에 놓여 있었다. 즉 근대 일본의 전체주의적 위협 앞에 늘 직면해 있어야 했다.

아이러니한 것은, 그 당시 이 평화주의자의 가장 왕성한 활동 무대는 일본에서 막 태동하고 있던 군산복합체(軍産複合體)의 심장부였다. 이 분야는 유럽의 전쟁에 공급할 조선(造船), 보급품 제조, 운수 사업 등으로 갈수록 번영했다. 하지만 제1차 세계대전이 끝나면서 경기 침체가 발생하자, 항만과 제조업 분야는 심각한 타격을 받았다. 수천 명 노동자가 일시에 해고되었고, 잔류한 사람들도 노동 시간이 줄어들어 자연히 임금도 절감되었다. 그 과정에서 노동자들의 분노가 드높아졌으며, 결국 1921년 여름에 대규모 파업이 발생하자 전국적 관심을 모으게 되었다. 조합의 임원이자 전국적 유명세를 떨치던 문학 작가이며, 스타 강연자, 사회 활동가이기도 했던 가가와는 그때도 단체 교섭의 최전선에 서 있었다. 그가 주로 상대한 회사들은 훗날 서양에도 널리 알려지게 되는 재벌 기업 스미토모(住友), 가와사키(川崎), 미쓰비시(三菱)였다.

유난히 길고 무더웠던 1921년의 여름은 5월의 오사카 후지나카타(藤永田) 조선소에서의 파업과 함께 시작되었다. 주요 쟁점은 회사가 조합을 인정하여 이 조직과의 단체교섭에 응하라는 요구를 둘러싼 충돌이었다. 6월 15일에 가가와는 노사 간의 의견 조정을 위해 호출되었고, 몇 시간에 걸쳐 회사의 임원과 의견 청취를 한 뒤, 조합의 지도부들도 만나 의견을 들었다. 다음 날 노동자들이 공장에 가게 되면, 사복 경찰이 잠입하여 열 명 정도의 노동자를 검속했다. 가가와와 조합은 교섭을 재개하여 고심 끝에 조합 인정에 동의한다는 각서를 작성했다. 그런데 돌연 경영자 측은 입장을 바꾸어 그것은 단순한 비공식적 제안에 불과하며 그 어떤 구속력도 없다고 주장하면서 약속을 파기해 버렸다. 분개한 조합 간부들은 회의를 중단시켰고, 가가와는 조정 역에서 물러났다. 분노와 불만을 해소할 길을 못 찾던 일부 노동자 그룹은 회사 간부들의 집을 습격하여 파괴하였고, 그 과정에서 경찰과 충돌하

고베항 해상에서 바라본 가와사키 조선소 ©神戸大學附屬圖書館

여 많은 부상자가 발생했다.

하지만 그때 비로소 조합에 대한 의식은 전에 없던 수준으로 높아지고 있었다. 연대(連帶)의 필요성에 눈을 뜬 노동자들은 이러한 투쟁을 산업 전반에 걸친 여러 문제들의 상징적 분출이라고 파악했다. 오사카 텐노지공회당에서의 대중 집회에서 가가와는 기조 강연자로 강단에 올라 수천 명의 청중들에게 노동자가 지배하는 세상을 만들자고 호소했다.

> "탄압해 봐라! 박해해 보시라! 우리는 여기에 분연히 일어나 산업의 민주화를 절규하노라! 산업 현장에서 전제적 통치자들을 매장하자! 우리는 입헌(立憲)의 세계에 살며, 오직 산업(産業)이라는 전제자(專制者)만을 필요로 할 뿐이다! 우리는 공장의 입헌제를 요구한다. 혼탁하고 불순한 공기여, 모두 사라지라! 자유의 공기여, 솟아올라라! 우리는 어디까지나 노동자의 자유를 위해서 싸운다."[48)]

데모 파업은 고베에서도 발생하여, 가가와는 분기한 노동자 단체에 입장을 전달했다. 한편 고베와 오사카 중간의 아마가사키(尼崎)에 위치해서 압연이나 압출로 구리합금을 만드는 스미토모 신동(伸銅) 공장에서도 또 하나의 파업이 발생했다. 가가와는 고베로부터 조합 사무소에 나가 교섭을 참여하여 대활약을 펼쳤다. 가끔은 옷을 입은 채로 사무실에서 잠을 자면서까지 다음 날의 교섭에 대비하기도 했다. 이 과정을 통해 가가와는 더 좋은 노동 환경의 조성을 바라는 조합의 요구를 관철시키는 데 성공하였다.

가와사키와 미쓰비시의 노동자들은 일본의 다른 많은 노동자들보다는 높은 수준의 임금을 받고 있었다. 그런데 가와사키의 노동 시간이 8시간으로 단축되면서 임금도 줄어들었다. 자주 있는 일이지만, 조합운동을 통해 많은 이익을 취하게 된 노동자 그룹은 기존의 온정주의적 시선이나 권위의 위협으로부터 자유롭게 되어, 오히려 새롭게 다져진 기반 위에 더욱 투쟁적 모습을 보일 수 있게 된다. 하지만 일본 노동인구의 상당수는 여전히 권위의 폭력 앞에 겁먹을 수밖에 없었고, 봉건적 체제에 기생하는 습성에 안주해 버려, 하루 14시간의 살인적 노동 상황을 그래도 수용한 채 늘 지쳐 있었다. 이러한 비참한 상황의 강요에 항의하고 단결하는 것조차 엄두를 낼 수 없었다. 노동자들이 스스로 올라 서지 못하고, 여전히 가가와 도요히코나 스즈키 분지 같은 지식인의 선도에 피동적으로 의지하고 있던 사실은, 당시 조합 의식이 얼마나 희미한 것이었는지를 잘 나타낸다. 하지만 그 와중에도 교양 있고 세련된 의식화된 노동자들도 나타났다. 인간의 노동으로부터 탄생한 생산물은 봉건제 하의 소유주나 공장 대표도 선천적 권리를 갖고 있던 것이 아님을 그들은 민첩하게 깨달아 갔다. 그 결과 대부분 숙련 노동자 그룹이었던 가와사키와 미쓰비시의 노동자들은 아직 젊지만 급속히 성장하면서 노동운동의 최첨단에 서 있었다.

일본 역사상 최대의 스트라이크 주도

1921년 6월, 고베 항 남서쪽 모퉁이를 이루는 곶(串)인 와다미사키(和田岬)의 미쓰비시 조선소에서는 350명의 노동자들이 노동 시간을 하루 9시간에서 8시간으로 단축시키는 쟁점이 노사 간의 문제로 등장했다. 그때 노동자들은 교섭 창구로서 노동조합을 인정해 줄 것을 요구했다. 또한 근처에 있던 가와사키 조선소의 노동자들과 임금 격차가 발생하고 있었기 때문에, 그쪽과 동일한 급료를 지급받기 위해 매 일당에 50전씩 임금 인상해 줄 것을 요구했다. 덧붙여 4개월분의 해고 수당이 보증되는 것도 요구했지만, 경영자 측으로부터 만족스러운 회답을 얻지 못하게 되었고, 결국 노동자들은 스트라이크에 돌입했다.[49)]

오른쪽부터 가와사키·미쓰비시 조선 노동쟁의를 선두에서 지휘하는 가가와, 우애회 회원인 아오가키 젠이치로(青柿善一郎), 히사토메 고조우(久留弘三) ⓒ賀川記念館

미쓰비시보다는 좋은 임금을 받고 있었지만, 가와사키 조선소의 노동자들도 똑같이 분개하고 있었다. 회사가 주주에 대한 배당액을 인상하였고, 창업 25주년 기념이라는 명목하에 주주의 증자신주(增資新株)를 무상으로 지급하면서도, 노동자들의 보너스는 오히려 감액시켰기 때문이다. 결국 가와사키 조선소 전기 부문 노동자들 900명 남짓도 이러한 부당한 조치에 항의하기 시작했다. 노동쟁의의 물결은 순식간에 고베 지역의 다른 회사들에도 번져갔다. 가가와는 이미 스미토모 회사에서의 노사 간 교섭을 맡았고, 다국적 기업인 레버 브라더즈(Lever Brothers) 오사카 지부에서도 노동쟁의의 중재를 시도한 적이 있었기에 이번에 발생한 가와사키 조선소의 노동자를 대변하여 중재에 임할 수 있었다. 그는 6월 30일 밤 요도가와 권업관(淀川勸業館)에서 열린 대회에서 강연을 맡았는데, 그날 밤 늦게까지 조합의 지도자들과 함께 경영자 측에 건넬 요구서 작성을 준비했다. 회사는 사장의 부재를 이유로 들면서 교섭을 거부하였다. 노동자들은 이러한 회사의 대응에 더욱 분노하여 조합 조직을 더욱 확대해 가기로 했다. 7월 4일에는 또 하나의 노동자 대회가 열렸고, 노동자에 의한 자율적 공장 관리와 고베 지역의 모든 대규모 공장에서의 단체 교섭권 획득 등을 요구사항으로 제시했다. 가가와는 부탁을 받고 이러한 요구사항을 들고 공장을 찾았다. 하지만 회사는 그 요구사항을 일언지하에 거부하였고, 심지어 조합 간부들을 일거에 해고해 버렸다.

가와사키 조선소의 쟁의는 7월 7일부터 더욱 거세게 타올랐다. 머리띠를 매고 곤봉을 든 폭력배들이 가와사키 공장 문 앞에서 서 있다가 몇 명의 노동자에게 거친 폭력을 행사했고, 한 노동자는 칼로 공격을 당해 상처를 입는 사건이 발생했다. 노동자들은 회사가 그 폭력배들을 고용한 게 틀림없다고 확신했다. 가가와는 가와사키 조선소의 중역과 면담하였고, 이러한 폭력 행위의 부당성에 대해 항의하면서 폭력배들이 경영자들에 의해 직접 고용되었는지의 여부에 대해 명확히 하려 했다. 데모 참가자들은 이른 아침부터 모여들었고, 약 25,000명이 가두 행진을 이어갔다. 운집한 노동자들은 "죽을 때까지 싸우자"(死ぬまで戦おう)는 투쟁적 슬로건을 적어 놓은 검은 색과 빨간 색 깃발을 앞에 내걸었다. 가가와는 오사카 노조의 키노시타(木下) 위원장을 앞세워 경찰서를 방문하여 경찰과 군중 사이에 흐르는 긴장감 해소에 대해 이야기를 나눴다. 그는 만약 회사가 공장을 폐쇄하면, 노동자에게는 그들의 직장이 강탈된 것과 다름없다며 그 부당성을 설명했다. 경찰은 파업 중인 노동자들이 질서 유지에만 협조한다면, 노동자의 시위 활동에 간섭하지 않겠노라 약속하였다. 하지만 당국자는 공장 폐쇄가 이루어지는 동안에는 노동자들의 공장 진입이 불허된다고 엄중 경고했다. 한편 가가와 및 노동운동의 다른 지도자들은 7월 10일을 목표로 대규모 대중 집회를 계획했다. 이날은 가가와의 생일이기도 했다.

그날 아침 7시, 지금까지 볼 수 없었던 일본 역사상 최대 규모의 데모 군중이 항구가 내려다보이는 언덕인 에게야마(会下山) 공원에 모였다. 아침에는 장대비가 내렸지만, 금방 하늘이 맑게 개여 찌는 듯한 폭염으로 바뀌었다. 반대파는 '정의'(正義), 혹은 '죽을 때까지 싸우겠노라'(死ぬまで闘え) 등의 문구가 적힌 각양각색의 깃발을 내걸었다. 그중에는 '우리도 인간이다'(我々も

人間だ)라는 가가와의 온건한 호소 문장도 눈에 띄었다. 아침 8시 반쯤, 가가와와 조합의 지도자 히사토메 고우조(久留弘三)가 앞장서서 노동자들을 이끌고 언덕을 내려왔다. 약 35,000명이 노동가를 부르면서 10km 이상 되는 거리를 행진했다. 10시 무렵이 되자, 행렬은 경찰관에 둘러싸인 가와사키의 공장에 도착했다. 2시간에 걸쳐 진행된 여러 연설과 단결을 호소하는 외침이 이어진 후, 투쟁적 분위기가 고양된 노동자들은 삼엄하게 경비 중인 미쓰비시 공장을 향해 또다시 이동했다. 가가와를 선두로 한 군중은 다시 그곳을 떠나 효고(兵庫)에 있는 또 다른 가와사키의 공장을 향해 갔다. 과거 형무소가 위치해 있던 공터에서 그들은 우렁차게 노래를 불렀으며, 멀리 오사카에서 일부러 와준 동료 노동자들에게 고마움을 표하면서, 만세를 외치고 연대와 협력을 재다짐함으로써 데모 행사를 마쳤다.

가가와는 이 같은 대규모 집회를 마무리하면서, 전심전력을 다해 다음과 같이 강조했다. 즉 이번 데모가 비폭력적이었다는 사실이 잘 증명하듯이, 노동자는 늘 평화적 자세로 임해야 한다는 점이었다. 가가와는 이렇게 외쳤다.

> "미국에서도 노동조합이 인정되고 있는 곳은 파업(쟁의)이 60%나 감소하고 있다."[50]

또한 노동자로 구성된 공적인 조직의 설립을 막는 규정은 전부 폐지할 것을 아래와 같이 요구했다.

> "지금 들리고 있는 노동자의 절규는 인간다운 삶을 살고자 하는 소망에서 자연스럽게 분출하는 것이다. 따라서 교섭의 실현을 위한 노동자의 단체권 행사를 회사가 인정하지 않는 한, 그들은 결코 의지를 굽히지 않을 것이다."[51]

그의 강렬한 웅변은 청중을 압도하고 몰입시켰다. 당시의 모습에 대해서 가가와 연구가인 스미야 미키오(隅谷三喜男) 도쿄대학 교수는 다음과 같이 말하였다.

> "마지막 순간까지 가가와 도요히코 선생은 온 몸을 던지면서 감격과 용기로 가득 찬 열변을 토해냈다. 실로 노동운동을 광명에 이를 수 있도록 논하니, 청중들의 우레와 같은 박수 소리와 함께 그날 강연회는 막을 내렸다."[52)]

미쓰비시가 10일간 공장을 폐쇄하겠다고 선언했을 때에는 여러 폭력 사태가 벌어지고 말았다. 약 1만 명에 달하는 노동자들이 굳게 닫힌 미쓰비시 공장 앞에 모여들었고, 이내 뒷문을 부수고 난입하자 충돌이 발생했기 때문이다. 가와사키의 경우는 노동자들이 공장에 진입하는 것을 허가하여 자기 담당 부서에 돌아가 사보타주(sabotage)와 함께 연좌 농성을 이어갔다. 사태가 더욱 거세게 흘러가자, 경찰력을 보강하기 위해 당국은 군대를 투입했다. 해군의 장교들은 건조 중인 구축함이나 군함, 잠수함에 대해서 어떠한 파괴 행위도 있어서는 안 될 것이라고 경고했다. 회사가 고용한 경비원들은 이들 생산 중인 함선을 에워쌌다. 그 후 가와사키 공장도 폐쇄를 선언했다. 흥분과 긴상감이 고조되자, 결국 소규모 충돌이 곳곳에서 발생했고, 그에 비례해서 현장에 급파되는 군인의 수도 증가해 갔다. 효고현 지사는 데모와 노동가 제창을 전면 금지시켰다.

이러한 혼란 가운데, 가가와는 동지들과 함께 회사 측과의 화해 교섭에 착수하였다. 양측의 합의 노력으로 어떻게든 하나의 접점에 도달해 갔다. 경영자 측을 설득하여 일시적이나마 해고 결정과 5%의 임금 삭감 계획도 철회시켰으며, 조합을 교섭 상대로 인정하는 건(교섭권 보장)을 승인토록 이끌었다. 또한 가가와는 던롭(Dunlop)이 소유한 고무 공장에서도 노사 간 중재를 성공시켜 여러 성과를 거두었다. 즉 휴일에도 임금의 반액을 지급할 것, 퇴직이나 질병을 맞게 되면 상호부조를 실시할 수 있는 상설 조직의 설치, 일시적 해고를 단행할 때는 반드시 2주 전에 공시할 것, 공시가 없는 경우에는 2주 분의 임금을 지불할 것 등을 쟁취해 냈다. 회사 측은 노동자가 조합에 참가하여 '노동위원회'를 만드는 제도적 권리를 인정했다. 또한 파업에 참여한 노동자에 대한 징벌 조항도 폐지했다.

하지만 가와사키와 미쓰비시의 경우, 파업을 실시한 노동자가 2주를 경과하면서, 회사와 경찰에 의해서 완전히 체력을 소진하고 말았다. 가가와는 극장이나 공민관, 혹은 불교 사찰에서 강연하면서 '마지막 승리'를 거둘 수 있도록 노동자를 격려하며 용기를 불어넣었다. 경찰로부터 허가를 얻었음에도 불구하고 조금이라도 데모 분위기가 형성되면 마찰이 생기므로, 야구 시합과 육상 경기 같은 형태로 모일 수밖에 없었다. 그러한 행사에는 가가와나 다른 강연자도 모습을 드러냈지만, 군중 수가 너무 많아져서 경찰이 불안감을 갖게 되면 언제든지 해산 명령을 내릴 수 있었다.

가와사키는 노동조합의 집행위원회 위원 125명을 해고했다. '외부에서 온 선동자'는 노동자들 사이에 불필요한 불만을 야기시킬 뿐이라는 '관리주의'(管理主義)의 입장에 서서, 회사 측은 한 걸음도 물러서려 하지 않았다. 회사 측은 고용자와 노동자의 관계를 여전히 봉건적인 관계, 즉 주인과 하인(머슴) 같은 관계로 인식하고 있었다. 따라서 가가와가 주장하였던 '노동자에 의한 주체적 공장 관리' 등의 실현은 상상조차 할 수 없는 일이었다. 가가와는 집행위원 125명의 해고 조치에 분노하며 거세게 항의했으며, 공장 점거를 통해 투쟁을 지속해 갈 것임을 천명했다. 노동자가 평화적으로 시위할 수 있는 정당한 권리를 부정하는 회사야말로, 투쟁적 봉기를 일으키는 원인 제공자라고 가가와는

일본을 방문한 버트런드 러셀의 강연을 통역한 가가와 ⓒ賀川記念館

강력히 주장했다.

그렇게 사회 변혁론자 및 노동조합의 지도자로서 가가와에 대한 평판은 갈수록 높아졌다. 그것은 1921년의 7월 17일, 버트런드 러셀이 일본 배 에이코마루(栄光丸)를 타고 아시아 여행을 하던 도중, 고베에 입항했을 때의 일화만 보아도 잘 알 수 있다. 항구에 도착한 러셀은 깃발을 내건 조선소 조합의 쟁의단으로부터 환영 인사를 받았다. 몸 상태가 안 좋았음에도 불구하고, 러셀은 고베의 아미타사(阿弥陀寺)에서 개최된 노동자 집회에 참석하였고, 가가와의 통역으로 강연을 실시했다. 건강상의 이유로 길게 이야기할 수 없음을 러셀은 애석해했지만, 파업을 진행 중인 노동자들에게 아낌없는 지지의 메시지를 전했고, 그 격려사에 노동자들은 박수갈채로 화답했다. 영국의 저명한 사회주의 사상가로부터 위로와 용기를 얻은 파업 노동자들의 사기는 자부심과 열기로 가득 차 올랐다.

하지만 그런 와중에도 노동자 개개인은 매우 어려운 상황에 놓여 입장이 더욱 곤란해져 갔다. 개인적인 저축액은 소액에 불과했고, 파업 중인 그들의 생활을 지원할 만한 후원 기금도 존재하지 않았기 때문이다. 노동자들은 자신의 일상용품들을 저당 잡혀 활동비용을 마련해야 했다. 파업 중인 그들을 돕기 위해 임시로 보상바자를 운영하며 수입을 확충하는 이들도 있었다. 행상을 하기 위해 영업 허가를 신청한 노동자들도 있었지만, 의도를 파악한 경찰은 허가를 내주지 않았다.

회사 측은 공장 폐쇄 기간 동안 임금의 반액을 지불하기로 동의한 상태였지만, 그 첫 지급 봉투 안에는 만약 이대로 공장 폐쇄를 이어간다면 앞으로는 임금을 일절 지불하지 않겠다는 단호한 경고문이 함께 동봉돼 있었다. 미쓰비시 조선소가 발송한 봉투 안의 반액 급료와 편지는 교활한 '사탕과 채찍'이었다. 경고 편지의 내용을 살펴보자.

> "당사는 파업(스트라이크) 또는 사보타주가 이어지는 동안 제군에게 임금을 지불할 의무는 없지만, 이 건에 한해서는 제군의 입장을 감안하여 특별히 선처를 베풀어, 가족들이 고통스럽지 않도록 해 주기 위하여 파업일수에

해당하는 임금 전액을 지불하는 데 인색하지 않겠다. 하지만 만일 제군이 앞으로도 스트라이크나 사보타주를 계속 실시해 간다면, 지금과 같은 배려는 일절 받을 수 없게 될 것이다.”[53)]

전례 없는 파업의 규모와 대담한 전술 등으로 인하여, 고베의 파업 현장은 전국적으로 주목받고 있었다. 과연 고베의 조선소 노동자들이 어디까지 나아갈 것인지 모두가 주시하고, 정부는 점점 더 신경질적이 되어 갔다. 고베의 노동자들은 데모 장면을 필름으로 볼 수 있었지만, 그 뉴스의 영화 상영은 고베 이외의 다른 장소에서는 금지되었다. 노동조합은 파업 장면을 도쿄에서 영화로 상영하여, 그 입장료를 파업 지원 기금으로 조달하려 했지만, 도쿄 지역 경찰이 엄금하는 바람에 실현되지 못했다.

가가와가 노동자에 의한 공장 관리에 대해 꼼꼼하게 정리한 문서를 발표하면, 그것은 치안 경찰법에 저촉되는 것이라는 주장과 함께 곧바로 논쟁이 일었다. 만약 그러한 문서 공표가 현행법을 어기는 것이라면, 자신은 처벌을 달게 받을 각오가 되어 있다면서, 가가와는 도전적으로 응수했다. 하지만 긴 파업 활동으로 인해서 가가와조차 짙은 피로감을 느끼게 되었다. 어느 기자는 파업 본부를 방문했을 때, 신경이 날카로워져 초조해하는 가가와의 모습을 보았다고 전했다. 너무 지쳐 기둥에 기댄 채 쪼그리고 앉아 신문을 읽고 있던 가가와는 짜증난 표정으로 인터뷰 시간을 조금밖에 내줄 수 없다고 말했다고 한다. 하지만 곧바로 자신의 조급한 성질을 후회하듯이 일어나 숨을 크게 들이마신 뒤, 자신이 지도하고 있던 파업 상황에 대하여 자세히 설명하기 시작하였다는 것이다. 그때의 인터뷰는 결국 2,000개 단어를 훨씬 넘는 장문의 인터뷰 기사가 되었다. 가가와가 가장 힘주어 말한 부분은 파업의 규모였다. 고베 지역 파업의 참가자 수는 대략 4만 명으로, 이것은 그 지역에서는 최초의 총파업이었다. 게다가 첫 번째 경험임에도 불구하고, 그 대규모 총파업은 완벽하게 질서를 유지하며 진행되었다. 가가와는 이렇게 말했다.

"여러 문제점이 있지만, 가장 근원적 문제점이 산업 스스로의 조직에 영향을 미치고 있다. 우리는 인간이, 전적으로 고용주가 시키는 대로만 움직이게 되고, 고용주의 이익 앞에서 성가신 존재나 쓸모없이 되면 곧바로 내던져져 굶어죽을 수밖에 없는 것에 반대하고 있다. 그러한 야만적 취급은 대개의 서구 국가들에서는 물론 거의 없는 일이다. 예를 들어, 영국의 경우는 실업자 연금도 있다. … 하지만 실업 문제는 논의해야 할 과제 가운데 한 측면에 불과하다. 해결해야 할 과제는 단순히 해고 수당 마련 등과 같은 상대적 안전성의 문제보다도 훨씬 그 뿌리가 깊다. 정치적 용어를 사용하면, 독재정치체제, 혹은 산업입헌주의의 문제다. 우리가 지금 쟁취하려는 것은, 기본적으로는 입헌주의의 제요소이며, 그것은 노동자가 스스로 양성하고, 스스로 움직여 나가는 산업 조직을 통해, 아무리 작은 소리라 하더라도 노동자 자신의 목소리가 그 조직에 닿을 수 있게 하자는 것이다. … 우리는 산업 민주주의를 실현하여 오늘날 새롭게 탄생한 노예제도가 옛날과 같이 사라질 운명에 처하게 될 때까지, 이 싸움을 결코 멈추지 않을 것이다."[54]

정부는 가가와 목사가 단지 노동자의 이익을 얻어내기 위해서 파업에 개입하는 것을 폄하하는 경우가 많았다. 그럴 때마다 가가와는 냉소하며 빈정대듯이 다음과 말했다.

"노동자들이 관리자의 친절하고 애타적인 의도를 올바르게 인식할 능력이 없는 사람들이라고 (기사로) 쓰는 것은 마음대로 하시라. 하지만 그러한 기사 내용을 학교 다니는 어린아이의 연령 정도, 혹은 거기에도 미치지 않는 아이들이라면 믿을는지 모르지만, 우리 같은 어른이라면, 곧이곧대로 믿기 이전에, 우선 관리자들이 '우호적'이라는 말에 대한 확실한 증거를 먼저 확인하고 싶지 않을까 생각해 본다."[55]

가가와는 파업의 단결에 대해 낙관하고 있었지만, 상황은 정반대로 흘러

大正十年八月十五日　勞働者新聞　第四十三號

果然、流血の慘事を見る

軍隊は出動し、警官は帶劍を拔く

―神戸の大勞働爭議經過―

俄然官憲の壓迫來る!!

示威行列禁止、軍隊の出動

運動競技や水泳に結束を緊む

喪家の犬の如き裏切者

會社の切崩しも効少し

가와사키·미쓰비시 조선소 노동쟁의 신문보도

갔다. 그 길고 더운 여름에 진행된 파업은 3주째 중반에 접어들자 서서히 그 구심점이 해체되기 시작했다. 1921년 7월 26일, 가와사키에서는 4,000명 이상의 노동자가 직장으로 돌아왔다. 한편 경찰과의 난투극으로 170명이 체포되는 불상사도 있었다. 그다음 날에는 5,000명의 노동자가 가와사키 조선소로 돌아왔으며, 또 그다음 날에는 복귀 노동자 수가 총 6,000명까지 늘어났다. 결국 7월 29일에는 미쓰비시 공장 가동이 재개되었다. 가와사키로 돌아온 노동자의 총수는 8월 2일까지 7,000명 이상이 되었다. 노동력의 절반 이상이 복귀한 셈이었다. 경찰은 파업을 주도한 사람들에 대한 검속을 지속하였고, 조합의 활동을 기록한 노트까지도 압수하였다.

투옥과 좌절 뒤에 품게 된 새로운 목표

관헌의 압력에 의해서 공식적인 집회가 불가능하게 되자, 가가와는 새로운 전술을 생각해 냈다. 그것은 그가 풍자와 해학에 탁월한 재능이 있음을 드러내는 계기가 되었다. 권력층의 어떤 사람이 논리적으로 모순된 발언이나 정책을 내놓으면, 그것을 비틀어 조소하는 유머 감각이 그에게 있었던 것이다. 서양에서는 교회에 모여 노동운동의 성공을 바라는 기도를 자연스럽게 드릴 수 있었다. 그래서 파업위원회는 그와 같은 행사를 일본에서도 실시해 보기로 하여, 단체로 신사를 방문해 참배 행사를 갖기로 한 것이다. 이것은 경찰을 곤경에 처하도록 하는 기발한 작전이었다. 정부는 신사참배를 장려하고 있었으므로, 만약 노동자들의 '종교적'인 집단행동을 금지시킨다면, 그것은 국가의 장려 정책에 반하는 꼴이 되는 것이기 때문이다. 이러한 가가와의 방식은 노동자가 합법적이고 평화적으로 행동하고 있음을 분명히 나타내 보이는 한편, 그것을 단속하는 순간, 경찰 스스로가 국가 정책에 반하며 법을 어기게끔 만드는 기묘한 상황을 연출해 냈다.

가가와는 이러한 '종교적' 집회에서 청중을 향해 연설했다. 7월 28일에는 미복귀 노동자 1만 명 이상이 몇 개의 신사로 흩어져 집회를 전개했다. 상당수 노동자들이 행렬을 이탈하여 가와사키 조선소를 습격하려고 하였을 때도, 가가와 및 여타 지도자들은 필사적으로 그들의 폭력행위를 멈추게 하여 언제까지나 평화적으로 행동할 것을 요청하고 설득했다. 하지만 다음 날(7월 29일)이 되자, 어렵사리 유지되던 질서는 붕괴해 버리고 만다. 수많은 노동자가 행렬에서 떨어져 나와 가와사키 조선소를 덮쳤던 것이다. 이내 경찰과 난투가 시작되었고, 20명 정도가 경찰의 대검에 찔려(대부분이 등에 자상을 입음) 한 명이 중상을 입고, 여러 부상자와 함께 모두 200여 명이 체포되고 말았다. 경찰이 대검을 뽑아 노동자를 공격하였기 때문에 폭동이 시작될 수밖에 없었다고, 가가와는 경찰 당국을 비난하였다. 그날 밤 경찰은 파업 본부를 덮쳐 가가와 등, 다수의 조합 지도자를 체포하였다. 어떤 경찰은 가가와를 대검으로 공격해 가가와의 옷이 심하게 찢어지기도 했다. 가가와는 양손에 수갑이 채워져 맨발인 채로 경찰서에 연행되어 갔다. 그는 사회에 소란을 일으켰다는 죄목으로 기소되어 고베감옥 타치바나 분감(橘分監)에 투옥되었다.

한 시라도 쓸데없이 시간을 낭비할 수 없던 성격의 가가와는 그 짧은 틈에도 종이의 자투리 부분을 이용해 목탄으로 시를 썼다. 감옥에서 무언가를 쓰는 행위는 금지되어 있었는데도 말이다. 그때 가가와는 『벽 소리를 들을

가와사키 조선소의 노동쟁의 희생자 장례식 ⓒ賀川記念館

때』(壁の声きく時)라는 소설을 구상하고 있었다. 그는 옥중에서도 파업 현장을 드라마틱하게 묘사하는 글을 쓰고 있었다.

"무더운 7월의 어느 날 저녁, 나는 결국 잡혀 포박된 몸이 되었다. 사도 바울은 감옥 속의 한밤중에 찬미가를 고창(高唱)했다. 하지만 70여 회의 연설로 인해 목소리가 완전히 쉬어 버린 나로서는 찬미가를 부르고 싶어도 낼 수 있는 소리가 없었다. 그래도 나의 귓전에 남아 맴도는 수만 노동자가 시위 행렬로 걸어가던 발걸음 소리와 외침 소리, 그리고 체포된 날 아침, 고베 거리의 모든 교통을 멈추며 격동한 1만 수천 명의 함성 소리(吶喊)와 홍(鬨) 소리를 듣는다. 나는 저와 같은 엄숙한 찬미가를 들어본 적이 없었다. 나는 실로 선한 날에 다시 태어났다. 나는 육성(肉声)과 뼈마디 마디가 전율하는 교향악 소리를 들었다.

그뿐인가? 나의 눈앞에 조금씩 날리는 것은 이쿠타(生田)의 숲에서 몰려나온 작업복과 카키색 노동자가 쏜살같이 아래에 아래로 달려간다. 실로 장엄한 광경이다. 한 인간이 위대하며, 만 명의 생산자가 해방의 날을 위하여 달리기 시작한 그 광경은 무어라 말할 수 없는 위대한 엄숙함 그 자체였도다. 그날 아침은 실로 맑고 깨끗하였다. 광명의 날이었다. 첫발을 내

딛는 날이었다. 그렇다! 노예의 나라에서 자유의 나라로, 압제의 나라에서 해방의 나라로, 암흑의 나라에서 광명의 나라로 새롭게 달려 나가기 시작한 날이었다."[56]

또한 그는 감옥에서 느낀 것들을 장문의 시로 묘사하였는데, 현실주의, 비아냥, 분노, 희망, 거기에다 종교적 황홀까지 여러 감정이 묘하게 섞여 있었다. 그 시의 일부를 보자.

"한밤중… 시계 종소리가 1시를 치고 2시를 친다. 눈을 뜬 채 도무지 잠들 수 없는 나는 옥사(獄舍)의 해수(害獸, 해로운 짐승)를 쫓는다. 옥사에 몰고 온 한바탕 소동! 무슨 일인가 하는 큰 기대감. 옆방에서 들려오는 그 어떤 경쾌함…"[57]

부인 하루는 감옥에 붙잡혀 간 조합의 지도자들에게 신약성서를 은밀히 반입하려고 했다. 이 사실을 뒤늦게 알게 된 가가와는 그녀의 용기 있는 행위를 높게 칭찬하며 시를 써서 바쳤다.

조합이 보여준 독창적인 활동은 신사 순회를 통한 기발한 시위 진행 방식만이 아니었다. 가가와가 수감되어 있는 동안, 20년 뒤에 일본을 산산조각 내는 미군 폭격기의 선구라고도 볼 수 있는 기발한 사건이 일어났다. 어시장 관련자로 파업 지지자의 한 사람이었던 도쿠나가 우시마츠(德永丑松)가 조합 본부의 부탁을 받고, 미국인 비행사가 조종하는 비행기에 올라 타 고베 상공을 날며 파업의 정당성을 선전하는 전단지(bill)를 떨어뜨리는 행동을 하려고 했다. 그런데 그들은 고베 동남쪽의 나루오(鳴尾)에서 비행기가 추락해 사망하고 말았다.

또 하나의 뜻하지 않은 사고가 발생했다. 가와사키 공장 출신의 노동자 츠네미네 준이치(常峰俊一)가 7월 29일 경찰로부터 부상을 입은 뒤 결국 사망한 것이다. 수천 명의 사람들이 그의 집을 시작으로 장례 행렬을 꾸려 가두 행진을 진행했다. 맨 앞을 이끈 것은 조합의 깃발을 든 조합원들과 사망자에게 바치는 전통적인 붓순나무(樒) 가지를 내건 사람들이었다. 지지자는 물론 호기심 많은 구경꾼들이 길게 늘어서서 걸어가는 동안, 어느새 장례 행렬은 가스가노(春日野) 묘지로 향해 갔다.

다른 도시로부터 파견 나와 있던 기자들은, 특히 가가와를 체포해 투옥한 것에 대해 강도 높게 비판했다. 비폭력적 변혁의 창도자를 형무소에 집어넣은 그러한 방침은 일본 국내 노동자와 자본가 사이에 만연해 있는 위기들을 더욱 악화시킬 뿐이라고 생각했기 때문이다. 가가와를 순교자로 만들면 고베 지역보다도 더 큰 충돌, 혹은 대규모 혁명이 일어나는 계기가 될 수 있다고 그들은 경고했다. 어느 평론가는 가가와의 투옥과 그 해방이 프랑스 혁명의 시작이 된 바스티유(Bastille) 감옥에 있던 죄수들과도 많은 점에서 유사하다고 지적했다. 그때 발행된 〈저팬 위클리 크로니클〉(*Japan Weekly Chronicle*) 신문의 평론(1921.8.11) 내용을 보자.

> "저명한 그리스도교 사회주의자였던 가가와는 지금 감옥에 결박되어 있다. 폭력적 투쟁을 시위 수단으로 행사하지 말 것을 늘 강조해 온 가가와가 단지 평화주의자라는 이유만으로 그러한 구속을 당했다. 이번 체포 구금은 정부 당국에 대한 대중의 동정을 뒤집어엎는 것 이외에 어떤 소득도 없을 것이다. 그도 그런 것이, 가가와는 대중 사이에 인기가 높으며 큰 경애를 받고 있다. 그 이유 중 하나는, 성실한 그리스도교 목회자인 가가와가 가난한 사람들을 향해 온 삶을 바쳐 살아가는 높은 윤리성을 보여주고 있기 때문이다. 또 하나의 이유는, 수많은 저작 활동을 통해 교육받은 사람들에게, 교육을 제대로 못 받은 이들이 어떻게 살고 있는지를 말함으로써, 결국 그들의 힘겨운 생활과 노동이 갖는 참 의미를 깨우치는 고도의 이상을 실현하고 있기 때문이다."[58]

가가와에 대한 경찰 당국의 가혹한 처사로 인해, 대중 가운데 분노가 일어났을지도 모르지만, 그들 보통 사람들은 그 분노를 제대로 표명할 수단조차 없었다. 군부가 무기를 독점하고 있었으며, 상류층이 표(선거권)를 독점하

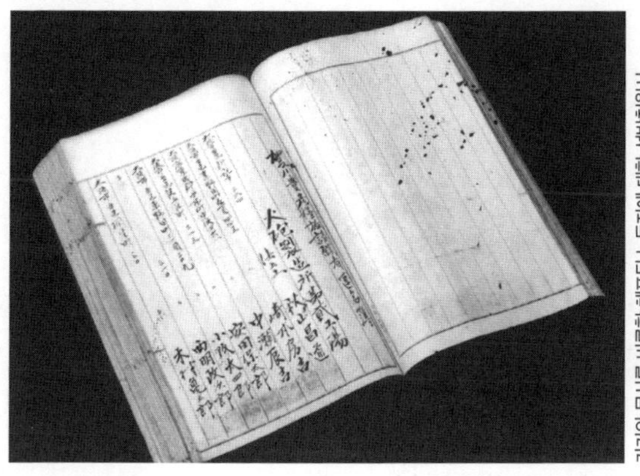

가가와 목사를 비롯한 체포된 노동자에 대한 석방청원서
©賀川記念館

고 있었다. 조합 지도부에 대한 체포뿐만이 아니라, 경찰의 잔혹함, 몇몇 노동자의 사망, 수많은 상해와 부상, 일반 대중의 초조함, 거기에다 파업 참가자가 충분히 생활 자금을 확보할 수 없다는 고통까지 겹쳐서, 결국 8월 8일에 파업 참가자들은 일제히 국가권력과 기업 앞에 항복하여 일터로 돌아갔다. 가가와는 이틀 후에 증거 불충분으로 석방되었지만, 석방되기 전에 조합 신문에 쓴 도발적 기사로 인해 벌금을 물어야만 했다. 가가와가 출소하는 날, 아내 하루와 조합 깃발을 내건 500여 명의 노동자 그룹은 형무소 정문 앞에서 그를 맞이했다. 그들과 마주한 가가와는 가까운 사찰의 마당으로 이동한 뒤, 환호하는 수많은 청중들 앞에서 짧은 연설을 하였다. 파업이 결국 실패로 돌아간 것은 인정하면서도, 노동자들에게 지금은 절망할 때가 아니라는 사실을 강조했다. 가가와와 하루는 고베 신카와의 집까지 자동차로 이동해 도착하였다.

가가와는 감옥에서 휴식 시간이 되면 동료에게 농담을 건네고 격려의 말을 전하기도 했지만, 한편으론 노동 투쟁이 그에게서 무엇인가를 앗아간 것처럼 보였다. 가가와를 향해 개인적으로 공격하고 상처를 입힌 것은 사실 폭력적이고 전투적 노선을 견지한 노동자들이었다. 그들은 파업이 최종적으로 실패한 이유는 모두 가가와가 주창한 비폭력적 방법 때문이라며 가가와를 비난했다. 가가와는 폭력적 운동은 자신에게 맞지 않는다는 사실을 어쩔 수 없는 운명이라고 받아들였던 것 같다. 가가와는 자기 연민에 사로잡힌 듯, 건축자들이 버린 그 돌이 모퉁이의 머릿돌(隅石)이 되듯(벧전 2:7) 자신의 역할도 그와 같다고 보았다.

> "메시아 운동이 확대되었을 때, 대중은 매일의 양식을 제공해 주는 구세주(메시아)를 요구한다. 하지만 그들이 옛날 예수를 버렸을 때처럼, 그들은 지금 나의 비폭력 저항이론, 점진주의, 인류애에 대해서 진저리를 내고 있다."[59)]

가가와는 출소 이후부터 노동운동과의 관계를 줄여가기 시작했다. 하지만 결코 그 관계를 끊은 것도 아니었다. 1922년 5월에 그는 『노동자신문』의 편집장 일도 안도 쿠니마츠(安藤国松)에게 넘겼다. 그해 말부터 가가와는 오사카 노동학교[60)]의 설립을 위한 활동 자금 마련과 조직화 및 교직원 모집 등으로 바쁘게 보냈다. 이 학교의 졸업생 가운데는 노동운동·사회주의운동에 있어서 큰 족적을 남기게 되는 니시오 스에히로(西尾末広)나 스기야마 모토지로(杉山元治郎) 등을 꼽을 수 있다.[61)]

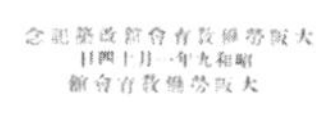

오사카 노동학교(좌)와 강사진(우) ©賀川記念館

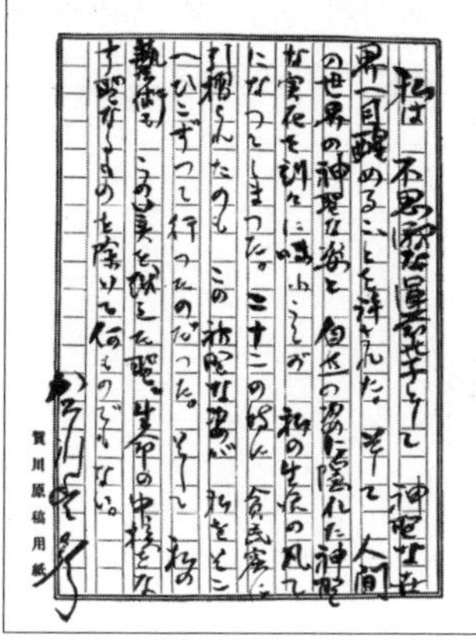

소설 『사선을 넘어서』 서문의 자필 원고(좌)와 인쇄본(우)
ⓒ賀川記念館

가가와의 생애 가운데 이 시기가 특별히 놀라운 점은 봉사를 향한 가가와의 헌신적 모습이 그 이전과 조금도 달라지지 않았다는 사실이다. 그가 쓴 대표적 소설 『사선을 넘어서』(死線を越えて)는 1920년 10월에 출판된 이래 베스트셀러가 되어 가가와에게는 막대한 인세 수입이 전달되었다. 그가 옥중에 수감돼 있는 동안에도 속편이 출판되어, 사람들은 더더욱 그 책의 구매에 열을 올렸다. 그 책에서 얻은 수입 전액은 그가 전개하던 빈민 활동을 위해 사용되었다. 수년간 이 소설로 벌었던 10만 엔 가운데 5만 엔이 노동자 파업 활동과 파업 지원 기금에 사용되었고, 5,000엔이 노동학교에 투입되었으며, 1만 엔이 소비자협동조합에, 1만 엔이 또 다른 사회개발사업에, 그리고 5,000엔이 광산노동자조합의 설립과 조직화에 사용되었다. 마지막 남은 나머지 2만 엔은 그가 향후 달성 목표로 삼고 있던 '일본농민조합'의 설립 지원을 위해 사용되었다.[62]

농촌에서 자라났으며, 농촌에서의 삶이 안고 있는 직접적 딜레마를 누구보다 잘 알고 있던 가가와는 농촌의 갱생에 주목하고 있었다. 그는 실제적 측면에서 도시의 노동운동과 관계를 조금 줄여 나갔지만, 노동운동의 미래에 결코 희망을 버린 것은 아니었다. 노동자는 궁극적으로 폭력의 수단화를 거부해야 하며, 반드시 입법을 통한 의회주의적 변혁을 기획해야 한다고 믿었다. 그의 이러한 장기적 전략은 도시의 노동자와 농촌의 농민들이 공동 전선을 형성하여 상호 발전하는 시스템을 만들고자 하는 시도였다.

제6장

농민과 피차별 부락민 곁을 지키며

제6장

농민과 피차별 부락민 곁을 지키며

농촌 살리기는 곧 도시 살리기

1920년대 초, 도시지역에서 노동자가 투쟁적으로 변화하고 있던 것과 마찬가지로 일본의 농촌지역에서도 어두운 기운이 확산되고 있었다. 노동자가 자신들의 힘을 자각하기 시작한 것처럼 농민들, 특히 궁핍한 소작인들은 몇 세기에 걸친 오랜 지주로부터의 착취에 대해서 반기를 들고 그 틀을 바꾸려 하기 시작했다. 가부장적인 가치 기준이 그것을 정당화 해오고 있었지만 그에 대해 비로소 의문을 품게 되었던 것이다. 일본에서의 농민 봉기는 그리 새로운 것은 아니었다. 몇 세기에 걸쳐, 특히 도쿠가와(德川) 막부 시대 말기에는 각지에서 종종 일어나고 있었기 때문이다.

1870년대부터 80년대에 걸쳐, 농민들의 항거운동은 보다 구체적인 활동으로 진화하고 있었다. 정부의 징세 정책은 농촌 지역에 특히 무거운 부담을 안겨 주었다. 과거의 농민은 '저항의 모델'이 제대로 없었다. 기본적 인권에 대한 그들의 생각은 부족했으며, 대부분 농민들은 무학자(無學者)들이었다. 도시

노동자 계층의 대두, 농촌 사회를 보다 큰 세계로 떠미는 데 기여한 징병 제도, 그리고 의무 교육을 통해 폭넓게 확산된 '읽고 쓰는 능력'의 함양에 의해서 결국 낡은 질서는 동요하기 시작했다. 무엇보다도 농촌이 도시의 생활수준과 갈수록 격차를 벌여간 것이 농민저항의 강력한 발단이 되었다.

일본 농촌 지역의 빈곤은 오늘날의 후진국이나 개발도상국의 양상을 나타내고 있었다. 질병, 기근, 해결되지 않는 항구적인 부채, 소작의 굴레 등은 일본 농민들에게 공통적인 숙명이었다. 가가와는 일본 사회의 변혁을 바라고 있었기 때문에 이미 1918년에 농촌 지역의 문제에 주목했다고 말해도 과언이 아니다. 1919년 1월, 꼼꼼하게 조사를 실시하여 논문을 발표했는데, 그 글에서 가가와는 자신도 몸담고 있던 도시의 비참한 슬럼(slum)을 제외하면, 농촌의 생활수준이 가장 낮다는 점을 이미 지적하고 있다. 영아(嬰兒) 사망률도 도시에 비해 1,000명당 16-29명이나 높았음을 지적했다. 오카야마현(岡山県)의 어떤 피차별 부락(部落)에서는 영아 사망률이 1,000명당 224명이었다. 그는 농촌 여성들의 비참한 삶을 방치하는 것에 대해서도 강하게 비판하였고, 효고현(兵庫県)의 범죄 발생률은 전국 평균의 5배에 달한다고 지적했다. 전염병 발생률도 농촌은 도시의 세 배 수준이었다.[1)]

가가와는 농촌에서 자랐기 때문에 그들의 고민을 개인적으로 직접 보며 살아 왔다. 그래서 가가와는 다음과 같이 말했다.

> "나는 도쿠시마현(徳島県)의 농촌에서 자랐으며, 농촌이 날마다 파괴되어 가는 모습을 보며 슬퍼했지만, 그 슬픔은 지금도 지속되고 있다. 도대체 이 수렁 속에서 일본의 농민들을 구해낼 수 있는 건 언제쯤일까?"[2)]

식량(음식)을 생산하는 그 본인들(농민들)이 굶주리고 있었다. 늘어나기만 하는 부채와 소작료, 저당 잡힌 물건의 차압과 상실 등으로 인해, 쌀을 생산하는 농민들이 지주에게 소작료를 지불한 후에 남는 것이라곤 아무것도 없었다. 결국 다시 빚을 내어 쌀을 사지 않으면 안 되는 잔혹한 딜레마를 초래한 것이다. 1918년의 '쌀 소동'은 이러한 불합리한 상황을 극적으로 드러낸

쌀 소동으로 인해 1918년 8월 11일에 불탄 고베의 스즈키상점(鈴木商店) 본사(좌)와 13일에 전소된 오카야마정미회사(岡山精米会社)의 모습(우)

것이라 말할 수 있다.[3]

농가(農家)의 수입은 기업 샐러리맨들의 약 70%인 도시 노동자와는 거의 같은 수준이었지만, 대가족이 많았기 때문에 1인당 수입으로 환산하면 훨씬 적은 액수가 되고 말았다. 과거 반세기 동안 수백만의 소지주(小地主)는 빚을 갚기 위해 토지 매각을 피할 수 없었고 소작인(小作人)으로 전락해 갔다. 불과 1헥타르의 작은 토지를 경작하고 있던 전형적인 소작인은 쌀 수확의 50-60%를 소작료로 지주에게 지불해야만 했다. 필요 경비를 지불한 후에는 수확으로부터 얻을 수 있는 수입이 1개월에 약 20엔밖에 없었다. 논과 밭에서 연일 뼈가 부서지듯 힘겹게 노동한 것의 대가치고는 너무나 참혹했다.[4] 이러한 상황의 비참함과 농민이 분노하는 이유에 대해서는 일본에서 처음으로 '소작인조합'을 창립했던 사람 가운데 한 명인 요코타 히데오(横田英夫)가 열정적으로 기술하고 있다.

> "기탄없이 평가해 볼 때, 현재 '농민의 삶'은 '인간의 생활'이라고 말할 수 없다. 오히려 '동물의 생활'이라고 말하는 게 적합할 것이다. 적어도 도시인의 중류 생활을 인간의 표준이라고 하면, 농민의 생활은 바야흐로 반

인반수(半人半獸)적인 생활이 되어 버렸다. 형편없는 집에 살고, 씻지도 않아 누더기 같은 옷을 입고, 차갑고 오래된 거적(筵) 위에서 자고, 도시 사람이 버린 것이나 진배없는 음식들을 먹으면서 궁핍한 생활에 시달리고 있다. 이처럼 심신 모두가 지칠 대로 지쳐 있는 농민들의 생활이 얼마나 많을지는 쉽게 상상할 수 있지 않겠는가. (중략) 그러한 '농촌론'(農村論)의 출발점은 '쌀을 짓는 농민들조차 먹을 쌀이 없다'라는 한 마디 말일 것이다."[5]

도시와 대립하는 단순한 감정만이 아니라 농민들이 분개하는 이유는 또 있었다. 그것은 농촌 사회를 그나마 돌보고 지켜준다는 가부장적 사고조차 갖고 있지 않는, 이른바 '부재지주'(不在地主), 즉 농업활동과는 무관하고 단지 소작농들 쥐어짜기만 할 뿐인 지주에 대한 분개가 더욱 높아지고 있었다. 많은 수의 지주들은 자신도 4-5헥타르 이하의 토지를 소유하여 소작농민과 함께 경작 활동을 하던 농민이었지만, 약 20%는 농업에 종사하지 않는 '부재지주'였다.[6] 소작농민의 노동이라는 값진 희생 위에 윤택한 생활을 하면서 술, 여자, 고급의류, 문화생활을 향유하고 있던 사람들에 대한 불만은 날이 갈수록 증폭되어 갔는데, 그러한 불만을 촉발시키기 위해 굳이 사회주의 사상이 필요하지도 않았을 만큼 당시 농민들의 분노는 치솟아 있었다.

소작인이 경작하고 있던 토지의 차용 계약을 갱신하는 것과 관련하여 어떤 법률적 보증도 없다고 하는 것도 문제를 더욱 악화시키는 요인이 되었다. 사실 다수의 농가가 길바닥에 내몰림을 당하고 있었고, 이러한 어두운 그림자들은 자연스럽게 많은 소작인들을 결집시켰고, 결국 소작인조합(小作人組合)이 결성되었다. 1917년에는 173개의 소작인조합이 조직되었고,[7] 소작인들에 의한 85개 대지주쟁의(對地主爭議)가 발생했다. 가가와가 1921년에 '일본농민조합'을 설립했을 때에는 681개의 '소작인조합'과 1,680번의 쟁의가 발생하는 데까지 이르렀다.[8]

일본 최초의 농민조합 결성

가가와는 이 새로운 조직에서 자신의 역할을 재정적 원조자, 선전자 또는 촉매자라고만 간주하여, 마지막까지도 직접 관리하려는 생각을 갖지 않았다. 농민운동의 리더십을 지식인에게 의탁하는 것은 건전하지 않다고 그는 믿고 있었다. 농민이 외부의 도움을 빌리지 않고 그들 자신의 투쟁을 주체적으로 추진하기를 바라고 있었다. 농민조합(farm union)의 결성에 종사한 지 1년도 되지 않은 상황에서 가가와는 더 이상 관여하지 않겠다고 선언했다.[9] 동시에 그는 전국농민조합(훗날 일본농협, JA)의 꿈을 실현시킬 수 있는 최고의 적임자를 발굴하기 위해 애썼다. 그 결과 농업을 전문적으로 배운 경험이 있던 목사, 스기야마 모토지로를 찾아냈다. 스기야마 목사의 농업 개혁 구상들은 모두가 일본 동북지방의 후쿠시마현(福島県) 오다카초(小高町)의 농촌 마을에 그 기반을 두고 있었다.

가가와가 도시에서 주로 활동해 왔듯이, 스기야마는 농업기술의 향상을 비롯해 소작농 활동에 이르기까지 모든 농촌 관련 업무를 담당했다. 특히

고베 YMCA에서 일본농민조합 창립대회를 마치고(앞줄 맨 오른쪽이 가가와, 1922)
ⓒ賀川記念館

가가와와 함께 농민복음학교를 전국에 설립한 스기야마 모토지로의 집 앞에서. 맨 앞 오른쪽에서 두 번째 앉은 인물이 스기야마, 그 뒤에 가가와가 서 있다 ©賀川記念館

스기마야는 소작 농민들을 지원하기 위해 폭넓은 시도를 해온 그리스도교 목사였다. (그는 매우 다재다능하였는데 농민들을 돌보기 위해서 일부러 치의학 공부까지 한 치과 의사이기도 했다.) 그는 생산성이 안 좋은 벼논을 과수원이나 건지(乾地)로 바꾸어 농업 개량을 시도하고, 내대적으로 알려진 소작 쟁의를 지도한 주인공이었다.[10] 이후 스기야마는 7회에 걸쳐 중의원에 당선되었으며, 1955년에는 중의원 부의장까지 되어 의회에서 농민들의 입장을 대변하였다.[11] 또한 그는 가가와의 신도 조직인 '예수의 벗 모임'의 지도자로 일하면서 훗날 조직되는 '일본농민조합'(현 일본농협, JA)의 초대 조합장으로 취임하였다.

그런데 가가와의 농민운동 동료인 무라시마 요리유키(村島帰之)는 오사카 마이니치신문에 조합 결성의 계획에 대해 소개한 '일본농민조합 열린다'라는 제목의 기사를 발표했다. 그러한 움직임에 찬동하는 사람이 대거 출현하면서 반향을 일으키자, 가가와는 전국에 흩어져 있던 농민조합 관계자들을 고베로 불러들여 토론회를 개최키로 했다. 이윽고 1921년 10월, 60개 그룹이 그의 예수단 본부에 가득 모였으며, 새로운 농민운동을 위한 기초 다지기 작업을 펼쳐 갔다. 그리하여 다음 해(1922) 2월에는 농민조합의 기관지인

「토지와 자유」(土地と自由)가 창간되었다.

1922년 4월 9일, 가가와는 신축된 고베YMCA의 건물에 150명의 대표자를 소집하여 집회를 가졌고, 이때 일본 최초의 역사적인 '일본농민조합'(JA)의 결성을 선언했다. 그는 일본농민조합의 '강령·선언·주장'을 모두 썼는데, 그 내용은 가난한 이들을 향한 연민과 정의 없는 사회를 향한 정의감, 그리고 도시노동운동을 위해 집필했던 강연이나 저작을 관통하는 희망의 목소리를 한데 담아낸 것이다. 그가 쓴 '강령·선언·주장'에는 교육의 실제적인 계획이나 농촌 지역을 부흥시키는 기술적 진보와 도덕적 진보를 명확히 명시하고 있다. 강령을 통해 제시한 21개의 구체적 목표 중 일부 항목을 소개하면 다음과 같았다. 경지(耕地)의 사회화, 날품팔이 농업노동자들의 최저임금 보장, 소작입법의 확립, 농업쟁의 중재법의 실시, 소작인의 생활안정, 농업보습교육 실시, 농민학교의 보급, 농촌 산업조합에 대한 지원, 농촌금융기관의 확립, 농민주택의 개선, 농촌위생의 개선, 농업보험 실시, 농촌부인의 지위 향상, 농민예술의 발전, 농민의 과학적 지식의 육성, 농민생활의 즐거움 추진 등이다. 이 말고도 가가와는 결사의 자유와 투표권이 소작인의 권리를 획득하는 데 불가결하다는 점을 확신했으므로, 억압적인 치안 경찰법의 개정과 보통 선거의 확립 등을 재차 요구하였다.[12)]

아이치현 우와지마(宇和島) 농민조합 결성 회합에 참석한 가가와 ©賀川記念館

스기야마 모토지로는 새로운 조합의 이사장으로 피선되었고, 가가와는 조직화를 위해서 전국을 종단하는 강연 여행과 2만 엔의 재정 지원을 했다. 조합의 지도층에는 비교적 많은 수의 그리스도인이 있었다. 그러므로 가가와나 다른 지도자 등은 공적(公的)으로는 종교에 대한 논의를 하지 않도록 조심해야만 했다. 많은 농민들 사이에서는 이 조합이 그리스도교 포교를 위한 최전선 그룹이라는 의혹이 일고 있었다. 하지만 대부분의 농민들은 이데올로기보다는 행동(실천)을 통해 판단하려고 하였다. 처음 결성된 이 조직의 차기 모임이 고베에서 개최된 1923년 2월까지 그들은 이미 수 만 명의 회원을 가입시켰고 100개 넘는 지부를 형성시키는 등, 급속한 발전을 거듭해 갔다.

가가와가 농민조합 조직화를 위한 강연 여행에 나섰을 때에는 1,000명 이상의 농민이 모여들었다. 어떤 사람들은 12km나 걸어왔는데, 그 소식을 접한 가가와는 큰 힘을 얻었다. 조합 지도자들이 경찰에 의해 자주 구속되어 '구류', '투옥'되는 끊임없는 공권력의 위협 속에서도 그들은 먼 길을 걸어 가가와 목사의 강연을 들으러 온 것이다. 1922년 가을에 가가와는 늑막염 발병으로 인해 몸이 더욱 쇠약해져 반드시 휴식을 취해야만 했다. 하지만 가가와는 무리한 강연 여행 속에서도 농민조합 기관지 「토지와 자유」(土地と自由)에 계속해서 논문을 투고하여 농민들의 궁핍함을 알렸고, 그들의 비참한 상태를 개선하기 위한 여러 제안들을 발표하고 호소했다.

이처럼 가가와는 조직적인 활동가임과 동시에 그리스도교 목사이기도 했다. 그의 전 생애는 한시도 쉴 틈이 없는 바쁜 삶이었지만, 언제나 초조함이나 예민함 없이 늘 타인을 위해 시간을 예비해 두는 여유를 지니고 있었다는 점은 많은 사람들을 경탄케 한다. 이것은 가가와가 말 그대로 '복음'을 몸소 살아가고자 했으며, 가장 단순하면서도 가장 세속적인 일까지도 늘 친절하게 대했다는 점에서 잘 드러난다. 아이즈(会津) 지방 출신의 농부, 고바야시 켄(小林謙)은 가가와의 베스트셀러 『사선을 넘어서』에 큰 감명을 받았으며, 그뿐 아니라 일본농민조합 제1회 대회에 참석하기 위해 고베를 방문했을 때 가가와의 조직 활동을 보고 또다시 깊은 영향을 받았다. 이때 목격한 가가와의 친절은 고바야시의 마음속에 지우기 어려울 정도로 깊이 새겨졌다. 그래서 고바야시는 간단하게 그때의 감정을 다음과 같이 적고 있다.

"나는 빈민굴에 계신 가가와 선생님의 집을 방문했다. 그는 나를 환영해 주었고, 저녁에는 목욕탕에 데려가 주셨다. 바닥에 앉아 몸을 씻고 있는데, 누군가가 타월(towel)로 등을 밀어 주는 것을 느꼈다. 뒤를 돌아보니 그것은, 가가와 선생님이었다."[13)]

이 농부는 제자의 발을 씻던 예수 그리스도의 모습을 가가와를 통해 느끼고 있었는지도 모른다.

"고향 마을로 돌아간 뒤, 자신을 낮춘 가가와 목사의 이러한 태도의 바탕에는 그리스도교의 성서(聖書)가 있음을 나는 깨달았다. 그래서 성서를 공부하기 시작했으며, 이것이 내가 그리스도인이 된 동기였다."[14)]

가가와는 조직 형성 작업과 강연 및 저술 활동을 계속해 갔다. 이처럼 광범위하면서도 열정적인 활동과 성과는 사람들을 놀라게 했다. 1922년 4월에 일본농민조합은 정식으로 발족했지만, 그것은 가가와가 대만의 전도 여행에서 돌아온 지 불과 1개월 후의 일이었다. 1895년의 청일전쟁에서 일본이 승리한 결과, 2년 뒤(1897)에 일본령(日本領)으로 복속돼 들어온 대만에서 그는 무려 50회의 강연을 실시하였다.

'노동학교'와 '농민복음학교'의 개교

이 기간 중에 그는 또 다른 일도 진행했다. 오사카에서 노동학교 설립을 위해 노력해 오던 중 1922년 6월에 드디어 개교하여, 이 학교는 성공리에 운영되어 갔다. 교사진은 가가와 도요히코, 신묘 마사미치(新明正道), 마츠자와 가네히토(松澤兼人), 다카야마 기조우(高山義三), 무라시마 기스케(村島帰之) 등이었다. 한편 가가와는 전년도 여름에 조선소 쟁의(strike)로 기소된 재판에서 55명의 시위 노동자를 위해서 증언을 했다.[15)]

이때 가가와는 데모 시에 일어난 폭력 행위를 선동했다는 점에 대해서는 고발되지 않았지만, 데모 금지 명령이 발포된 후에도 집단적으로 신사를 방문하였을 때 그가 담당했던 역할에 대해 엄하게 심문을 받았다. 그는 신사 방문이 자신의 생각이지만, 참례(參禮)는 합법적이라는 이유를 들어 반론하며 맞섰다. 신사참배는 불법적인 데모가 아니고, 데모와는 분명하게 다른 '정신적인 애국 행위'라고 주장했다.

그는 신사에서 이루어진 집회도 비폭력적이었다고 지적했다. 만약 신사 방문이 불법적인 데모였다면 경찰은 즉시 해산을 명해야 했지만 현장의 경찰들은 그러지 못했다며 심문하는 검사의 허를 찌르는 일격을 가했다.[16)] 재판에 출석한 55명의 시위 참가 노동자들 가운데 26명이 징역 8개월부터 2년의 판결을 받았고 나머지는 벌금 혹은 6개월 이하의 형이었다.[17)] 가장 긴 판결을 받은 사람들은 이후 보석금으로 석방되었다.[18)]

가가와의 '신사 집회'라는 의외의 전략은 관헌을 상대로 한 미묘한 '다람쥐 쳇바퀴 돌기'와 같은 하나의 사례다. 하지만 정부는 수년 안에 민주주의를 향한 그의 꿈을 짓밟았을 뿐 아니라 1930년대에는 만주국과 중국 사이에 전쟁을 일으켜 일본도 참전시켰으며, 마침내는 제2차 세계대전에 돌입해 갔던 것이다. 그는 대만에서의 강연 활동이 허용되고 있었지만, '사회 문제'에 대해 언급하는 것은 엄격하게 금지되고 있었다.

그 당시 – 물론 오늘날조차도 – 가가와는 몽상가 혹은 공상가라는 비난을 받고 있었다. 하지만 농업 현장의 사정에 대한 그의 대처 방법은 매우 실제적이었으며, 그 결과에 순응하는 것이었다. 그는 일본농민조합에서는 협력자로서 매우 유능한 사람들을 발굴하고 선택하여 점차 권한을 위임해 갔다. 봉건적 전통 질서나 경찰의 협박과 공포, 지주의 반대 등과 싸우지 않으면 안 되었음에도 불구하고 농민조합은 급속히 회원을 늘려나갔다. 수개 월 동안 전국에 3만여 명의 회원과 29지부를 확보하기에 이르렀다.[19)]

1926년에 쌀 소동의 중심지였던 오카야마에 설립한 농민조합연합회 ⓒ賀川記念館

2,000헥타르에 달하는 오카야마의 후지타 농장(藤田農場)에서의 대형 소작 쟁의를 스기야마 목사가 지도한 것은 세상이 농민조합을 주목하도록 이끌었다. 1926년까지 회원 수는 적어도 6만 8천 명에 이르렀다.[20)] 어느 지역에서는 농민조합이 소작료를 30%까지 줄이는 교섭에 성공하여 다른 소작료의 가격 인상을 막기도 했다. 가가와는 자주 교섭을 위해 농촌에 달려갔지만, 오카야마의 소작인들이 지주의 쌀 창고를 파괴하여 절취했다는 혐의로 체포된 경우가 있었다. 소작인들이 이 같은 행동까지 취할 수밖에 없었던 것은 기아(飢餓)에 직면해 있었기 때문이며, 지주가 소작료를 인하하겠다고 한 약속을 갑자기 깼기 때문이었다. 가가와는 그리스도교적 사회 정의의 이념을 강조하고 있었지만, 그의 농민조합은 이데올로기 이상의 것을 농민들에게 주었다.

농민들은 매우 구체적인 강의 프로그램이나 (생활이나 노동 조건의 사실을 모은 조사 연구 부문을 포함한) 농민학교에 호감을 보이며 관심을 가졌다. 오늘날 교육을 받는다는 것은 지극히 당연시되고, 오히려 '정보과다'의 시대에 살고 있기 때문에, 그 당시 농업협동조합의 농민학교나 출판물들이 유용한 정보와 차단돼 있던 농민들에게 얼마나 중요했는지가 쉽게 이해되지 않을지도 모른다. 완전한 무지(無知) 속에서 생활하고 있던 농민들에게는 '정보의 기근'이야말로, 1920-30년대에 일본을 덮친 흉작의 고통처럼 사람들을 쇠약하게 만드는 요인이 되었다.

수년에 걸쳐 가가와는 몇 천 명의 농민에게 실용적이면서도 종교적인 훈련을 베풀기 위해 '농민복음학교'(Gospel Schools)라는 이름의 농촌센터를 설립했다. 그는 오사카로부터 160km 떨어진 키난(紀南) 지역, 즉 와카야마현(和歌山県) 남부에 농촌교회 세틀먼트(rural church settlement)를 설립한 마스자키 소노히코(升崎外彦)와 같은 농촌지도자의 활동을 지원했다. 마스자키는 가가와의 이상적인 제자였다. 왜냐하면 그는 농업적 성과가 없는 지역에 발달된 농업기술을 도입해 감으로써 종교적 열정과 실용주의를 한데 묶어냈기 때문이다.

한편 고베와 오사카 사이의 니시노미야시(西宮市)에 있는 가와라기무라(瓦木村)에 1927년 설립된 농민복음학교와 회의 센터는 1931년에 가가와가 농촌 재건을 소재로 하여 발행한 베스트셀러 소설 『한 알의 밀알』의 인세(印稅) 수익으로 훗날 다시 개조되어 크게 확장되었다. 학교 교사(校舍)와 돼지고기 처리 시설을 확보한 또 하나의 주요 농촌센터는 후지산의 장엄한 풍광을 조

농민복음학교에서 청년들을 가르치는 가가와 ⓒ賀川記念館

마스자키가 농촌 청년과 아이들을 지도하는 모습 ©賀川記念館

키난복음학원의 지역 청년들에게 직접 세례 의식을 베푸는 가가와 목사 ©賀川記念館

망할 수 있는 고텐바에 세워졌다. 가가와는 협동조합운동을 제창하였지만, 사실상 그 핵심 내용을 보면 농민들에게 종이나 문구용품을 싸게 제공하여 교육을 시키고, 무료로 법률상담을 실시하였으며, 그 결과 수확을 늘려, 작물이나 목축의 새로운 방식을 도입, 발전시키기 위한 선진 농업기술을 지도하려는 것이었다.[21] (자세한 내용은 제8장 참조)

가가와는 면밀히 조사하고 관찰한 결과, 일본이 너무 미작(米作, 쌀농사)에만 의존하고 있는 게 큰 문제라고 확신했다. 다른 작물의 재배가 더 적절한 지역에서도 무리하게 쌀만 재배하고 있는 것이 문제이므로 농업 작물을 다양화해야 한다고 판단했다. 그는 각과(殼果, 호두 등) 혹은 견과(堅果, 밤, 도토리 등) 수목, 그리고 일반 과실 수목의 장려가 필요하다고 보았고, 더 나아가 그러한 과실들을 사료로 사용한 가축의 사육을 강조하여 일본 영토의 대부분을 차지하는 산악 지대에도 적합한 '영구농법'(永久農法)을 제창했다. 농업 문제에 관해 그가 쓴 책들은 마치 열정적인 미국 농무성의 보좌관이 쓴 것 같은 착각을 불러일으킬 정도의 진취적인 관점으로 가득 차 있다.

또한 그는 환경오염 문제나 제반 환경에 적합한 세분화된 농업 기술의 결여 등, 농업의 발달 과정에서 파생되는 여러 부작용들에 대해서도 주의를 환기시키려 애썼다. 다음 문장에서 분명히 드러나듯이, 그가 토지에 대해 가졌던 경외(敬畏)는 근대 기술을 거부하는 신원시주의(Neo-primitivism)가 아니라 인간은 자연과 조화를 이뤄가면서 일해야 한다는 신념의 표현이었다.

> "어떤 사람은 기계 문명을 저주하고, 우차(牛車)와 중농주의(重農主義)로 복귀해야 한다고 주장한다. 하지만 나는 자본가적 탐욕만 없다면, 기계만큼 인류에게 있어서 축복된 물건은 없다고 생각한다. 그래서 나는 기계를 결코 저주하지 않는다. 나는 기계를 노동력 착취의 도구(수단)로 쓰지 말고, 온 인류의 축복을 위해서 사용한다면, 농촌에도 그것을 응용해 써도 괜찮다고 생각한다. 다만 내가 걱정하고 있는 것은, 기계 문명이 흙을 잊어버리는 것이다. 나는 인류가 대자연을 황폐하게 하여 조류와 곤충이 멸망하고 어류와 수중 동물들의 그림자조차 사라져 버리게 될까봐 그것을 두려워한다. 아마도 인류는, 장래를 충분히 예견하지 않고 분별없게 작물을 짓고 남획하고 있을 것이다. 그 응보(應報)는 반드시 올 것이다. 그리고 그것이 인류 자체의 멸망을 재촉하는 하나의 기인(起因)이 될 것이다. 그러므로 나는 인류를 위해 흙을 보존하고 싶다."[22]

그의 환경론(環境論)은 작물의 현금화(現金化) 과정을 둘러싼 불공정 상황을

니시노미야에 처음 세워진 '농민복음학교'(위)와 고텐바 농민복음학교 다카네학원(高根学園)에서의 농촌실습 모습(아래)
ⓒ賀川記念館

관찰하면서 완성돼 갔다. 농민들은 누에를 기르면서 도시의 시장에 내다 파는 환금작물(換金作物)을 생산하고 있었지만, 다른 한편 그들은 매일같이 삼시 세끼 식사에 곤란을 겪고 있었다.[23] {최근에 들어서야 프랜시스 무어 라페(Frances Moore Lappé)와 같은 학자의 활동이나 식량발전기구의 정책이 등장하면서 폭넓게 이 문제에 대한 주의가 환기되었다.}

정부 지정 위험인물

농촌을 위한 가가와의 장기적 계획은 분명히 사회주의적(社會主義的, socialist)이다. '그리스도교'와 '사회주의'가 맞지 않는다고, 심지어는 상반되는 것이라고 인식되어 온 미국에서는 '그리스도교 사회주의자'라는 말을 듣고 많은 분들이 기묘하게 느낄지도 모르겠다. 하지만 일본 농민의 경제적 궁핍을 정치적 차원에서도 해결해 주고자 한 가가와, 그를 움직인 것은 바로 '그리스도교 윤리'(Christian ethics)였다. 가가와는 소작법(小作法)과 지대경감(地代輕減)을 비롯하여 대출금, 농기구, 시장 등, 근대 농업 발달에 의한 모든 편의를 농민들에게 제공하고자 애썼다. 이러한 농업에 있어서의 경제적 발전 구상과 개혁 방안들은 상당수가 가가와에 의해 처음으로 제창되었다. 농업협동조합(JA)은 농촌 지역에서 이러한 목표를 효율적으로 달성하기 위한 중요한 수단이었다.

가가와의 최종 목표는 농업협동조합 조직의 기본강령에 쓴 요구 가운데 하나인 '농지의 사회주의화'(社會主義化)였다.[24] 가가와에게 있어서 '사회주의화'라는 것은 직접 일하는 사람들에 의해서 토지가 소유되고 관리됨을 의미하는 것이었다. 그것은 지역 계획 그룹과 농업 경제에 질서를 가져오는 '협동조합'이 협력하여 이뤄내는 것이다. 최종 목적은 변혁을 통한 대규모 토지 개혁이다. 하지만 그것을 달성하기 위한 방법은 정치적 상황을 기초로 하면서 서서히 진행되어야만 한다고 보았다. 계획의 초기 단계에서도 가가와는 '사회주의화'라는 말의 의미를 의도적으로 애매하게 표현하고 있었기 때문이다.

농지의 '사회주의화'가 무엇을 의미하는지에 대한 질문에 대해 가가와는 다음과 같이 대답하였다.

> " '사회주의화'(社會主義化)는 공장 노동자들 사이에서 자주 사용되는 용어입니다. 여기서 말하는 사회주의화는 '농민의 생활 향상'을 의미합니다. 따

라서 인내해가면서 수년 동안 기다리지 않으면 실현되지 않을 것입니다. 질문자는 분명히 이 대답에 만족할 거라고 생각합니다.”[25]

그가 줄곧 경험해 온 억압을 생각하고, 당시 국회에서 심의 중에 있던 법률을 고려할 때 가가와가 신중하게 대답할 수밖에 없었던 점은 충분히 이해된다. 이 질문을 받은 때는 귀족원이 '위험사상'에 대한 억압을 강화하는 법률을 제출한 직후였기 때문이다.

정부 당국이 두려워한 또 한 사람의 저명한 위험인물은, 가가와도 만난 적이 있는 산아조절(産兒調節)운동의 제창자 마거릿 생어(Margaret Sanger) 여사였다. 우선 그녀는 일본에 입국하는 비자가 거부되었다. 그러나 자유여성운동가였던 이시모토 시즈에(石本シヅエ) 남작부인{훗날 가토 간주(加藤勘十)와 결혼하여 가토 시즈에로 개명함}의 초대를 통해 긴급 과제였던 일본의 인구문제에 대해 강연하게 되어 있었다. 하지만 산아조절에 대해 공식석상에서 언급하지 않는다는 조건으로 입국이 허가되었던 상태였기 때문에 운신의 폭은 좁았다. 그녀는 진보적 인사들이나 노동단체로부터 열광적인 환영을 받았다. 그다음 달에는 그녀의 강연활동과 상관없이 수많은 잡지가 산아조절에 대한 기사를 게재했다.[26] (미국에서 생어와 그녀의 지지자 등이 그 신념을 실천하기 위해 당국의 억압으로 투옥되었던 것을 결코 잊어서는 안 된다.)

시가현 오미하치만 농민복음학교에서 가르치는 가가와 ⓒ賀川記念館

마거릿 생어 여사

생어 여사는 1922년 4월 2일에 고베에 도착하여 오리엔탈 호텔에서 열린 다과회(茶会)에 출석했다. 이때 참석한 26명 가운데에 가가와도 포함돼 있었고, 그녀의 장난기 넘치는 인사법에 가가와도 유쾌히 응했다. 생어 여사는 이 모임을 '사적인 모임'이라고 간주하여 산아조절에 대해서도 자유롭게 말했다.[27] 그리고 1년도 되지 않아, 가가와는 일본노동조합의 후원을 받아 아베 이소와 같은 저명한 지식인을 강사로 초빙해 '산아조절 강연회'를 개최하였고, 그는 현장 지도를 담당했다. 가가와는 항상 가족계획과 수태 조절의 필요성을 강조하며 그것을 일본에 알린 창도자(唱導者)였다.

그 무렵 「조합신문」(組合新聞)에 게재된 참정권에 관한 논문이 치안경찰법 위반 혐의를 받아 가가와는 법정에 서지 않으면 안 되었다. 재판부는 그 한 편의 논문에 400엔의 벌금을 부과했다. 이에 대해 가가와는 스위스의 제네바에서 열리는 국제노동자회의에 출석하는 것을 거부하면서 정부의 정책에 항의했다. 가가와는 ILO(국제노동기구)의 기본정책에 찬동하고 있었으므로, 그가 일본노동운동을 위한 선언의 초고를 작성했을 때에도 ILO의 노동강령의 많은 부분을 차용했다. 그런데 1919년의 국제노동회의에 보내는 대표자를 선택하는 과정에서 일본 노동자들이 분개하는 일이 발생했다. 제1차 세계대전의 국제평화조약에 의하면, 각국에서 선출되는 국제노동회의 대표자는 그 나라의 노동자 계급을 가장 잘 대변하는 인물이어야만 했다. 하지만 일본 정부는 노동자 대표를 마음대로 선택하여 내보내려 한 것이다. 이것은 노동조합을 정식으로 인정해야 하는 것을 피하려는 의도로 일본노동조합의 스즈키 분지를 완전히 무시한 채 가와사키 조선소(川崎造船所)의 주임 기사였던 마츠모토 우헤이(松本卯平)를 대신 선택해 내보내려 했다. 별안간 뺨을 맞은 것 같은 황당한 처사에 노동자들은 격분하여 대규모 시위를 조직했다. 그런 분위기 속에서 대표로 선정된 마츠모토는 국제회의 참석차 도둑고양이처럼 비밀리에 승선하여 출발할 수밖에 없었다.[28] 사태를 더욱 복잡하게 만든 것은 급진적인 노동자들이 ILO를 '기만적인 자본가의 최전선 기구'라고 판단하면서 아예 국제회의 참가 자체를 전면적으로 거부했던 것이다.

이러한 항의에 직면한 정부는 300명 이상의 노동자가 있는 모든 공장에 대해서 현 선고위원회(県選考委員会)에 대표를 파견하는 것을 허락한다는 전형 방법을 제시했다. 각 공장은 1,000명의 노동자에 대해서 한 명의 대표자를 이후 1,000명이 증가할 때마다 한 명씩 대표를 늘려 나간다는 것이 허락되었다. 가가와는 가와이 신수이(河合信水)의 보결(補欠)로서 피선되었지만, 가와이는 질병을 이유로 사퇴했고, 1922년의 ILO회의 출석을 거부했다. 결국 그는 그러한 문제 상황들로부터 멀어지고, 야마나시현(山梨県) 요시다초(吉田町)의 이즈미다(泉田) 목사 집에 체재하면서 후지산 기슭, 가와구치호(河口湖) 옆에서 강연을 하고 있었다. 가가와의 인생 가운데, 그 스스로가 자신에게 허락한 유일한 사치는, 바로 이러한 휴가를 얻어 잠시 '쉼'을 얻는 것이었다.

언론과 인터뷰하게 되었을 때, 가가와는 일본 정부가 예전에 개최된 국제회의의 '노동자 권리선언' 등을 완전히 무시하고 있기 때문에, 그 회의에 출석하는 것도 의미가 없어졌다고 말하면서 정부의 노동 정책을 날카롭게 비판했다. 만약 정부가 '노동조합 승인'과 '노동 조건의 개선'이라는 ILO의 권고를 받아들이는 노력을 보인다면 회의 출석이 비로소 의미를 지닐 것이라고 말이다. 하지만 그 당시 상태는 노동자의 요구가 완전히 무시되고 있을 뿐이었다. 두 번째로, 만약 회의에 출석하게 되면 노동조합의 승인을 거부했던 정부의 입장에 대해서 날선 공격을 할 수 없게 된다는 점으로부터 국제회의 출석을 거부하는 것이라고 말했다.

이어서 가가와가 언급한 흥미로운 세 번째 이유는 노동조합이 자신과 같은 지식인에게 지나치게 상의하고 그로부터 하달된 지도와 지침에 너무 의지한다는 점을 들었다. 그는 '노동조합정치'(labor politics)에는 관심이 없었고, 다만 노동조합의 '하인'(servant)이 되고 싶어 하였다. 일본 노동조합의 발전이 정체되는 것은 "지도자가 너무 많기 때문"이라고 가가와는 지적했다.[29)]

이것은 노동운동 지도자들이 맘속에 품고 있는 분명한 정치적 야심과 그로 인해 파생되는 당파심(党派心)을 비판한 것이었다. 가가와는 공산주의자와 더불어 노동운동을 자신의 정치적 활동을 펼치기 위한 도구로 사용하려는 사람들을 경계하고 있었다.

만약 그가 대표로서 제네바에 갔다면, 적어도 당분간은 경찰의 괴롭힘을 피해 선상에서 휴식을 취할 수 있었을 것이다. 하지만 그러지 않고 고베로 돌아갔기 때문에 또다시 끊임없는 방해공작에 골치를 썩여야 했다. '노동조합총동맹'은 8월 29일에 고베 YMCA에서 노동 문제 현안을 공식적으로 토의하기 위해 회의를 가졌다. 대형 집회였기 때문에 여느 때처럼 질서 유지

왼쪽부터 홋카이도, 오키나와, 도쿄 무사시노의 농민복음학교 ⓒ賀川記念館

를 명분으로 경찰 1개 대대가 회의장에 모여들고 있었다. (남아 있는 사진을 보면, 이런 종류의 노동자의 집회는 기록된 보고서의 내용보다도 더욱 드라마틱하며, 제복을 입은 경관이 군중 사이를 직접 순회하고 있다.)

다음의 보고서 내용을 보면, 가가와의 정부 비판 활동을 억압하고 그의 입에 재갈을 물리기 위한 경찰의 등골 오싹한 권력 남용의 실례가 잘 기술되어 있다.

> "회의가 끝나갈 무렵, 간사이 지역의 노동운동 지도자인 가가와 도요히코가 연설하고 있었다. 그의 말은 언제나 깊이 있고, 모두들 열심히 듣고 있었다. 연설이 아직 그렇게 많이 진행되지 않았을 때, 그가 우리나라(일본)의 주요 도시에서조차 여전히 연설에 대한 억압이나 노동자 활동에 대한 엄격한 통제가 있다고 말하자, 그 순간 연설은 중지당하고 말았다.
> 가가와 씨는 연설을 중지당한 후, 몇 분간은 연단을 떠나려 하지 않았고, 떠들썩한 청중 앞에서 묵묵히 서서 명상을 하고 있었다. 그 와중에 경찰은 똑같이 연설이 중지된 다른 여러 연사들과 함께 아이오이바시(相生橋) 경찰서(도쿄)에 함께 가줄 것을 요구했고, 가가와를 비롯한 연사 모두가 연행되었다. 아마도 경찰서에서는 연설자들의 행위에 대하여 여러 심문이 이루어졌고, 대부분의 사람들은 귀가가 허용되었지만, 경관에게 극렬히 저항했던 두세 명의 연설자는 억류되고 말았다."[30)]

피차별 부락민 해방운동과의 애증 관계

이러한 사건에도 불구하고 가가와는 자신의 신념을 대중 앞에서 말하는 것을 결코 그만두지 않았다. 강연 여행이나 농민조합(농업협동조합)의 조직 및 교섭을 돕는 일과 더불어, 가가와는 일본의 '숨겨진 소수자'라 할 수 있는 피차별 부락민(被差別部落民)을 돕는 일도 착수했다. 이에 대해서는 최근 '부락해방 시민단체'들로부터 비판받아 온 것이지만, 그가 피차별 부락민의 권리 획득을 위해서 적극적으로 노력한 일은 극히 한정되어 있었다고 한다.

1920년에 이루어진 일본의 국세조사(國勢調査)에서 '부락민'의 총 인구는 83만 명, 전체 일본 인구의 1-2%라고 보도된 바 있지만 실제는 더 많았을 것이다. 19세기에 피차별 부락민은 자신들에게 가해지는 차별에 항의하여 시민권 획득을 위한 운동을 펼치기 시작했다. 엄밀히 말해 피차별 부락민들의 입장도 피폐한 삶을 살던 '노동자·농민'과 구조적인 차별과 억압을 당하는 점에서 동일한 지점에 서 있었지만, 1920년경부터 그들이 급속하게 전개해간 투쟁적인 활동들은 결국 가가와와 대립하고 만다.

새롭게 결성된 가장 강력한 조직은 '전국수평사'(全国水平社)였으며, 제2차 세계대전 발발 이후의 전시 체제하에서 강제 해산 당할 때까지는 일본 내에서 공민권 운동을 가장 강력하게 제창하고 있었다. 1921년 10월, 고베 슬럼 내의 가가와 집회소에서 개최된 농민조합 조직 회합에 참석한 농민들 가운데에도 피차별 부락민이 포함돼 있었다. 조합에 가입하여 그 당시 그들의 '부락민 해방운동'의 토대를 가가와의 노동운동과 농민운동에 두려는 사람들도 있었다.[31] 1922년 3월 3일, 전국수평사는 그들의 권리를 명확하게 선언하면서 정식으로 조직을 발족했다. 그들 단체를 표현한 극적인 디자인의 깃발은 그리스도의 고난을 의식하여 이미지화한 것으로, 검은 천에 '붉은 가시관(荊の冠)'을 그려 넣고 있었다. (해방운동은 마르크스주의와 함께, 불교 및 그리스도교의 영향을 받고 있었다.) 가시관의 기장(記章)은 여전히 미해결 상태로 남아 있는 '부락해방운동'의 상징으로 지금도 사용되고 있다.

전국수평사의 가시관 휘장 ©賀川記念館

가가와는 피차별 부락의 지도자들에게 조언을 해주고 격려했을 뿐 아니라, 1923년 1월에 그들의 요청에 화답하여 그들 운동을 선전하기 위한 강연 여행을 하기도 했다. 하지만 그는 그들의 투쟁성(闘争性)에 염증을 느껴 결국 그 운동으로부터 거리를 두게 되었다. 수평사에 속한 인사들은 피차별 부락민이 차별적인 언사를 듣게 되면 그 사건을 보도하였고, 혹은 수평사가 발간하고 있던 출판물에 차별 발언을 내뱉은 사람이 공적으로 사죄할 것을 요구하기도 했다. 가가와는 이러한 방식이 너무 강한 적의(敵意)를 드러내는 것이라고 믿었기 때문에 '증오의 복음'(Gospel of hatred)을 설파하는 것과 같은 '규탄 중심'의 해방운동을 비판했다.[32] 하지만 가가와도 적절한 대체 방안을 내놓는 데는 실패하고 말았다.

이 같은 치열한 저항운동은 잠재돼 있던 양측의 분노를 폭발시키고 말았다. 이윽고 온 나라는 1923년 3월 중순에 나라현(奈良県)에서 발생한 폭력 충돌 사건에 관심을 집중시키게 된다. 한 노인이 부락민 그룹에 대해서 손가락 네 개를 들어 올리는 경멸적인 손짓을 보였던 것이다. 일본에서 손가락 네 개를 내미는 것은 '네 개의 발', 즉 네 발로 기어 다니는 '짐승'이라는 뜻으로 굉장한 모욕적 행위였다. 부락민들은 사과를 요구하기 시작했는데, 이 일로 '국수회'(國粹會, National Essence Association)라고 불리는 폭력적인 우익 단체가 이 문제에 끼어들기 시작했다. 이틀 후 수평사 사람들이 그 노인에게 사과를 받기 위해 갔을 때, 과격한 국수주의자들이 갑자기 폭력적인 공격을 가해 온 것이다. 그렇게 린치를 당한 직후 부락민 지도자들은 다시 회원들을 재규합하여 2,000명의 부락민 청년들을 모집해, 그 밖의 연대 세력과 함께 '국수회'와 본격적으로 싸우기 위해 나섰다. 국수회의 폭력에는 침묵하던 경찰이 그제서야 끼어들기 시작해 양측의 싸움을 중지시켰다. 이 사건이 재판에 회부되자 수평사 관계자들은 거의 세 번의 공판에서 모두 '국수회' 회원들에 비해 더 많은 인원이 더 가혹한 벌금형을 판결 받는 등, 결코 공평하게 다루어지지 않았다.

피차별 부락민과 관련해 말하면, 그들의 방법에 대한 가가와의 둔감함은 비단 그것만의 문제는 아니었다. 젊은 시절의 가가와는 인종에 대한 하나의 사상을 받아들인 바 있다. 도덕적 혹은 지적인 특징은 '유전적인 것'이며, 어느 민족이나 인종은 본래부터 뒤떨어진 것이 있다는 당시의 '과학적' 사고에 근거하는 전제를 가가와도 큰 비판 없이 받아들이고 있던 것이다. 그도 결국은 '한 시대의 인간'이었다. 그는 이러한 생각을 피차별 부락민에게

도 적용하여 그들의 상태는 경제적·사회적 문제뿐만이 아니라 선천적인(유전적인) 특징에 의한 측면도 있다는 사회진화론적 결론에 이르고 있었다. 가가와의 저작 『빈민 심리의 연구』(貧民心理の硏究)가 1915년에 출판되었을 때, 그 책은 '빈곤'의 참혹함을 극명하게 그려내었고, 당시 일본 사회학의 새로운 기초를 형성시키는 데 기여했지만, 유전학에 입각한 이러한 모욕적 가설을 채택하여 그것을 피차별 부락민에게 적용해 버리고 말았던 것이었다. 가가와의 이러한 유전학에 대한 집착은 부락민들이 중국인과 한국인, 코카서스 백인(Caucasian), 니그로 흑인(Negro blood) 등의 피로 '오염된'(tainted) 혈통을 가졌기 때문에 '진정한 일본인이 아니다'(not 'true' Japanese)라는 불합리한 주장으로 이어졌다.

다음의 말은 그가 지니고 있던 편견을 잘 드러내고 있다.

> "고베 나가타(長田) 지역의 하층민들의 생활을 보면 중국어 억양으로 이야기 나누는 것을 듣게 된다. 하리마(播磨, 효고현 서부지역의 에도시대 지명)에 사는 일부 사람들은 여전히 그들이 쓰던 한국어(조선어) 단어들을 유지하며 사용하고 있다. 오미{近江, 시가현(滋賀県)의 옛 지명}의 부락민들 중에서도 '미나미노 무라'(南ノ村)의 마을 사람들이 쓰는 말 속에 한국말이 보존되어 지금껏 사용되고 있다. 이러한 사실들은 피부색에 관한 그들의 연구 성과를 통해 이미 명확하게 알려졌다. … 에타(穢多)는 분명히 인종적으로 특별히 구별된다. 이는 매우 놀라운 사실이지만, 나는 그들이 백인 인종의 후예들이라고 믿을 수밖에 없다."

● "많이 오염됐다", "많이 더럽다"라는 뜻을 지닌 '에타'(穢多)라는 말은, 일본 봉건시대 때부터 부락민을 칭하기 위해 사용된 경멸적 표현이다. 여기서 '에타히닌'(穢多非人)이란 말이 파생되었는데, 그것은 부락민들에 대해 "인간이 아니다", 즉 "짐승과 마찬가지다"라는 뜻이었다. 부락민이 모여 사는 마을은 에타무라(穢多村)라고 불렀다. ; 참고문헌은, Frédéric, Louis, *Japan Encyclopedia*. Harvard University Press Reference Library, 2002, Belknap, p.93. – 역자 주

가가와는 그들의 주거 환경에 통풍을 위한 구조가 결여된 점이나, 육식 중심의 식습관 같은 것들을 '저급한 특성'으로 분류한 뒤에 그러한 특성이 그들이 선조로부터 물려받은 유전적 열성(劣性) 때문이라는 이론을 거리낌 없

이 받아들여 그들의 천박한 상태를 규정짓는 뒤틀린 논리를 구사하고 있다.

"그들은 언제나 '노예의 일'이나 진배없다고 평가받는 비천한 노동을 하면서도 만족해 왔다. … 일본 제국 안에서 부락민은 범죄적인 한심한 인종이라는 사실을 아무도 부정할 수 없다. 미나미노 무라(南ノ村)에는 부락민이 무려 2,600명이나 있다. 하지만 그들 가운데 305명이나 전과자(前科者)들이다. 나는 와카야마현에서 1871년의 시민권을 부여받은 부락민 출신 신평민(新平民)들의 범죄율을 들은 적이 있는데, 일반 시민들에 비해 그들의 범죄율이 1.5배에서 3배까지 더 높았다는 것이다. 간단히 말해, 부락민들은 퇴화된(타락한) 인종이거나, 노예적 인종, 혹은 일본의 고대 인종으로부터 뒤쳐져 버린 쓸모없는 존재들이다."[35]

부락민을 이처럼 부정적으로 이해한 가가와의 입장을 변호해 보면, 이 글이 작성된 것이 그가 아직 미성숙했던 25살 때라는 점을 꼭 기억했으면 하는 것이다. 그리고 그 당시에 '인종적 퇴화'를 다룬 이론들이 폭넓게 수용되었던 것도 과학적 사실이다. 유전형질과 퇴화 유형에 대한 이러한 사상은 그 시대 모든 이들이 보편적 상식처럼 받아들이고 있던 것들의 극히 일부 내용에 불과했다. 가가와 같은 사람도 이러한 대세적 개념을 자연스럽게 받아들이고 말았으며, 그 결과 자기 아버지의 타락한 성도착증이 자신에게도 유전되어 있을 것이라는 불길한 공포 속에서 늘 괴로워하며 살았다. 심지어 담대하게 산아제한운동을 펼쳐온 여성 운동가 마거릿 생어도 이러한 사상을 받아들이고 있었으며, 일본의 대표적 사회주의 운동가였던 아베 이소도 동일한 우생학(優生學)적인 개념들을 사용하고 있었다.

그렇다고 해서 인종에 대한 그러한 관점을 모든 사람들이 용인하는 것은 아니었다. 특히 부락민들은 더더욱 그러했다. 가가와가 『빈민 심리의 연구』(1915)를 출판했을 때, 위와 같은 가가와의 문장들은 격렬한 비판과 반대에 직면했다. 1929년이 되어 가가와는 책의 절판에 동의했지만, 그는 공식적으로 사죄하지 않았으며, 이러한 언급이 피차별 부락민에게 끼쳤을 상처에 대해서 침묵으로 일관하며 충분히 인정하지 않았다. 즉 '과학적' 정당성이라고 하는 방패 아래에 안주하며, 예로부터 심화되어 온 편견을 오히려 강화하는 데 일조했다는 점도 인정하지 않았다. 그 결과 오늘날에 이르러서도 '가가와 문제'(Kagawa problem)라는 말과 함께 부락민들이 받았던 차별의 아픔은 여전히 적잖은 상흔을 남기고 있다.

과거 피차별 부락민의 모습

가가와가 부락 해방운동으로부터 멀어진 또 하나의 이유가 있다. 그것은 부락 해방운동 조직이 마르크스주의 및 볼셰비키의 영향을 너무 많이 받아왔기 때문에 가가와는 그것을 우려하고 경고하고 싶었던 것이다. 목적 수행을 위해서라면 폭력적인 수단을 동원하는 것도 불사하는 소비에트 방식에 대해서 가가와는 특히 더 비판적이었다.

가가와는 부락민 그룹과의 관계 형성에 있어서, 늘 그들과 보조를 맞춰가는 것이 어렵다고 다음과 같이 불만을 느끼고 있었다.

> "나는 부락민 해방운동을 펼치던 수평사(水平社) 사람들에게 우리의 '소작농조합'에 동참하여 경제개혁운동도 함께 하자고 부탁했습니다. 그리하여 그들은 우리 조합에 참가하게 되었습니다. 하지만 그들의 공산주의적 속성들은 조합 안에서 늘 마찰을 일으켰습니다. 그 결과 소작농조합이 약 1년 전에 분열되는 중요한 요인이 되었습니다."[36]

가가와와 피차별 부락민 사이의 균열은 '민족적'(ethnic)이었던 만큼 본질적으로 '정치적'(political)인 데서 비롯되었다. 이러한 점은 가가와가 발표한 1927년의 성명서에서도 잘 나타나 있다.

"도시에서는 부락민(outcastes)들에 대한 부정적 태도가 그다지 강하지 않습니다. 그들은 현재 다른 (계층의) 사람들과 결혼합니다, 그래서 계층(class)으로서의 그들은 자취를 감추고 있습니다. 하지만 지방의 촌락(마을)에서 이러한 희망적인 결과를 얻는다는 것은 매우 어려운 일입니다. 유일한 해결책은 그들의 경제 향상에 '종교'를 더 적극적으로 결합시켜가는 것입니다. 그리하여 우리는 그들(부락민)을 보통의 일본인 그룹 속에 흡수해 가기를 바랍니다."37)

가가와는 우생학적 편견을 쉽게 떨칠 수는 없었지만, 그렇다고 해서 '민족적 순수성'(ethnic purity)을 계속 고집했던 것도 아니다. 오히려 그는 그러한 집착을 떨치고 있었음이 분명하다. 그러므로 가가와는 부락민의 유전자로 인해 일본인이 더렵혀질 수 있다는 식의 우려를 표명한 적이 없다. 이러한 가가와의 태도에는 일본의 뿌리 깊은 편견을 부정하는 요소가 내재돼 있긴 했지만, 동시에 그 시기 인종문제에 대해 정직하게 응답하지 못한 수많은 미국인들의 모습처럼 한계를 지니는 것도 사실이다.

가가와는 의회민주주의를 통하여 상업조합(商業組合)이나 소비조합(消費組合) 등, 사회 개혁을 서서히 추진해 가는 노력을 계속하고 있었다. 그것이 자본주의로 인해 발생하는 비참함으로부터 나라를 구해내어, 정치·경제적으로 평등한 사회제도를 구축하는 가장 실제적인 길이라고 믿었기 때문이다. 호전적 연설과 생디칼리스트(Syndicalist)나 공산주의자에 의한 계급투쟁의 강조는 너무나 추상적이며 비생산적이라면서 그는 계속 반대의 입장을 고수했다. 하지만 부락민들과 급진적 세력들은 가가와의 입장을 실용주의 노선에다 공상적일 뿐이라고 낙인찍고 있었다.

진보세력의 분열과 가가와의 진로 변화

과연 어느 쪽의 입장이 "올바른 것"인지를 결정하는 것은 별 실익이 없는 일이 되어 버렸다. 왜냐하면 우익세력에 기반을 둔 정부와 군부(軍部)는 공산당의 설립과 활동을 금지하였고 사회민주주의자들의 핵심 인물들의 발목을 묶어 원천봉쇄해 버렸기 때문이다. 가장 큰 패착(敗着)은 아마도 진보적 그룹이 결속하여 전체주의자들에게 대항하기 위한 연합체를 결성할 수 없었다는 점을 들 수 있다. 1920년대의 후반부터 1930년대에 이르기까지 노동운동, 농민운동, 정치개혁운동이 왕성하게 진행되었는데, 그 과정에서 끊임없는 분쟁과 분열이 발생했다.[33] 마침내 20개 이상 되는 무산계급 정치결사 단체를 난립시키게 되었던 것이다.[34] 가가와도 잘 확인되듯이, 사람들을 곤혹스럽게 하는 동맹과 그 붕괴를 낳게 되는 분규 등에 말려 들어갔었다. "좌익을 총살하기 위한 사격 부대는 그들을 원형으로 둘러싸고 있다"(The left wing firing squad stands in a circle)는 속담은 제1차, 2차 두 세계대전 동안에 일본에서 가장 잘 들어맞는 말이었다.

가가와의 활동은 이 시기, 정치 관련 일이나 소작농의 조직화에만 그치지 않았었다. 그를 세속적인 행동주의로 내밀었던 그의 그리스도교 신앙은 여러 다른 방향으로 전개되어 갔다. 그는 1921년 9월에 그의 대표적인 신앙공동체인 '예수의 벗 모임'을 설립했다. 고베에서의 몇 명의 절친한 동료들의 모임으로 시작된 이 그룹은, 그가 훗날 펼치게 되는 종교 활동과 자선 사업의 중심에 서게 된다. 그 표본은 가톨릭의 수도회의 방법과 프로테스탄트 개혁자들의 신앙운동의 방법을 조화롭게 융합한 것이었다. '예수의 벗 모임'은 궁핍한 사람들에 대해서는 프랜시스코 수도회와 같은 긍휼함과 도미니크 수도회의 설교 정신, 그리고 예수회의 신앙 규율, 영적 각성을 촉구한 존 웨슬리의 감리교(Methodist) 운동, 거기에다 구세군의 실천적 행동주의를 결합하고자 했다.

가가와는 가톨릭이나 불교 등에서도 마찬가지지만, 종교 조직은 다양한 신앙 공동체들 속에서 함께 공존해야 한다고 주장하였기 때문에, 프로테스탄트(개신교) 내부에 존재하던 교파간의 세력 다툼에 대해서 늘 비판적이었다. 그는 자신이 속한 '종파'가 그리스도교 안의 또 하나의 종교적 조직이라고 생각했다. 그러므로 '예수의 벗 모임'은 정기적으로 모여 기도하며, 초

가가와와 '예수의 벗' 모임이 1921년부터 발행한 잡지 「구름기둥」(좌)과 「농촌」(우)의 표지 ⓒ賀川記念館

대 교회처럼 각자의 수입을 내놓아 운영비를 마련했고, 여가 시간을 활용해 복지, 의료, 교육 사업 등, 다양한 사회 개혁 활동을 추진하였다. 이 모임은 1년 동안에 총 회원 900명으로 성장하여 가가와가 펼치던 여러 사업을 활발하게 진전시켜 나갔다. 가가와는 이 그룹의 이상(理想)을 더욱 체계화하고 논의된 내용과 활동들을 소개하고 평가하기 위한 매체로서 「구름기둥」(雲の柱)이라는 잡지를 창간하기도 했다.

이처럼 바쁜 와중에 가가와는 드디어 한 가정의 아버지가 되었다. 아내 하루는 타이완을 여행하던 중 임신하여 1922년 12월 26일, 장남 스미모토(純基)를 낳았다. 하루가 오랫동안 임신하지 못했던 것은 금욕적인 식사를 고집하여 충분한 영양을 얻지 못했던 까닭이다. 그래서 따뜻한 남국(南國)인 대만에서 영양이 풍부한 음식을 많이 먹으며 지냈던 것이 드디어 아이를 가질 수 있었던 원인이 아니었을까 하고 가가와의 딸인 우메코(梅子)는 추측해서 말하기도 했다.

자녀의 탄생은 가가와 집안에 근본적인 변화를 야기시킬 수밖에 없었다. 그들이 신카와를 떠나야만 함을 의미하는 것이었다. 아이가 태어나기 1년 전까지만 해도 가가와는 결코 슬럼을 떠나지 않으리라 말하기도 했지만, 그곳에 계속 머무는 것은 유아 살인에 가깝다는 것 또한 고민하고 있었다. 그는 자기 자신은 희생시킬 수 있었지만, 아이들에게까지 그것을 요구할 수는 없었다. 그래서 그는 다음과 같이 적고 있다.

> "나의 아내가 임신한 이래, 나에게는 불안이 엄습해 오고 있었다. 왜냐하면 난폭한 술주정꾼이나 건달 등이 끊임없이 우리를 위협해 오고 있었기 때문이다. 빈민굴에서 우리 아이를 기른다는 것은 불가능한 일임을 알고 있었다. 나는 근처의 유아 사망률을 조사하고 있었는데 1년 동안에 62명이 태어나 45명이나 죽어 버린다는 것을 알고 놀라지 않을 수 없었다."[35)]

그래서 결국 그곳으로부터 갓 태어난 아이를 지켜내기 위해, 가가와 부부는 후키아이초(葺合町, 현재의 고베시 중앙구) 신카와로부터 떨어진 하루의 어머니 집으로 이사했다. 덧붙여서 말하지만 '예수의 벗 모임'은 후키아이초의 신카와에 본부를 두고 있었다. 이윽고 아버지가 된 35세의 가가와는, 그때까지 많은 사람에게 필생의 사업이라 말할 수 있는 일들을 이미 완수하고 있었다. 그는 노동조합, 농민조합, 생활협동조합 등의 일들을 추진하면서도, 종교적 활동도 꾸준히 병행하였고, 이미 20권 이상의 책을 출판하고 있었으나 그에 만족하지 않고 더욱 새로운 모험에 나서려고 하였다.

그는 종교적, 학문적, 국제적 관계 등을 초월해서 영국, 독일, 프랑스, 미국에 강연 및 현지 상황 조사연구를 목적으로 한 여행을 계획하였고, 1923년 4월에 첫 출발을 하게 되었다. 그가 행한 해외 각지에서의 강연은 주로 YMCA가 후원하고 있었다. 하지만 이 여행은 결국 중간에 중지되고 만다. 그와 하루 두 사람 모두가 슬럼의 빈궁한 환자들에게 너무 가깝게 접촉하다 보니, 트라코마(결막염)에 걸려 버린 것이다.

여행을 중도에 포기해야 했던 더 중요한 이유는 그해 후반기에 사상 최대의 자연재해가 일본을 덮쳤기 때문이다. 바로 1923년 9월 1일 오전 11시 58분, 도쿄에서 일어난 간토(關東) 대지진으로 인해 도시 전체에 대화재가 일어나 10만 명이 죽었고, 수십만 명 이상이 집을 잃고 말았다. 지진이 있은 다음 날, 가가와는 고베 항의 야마시로마루(山城丸)라는 이름의 배에 올라 재해 지역을 돕겠다는 사명감 하나를 가슴에 품고 도쿄로 향하고 있었다.

제7장

‘하나님 나라’ 운동

제7장

'하나님 나라' 운동

간토 대지진 구호활동

가가와는 1923년 9월 1일의 간토 대지진에 대한 통지를 접하자마자 집필 활동을 중지한 채 구원 활동에 전력을 다했다. 가가와 집안의 사람들도 사건 발생 즉시 모두가 도쿄로 이동해 간토 대지진의 구원 활동에 착수했다. 하루는 갓난아기였던 스미모토를 등에 업고 다음 날부터 기부물품들을 싣기 위한 손수레를 끌면서 가가호호를 방문해 구호 물품의 기부를 요청했다.

가가와는 고베의 그리스도교 지도자들도 만났다. 그들은 한데 모여 지진 재해로 참혹해진 간토 지역에 깊은 동정심을 나타냈고, 지진 재해의 정황을 조사하였으며, 효과적으로 구원 활동을 펼치기 위해 가가와 목사를 자신들의 대표로 지명했다. 그는 도쿄로 가기 위해 야마시로마루(山城丸)라는 배를 탔다. 원래 이 배는 대지진 발생 소식이 무선으로 전파되었을 때, 중국 상하이를 향해 이동하는 중이었고, 마침 고베 항에 정박하던 참이었다. 하지만 지진 소식을 듣고 싣고 있던 화물들을 모두 내리고 피해지역에 공급할 식량을 싣고 요코하마 항으로 방향을 틀었던 것이다. 배에 구호물품을 최대한 실은 가가와는 3등실을 타고 도쿄로 향했다.[1)]

이 대지진은 지금까지 볼 수 없었던 만큼 일본인을 단결시켰다. 고베 노동자의 타도 대상 중 한 명이었던 가와사키 조선소의 이사 마츠카타(松方) 씨가 이 특별한 수송을 준비해 주었다. 한편 가가와나 스즈키와 같은 노동조합의 리더들은 도쿄 시청에 협력해 구원 활동을 도왔다.

도쿄까지의 뱃길은 총 480km에 이르렀다. 배가 이즈반도(伊豆半島)의 앞바다를 통과하여 도쿄만 입구에서 약 80km 정도 떨어진 곳에 도착하자 무선 라디오의 뉴스에서 최악의 내용을 타전하고 있음을 알리는 전보가 왔다. 그에 따르면 도쿄의 피해는 심각하며, 남쪽으로 29km까지 파괴되었고, 주요 항구도시인 요코하마도 거의 전멸했다는 것이었다.[2)] 9월 2일 저녁에 도착했는데, 지진과 함께 발생한 화재로 인해 여기저기서 여전히 불길이 치솟고 있었다. 가가와는 이 항구 도시 전체가 부서진 기와 조각처럼 황폐해졌으며, 3일 동안 이어진 대화재로 매캐한

간토 대지진 재해현장에 도착한 가가와. 왼쪽에 스에히로 이즈타로(末広厳太郎, 도쿄제국대학 법학부 교수)가, 오른쪽에는 가가와와 함께 보통선거 청원운동을 벌인 이시다 토모지(石田友治)가 있다. 이시다의 팔에는 YMCA 마크가 선명하다.(위) 간토 대지진의 참상. 불에 탄 도쿄YMCA의 모습(아래) ⓒ賀川記念館

연기가 공중에 계속 감돌고 있음을 목격했다. 화재로 인해 내부가 전소(全燒)된 몇 개의 건물을 빼면, 제대로 서 있는 유일한 건물은 항구 쪽의 거대한 크레인 몇 개에 불과했으며, 그 대들보는 그 도시의 폐허와 같은 배경 속에서 가장 두드러져 보였다. 그가 탄 배는 잡동사니와 함께 바다에 둥둥 떠 있는 시체들 옆으로 지나가고 있었다.

가가와가 요코하마와 도쿄에서 목격한 폐허와 같은 참상은 고베 후키아이 신카와의 빈민굴 지옥 이상으로 참혹하고 무서운 광경이었다. 도쿄 도심의 100㎢ 이상이 모두 불에 타고 있었다. 게다가 이 지진은 최악의 시간대에 발생했다. 건물이 모두 붕괴되던 시간에 점심 식사를 하기 위해 많은 곳에서 요리 불을 사용하고 있던 것이다. 첫 진동으로부터 30분도 채 되기 전에 모두 140군데에서 큰 화재가 발생하기 시작했다. 상수도의 본관(本管)이 파열했기 때문에 근대적 설비를 갖춘 도쿄의 소방청도 이 같은 대화재 상황은 제압할 수 없었다. 더욱이 강풍도 자주 방향을 바꿔 불면서 불길을 부추겼기 때문에 순식간에 도쿄는 공포의 도가니로 바뀌었다.

가가와가 도착했을 때에는 시체의 부패로 인한 악취가 이미 코끝을 감돌고 있었다. 수만 명의 인간과 동물이 한줌 재로 변해 그 검은 시체가 뒤엉켜 있었고, 도쿄 곳곳에 뻗어 있는 운하 위에는 멀쩡한 시체들이 둥둥 떠다니고 있었다. 수천 명의 사람들이 사방에서 휩싸여 오는 무서운 불길을 피하기 위해 물로 뛰어들어 익사하고 말았던 것이다. 하지만 고열로 인해 운하의 강물도 거의 열탕이 되어버려 운하에 뛰어 내리자마자 익사 이전에 화상으로 죽어버린 경우도 많았다고 한다. 결국 수백 명의 사람들이 도쿄의 동부 지역을 힘차게 흐르고 있던 거대한 스미다강(隅田川)에 흘러 나왔고, 바다로 떠내려갔다.

가장 피해가 컸던 장소 중 하나는, 도쿄 동부에서도 가장 빈궁한 혼조지구(本所地區)였다. 가가와는 운하가 종횡으로 뻗어 있고 스미다 강에 인접해 있던 혼조지구의 서쪽에서 최초의 구원 활동을 펼치기 시작했다. 혼조는 공장이 밀집해 있었고, 주로 노동자들이 살았기 때문에, 목조 가옥이나 움집이 혼잡하게 산재해 있었다. 화재는 순식간에 이곳까지 퍼져 왔고, 이곳 스미다 강변의 육군 피복창이 있던 저지대 광장은 금방 인산인해를 이루었다. 불길은 다리를 횡단하여 스미다 강에 인접한 건물에 옮겨 갔으며 그곳을 완전히 에워쌌다. 도망갈 장소조차 없이 고립된 3만 2천 명의 사람들이 불에 타 숨졌고, 그렇게 검은 재로 변한 시체들의 살과 뼈가 거대한 퇴적층을 이루었다. 몇 안 되는 생존자가 피난할 수 있던 유일한 방법은 그을린 시체를 밟고 넘어가는 것뿐이었다.[3)]

가가와는, 슬럼에 처음 들어갔을 때와 같은 뜨거운 열정을 쏟아부어 도쿄에서의 구원 활동에 임하였다. 파괴된 도시의 피해 상황을 조사하고, 친구들이 있는 곳을 방문하고 난 뒤, 다시 고베로 돌아갔다. 구원 활동을 펼치기 위해서는 더 많은 돈이 필요했고, 그것을 모으기 위해 그는 강연 활동을 펼쳤고, 자신이 아끼던 무수한 책들의 일부를 매각하기도 했다. 그 결과 부인 하루와 갓난아기 스미모토를 데리고 침구류 및 의류를 실은 거대한 박스 40개를 싣고서 다시 도쿄에 돌아올 수 있었다. 가가와는 본격적인 구원 활동에 아내 하루의 도움이 절실하다는 점을 잘 알고 있었다. 그녀는 가가와가 설립한 거대한 공동체의 매니저였으며, 남편의 자선 활동에 늘 필수적인 인물이었기 때문이다.

간토 대지진 이후, 혼조(本所) 요코가와소학교(横川小学校)에서 세워진 천막에서 학생들을 가르치는 가가와의 모습(맨 오른쪽에 서 있음) ©賀川記念館

집을 잃은 한 무리의 사람들이 아사쿠사(浅草)의 절 경내에 피난 와 있었다. 이 절은 공원에 둘러싸여 있었고, 쉽게 불에 타는 건물이 인접해 있지 않았기 때문에 화재를 면할 수 있었다. 먼저 가가와는 이 절의 승려에게 피난민들을 위한 천막을 경내에 설치하면 어떨지를 제안했다. 하지만 그 승려가 제안을 받아들이지 않았기 때문에, 가가와는 시청 공무원과 교섭하여 사찰 주변에 있는 시 소유 토지에 천막 설치를 허가받았다. 가가와는 그리스도교 단체가 일시적인 피난을 위해 기증해 준 커다란 천막을 설치하고 옷과 음식의 분배를 감독하였고, 이재민들의 상처와 질병 등을 치료해 주었다. 승려들은 천막 위에 휘날리는 십자가 깃발을 보고 놀라워했다. 가가와는 그 승려들에게 연민을 가르치는 불경(佛經)의 구절을 인용하며 "여러분의 사찰도 자비의 관음보살께 바쳐져 있는 것입니다. 그런데 여러분이 그곳에서 하고 계신 일들을 보면 우상에게 예배하는 것 이외에는 아무 일도 없는 것 같습니다"라고 말했다. 그러자 승려들도 자극을 받아 구원 활동에 동참하게 되었고, 지도급 승려는 이후에도 복지 활동을 계속해서 이어갔을 뿐 아니라 그 사업을 통해 지역에서도 널리 알려진 인사가 되었다.[4)]

이 사건은 타종교에 대한 가가와의 태도를 잘 보여주고 있다. 그는 타종교를 깊이 연구하여 그것을 적극적으로 평가하고 있었다. 그는 불교나 그 외의 종교들을 '적'(敵)이라고 생각하지 않고 오히려 그리스도교의 목적을 완성시켜준다고 보고 있었다. 이것은 초대교회의 신앙인들이 그리스도의 도래를 고대 세계의 종교적·윤리적인 여러 체계를 완성시키는 것이라고 보았던 것과 매우 비슷하다. 가가와의 궁극적인 목표는 일본을 복음화(그리스도교화)하는 것이었지만, 적어도 동포들이 전통적인 종교의 가르침에 따른 삶의 방식들도 존중하도록 권면했다.

가가와는 눈 깜짝할 사이에 극도의 혼란상태가 되어 버린 재해 지역에서의 활동을 그의 사회복지사업을 확대시키는 기회로 살려갔다. '예수의 벗 모임' 그룹을 통해 극도의 절망에 휩싸인 사람들에게 위로가 되는 그리스도교의 메시지를 전파할 수 있는 기회를 자주 만들었다. 그는 지진으로 파괴되지 않은 도쿄 시내의 여러 교회에서 설교하였고, 그 결과 많은 사람들이

지진 구호활동을 도운 '예수의 벗' 동료들(좌)
과 그들이 돌본 재해 아동들(우) ⓒ賀川記念館

감화를 받아 5,700명의 회심자를 얻었다.[5)]

몇 개월도 채 지나기 전에, 가가와는 허술한 바라크(barracks) 건물 안에서, 기독교청년회(YMCA)를 시작하는 일을 맡았다. 이 건물은 혼조지역에서 그의 본부 역할을 하게 되었는데, '적선지대'(赤線地帯)라고 불리는 공창(公娼) 지역 근처에 있었다. 가가와 목사와 부인 하루의 지도하에 신설된 YMCA는 곧바로 이 지역 사람들의 생활개선을 위해 교육을 시키고 다양한 프로그램을 운영하기 시작했다. 그중에는 기계조립 특별코스나 직업소개소, 빈민들을 위한 사립학교 등의 프로그램이 있었다. 한편 가가와는 도쿄의 아사쿠사 지구에 또 하나의 노동자학교를 설립했다. 그는 "구하라 그리하면 너희에게 주실 것이요!"(마 7:7)라는 성경의 메시지에 따라 많은 사람들에게 관심과 지원을 요청했다. 그가 원조해 줄 것을 요구한 사람 가운데 한 명은, 이 '노동자학교'의 부지를 기증한 아리마 요리야스(有馬頼寧, 훗날 농림대신이 됨) 백작(伯爵)이었다.

1924년 초에는 의사 마지마 유타카와 그 두 명의 자매가 고베 진료소로 와서 도움을 주었다. 고베에서 그들의 활약은 하루의 여동생 시바 야에코(芝八重子)가 이어 갔다. 그녀는 그때, 도쿄여자의학전문학교의 졸업을 앞두고 있었다.[6] 많은 사람들은 급조된 바라크에서 생활하고 있었지만, 더욱 궁핍한 사람들은 함석판 등의 재료를 주워 와서 만든 임시변통한 움집에서 살고 있었다. 어머니가 일하러 가 있는 동안, 종일 갓난아기가 방치될 수밖에 없는 형편이었다. 이러한 상황에서 우마시마 의사는 저체온증으로 죽어가던 수많은 영유아들을 구해내고 있었다. 영양실조와 과로가 겹치고 유산(流産) 비율도 높았다. 이러한 문제의 해결을 돕기 위해 가가와는 시청 공무원과 접촉하여 갓난아기를 위해 더 많은 우유와 학교보다도 더 질 좋은 음식의 확보, 그리고 집에 홀로 남겨진 갓난아기를 지켜줄 베이비 침대를 공급받고자 애썼다.

또한 그는 그리스도교부인교풍회(キリスト教婦人矯風会)의 협력을 얻어, 혼조의 본부에 보육원과 유치원을 마련했다. 가가와는 폭넓은 과제로 남아 있던 아이들의 건강 문제에 많은 관심을 갖고 있었다. 어느 리포터가 학교에서 행해진 일본의 전통적인 히나마츠리(ひな祭り, 여자 아이들을 위한 어린이날로 3월 3일이다. 남자 어린이날은 5월 5일로 일본에서는 남녀 어린이날이 구별돼 있다 – 역자 주)에 참가한 아이들의 기쁨을 묘사하면서, 참가한 55명의 아이들 중 25명은

도쿄 혼조지역에서 마지마 유타카의 협력으로 전개된 의료 지원활동. (뒷줄 왼쪽에서 세 번째가 우마시마) ⓒ賀川記念館

눈을 다친 상태라고 보도했다.[7] 그러한 가가와의 노력으로 배급용 우유 저장소와 약국 및 치과진료소가 설치될 수 있었다. 페스트(pest)의 극복도 급선무였고, 그 과정에서 이(虱, 머리털에 기생하는 벌레) 퇴치운동을 시작할 수 있었으며, 약국과 의무실에는 근대적인 의료기구와 약품, 의학서 등을 갖출 수 있게 되었다.

이러한 바라크에서의 생활은 '쾌적함'이나 '청결'과는 거리가 멀었다. 한 가족이 온 벽과 바닥에 구멍이 뚫려 있는 1평 정도의 골방에 쑤셔 넣어진 모습이었다. 유일한 수원(水源)은 빽빽이 들어선 각각의 건물군의 한가운데 파져 있어 비위생적인 건물 후면 벽들로 둘러싸여 있는 2-3개의 우물 펌프뿐이었다. 오수(하수도) 시설은 아예 없었고, 바라크의 맨 구석에 몇 가구가 함께 쓰는 변기가 있을 뿐이었다. 하지만 당시의 보도를 보면 가가와 목사와 관계를 맺고 있던 바라크군(barracks)에서는 극히 청결한 상태가 유지되고 건강이 넘치고 있었다고 한다. 그처럼 가가와는 빈민들의 일상 속 작은 일까지도 섬세히 배려한 것이다.

지진 재해와 재건에 대한 가가와의 반응은 이재민에 대한 연민과 하나님을 향한 감사와 부르조아 계층에 대한 분노를 함께 표현하고 있는 그의 자작시에 생생히 드러나고 있다.

> "지난 가을,
> 불탄 직후의 바라크에서,
> 그들의 겨울을 걱정하며,
> 기천매(幾千枚)의 의류침구를 배급하던 그날과 비교하면,
> 부흥은 그들의 얼굴에 드러나고 있지 않은가.
> 나의 눈물은 감동의 눈물이었다.
> 하나님은 그렇게까지나 빨리,
> 일본을 되살아나게 해 주셨도다!"

가가와는 여전히 남아 있던 여러 문제에 대한 책임을 신에게 돌리기보다

는 풍족하기 이를 데 없는 사람의 몫이라고 강조하며 다음과 같은 시를 적었다.

"후카가와(深川, 도쿄 코우토쿠(江東區) 서쪽 지역)에는,
아직도 함석 지붕 아래에서
이불조차 없이 밤을 지새우는 영혼이 수만을 헤아리거늘
그것엔 눈감고 눈부신 옷(綺羅)이나 걸치고 있는
아가씨들이여! 하이칼라의 남정네들이여!
그대들에게는 제2의 9월 1일이
닥쳐오지 않을 것 같은가!"[8)]

그 와중에 가가와는 도쿄 시내의 서부에 있는 마츠자와무라(松沢村)에 있는 토지 일부를 손에 넣었다. 이 마을의 숲 근처에 적십자사로부터 빌린 천막을 칠 수 있는 시골풍의 부지를 찾아냈던 것이다. 자연 애호가였던 가가와는 시내 변두리의 시골 환경에 아이들을 데리고 오려는 노력을 계속하고 있었다. 1924년의 여름까지, 한 주에 60명 정도의 아이가 이 숨겨진 안식처에 떼 지어 몰려오고 있었다. 그는 50명의 자원봉사자들을 모으고 아이들을 돌봐 주기 위해서 열 명씩 교대로 일하게 했다. 하루와 그녀의 어머니가 이 캠프장의 경영을 도왔고, 이 장소는 자원 봉사자들의 휴식지로도 애용되었다. 또한 그해에는 가가와가 도쿄 고토쿠(江東區)의 가메이도(亀戸) 지구에 '부인의 집'(婦人の家, 매춘이나 생활고로 절망하고 있던 여성들을 위한 피난소)을 마련하는 일도 돕고 있었다.

가가와는 마츠자와 마을의 휴양소에 스스로 '게무시나가야'(毛虫長屋, 애벌레집)라고 부른 삐뚤삐뚤한 건물을 짓기 시작했다. '게무시나가야' 연립주택이란 이름은, 찾아오는 수많은 손님들, 협력자, 피난소가 필요해 오는 사람들(가가와 그룹의 사람들은 이들을 '식객'(居候, 이소우로우)이라고 불렀다)을 수용하기 위해 방이 차례대로 불규칙하게(무계획적으로) 부설되어 갔던 것에 유래하고 있다. 가가와의 핵심 단체였던 '예수의 벗 모임'은 활동과 사업에 있어서 어

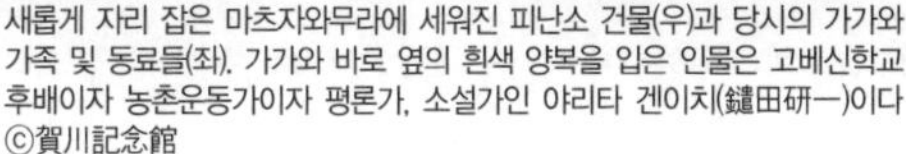
새롭게 자리 잡은 마츠자와무라에 세워진 피난소 건물(우)과 당시의 가가와 가족 및 동료들(좌). 가가와 바로 옆의 흰색 양복을 입은 인물은 고베신학교 후배이자 농촌운동가이자 평론가, 소설가인 야리타 겐이치(鑓田研一)이다 ⓒ賀川記念館

떤 제한도 두지 않았다. 가가와는 어느 활동에 대해서도 개인적으로 감독하려 하지 않았다. 그의 주위에 모여드는 사람들은 모두가 헌신적이고 유능했기 때문에 그는 자신이 설립한 조직이 확대되어 가는 구체적인 역할들을 모두 그들(자원봉사자들)에게 맡길 수 있었다. 가가와가 도쿄에서 전개한 활동들은 그리스도교 신앙에 근거한 것으로서 사람들을 향한 '봉사'를 통해 그리스도의 복음을 실천하는 운동이었다.

간토에서의 새 출발과 지도력의 확대

가가와의 사업이 새로운 사람들을 계속 끌어당겼던 힘은 사실 가가와 개인보다는 그 공동체의 조직적인 힘 덕분이었다. 하지만 그처럼 공동체가 잘 운영되는 배후에는, 가가와의 모범적인 개인적 희생이 있었다. 가가와는 언제라도 그 피곤한 사업들을 그만두고 자신의 책에서 나오는 상당한 액수의 인세 수입만으로도 윤택한 생활을 누릴 수 있었음은 모두가 잘 알고 있었다. 하지만 그는 늘 검소한 생활원칙(doctrine of simplicity)을 유지했고, 믿기 어려울 만큼의 엄격한 '노동 윤리'(work ethics)를 굳게 지켰다.

가가와는 그 명성이 커질수록 자신의 성공한 '사회개혁가'(社會改革家, social reformer)로서의 영향력을 이용하여, 협력적인 일본인 내지는 정부로부터 재정 지원을 이끌어내고자 노력했다. 헬렌 토핑(Helen Topping) 여사와 같은 일본 주재 외국인 선교사에게 지도를 받고 있던 가가와 공동체(Kagawa group)는, 1928년에 미국 내의 가가와 위원회(Kagawa Committee)와 관계를 맺게 된다. 『예수의 친구들』(*The Friends of Jesus*)이라는 이 단체의 출판물은, 가가와를 돕고자 하는 영어권 지원자들을 위해서 가가와의 사상과 활동을 기록하기 시작했다. 이미 가가와는 1929년까지 사회복지사업 관련 분야로부터 문학, 신학, 과학 등의 관련 저작들을 번역하기 위한 열 명의 풀타임 유급직원을 두고 있었다.

1931년에는 어느 미국인 여성과 그 부친이 가가와를 인터뷰 하였는데, 헬렌 토핑 여사를 가가와 평전의 충실한 작가로서 초빙하였고, 가가와에 대한 경외감(敬畏感)을 밝히면서 다음과 같이 말했다.

> "우리는 그와 만나면서 이 시대의 위대한 인물 중 한 사람 앞에 서 있다는 느낌을 받고 있다. 그와 나눈 대부분의 즉석 발언들은 기록해 둬야 할 만한 가치가 있다."[9)]

가가와는 촉매자로서의 자신, 다시 말해 타인을 행동과 실천으로 이끌어내는 아이디어맨으로서의 자기 역할을 가장 자랑스럽게 생각했다. 그는 늘 사람의 성장을 기뻐하였으며, 그들의 잠재력과 재능을 한껏 끌어 올리는 능력을 가지고 있었으며, 그의 온 생애에 걸쳐 신으로부터 받은 은사들을 충분히 발휘하고 있었다.

가가와는 새로운 구호사업 시설과 사회복지사업 시설을 도쿄에 마련하기 위해 바쁘게 일하고 있었다. 농민조합과의 계속된 접촉을 통해 저작 활동도 지속해 나갔다. 그리고 농민조합의 동료들과 함께 '농민복음학교'를 만들었다. 농민들은 성서를 배우며 새로운 농업기술을 학습하기 위해 그곳에 모여

들고 있었다. 가가와는 이러한 '농민복음학교'에 열심히 나가면서 여러 주제에 대해서 직접 강의하였고, 교육을 받지 못했던 학생들에게는 가장 쉬운 말로 '성서적인 농업'에 대해 다음과 같이 가르쳤다.

> "창세기에서 하나님은 아담과 하와에게 동산의 열매를 맘껏 먹을 수 있도록 허락해 주셨습니다. 만약 우리가 오늘날 노동을 통해 열매를 먹게 되길 바라고, 토지의 올바른 경작을 바란다면, 모든 곳에서 산허리를 이용해 그 산기슭의 경사면에 식림(植林)하는 것이 필요합니다. … 우리는 성서 속에서 농업에 대한 것을 많이 배울 수 있습니다. 잠언에는 양봉(養蜂), 베짜기 등에 대한 이야기와 함께 농업 관련 이야기들이 참 많이 나옵니다. 이사야서에는 사막을 옥토로 회복시켜주시는 이야기가 나오며, 신약성서에서는 예수님께서 우리에게 씨 뿌리는 방법, 땅을 파고, 개간하는 법, 작물을 성장시키는 것, 씨의 선별 등에 대해서 많은 것을 말씀하고 계십니다."[10)]

영성(靈性, spirituality)을 식량정책과 같은 현세적인 일들과 혼합시키는 것에 반대하는 사람들에 대해서 가가와는 "예수 그리스도의 생애를 조금만 살

만년이 되어서도 열정을 담아 간사이 동계 농민학교에서 강의하는 가가와 (1958) ⓒ賀川記念館

펴보아도, 인간에게는 식량을 비롯한 몸에 필요한 수많은 요소와 깊이 관계 맺고 있음을 알 수 있다"고 설명했다. 사실 예수의 핵심적 가르침과 종교적 의식은 식사에 뿌리를 두고 있었다. 이원론자가 아니었던 가가와는 그리스도교 역사에 있어서의 대다수 설교자와는 다르게 '몸의 그리스도교'를 주장했던 것이다.

그러나 그와 동시에 가가와 자신의 몸은 타격을 받고 있었다. 지진 후 1년 동안 자신의 몸을 혹사시켜가면서 지나치게 다망했던 날들을 다음과 같이 적고 있다.

> "내가 고베를 출발한 것은 작년 9월 2일의 일인데, 그 후 밤을 자택에서 보낸 날은 손에 꼽을 정도로 적었다. 긴장된 상태로 거의 쉬는 날 없이 동분서주하면서 만 1년 동안 한 군데 머물지 않았다. 일이 어느 정도 정리된 후에야 간신히 마츠자와무라의 집에 와서 쉴 수 있었다. 혼조(本所)의 초토(焦土)에 세워진 천막에서 2-3일 밤을 지새웠을 때부터 마츠자와 숲에서 시작하여 최근 요 며칠에 이르기까지의 나그네 같은 생활 가운데, 마음이 편안해지는 날이 있었는가 하면, 전혀 그렇지 않은 날들의 연속이기도 했다."[11]

> "그러한 스케줄 가운데 그는 느긋하게 쉬기 위해서, 매일 일본의 전통적인 열탕 목욕을 했다. 이것 없이는 결코 살아남을 수 없을 거라고 그는 입버릇처럼 말했다."[12]

그와 정부 공무원과의 관계는 호전되었지만, 여전히 위험한 긴장과 대립이 늘 그림자처럼 따라다니고 있었다. 지방 정부와 중앙 정부와는 적대감을 누그러뜨리기 위해서 농민조합을 지진 재해 구원 활동에 관련시키고자 했다고 여겨진다. 하지만 그것은 오히려 조합에게 유익한 효과를 가져왔음을 부정할 수 없었다. 일본노동자동맹은 도쿄에 사는 노동자를 위한 새로운 주택을 짓기 위한 것이라는 명목으로 6만 엔의 조성금을 마련했다. '불온사상'의 두 대표자였던 가가와 도요히코와 스즈키 분지는 수상(총리대신)이 의장을 맡은 110인의 자문위원으로 구성되는 신설 제국경제회의의 의원으로 임명되었다.

이제 가가와는 사회 개혁을 위한 의안 통과를 위한 운동을 주도해 가는데 지극히 효율적인 입장에 서게 되어, 이 운동을 더욱 효과적으로 실행해 갔다. 그는 문제가 되고 있던 것과 조직능력과의 관련, 불량주택지구 개량위원회에서 봉사해 줄 것을 요청받았다. 정부는 주택과 의료복지 분야에서의 사회 문제에 관한 연구와 통계적 조사를 해 줄 것을 그에게 의뢰했다. 또한 직업소개소를 설립한 실적이 있었기 때문에 중앙직업소개 위원으로도 일하고 있었다. 가가와는 자신이 얻은 이 새로운 수준의 공적인 참여에 대해서 신중하게 접근하면서도 낙관적으로 받아들였다. 그는 한 기자에게 "경제회의에 속한 대부분의 멤버는 부르주아지만, 나라의 사회적, 산업적, 재정적인 여러 문제를 해결하기 위한 노력에 대해서만큼은 매우 진지한 것 같습니다"[13]라고 말했다.

이 시기의 정부와 기업은 '당근과 채찍' 정책을 채택하여, 노동자에게 일정 부분 양보하여 노동 조건과 복지 계획을 개선해 나감과 동시에 언론과 출판에 대한 통제를 완화시켰다. 이로 인한 긍정적인 면은 가가와를 비롯한 노동계의 동료들이 지지하는 개혁안들이 법제화되려는 움직임을 나타낸 것이다. 더욱이 가장 전망이 밝은 측면은 1925년에 제정된 성년 남성의 보통 선거권법 제정이었다. 하지만 어두운 면도 있었다. 우선 정부가 반대 의견을 억누르기 위한 노력을 한층 더 강화하고 있었던 점이다. 권좌에 있는 사람들은, 보통 선거권을 인정했지만 동시에 두려워하고 있었다. 그로 인해 한편에서는 별로 호전적이지 않은 반대론자들을 회유하였고, 또 한편에서는 호전적인 반대론자들을 없애기 위한 시도를 병행한 것이다.

가가와가 촉구하였고, 그 결과 달성되자 가가와도 높게 평가하였던 개혁은, 1911년의 구공장법(旧工場法)의 지배를 받고 있던 노동자에 대해 질병이나 사고 혹은 임산부의 경우에 적용되는 1922년의 '건강보험법'의 가결이다. (그전까지 구공장법은 15인 이상의 노동자가 일하는 모든 공장에 대해서 적용되고 있었다.) 개혁을 통해 구공장법은 수정되어 10명 이상의 노동자가 있는 공장에 적용될 수 있게 되었고, 아동 노동의 최소 법적 연령도 12세에서 15세로 끌어 올려졌으며, 하루 최고 법적 노동 시간도 12시간에서 11시간 사이로 인하되었다. 다른 새로운 노동 입법에는 선원의 최저 임금, 노동쟁의의 조정 규정, 연무(煙霧)로 인한 심폐 손상 원인으로 악명이 높던 성냥 공장의 안전성 개선을 포함하게 되었다. {가가와는 자전적 소설 『사선을 넘어서』에서 성냥 공장에 관한 설득력 있는 내용을 한 장(章)에 걸쳐 할애한 바 있다.} 또한 1924년에 정부는 노동계가 국제노동기구에 파견할 스스로의 대표자를 선출할 수 있을 만큼 완전한 자치를 인정하게 되었다.

아시오 구리광산의 광부조합 노동자들에게 행한 강연회 후. 가운데의 가가와 왼쪽이 유명한 사회평론가 오야 소이치(大宅壮一)다. 이곳은, 일본 메이지시대에 발생한 일본 최초이자 최악의 공해 피해 사건인 아시오광독사건(足尾鉱毒事件)으로 유명하다. 1980년까지 가동된 이 광산은, 2011년 발생한 일본 동일본 대지진 당시, 와타라세강 하류에서 기준치를 초과하는 납이 검출되는 등, 21세기가 된 지금까지도 지대한 영향을 미치고 있는 심각한 사건이다 ⓒ賀川記念館

하지만 이것은 말하자면 '당근'과도 같았다. 이러한 허가를 내주는 대신, 정부는 '채찍'을 사용할 수 있는 권한을 요구했다. 노동운동 측의 반대가 거세지자 국회는 1925년에 치안유지법을 제정하였고, 그것을 오히려 이전에는 상상도 못할 정도로 더욱 억압적인 내용으로 개악하였다. 제1조에는 이렇게 적혀 있다.

> "국체를 변혁하거나 또는 사유재산제도를 부정하는 것을 목적으로 하여 결사를 조직하고, 혹은 그런 자들에게 동정하여 가입하는 자는 10년 이하의 징역 또는 금고에 처하며, 전항의 미수죄에도 이와 같이 벌한다."(国体ヲ変革シ又ハ私有財産制度ヲ否認スルコトヲ目的トシテ結社ヲ組織シ又ハ情ヲ知リテ之ニ加入シタル者ハ十年以下ノ懲役又ハ禁錮ニ処ス 前項ノ未遂罪ハ之ヲ罰ス)[14]

가가와는 권력층에 속한 이들이 그에게 조언을 구해 왔을 때에 '당근'을 맛봄과 동시에 그들이 뒤에 숨기고 있던 '채찍'과 '칼'의 일격도 경험하였다. 지진재해 구제사업과 같은 자선사업에 대해서도 그는 당국의 간섭과 통제에 대처해야 했다. YMCA가 혼조지구(本所地区)의 집 잃은 궁핍한 이들에게 1,000매의 이불을 나눠주고 있을 때였다. 어느 공안 형사는 수령자 리스트의 제출을 요구하였다. 다음에 알게 된 사실이지만, 경찰은 그 피폐한 사람들의 집을 무분별하게 들이 닥쳐, 정부 비판적인 문서가 숨겨져 있지는 않은지 조사하기 위해, YMCA로부터 받은 이불의 봉재선을 뜯도록 명령하기도 했다.[15]

가가와는 1924년 2월, 오사카에서 농민조합대회에 출석했을 때에도 경찰의 삼엄한 감시를 당했다. 약 1,500명의 사람들이 농민과 노동자의 진보적인 의지를 결집시키려는 목적으로 새로운 정당 결성에 대해 의논하기 위해 모여 있었다. 스즈키(鈴木)나 도시 조합의 다른 여러 지도자들도 참가하고 있었다. 정부는 이런 형태의 단결 행위를 지극히 두려워하여 이들 단체가 행진할 때에 노래의 합창을 금지하였고, 지참한 간판이나 깃발도 집회 참가 당초부터 몰수되었다.

강연회 단상의 가가와 ©賀川記念館

또한 가가와는 검열자의 더욱 가혹한 '채찍'도 경험하고 있었다. 그가 예전에 낸 2권의 자전적 소설의 속편 격인 『벽 소리를 들을 때』(壁の声きく時)는 1924년 12월에 출판이 허가되었지만 인쇄본을 보면, 검열자들이 이 책의 연판(鉛板)뿐 아니라 본문의 수많은 부분을 난도질해 놓았던 것을 알 수 있다. 이 소설은 고베의 쌀 소동과 스트라이크(노동쟁의)가 발생했을 때, 가가와가 어떤 역할을 했는지 묘사하고 있었고, 일본 부르주아의 생활양식에 대한 통렬한 풍자도 포함되어 있었다. 본문은 등장인물이 당국을 비판하는 대화와 발언 등을 시작으로 여러 군데의 어구가 삭제되어 버렸다. 어떤 경우는 검열의 마수(魔手)가 너무나 광범위하게 미치고 있어서, 맥이 끊긴 나머지 줄거리도 파악이 안 될 만큼 그 내용 삭제가 무분별했다.

여하튼 가가와가 그 다망한 중에도 집필 시간을 할애할 수 있었다는 사실은 그의 활동 범위와 당시에 그가 앓고 있던 질병의 심각성을 생각하면 실로 놀랄 만한 일이다. 1923년 봄에는 트라코마로 인해 간헐적으로 나타난 실명 상태는 최악의 상황이였고, 설상가상으로 신장염으로 인한 심각한 발작 증상도 가가와를 괴롭혔다. 그럼에도 불구하고 1924년에만 5권의 책(그중의 3권은 신학 저술이며, 나머지의 2권은 소설로 5권을 모두 합치면 1,850쪽 이상에 달한다)을 출판했다. 그 가운데 중요 저작으로 꼽히는 『사랑의 과학』(愛の科学)은 트라코마로 인한 일시적 실명으로 6주 동안 입원해 있던 시기에 그 대부분을 구술로 기록하여 작성할 수 있었다.

가가와가 직접 그린 풍자화. 뇌물에 눈이 먼 부패한 관료를 비판하는 그림이다 ©賀川記念館

가가와의 문체는 본문 재검토나 교정할 시간이 충분하지 않았기 때문에 명문(名文)이라고는 말할 수 없다. 그의 활동은 자신의 사상을 전하고자 하는 강력한 충동에 의한 끝없는 강연 여행, 실명 위협으로부터의 분투 등으로 인해 늘 분주했다.

당시 가가와가 처한 상황은 아이치현 가마고오리(蒲郡) 해변의 한 오두막에 독거하면서 자전적 장편 소설의 초고를 완성했을 때와는 너무나 다른 바쁜 상황이었다. 저술 발표에 매진한 큰 이유 중 하나는 출판물로부터 나오는 수익금이 자신이 벌인 사업에 중요한 수입원이 되었기 때문이다. 가가와는 검소한 생활을 지켜왔고, 개인적 습관도 금욕적이었지만, '예수의 벗 모임' 사람들과 더불어 세상과 단절한 수도원적 삶을 지향하지는 않았다. 그들의 그리스도교 사회주의가 의도하고 있던 것은 하나님과의 개별적인 교제에만 몰입하고 침잠하는 것은 아니라, 지상에 하나님의 나라를 세워 가는 것이었다.

미야자키현(宮崎県) 차우수야마(茶臼山)의 이시이 주지(石井十次) 기념강연회에서 일본 구세군의 지도자인 야마무로 군페이(山室軍平)와 함께 이시이의 묘소 앞에서 함께한 모습. 이시이 주지는 '오카야마 4성인' 중 한 명으로 5,000명 이상의 고아를 돌본 일본 사회복지계의 아버지이다 ©賀川記念館

그와 같은 꿈을 실현하기 위해서는 사업 자금을 충분히 빌리거나 벌 수 있는 수단이 필요했다. 가가와는 자신의 활동을 진전시키는 동안, 이 세 가지 방법을 늘 이용하고 있었다. 그는 제2차 세계대전이 발발할 때까지 매해 평균 5만 엔을 벌어들이고 있었지만 전쟁이 계속되는 동안에는 몇 권의 애국적 내용의 시집 이외에 그 발간이 허락되지 않았다. 거의 모든 돈은 세틀멘트 센터, 교회, 협동조합, 병원, 농업 연구 등, 그 밖의 중요한 여러 계획들을 지원하기 위해서 사용되었다.

인종주의와 제국주의를 향한 날선 비판

1924년 봄에, 가가와의 시야는 황폐해진 일본의 수도 도쿄로부터 미국을 향하고 있었다. 그는 일본 안에서도 그랬던 것처럼, 모든 일본인의 입국을 금지하고 있던 미국 의회의 신이민법 논의를 걱정스럽게 지켜보고 있었다. 일본인의 이민은 이미 1907년부터 시어도어 루즈벨트(Theodore Roosevelt. Jr, 1901-1909년 재임) 대통령과 일본 정부가 맺은 '신사협정'의 결과, 엄격한 제한을 받고 있었다. 캘빈 쿨리지(John Calvin Coolidge) 대통령이 이민법에 서명했을 때, 일본인들은 크게 분노했다. 일본인은 뉴스 보도를 통해 접한 사실이나, 이민한 친척이 전해 준 경험으로부터 미국에 만연해 있던 인종차별을 잘 알고 있었다. 그러한 강한 편견과 차별을 한 나라의 법률로까지 제정하고 제도화한다는 것은 심한 모욕으로 다가왔다.

일본 신문의 지면은 항의 기사로 가득 찼고, 거리에는 거대한 반미 데모가 일어났으며, 미국에서 유입되는 물품에 대한 불매운동의 목소리도 높아졌다. 일본인은 미국인들이 스스로를 인간의 자유를 수호해 왔다고 자인하면서도, 동시에 심각한 인종차별자로 행동하고 있음을 통렬히 지적했고, 또한 미국이 영토적 야욕에도 사로잡혀 위선적으로 행동하고 있다며 분노했다. '이민배제법' 사태의 클라이맥스는 더욱 출구를 찾기 힘든 양상으로 전개돼 갔다. 아시아에 문호개방을 요구하면서 필리핀을 비롯한 식민지의 사람들을 억압적으로 다루는 한편, 미국인을 보호하기 위해서는 먼로주의(Monroe Doctrine, 1823)를 실시해 온 점, 일본 함대의 군함의 정수(定数)를 미국이나 대영제국의 군함 정수 이하로 제한하는 해군 조약 등도 불평등하게 여겨지고 있었다. 어떤 교수는 이에 대해 다음과 같이 말하고 있다.

"훌륭한 공언(公言)을 내놓음에도 불구하고, 그 실제 행동은 완전히 정반대인 국민이 이 세계에는 그렇게 많지 않다. 미국은 세계평화를 위해서 제국주의의 화신인 독일을 처벌하기 위해서 과감히 대전에 참가했다. 하지만 미국이 최근 쿠바(Cuba), 산토도밍고(Santo Domingo, 도미니카공화국 수도), 아이티(Haiti), 니카라과(Nicaragua)에서 해오고 있는 일들이란 것은 세계대전 이전에 독일이 자행한 것들 이상으로 제국주의적이다. … 국제 평화와 국제적 우정이란 미국인 대다수에 있어서는 중요한 것이 아니었다는 점이 확실해지고 있다. 그들의 유일한 관심은 백인의 미국주의(Americanism)를 수립하는 것에 있어 보인다."[16)]

또 한 명의 비평가는 그들 미국인의 행동이 지닌 인종적 측면을 지적하면서 유색인종회의의 개최 필요성에 대해 다음과 같이 호소하고 있다.

"만약 일본인이 그러한 취급에 만족하고 용인해 버리기라도 하면 중국인, 흑인, 인도인, 그 밖의 유색 인종이 한층 더 비참한 처지에 놓이게 되는 것은 명백하다. 결국 유색 인종은 세계 전체 인구의 4분의 3을 차지하면서도 백인보다 뒤떨어진 사람들이라는 딱지가 붙여져 세계 문명으로부터 영구히 배척당하게 된다."[17)]

일본의 초국가주의자들(ultranationalists)에 의해서 미국은 일본이 자국과 아시아를 서구의 인종차별과 제국주의 침략으로부터 지키려면 군사력 증강이 필요하다는 주장을 위한 또 하나의 좋은 구실로 이용되고 있었다. 일본의 국수주의자들은 일본이 작은 섬나라에 불과하여 자원도 적으며, 그 많은 인

요코하마항에서 미국행 배에 오른 가가와(1924) ⓒ賀川記念館

구가 살아가려면 더 많은 영토가 필요하다고 주장했다. 광활한 영토와 막대한 천연자원을 통해 그토록 풍요로운 미국이 만약 일본인의 평화로운 이민을 너그럽게 허락하지 않는다면, 일본은 다른 곳에서 새 영토를 찾게 될지도 모른다고 생각했다. 그러한 평화주의를 20년 전부터 마음속에 품고 있던 가가와는 미일(美日) 양국의 긴박한 관계 속에서 잠재돼 있는 위험성을 암울하게 예감했다. 일본 국내에서 군국주의 이념이 날개를 달게 할 수 있다는 위험을 진작부터 느끼고 있던 이는 가가와 이외에는 거의 없었다. 또한 가가와는 미국의 인종차별주의와 제국주의도 간파하고 있었다. 가가와는 경제나 노동 관련 저술 혹은 강연 가운데서 빈곤의 원인에 대해서 설명할 때에도, 국제적 관점을 통해 분석하거나 개탄한 적이 많은데, 그것은 자본주의 시스템이 지닌 근본적 결함에 대한 통찰이기도 했다. 그의 분석은 가난한 사람들을 섬기라고 하는 복음의 명령으로 돌아가야 한다고 강조하는 그의 신학에 영향을 받고 있었다. 일본의 군국주의와 미국의 인종차별 및 제국주의는 그의 신념과 주장에 정면으로부터 배치되는 것들이었다.

하지만 이민법에 대한 가가와의 첫 반응은 다른 많은 사람들의 경우와 비교할 때 균형 잡힌 것이었다. 저명한 신학자 우치무라 간조(内村鑑三)를 추종하는 그리스도교인들은 외국인 선교사의 배제를 요구하기까지 하였다. 가가와는 그만의 독특한 방식으로 해학과 통계를 적절히 조합하여 대립하고 있던 외국인 선교사와 일본인 목사 양쪽 모두를 비판하였다. 가가와는 연간 예산 290만 엔으로 1,200명의 외국인 선교사와 4,000명의 일본인 목사가 일하고 있음을 지적하였다. 또한 일본의 1,300개 교회 가운데 완전히 자립한 곳은 300개소에 지나지 않지만, 일본인 목사들이 참된 그리스도의 제자라면 외국의 원조가 없어도 헤쳐 나가야 하는 것 아닌가라고 주장하였다. 동시에 가가와는 외국인 선교사들이 필요 이상으로 안락한 생활을 누리고 있음을 지적하며 정면으로 그들을 비판하였다.[18)]

위의 사건들에 대응해 가면서도 가가와는 스스로를 '화해의 대사(大使)'로 여기기 시작했다. 그리스도교 평화주의자로서의 국제적 명성이 높아지고 있던 한 사람으로서, 또한 일본과 서구 사이의 조화를 모색해야 한다는 점에서 분명 그는 중요한 역할을 수행할 수 있는 인물이었다. 폭넓은 독서와 미국에서의 장기 체류는 그를 국제적인 인물로 키웠으며, 이때의 외국 비판은 가가와가 앞으로 전 생애에 걸쳐 전개하게 될 세계평화 활동의 신호탄과 같았다.

일본에서 자신의 활동 기반을 충분히 확립한 가가와는 다시 외국에 나갈 계획을 세우고 있었다. 그의 활동은 구미의 주요 출판물에서 곧바로 기사화되었다. 개인적 만남으로부터 그의 활동에 대한 일거수일투족이 전해짐과 동시에 그의 소설도 서양 언어로 번역되었다. 서구에서는 이른바 '가가와 전설'(The Kagawa Legend)이 서서히 형성되고 있었다. 그는 미국과 유럽을 무조건 공격하거나 일본의 애국적인 시류에 편승할 생각도 없었다. 가가와를 후원하는 미국의 독지가들은 그의 종교 및 사회사업에 기부금을 보내주고 있었다. 가가와의 인생에 있어서 가장 큰 사건이라 할 수 있는 그리스도교 회심이 로건과 마이어스라는 두 미국인 선교사를 통해서였다는 점은 기부자들에게 특별한 감동을 주었던 것이다.

가가와는 식민지주의에는 지극히 비판적이었지만, 완고한 일본인처럼 무턱대고 백인종 전체를 비난하는 태도는 없었다. 그는 자신이 펼치던 지진재해 구원활동 가운데에 서양 여러 나라의 적극적인 참여와 기여에 대해서 높게 평가하며, “일본은 1924년 1월까지 1,475만 엔의 현금 기부와 1,860만 엔에 상당하는 구호 물품을 받았다”고 말한 바 있다. 이어서 가가와는 “중유럽의 정세가 극히 혼란한 어떤 나라에서도 동정어린 마음이 가득 담긴 귀한 구호의 표시를 보내주었다”[19]고 말하면서, 백인 문명권 전체를 비인간적인 착취자의 세계라고 보지는 않고 있었다.

갈수록 확대되어 가는 가가와의 사업을 원활히 수행하기 위해 더욱 많은 자금이 충당되어야 한다는 실제적인 과제 앞에 놓여 있기도 했다. 가가와는 일본과 일본인을 다른 여러 나라에 적극 소개하고 설명함으로써, 일본에 대한 호의를 확보하려고 애썼다. 또한 외국인들이 자신들의 ‘선의’를 자신의 사업을 위한 기부로서 표시해 줄 것을 기대했다. 1924년에 가가와는 환태평양학생대회(Pan-Pacific Student Convention)와 세계기독학생총연맹(WSCF, World Student Christian Federation)으로부터의 강사 초청에 응하였고, 그곳에서 미일 간의 우정이 실로 필요하다는 점을 호소하여, 이민 문제에 대해서도 더욱 합리적인 태도를 취해 줄 것을 촉구했다. 이어서 가가와는 유럽으로까지 강연 활동의 폭을 넓혀 유럽의 각국 지도자들과도 만나면서, 유럽의 선진화된 생활협동조합과 교육 시스템의 새로운 점들을 어떻게 일본에 도입해 가는 게 좋을지 고심하였다. 그는 이미 영국 노동당 당수 램지 맥도널드(Ramsey Mc-Donald)와 영국 정부의 고위 관료들과 회담할 수 있는 조건으로 초청받은 상태였고, 그 밖에도 세계 곳곳을 일주한 뒤, 귀국 시에는 인도의 마하트마 간디(M. Gandhi)와 회담하기를 바라고 있었다.[20]

가을이 되어 출발 준비를 하고 있던 가가와는 ‘예수의 벗’ 그룹에 작별의 인사를 하기 위해 고베로 여행을 떠났다. 도쿄에서 구제 사업에 매진하던 중에도 가가와는 도쿄와 고베를 빈번히 오갔다. 구제 사업 이외에도 가가와는 농민조합의 집회나 보통선거 운동 등을 위해 고베와 오사카에 수도 없이 방문하던 중이었다. 이윽고 1924년 말(11월 26일 요코하마로부터), 가가와는 하와이를 향하는 슌요마루(春洋丸)를 타고 세계 순례의 길에 올랐다.

세계 순례와 근대 일본인으로서의 한계

가가와는 한 시도 쉬지 않는 활동가로 하와이에 머무는 수 주 동안에도 노동쟁의 중인 농원의 필리핀인과 일본인 노동자들을 격려하고 지지하는 활동을 벌였다. 캘리포니아 주에서는 일본인 촌의 거점지역을 방문하여 그곳의 여러 교회에서 설교함으로써, '예수의 벗'의 미국 서부 해안 네트워크를 만들어 갔다. 이러한 네트워크는 그 후 오랜 세월에 걸쳐 가가와에게 막대한 지원을 아끼지 않았다. 일본에서 활동할 때도 그랬지만, 가가와는 설교 요청을 받으면, 아무리 먼 곳이라도 거절하는 경우가 없었다. 샌프란시스코의 남동쪽 약 192km 거리에 위치한 캘리포니아 센트럴벨리의 한 작은 마을인 리빙스톤(Livingston)까지도 흔쾌히 찾아가곤 했다.

훗날 목사 겸 신학교 교수가 되는 리빙스톤의 청년 하시모토 히데오(橋本秀雄)는 당시 가가와가 미국의 일본인 사회에서 어떻게 전도 활동을 했는지 생생히 서술하고 있다. 그 내용을 보면, 가가와는 이미 질병 및 피로와 힘겹

미국 로스엔젤레스 제일조합교회에서의 강연 모습 ⓒ賀川記念館

게 분투하면서도 복음을 전하기 위해서 있는 힘을 다하는 정력적인 설교자의 모습으로 묘사되고 있다.

"1924년 크리스마스의 늦은 밤에 있었던 일이다. 한 명의 젊은 전도자가 중부 캘리포니아의 리빙스톤 근처의 시골에 있는 한 작은 일본인 교회에서 난로 주위에 모여 있는 불과 몇 명의 신도들에게 말씀을 전하고 있었다.

이 설교자는, 아실로마(Asilomar)의 학생대회에 하루 참석한 뒤, 다음 날 종일 편찮아 보였다. 하지만 그는 그 행사의 핵심 강사였기에 청중은 2시간 정도 그를 계속 기다렸다. 이윽고 나타난 강사는 아직도 고열로 괴로워하고 있었다. 몸이 그런데도 그는 청중을 위해 설교의 한 마디 한 마디에 열의가 넘쳤고, 약한 기색을 보이지 않았다. 이 설교에서 그 강사는 사쿠라 소고로(佐倉惣五郎)의 유명한 이야기를 예화로 사용하고 있다. 사쿠라는 중세 일본의 농민 혁명 지도자로 체포된 뒤 처형된 사람이다. 그는 고통 속에 죽어 가면서, 자신에게 처형을 명한 영주에게 이렇게 외쳤다고 한다. '나는 돌아올 것이오! 마지막 순간이 이를 때까지 당신 곁을 늘 따라다닐 것이외다!' 그 말 그대로 그는 다시 돌아왔고, 이 압제자의 가족에게 몇 세대에 걸쳐 늘 그림자처럼 따라다녔던 것이다.

이어서 설교자 가가와 도요히코는 예수의 이야기를 꺼내면서, 예수가 어떻게 십자가에 달렸으며, 그 위에서 어떻게 외쳤는지를 말했다. '아버지, 저 사람들을 용서하여 주십시오! 그들은 자기가 하는 일을 모르고 있습니다'(눅 23:34)라고 말이다.

나는 그날 밤, 가가와 목사의 이야기를 들은 사람 가운데 한 명이었다. 나를 포함해 여섯 명이 앉아 있었다. 이날 나의 남동생은 앞으로 나아가 그리스도를 구주로 영접하여 받아들이겠다고 결단했다. 이 순간은 나에게도 매우 극적인 6개월 동안의 마지막 순간이었고, 새로운 인생의 시작이었다.

나는 그때까지 가가와 선생님(그는 보통 이렇게 불리고 있었다.) 혹은 가가와 씨

(더 친한 사람은 이렇게 불렀다)에 대해서 익히 들어 알고 있었다. 히로시마의 히로세소학교(広瀬小学校)의 은사인 츠카노(塚野) 선생님이 베스트셀러인 『사선을 넘어서』를 쓴 젊은 소설가로 또한 슬럼에서 구제 사업을 벌이는 활동가로서 그분을 자주 언급하고 계셨기 때문이다."[21]

당시 13세에 불과했던 하시모토는 종교적 메시지뿐만 아니라 사회적 메시지도 동시에 담겨 있던 가가와의 강연을 들으며 어떤 감화를 받았는지 다음과 같이 술회하고 있다.

"가가와의 영향으로 그리스도교 신앙으로 회심하게 된 나는, 그리스도인이 됨과 동시에 사회주의자요, 평화주의자가 되었다."[22]

가가와는 수많은 도시에서 강연을 이어갔고, 링컨의 출생지를 방문하거나 수도 워싱턴D.C.에서 열린 미국과 캐나다의 해외선교대표자회의(Foreign Missions Convention)에 출석하기도 했다. 그는 대서양 너머 영국으로 건너간 뒤 유럽 대륙도 순회했다. 영국 노동당 소속 전 수상 맥도날드 외에도 영국의 여러 지도자들과 회담하였고, 덴마크에도 방문하여 이 나라의 앞선 지방자치제도 및 교육시스템, 그리고 협동조합운동의 성공 사례에 깊은 감명을 받았다. 틈틈이 그리스도교 성지도 방문하였다.

높아져 가는 가가와에 대한 서구에서의 명성은 그의 유창한 영어 설교강연과 그 내용의 독일어 번역 출판 덕분이기도 했다. 한 번역서의 서문은 가가와에 대해서 "의심할 여지가 없이 일본에서 가장 중요한 영적 지도자 가운

Pioneer Christian Social
Reformer of Japan
Dr.
TOYOHIKO KAGAWA
will Address a
Great
UNITED MEETING
— IN —
Broad Street Congregational Church
READING, on
Tuesday, the Seventh of February
at 7-30 p.m.
EVERYBODY WELCOME.

가가와의 강연 집회 포스터 ©賀川記念館

데 한 사람"이라고 기술하고 있다.[23] 서구의 청중에게 가가와의 감동적인 자전적 스토리는 전형적인 감동을 선사했다. 추상적 신학은 거의 없었고, 슬럼에서 그리스도교 정신을 어떻게 적용하였는지에 관한 이야기나 노동운동, 혹은 농민운동을 조직해 가면서 겪은 우여곡절 이야기뿐이었다. 그 당시 가가와가 서양인들에게 줄 수 있는 메시지가 있었다면, 그것은 단지 한 개체 인간으로서 그 자신이 바로 하나의 메시지였으며, 그리스도의 가르침을 어떻게 하면 현대 세계의 비참함을 치유해가는 데 적용할 것인가 하는 고민이었다.

가가와는 세계평화의 이상을 널리 전하기 위해, 인종차별과 복음은 서로가 직접 모순되는 것임을 강조하며, 일본인도 그것을 예의주시하고 있다며 인내하며 역설했다. 그는 완고한 반일적 편견을 약화시키는 데 도움이 될 만한 일본인 상(image of Japan)을 제시했다. 일본인이 종종 느끼고 있는 상처에 대해 다음과 같이 전했는데, 그 메시지는 매우 솔직하였고, 그 이야기를 들은 청중은 충격을 받았다.

> "미국에서 단행된 최근의 배일이민법으로 인해서, 대다수 일본인은 미국이 더이상 그리스도교 국가 아니라는 사실을 발견했습니다. 일본의 초등학교 교실에는 조지 워싱턴이나 에이브러햄 링컨의 사진이 게시되어 있었고, 그것을 보는 일본인은 이들 위대한 대통령은 미국뿐 아니라 전 세계와 일본의 지도자라고 여기고 있었습니다. 그들은 전제(專制) 통치라는 낡은 속박으로부터 모두를 구해낸 해방자들이었기 때문입니다. 하지만 작년 봄, 미국이 자국 영토로부터 일본인을 배제하려 하는 것에 일본인들은 놀라지 않을 수 없었습니다. 그 결과 조지 워싱턴이나 에이브러햄 링컨의 정신은 더 이상 미국 시민의 마음에 담겨 있지 않음을 발견하고, 유감스럽게 생각하고 있습니다.
> 오늘날의 미국은 '백인종을 위한 자유의 땅'에 불과한 것이 되었습니다. 더 이상 '황인종을 위한 자유의 땅'이라고는 볼 수 없습니다. 미국은 동양의 여러 나라에게 그 문을 단단히 걸어 잠그고 있지 않습니까?"[24]

이어서 가가와는 서구의 청중 앞에서 다음과 같은 무서운 예언을 남겼다.

> "장래에 우리 일본인은 미국 안에서 두 종류의 사람들을 구별하지 않으면 안 될 것입니다. 즉, 그리스도인들과 상원의원의 주장을 지지하는 사람들이라는 두 종류 말입니다. 상원의원의 주장을 지지하는 한, 우리는 '세계공화국'(World's Republic)을 결코 건설하지 못할 것입니다. 인종 사이에는 전쟁이 계속되겠지요. 선의보다는 증오가 그 힘을 떨치겠지요. 우리는 무장(武裝)할 것임에 틀림없고, 서로 싸우기 위한 준비에 여념이 없을 것입니다. 적국을 의식하여 더욱 더 많은 군비 확충에 나서겠지요. 이웃 나라를 믿을 수 없게 될 것입니다. 결국 세계대전의 비극을 반복하여 힘겹게 일궈 온 문명과 문화는 몇 번이고 다시 파괴되고 말 것입니다."[25]

서구의 착취 정책에 대해서도 다음과 같이 비난하고 있다.

> "아시아 대륙 전체를 한번 바라보세요. 일본은 자국의 독립을 유지하고 있는 거의 유일한 나라입니다. 아시아 전체는 백인의 지배하에 놓여 있습니다. 백인종은 그리스도교를 믿습니다만, 신싸 그리스도교는 믿고 있지는 않아 보입니다. 그들의 그리스도교는 말뿐인 것입니다. 산상수훈(설교)은 유럽 제국에 의해서는 제대로 실천된 적이 없습니다. 개인적으로는 많은 이들이 예수 그리스도의 뒤를 따르고 있습니다. 하지만 국가의 차원에서는 야수와 같이 잔인합니다. 예수 그리스도의 원리는 개인주의의 원리와는 다른 것이었습니다. 하늘 나라(Kingdom of Heaven)의 이상과 그 실현이란 공산주의나 사회주의와 같은 수준의 사회적 복음(social gospel)인 것입니다."[26]

하지만 가가와는 자국 내의 여러 문제에 대해서는 외국에 대해서만큼 솔직하지 않았다. 그는 일본이 당면한 여러 심각한 문제들에 대해서 조심스럽게 말하며, 과도하게 자국에 대한 온정적 태도를 보였다. 미국의 상원의원을 비난하면서, 그는 다음과 같이 말하였다.

> "그들은 여전히 국가주의적인 이념에 지배당하고 있으며, 일본조차도 오늘날 미국에 대해서 공격적이라고 생각하고 있다. 하지만 현재의 일본은 지극히 이상주의적이다. 세계가 무장해 가고 있는 한, 평화는 얻을 수 없다는 사실을 일본은 알고 있다. … 일본의 지도자들은 제국간 전쟁의 폐지를 유도하고, 인종 간에도 애친(愛親, loving-kindness)의 원리를 고무시키기 위해서 그리스도교의 원칙에 따라 서 있다. 일본의 지도자들과 그 정부는 이상주의적인 원칙에 눈을 뜨고 있는데, 예로부터 이상주의적인 나라였던 미국은 어찌 된 게 그리스도교의 원칙을 버리고, 국가주의적인 시시한 본능으로 회귀하여, 백인종과 황인종 사이에 차별의 벽을 세워 버리고 있다."[27]

가가와는 군국주의자들의 지배력이 확실히 일본에서 사라져 가고 있다고 청중에게 역설하면서, 일본에서 최근 군사비가 삭감되고 있음을 그 증거로 제시하고 있다.[28] 인간의 지성에 대한 그의 신뢰는 매우 컸으며, 만약 전 세

가가와의 야외 강연을 기립해서 듣는 서구의 청중들 ©賀川記念館

계 사람들이 일본인의 그러한 노력에 대해 안다면, 인종차별과 과대망상증(paranoia)은 줄어 들 것이라고 믿고 있을 정도였다. 이러한 신뢰감은, 한편 미일 국민들이 양국 간의 전쟁을 예상하며 걱정하던 긴장감을 완화시켰다. 실제로 가가와는 평화를 궁극적인 목표로 삼아, 일본을 위한 선전 활동에 매진하고 있었다. 가가와는 자기 나라가 국가 간 갈등 문제를 합리적으로 취급하고 있으며, 평화와 통상에 있어서 위협적인 존재가 아니라는 점만 증명할 수 있다면, 서양의 여러 나라들도 자신들의 호전성을 변명하지 못하게 될 거라고 믿었다.

하지만 이러한 접근은 긍정적 일본상을 제시할 때에 결국 수많은 일본의 전형적인 부정적 방식에 대해서 잘 둘러대야 하는 문제가 있었다. 그의 이러한 태도는 평화를 위한 선전 노력에 의했던 것만이 아니라, 근본적으로 지니고 있던 가가와의 낙천주의에 기인한 것이기도 했다. 그는 일본에서 달성된 여러 개선의 성과들을 자신이 전 생애를 바쳐 이루고자 했던 민주사회를 향한 진보의 징표라고 보았다. 하지만 그러한 안일한 생각은 광신적 애국주의의 폭력과 갈수록 심해져 가는 경찰의 통제와 단속을 간과한 결과였다. 그러한 정신으로 가가와는 서양의 대중을 향해 자신의 지진재해 구원 활동을 이상화하면서 다음과 같이 말하고 있다.

> "대참사의 한가운데서 흥분하여 흉악해진 몇몇 소수의 사람들을 제외하면, 대부분의 재난 피해자들은 침착하였고, 모든 피해지에서 아름다운 상호 부조의 정신을 잘 드러내고 있었다."[29]

이 발언에는 도쿄 시민들이 흉포(凶暴)해져서 그곳에 살고 있는 7,000여 명의 조선인을 살해하였던, 일본 역사상 가장 수치스러울 만한 학살 사태에 대한 심각한 간과가 있었다. 가가와는 지진에서 살아남은 사람들의 고귀함만 강조하였을 뿐, 일본 스스로가 지니고 있던 인종(민족)차별의 내면은 간과한 것이었다.

● 간토 대지진이 일어나고 다음 해인 1924년 9월 5일에는, 가가와 도요히코, 고자키 히로미치(小崎弘道) 등이 발기인이 되어, 「조선인 및 중국인 학살 참회 기도회」를 도쿄 YMCA에서 개최한 바 있다. 李泰雨, 『在日本韓国YMCAの歩みと今後の展望 : 在日外国人YMCAとしての特殊性とその使命』, 東京: 日本YMCA研究所, 1980. 참조 – 역자 주

이러한 일본인이 지니고 있던 인종차별의 내면은 앞서 소개한 피차별부락민에 대한 일본인의 편견과도 관계 있을지 모른다.

자국에 대해 이처럼 우호적으로 취급하는 가가와의 태도에는 그 밖에도 또 다른 몇 가지 이유가 있었다. 스파이의 감시와 엄혹한 검열이 그의 대담한 비판을 약화시킨 것이었다. 그가 추진하고 있던 여러 개혁안은 만약 그가 일본에 대해 불충한 반역자로 여겨졌다면 근본적으로 위험에 처해져 버렸을 것이다. 이것은 훗날 더 확실히 알게 되는 것이지만, 이해해 줄만한 우려였던 것도 사실이다. 실제로 몇 년 뒤에 가가와는 미국의 한 잡지에 게재한 기사로 인해 체포, 투옥되기 때문이다. 또 한 가지 이유는 가가와가 여전히 애국주의의 영향권 하에 존재했기 때문에, 기본적으로 자국 내부의 수치스러운 부분을 굳이 드러내고 싶어 하지 않았던 것이다. 가가와가 소개한 전체적인 일본의 이미지에는, 그의 근본적인 낙관주의와 일본에 대한 신뢰가 혼재하고 있었다. 그는 슬럼에서 배울 수 있었던 냉혹한 현실주의에 대한 감각을 조금씩 잃어버리고 있었다. 슬럼에 있을 때는 어느 타입의 인간은 도저히 구제가 불가능하다면서, 솔직히 인정하는 모습도 있었다.

'가가와 전설'의 그늘에 가려진 자녀들

1925년 6월, 오랜 여행에서 귀국한 가가와는 그 사이에 새로운 가족 한 명을 맞이한다. 그해 4월 23일에 태어난 딸 지요코(千代子)이다. 하지만 가가와의 아이들은 몇 개월 동안 아버지를 거의 볼 수 없었다. 계속 되는 15년간에 걸친 국내에서의 강연 활동과 국외 여행 때문에, 자신의 아이들과 보내는 시간은 거의 없었다. 1년 중에 적어도 1개월이라도 가족과 함께 보낸 것은 평생 가운데 수년에 지나지 않는다. 그는 가족과 떨어져 있는 것이 불만이라고 자주 말했지만, 가족과 함께 집에 있는 것보다는 자신의 큰 사명을 위해 여행하는 쪽을 더 좋아한 사람이었을지도 모른다.

가가와는 넓은 의미로서 어린이들을 사랑하여, 유치원이나 탁아소 설립

자연교안 표본을 보면서 자녀와 함께하는 모습 ©賀川記念館

이나 아이들을 위한 동화책 집필 등, 추상적인 애정은 드러냈으나, 자기 가족에 대해서는 감정적으로 초연한 측면이 있었다. 자기 자식들에게 애정을 표현하는 말수도 적었다. 지금은 캘리포니아 설리너스(Salinas)의 한 장로교회 목사인 가가와의 딸 모미 우메코(籾井梅子, 1988년 이후에는 은퇴 후, 시애틀에 거주함)는 이렇게 털어 놓았다.

> "아버지는 자신의 결핵이나 트라코마가 우리에게 옮을지도 모른다는 걱정이 있었기 때문에, 자기 아이는 껴안지 않는다고 말하셨습니다. 하지만 저는 그것이 구실(변명)에 불과하다고 생각했습니다."

하지만 가가와는 자신이 가족을 소중히 여기는 사람이라는 이미지를 주의 깊게 관리해 갔다. 그는 바로 선 '크리스찬 홈'(Chrisitan Home)의 가치를 굳게 믿고 있었기 때문이다. 엑슬링(일본 주재 미국침례교회 선교사)이 쓴 유명한 가가와 전기에는 다른 여러 전기와 같이 가가와의 가족사진이 몇 장 실려 있다. 엑슬링은 이 사진들이 과장된 것이었음을 분명히 알고 있었을 것이다. 왜냐하면 엑슬링은 그 사진들이 촬영될 때에 가가와와 함께 전도 여행을 다니며 일본 국내를 빠짐없이 순례하고 있었기 때문이다. 다른 경우를 보면, 가가와가 자기 아이들의 숙제를 돌보아 주고 있는 장면이 나오는 영화가 제작되었다. 1936년에 제작된 이 영화는 먼 훗날인 1985년에 재차 상영되었는데, 가가와의 딸 우메코의 해설이 덧붙여졌다. 그런데 바로 그 장면에서 우메코는 농담하듯 이렇게 외쳤다. "저건 연출입니다!"

가가와 가족의 실제 모습은 일에 중독된 아버지가 자신은 신으로부터 부르심을 받았다고 도취해 있는 라이프워크에 자신의 시간과 에너지 대부분을 바치고 있는 바로 그 모습이었다. 가가와는 자신의 사명 수행을 위해 주위의 관심을 끌려면 어떤 이미지를 어필하는 것이 좋은지 너무나 잘 알고 있는 뛰어난 선전가였으며, 오늘날 우리가 카리스마(charisma)라고 부르는 것을 교묘하게 발휘한 사람이었다. 그는 사진 찍히는 것을 좋아했다. 그 시기의 가장 두드러진 견본 중 하나는 1929년에 나온 『사선을 넘어서』의 독일어 역인 『반항과 희생』(*Auflehnung und Opfer*)의 삽화다. 이 사진에는 책상을 앞에 두고 뭔가 골똘히 생각하는 포즈를 취한 채 가만히 앉아 왼쪽 팔꿈치는 탁상에 기대고, 왼손은 깊은 생각에 잠긴 듯 턱을 괴고 있다. 그 모습은 어떻게 보아도 예술가처럼 보인다.

가가와가 입은 가가와 정장(Kagawa suit)과 「구름기둥」에 게재된 정장의 광고 문구 ©賀川記念館

그는 수수한 라이프스타일을 고수하여 일본에서는 한 번도 이발소에 간 적이 없었다. 아내 하루는 결혼식을 치른 이래 줄곧 가가와의 머리 관리를 해 주고 있었다. 이 시기에 하루는 겨울용으로는 검은 코르덴으로, 한편 여름용으로는 회색 면으로 완성한 싸고 검소한 유니폼인 '가가와 정장'(Kagawa suit)을 고안하고 있었다. 그것은 육체노동에 많이 노출된 블루칼라 청년들에게 인기가 많았다. 가가와가 개버딘제의 양복(gabardine suit)을 한 벌 간신히 장만한 것도 종전(패전) 후의 일이었다. 그때 가가와는 청년시대의 금욕적인 식습관으로부터 조금씩 이탈하여 육류를 먹거나 밥과 된장국에 계란 반찬을 추가한 일본식 조반(朝飯)을 하기도 했고, 토스트와 버터, 벌꿀을 곁들인 유럽식 아침 식사를 먹기 시작했다. 그가 좋아하던 메뉴는 와사비를 갈아 얹은 흰살 생선 요리였다.

일본에 돌아간 가가와는 이전과 같이 자신의 활동에 맹렬히 몰두하는 모습을 보인다. 오사카에 대규모의 시칸지마(四貫島) 세틀먼트를 설립했는데, 이것은 작은 교회가 성장해서 만들어진 형태였다. 요시다 겐지로우(吉田源治郎)의 지도하에 이 정착촌은 나날이 확대해 가서, 탁아소, 소아과 진료소, 출산케어-진료소, 300 가구 이상이 이용 가능한 방문 간호사 서비스 시스템을 확보할 수 있게 되었다. 요시다는 10대 시절에 그리스도교로 회심하였고, 가가와의 『빈민 심리의 연구』나 『그리스도전』(キリスト伝)을 읽고 나서, 사회복지사업에 뛰어든 인물이다. 그는 가가와의 조력으로 미국의 오번신학교(Auburn Seminary)와 콜롬비아대학(Columbia University)에서 공부할 수 있었고, 그 후 오사카에서 목회와 사회복지사업에 종사하였다.

또한 시칸지마 세틀먼트에서는 일요(주일)학교 외에도 도서관, 유치원, 치과진료소도 있었다. 유치원은 미국 캘리포니아의 '예수의 벗' 회원들이 보내준 헌금으로 건축될 수 있었으며, 그 후원의 뜻을 기념하여 '로스앤젤레스홀'(Los Angeles Hall)이라고 명명했다. 가가와는 이러한 사업을 위해 자신의 개인 자산도 계속 기부하고 있었다. 그는 아내 하루의 주도면밀한 관리에 의지하지 않았다면, 자기 가족을 위해서는 한 푼도 남기지 않았을지 모른다. 가가와의 딸이 이 당시의 사정에 대해 이렇게 회고하고 있다.

“아버지는 돈을 만드는 것에는 자신이 있었습니다만, 그것을 저축하는 방법은 몰랐습니다. 어머니는 돈을 보관하는 사람으로서, 그것을 매우 주의 깊게 분배하고자 노력했습니다. 다양한 단체에서 사람들이 아버지를 찾아왔을 때, 아버지는 언제나 이렇게 묻곤 했습니다. ‘형제여, 오늘 돈은 충분히 있습니까?’ ”

시칸지마 세틀먼트 앞에 선 요시다 겐지로(吉田源治郎) ⓒ賀川記念館

일본으로 돌아온 뒤, 그의 공적인 생활도 재개되었다. 그는 국제적인 ‘징병반대선언서’(Anti–Conscription Manifesto)에 서명하여 당국의 불만을 사고 있었다. 이 선언은 일본의 군국주의자들을 모욕한 것이라고 여겨졌기 때문이다. 전 국민의 병사화가 그들 일본 군국주의자들의 핵심 전술이었기 때문이다. 이 문서에 서명한 세계적인 명사들을 소개하면, 마르틴 부버(Martin Buber), 미구엘 데 우나무노(Miguel de Unamuno), 알버트 아인슈타인(Albert Einstein), 마하트마 간디(M. Gandhi), 버트런드 러셀, 라빈드라나트 타고르(Rabindranath Tagore), H. G. 웰즈(Herbert G. Wells)가 있다.

대안적 진보 정당의 꿈

가가와는 공산주의자를 포함한 일본의 노동계급에 속한 모든 단체를 결집해 낸 새로운 정당을 건립하는 것에 계속 골몰했다. 무엇보다 그는 공산주의자가 사회 변혁의 수단으로서 폭력을 긍정하고 있는 것에 여전히 반대하면서 공산주의자에게는 더욱 더 비판적인 입장을 견지했다. 특히 소련에서 전개되고 있던 고도로 중앙집권화된 독재적 상황을 두려워하고 있었다. 가장 중요한 점이지만, 마르크스주의는 그 주요한 관심사가 인간을 경제적 존재로서 풀어내는 것이다. 그런데 그러한 독재 상황은 사람들의 내면생활 발전의 필요성을 무시하고 있는 게 아닌가 하는 점에서 가가와는 의문을 품고 있었다. 가가와가 볼 때, 종교에 대해 공산주의자들이 품고 있는 적대감은 마르크스주의 사상의 한계를 드러내는 것이었다. 한편 가가와는 그리스도인이 복음의 요구에 호응하는 행동을 취함으로써, 마르크스주의를 넘어서는 보다 인간미 넘치는 삶의 방법을 드러낼 수 있다고 강하게 기대하고 있던 것이다.

가가와는 일본의 노동자에 대해서 나라나 교회가 그 절박한 제반 문제에 대해서 좋은 해결책을 약속해 주지 않기 때문에, 그들이 마르크스주의를 신봉한다고 해서 비난할 수 없다고 자주 말했다. 그러한 발언의 예를 들면 다음과 같다.

> "그러므로 우리의 인간애는, 인간의 생명 그 자체를 껴안는 사랑이 되지 않으면 안 된다. 마르크스나 프랑스 사회주의 및 무정부주의의 창시자인 프루동(Pierre J. Proudhon, 그의 소극적인 면은 별도로 하더라도)의 적극적 공헌을 우리가 칭찬하는 것도, 생명을 지키기 위한 것이기 때문이다. 인류 가운데서 신생명을 발견하려면, 우리는 이 우주에 혁명을 일으켜서 그것을 새롭게 창조해야 한다."[30]

사회운동의 의미는 한마디로 말해서 그것이 개인의 변혁적 장소를 제공하여, 거기서 각자의 창조성이 발휘될 수 있도록 한다는 것이다. 따라서 가가와에게 복음은 생명으로의 부름이었다. 심지어 풍성한 생명으로의 부름이 바로 '복음'이라는 스스로의 확신을 계속해서 역설하기 위해 그는 다음과 같이 말했다.

"환경의 변혁, 즉 사회혁명은 실로 인간 영혼의 창조를 위한 그 첫 번째 전제에 지나지 않는다. 하지만 마르크스는 이 전제를 너무 지나치게 강조한 나머지, 인간의 영혼을 망각해 버리고 말았다. 아, 마르크스주의자 제군들이여! 그러한 전제를 강조하는 것을 멈추어 문제의 핵심으로 돌아오시길 바란다! 그때 비로소 제군은, 제군의 환경 한가운데에서, 제군의 재창조된 영혼을 발견하게 될 것이다."[31)]

가가와는 더욱 공정한 경제제도의 창조를 위해 헌신했지만, 그것은 이 세계가 속죄를 시작하는 것에 지나지 않다고 말하였다. 이 출판물이 나온 1924년으로부터 수년 전에 그는 이미 이렇게 적고 있다.

"비록 우리 사회에 사회주의 세계가 존재하게 되었다 하더라도, 유토피아는 실현되지 않을 것이다. 단지 빵을 보증하였다고 해서 유토피아 실현을 위한 활동이 완성되었다고 생각할 수 없기 때문이다."[32)]

노동운동의 비참한 전개 과정은 그가 품고 있던 통일전선의 꿈을 위협하기 시작했다. 1925년에 일본노동총동맹이 두 개의 당파로 분열된 것이다.

가가와가 설립한 고베노동대학 졸업식(1920, 효고교회 예배당)
ⓒ賀川記念館

하나는 사회민주주의적인 노선이었고, 다른 하나는 공산주의적 노선이었다. 같은 해 5월 음력 16일 밤, 연맹 지도부는 파괴 활동을 도모하거나 소련의 코민테른과 협력하였다는 비난과 함께 모든 공산주의자 개인과 그들이 만든 개별 조직의 제명을 발표했다. 그리고 여러 주가 지나기 전에 제명된 회원들은 새로운 조합인 '평의회'를 결성했다.

가가와는 공산주의자의 전술에는 강하게 반대하였고, 한편 마르크스주의에 종교적 가치가 부재하다는 점을 비판하고는 있었지만, 이러한 분열 상황을 마음 깊이 슬퍼했다. 노동자 계급은 획득한 지 얼마 안 된 투표권을 충분히 행사하기 위해 스스로의 정당을 필요로 했던 것이다. 하지만 그 목전에 일본노동총동맹의 분열로 인해, 불필요한 내부 대립에 휩쓸리고 말았다. 이러한 치명적인 분열 이후에 가가와와 전국농민조합은 통일사회당을 설립하기 위한 회의에 서로 반목하는 조합 내 두 개의 파벌 쌍방을 초대하였다. 이러한 조직화 노력의 대상에는 수평사와 정치연구회(政治研究会)도 포함되어 있었다. 후자는 좌익 지식인 그룹으로서 가가와는 1924년 6월에 개최된 발족식에서 개회사를 맡아 연설하였다.[33] 가가와와 스기야마 모토지로는 강력한 정당을 만들기 위한 필수조건으로 노동조합에 가입하고 있는 도시 노동자와 농촌 노동자 간의 일치화합, 그리고 여러 노동자 단체 간의 연합이라는 것을 확신하고 있었다. 그러한 일치가 이뤄지지 않으면, 고군분투하는 노동자나 농민의 정치력은 절망적인 상태로 무너져 내릴 것이라고 보았다.

일본노동총동맹은 즉시, 일본노동조합 평의회와 정치연구회에 대해 강경노선을 취하면서 항의하였다. 평의회는 일본노동자연맹이 통일전선을 형성하려는 이 집회의 목표 자체를 뒤집으려 하고 있다면서 반박했다. 이 두 개의 조합은 결코 화해나 타협이 없었고, 통일 정당을 조직하려는 노력으로부터도 손을 떼고 있었다. 가가와와 농민조합은 어찌 됐든 성실하게 노력을 지속해 나가, 마침내 1925년 12월 1일에는 도시민들과 농민들을 하나로 묶으려는 당초의 의도에 입각해서 '농민노동당'을 결성하였다. 정부는 신속하게 반응하여, 이 정당의 대표자가 국제노동기구(ILO) 회의에 파견할 수 있는 임명권을 인정하지 않기로 결정하였다. 이 정당의 정식 설립 때부터 몇

가가와가 그 창립 과정에 관여한 노동농민당의 정당 포스터

시간도 지나기 전인데도, 내무성은 가가와가 야심차게 설립한 신당에 대해서 너무 급진적이라는 이유를 들어 그 대외 활동을 금지한 것이었다.[34)]

가가와와 조합의 지도자들은 이에 굴복하지 않고, 공산주의자들과 피차별 부락민 그룹이나 지식인 그룹 등은 넣지 않는 선에서 다시금 도전하겠다는 결단을 내리고 있다. 마침내 1926년 3월 5일에, 그 명칭을 반대로 바꾼 '노동농민당'으로 신당이 결성되었다. 스기야마가 위원장으로 선출되었고, 미와 주소(三輪壽壯)가 총간사에, 가가와 도요히코, 아베 이소, 다카노 이와사부로(高野岩三郎), 스즈키 분지 등, 보다 온건한 지도자들이 중앙위원으로 선출되었다. 아마도 이 새로운 정당의 지도부가 보다 온건하게 구성되었던 점 때문에 정부는 이번에도 억압적 조치를 취할 수는 없었을 것이다.[35)]

가가와나 스기야마의 바람은 이 신당이 모든 프롤레타리아 단체의 입당을 우호 관계와 상관없이 인정해서 가능한 한 광범위한 기반을 확보해 가자는 것이었다. 그들은 배후 노력을 시도하여, 당원 스스로가 자신이 속한 조직의 공식 대표 자격이 아니라, 단지 한 사람의 개인으로서도 입당할 수 있다는 조건을 제시했다. 즉 공산주의자나 피차별 부락민, 혹은 그 외의 단체에 속한 사람들이 개인 자격으로도 입당할 수 있도록, 다시 기획하였던 것이다. 하지만 일본노동자연맹이 그들 회원의 입당에 강력히 반발하였기 때문에 당내의 다툼은 거의 1926년까지도 계속되었다.

가가와는 입당 허가를 위해서 급진적 당원의 탄원을 받아들이는 것에도 찬성한다는 주장을 계속 이어갔다. 이에 화가 난 일본노동자연맹의 지도자들은 스기야마와 가가와를 공산주의에 물들었다고 비난하기도 했다. 일본

지바현에서 개최된 산업조합대회의 가가와 강연 모습 ⓒ賀川記念館

노동총동맹은 10월에 노동농민당에 대한 지지를 철회하여, 자신들의 신당인 사회민중당을 결성했다.[36] 결국 이 정당은 제2차 세계대전까지의 15년 동안 20개 이상의 프롤레타리아 군소 세파를 만들어 냈고, 그로 인한 파벌주의에 계속 발목을 잡히게 된다. 이처럼 좌익은 정부 관료나 지배적 정당 안의 군국주의적이고 국가주의적인 세력과 싸우기 위한 충분한 단결력을 확보하는 데 한계를 드러냈다.[37]

농민조합도 공산주의의 파벌과 반(反)공산주의 파벌로 격렬한 대립 속에서 분열해 갔다. 그 과정에서 가가와는 폭력을 긍정하는 적의(敵意)로 가득한 그룹에 의한 강탈이라고 여겨지는 행동들에 대해서는 더욱 적극적으로 반대하는 입장을 취해 갔다. 이에 대해 공산주의자들은 그들이 이전에 도시의 노동운동에서 전개했던 것처럼 가가와와 그 파벌은 무능하고 반동적이라고 비난했다. 이러한 대립이 격화되어 가자 '화해자로서의 가가와'는 내부적 다툼을 계속하느라 스스로의 동력을 약화시켜서는 안 된다는 고민에 휩싸여 갔다. 가가와는 노동운동의 여러 그룹 사이에는 차이점보다는 훨씬 많은 공유점이 있다는 사실을 알고 있었다.

결국 가가와는 사회주의적인 색채가 짙은 전도(傳道)의 방식이 그동안 전개해온 조합 활동이나 정치 활동보다는 희망이 있다고 믿게 되었다. 가가와는 1926년 12월에 그러한 생각을 다음과 같이 말하고 있다.

> "일본의 노동운동은 정치운동에 의해 뿔뿔이 흩어지고 해산 당하였습니다. 참으로 안타까운 일입니다. 저는 당분간 무산정당운동으로부터 손을 떼고 '하나님 나라 운동'(神の国運動)에 열중하려고 합니다. 따라서 이번에 농촌소비조합협회를 발족시킬 것입니다. 그리고 주로 일본의 자본주의와 싸워 나갈 생각입니다. 소비조합운동이 점점 구체화되어 가서, 이번에 「소비조합시대」(消費組合時代)라는 월간 잡지를 발행하게 되었습니다. 저는 주로 이 일에 매진해 나갈 생각입니다."[38]

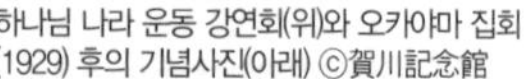

하나님 나라 운동 강연회(위)와 오카야마 집회(1929) 후의 기념사진(아래) ⓒ賀川記念館

가가와는 그 말대로, 1920년대의 마지막 시기에 전도 활동과 협동조합 일에 더욱 온 힘을 기울여 갔다. 보통선거권이 인정되는 상황을 이끌어냈음에도 불구하고, 그는 일본의 산적한 여러 문제에 대한 정치적 해결책에는 실망하고 있었다. 그리고 일본의 진보를 위해 자신이 공헌할 수 있는 최대의 사업은 사람들의 마음을 바꾸어 그들에게 종교적인 가치를 불어넣는 것에 있다는 결론에 이르고 있었다. 그는 늘 스스로에게 엄격히 비판해 온 '제도적 교회'의 그리스도교가 아니라, 사랑에 근거하여 이웃 사람들에게 봉사로 드러나는 그리스도교를 통해 그들을 회심시키고자 하였다. 그것은 '예수의 벗'(イエスの友) 그룹이 이미 실천하고 있는 바로 그러한 '그리스도교'였다.

그는 이미 1922년에 그러한 '순수한' 그리스도교에 대한 소망을 표명하면서 다음과 같이 적고 있다.

> "나는 오늘날의 교회와 가는 길을 달리하고 있습니다. 그것은 오늘날의 교회가 작은 죄에 대해서는 엄격하게 말하면서, 큰 자본주의의 죄악은 쉽게 봐주기 때문입니다. 나는 오늘날의 교회가 걸어가고 있는 이 같은 안이한 길을 똑같이 걸어갈 수 없습니다. 나는 옛 전도의 방식으로 단지 평탄한 복음 전도자의 길을 걸었다면 편하였을 것입니다. 과거의 전도는 지리적으로 넓게 전할 수만 있다면 그 자체로 좋은 것이었습니다. 하지만 20세기에는 공간적 전도보다는 더욱 내적인·질적인 전도를 필요로 하게 되었습니다. 그것은 자본주의에 대한 필사적인 전도입니다."[39)]

어느 비극적인 사고로 인해 종교적인 길에 더욱 매진하게 된다. 가가와는 도쿄 시내에서 빈번하게 외출해야만 했기 때문에, 시간을 절약하기 위해 사이드카를 부착한 오토바이를 한 대 확보하였다. 1925년 9월 9일, 오토바이를 운전하던 그의 젊은 조수가 근접해 오는 열차를 피하기 위해 갑자기 방향을 트는 바람에 배수구로 돌진하였다. 그 결과 사이드카에서 분리되어 멀리 튕겨져 나간 가가와는 척추 뼈의 아랫부분에 강한 충격을 받았고, 전신이

KINGDOM OF GOD MOVEMENT

神の國新聞

하나님 나라 운동 포스터(좌)와 하나님 나라 신문(우) ⓒ賀川記念館

마비되는 중상을 입었다. 의사들은 그가 다시는 걸을 수 없을 것이라고 예측했다. 도저히 몸을 움직일 수 없게 된 이 두려운 시간 동안, 가가와는 간절히 기도하였다. 자신이 회복된다면 일본의 회심을 위해서 자신의 온 몸을 바치겠노라 재차 다짐하였던 것이다. 이미 15년 전에 폐렴으로 빈사(瀕死)의 위기에 빠졌을 때에도 슬럼가의 빈민을 섬기기로 맹세하였다. 그때와 비슷하게 가가와는 하나님과 진지한 계약의 기도를 드렸다. 그러자 다시 한 번, 의사들의 부정적인 진단을 180도 뒤집는 기적적인 치유가 일어났다. 그는 사고 발생으로부터 꼭 2주일이 지나자 빠른 회복세를 보이며 움직일 수 있게 되었다.

100만인 구령운동

그는 즉시 2개월 동안의 여행을 시작하여 1926년 1월에는 27일 동안 단 하루도 빠짐없이 연일 설교와 강연을 이어갔다.[40] 그는 3월까지 이 같은 맹렬한 페이스로 활동을 지속했다. 하지만 너무 무리했을까? 눈병이 악화되어 다시 입원하게 되었고, 결국 왼쪽 눈은 전혀 보이지 않게 되었다. 그럼에도

1927년 발생한 오쿠탄고(奧丹後, 교토 북부) 지역 대지진 당시, 반실명 상태에서도 직접 구호 활동을 벌이다 중이염이 심해져 현장에서 쓰러진 뒤, 아야베(綾部)교회 등에서 회복 중인 가가와 모습 ⓒ賀川記念館

불구하고 그는 의사나 친구들의 조언도 듣지 않고, 실로 힘겨운 순회 여행의 일정을 다시 소화하기 시작했다.

그 당시 가가와는 기성 교회에 대한 비판의 논조를 누그러뜨리기 시작했다. 자신이 전개하는 커다란 운동을 실현해 가기 위해서는 여러 교회의 도움을 받지 않으면 안 되는 것을 알았기 때문이다. 교회 현장과의 소통은 그의 전도 활동을 지속해 갈 수 있는 가장 중요한 기둥과도 같았다. 가가와는 프랑스의 위그노를 연구하였는데, 그 공부를 통해 만약 100만 명의 일본인이 그리스도인이 되면, 일본 사회는 바뀔 것이라는 확신을 얻었다.

가가와는 그러한 대전도(大傳道) 활동을 예수의 벗 동지들이나 그의 전도 여행의 동반자이자 안내자였던 구로다 시로의 도움을 얻어 시작하였다. 그는 변방의 작은 마을을 찾아다니며 설교하였고, 그리스도교의 사회적 복음의 사신(使信)을 넓혀 가고자 했다. 그리스도교에 흥미를 갖게 된 사람들은 전통적인 전도 방식과 같이 결신 카드에 자신의 이름을 적었다. 1927년 6월, 나가노현의 가루이자와(軽井沢)에서 열린 백만인구령운동협의회의 집회에서 가가와는 모든 교회가 대규모 전도 활동에 참가하면 어떠하겠는가 제안하였다. 그는 특유의 기백과 유머로 "100만 명을 그리스도로 이끌지 않겠습니까?"라고 외치면서 기무라 세이마츠(木村清松) 목사를 재촉하였다.

"100만 명이라고요?"라면서, 기무라 목사는 놀라 되물었다.

"그렇습니다!"라고 가가와는 대답했다. "2,700만 명의 사람이 술집에 살다시피 합니다. 그 사람들 가운데 단 27분의 1만 이끌어 봅시다. 우리만으로는 할 수 없는 일입니다만, 모두 협력하면 이룰 수 있습니다."[41)]

가가와는 1928년에 자신의 운동을 '하나님 나라 운동'으로서 시작하고 있다. 그의 추정에 의하면 이후 3년 동안에 100만 명 이상의 사람들에게 설교하였다. 그리고 그 가운데 6만 5천 명이 결신 카드로 자신의 이름을 적었다. 그 결과 일본의 교회는 1년에 1만 9천 명씩 성장하였다. 더 많은 후속 활동이 이어졌다면 영혼의 수확은 이보다 훨씬 더 많았을 것이라고 가가와는 생각했다.[42)] 그는 1928년 6월부터 1929년 6월까지의 1년 동안 총 635회의 집회에서 27만 명 이상의 사람들에게 말하였고, 그 가운데 1만 3천 명의 회심자를 얻었다.[43)]

가가와의 전도는 오늘날 미국에서 일반적으로 볼 수 있는 상업화된 쇼가 아니었으며, 일본의 영적인 혹은 사회적인 변혁을 일으키기 위한 일종의 프

하나님 나라 운동의 협력자 구로다 시로(가가와의 왼쪽) ©賀川記念館

요코하마시로교회(横浜指路教会)에서 열린 '예수의 벗' 요코하마지부 강연회를 마치고. "백만의 영혼을 하나님께로"(百万の魂を神に捧ぐ)라는 문구를 들고 있다 ©賀川記念館

로그램이었다. 그는 "가라! 가서 전하라!"라는 성서의 명령을 따르면서, 설교하는 것을 영적 에너지의 소모가 아니라 오히려 자신의 신앙생활에 불가결한 것이라고 생각하고 있었다. 그는 불교의 석가가 보여준 명상적인 행장(行狀)에도 감탄하고 있었다. 부처의 전도자로서의 헌신적인 모습에 대해서는 그 누구에 대해서보다도 가장 경의를 담아 뜻밖의 찬사를 표시하고 있다.

> "석가가 훌륭한 제사장이었던 사실은 명백하다. 그는 설교해 달라는 부탁을 받으면 그 어떤 초대에도 응했을 것이다."[44]

가가와는 빡빡한 프로그램으로부터 몹시 지칠 수밖에 없었는데, '휴식'을 취하기 위해 오히려 해외 전도 여행을 떠났다. 1927년, 1930년, 1931년에 그는 중국으로 떠났다. 또한 1931년에는 미국, 캐나다와 '카라후토'(사할린)를 방문하였고, 1934년 2월과 3월에는 필리핀과 중국으로 나갔다. 1935년의 2월 중순부터 7월 하순까지는 오스트레일리아와 뉴질랜드에서 설교와 강연으로 순회 여행을 이어갔다.

만주사변과 일본 군국주의 비판

가가와가 외국에 있을 때 일본으로서는 참으로 불명예스러운 만주사변(1931)이 발발했다. 이 서글픈 군국주의의 승리는 일본의 장래에 길고 어두운 그림자를 드리우게 된다. 일본 육군의 장교들이 1931년 9월 18일에 심양 북쪽의 철도를 폭파하였고, 그것을 중국인 탓으로 돌리는 식으로 선전하여 만주 땅에서 전쟁을 일으킬 계획을 세웠던 것이다. 일본 육군은 일본 정부의 지시가 없는데도 그 즉시 진격하여 마침내 만주 전체를 점령하에 두게 되었고, 1932년 3월까지 괴뢰 정권(만주국)을 세웠던 것이다. 이후에도 일본 육군은 대륙의 각지에서 산발적인 공격을 추가하였다.

이러한 혐오스러운 일본군의 수법으로 중국과의 전쟁 시작을 의미하였고, 이후 제2차 세계대전으로 발전해 나가면서 다수의 희생자를 내게 되었다. 일본 육군 내의 다수 세력은 스스로를 초법적 존재라고 생각하며, 자신들의 판단은 문민 당국을 압도하고 있으므로 스스로의 판단에 기초해서 행동할 권리가 있다고 주장하였다. 일본 정부는 이미 그들을 막을 의지도 힘도 없었다. 한층 더 문제를 복잡하게 만든 것은 이 경솔한 전쟁이 세계 대공황 가운데서 일어났다는 점이다. 결국 이들의 군사적 침략은 경제적 욕구 불만의 배설구라는 점도 있었다. 일본이 서구 제국주의에 진절머리를 내고 있던 것도 사실이지만, 그 당시 일본이 중국에서 저지른 만행들은 어떤 시각에서 보더라도 부당하고 잔인한 길을 걷기 시작한 모습이었다.

가가와는 여러 기회를 통해 일본군의 확장주의에 대한 유감을 표명했지만 그에 반대하는 힘을 적극적으로 결집시키지는 않았다. 1933년에는 반전(反戰)의 내용을 담은 시(詩)를 출판했다는 이유만으로 세 차례의 조사를 받았다. 1920년대의 원기 왕성한 설교자였던 가가와는 군부가 어떠한 통제에도 아랑곳하지 않는다고 생각되었을 때, 깊이 체념하며 실망감에 젖어 있었다. 1933년 8월에 찾아온 미국으로부터의 손님에 대해서는 중국에 사죄하겠노라 약속하기도 했다. 하지만 내빈 가운데 한 명인 장로교회 목사 클라이드

1929년에 개최된 '하나님 나라 운동 협의회'(神の国運動協議会) 기념사진. 이 자리에서 '제1회 농민복음학교 지도자 수양회'가 겸하여 열렸고, 농촌전도의 필요성이 강조되었다 ⓒ賀川記念館

로디(Clyde H. Roddy)가 이렇게 기록했을 정도로 완전히 망연자실한 체념의 상태를 드러내고 있었다.

> "그(가가와)의 지극히 침통한 모습을 보면서, 일본이 그 맹목적인 태도로 인해 고통을 겪게 될 것을 직감했다."[45]

가가와는 푸른 옷을 입고 마루에 앉아 있었지만 "지쳐 풀이 죽어 있는" 모습처럼 보였다. 노란 헝겊 같은 것이 그의 왼쪽 눈을 가리고 있었다. 그는 문의 가장자리에 기대면서 그날의 손님들에게 자신의 어쩔 수 없는 진로와 선택을 설명하였다.

> "만약 내가 너무 많은 말을 하면, 나를 도와주는 사람들은 이 사업에 있어서 나를 잃게 될 것입니다. 만일 내가 너무 높이 날게 되면…."

여기까지 말한 뒤 그는 양손을 번쩍 들면서 이렇게 덧붙였다.

"나의 이 양 손은 잘려 나가겠지요?"

가가와는 슬픈 듯, 하지만 정확하게 예측하고 있었다.

"일본은 낭비하고 있다. 돈을 잃고 있다. 만주에서 200억 엔이나 탕진하고 있다. 하지만 20년 정도 지나면 중국이 그것을 빨아 먹어 버린다. 즉 일본이 지금 하고 있는 일들을 전부 흡수해 버릴 것이다. 결국 일본은 그것들을 잃어버릴 것이다. 15년 정도 지나면 만주는 산동성(山東省)의 날품팔이 노동자들의 지배하에 놓이게 될 것이다.
조선은 일본의 손실을 야기시키는 곳이다. 조선인의 값싼 노동력을 확보하기 위해서 일본의 농민은 실업으로 전락하고 있다. 일본의 제조 공장은 폐쇄되고 있다. 조선병합으로 인해서 일본은 지금 고통을 겪고 있는 것이다. 군국주의자들은 너무나 어리석고 이것을 모른다. 그들은 정치나 경제에 대해서는 아무것도 모르고 있다. … 육군대신(陸軍大臣) 아라키(荒木)는 무솔리니(Benito Mussolini)의 배역을 연기하려 하고 있다. 그는 일본의 군부를 대표하려고 하는 것이다. …"[46]

마침내 그는 이렇게 예상하고 있다.

"서구는 일본 주위에 벽을 쌓아 올릴 것이다. 6년 정도 지나면 서구는 일본에 대해 경제적 봉쇄로 나올 것이다."[47]

가가와가 가장 강하게 마음에 호소하였던 말은 아마도 1934년 3월 11일의 주일 설교였을 것이다. 그는 이때 중국에 사죄한다는 맹세를 실천에 옮겼다. 필리핀으로부터의 귀환 2년 전에 일본군의 맹폭격을 당했던 상하이에 들렀던 것이다. 지금 일본의 군대가 이 도시를 점령하고 있으며, 병사들은 어디서든 보이며, 시민 공원에서는 군사 훈련을 받고 있다. 또한 대로변에는 무장한 오토바이나 탱크가 대오를 만들어 삼엄한 경비를 이어가고 있으며, 새로운 군막사가 나란히 세워져 꽉 짜여진 구획으로 생활하고 있던 것이다. 가가와는 총알이 만든 구멍 자국이 선명한 한 방에서, 토요일 밤에 K. S. 리(K. S. Lee)와 그 지역의 한 중국인 그리스도인 모임과 식사를 함께 하였고, 일본군 병사들로 인해 집이 파괴되고 아이가 살해당한 사람들과 만났다.[48)]

가가와는 지아(Z. K. Zia) 목사가 맡고 있는 피치기념교회(Fitch Memorial Church)에서 다음 날 오전 예배의 설교를 부탁받았다. 이 교회는 상하이의 그리스도교 활동의 중심지에 위치한 1,000명을 수용할 수 있는 꽤 크고 새로운 교회였다. 폭우가 내리던 일요일이었지만, 그의 방문이 취소될까봐 두려워한 나머지 널리 홍보하지 않았음에도 불구하고, 예배당은 많은 사람으로 넘쳤다. 그 교회의 한 장로가 가가와를 소개하면서, 바울 사도의 말을 알기 쉽게 풀어서 다음과 같이 말하는 것이었다.

> "남자와 여자가 없고, 노인이나 젊은이도 없으며, 일본인과 중국인도 없습니다. 우리는 모두가 그리스도 예수 안에서 하나이기 때문입니다."(갈 3:26-28)

이에 화답하듯, 가가와는 강단에 서서 이렇게 말하였다.

> "사랑하는 형제자매 여러분! 저는 이곳에 설 수 있게 되기를 계속 기도해 왔습니다. 만약 우리가 그리스도인이 아니면 저는 여기에 설 수가 없을 것입니다. 저는 개인적으로 우리 일본인이 한 나라로서 자행해 온 일들에 대해 유감스럽게 생각하고 있습니다. 여러분은 그리스도인이시며 용서해 주시는 분들이시기 때문에, 부족한 저를 이 강단에 세워 주고 계십니다. … 온 세계의 군국주의자들은 성령을 이해하지 못하고 있습니다. 그들은 군사적 침략이나 식민지화의 망령에 휩싸여 있습니다. 우리는 타국에 속한 영토를 침략할 때에 하나님 나라(Kingdom of God, 神の国)에 실로 큰 죄를 범

하고 있습니다. 우리는 하나님의 성령을 만나 올바로 서야 하겠습니다. 성령님의 음성만이 이 세계 가운데에 들릴 수 있도록 기도합시다. 그때 비로소 전쟁도 없어지고 군국주의자들도 없어지며 혁명도 없어지겠지요. 이러한 때에 여러분이 성령의 가장 윤리적이고 가장 은혜 넘치는 열매를 이미 나타내고 계십니다. 따라서 참된 그리스도교가 여러분을 통해서 이 동양에 영원히 세워질 수 있도록 기도해야 하지 않겠습니까?" [49]

한 개인으로서의 가가와는 일본이 군사적인 억압으로부터 어떻게 하면 해방될 수 있을지에 대해서 비관주의와 정서적 혼란에 잡혀 어떻게 하면 좋을지 헤매고 있었다. 하지만 공인(公人)으로서의 가가와는 1930년대에 접어들어 일본에서 허용되는 수준 이상의 권위를 가지고 여전히 수많은 나라에서 폭넓게 복음을 전하였던 것이다. 그의 평화주의는 그의 애국주의에 의해서 이해하기 어려운 것이 되어 버렸다. 1931년에 나온 그의 인기 소설 『한 알의 밀알』에서 그 주인공은 일본 육군의 병역에 온순하게 복종하고 있다. 훗날 영화로까지 만들어진 이 소설은 한편으론 공산주의자들에 대한 적대적 태도를 표명하고 있기 때문에 공적인 박해에 구실을 주고 있다. 가가와가 정치의 중심으로 기울어져 갔던 것에 대해서 비평가 존 군터(John Gunther)는 이렇게 말하였다.

"그(가가와)는 당국으로부터 한동안은 위험한 급진분자라고 평가되었지만, 1923년의 대지진 구호 활동의 조직화 과정을 거치면서 훌륭한 사람으로 인식되기 시작하였다." [50]

이와 같은 평가에도 불구하고 미국인들은 사회적 복음을 강조하며 협동조합운동을 지원하던 가가와를 급진적 인물로 여기고 있었다. 국내에서의 그러한 행동에는 애매한 부분이 존재했지만, 그는 해외의 수백만 사람들에게 행동주의적 그리스도교와 협동조합운동에 대한 믿음과 확신을 타협하지 않고 널리 전하는 사람이었다.

제8장

미국을 뒤흔든 일본의 협동조합 운동가

제8장

미국을 뒤흔든 일본의 협동조합 운동가

세계적인 협동조합 개척자가 되다

가가와는 수많은 프로젝트에 자신의 재력과 정력을 바쳤다. 그중에서도 일본에 가장 큰 충격을 준 눈에 띄는 사업은 뭐니 뭐니 해도 소비자와 농민을 위한 '협동조합운동'이다. '일본생활협동조합연합회'(The Japanese Consumers Cooperative Union, JCCU)는 가가와 등의 노력을 통해서 1951년에 설립되었다. 이 단체는 식료품, 소비재, 보험, 의료, 주거, 무역 등, 총 660개사의 협동조합 활동을 관리하고 있다. 이 조합은 1,000만 명의 조합원을 확보하고 있으며, 종업원은 약 7만 명이고, 출자금은 총 1조 2천억 엔(원화 환산 약 10조 원)이다. (1988년 기준) 가장 성공적인 '나다·고베생활협동조합'(Nada-Kobe Co-op, 灘·神戸生協)은 처음에 조그만 두 개의 소매 조합으로 출발했는데, 그중 하나가 1921년에 설립되어 가가와의 가장 중요한 활동을 구체화시켰다. 나다·고베생협에는 1년에 약 1천

● 2016년 4월 현재, 생협 조합원 수 약 167만 명이다. 나다·고베생협은 'Co-op Kobe'라는 브랜드가 되어 세계 최대의 단일 생협으로 성장해 있다. 이곳을 시작으로 일본 전국에 수많은 생협이 생겨났고, '일본생활협동조합연합회'에 가입된 일본 전체 조합원 수는 2,200만 명에 달한다 – 역자 주

세계 최대 단일 생협으로 성장한 코프고베의 현재 모습, 효고현 북부의 도요오카(豊岡) 매장 ⓒ 生活協同組合コープこうべ

8백억 엔의 매상이 달성되고 있으며, 현재는 민주주의 사회에서 가장 탁월한 단일 생협이라고 평가받고 있다.

일본의 소비협동조합의 성장은 폭발적이었다. 1972년 이래 조합원 수는 360만 명으로 시작해 이내 1,000만 명을 넘기게 되었다. 매상은 20년 동안 35배 증가했다. 인플레이션을 고려하더라도 이것은 기록적인 수치라고 말하지 않을 수 없다. 협동조합의 도매부에서는 2천 종 이상의 생산물을 취급하며 공장에서는 두부 그 외의 대두 제품, 면류, 빵류 등의 식료품을 만들고 있다.[1] 교원조합과 같은 전국적인 조직은 예외지만, 협동조합의 결성은 동일 도도부현(都道府県) 내의 것으로 한정하면 일본의 법률이 정하고 있기는 하지만 그럼에도 불구하고 이 같은 급속한 성장을 보였던 것이다.

하지만 통계 수치보다 더 의미 있는 것들이 그 밖에도 많이 있다. 협동조합은 일본의 소비자운동과 평화운동의 추진력이 되었다는 사실이다. 협동조합은 정치가들을 압박하여 보건 위생에 대한 보다 엄격한 규제 확립을 쟁취했고, 중요 소비재의 가격 인상에 반대하여 성과를 거두었으며, 환경오염에도 반대하는 활발한 캠페인을 전개했다. 복지예산 삭감과 정책의 퇴행에도 반대하였으며, 저소득층 소비자들에게 직격탄을 안기는 증세 정책과도 싸워왔다. 대형 조합은 '식품검사실'(own testing laboratories)을 설치하여 첨가물이 적게 투여된 식품이나 무공해 세제 등, 친환경적인 양질의 제품을 독자적으로 개발하는 일에도 착수했다.

협동조합운동이 상품이나 서비스를 효율적으로 제공한다고 하는 기본 역할을 넘어서서 보다 창조적으로 제반 문제에 관심을 갖고 대응해 온 역사는 실로 의미가 깊은 일이다. 사회적 책임을 통해 폭넓게 관련되어 온 이유 가운데에는 가가와의 강력한 영향이 있었다. 일본생활협동조합 연합회(JCCU) 회장을 지낸 나카바야시 사다오(中林貞男)가 오랜 세월 동안 '가가와 정신'(Kagawa Spirit)이라고 불러온 말에 담긴 영향력이다. 이것은 일본생활협동조합연합회의 "평화와 더 좋은 생활을 위해서"(平和とよりよい生活のために)라는 슬로건으로 나타난 것이다. 풀뿌리 삶의 현장으로부터 국가적 수준까지, 교육 및 평화 활동의 촉진이나 '원자폭탄 및 수소폭탄 금지 세계대회'에 참가하는 것 등을 통해 협동조합은 평화 활동에도 적잖이 공헌해 왔기 때문이다.

1982년 나카바야시는 1,400명의 일본인 대표자들을 인솔하여 뉴욕의 제2회 국제연합(UN) 군축특별총회에 참가하여 3,000만 명의 일본인이 서명한 핵무기 폐기 호소문을 제출했다. 이 대표단 가운데는 생협 조합원이 200명 포함돼 있었으며, 조합이 받아낸 서명은 총 380만 명에 달했다. 그 당시 나카바야시는 다음과 같이 역설했다.

> "우리 협동조합에 대한 가가와 선생의 가장 위대한 공헌은 평화운동에 있어서의 리더십이었습니다. 평화의 유지야말로 협동조합이 추구하는 최고의 이상이라고 가가와 선생은 늘 강조하셨습니다."[2)]

협동조합을 순수하게 경제상·경영상의 조직이라고 보는 사람들에게 있어서 이러한 활동은 조합에 적당하지 않은 것, 아니 오히려 그 주요 기능으로부터 관심을 딴 데로 돌리는 쓸 데 없는 활동이라고까지 볼 수 있다. 하지만 협동조합에 대한 가가와의 비전은 모든 활동을 포함하는 것이었다. 협동

나다·고베소비조합 창립 당시의 모습(1921. 5) ⓒ賀川記念館

조합의 발전은 경제개혁의 주된 요소일 뿐만 아니라 세계평화의 열쇠가 되는 것이라고 가가와는 믿어 의심치 않았고, 어느 곳에 가든 그 뜻을 열심히 설파했다. 협동조합은 조합원을 민주적으로 관리하여 '수익'{profit, 조합의 용어로는 '저축'(saving)}이 소수의 경영자에게 집중되는 일 없이, 조합원에게 환원되기 때문에 경제개혁의 수단이 되는 것이다. 요약하면, 가가와는 협동조합을 일본에서 빈곤과의 투쟁 수단이나 '경제의 인간화'를 달성하기 위한 방

일본생활협동조합연합회 창립총회 모습(1951. 3) ⓒ賀川記念館

법이라고 믿고 있던 것이다. 장기적으로는 세계경제를 협동조합적인 기반 위에 세우는 것으로 전환시키는 것을 그는 꿈꾸고 있었다.

가가와는 대부분의 전쟁은 경제적 불평등과 시장이나 원료, 그리고 특히 이익을 둘러싼 국가 간의 격렬한 경제 전쟁이라고 젊은 시절부터 확신하고 있었다. 따라서 필요한 일은 이윤을 추구하려는 동기를 봉사라는 동기로 전환시킬 수 있는 시스템이라고 늘 논하였다. 소비자 협동조합은 몇 사람의 기업가나 투자가를 위해서 이익을 축적하는 것이 아니라, 오히려 모든 조합원에게 상품과 서비스를 제공하는 것을 목적으로 한 상호 원조의 비즈니스다. 그렇기 때문에 이윤을 얻기 위함이 아니라 봉사를 위해 일한다는 동기를 마음속에 심는 것이 이상적이라고 가가와는 믿었다.

만약 이 운동이 사회의 변혁을 가져올 수 있다면, 그것은 이기적이지 않은 행동이나 타인(이웃)을 향한 배려와 종교적 가치로 가득 찬 것이면 좋겠다고 가가와는 생각했다. 이 점에 대해서 나카바야시는 다음과 같이 적고 있다.

> "높은 신념을 가진 한 명의 그리스도인으로서 가가와는 언제나 우리에게 협동조합운동과 관련하여 인격주의적인 생활의 방법을 가르쳤다. 일본생활협동조합연합회(JCCU)의 회의에 출석했을 때, 가가와는 택시 호출을 거부하고 아무리 늦은 시간일지라도 전철을 타고 귀가하였다. 그는 컨디션이 나쁜 날에도 반드시 이것을 실천했다."[3)]

미국 협동조합운동의 원동력이 된 가가와 정신

아마 일본인의 상당수는 미국 소비자조합운동에도 가가와가 큰 충격을 주었다는 사실을 모를 것이다. 그는 미국에서 많은 사람을 분기시켜 그들이 협동조합의 발전과 지원에 생애를 바치게 되는 원동력이 되었다. 국제협동조합동맹(The International Cooperative Alliance)의 유엔(UN) 대표로 파견되었고, 미국원조물자발송협회(CARE) 회장을 역임한 월레스 캠벨(Wallace Campbell)은 미국협동조합연맹(The Cooperative League of the USA)의 스태프를 하고 있었을 때 가가와와 알게 되었다. 캠벨은 1930년대부터 미국의 협동조합을 지도해 온 수백 명이나 되는 지도자들이 가가와를 어떻게 기억하는지 그 인상에 대해 다음과 같이 표현했다.

> "나는 가가와에게 몹시 감명 받았다. 1936년부터 몇 년 동안 발휘된 그의 협동조합운동을 향한 뛰어난 리더십은 그가 다닌 여행으로부터 유래한다고 생각된다. 왜냐하면 그는 강연 여행을 통해서 많은 사람에게 관심을 일으켰으며, 조합 리더로서의 역할을 추구하는 동기와 목적을 확실히 각인시켜 주었기 때문이다."[4)]

가가와는 긴 강연 여행과 각종 서적을 통해서 미국 협동조합과 관계를 맺어, 건전한 국제적 공생 관계를 만들어 내는 데 일조했다. 미국의 많은 조합 관계자는 가가와로부터 용기의 북돋움을 받는 한편 일본의 조합운동도 1950년대부터 2천 명 이상의 스태프를 미국의 협동조합과 기업에 파견하여 설비나 관리 경영의 기술, 분배 시스템 등을 시찰하고 연구하여 많은 도움을 얻을 수 있었다.

미일 양국의 협동조합운동의 관계는 버클리 생활협동조합(Cooperative of

미국의 옛 생협 매장 ©www.iamthestrategist.com

Berkeley, CCB)(이 슈퍼마켓의 경영은 1980년에 연간 총 매상 8,300만 달러, 조합원 수십 만 세대를 헤아렸음) 및 그 지방 도매업자들의 협동조합연합(Associated Cooperatives, AC) 등의 조직 활동에 의해서 더욱 확대될 수 있었다. 이러한 역사적 배경은 제2차 세계대전 초기인 1942년에 시작되었다. 그해에 미국 정부는 태평양 연안의 한 기슭에 있던 12만 명의 일본계 미국인과 거류 일본인의 대규모 이주를 실시하였고, 그들을 내륙의 모르타르식 바라크 시설에 격리하였다. 그것은 완곡하게 '이전센터'(relocation centers)라고 불리었지만 사실상은 수용소나 다름없었다.

이 당시의 수용 과정은 정보공개법에 의해 최근 발굴된 정부 문서로부터, 또한 의회의 공청회와 연방재판소의 재판 등에 의해서 그 실정이 속속 밝혀져 왔다. 그것은 가가와가 항상 비난하던 것과 같은 종류의 인종 편견의 결과로 빚어진 일들이었다. 정부나 군부는 이들 일본계 거주자들이 단 한 명도 스파이 행위나 파괴 공작과 관계되지 않았음을 잘 알고 있었지만, 그들의 존재가 국가의 안전을 위협하고 있다는 구실을 내세워서 강제 이주를 정당화하였던 것이다. 중서부나 동부에서(일부는 협동조합에서) 일을 찾은 사람, 혹은 대학에 입학한 사람이나 종군한 사람을 제외하면, 그들 일본계 미국인은 대부분 전쟁 시기에 유자철선(有刺鉄線)에 둘러싸인 수용소의 감금 생활을 해야 했다. 하와이 일본계 2세에 의한 제100보병부대와 합동한 일본계 2세에 의한 제442부대는 전시 중 가장 영예로운 미국 참전 부대로 선정되었지만, 그 가족의 상당수는 캠프에서 고된 생활을 보내고 있어야 했다.

캠프를 관리하기 위해 설립된 전시전지수용기관(戦時転地収容機関, WRA)은 가혹한 환경을 개선하기 위해 노력하였다. 예를 들면, 협동조합에 의한 '관영매점'(canteens)을 만드는 허가를 거주자에게 주어서 복지나 일용품 등, 여러 서비스를 제공하였다. 이 프로그램을 지도하기 위해서 캘리포니아 대학 학생협동조합의 초대 바이어 매니저로서, 훗날 AC의 회장도 역임한 랠리 콜린스(Larry Collins)가 고용되었다. AC 자체가 이러한 관영 매점을 제공하는 것으로 스스로의 사업을 지원하고 있었다. 전쟁이 끝나면 이주민들은 이전에 강제 이주를 당해야 했던 것과 같은 여러 형태의 인종차별을 다시금 직면

1953년 버클리 생활협동조합의 확장(좌)과 현재의 모습(우)
©www.berkeleyhistoricalsociety.org

하게 되었다. CCB와 AC는 샌프란시스코 만의 해안 지대에서 맨 먼저 이러한 차별에 반대하여, 소수 민족의 배경을 가진 사람들과 함께 협력하여, 일본계 미국인을 고용할 수 있도록 이끌었다.

버클리 협동조합의 멤버는 특히 1930년대에 가가와가 쓴 저작이나, 교회와 학술 집회의 강연 등으로부터 직접적인 영향을 받고 있었다. 그러한 과정을 통해 두 나라 사이의 협동조합을 통한 연대가 태동하였고, 가가와가 세운 나다·고베생협과 CCB 사이에는 1965년부터 자매조합의 관계를 맺을 수 있었다. 이에 앞서 1959년에는 가가와의 제안을 통해 후쿠다 시게루(福田繁)와 오오야 마사오(大谷正夫)라는 두 명의 젊은 JCCU 스태프(1988년 당시 지도부)가 각각 버클리와 팔로 알토 협동조합(Berceley and Palo Alto co-ops)의 스태프로서 반 년 동안 캘리포니아에서 지내고 있다. 1982년에는 일본의 협동조합에서 평화 대표단이 미국을 방문하여 핵무기 폐기를 요구하는 호소를 유엔에 제출하였고, 돌아가는 길에 버클리와 팔로 알토의 협동조합에 들러 연대와 협력을 확인하였고, 세계평화를 위해서도 함께 노력할 것을 약속했다. 이러한 국제적 일치의 정신은 가가와를 기쁘게 한 일임에 틀림없다.

이미 말한 것처럼, 가가와 스스로가 협동조합에 대해 알게 된 것은 이시카와 산시로(石川三四郎)의 『협동조합 이야기』를 읽은 1905년으로 거슬러 올라간다. 그 후 10년 동안 가가와의 지식은 현저히 넓어져 갔다. 경제 시스템 전체에 걸친 협동조합을 창도해 나간 영국의 사회개혁가, 특히 길드 사회주의자의 저작 등에 가가와는 정통했다. 가가와에게 영국 협동조합운동의 진중한 출발은 매우 인상적으로 다가갔다. 영국에서는 1844년에 스트라이크(쟁의) 중이었던 직공과 사회·종교 개혁가들이 맨체스터 부근의 로치데일(Rochdale) 토드 레인(Toad Lane)에서 작은 소매점을 열었다. 1920년까지 영국의 협동조합은 480만 명의 조합원을 확보해 나갔고, 출자금은 2억 5천만 파운드에 이르고 있었다.

'중도'로서의 협동조합

열정을 가지고 모든 개인의 존엄을 위해서 활동하던 가가와에게 협동조합의 민주적인 구조는 그야말로 마음을 흥분시키는 것이었다. 1인 1표 제도는 조합 내에서만큼은 한 사람의 개인이 동등의 권한으로 의사결정에 참여할 수 있다는 것, 그리고 그 권리가 빈부의 정도 차이나 출자금의 액수와 관계없음을 의미하는 것이었다. 가장 궁핍한 사람도 가장 부유한 사람과 동일한 발언권을 가지고 있었다. 로치데일의 선구자에 의한 또 다른 개혁 방안에는 각 조합원의 구입액 비율에 근거하여, 그 이익을 환부한다는 아이디어가 있었다. 개인이 조합으로부터의 '이익'(profit)을 (배당받아) 모으게 되는 일은 없었다. 조합을 소유함으로써 그것을 이용하고 있는 사람들 사이에서 균등하게 이익이 분배되었기 때문이다. 이익은 저축으로 변환되었던 것이다.

이러한 비즈니스 방법은 일본 사회의 개혁을 열망하고 있던 가가와의 꿈에 걸맞은 구상이었다. 개인에게 힘을 줌으로써 사회적 부를 대중에게 분배한다는 꿈 말이다. 열린 회원제와 비즈니스의 민주적 관리를 지금까지 전개해 왔던 개혁운동의 요구 사항, 즉 보통선거권(1인1표제)의 확대와 같은 것이라고 가가와는 믿고 있었다. 민주적인 공장의 관리는 고베에서 펼쳤던 그 길고 괴로운 스트라이크(노동쟁의)에 있어서의 핵심적인 요구 사항이었다. 노동조합은 민주적인 관리, 즉 '노동의 인간화'를 달성하기 위한 수단을 제공했다. 그 누구도 보스가 될 필요는 없고, 이익을 독점하는 사람도 없었다. 협동조합은 노동자의 노동자에 의한 노동자를 위한 비즈니스였다. 그들은 가질 수 없는 자들이었으며, 단지 가가와가 바란 것은 그들이 상공업의 주역이 되어, 그 결과로서 민주적이고 협동조합적인 사회가 비폭력적으로 이 땅에 도래하게 되는 것이었다. 협동조합이 억압 없는 자본주의와 폭력 혁명 사이의 '중도'(中道, the middle way)일 수 있다고 반복하여 강조한 것은 그러한 이유 때문이었다.

'중도로서의 협동조합'을 주장하는 것은 가가와에게 지극히 중대한 일이었다. 자본주의는 인간에게 고통을 안기며 그 결과 전쟁을 낳았다고 가가와는 비판하였다. 한편으로 폭력 혁명을 주창하며, 계급투쟁을 강조하는 마르크스주의자들을 향해서도 그는 공격하였다. 경제에 대한 마르크스주의자의 진단을 부분적으로 수락하기는 했지만 개인을 단순한 경제적 존재, 혹은 국가라고 하는 기계의 톱니바퀴의 부품 정도로 생각하는 마르크스주의의 비인간적 접근에 대해서 그는 동의할 수 없었다. 그는 또한 자본주의가 인간을 봉건사회로부터 해방하는 힘이 되었다는 점은 인정하였지만, 자본주의가 가져온 인정사정없는 착취 구조나 탐욕 그리고 필사적인 경쟁의 몸부림에 물들어 버린 체제의 정신적 공허함을 인정할 수 없었다. 결국 그는, 거의 묵시적 표현으로 자신이 선택한 방향을 드러냈다. 1934년 11월, 가가와 펠

가루이자와의 토핑(H. Topping) 별장에서 열린 가가와 펠로우십 성수회(聖修會) 기념사진 ©賀川記念館

로우십(Kagawa fellowship)의 회원들이 나가노현 가루이자와에서 성수회(聖修會)를 실시하였을 때 가가와는 이렇게 말했다.

"오늘날의 세계는 자본주의와 공산주의라는 두 개의 경제체제를 놓고 최종 판단을 내리기 위해 그 무게를 재고 있다. 자본주의에는 많은 장점이 있고, 현대인의 생활에 공헌한 점도 인정되고, 그 안에는 자유무역의 원칙, 노예제의 역사적인 파기, 개인의 자유 강조 등이 깃들어 있다. 하지만 자본주의는 스스로가 잉태한 이러한 모든 장점을 뒤집어엎을 만큼의 우려스러운 악(惡, evils)도 낳아 왔다. 즉, 자본주의의 병폐로 인해 그를 대신하기 위한 혁명과 물질주의와 상품의 할당 원리에 근거한 공산주의 이론이 출현하고 있다.

공산주의도 많은 장점을 가지고 있지만, 그 가운데 중요한 것은 생산에 공헌한 모든 노동자 사이에 생활필수품을 보다 공평하게 계급 차이가 없도록 분배하는 것이다. 하지만 공산주의의 악(惡, evils)은 주로 자유 교환의 관행에 대한 방기(放棄), 종교나 윤리에 대한 자유의 상실, 특히 비폭력적 도덕의 거부 등과 관계가 있다. 공산주의는 목표를 달성하기 위해 완전히 힘에 의존하는 것이 문제인 데 반해, 자본주의는 이미 손에 넣은 특권(기득권)을 유지하려고 한다."[5]

협동조합에 대한 가가와의 생각을 전형적으로 나타내 보이는 이 강연에서 그는 이렇게 말을 이어갔다.

"우리에게는 어떤 착취도 할 수 없고, 자본이나 특권의 축적도 없으며, 계급간의 투쟁도 없는 그런 국가 혹은 사회 질서가 필요하다. 만일 착취가 없다면 무산 계급도 존재할 수 없다. 만일 자본의 축적이 없으면, 부나 특권의 불공정한 배분도 있을 수 없으며, 결국 계급투쟁도 없고, 그로 인해 파생되는 다른 분쟁도 없다. 그렇다면 어떻게 이러한 나라를 이룩할 수 있을까? 그것은 사회적이고 경제적인 의미로서 '그리스도교적 실천' (Christianity in action)이라 할 수 있는 협동조합운동(cooperative movement)에 의해서만 가능하다."

협동조합은 길드적 사회주의자(guild socialist)로서의 가가와를 강하게 매료시켰을 뿐 아니라, 그의 종교적 신념에도 그것은 합치되고 있었다. 가가와는 그 둘 사이에는 엄밀한 차이가 없고, 그리스도교가 길드적 사회주의(guild socialism)로 실천된 것이라고 생각했다. 그리스도교 이론의 실천에 목숨을 걸어온 가가와에게 있어서 협동조합은 동일한 복음의 실천이었다. 협동조합은 "궁핍한 사람에게는 음식을, 집이 없는 이들에게 주택을, 아픈 자들에게 치료를"이라는 복음의 선언을 실현하는 구체적인 제도를 제공하였다. 상호부조(相互扶助)의 윤리는 복음이 명령하는 "서로 사랑하라"는 말씀을 말 그대로 표현한 것이었다. 일본의 그리스도인들과 선교사 동료들이 만나면 '하나님 나라'의 이론화에 대해서 끊임없이 대화를 나누었다. 가가와는 '하나님 나라'를 세우기 위해서 지금까지 너무도 보잘것없는 일들 밖에 해오지 않았음을 지적했다. 천국(Heaven)은 그것이 어떤 것이든 현대 일본의 빈민가나 농촌의 빈곤이나 초국가주의(ultranationalism)나 전쟁을 포함하지 않는 것은 확실했다.

저술 작업이나 일본 각지에서 계속된 강연 여행을 소화해 가면서, 한편 협동조합 사업을 조직화하는 노력을 실천해 가면서, 끊임없이 가가와가 강조하였던 것은 협동조합운동은 이러한 이념을 사회적으로 실체화하기 위한 하나의 방법이라는 것이었다. 서양에서 가가와의 인기가 절정에 올랐을 시기 미국, 아시아, 유럽의 각 국가에 강연 여행을 떠나게 되면, 가가와는 늘 수많은 청중 앞에서 협동조합적 복음(Gospel of cooperation)에 대해서 역설했다. 그는 자신의 논의를 그리스도교적 가치관이 실행에 옮겨지는 일상생활의 구체적 레벨로까지 낮춰 가고자, 즉 일상화시키려고 애썼다. 사랑에 대한 메시지를 전할 때에도 그 '사랑'이라는 것이 일상생활에 구체적으로 반영되지 않는 한 아무 의미도 가질 수 없었다. 협동조합은 이상과 행동이 결합되어 만나는 독특한 장(場)이었다. 왜냐하면 상호부조, 경제적 민주주의, 사회적 평등이 이 사업 안에 구조화되고 있었기 때문이다.

1927년부터 1940년 사이에 가가와는 그의 추종자들이 경외심을 느낄 만큼 왕성히 일했고, 협력자들도 지쳐 떨어질 정도로 치열한 마라톤 강연 여행을 이어갔으며, 협동조합에 관한 수십 권의 책과 수많은 기사를 발표했다. 그가 다룬 내용은 '협동조합 철학'(philosophy of cooperation)의 논의부터 그가 조직하거나 추천한 소비자조합, 의료조합, 건강보험, 어업협동조합 등을 포함한 협동조합의 여러 모델에 관한 분석에까지 이르렀다.

하지만 우리는 일본에서 전개된 협동조합운동의 역사 가운데 가가와의 역할을 과대평가한 나머지, 그를 협동조합운동의 '구세주적 지도자'(Messianic leader)로 쉽게 간주해 버리는 일이 없도록 주의해야 한다. 협동조합 스타일의 기업은 14세기에 이미 그 기원이 존재하고 있었다. 사실 가가와가 일본에서 협동조합을 추진하고 있었을 때, 그는 고도의 협동과 상호부조를 강조하는 문화적 전통에 의지하고 있음을 솔직히 인정하고 있었다. 그는 이 전통이 협동조합의 새로운 발전을 위한 완벽한 논거라고 보았다. 일본은 수천 개의 작은 농촌이 연결되어 있었고, 그곳 전반에는 생존을 위한 협동 작업이 필수적 요소였다. 공유된 관개(灌漑) 시스템에 의한 쌀농사만 해도 그것이 제대로 기능하기 위해서는 고도의 협동 작업이 필요했다. 이와 동시에 반복되는 지진이나 자연재해로부터도 마을이 생존하기 위해서는 협동을 통해 피난하고 복구할 수 있는 방법을 찾아야만 했다.

14세기로까지 거슬러 올라가는 협동적 작업의 가장 초기 형태는 '코우'(講)로 널리 알려져 있는 일종의 신용 조직망이었다. '코우'는 하나의 그룹이 모든 회원이 기탁한 저축을 공동 관리하여, 그 자금 가운데서 이용할 수 있는 부분을 대출하는 것으로, 빌린 돈은 그 기금에 몇 차례에 걸쳐 저축 상환하는 방식으로 반환 처리되었다. '이자'(利息)는 입찰 시스템의 기본으로, 차용금에 가장 비싼 이자를 붙여 지불하기로 신청한 사람에게 돈을 빌려 주는 방식이었다. 현대적 의미로서의 항구적인 상설금융기관은 아니지만, '코우'는 자주 독특한 신용 문제를 일으켰다. 통상 '코우'는 모든 차용금의 지불이 끝나면 해산하였지만, 반환 불이행 등에 의해서 도산하는 일도

일본 최초의 신용조합 창시자인 니노미야 다카노리
ⓒ幸田露伴, 「負薪読書図」, 『二宮尊徳翁』, 博文館, 1891年.

자주 발생했다. 그렇다 할지라도 의지할 수 있는 다른 종류의 금전적 대응책도 없었기 때문에 '코우'는 전통 일본 사회에서 널리 이용되었다.[6)]

더욱 현대적인 신용조합 형태의 '호우토쿠샤'(報徳社)는 에도 후기의 농촌개혁가인 니노미야 다카노리(二宮尊徳, 이름을 '손토쿠'라고도 읽음)에 의해서 1843년에 개발되었다. 로치데일의 선구자가 협동조합의 소매점을 설립한 것과 거의 같은 시대의 일이있다. 대출 자금을 얻기 위해서 회원은 그 수입에 따라 특정 액수의 돈을 저축하는 것이 요구되었다. 빌린 돈으로 창업과 이윤 창출에 성공한 사람은 '호의에 대한 감사 표시'로서 자신이 달성한 이익의 일부를 이 조직에 재투자하였다. 이것이 바로 이 회사의 명칭이 말하는 '보덕'(報徳)의 의미다. 이 방식은 협동조합 철학의 핵심인 상호부조와 상호의존의 가치를 가르쳐 주었다. 19세기 말엽까지 이러한 단체가 일본 전국의 900개 넘는 마을에 존재했다.[7)]

게다가 차와 비단을 주로 다루는 매매협동조합, 비료 구입 시 신용을 담보하기 위한 협동조합이 1870년대에 만들어졌다. 협동조합과 같은 활동의 필요성이 특히 높아졌던 이유는 일본 농지의 규모(단위 면적)가 작았기 때문이다. 2-3에이커 규모의 개인 농가는 생산물을 판매함에 있어서 단결하지 않으면 이익을 얻기가 힘들었다.

서구와의 접촉에 의해서, 유럽에서 발전하고 있던 다양한 협동조합적 기업이 일본에도 소개되었다. 일본인은 재빨리 슐체 델리치 신용협동조합(Schultze-Delitzch credit coopertatives)이나 라이파이젠 농업협동조합(Raiffeisen agricultural cooperatives) 등의 방법을 채용하였다. 협동조합은 많은 나라에서 정부의 반대와 억압에 직면했지만, 일본에서는 내무대신 시나가와 야지로(品川弥二郎)나 히라타(平田) 백작(伯爵) 등, 정부 고관으로부터 큰 격려를 받았다. 1891년 초에는 이들이 신용협동조합의 설립을 위한 법률 제정을 제안하기까지 했다. 결국 법률 제정은 결렬되고 말았지만, 그들은 산업조합에 대한 책을 집필하고 강연 활동도 이어갔다. 그 결과 1898년까지 346개의 협동조합이 생겨났고, 조합원은 6만 3천 명을 넘어섰으며, 자본금은 96만 8천 엔에 이르게 되었다.

● 독일은 영국이나 프랑스보다 산업화 과정이 늦게 시작되어, 1840년대가 되어서야 수공업에서 대공장공업으로 전환되는데, 이 과정에서 자본주의로의 전환이 영국이나 프랑스처럼 자유로운 자연농민층이 주체가 되어 아래로부터 이루어진 것이 아니라, 봉건적 토지소유자가 지배 권력자와 야합하여 위로부터 개혁이 이루어졌다. 그 결과, 도시의 영세 독립 소생산자들과 농촌의 소작농들은 불가피하게 상업자본가의 고리채에 의존해야 했고, 경제적으로 수탈당하였다. 이에 대응하여 고리채 문제를 자율적으로 해결하기 위한 신용협동조합운동이, 라이파이젠(Frederich Wilhelm Raffeisen, 1818–1888), 슐체 델리치(Hermann Schulze Delitzh, 1808–1883), 윌리엄 하스(William Hass, 1839–1913)와 같은 협동조합 선구자들에 의해 전개되었다. 이들은 제각각의 사상을 가지고 신협운동을 전개하였는데, 슐체계 신협은, 도시의 영세 소상공인에 의해 설립된 대부조합을 토대로 발전하여, 이들의 경제적 사회적 지위를 향상하는 데 목적을 두어 당시 현실에 부합될 수 있는 실리적인 면을 반영해 갔다. 라이파이젠계 신협은, 농촌의 자연마을을 중심으로 설립되어, 농민 조합원을 위한 윤리적, 도덕적인 면을 강조하였다. 따라서 도시 중심의 순수한 경제단체로서의 성격이 강한 슐체계 신협과는 대조적인 면이 많다. 하스계 신협은, 농촌지역에서 라이파이젠계의 신협이 종교적, 윤리적 색체를 강하게 나타내었기 때문에, 이를 배제하고 별도로 조직하였다. 즉 라이파이젠계와 슐체계 신협의 원칙 중 현실적으로 적절한 장점만을 채택하여 원칙으로 정하였다 – 역자 주

협동조합의 골조를 규정하는 법률은 결국 1900년에 가결되었다. 이 법률의 가결과 1905년의 '대일본산업조합중앙회'의 설립이 신용협동조합의 성장을 가속화시켰다. 확실히 누락돼 있던 내용은 법문화(法文化)된 형태의 '생산자(노동자)협동조합'이었다. 이러한 정책이 취해진 것은 정부가 두려워하고 억압하고 있던 노동운동계가 어느 정도 타협해 준 결과였다.

정부의 협동조합 육성정책 유도

1930년까지 1만 4천 개 이상의 협동조합이 생겨났고, 그 회원 수도 480만 명, 투자액 총계는 3억 700만 엔이었다. 대다수는 신용협동조합이

었다. 소비자협동조합은 불과 151만 개로, 그 회원 수는 21만 2,100명이었다. 정부는 협동조합 육성을 위한 '5개년 계획'을 제안하였고, 특히 농촌 지역의 시급한 성장을 장려했다. 가가와가 자주 만족감을 표시하며 지적한 것은, 정부 스스로가 농촌의 빈곤을 완화하기 위한 가장 효율적 방법으로 협동조합 육성을 염두에 두고 있었다는 점이었다. 그는 기회가 날 때마다 이 점에 대해서 언급했다.

다른 측면에서 보면, 정부가 협동조합의 발전을 장려했던 것은, 농촌의 불만을 진정시키고 빈궁해진 소작농의 반정부 투쟁 의지를 누그러뜨리기 위한 수단으로 이용하였다는 사실이다. 바로 이 점 때문에 가가와는 협동조합에 대한 태도를 어떻게 설정해야 할지 고통스러운 내면적 갈등에 시달렸다. 협동조합에 대한 가가와의 깊은 관심은 경제적 혹은 물질적인 측면에만 집중해서는 안 된다고 하는 것에 있었다. 따라서 그런 협동조합에 대해서는 언제나 엄격하게 비판하였던 것이라고 생각된다. 협동조합도 하나의 사업인 만큼, 각각의 매매나 금융 활동 등에 전념하는 것은 당연한 일이라고 보았다. 하지만 협동조합이라면 평화, 정의, 보편적 도덕, 종교적 신념 등과 관련된 보다 넓은 통찰력을 잃어서는 안 된다는 것이 가가와의 신념이었다. 만약 협동조합의 시야가 좁아시고, 물질적 필요에 대해서만 만족시킨다면 협동조합은 참된 의미의 사회적 재건을 달성할 수 없을 것이라고 주장했다. 따라서 가가와는 물질적(경제적) 측면의 협동조합에만 관심하고 있던 일본 정부와 결코 유쾌한 관계를 맺을 수 없었고, 정부의 경제 정책에 구색 맞추기 식으로 수단화되는 협동조합의 장려에 대해서는 처음부터 불만을 느끼고 있었다.

'정신'이 결여된 협동조합은 자본주의 혹은 마르크스주의 대신에 그가 추구하고자 했던 강력한 방향성에 해당될 수 없었다. 조합원도 일반인과 마찬가지로 종국에는 단지 개인의 소유욕을 충당하기 위한 자기중심주의적인 공간이 될 수 있다고 보았다. 가가와의 이러한 종교적, 철학적 동기에 기초한 탐구, 그리고 사람들의 신념이 결여되었을 때 발생한 문제들에 대한 걱정이 때로는 그가 일본의 협동조합운동에 대해서 매우 엄격한 평가를 내리도록

전국마부(馬夫)연합조합 결성 기념 행진. 맨 앞에 가가와의 부인 하루가 앉아 있다 ©賀川記念館

하였다. 그는 1930년 초에 한 신문 기자에게 다음과 같이 말했다.

> "일본의 협동조합운동은 도움이 되지 않는다, 왜냐하면 그 지도자들이 완전히 도움이 안 되는 사람들이기 때문이다. 덴마크 사람들은 우리에게 많은 것을 가르쳐 주고 있다. 협동조합이 성공하게 되는 것은 그 중심에 정신이 있기 때문이다."[8)]

궁극적으로 가가와는 지역의 협동조합이 국제 관계에서는 완전히 다른 방법으로 결합되어, 전 지구적 규모의 협력이 가능한 하나의 모범을 나타내야 한다고 가르쳤다. 경제적인 분쟁이 전쟁의 원인이었으므로, 군축에 관한 끝없는 논의만으로는 국제분쟁을 영구적으로 해결할 수 없다고 생각했다. 1934년 '가가와 펠로우십' 회합에서 각 나라 안의 이상적인 협동조합 시스템에 대해 개략적으로 설명한 뒤 그는 이렇게 제안하였다.

> "협동이라는 이와 같은 원리가 국제간의 무역에도 적용되어야 하는 것입

니다. 우리는 국제적 협동조합을 가져야 할 것입니다! … 만약 각국의 대표가 군비의 문제를 논의하는 충분한 시간과 돈이 있다면, 국제적인 생산과 판매, 그리고 소비의 문제를 해결하기 위해서도 회의를 개최하지 못할 이유가 없습니다.”[9)]

그가 마음속에 그린 협동조합은 “서로 의존하면서도, 지역적으로는 독립하여 있고, 사회적으로는 조건과 제약이 따르는 경제적 단위세포라 할지라도 국제적 네트워크를 형성할 수 있으며, 거기에는 착취도 경쟁도 공황도 실업도 빈곤도 계급투쟁도 국제분쟁도 없어야 한다”는 것이었다.

이것은 가가와의 협동조합 이론의 중요한 요소였다. 성서가 촉구하는 명령처럼 여겨졌기 때문에, 가가와는 그 내용들을 실천에 옮기지 않을 수 없었다. 가가와는 삶의 이른 시기부터 일본 최초의 협동조합을 실제적으로 실험하기 시작하였고, 그 첫 번째 시도가 협동조합 식당과 칫솔 공장의 설립이었다. 그가 1920년에 오사카에 설립한 소비협동조합 점포는 2만 3천 엔의 부채만 남긴 채 수년 뒤에 도산하고 말았다. 하지만 이 실패로 그는 결코 낙담하지 않았다. 그 실패를 토대로 가가와는 협동조합 운영의 실무적 측면에서 더욱 주의 깊게 사업을 진행해 나갈 수 있는 요령을 터득했고, 그 자체로 좋은 학습 경험이 되었다. 협동조합의 이상은 훌륭하지만, 이 사업이 생존하려면 그 어떤 개인 기업에도 뒤지지 않도록 잘 관리 운영하지 않으면 안 되었기 때문이다. 이 목적을 달성하기 위해서, 그는 협동조합 경영자를 위한 학교를 설립하여 충

1919년부터 오사카에 설립한 소비조합 공익사에 설치된 소비조합 협회의 점포 간판 ⓒ賀川記念館

분한 관리 운영 능력의 확보를 돕고자 했다.

가가와는 협동조합이 결코 한 개인의 사업 성과처럼 전락해서는 안 된다고 보았으며, 그 때문에 협동조합을 혼자서 설립하지 않았다. 그가 행한 일들은 사업을 고무(鼓舞)하고 자본금 확보를 도와주거나 각각의 조직 구성에 알맞은 사람들을 소개하고 배치해 주는 일이었다. 자신의 자산까지도 협동조합에 따라 아낌없이 투자했지만, 같은 이상을 품고 있는 여유 있는 자산가들에게 도움을 청하는 일도 주저하지 않았다. 이러한 사업수완과 대담함은 가끔 행운과도 맞아떨어져 막대한 자본을 조달할 수 있게 되었다. 그 대표적인 하나의 예가, 소설 『사선을 넘어서』를 읽고 가가와를 방문한 부유한 실업가 스미요시(住吉) 씨와의 일화다. 그 소설의 주인공에게 큰 감명을 받은 스미요시 씨는 은퇴 후, 막연하게 사회복지사업을 실시하고 싶다는 생각을 품고 있었다. 가가와는 그에게 가장 좋은 사회복지사업은 다름 아닌 협동조합의 발족을 돕는 일이라고 권면했다. 이 제안을 수락한 결과, 1921년 5월에 나다 구매조합(灘購買組合, 현재 세계

● 여기서 실젠이 언급한 '스미요시' 씨는 나스 젠지(那須善治)를 의미한다. 나스 젠지의 저택이 고베시 나다구 스미요시(住吉)에 있었기 때문에 오기한 것으로 보인다 – 역자 주

도쿄 혼조에 세워진 나카노시치고(中ノ郷質庫)신용조합(위). 한 건물에 고토소비조합(江東消費組合)과 혼조기독교산업청년회(本所基督教産業青年会)도 함께 입주해 있었다; 시치고신용조합의 운영 모습(아래) ⓒ賀川記念館

최대의 단일 생협)이 창립되었다.

일본농민조합(Japan Farmer's Union)의 스기야마 모토지로와 전개하던 사업을 통해서 가가와는 농촌에서의 판매와 공급을 위한 협동조합 창설에 직접 관련되었다. 1928년에는 다가와 다이키치로(田川大吉郎)와 협력하게 되었고, 1923년 간토 대지진 당시 재해구원 활동의 중심지였던 도쿄의 가난한 지역인 혼조(本所)에 나카노시치고(中ノ郷質庫)신용조합을 창립했다. 그 협동조합은 순식간에 2,500명의 조합원과 저축액 23만 8천 엔의 자산을 확보한 조합으로 성장해 갔다. 그 당시, 가가와가 시작한 협동조합 계획안에는 낮은 이율로 돈을 빌려 주는 전당포도 있었다. 전당포라는 것은 변형된 협동조합의 한 사업처럼 보일지 모르지만, 궁핍한 생활을 이어가는 사람들에게는 전당포에서 현금을 빌리는 것이 가끔은 가족을 부양할 수 있는 유일한 수단이 되었다. 제1호점 설립에 이어 다섯 개의 또 다른 전당포가 설립되었다.[10)]

의료협동조합 병원의 설립

가난한 일본인들에게 착실한 의료 서비스를 제공하는 일은 언제나 가가와의 중요 관심사였다. 그는 일찍이 신카와 빈민가에서 의료 활동을 전개한 적이 있기 때문에, 그 경험을 살려 고베와 도쿄에 진료소를 세웠다. 가가와는 스스로가 이미 여러 질병에 감염되어, 그로 인한 극심한 고통을 직접 경험하고 있었다. 따라서 무거운 질병에 괴로워하는 사람들을 보면 남의 일처럼 느끼지 않았고, 그 앞에서 몇 차례고 눈물을 흘린 적도 있다. 이른바 '가가와 신화'(Kagawa Mystique)의 감동적인 부분은 자신의 건강을 희생하면서까지도 타인의 돌봄을 위해 기꺼이 희생하는 모습에 있었다. 그의 상처, 그리고 가끔은 눈에 붕대를 감은 채 활동하던 모습은, 트라코마로 고통스러워하던 사람들 곁에 다가가 거리낌 없이 신체 접촉을 한 결과였다. 가가와는 자선을 단지 말로써만 표현하는 것이 아니라, 직접 떠안게 된 상처마저도 참아가는, 사랑의 실천을 위해서는 무거운 대가를 기꺼이 치르는 사람이었다.

도쿄의료이용조합 설립 총회 모습(1932). 초대조합장 니토베 이나조가 연설하고 있으며 바로 앞에 가가와가 앉아 있다
ⓒ賀川記念館

의학 분야는 가가와의 가정에서 늘 중요한 화제였으며, 그는 아들 스미모토와 딸 지요코를 설득하고 의학을 배우도록 지도했다. 의사 도미자와(가가와) 지요코{富澤(賀川)千代子}는 현재(1988년 기준), 도쿄의료생협·나카노종합병원(中野総合病院) 원장으로 근무하고 있다. {2008년에도 여전히 현역 의사로서 산겐차야병원(三軒茶屋病院) 병원에서 근무하였다.} 가가와가 건강 문제에 깊은 관심을 갖고 여러 조사를 실시한 것은 의료보험제도의 개선이 시급하다고 느꼈기 때문이다. 가가와는 의사가 부족하여 심각한 어려움을 겪고 있는 도시 빈곤 지역이나 농촌 지역에 필수적인 의료를 제공하는 데 협동조합이 기여할 수 있다고 믿었다.

가가와는 1932년에 니토베 이나조(新渡戸稲造) 박사, 가토 후사지로(加藤房次郎) 박사, 고자키 미치오(小崎道雄) 목사 등과 협력하여 도쿄의료 공익사업 협동조합 설립 허가를 신청하였는데, 이 그룹은 '일본의사회'의 강력한 반대에 부딪혀야 했다. 의사들은 이익보다 서비스(봉사)를 우선시하는 의료 사업과의 피곤한 경쟁을 두려워하여, 의료 협동조합의 설립에 위협을 느낀 것이었다. 전 국민적인 논쟁이 일어났고, 결국 이 문제를 놓고 국론이 분열되었다. 그 결과 의료협동조합 개설 허가는 몇 년 정도 늦추어지고 말았다. 협

동조합 병원은 최종적으로 신주쿠(新宿) 지역의 호텔을 구입하여 개수 공사를 실시한 뒤 설립되었다. 야마노우치(山ノ内)가 중심이 되어 운영함으로써, 조합원 수가 급격히 증가해 2년 뒤(1934)에는 나카노(中野) 지구에 새 병원 건물을 세울 수 있게 되었다. 1935년에 가가와가 자랑스러운 듯 기쁘게 경과를 보고하였다. 그 보고의 내용을 보면, 도쿄의료협동조합에 가입한 조합원 수는 총 5천 6백 명에 달했고, 그들은 10엔의 출자금으로 7천주를 구입하고 있었다. 병원은 51개의 입원 침대를 확보하였고, 대략 170명의 환자가 9명의 의사 및 16명의 간호사와 함께 매일 안정적으로 치료를 받고 있었다.[11] 회원수가 8천 6백 명이 된 1936년에 새로운 병동이 신축될 정도로 발전해 갔다.[12]

다른 의료협동조합도 같은 시기인 1932년 1월에 아키타시(秋田市)에서 출범할 수 있었으며, 조합원 수도 순식간에 6천 명이 모여들었다. 3년 뒤인 1935년에는 회원 수가 아키타시 전체 인구의 4분의 1에 해당

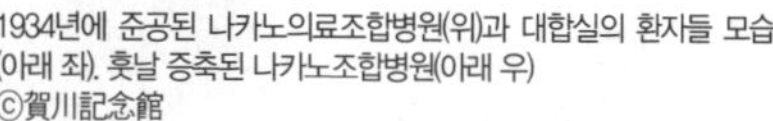
1934년에 준공된 나카노의료조합병원(위)과 대합실의 환자들 모습 (아래 좌). 훗날 증축된 나카노조합병원(아래 우)
©賀川記念館

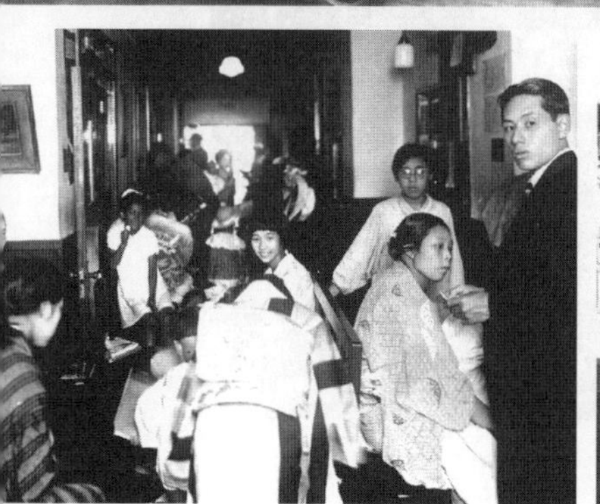

하는 1만 2천 명으로 배증하였을 정도였고, 시설의 개축에도 여러 성과를 보였다.[13] 가가와는 자신의 저서에서 지금까지 이뤄온 의료협동조합의 발전 과정을 독특한 열정으로 반추하면서, 그 여정을 불의 이미지로 묘사하였다. 즉, 첫 번째 의료협동조합을 '봉화'(烽火)로 표현하면서 다음과 같이 말했다.

> "이러한 양호한 결과에 자극을 받아 의료협동조합운동은 아키타현의 모든 지역에 동시다발적으로 퍼져 갔습니다. 여기저기에서 계속 피어오르고 있던 화연(火煙, sparks)이 아키타에 일어난 거센 북풍에 이끌리어, 더욱 빛을 내뿜고, 봅시 거친 화염(火焰, wild fire)이 되어, 오늘날 일본의 모든 지역에 퍼져 가고 있습니다."[14]

도쿄 의료협동조합의 설립 취의서(趣意書)에는 정의에 호소하는 고전적인 가가와의 입장이 잘 나타나 있다. 가가와는 이익을 내기 위한 의료보험제도를 비난하면서, 협동조합 의료보험이 사회의 구석구석까지 널리 퍼지는 꿈

도쿄의료이용조합 스기나미(杉並)진료소의 개소식 모습 ©賀川記念館

이 실현되기를 고대하고 있다.

> "현 사회에서는 모든 것이 심지어 의료기술조차 이윤 추구의 체제 아래에서 운영되므로, 그 결과 치료비를 부담할 수 없는 사람은 의료 혜택을 누리는 것이 불가능한 상황에 놓여 있다. 물론 이러한 사회적 결함을 직시하면서, 궁핍한 사람들을 위한 복지 사업의 일환으로서 자선병원이 세워졌다. 같은 취지로 공장 노동자나 광부들을 위해서 건강보험법이 제정되었다. 하지만 여전히 이러한 계획에 포함되지 않는 상당수의 사람들은, 비싼 의료비 부담으로 인해 고통을 겪고 있다. 지금 여기서 계획하고 있는 연맹협동조합병원은 의료를 자선적 기술이라고 보는 본래의 정신에 의거하여, 현재의 의료 체제를 대신하는 새로운 경제적 조직을 제공할 것이다."[15)]

의사연맹으로부터의 반대는 의료협동조합 그룹의 결의를 더욱 강화시켰고, 새로운 의료협동조합의 발전을 자극했다. 결국 1935년까지 150개 조합이 만들어지게 되었다. 가가와는 이들 협동조합병원(cooperative hospital)이라는 새로운 도전을 이루어 나가면서 자신의 경험에 근거한 실제적인 조언을 제공했다. 즉 확실히 성공할 수 있는 적당한 최소한의 규모라든지, 의료 서비스나 필요한 기술, 취급해야 할 범위 등이 그것이었다. 그의 조사 담당 스태프들이 고생해 가면서 그 조언에 필요한 자료들을 수집했다.

다양한 협동조합의 실험과 성공

식료품 부문은 협동조합이 대응할 수 있는 또 하나의 기본적인 요구 항목이었다. 즉 대중이 값싸게 먹을 수 있는 장소를 마련하는 것이다. 이 요구에 부응하기 위한 가가와의 시도는 고베에 최초로 설립했다가 참담하게 실패했던 첫 번째 시행착오에 비하면 계속적인 성공을 이어갔다. 1930년대 도쿄

1926년 5월 14일, 가가와가 도쿄제국대학과 와세다대학 등에 설립한 도쿄대학생협(좌)과 홋카이도대학 YMCA 학생들과의 환담 모습(우) ©賀川記念館

혼조 지구에서 시작한 영양식품배달 협동조합은 개소 2개월 후에 하루 6천 명 분의 식사를 28전(14센트)이라는 싼 가격으로 제공했다. 1937년에는 근대적 설비를 들여와서 시(市)의 영양사 도움을 받아, 하루 1만 명에 해당되는 식사를 제공할 수 있는 두 번째 조리장을 신설할 수 있었다. 한편 가가와는 근처에 협동조합 매점을 설립하는 데도 일조했다. 그 가게는 눈 깜짝할 사이에 등록 회원이 1,800명에 이르렀으며, 2%의 조합원 상환금을 지불했다. 그 가게는 영양식품배달 그룹과 공동으로 총 50명을 수용할 수 있는 '하기 해변 휴양소'(summer seaside retreat)를 설립하기도 했다.

이처럼 협동조합이 일본 땅에 뿌리내리게 되자, 가가와의 사업은 한층 더 매력적으로 전개되어 갔다. 가가와는 자신의 집 가까운 곳인 도쿄 마츠자와(松沢)에서 농업 전문가인 후지사키 세이치(藤崎盛一)와 그 지역의 농가를 돕기 위해 양계협동조합을 시작했다. 그 당시 농가는 믿을 수 없을 만큼 그 사육 방법이 시대착오적이었다고 후지사키는 개탄하고 있었다.

"교회와는 감정적 대립이 있었기 때문에, 조직체로서의 교회가 통상의 전도 전략을 통해서 지역사회에 접근하지는 않았다. 거기서 우리는 양계협동조합으로 시작하고자 했다. 처음에는 계란 4개로 시작했다. 사람들은 우리를 비웃었다. 하지만 지금은 우리가 웃을 차례가 되었다. 왜냐하면 양계협동조합이 대성공이었기 때문이다. 근처의 70가족 중에, 57가족이 협동조합의 조합원이 되었다. 양계조합의 연간 예산은 1,000엔을 넘어섰다.”[16]

후지사키는 그 지역의 주민들을 위해서 야간학교를 열었고, 통상의 과목과 성서를 함께 가르치는 한편, 아내의 지도로 재봉협동조합도 만들었다. 이후에 신용협동조합과 같은 사업으로도 발전해 간 것은, 이러한 작은 노력들이 한데 모아졌기 때문이다.

비가 오는 어느 날 오후 가가와의 작은 사무소에서 이야기를 나누고 있을 때, 그는 닭을 상수리나무의 열매로 기르는 새로운 사육 방법을 발견했다고 말했다. 사료 열매가 나오는 수목을 테마로 다룬 책을 읽고 있다가 이 생각이 떠올랐다는 것이다. 가가와의 그러한 고민은 ‘입체농업’(立體農業, vertical agriculture)이라는 이름의 농법을 그의 사업 계획 가운데서 어떻게 적용해 갈지에 대한 연구의 일환이었다. 입체농업은 산악 경사면에서 수목 작물을 심어 놓아 그것을 잘 이용함으로써, 일본인의 식량 공급을 늘리고 축산업도 증진시키는 효과적인 방법이

간다(神田) YMCA에서 열린 일본곡과협회(日本穀果協会) 모임(좌) 입체농업을 통해 생산한 호두를 들고 기뻐하는 가가와(우)

라고 가가와는 말했다. 그는 농업 개혁의 가능성에 대해 열정적으로 다음과 같이 말했다.

"일본 대지의 85퍼센트를 차지하는 산간 지역 마을들을 풍요롭게 하는 방법을 찾을 수 있다면, 이 나라는 심지어 1억의 인구로까지 육성해 갈 수 있다. … 하지만 촌락들이 단지 유복하게 되는 것만으로는 아무런 효과도 거둘 수 없다. 무엇인가 정신적인 내용이 마을의 일상생활 속에서 관통해 흐르지 않으면 안 된다. 이것은 협동조합 연합에 관한 것이기도 하다. 과거와 같은 개인주의적 사고로는 절대로 논의할 수도, 이루어 낼 수도 없는 일이다. 자기 가족만 잘살게 되려는 원리로도 충분하지 않다. 자기 가족을 잘살게 해 보려는 의식을 마을 의식으로 확장시켜 눈 뜨게 해야 한다. 그러면 이 마을 의식이란 것은 국민적인 의식으로까지 넓힐 수 있음은 틀림없다. 그렇게 되면 누군가가 협동조합을 발전시키려고 애쓰는 순간, 그 행위는 마을 전체를 위해 노력하는 것이 된다. 즉 시골 마을의 전원을 끌어내기 위한 운동을 시작할 때에는 마을 전체를 위해서 각자가 지닌 모든 지식과 힘을 짜내기 위해 최선을 다해야 한다. 그러한 자기희생이 없으면, 일본의 마을을 소생시킬 수 없을 것이다."17)

축산 농민의 조합활동과 입체농업에 관심이 많았던 가가와. 도쿄 무사시노(武蔵野) 농민복음학교에서 염소를 돌보는 모습 ©賀川記念館

'성스러운 아우라'

가가와를 만난 사람들이 언제나 놀랐던 것은, 구체적인 것과 환상적인 것을 창조적으로 조합하여 일상생활의 세부적인 사항으로부터 지역 규모의 사업에까지 시야를 넓혀서, 어떤 화제든 관련시켜 궁리하는 그의 정신이었다. 그는 상냥함과 유머, 자기풍자뿐 아니라 자기희생이라는 십자가까지 지는 사람이었다. 빈민가의 비참한 삶들 속에서 영웅적으로 그들과 마주했던 이 남자의 모습은 갈수록 매력을 더해 갔다. 이제 어느 정도 안정되었고, 얼마든지 사치를 누리려면 누릴 수 있었지만, 그는 검소한 생활을 선택하였고, 그처럼 결연한 삶의 자세는 종교적 가치관에 깊이 귀의해 있음을 증명하고 있었다. 가가와는 겸손한 태도로 당신의 희생을 가볍게 여기는 성도(聖徒)로서의 미덕을 지님으로 인해 그의 명성은 오히려 더욱 높아졌다. 그는 자기 자신의 안위보다, 새로운 사업 계획이라든지, 사회 문제의 해결 등에 늘 더 많은 마음을 쓰고 있다는 인상을 주었다.

가가와는 실로 많은 일에 종사하면서도 기도와 명상의 시간을 갖는 것을 소홀히 하지 않고, 언제나 신(神)과의 만남을 추구하며 명상가로서의 지향성을 잃지 않았다. 결국 그를 바라보는 사람들은 그로부터 '성스러운 아우라'(aura of sanctity)를 느꼈다. 협동조합, 학교, 복지사업, 진료소, 세틀먼트 하우스 등의 성공은 가가와의 능력을 증명하고도 남았다. 협동을 강조하는 복음 설교 활동과 그 복음을 실천으로 옮기는 수많은 노력으로 인해, 필요한 활동비의 모금이 일본을 넘어 국제적으로 확대되어야 할 때가 되었음을 느낀 가가와는 미국 방문을 결심하였다. 그로 인해 그는 폭풍우 같은 스케줄을 감당해야만 하였다.

서구에서 그의 명성은 점점 더 높아져 갔다. 그러한 현상에 기여한 것은 선교사 윌리엄 엑슬링이 대중서로 집필한 영웅 숭배적인 전기와 상업적인 종교잡지의 기사들이었다. 『사선을 넘어서』(*Crossing the Death Line*)가 발간된 1920년부터 촉발된 그의 명성은 전반적으로 호의적인 평가와 가끔은 지겹게 느껴질 정도의 찬사로 가득 찬 새로운 평전의 출판으로 더욱 고양되어 갔다. 미국에서의 '가가와 펠로우십'과 '예수의 벗' 모임의 지원 활동에 힘입어, 가가와는 1936년부터 프로파간다를 위한 세 번째 세계 강연 여행을 계획했다. 선교사 겸 통역자로 활동하면서 '충실한 전기 작가'로도 이름을 알리던 헬렌 토핑이 그 준비를 미리 진행했는데, 강연 계약을 맺고 싶다는 의뢰가 너무 많아서 가가와의 강연 일정은 5년 전부터 예약이 완료될 정도였다.[18)]

미국에서의 가가와 활동을 곁에서 지원한 헬렌 토핑 여사 ⓒ賀川記念館

제반 준비는 주의 깊게 계획되었다. 각 지역의 지도자들이 수백의 강연 약속을 획득한 뒤 신문방송의 보도를 예약해 두었다. 종교잡지, 특히 리버럴한 「크리스천 센추리」(*The Christian Century*)는 인쇄기를 예정보다도 일찍 돌려서 가가와의 여정을 알리면서 곧 있을 강연에 대해 예고하였다. 교회와 대학, 그리고 협동조합의 가가와 신봉자들(Kagawa's admirers)이 그 여정이 잘 진행될 수 있도록 훌륭한 역할을 수행했다. 전미교회연맹(Federal Council of Churchs)의 헨리 목사(Rev. J. Henry)와 제임스 마이어 목사(Rev. J. Myers), 거기에다 미국 협동조합연맹(The Coopertative League of The USA)의 총서기로 미국형제단봉사위원회(American Friends Service committee)에서 오랫동안 위원으로 활동한 브라운(E. R. Brown) 등, 세 명이 교회연맹과 협동조합연맹이 공동 스폰서로 진행한 이 강연 여행을 관리하고 진행해 나갔다.

여러 준비 과정에 협력한 강연 출석자들 가운데 협동조합 관련 지도자의 일람표를 보면, 미국협동조합의 '명예의 전당'에 들어간 많은 사람들이 포함되어 있었다. 처음 등장하는 월레스 캠벨 이외에도 당시 오하이오주 농업국(랜드마크 주식회사와 네이션와이드 보험회사의 전신)의 장관으로서 훗날 협동조합연맹 총재가 되는 머레이 링컨(Murray Lincoln), 미네아폴리스의 중부지구 협동조합의 총간사였던 코트(E. G. Cort), 인디애나 농업협동조합(Indiana Farm Bureau Cooperative)의 총간사인 하비 헐(Harvey Hull), 미국에서 가장 큰 농업협동조합 가운데 하나인 캔사스시(Kansas City) 소비자협동조합협회(현재의 Farmland Industries)의 총간사인 하워드 카우덴(Howard Cowden), 전국 규모로 가장 거대한 식료잡화도매 소비협동조합의 연합협동조합 총간사인 로버트 넵튠(Robert Neptune) 등이 있었다. 이들과 마찬가지로 가가와에게서 영감을 받아 협동조합을 테마로 작품을 쓴 작가나 교육자, 관료들까지 참석했는데, 그 일부를 소개하면 아트 단포스(Art Danforth), 잭 맥라나한(Jack McLanahan), 워커 샌드바(Walker Sandbach), 에밀 세케락(Emil Sekerak) 등이 있다.

반대자들의 저항과 도전

여러 젊은 활동가가 가가와 목사로부터 영감을 받는 한편, 반대운동을 하는 사람들도 있었다. 보수주의자는 가가와의 방문을 경고하면서, 그가 추진하고 있던 협동조합운동에 극단적인 반감을 표시했다. 가가와는 1935년 12월 19일에 샌프란시스코에 상륙하기 전에 터무니없는 찬사와 함께 비난도 감수해야만 했다.

한편에선, 당시 가가와의 대표적인 번역서 『십자가의 명상』(*Meditations on*

1935년 세계 YMCA 대회의 초청을 받은 가가와가 미국행 링컨호 선상에서 오른쪽의 오가와 기요토(小川清澄), 무라시마 요리유키(村島帰之)와 이야기 나누고 있다. 특히 무라시마는 오사카마이니치신문 기자 시절 가가와와 함께 우애회를 창립했고, 고베 지역 스트라이크를 함께 주도했으며, 가가와의 소설을 마이니치 신문에 연재하도록 하여 훗날 베스트셀러 소설 『사선을 넘어서』를 잉태한 주역이 된다. 생애 마지막 순간에는 가가와와 함께 '평화학원'을 설립해 학원장에 취임했다 ⓒ賀川記念館

the Cross)의 선전문 예고에서 이런 표현까지 등장하고 있었다.

"새롭게 등장한 은수자(隱修者) 베드로가 하나님의 도시(City of God)를 점령하기 위한 십자군을 말하였던 것처럼, 미국과 캐나다를 새로이 눈뜨게 하도록 가가와 목사는 앞으로 반 년 동안 가장 많이 언급되는 세계적인 그리스도교 지도자가 될 것이다. 도처에서 사람들마다 '이 사람의 끝없이 샘솟는 활력의 비밀은 어디에 있는 것일까? 무엇이 이 사람을 일본 빈민가의 개척자로 이끌었을까? 어째서 이 사람은 저 민중을 향한 복음의 투사가 되도록 하였을까?' 라고 묻는다. 동부나 서부의 어디에 가더라도, 큰 화제를 일으킬 설교 메시지를 통해 그는 무엇을 말하게 될까?"[19)]

저명한 시인 에드윈 마캄(Edwin Markham)이 아래와 같은 메시아적 14행시(sonnet)를 짓기도 했다.

"저 높은 오직 한 분의 아들 가가와여! 나는 당신을 환영하노라
위대한 사회를 꿈꾸는 사람, 악에 맞써 싸우는 이
당신의 이름을 볼 때, 나는 일어서 찬미하노라
당신은 우리를 지켜보는 하늘로부터 보내진 지도자,
간디(Gandhi)보다 위대하며, 후스(Hu Shih, 胡適)보다 위대한 이여
형제애의 세계를 선언하는, 당신의 목소리에는
인내하는 힘과 선택하는 힘이 있도다
당신의 거친 외침에 우리는 아버지의 절규를 듣게 된다
당신이 온 나라에 희망을 세우는 동안 우리는 노래하리
당신은 숭고한 십자가의 영웅을 보리
혼돈어린 이 세상의 유일한 소망이니
위대한 벗이여! 당당히 서서 소리를 외쳐라
"신이시여! 그 백성들이여!" 라고 말이다. 이 외침을 우리는 기다리노라
이것이야말로 우리의 상징 문양이요, 우리의 사도(使徒)일지라"[20)]

한편에선, 광고 잡지 「타이드」(*Tide*)가 전혀 다른 비우호적인 태도로 가가와를 조명했다. 협동조합으로 인해 '위협'이 커지고 있다면서, 갑자기 부상하는 소비자운동에 대해 특별한 경계를 드러냈다. 잡지 「타이드」는 가가와의 노력과 활약이 대중에게 사랑받고 익숙해진 광고업의 종언을 고하게 만드는 건 아닐까 두려워한 것이다. (물론 가가와의 책 광고는 예외였지만). 잡지 「타이드」의 1935년 10월호는 소비협동조합의 거래가 1929년부터 1934년 사이에 40% 증가했다고 소개하면서, 루즈벨트 정권, 노동조합, 교회 등이 모두 협동조합 방식의 사업을 추천하고 있는 것에서 잘 확인할 수 있듯이, 이는 틀림없는 위협 요소라고 증언했다.

> "가가와 박사(Dr. Kagawa, 실제로 가가와는 박사는 아니다 – 역자 주)와 그 동료들의 장기적인 관점은 광고업에 심각한 타격을 안길 것이다. 소비자 연구소의 쉬링크 박사(Dr. Schlink)와 그 동료들이 제기하는 문제의식들보다 더욱 심각한 수준이다. 그 하나는, 지금까지 많은 사람들이 가가와 박사에 영향을 받아 흥분하고 있는 것이다. 두 번째는, 협동조합운동이 완전히 정착되기 시작하면 상업 광고는 단지 타격을 받는 데만 머무는 게 아니라, 아예 광고 없는 상태가 되는 것이다."[21]

가가와와 그가 지지하는 협동조합은 국민적 주목을 얻는 데 스스로의 홍보 활동이나 스태프를 필요로 하지 않았다.

가가와의 미국 도착은 그 자체로서 예상외의 운명적 상황 전개를 일으켰고, 역경을 호기로 바꾸었다. 그가 타고 온 여객선 '치치부마루'(秩父丸)는 악천후로 하루 늦어졌기 때문에, 1935년 12월 18일 오클랜드(Oakland)에서 열린 환영회에 출석할 수 없었다. 배가 도착했어도 사고에 대한 불안감이 고조돼 있었기에 하선이 허용되지 않았다. 하지만 가가와는 하선하게 되었고, 그 대신 연방보건국에 의해서 샌프란시스코 만에 있는 엔젤섬(Angel (sic) Island)의 구류센터에 옮겨졌다. 그 이유는, 가가와가 "동양에서 만연하고 있던 심각한 안질"로 정의되는 트라코마에 걸려 있는 사실을 담당관이 발견하

미국 로스엔젤레스 서던캘리포니아대학교((USC)에서 열린 가가와 강연회 직후의 모습. 신드롬에 가까운 대중적 인기에 대한 질투어린 시선은 일본 국내는 물론 미국에서도 있었다 ⓒ賀川記念館

였기 때문이다.[22)]

그 상황에 두 명이 동행하고 있었다. 한 명은 버클리에 위치한 GTU(연합신학대학원)의 스탠리 헌터 박사(Dr. Stanley Hunter)였고, 또 한 명은 강연 여행의 책임자였던 커닝 햄 박사(C. C. Cunningham)였다. 그들은 미국 노동부 장관 프랜시스 퍼킨스(Frances Perkins)에게 다음과 같은 전보를 보냈다.

> "엔젤 섬에서 가가와 목사의 안구 검사를 신속하게 진행할 수 있도록 귀하의 전화를 간절히 원합니다."

가가와의 네트워크도 전보 발송과 동시에 활동을 시작하여, 이 문제에 즉시 관심을 기울일 수 있도록 정부에 요청했다. 마찬가지로 연속 강연회의 공동 개최자인 전미교회연맹(Federal Council of Churches)도 이 활동에 분주히 참가했다.[23)]

루즈벨트 대통령도 오후의 각료회의에서 이 문제에 개인적 관심을 나타내어서, 정부 각료인 코델 헐(Cordell Hull), 한스 모겐도우(Hans Morgenthau), 그리고 퍼킨스에게 가가와가 무사히 입국할 수 있도록 필요한 조치를 강구해

줄 것을 지시했다. 2시간도 지나지 않은 오후 4시에, 퍼킨스는 공중위생국의 제1지부인 이민국 재조사(再調査)위원회가 가가와의 7개월 체류 요청을 인정하였다고 발표했다. 또한 가가와에게는 의사 혹은 간호사가 배치되어서, 추가적 감염을 방지하도록 조치를 취할 것이 지시되었다.[24)]

대통령의 직접 개입과 가가와 제자들의 동원을 계기로 이 해프닝 전체가 가가와와 협동조합운동의 의미 있는 선전 재료가 되었다. 또한 이 사건으로 인해 자신의 몸을 희생한 가가와의 타인에 대한 헌신적 봉사가 드라마틱하게 전해질 수 있었다. 복음을 전하다가 감염된 질병이었기 때문에, 복음 전도를 금지당한 채 '파리아'(Pariah, 카스트 제도 하에서의 불가촉천민)처럼 밖에 내던져진 이 마음 착한 남자의 얄궂은 운명을 전파하지 않고 방치하는 것은 어려운 일이었다. '일본의 성 프랜시스'가 베개로 삼을 돌조차 없던 인자(人子, Son of Man)로서 다루어지는 것은 사람들의 마음속 깊은 곳에 큰 울림을 일으켰다.

잡지 「타임」(*Time*)의 "검역으로 격리된 그리스도인"(Quarantined Christian)이라는 기사에는 사진과 함께 가가와의 병력이 실렸는데, 다음과 같이 설명하고 있다.

“그가 이처럼 전염성 강한 안질에 걸린 것은, 고베의 가장 불결한 빈민가에서 14년 동안이나 봉사 활동을 하면서, 급진적 그리스도교 실천가(Christian radical)로서 현상을 바라보는 관점을 확고한 기반 위에 구축해 나가던 시기였다. 13회의 수술을 거친 뒤, 가가와 박사는 다른 한쪽의 눈마저도 시력을 잃게 되어, 이미 다른 한쪽의 남은 눈으로 책을 읽으려면, 커다란 돋보기를 사용하지 않으면 안 된다.”[25)]

한편 「타임」 지는 가가와의 여정을 소개할 때, 그를 협동조합에 대한 전문가라고 소개하면서, 협동조합에 관한 풍부한 경험과 지식 때문에 초청된 것이라고 전했다. 마침 (당시 미국 대통령이었던) 루즈벨트가 협동조합을 지지하면서, 가가와가 오기 직전에 농촌전기협동조합과 신용조합연합의 설립을 허용하는 입법안에 서명하였다. 그로 인해 가가와를 향한 미국인들의 관심은 더욱 높아져 갔다.

가가와는 이러한 미국에서의 모든 반응에 대해서, 초연한 태도로 임하면서 대부분의 사람을 매혹하는 유머로 응수하며 이렇게 말하였다.

“ '천국으로서의 미국'과 '지옥으로서의 미국'이 있습니다. 저는 양쪽 모두를 보고 싶습니다. … 저는 거기에 들어가는 허가를 받고자 합니다.”[26)]

6개월 반에 걸쳐, 가가와는 미국 강연 여행을 진행했고, 그가 사용한 기구나 호텔 린네르(로카) 등이 소독되었으며, 간호사 마르가리타 듀트리(Marguerite Duthrie)의 보좌 속에서 건강관리에 관한 꼼꼼한 지시도 잘 따랐다. 악수는 금지돼 있었기 때문에, 가가와는 강연 여행으로 사람들에게 소개되었을 때, 스스로 자기 양손으로 악수를 하는 습관이 생겼다.

지시받은 위생관리 대책이 있음에도 배타주의자, 우익원리주의자, 극단적 애국자, 편집적 선주민 보호주의자 등을 자제시키지는 못했다. 그들은 가가와 주변을 늘 시끄럽게 따라다녔고, 강연 여행 내내 후원자들을 공격했다. 애국협회 연합체인 미국우익연합의 총재 트레버(John B. Trevor)가 가가와의 입국 허가에 항의하는 전보를 루즈벨트에 보냈고, 이것은 "1927년의 이민법 제3조의 정신과 대통령 각하에게는 실례가 될지 모르지만, 그 조항에 대한 현저한 위반이다"라고 말했다. 그는 기자들에게 "가가와는 외국인 선동자로서 강연 여행을 하면서, 우리나라의 모든 방위 기관을 약화시키려 운동하는 그룹과 긴밀히 제휴할 수 있는 조직을 찾아 호소하고 있다"고 말했다. 또한 트레버는 누군가가 보좌하여 예방했다고 해도, 혹은 어떤 구체적인 방지책을 취했다 하더라도, 가가와로 인한 '감염의 위험'을 완전히 없앨 수 없다고 단언했다.[27]

살인적 스케줄과 초인적 활동

캘리포니아의 일본계 '예수의 벗' 모임과 만난 뒤, 가가와는 텍사스로 날아가 새로운 강연 여행에 착수했다. 최종적으로는 미국과 캐나다의 150개 서로 다른 도시에서 75만 명 넘는 사람들 앞에서 수백 회나 모습을 드러냈다. 강연 여행의 결말이었던 1936년 6월 30일에는 NBC 네트워크의 라디오 방송에도 출연했다. 12주 계속되는 강연 여행 중에 84개의 도시와 200개의 강연 회장에서 이야기를 전했다. 일본에서의 강연 여행과 마찬가지로, 가가와는 자신의 열정으로 후원자들을 놀라게 하면서 때로는 하루에 11시간이나 이야기한 적도 있다. 그 때문에 완전히 녹초가 된 상태로 끝나, 2월의 강연 여행 일부가 취소된 적도 있다. 그의 완강한 목소리도 가끔은 쥐 울음소리와 같이 작아졌고, 청중이 알아듣기 힘든 경우도 있었다. 항상 곁에는 영어 발음 연습을 위한 친구인 엑슬링이 있었지만, 그의 사투리는 이해하기 어려웠다.

가가와를 성인(聖人)처럼 생각하는 것에 냉소적이었던 사람이라 할지라도, '극동에서 온 이 열정적인 자그만 체구의 남자'가 보여주는 인내력에는 확실히 감명을 받았다면서 한 보도기자가 말했다. 전형적인 하루를 소개해 보면, 1936년 3월 4일의 클리브랜드에서 보낸 하루를 들 수 있다. 가가와는 오전 8시에 성직자(교역자), 협동조합 지도자, 사회복음 그룹을 앞에 두고 유클리드 애비뉴 침례교회(Euclid Avenue Baptist)에서 조찬 강연을 시작하였고, 정오부터는 수난절 예배를 맡기 위해 올드스톤교회(Old Stone Church)에 갔으며, 오후 4시에는 젊은이들과의 회합을 위해 침례교회로 돌아왔고, 오후 8시에는 일반 대중 모임에서 강연했다.

가가와가 등장한 그 어느 모임에서도 청중은 그의 온화하고 성스러운 분위기와 동시에 신랄한 기지(奇智)와 천재적인 기억력에 기초한 연설 내용에 감화되었다. 워싱턴D.C.의 메이플라워 호텔(Mayflower Hotel)에서의 축하회에서 그는 청중에게 다음과 같이 겸손히 말했다.

“저는 이런 대저택 연회에는 어울리지 않습니다. 사실 저는 빈민가에 있어야 하는 사람입니다.”[28)]

디트로이트에서는 강연장에 가득 찬 개신교 교인들에게 다음과 같이 역설했다.

“여러분들의 종파는 수가 너무 많습니다. 예전에 제가 미국에 있을 때 조사해 보니 교파가 266개였습니다. 너무 많습니다. 여러분은 천국에서도 개인실, 독방에서 사실 생각입니까?”[29)]

클리브랜드에 모인 1만 명에게 강연한 날에는, 남성들을 향해 나무라듯 다음과 같이 일갈하였다.

“새의 80%는 일부일처주의입니다. 미국인 남성도 그와 같습니까?”[30)]

더욱 열심을 다하고자 하는 의욕에 넘칠 때는, ‘그리스도와 협동조합’이라는 주제에 대한 가가와 자신의 메시지를 전했다.

“협동조합운동은 형무소 입출 관리계를 필요 없도록 만들 것입니다. … 만일 여러분 중 누군가가 미국인을 좋은 시민으로 만들고 싶으면, 권력자가 되려는 야심을 가져서는 안 됩니다. 오히려 머슴이 되세요. … 여러분은 신(神)을 여러분의 인생과 사업으로부터 분리하십니까? 여러분은 이 땅에 ‘하나님의 나라’를 실현하고 싶은 야심은 없습니까? 만약 있다면, 당신의 경제 활동을 채택해서 그 가운데서 하나님의 나라를 실현해 나가야 할 것입니다. … 250만 인구의 버지니아에서 7천 명이 형무소에 들어가 있다고 합니다. 4,500만 명의 영국에서도 형무소 수감자 수가 거의 같습니다. … 협동조합운동과 신약성서의 복음이 과격하다고 말한다면, 저도 과격합니다. … 우리의 하나님을 우리의 진정한 아버지라고 믿을 때, 산도, 구름도, 별도, 나무도, 비도, 더 나아가 자동차들도 모두 우리의 것입니다. … 예수님은 기술자도, 과학자도, 발명가도 아니었고, 단지 목수였습니다. 하지만 그는 자신의 ‘신 의식’(consciousness of God) 때문에 지금껏 기억되고 계십니다.”[31)]

가가와의 강연 여행 초기 부분을 간단히 요약해 보면, 그의 비정상적인 활동 스케줄을 확인할 수 있다. 그는 1935년 12월 30일과 31일, 인디애나폴리스로 학생자원봉사대회에 참가하였고, 협동조합과 교회 그룹에서 온 이들과 이야기를 나눴다. 그 후 즉시 남부로 향해, 버밍험, 애틀랜타, 뉴 올리언스, 네쉬빌, 루이스빌, 렉싱톤, 멤피스, 다시 네쉬빌, 노리스 댐, 어쉬빌, 더햄, 리치몬드, 그 밖에도 1936년 1월 18일에 워싱턴 D.C.에 들어갈 때까지의 도중에 나오는 많은 도시를 방문했다. 그 후에도 가가와는 1월 말일까지 동해안을 따라 여행을 지속했다.

이후 그는 미주리로 이동하여 콜럼부스와 세인트루이스를 방문하였고, 그 후 캔자스시티로 이동하였다. 2월 3일부터 5일까지는 소비자협동조합연맹의 회합에 출석하였다. 그 후 2월 6일부터 9일까지의 3일 동안에는 우선 일리노이주 교회협의회에서의 강연 약속을 지켰으며, 그다음 시카고에서 열린 국제종교교육협의회에서 강연했다. 이후에도 그는 2주 동안 네브래

미국 아이오와 주에서 거행된 가가와 강연회 모습 ©賀川記念館

스카주와 다코타주를 여행하면서 미네아폴리스의 미들랜드(Midland) 협동조합 석유회사에 들렀다. 대형 농업협동조합에서 석유를 함께 다루는 판매 방식과 석유 판매소가 설치된 모습은 오대호(五大湖) 지역에서 매우 익숙한 풍경이었다. 두르스(Duluth)의 슈피리어(Superior) 호수로 방향을 바꾸어 아이오와주를 거친 뒤, 또다시 동쪽으로 방향을 틀어 오하이오, 인디애나, 미시간 등의 공회당이나 교회를 방문하였다.[32)]

가가와의 간사들도 늘 함께 행동하였고, 어떤 마을에서는 책으로 가득 찬 세 개의 여행 가방을 한 번에 거뜬히 옮겨 주기도 했다. 가가와는 노새를 타고 그랜드캐니언을 방문하기도 했다. 남 캘리포니아의 마을들을 10일 동안 큰 팩커드(Packard)를 타고 모교인 프린스턴 신학교를 방문하거나 뉴욕의 엘미라(Elmira) 대학 식당에서 옛 친구들을 만나기도 했다. 특히 저명한 원자물리학자 로버트 밀리캔(Robert Milikan)도 방문했다. 가가와의 유머와 따뜻함은 많은 친구를 사귈 수 있도록 도왔고, 모든 일에 싫증을 느끼지 않으며 호기심을 보여 모두가 놀랐다. 몇 시간 정도의 짧은 만남에도 그의 탐구열은 코카콜라를 만드는 방법으로부터 은하 밖의 우주로까지 뻗쳐 있었다.

월레스 캠벨은 가가와의 폭넓은 흥미에 매료되었다. 넘치도록 가득 찬 청중 앞에서 강연을 끝낸 가가와를 월레스는 늘 호텔까지 차로 데려다 주었다. 호텔에서 헤어질 때에 캠벨은 여가 시간에 무엇을 할지 가가와에게 물었다. 가가와의 대답은 다음과 같았다.

"경제의 사회적·정치적 조건에 대해 이야기 나눈 뒤, 지리학 책을 펼쳐 수십만 년 전의 지구 형성에 대해서 읽으면 큰 도움이 됩니다. 독서는 제가 가지고 있지 않은 우리 경제의 우발적이고 임시적인 사태에 대한 대국적인 견해와 확신을 안겨 줍니다."[33)]

가가와는 3월 말, 뉴욕 주로 이동하여 4월 중반까지 매일 다른 도시에서 강연을 했다. 이어서 그는 로체스터로 옮겨 가, 강연 여행의 하이라이트라 할 수 있는 라우센부쉬(Rauschenbusch) 강연을 했다. 이때의 강연 내용은 『우애의 경제학』(*Brotherhood Economics*)이라는 책으로 출판되었다. 이것은 가가와의 협동조합에 대한 영감 가득한 책으로서 가장 큰 인기를 얻었다. 5월에 가가와는 시카고, 덴버를 거쳐 서부로 돌아와 시애틀에서 이틀간의 세미나를 열었다. 이 세미나는 당초 150명을 위한 행사로 계획되었지만 실제로는 세 개의 주와 캐나다로부터도 많은 사람이 몰려 와, 결국 420명이나 참가하는 큰 행사로 확대되었다.

새벽녘의 기도와 묵상 시간을 제외하면 가가와가 진행한 강연 여행의 일상적 하루는 잡지 「크리스천 센추리」가 소개한 것처럼 세속적인 일반 명사(名士)의 분주한 하루와 다름이 없었다.

"가가와는 4시에 일어나 한 시간 동안 묵상(기도)을 실시한 뒤, 두 시간을 독서와 집필에 할애한다. 아침 식사를 위해 누군가의 집에 가게 되고, 오전 중에 두 개 회의를 개최한다. 점심은 오찬 클럽의 내빈 자격으로 해결한다. 한두 개의 회의를 또 열어, 오후에도 강연을 하는데, 1시간 반 내지는 2시간에 걸친 질의응답 시간을 가진 뒤, 식사 초대를 받아 다시 그곳에서 저녁을 먹는다. 그 후에도 군중이 운집한 저녁 강연을 개최하는데, 강연이 끝나고도 남은 사람들과 만남을 이어간다. 그의 주위에 몰려든 많은 사람들과 인사를 나누며, 누군가 나서서 군중을 자제시킬 때까지 그의 저서에 사인을 해준다. 간략하기는 하지만 모든 질문에 대해서 가가와는 정중하게 대답한다. 늦어지면 방으로 돌아와 수면을 취하는데, 5–6시간 정도의 충분한 휴식을 취해야 한다. 곁에 붙어서 심부름을 하는 사람은, 가가와가 이야기 나누는 동안 비로소 휴식을 취할 수 있는데, 그들 비서진이 더 지쳐 있을 정도이다.”[34)]

에큐메니칼 정신에 충실하였던 가가와는 성서 근본주의자로부터 사회적 복음파의 급진적 자유주의자들에 이르기까지 다양한 이들과 만났으며, 교파적으로도 남침례교·감리교·장로교 등, 수많은 교파의 관계자들 앞에서 이야기하였다. 그가 강연 순회 중에 늘 마음에 들어 한 자신의 농담 하나는 그가 일본에서 자주 비판하는 프로테스탄트 교회(개신교)의 분열에 대한 애정 어린 일침의 한 마디였다.

“저는 여러분께 260개의 교파가 있다고 들어 무척 놀랐습니다. 보통 ‘교파’(denominations)라는 단어의 발음이 ‘저주’(damnation)와 비슷하다고 합니다만, 저는 그렇게 발음하는 것을 그렇게 안타깝게 여기지 않습니다. 여러분은 그리스도교적인 일치의 반대편에 서 있기 때문입니다.”[35)]

그가 일상생활 가운데서 에피소드를 찾아내는 것은 자신의 앞니를 부러트려 없앤 신카와의 폭도 사건을 결론에서 꼭 언급하면서 “저의 영어 발음이 부정확하게 새는 구실이 여기서 생겼다”고 너스레 떠는 것과 같은 방식이었다.

근본주의적 그리스도교 신자들에게 가가와는 그리스도 피의 속죄가 지닌 힘에 대한 그들의 종교적 신앙을 충분히 이용하여 호소하는 한편, 자유주의적인 사람들에게는 그리스도교의 실천으로서의 가가와의 사회적 복음과 협동조합의 제창으로 이끌었다. 가가와는 성서의 근본주의적 해석과 다윈적 사고(Darwinistic idea)를 연결시켜 그리스도는 진화(進化)의 정점(頂点)이라고 말했다.

> "저는 동정녀 탄생, 부활, 승천, 그리스도의 신성을 믿습니다. 하지만 그보다 더 많은 것을 믿습니다."[36]

여기서 "그보다 더 많은 것을 믿다"(I belive in much more)라는 말은 협동조합(co-ops)과 민주적인 사회 질서가 중심에 있는 그리스도교적 경제의 계획 전체(entire plan of Christian economics)를 의미했다.

가가와는 대규모 군중들로부터 찬사와 더불어 알찬 기부를 소나기처럼 받을 수 있었다. 기부금은 강연 여행의 하루 예산 격인 100달러를 손쉽게 넘곤 했다. 네쉬빌에서는 한 집회에서 모자를 돌린 것만으로도 540달러가 모였다. 필라델피아에서는 약 2,000달러, 디트로이트에서는 1,000달러에 이르렀으며, 가가와의 강연 활동 프로젝트를 지속적으로 후원하기 위한 모임이 결성되었다.

1935년 미국그리스도교연맹의 초청으로 도미할 당시의 가가와. 왼쪽 옆에는 동양에서 최초로 존 칼빈의 『기독교강요』(キリスト教綱要)를 완역한 나카야마 마사키(中山昌樹) 목사가 서 있다. 가가와의 메이지가쿠인(明治學院) 신학부 동문이다 ⓒ賀川記念館

가가와는 '협동의 복음'을 계속 강조하면서 청중에게 종교적 신앙을 실천에 옮길 것을 촉구했다. 체력적 문제로 작아지기 십상인 목소리와 외국인으로서의 발음상 문제점 때문에, 가가와에게는 소규모 청중이나 직접 얼굴을 마주보고 대화하는 형식의 강연이 더욱 성공적이었다. 하지만 어떤 경우라도 북미의 사람들은 그의 강연 내용을 전부는 이해할 수 없다 할지라도, 바쁘고 긴장되는 촉박한 일정 속에서도 평정심을 잃지 않고 최선을 다하는 가가와의 모습에 감동했다. 또한 종교적 체험과 사회 활동 사이의 미묘한 균형감을 강조하는 태도에도 그들은 감명을 받았다. 그러한 반응에 대해 어떤 작가는 다음과 같이 썼다.

> "그는 복음주의와 사회주의 사이에서 균형 잡힌 그리스도교 복음의 빛나는 예언자로서 우리에게 왔다. 신비주의자의 빛과 평화로움이 그의 얼굴에서 밝히 드러나고, 학자로서 그의 메시지는 그 광채를 더하고 있다. 그는 '경쟁'(competition)이라는 낡은 질서(old order)를 폐지하고, '협동'(coopertation)이라는 '새로운 질서'(new order)로 바꾸려 하고 있다."[37]

일본인 청중에게 그랬던 것처럼, 가가와는 서양의 청중에게도 광범위한 논의의 폭을 통해 큰 인상을 남길 수 있었다. 그는 청중이 머리 아파할 만큼 높은 수준의 지적(知的) 언어로 강연하기도 했지만, 동시에 청중이 편안하게 들을 수 있는 가장 일상적 언어의 평이한 강연으로 곧장 전환할 수도 있었다. 그는 한 번의 강연을 통해서 칸트나 마르크스, 다윈 등의 아이디어를 한데 모아 이야기한 후에 그것을 쉽게 단순화하여, "내가 태어나 육체와 영혼을 가지게 되고, 이 폐허의 세계에서 신이 바라보는 대상물로서 살아 있는 것 자체가 기적이다"[38]라고 자주 말하였다. (이와 같이 새로운 논의로 전환해 나가는 화법은, 그가 남긴 기록의 전형적 특징이기도 하다.) 몇 번의 집회에서는 900쪽 분량의 『토양미생물학』(*Soil Microbiology*)의 내용을 강연 도중 줄줄 읊어 청중이 놀라는 일도 있었다.

'협동조합'은 고요한 혁명, 비폭력 혁명

그의 솔직한 영어 화법은 협동조합에 대해 말할 때 더욱 중량감을 더했다. 인디애나폴리스 협동조합연맹의 보웬(E. R. Bowen)과 함께 연단에 오른 가가와는 협동조합 경제에 의해 실현 가능한 '비폭력 혁명'(non-violent revolution)의 메시지를 다음과 같이 설파했다.

"여러분도 잘 이해하시다시피, 그리스도의 십자가가 우리 인생의 중심에 서 있다. 십자가의 원칙을 경제생활에 응용하고자 할 때, 우리는 네 가지 원칙을 지키지 않으면 안 된다. 첫째는 '비착취의 원칙'(principle of non-exploitation)으로 희생의 정신을 의미한다. 둘째는 '형제애의 원칙'(principle of brotherhood), 셋째는 '나눔의 원칙'(principle of sharing), 넷째는 '사회적 연대의 원칙'(principle of social solidarity)이다.

현재 '비착취의 원칙'은 자본주의적 체제하의 폭리 획득의 동기와 대조를 이룬다. 자본주의 체제의 자본 축적은 '형제애의 원칙'에 반한다. 소수의 부자에 의한 자본의 집중은 '나눔의 원칙'에 반한다. 그리고 마지막으로 자본주의적 체제에 기인하는 계급투쟁은 '사회적 연대의 원칙'의 참된 감각에 반한다. … 그리스도교는 온 세상에서 전해지고 있다. 하지만 경제에 대해서 우리는 '십자가 원칙'(principle of the cross)의 실천을 망각하고 오히려 경쟁을 벌이고 있다. 경쟁은 개인의 동기유발을 자극하는 심리적 효과에 있어서는 순기능이 있지만, 일상의 필수품을 얻는 일에 적용된다면, 우리는 무질서와 혼돈의 상태에 들어가 버린다. 그 상황은 우리를 도박과 투기와 전쟁으로 이끈다. 따라서 우리는 이러한 경쟁의 사고를 협동의 정신으로 바꾸지 않으면 안 된다. … 내가 형제애(brotherhood)라고 말할 때는, 희생과 협동의 정신으로 가득 찬 바람직한 체제를 의미하는 것이다. 협동조합 체제에는 희생의 정신과 형제애의 정신이 담겨 있다. 하지만 우리는 자주 너무 많은 체제를 동시에 가진다. 소련의 관료주의, 국가 혹은 나치스 일당 지배에 의한 파시즘 지배 등을 동시에 갖게 되면, 우리는 강력한 거대 체제를 가질 수는 있을지 몰라도, 우리 각자의 개성을 잃어버린다."[39]

가가와는 경제가 전쟁의 근본 원인이라고 주장했다. 따라서 다른 강연에서는 이렇게 말했다.

"세계는 경제적 무질서로 괴로워하고 있다. 이탈리아는 영토를 얻기 위해 에티오피아를 침략하였고, 일본은 천연 자원을 얻기 위해 만주를 침략했다. 최근 유럽에는 무서운 무질서가 엄존하고 있다. 아시아에서는 전쟁의 먹구름이 온 나라를 드리우고 있다.

현재, 세계의 모든 곳에서 그리스도교 신자들은 국제 평화 실현의 길을 모색하기 위해 열의에 가득 차 있다. 전쟁에 반대하기 위한 수많은 양심적 병역 기피자가 있다. 내 생각으로 그들은 세상에서 가장 훌륭한 사람들이지만, 이러한 인생철학을 이해하지 못하는 사람들도 많다. 예를 들어 군국주의적 경향이 강한 일본에서 양심적 전쟁 반대자를 인정하지 않으려는 암묵적인 규칙이 있다. 유럽에도 그리스도교의 참뜻을 이해하지 않는 1억 남짓의 사람들이 있다. …

그 밖에도 철학적 측면에서 평화를 촉구하는 사람들이 있다. 논문 『영구적 평화』(*Eternal Peace*)의 저자는 위대한 철학자라고 우리는 확신하고 있다. 우리에게는 전쟁을 저지하기 위한 논리적 사고력이 필요하다. 하지만 오늘과 같은 시대에는, 철학만으로는 전쟁을 저지할 수 없을 것이다. 평화의 철학(philosophy of peace)을 말하기 전에, 우리는 전쟁의 원인을 제거할 필요가 있다. … 하지만 정치는 이 문제를 결코 해결할 수 없다. 국제연맹이 1919년에 설립되었을 때, 평화에 대한 열의와 열광이 유럽에 넘쳐났었지만, 결국은 기대를 저버리고 말았다. 경제문제를 해결할 수 없는 한, 평화의 문제를 해결하는 것은 완전히 불가능하다."[40]

가가와는 한층 더 나아가 신앙심 깊은 개인이 이러한 세속적 문제의 해결에 무관심한 것을 비판하면서 이렇게 말했다.

"오늘날 종교적 신앙을 지닌 사람들은 경제적 분쟁에 말려 들어가지 않기 위해서 몸을 사리고 있다. 일본에는 그러한 세속 문제를 피해 도망치는 수도승이나 성직자들도 있다. 그들은 산이나 숲 속의 수도원(승원)에 들어가서 명상에 잠기기는 하지만, 경제 문제는 완전히 무시하고 있다. 그들은 일부 사람들이 경제 체제를 독점하고, 탐욕에 의해 자본을 축적하는 것을 용인하고 있다. 그리스도교 지도자 가운데에는 우리가 경제에 대해 이야기하면 그것이 영적이지 않다고 비판하는 사람도 있다. 하지만 아시다시피, 예수는 이 땅에 육체를 입고 오신 분이다. 그의 육화(肉化)는 그 자체로서 놀라운 신 존재의 명백한 현상이었다. 우리의 육체가 신 의식에 의해서 지배될 때, 신의 율법은 물질적인 요소들 안에서 명백하게 드러난다. 결국 경제도 신의 율법에 따라 지배되는 것이다. 따라서 그리스도의 가르침은 경제적 측면에도 적용된다."[41]

가가와는 국제간의 무역이 협동조합을 통해서 어떻게 실현될 수 있을지에 대해서 구체적으로 나타내 보였다.

"지금 우리는 덴마크와 영국 사이에서 이루어지고 있는 국제협동조합의 무역 방식을 채용해야 한다. … 덴마크의 협동조합연맹이 영국에 농산물을 팔고, 영국의 도매소비자협동조합이 덴마크의 농산물을 산다. 양자는 서로 간에 착취적 방법을 행하지 않으면서도, 이익을 창출해 낸 생산자에게 그 이익을 돌려주기로 하는 협정을 체결한다. 양자는 자유무역이나 보호관세를 요구하지 않는다. 경쟁적 무역이 없으면, 이러한 일을 생각할 필요가 없기 때문이다."[42]

가가와는 세계 무역의 안정을 위해서 단일 통화 체제에 근거해서 설립되어야 할 국제적 협동조합 은행에 대해서도 논하면서, 다음과 같은 결론을 내 놓았다.

> "가끔 우리는 무서운 재난을 당하는데, 그럴 때 통화를 인하한다. 그로 인해 싼 값이 된 상품이 미국에 수출되어 여러분은 일본으로부터의 공급된 저렴한 상품으로 골머리를 썩게 된다. 만약 우리가 세계를 아우르는 단일한 통화제도, 즉 국제협동조합 은행과 같은 체제를 구축할 수 있으면, 그때는 일본의 싼 상품이 들어와 이 나라를 흔들어 놓지 않아도 된다."[43)]

'사회복음'을 강조한 신학자 월터 라우센부쉬(Walter Rauschenbusch, 1861–1918). 침례교 목사인 그가 공부한 로체스터 신학교에는, 그의 이름을 딴 기념관이 세워져 있으며, 마틴 루터 킹 목사, 성공회 데스몬드 투투 대주교, 가가와 도요히코 등에게도 큰 영향을 미쳤다 ⓒ賀川記念館

가가와가 라우센부쉬 강연을 위해 로체스터(Rochester)에 도착했을 때, 우익 그룹은 이미 과격한 반대운동을 강구하고 있었다. 인터스테이트 복음주의연맹(Interstate Evangelistic Association, Inc.)의 전무이사인 해럴드 스트라선 목사(Rev. Dr. Harold Strathearn)가 가가와를 향해 "사회주의 망령!"(spectre of socialism)이라고 소리 높여 외치고, 가가와와 협동조합에 대한 반대운동을 시작하고 있었다.

> "가가와는 그리스도교회를 가장하여 소비자협동조합과 사회주의를 지지하는 불온한 계획을 설파하고 있다!"[44)]

스트라선 목사는 '가가와와 협동조합'이라는 '쌍둥이 악마'(twin demons)와 싸우는 '50인 위원회'를 결성하였고, 프리메이슨 그룹을 설득하여, 가가와의 로체스터 회관 사용 허가를 취소하도록 이끌었다. 하지만 프리메이슨은 로체스터의 교회협의회(Council of Churches in Rochester)와 먼로 카운티(Monroe Country)로부터의 항의를 받아 다시 회관을 빌려 주기로 했다. 그러자 스트라선은 근본주의자로 이름이 널리 알려진 포트 워스(Fort Worth) 출신의 침례교 목사 프랭크 노리스 박사(Dr. J. Frank Norris)를 데려오기로 했다.

'권총 두 자루의 노리스'(Two Gun Norris)라는 별명으로 불린 이 무시무시한 목사는 정당방위를 제기하여 살인죄를 면한 적이 있는 인물이었다. 그는 전미교회협의회(the Federal Council of Churches)를 '공산주의 빨갱이들'이라고 가차 없이 불렀고, 차마 듣기 힘들 정도의 비난과 공격의 연설을 하였다. 따라서 교회협의회 의장이었던 사무엘 맥크리어 케버트 목사(Rev. Dr. Samuel Mc-Crea Cavert)는 그 발언의 철회를 요구하지 않을 수 없었다. 하지만 노리스 목사는 다음과 같이 대답했다.

"그 어떤 남자도 한 번에 반바지를 한쪽 발씩 입는 이곳 서부에서, 우리가 신(神)과 가정과 고향을 믿으며, 적기(赤旗, red flag, 공산주의 깃발 – 역자 주)의 무리를 조금도 두려워하지 않는 미국인이란 사실은 제군도 잘 알 것이다."[45]

최종 대결이 이루어진 4월 중순의 어느 밤, 가가와는 3,000명의 군중을 모아 강연회를 가진 한편, 노리스는 로체스터의 또 다른 집회장에서 2,500명을 끌어 들여 반대 행사를 가졌다. 한쪽에서 노리스 목사가 "가가와는 공산주의자!"라고 비난하고 있을 때, 다른 쪽 연단에서는 미국상공회의소 회장의 부인 하퍼 시블리 여사(Mrs. Harper Sibley)가 가가와를 소개하고 있었다. 가가와는 자신이 가장 관심을 갖고 있던 화제, 즉 중세의 직능조합에 대해서 차근차근 이야기하며 직능조합이야말로 노동과 그리스도교 신앙이 서로 조화를 이루어 작동하는 이상적 모습이라고 보았다. 그리고 노리스와 그 동료들을 향해 다음과 같이 말했다.

"저는 하나님의 사랑이, 산업이나 경제나 일상생활에 적용되길 바라고 있기 때문에, 결국 공산주의자라고 비난받고 있습니다. 정말 웃기는군요! 말도 안 되는 소리입니다!(What a Joke!)" 46)

한편, 노리스는 환호해 맞이한 군중 앞에서 격렬한 비난의 목소리를 높였다. "협동조합은 저 지독한 소련의 공산주의보다 훨씬 더 위험합니다!" 그는 반어법의 의문형 문장으로 "우리의 일터나 가정이나 교회를 어떻게 운영할지에 대해 논의하는데, 굳이 일본인 따위를 수입할 필요까지 있을까요?"라고 질문을 던지기도 했다. 이 질문에 대해 그 자리에 있던 제자들은 "옳소! 옳소!"라고 반응을 부추겼다. 노리스는 그 후 시카고로 이동하여, 미국교회협의회에 반대하는 이 운동을 3개월 동안이나 이어갔다. 또한 그는 침례교 소속 목사와 신자들에게 알버트 비벤(Rev. Dr. Albert W. Beaven) 박사가 과격한 행동을 취하며 가가와의 강연을 지원하였다는 이유를 들어, 콜게이트 로체스터 신학교(Colgate–Rochester Divinity School)의 교장 직에서 추방할 것을 촉구하였다.47) 미네아 폴리스의 릴레이 박사(Dr. W. B. Riley)와 같은 목사들도 가가와를 '반그리스도'(anti–Christ)라고 지명하며 공격하였다.

새로운 형태의 공격이 종교와 관계없는 영역에서도 시작되었다. 예를 들면 석탄산업계의 간행물인 「블랙 다이아몬드」(*Black Diamond*)는 교회와 협동조합 사이의 관계를 비난하는 돕슨(E. W. Dobson)의 강연문을 출판하기도 했다. 연탄유통협회의 부회장 클라인 로버츠(Kline Roberts)도 가가와를 향해 경고하고 나서 "이러한 열광자가 성공하면 할수록, 지금의 수많은 기업은 일이 없어지고 말 것"이라고 말했다. 업계 잡지는 석탄업자에게 협동조합과 싸울 것을 주문하며 다음과 같이 촉구했다.

"지금이야말로 귀 협회가 이 (협동조합)운동이 더 이상 전개되어서는 안 된다는 주장을 펼침으로써 그 흐름을 저지해야 할 때입니다. 반대 의사를 분명히 하도록, 다른 분야의 소매상에게도 협력을 요청합시다! 귀 협회가 이것을 활동 목표로 채택한 만큼 아직 (협동조합 반대운동이) 이루어지지 않는 분야에 그것을 알립시다. 그리고 그 일이 충분히 확대될 때까지, 협회가 아직 인식이 부족한 분야에도 깊이 관여함으로써 그들의 활동을 저지합시다.”[48]

오하이오의 보험회사가 제작하는 한 간행물은 가가와를 ‘잽’(the Jap)이라고 비하해 부르면서, 그의 집회는 “설교 단상에서 이루어지는 과대 선전이다”라면서 인종차별적 모욕을 퍼붓는 소동을 일으켰다. 한편 “협동조합운동의 발전은 귀 회사에 직접적인 타격이 될 것”이라고 경고하면서, “모든 개인 기업에도 타격을 안길 것이다. 협동조합운동을 선전하는 사람들은 모든 사업이 협동조합 방식으로 이뤄지는 협동조합 국가를 몽상하고 있다. 그들은 여러분의 일자리를 앗아갈 것임에 틀림없다”라고도 말했다. 그 회보는 “이

1940년대 초부터 일본인를 비하하던 포스터들. “보안을 지키자! 일본 놈을 박살내자!”(save a tap/ slap a jap!)라고 적혀 있고, ‘쥐 덫’을 ‘잽 덫’으로 묘사하고 있다 ©NARA ; ©Densho Digital Archive

● ‘잽’(Jap)이란 말은 영어로 일본인을 비하해 가리키는 저패니스(Japanese)의 축약어다. 일종의 인종(민족)차별적 비속어(ethnic slur)다. 일반적으로 일본을 의미하는 세 글자 코드는 ‘JPN’이 널리 사용되고 있지만 유럽의 비영어권 일부 국가에서는 ‘JAP’을 실제로 사용하고 있다. 미국에서 이 말이 처음 사용된 것은 1860년 미국의 일본대사관 직원들을 가리키는 데서 유래되었고, 1905년에는 미국 텍사스주 재퍼슨 카운티에는 일본계 농민의 기여에 대한 경의로 Jap Road라는 거리명이 붙여졌을 정도였으므로, 초기엔 미국에서도 그다지 경멸적인 의미를 지니지 않았다.
하지만 Jap은 전쟁 중에 명백한 경멸적 용어로 바뀌었다. 즉 제2차 세계대전 시기에, 이 말은 일본인을 비하하기 위해 미국에서 급격히 확산되어 사용되기 시작한다. 신문 머리기사에도 이 용어가 빈번히 등장하였다. 특히 Jap은 또 다른 약칭 멸칭인 ‘닙’(Nip, Nippon의 줄임말)과 함께 빈번히 사용되었다. 전시하에 미국 해병대는 Jap과 유인원, 원숭이를 뜻하는 Ape를 합성하여 ‘제이프스’(Japes, 일본 원숭이)란 호칭도 만들어냈지만 일반에는 널리 퍼지지 못했다.
베테랑 작가인 폴 퓌셀은 Jap이 다른 용어보다 훨씬 인기 있었던 이유를 단음절 어휘라서 운율이 필요한 슬로건 문장을 구성하는 데 용이했다고 설명했다. 예를 들어, 제2차 세계대전 중에는 “잽을 두들겨 패라”(Rap the Jap)나, “잽을 지도에서 지워 버리자!”(Let's Blast the Jap Clean Off the Map), “잽을 죽이자!”(Kill the Jap) 등의 표어가 널리 유행했다.
결국 텍사스에서는 1905년 당시 일본인 농부들에 대한 경의의 표현으로 지어진 ‘잽 로드’(Jap Road)라는 거리 명칭이, 오히려 일본계 단체들의 요구와 압력으로 인해 2004년부터 사용하지 않기로 결정되었다. 일본계 단체들은 인접한 오렌지 카운티의 ‘잽 레인’(Jap Lane)이란 지명도 바꿀 것을 주장하였다. 그 결과 전후의 일본 및 미국과 영국에서 발행된 사전들에는 ‘잽’이 일본계 인종에 대한 경멸적 혹은 공격적 용어로 사용된다고 명시해 놓고 있을 정도로 차별적 용어로 정착되었다.

처럼 확대되는 협동조합 저지 활동에 각자의 임무를 완수하자"라면서 보험회사의 각 지점에 호소했다.[49)]

일본에서 그랬던 것처럼, 이러한 공격은 오히려 그들에게 역효과를 낳기 십상이었다. 늘 사회주의나 공산주의라는 비난을 받으면서도 꿋꿋이 싸워 온 협동조합운동에 오히려 더 많은 공감의 여론이 형성되었다. 농촌전기(電氣)협동조합과 신용조합은 연방정부의 입법으로 혜택을 누렸지만, 소비자협동조합과 노동자협동조합은 동일한 지원을 받을 수 없었다. 그 이유 가운데 하나는, 후자의 조합 활동에 대해서는 적대감을 품은 세력이 많았던 점, 그리고 또 하나는 소비자협동조합운동 측에 있는 사람들이 정부의 원조와 간섭을 순순히 받아들이지 않고 반발하였기 때문이었다.

가가와는 일본에서 훨씬 더 힘겨운 반대에 직면해 있었기 때문에, 미국에서의 그러한 공격에 그다지 동요되지 않았고, 예정대로 라우센부쉬 강연을 실행에 옮길 수 있었다. 이 강연은 사회적 그리스도교(복음) 운동의 지도적 이론가인 월터 라우센부쉬(Walter Rauschenbusch)의 이름에서 따온 기부 강좌였다. 월터 라우센부쉬는 로체스터 신학교(Rochester Theological Seminary), 즉 훗날 콜게이트-로체스터(Colgate-Rochester) 신학교로 불리는 이 학교에서 오랜 기간 교수로 봉직했다. 가가와의 라우센부쉬 강연문의 초안은 미국으로 건너가는 태평양의 선상에서 작성되었다. 이 강연은 영문 번역 작업을 위해 일본에 발송되어 헬렌 토핑 등이 다시 숙독한 결과, 1936년에 하퍼 앤 브라더즈 출판사(Harper and Brothers)가 『우애의 경제학』이란 책으로 간행했다.

완성된 책의 대부분 내용은 무미건조한 경제학 논문이 아니라, 현대 인간세계가 잠재력을 상실해 버린 상태에 놓여 있는 것에 대한 시(詩)적인 만가(挽歌, lament)이다.

> "비행기가 저마다의 목적지를 향해 세계의 항공로 위를 날고 있다. 라디오의 고주파 소리가 에테르의 파동을 타고 메아리친다. 텔레비전은 아득한 거리감을 극복하게 해주었고, 끝없는 인간의 발명과 지혜의 힘을 우리로 하여금 깨닫게 한다. 하지만 그럼에도 사람들이 불안에 떨고 빈곤에 허덕

이며 괴로워하는 당황스러운 세계이다. 그야말로 혼돈으로 가득 찬 세상이다.

오늘의 빈곤은 결핍으로부터의 빈곤이 아니라, 풍부함으로부터 비롯된 빈곤이다. 그것은 상품, 기계, 노동자 계급, 지식 계급의 과잉 생산으로부터 야기된 고민이다. 우리는 물자 부족으로 인해 괴로운 것이 아니라, 물자 과잉으로 인해 괴로워하고 있다. 자본은 얼마 안 되는 사람들의 수중에 장악되어 있기에, 대중은 실업과 불안, 지나친 의존도와 금전적 신용 불량의 세계에서 신음하고 있다. 그들은 아우성치며 영원해 보이는 무력감을 목놓아 외치고 있다. (시장에 대한 – 역자 주) 불간섭주의 정책이 우리를 지옥에 떨어뜨려, 수백만 명의 실업자가 물건이 흘러 넘치는 창고의 구석진 그늘에서 아사(餓死)해 가고 있다.”[50]

이 책의 서문 뒤에, 가가와는 자본주의와 마르크스주의 경제학 그 모두가 공통적으로 지니고 있는 중대한 결함과 모순, 즉 물질주의(materialism)를 비난하였다. 이 내용은 늘 그가 강조하던 주제였다. 한편 가가와는 ‘교리적 그리스도교’(creedal Christianity)를 무능하다고 비판했다. 한편 현대의 협동조합운동의 선구자로서 경애해 온 여러 단체를 높게 평가하였다. 거기에는 초기 그리스도교의 공동체, 수도원 교단의 개혁, 중세의 직능집단, 재세례파 운동, 자유주의 프로테스탄티즘이 포함되어 있었다. 가가와는 이러한 역사적 선례들을 모두 ‘예수의 벗’ 모임 조직 안에서 구체화해 보기 위해 노력한 것이다.

『우애의 경제학』(*Brotherhood Economics*, Harper & Brothers, 1936)의 미국 초판 표지. 상단에 “미국을 향한 가가와의 메시지”(Kagawa's Message to America)라고 적혀 있다.

『우애의 경제학』

가가와는 오랜 역사 속에서는 자본주의자든 마르크스주의자든 할 것 없이, 모두가 전쟁과 경쟁, 계급투쟁을 너무 강조하였다고 주장했다. '생활공동체주의'(communitarianism)가 현실에서는 인류의 진보에 훨씬 더 많은 공헌을 했음에도 불구하고, 이와 같이 서로 돕는 자조(自助)의 노력에 대해서 역사는 정당한 평가를 내리지 않아 왔다고 주장한다. 그러한 흔적들을 올바르게 문화적으로 강조함으로써, 그 방법과 정신에서 제대로 배운다면, 진정한 협동조합적인 사회로 그 발전 속도를 앞당길 수 있다고 보았다. 그러한 '우애의 경제학'이야말로 현대 사회의 신질서가 될 수 있을 거라고 확신했다.

가가와가 집중한 대부분의 노력은 협동조합 문화의 보급에 관한 것이었다. 이 문화의 확산, 그리고 평화의 구축과 상호부조야말로 개인과 국가의 전형적인 대응방식이라 할 수 있는 적개심 조장이나 전쟁 혹은 폭력을 대신할 수 있다고 보았기 때문이다. 협동을 통해서 일하는 것이야말로, 협동조합 사업의 일환으로 세워진 공장 그 자체나 대차대조표 이상으로 중요한 것이라고 보았다. 따라서 가가와는 미국의 청중에게도 그러한 '협동의 정신'을 가는 곳마다 반복해서 강조했다. 개인의 사고(思考)는 고립해서 존재하고 있지만, 이제 세계 도처에서 인생에 대한 완전히 새로운 철학이 보편적 발전을 이루며 새롭게 태동하고 있었다.

라우센부쉬 강연에서 가가와는 강연 여행을 통해 줄곧 채택해 온 요점을 더욱 강조해 나갔으며, 협동조합 사업의 전체 시스템이 경제활동을 포함하기 위해, 사회의 7개 분야에 있어서의 협동조합 건설을 제안했다. 그 7개 분야는 보험, 생산자, 마케팅, 신용, 상호부조, 공익사업, 마지막으로 소비자 부문이었다. 이 시스템이 표준적 사회주의(standard socialism)보다 오히려 유리할 수 있는 이유는 '비 집중적'(분산적)이며 동시에 민주적이라는 특징을 지니고 있기 때문이었다. 영국의 길드 사회주의자들의 생각을 빌려 온 가가와의 강연은 정부 형태의 윤곽까지도 새롭게 그려냈다. 그 대안적 형태는 정치와 경제가 '사회의회'(social congress)와 '산업의회'(industrial congress)의 두 입법의회로서 연동 운영되는 것이었다. 각 의회의 의원은 협동조합연합과 노동조합연합에 의해서 선출되며, 두 의회의 의원은 각각 다른 문제를 취급하는 것이다. 일반선거 대신에 여러 협동조합과 노동자 단체를 대표하는 대의원이 선출된다. 이에 대해 가가와는 다음과 같이 말했다.

> "입법 조직의 의원은 자본주의자 경영인처럼 행동한다. 만약 입법 조직의 의원이 여러 구성 조직들로부터 선출된다면, 의원의 의무는 선택한 사람에게 명확히 밝혀진다. 그들은 일부 자본주의자들만 대표하는 것이 아니라, 구성원 전체를 대표한다. 심지어 그들은 선거운동 자금이 굳이 필요 없다. 왜냐하면 각 선거구가 처음부터 충분히 한정되어 있기 때문이다. 조바심나게 하는 오늘날의 선거 규칙 따위는 필요 없다. 의원이 자신의 이익을 늘리기 위해서 부정한 행동에 치우치게 될 유혹도 없어지게 된다."[51]

이 강연의 논리 구성은 민주적 정부에 대한 설계도라 하기보다는, 일본의 정치적 부패에 대한 대응에 중점을 두었던 것이다. 따라서 강연 내용이 협동조합의 화제로부터 이탈되어 버린 점도 있다. 가가와는 일본에서 여러 사업을 위해 애쓰는 과정에서 의회의 복잡한 수속과 절차에 어떠한 환멸을 느껴 왔는지 모른다. 그 때문에 가가와는 무심결에 유토피아적 이상향을 모색하는 쪽으로 흘러가 버렸는지도 모른다. 아마도 그 점이 가가와의 가장 큰 약점을 드러내는 지점일지도 모른다.[52] 하지만 그의 강연이 지닌 몇몇 결점이 무엇이든지 간에 미국의 협동조합운동의 역사 가운데서, 그 어떤 지도자도 가가와처럼 협동조합의 발전을 위한 십자군같이 저돌적인 개혁운동을 추구하고, 그 능력을 발휘한 적이 없었다.

그의 강연이 끝나면 협동조합 집회에 새로운 참가자가 밀려들어 왔으며, 미국 협동조합연맹의 출판물 매상도 과거 대비 최고 수치를 기록했다. 가가와로부터 깊은 영향을 받은 인물 중 한 명이 바로 제리 부리스(Jerry Voorhis)

제리 부리스 의원의 선거 포스터(1946)

다. 그는 캘리포니아에서 선출된 하원의원이었는데, 훗날 협동조합연맹의 전무이사와 회장을 맡게 된다. 초선 의원 시절에 '최우수 의원'으로 지명되기도 하였고, 자유주의 뉴딜 정책(liberal New Deal legislator)의 입법자이기도 한 부리스는, 1946년에 리처드 닉슨(Richard Nixon)의 야만적인 '빨갱이 공격'(색깔공세, red-baiting campaign)으로 인해 의석을 잃기도 했다.

부리스는 1936년에, 그가 경영하는 캘리포니아 클레어몬트 남학교(boys school of Claremont)에 가가와가 방문하였던 일을 선명하게 기억하고 있었다. 가가와는 야외에서 젊은 소년들이 세워 놓은 나무 십자가의 근처에서 노을빛을 받아가며 예배를 이끌었다. 부리스는 당시의 가가와를 다음과 같이 회고했다.

> "가가와는 그리스도교도로서 사랑과 신앙의 맑고 깨끗한 메시지가 입에서 흘러넘쳤고, 모든 인간을 이 세상의 지위나 계층에 관계없이 동일한 존재라고 강조했다."

부리스는 『우애의 경제학』의 핵심 내용이 요약되어 있는 가가와의 협동조합 정신에 특히 감화되었다. 그것은 협동조합 사업은 십계 가운데서 제2항의 내용, 즉 "당신의 이웃을 자기를 사랑하듯이 사랑하라"는 교훈을 실천에 옮기고 있다는, 바로 그 정신이었다.[53]

가가와의 강연 여행과 저작들에는 미국에서의 협동조합운동의 발전을 촉진하는 강력한 도덕적 힘이 깃들어 있었다. 단지 그가 현장에 와 있다는 사실만으로도 많은 사람의 가슴은 뛰고 그의 한 마디 말에 움직이기 시작했다. 가가와의 실천적 사회 개혁과 신비주의가 묘하게 조합되면, 그 매력은 실로 압도적이었다. 그러한 가가와의 진면목을 가장 선명하게 드러낸 책인 『십자가의 명상』은 1937년 봄까지 수만 부가 팔릴 정도로 선풍적이었다. 그가 주창한 '협동의 철학'과 '사회적 복음'의 해석은 자유주의적 그리스도인을 늘 고민하게 만드는 계급투쟁의 폭력에 대처하는 하나의 선택가능한 방법을 제공했다. 그것은 그들에게 종교적 필요성(religious needs)과 함께 '개혁으로의 길'(path to reform)을 동시에 제시했다.

유럽 여행을 떠나기 전, 미국 NBC에서 방송된 그의 마지막 메시지는 희망으로 충만해 있었다. 무역에 있어서의 국제적 협력을 역설하면서, 미국이 필리핀에 대한 자주적인 독립 기회의 부여를 "미국을 통해 동양에서 일어난 역사상 가장 위대한 사건 중 하나"라고 높게 평가했다.[54] 그리고 말미에서 이렇게 매듭지었다.

> "저는 미국 사람들을 사랑하게 되었습니다. … 저는 미국과 일본 사이의 평화 유지를 위해 여러분이 늘 기도해 주시길 부탁드립니다. 안녕히 계세요. 여러분 위에 하나님의 은혜가 넘치시길 기원합니다."[55]

제9장

태평양전쟁의 광풍 속에서

제9장

태평양전쟁의 광풍 속에서

전쟁의 어두운 그림자

성공적인 세계 전도(강연) 여행을 마치고 돌아왔지만, 이내 가가와는 통제하기 힘든 경찰국가(police state)의 전면적 전쟁 돌입을 목격해야 했으며, 그와 같은 두려운 시대와의 조우는 그가 경험한 환대와 명백한 대비를 이루었다. 1936년 7월 1일의 한밤중에 가가와는 자신을 존경하는 많은 미국인들의 박수갈채와 성원을 받으면서 유럽 독일의 브레멘(Bremen)을 향했다. 그 후 채 5년이 지나지 않아 그를 경애하던 군중 속의 한 사람은 일본에 체류하다가 귀국하면서, 가가와를 향해 '실의에 빠진 사람'(a man with a broken heart)이라 부르고 있다.[1] 이 슬픈 소식을 전하는 가운데, 루먼 쉐퍼 박사(Dr. Luman Shafer)는 가가와의 종교와 세계정세가 조화되지 못하고 있음을 언급하면서, 가가와에 대해서 다음과 같이 평가했다.

"가가와 목사는 시대를 통찰하면서, 심지어 오늘날의 혼란 가운데서도 살아있는 깊은 수준의 그리스도교 윤리를 지닌 사람입니다."[2]

가가와는 '조국 일본을 향한 애국심과 확대되는 군국주의에 대한 모멸감' 그리고 '구미에 대한 존경심과 그들의 인종차별과 식민지주의에 대한 경멸과 조소', '무저항주의에 대한 확신과 전쟁에 돌입해 가는 세계 현실', '민주주의에 대한 신뢰와 불의한 일본 의회에 대한 환멸' 사이에서 고뇌하였다. 모순되는 양자 사이에서 그는 갈가리 찢겨져 가고 있었다.

이러한 문제는 그가 1936년에 떠난 여행 중에 보인 미일관계에 대한 접근방식에서 언뜻 비춰지는 것이기도 했다. 평화의 조정자로서의 가가와는 뉴욕 브루클린에 있는 세인트 조지 호텔(Hotel St. George)에서의 오찬 모임에서 낙관적인 태도를 보이며 다음과 같이 말했다.

"일본의 양 의회의 모든 입법자들은 미국에 대한 적의(敵意) 표명 금지의 법률을 통과시켰습니다. 저는 귀국(貴國, 미국)도 그러한 법률을 통과시켜 주기를 바라고 있습니다. … 일본의 지식인 가운데 99%는 전쟁을 반대하며, 일본의 노동단체는 시위를 통해 전쟁 촉발 분위기에 불만을 표명하고 있습니다."[3]

그 후 얼마 지나지 않아 아이오와 주의 디모인(Des Moines)에 왔을 때 가가와는 대장성 대신(재정부 장관)인 다카하시 고레키요(高橋是清)와 또 다른 세 명의 고위 관료가 1,400명의 국수주의 군인들에 의한 군사 쿠데타의 시도로 암살되었다는 충격적 소식을 접했다. 오카다 게이스케(岡田敬介) 수상은 실패로 끝나버린 1936년의 이른바 '2·26사건'에서 간신히 목숨을 건졌다. 다카하시가 피습 당했다는 아직은 확실치 않았던 초동 보도에 대해서 가가와는 다음과 같이 논평했다.

"그는 매우 존경받고 있었다. 암살된 것이라면 그는 성인(saint)의 반열에 오를 것이다. 나라 당국은 살해자들을 결코 용서하지 않을 것이다."[4]

정부는 반란군의 병사들을 소추(訴追)한 뒤, 그 가운데 17명에 대해서 사형을 집행했지만 군사재판은 극비로 행해졌다. 이 사건에 대해서 사회대중당과 노동운동은 자극을 받아 더욱 열성적으로 선거전에 뛰어들었고, 그 결과 국회 의석의 8%를 확보하는데도 성공해, 여당인 민정당(民政党), 그리고 정우회(政友会)에 이어서 세 번째 규모의 정치 세력이 되었다. 가가와나 그 밖의 다른 주요 협력자들은 이 선거가 사회민주주의자에게 중요한 전환점이 될 수 있다고 주목하였다. 하지만 오히려 그들은 군국주의, 국수주의, 정부에 의한 언론 통제라는 압도적 권력에 의해서 말살될 것이며, 그러한 사태를 암시하는 전조(前兆)로 보는 사람들도 있었다.

계속해서 이듬해(1937) 7월 7일에 일어난 '사건'은 국가 전체를 갑작스럽게 우경화시켰고 전쟁에 박차를 가하도록 이끌어, 가가와와 그 협력자들이 얻어냈던 도미 성과들이 한순간에 매장되어 버렸다. 베이징 근처의 루거우차오(蘆溝橋)에서 중일(中日) 양국 군대의 충돌이 빚어져, 이내 전면전으로 치닫게 된 것이다. 하지만 이 사건은 국지전이라기보다 실제로 동아시아에서 제2차 세계대전이 시작되었음을 의미한 사건으로, 중국 국민당 정부는 장제스(蒋介石)의 지도하에 완강히 그 진지를 사수하고 있었다. 일본 수상 고노에

일본의 군국주의를 앞당긴 2·26 사건. 도쿄 사노우시타(山王下)의 요정 코가쿠(幸楽)에 집합해 거사를 치르는 반란군 병사들 모습

후미마로(近衛文麿)는 중국 국민당 정부의 '괴멸전'(壞滅戰)을 촉구하고 나서서 강경론자임을 만천하에 드러냈다. 일본은 전시체제를 채택하여, 국회는 1938년 봄에 국가총동원법을 통과시켰으며, 정부는 경제를 통제하여 인적·물적 자원의 유출을 제한하였고, 주요 산업시설을 감독할 수 있는 비상 지휘권을 부여했다. 군사비는 국가 총지출 40억 엔 가운데 70%로까지 급상승하였다.

가가와가 그 설립 과정에 기여하였던 노동조합이나 농민조합, 그리고 그가 평화의 복음을 설교해 온 그리스도교 교회의 대부분이, 군부의 정책에 거의 다 동의와 결속을 표명하고 나섰다. 그들은 전쟁에 대한 반대가 정부에 의해서 원천적으로 용인되지 않음을 간파하고, 자기 방위의 목적으로 그렇게 한 것이다. 또한 그들은 오직 애국심과 전쟁 히스테리(war hysteria)라는 비정상인 심리 상태 – 모든 종족, 국가의 사람들이 다양한 시기를 통해 체험해 온 – 에 기초하여 행동해 갔다. 1937년 10월의 일본노동총연맹 대회에서는 '제국 육군의 사관과 장병에 대한 사의 결의'(帝国陸軍の士官と将兵に対する謝意決議)라는 선언을 발표하였는데, 그 내용의 일부는 다음과 같다.

> "우리는 그 사건(루거우차오 사건)이 발생한 이래, 제국 해군과 함께 중국에서 국가의 명예를 드높이기 위해 전력을 다해 온 제국 육군의 사관과 장병에 대해서 충심으로부터 심심한 사의를 표명하는 것이다."[5]

가가와의 동지 스기야마 모토지로는 군부대신과 함께 연단에 서 있는 모습까지 연출해야 했다. 일본그리스도교연맹은 30명으로 구성된 특별위원회(그 모임에는 반(反)군국주의자도 포함돼 있었지만)를 설치하여 성명을 발표하였다. 그것은 전쟁 방침에 대한 찬동의 뜻을 표명한 우려할 만한 내용들이었다.

> "이러한 비상사태에 임하며, (1) 우리는 우리나라에 있어서의 정신적 각성을 이끌어 옴에 있어서 그리스도인으로서의 큰 책임을 인식하고 있으며, 우리는 이 목적을 달성하기 위해 더욱 노력한다. (2) 우리 제국 군대의 노

고에 대해 감사를 표시하기 위해, 우리는 그들을 위문할 계획에 착수한다. (3) 우리는 이와 같이 어려운 위기가 가능한 한 신속하게, 또한 최소한의 희생으로 해결되기를 열망하고 있다. (4) 이 무력 분쟁이 확실하면서도 항구적인 친선 관계의 확립으로서 종료되는 것이 우리의 소원이다. 우리는 이 목적을 이루기 위해서, 제국 안의 우리 그리스도인 동포가 열심히 기도해 줄 것을 요청한다."[6]

이 사건의 거대한 충격파가 아직 가가와를 덮치지는 않고 있었다. 그는 1936년 가을에 해외여행을 마치고 마츠자와의 검소한 집으로 돌아온 상태였고, 강연이나 전도 여행을 떠나는 일도, 혹은 농장의 농업실험을 시찰하기 위해서 자리를 비우는 일도 거의 없었던 때였다. 부인 하루는 마츠자와의 교회 일과 가사를 맡으며 그 능력을 충분히 완수하였다. 스미모토는 14세가 되어갔고, 지요코는 11세였다. 6월 20일에는 어린 우메코의 일곱 번째 생일 축하 모임을 가졌다. 그는 끝없는 강연 약속과 전도 여행으로 인해 많은 시간 자리를 비우면서도, 아이들에게는 더욱 엄격하고 간소한 생활을 요구했다. 그것은 쉽게 말해, 아이들이 갖고 싶은 새로운 옷이나 장난감을 사주지 않는 것을 의미했고, 아이들은 복음서의 가치관에 기초한 검소한 생활을 해야 한다고 강조하는 아버지의 신념을 일상적으로 접하면서, 아버지에 대해서 조금은 폭군처럼 생각하기 시작했다.

그의 소규모 농장 실험은 즐거운 모험심으로 가득 찬, 하지만 진지한 '입체농업'의 정신으로 착수되고 있었다. 하지만 그것은 자주 가가와 집안의 식탁에 영향을 미쳤다. "햄을 좀 더 받을 수 있을까요?" 이것은 1937년 3월 어느 방문자가 급식 일을 맡고 있던 하루에게 던진 말이었다. 그를 만난 사람들이라면 누구든지 매료되고야 마는 그 특유의 열심으로, 가가와는 자신의 농업 이론을 자세히 역설했다.

"이 햄을 먹으면 당신은 더욱 건강해질 것입니다. 돼지를 도토리로 사육하고 있기 때문입니다. 저는 콜롬비아대학(Columbia Univ.)의 러셀 스미스(Russell

가가와가 설립한 다카네학원(高根學園) 축산가공반 출신자들이 설립한 다카사키햄(高崎ハム) 공장 ©賀川記念館

Smith) 교수가 쓴 책을 읽던 중 이 아이디어를 얻게 되었습니다. 도토리는 거의 무한하게 공급할 수 있습니다만, 그것은 무용지물처럼 전혀 사용되지 않고 버려졌습니다. 커다란 물통 하나에 가득 찬 도토리를 단 1센트에 살 수 있습니다. 저의 소설은 새로운 두 가지를 보급시켰습니다. 즉 벌꿀을 취하는 것과 새로운 품종의 버섯을 기르는 것입니다. 그리고 5년에 걸쳐 저는 열매를 맺는 나무, 특히 땅콩 나무를 산에 심도록 장려하고, 그 결과 농가의 수입을 늘려, 그들이 풍성하게 식량 공급을 할 수 있도록 도와 왔습니다. 최근에는 산허리에 구멍을 파서 그곳에서 토끼를 사육하도록 장려하고 있습니다. 작은 한 무리가 몇 개월만 지나면 금세 40마리까지 불어납니다."[7)]

농업에 관한 연구는 지방에 설립한 농장에서만 이뤄진 게 아니었다. 가가와는 사회개량 사업을 위한 정보 수집을 지속적으로 진행 중인 세 명의 연구자에게 연구실 두 곳을 지원하고 있었다. 그들이 내놓은 중요한 성과 하나는 『일본의 도덕적 통계학』(*Moral Statistics of Japan*)이라는 책이다. 이 연구서는 범죄, 소년비행, 음주, 결혼, 자살, 매춘, 노동, 종교, 사회사업, 오락 등, 그 밖의 여러 문제에 관한 자료와 해설을 주된 내용으로 하고 있었다. 이러한 연구 성과는 가가와가 일본정부(내각)를 상대로 제안한 국민건강보험법 시행을 압박하고 자극했다. 결국 국민건강보험법은 훗날 제정되기에 이르렀고,

가가와는 늘 통계를 제시하면서 대중을 설득했다. 1931년 후쿠시마현 나미에마치(浪江町)에서의 강연회 모습 ⓒ賀川記念館

농촌 지방에서 특히 요청되고 있던 의료보험제도를 협동조합이 직접 시행할 수 있도록 권한을 부여해 주었다.

이 연구의 실시는 가가와에 의한 인도주의적 사업의 극히 일부분에 불과했으며, 이미 가가와에 의해서 창립(혹은 지원)된 협동조합이나 인보사업(隣保事業), 학교, 병원 등은 200명 넘는 유급 스태프를 확보한 35개 조직을 포함하는 큰 사업이 되고 있었다. 미일 양국의 가가와 후원회는 '하나님의 도박사'(God's gambler) 한 명(가가와를 의미)이 신카와 슬럼가에서 구제활동을 시작한 지 30주년이 된 것을 축하하기 위해서, 1938년 크리스마스까지 50만 엔을 모금하기 위해 운동을 벌이고 있었다.[8]

화혼양재(和魂洋才)를 넘어서

신카와에 들어온 이후 30년에 걸쳐서 가가와를 자극하고 이끌어 온, 끊임없이 자기 절제와 훈련을 계속해 온 결과는 대단했다. 1936년부터 이듬해(1937)까지 2년 동안 가가와는 동화(童話) 책으로부터 신학서적, 심지어는 협동조합 운영을 위한 교과서에 이르기까지 총 12권이 넘는 책을 발표하였다. 그 와중에도 그는 연구, 설교, 그리고 강연을 계속 이어갔다. 예를 많이 드는 그의 설교 상당수는 개인적 경험과 생기 넘치는 회상과 역사적인 사건이 잘 버무려진 내용이었다. 그것은 가가와가 다년에 걸쳐서 설교해 오면서 쌓은 수많은 테마, 예를 들면 그리스도교는 위대한 스승인 공자나 석가의 역할을 완성하였다는 그 자신의 확신과 결합된 아시아 종교에 대한 상찬(賞讚, admiration)을 포함하고 있었다. 한편 그의 메시지에는 일본 정부의 입장에서는 점차 수용하기 어려워지고 있던 이념, 즉 형제애나 가가와 특유의 인종, 국가를 넘어 선 국제주의(internationalism)가 담겨 있었다.

그는 1931년 1월에 중국 산둥성(山東省) 시골에 있는 공자의 무덤을 방문했던 경험이 자신의 그리스도교 신앙을 얼마나 깊고 크게 만들어주는지를 다시금 떠올렸다. 1936년 11월에 가가와는 자신의 교회에서 다음과 같이 설교했다.

> “저는 소년 무렵부터 공자(孔子)에 대해 배우면서 그를 존경하고 칭송해 왔습니다. … 100에이커(acres) 정도의 무성한 숲 한가운데에 원추형의 봉분(土饅頭, 토만두)이 있습니다. 그곳이 공자의 무덤입니다. 저는 그곳에서 예를 표한 다음 취푸(曲阜, 산동성의 남서부 도시로 옛 노(魯)나라의 도읍이며 공자의 고향 마을이다 – 역자 주)로 돌아와 그곳에 있는 옛 성(城)의 큰 접객실을 찾았습니다. 그 안쪽에는 100개가 넘는 석판이 있고, 그 위에 공자의 전기가 기록돼 있었습니다. 저는 큰 흥미를 느껴 열심히 읽어내려 갔습니다만, 갑자기 공자에 대한 저의 생각이 바뀌어 버렸습니다. 갑자기 공자를 향한 저의 존경과 칭송의 마음이 희박해져가기 시작하는 것이었습니다. 하지만 저는 또한 제 자신이 5살 때부터 배우고, 성인(聖人)이라고 생각해 온 공자가 그저 평범한 한 사람에 지나지 않음을 발견하면서 실망과 함께 슬픔의 마음도 맛보았습니다. 그리스도를 알게 된 이후, 다시금 공자의 가르침을 읽었을 때, 저는 공자가 꽉 차지 않은 한 사람의 정치가에 불과했음을 알게 되었습니다. 저는 완전히 속아왔다는 생각에 환멸을 느꼈습니다. 그리

스도의 커다란 사랑에 비해, 공자가 강조한 '측은지심'(惻隱之心)의 '인'(仁)은 그의 조국에 대한 가치에 불과했다는 것이 분명해 보였습니다. 다른 나라와 직접 마주하면서, 더 이상 측은함과 연민을 나타낼 수 없는 지경에 이르렀을 때, … 그는 만약 그렇게 함으로써 조국을 지킬 수 있다면 (연민을 버리고) 적을 죽여도 괜찮다고 가르쳤습니다. 이 가르침은 '네 원수를 사랑하라'고 말씀하신 예수의 가르침과는 큰 차이를 드러냅니다."[9)]

가가와는 계속해서 부처가 남긴 무사(無私) 혹은 무아(無我)의 정신과 강한 의지를 칭송하면서 그의 죽음에 대해서 다음과 같이 말했다.

"그것은 석가가 실로 자기 수양을 계속 해 온 것임을 증명하고 있습니다. 만약 동양 문명의 유산 위에 다시 그리스도의 사랑을 쌓아 올린다면, 우리는 모든 것을 갖게 됩니다. 즉 측은지심(불쌍히 여김)과 동정(同情), 그리고 사랑까지도 가지게 됩니다. 따라서 저는 우리 일본인이 앞에 놓여 있는 역사적·사상적 배경에 대해서 자부심을 가져야 한다고 주장합니다."[10)]

하지만 훗날 가가와는 동양 전통에 대한 외경(畏敬)의 마음과 중일전쟁 발발과 함께 일본에 팽배해진 애국적 광기(patriotic hysteria) 사이를 칼날 위를 걷듯이 강요받게 된다. 일본 고유의 종교인 신도(神道)를 그 태곳적 시기부터 더욱 강조하면서, 정부는 막대한 자금을 투여해 신도의 신사(神社)를 개축하고 새롭게 건설하였고, 애국심을 불러일으키기 위한 수단으로 신사참배를 강요하기 시작했다. 전사자(戰死者)는 신도 의식을 통해 신격화되었다. 신도의 강력한 부흥이 국가주의나 민족주의와 함께 널리 퍼져 나갔다. 그로 인해 전쟁 동원을 수월케 하기 위한 애국심 강화 정책이 기획되었다. 이러한 과정을 통해, 국가는 종교적 외경의 마음을, 국가와 그 모든 것을 지배하는 군국주의에 대한 외경으로 전환시키기 위한 어용화 작업을 획책했다.

종교적인 것과 세속적인 것의 혼재와 혼동은 다음과 같은 문장을 통해 빈번하게 표명되었다.

"신사신도(神社神道)는 우리나라의 신조(信條)에 일치를 가져온다. 그것은 우리 민족의 단체적 제휴를 강고케 한다. 그것은 최고의 중앙 권력에 대해서 국민의 감정이나 예의범절, 제(諸)관습을 순화시켜 나간다. … 신사에 대한 존경은 국가를 진보시키고 강고케 하는 위대한 의무에 대해서 엄숙하게 충성을 맹세한다는 깊은 의미를 지닌다. 신사와 국가의 관계는 분리할 수 없을 만큼 밀접하다."[11)]

민족종교와 그리스도교와의 양립성을 더욱 강조함으로써 가가와는 애국주의 그룹이 '외래종교'라고 비판하는 것에 대응하고자 했다. 하지만 다른 그리스도인들 가운데에는, 급진적으로 나가면서 신도와 그리스도교의 융합을 극단적으로 시도하면서, 국가에 대한 충성을 선언하는 경우도 있었다. (대표적으로 일본조합교회의 에비나단조나 와타제 츠네요시 등을 들 수 있다 – 역자 주)

그리스도인으로서 가가와는 결코 천황의 신성을 믿지 않았지만, 그 생각이 완전한 날조에 근거한 것이라든지, 혹은 그것이 파시즘 체제를 지지하기 위해 오용되고 있다는 사실을 공공연하게 단언하지는 않았다. 회의적(懷疑的) 입장을 지닌 다른 사람들처럼, 그가 굳이 표명한 입장은 고작 국가적 영웅

동양 고전과 예술을 그리스도교 사상과 접목하여 가르치던 가가와의 강연 ⓒ賀川記念館

들에 대한 존경과 국가의 숭배 사이에 존재하는 몇 가지 섬세한 신학적 구별 정도였다. 서구의 독자들을 향해 쓴 책 『그리스도와 일본』(*Christ and Japan*)에서 가가와는 다음과 같이 분명히 말하고 있다.

> "문부성은 국가신도(國家神道, state Shinto)와 종교로서의 신도(religious Shinto)의 구별을 정립시키려 하고 있다. 이것은 현명한 일일지도 모르지만, 그 성공은 의심스럽다. 문부성의 해석에 의하면, 국가신도의 신사는 제국 건설에 있어서 공훈을 세운 영웅들의 명예를 후세에게 전하는 국가의 기념비와도 같다는 것이다. 따라서 문부성은 이러한 신사는 종교적인 성격을 가지는 게 아니라고 주장하고 있다. 그럼에도 불구하고 이러한 기념비적 신사의 경험에 의해서 얻은 지식에 의하면, 고대 아시아의 샤머니즘적 의식이 남아 지속되고 있는 것이다. 심지어 국가신도의 신사가 국가를 위해서 눈에 띈 봉사를 한 사람들의 기념비이며 무덤이라는 것도 사실이다. 이 점 때문에, 그것은 워싱턴D.C.의 링컨 기념관이나 런던에 있는 전몰자 기념비와는 완전히 차이가 난다. 따라서 신사를 방문할 때, 나는 자신의 부모님의 무덤을 방문할 때 하는 것과 같이 모자를 벗고 경례하는 것이다."[12)]

그는 더 자세히 다음과 같이 말했다.

> "나 자신의 입장을 분명히 하겠다. 나는 언제 이세신궁(伊勢神宮)을 방문하더라도, 신으로서의 아마테라스 오미카미(天照大神)에게 기도하지 않는다. 하지만 나는 모자를 벗어 공손하게 경례는 한다. 근무 중인 위병(衛兵)조차 이런 내 모습에서 아무런 실수를 찾아내지 못한다. 문부성 당국자도 그 이상 아무 말도 하지 않는다. 하지만 이것을 우상숭배로 간주하는 선교사들이 있어서 마찰이 빚어지고 있다. 이러한 선교사들은 일본의 과거 전체를 무시하여, 이 나라를 세운 건국자들의 기념비를 파괴하는 것으로부터 만족감을 얻으려 하고 있는지도 모른다."[13)]

그는 다음과 같이 결론 내리고 있다.

"이러한 신사(神社)의 문제는 아마도 몇 번이고 문제가 될 것이다. 나 개인적으로는 문부성 당국의 의향에 일치점을 발견하고 있다. 즉 국가신도(國家神道, state Shinto)의 신사는 건국자들의 기념비로서 취급해야 하는 것이며, 종교적 시설이라고 보아서는 안 되는 것이다."[14)]

종교와 국가주의가 감정적으로 용해된 나라에서 그 나라의 신(神)과 일체감을 갖게 된다는 것은, 꼭 일본만의 독특한 것이라고 보지 않았다. 미국에서는 미국 국기(성조기)를 교회 한가운데에 걸어야 한다는 주장이 계속 있어왔다. 무서운 것은 국가와 종교가 깊게 얽히고설켜서, 확실히 파시즘 국가에서 그러했던 것처럼, 종교가 국가의 맹목적인 숭배 수단으로 여겨질 때이다. 유럽인들이 파시즘에 빠져 제정신을 잃었을 때, 그들은 이미 인류 역사상 최초의 수백만 명 학살을 자행하고 있었다. 하지만 여기에서 발생하는 문제점 두 가지는 일본 정부가 국민에게 얼마나 깊은 수준으로 국가종교를 강제하고 있었는지의 여부, 그리고 결국은 일본을 두둔하게 되고야 마는 가가와가 임박한 전체주의의 심각함을 제대로 인식하지 못했다는 잘못의 문제이다.

가가와는 그리스도인이 동시에 훌륭한 애국자가 될 수 있음을 밝히기 위해서 각별한 노력을 기울였고, 그 결과 다음과 같이 말했다.

"하지만 언제나 가치 있는 것들을 지켜온 일본 국민은, 일본의 그리스도인이 나라의 역사적 전통을 보호하는 열심에 있어서 남에게 뒤지지 않는다는 것을 깨닫게 될 것이다. 예를 들어, 아마테라스 오미카미의 손자인 니니기 노미코토(瓊瓊杵尊)의 전설이 서린 유적을 보존하는 운동을 일으킨 것도 그리스도인들이었다. 만약 그리스도인 스스로도 일본의 과거와 그 문화에 대해 높은 평가를 하고 있음을 증명한다면, 그것은 비그리스도인들이 그리스도교 신앙의 진정한 정신을 이해하는 데도 도움이 될 것이다."[15)]

저항자 가가와가 이내 체제에 순응하려 하고 있었다. 그렇게 된 이유 중 하나는 국가 체제가 더더욱 엄격해져 그에게 자유를 인정하지 않게 되었기 때문이다.

사랑의 과학 – "우리를 용서해 주십시오!"

Conquest of Tribulations

精神文化リーフレット第一輯

難局打破の精神

—信仰のすゝめ—

賀川豊彦

가가와가 편찬하던 잡지 「정신문화」 ⓒ賀川記念館

그와 동시에 가가와는, 구미의 반일 감정을 완화시키고 싶었다. 따라서 일본의 문제를 가능한 한 열심히 다루는 것으로서 국제 관계의 균형을 도모하고자 했다. 하지만 그는 국내에서는 여전히 군국주의 이념을 계속해서 비판해 나갔다. 1928년 초에 그는 전일본반전동맹(全日本反戰同盟)을 조직했다. 그것은 정부에 의해서 즉시 짓밟혀 버려서 거의 영향력을 발휘하지는 못했다. 군국주의화의 길을 반대하였던 가가와는 중국에 대한 일본의 호전적 태도를 오랫동안 주시하며 관심을 갖고 있었다. 『사랑의 과학』(*Love the Law of Life*)의 중국어판 서문에서 가가와는 진심으로 일본의 잘못(만주사변, 중일전쟁 시의 난징대학살 등의 만행 – 역자 주)을 고백하며 사죄하는 말을 썼다. 그 서문으로 인해서 그는 훗날 투옥되고 만다.

이때의 사죄는 단지 일본 군국주의에 대한 공격만을 의미하는 것이 아니었다. 그것은 평화를 요구하는 탄원서였으며, 사랑에 의해서만 이룰 수 있는 국제적이고 인종적인 관용을 요구하는 호소문이었다.

> "나는 『사랑의 과학』의 중국어판 서문을 써달라고 부탁 받았습니다. 그 요청은 나를 매우 슬프게 만들었습니다. 왜냐하면 나의 조국은 중국(Middle

Kingdom)에 대해서 '사랑의 율법'(the law of love)을 줄곧 깨트려 오고 있었기 때문입니다. 나는 조국 일본을 사랑하듯이 중국도 사랑하고 있습니다. 그리고 오랫동안 나는 중국 땅에 곧 평화가 임하기를 기도해 왔습니다.

나의 모든 기원에도 불구하고, 일본의 군국주의자들이 중국뿐 아니라 또 다른 곳에서도 폭력을 여전히 자행하고 있으리라 생각하면, 한없는 부끄러움이 밀려옵니다. 그리고 나는 일본의 부도덕한 행위에도 불구하고, 나의 책을 번역해 주신 중국 형제들의 깊은 자비로움에 놀라고 있습니다. 내가 백만 번을 사죄한다 해도 일본의 죄를 씻기에는 부족할 것입니다. 나는 일본 군국주의자들을 감화시키기에는 너무나 무력하므로 부끄럽기 그지없습니다. 중국의 지도자들은 나의 무력함을 비난하셔도 괜찮습니다. 나는 그 비난을 받기에 충분합니다.

일본이 회개하여 중국과 항구적인 우호 관계를 확립하고 유지해 나간다면 좋겠습니다만, '사랑의 율법'에 따를 수밖에는 방법이 없습니다. 아니, 중일(中日) 관계에 대해서만은 안 됩니다. 우리가 전 세계의 나라들, 그리고 다양한 인종의 모든 문화가 전진적으로 제휴, 연대해 나가길 바란다면, '속죄적 사랑의 원리'(the principle of redemptive love)에 의하는 것 외에는 방법이 없습니나. 속죄적 사랑의 원리는 우주의 기본적인 법칙입니다. 크로포트킨(Kropotkin)의 '본능적인 사랑'(instinctive love)으로는 충분치 않습니다. 본능적인 사랑은 인종을 초월할 수 없습니다. 이런 종류의 속죄적 사랑은 우리 가운데서 성장하여, 우주 의식을 획득하고, 세계의 아주 불행한 이웃들을 구하기 위해서 영향력을 발휘지 않으면 안 됩니다. 일본은 그 위대한 속죄적 사랑을 맛볼 수가 없었기 때문에, 나는 예언자 예레미야의 슬픔을 가슴에 안고 있습니다. 우리를 용서해 주세요! 여러분들은 공자와 묵자의 후예들 아닙니까? 여러분의 평화를 사랑한 위대한 현인들의 이름으로 우리(일본)를 용서해 주세요! 언제가 일본 국민은 총과 칼을 폐기하여 십자가 사랑에 눈을 뜨겠지요. 단지 지금 제가 할 수 있는 것은, 여러분께 용서를 청하는 것뿐이라고 생각합니다. 그리고 일본에는, 나와 같이 용서를 구하는 젊은 영혼들이 무수히 많습니다."[16]

「사랑의 과학」 표지 ⓒ賀川記念館

가가와가 발표한 죄의 고백은 일본의 무서운 미래를 예언하고 있었다. 가가와 정도의 영향력 있는 사람들조차 군부를 억제하는 데 무력했다고 한다면, 그때는 이미 어떤 효과적인 반대의 외침도 거의 소망을 지닐 수 없었던 것이다. 『사랑의 과학』 중국어판 서문은 중국인을 향해 가가와가 갖고 있던 예전부터의 발언들이 그대로 압축되어 반영된 것이었다. 만주사변 직후인 1931년에 작성된 중국에 대한 공개서한, 그리고 상하이(上海)에서 행한 설교 중에서도, 그는 군부의 망동을 억제하는 데 실패한 일본의 그리스도 교회를 다음과 같이 고발하고 있다.

> "우리를 용서해 주십시오. 특히 저를 용서해 주십시오. 왜냐하면 우리 그리스도인의 힘은 군국주의자들에게 승리할 만큼 강하지 못하기 때문입니다."[17]

「눈물로 호소한다」(*Tears*)에서 그는 자신이 망령(亡靈)들과 함께 살고 있다는 슬픈 느낌을 시로 표현하여, 견디기 힘든 전쟁으로부터 벗어날 수 있는 길을 필사적으로 추구하였다.

국내에서 가가와는 전쟁의 광기와 애국주의가 그가 전 생애를 바쳐 헌신한 사업의 핵심적인 부분인 그리스도교 확장에 큰 억압과 장해가 되고 있음을 심각하게 인정하기 시작했다. 그는 전도 집회에서 결심(決心) 카드에 이름을 적는 사람들의 수가 현저히 줄어드는 것과 교회 출석자 수의 현저한 감소를 절감하고 있었다. 그는 이러한 현상에 대해서 '슬픈 후퇴'(lamentable regression)라고 표현하였고, 그 후퇴의 이유를 세 가지로 꼽았다. 첫째는 일본인은 선민(選民)이라는 개념을 확대 보급시키는 초국가주의(extreme nationalism), 둘째는 평화주의에 대한 반대(opposition to pacifism), 그리고 마지막은 신도(神道)의 부흥(revival Shintoism)이었다.

1938년의 일본 그리스도교 연감을 보면, 가가와는 일본의 교회가 스스로의 안전을 지키기 위해 국가주의에 동조하는 노선에 섰음을 비난하면서, 그리스도교의 '국가주의화'(國家主義化) 기획에 유감을 표시하였다.

"이 사람들은 '십자가의 예수'를 통해 실현된 세계 종교로서의 그리스도교를, 특수성을 지닌 한정된 영역 안에 억지로 몰아넣고, 상궤(常軌)를 벗어난 결합을 시도하고 있다. 그렇게 함으로써 그들은 자신들과는 다른 좁은 표준의 비판에 직면하여, 속죄적 사랑의 종교가 지닌 절대성을 내다 버리고 있다. 게다가 그리스도교는 사랑의 종교로서 따뜻한 매력을 지녀야 하는 것인데, 차갑고 불쾌한 것이 되고 말았다. 그 결과, 그들은 그리스도의 활력이나 신선함을 잃고 말았다.

심지어 국제주의에 반대하는 그들의 열심으로 인해, 다수의 사람들은 그리스도교에 반대하는 것이 필요하다는 생각마저 하고 있다. 지방의 국가주의적 기관에서는 그러한 경향을 환영하면서 그리스도교 교육기관(미션스쿨 등 – 역자 주)을 압박하기 시작하는 경우도 있다. 이러한 박해를 두려워한 나머지 많은 그리스도교 단체는 구약성서 속에서 인정되는 수준의 타협을 넘어섰을 만큼 극도의 국가주의로 기울어져 가고 있다."[18]

전쟁의 암운이 드리워지는 가운데, 가가와가 힘껏 외친 가장 중대한 고발은 국가가 얼마나 치밀하게 총동원 체제를 사회 전 영역에 파급시켰는지에 대한 내용이었다. 그 결과 국가의 방침에 반하는 다른 의견이 얼마나 처참하게 분쇄되었는지 1938년의 글에 잘 나타나 있다.

"중일전쟁(1937)의 발발과 함께, 사람과 사상에 대한 국가적 동원은 효율적으로 실행에 옮겨졌다. 연중연시 전쟁에 동원될 준비가 되어 있음을 확증하기 위해, 어떤 부인 조직은 애국주의의 표시로서 부엌의 앞치마를 선택했다. 하얀색 옷으로 몸을 감싼 뒤, 부인 행렬은 대로를 행진하며, 그녀들 나름대로 출정 병사를 격려하기 위해 역사(驛舍) 주변을 그 운집한 군중이 둘러싸고 있다. 평화를 요구하는 운동은 비웃음의 대상으로 전락하였고, 군부의 행동이나 성명에 반대하는 모든 발언은 법률에 의해서 금지되었다. 지금은 평화라는 말을 말하는 것조차 신문, 잡지에서도 인정되지 못하고 있다.

천황은 제국 의회에 대해서 세계평화를 향한 희망을 표명하는 조칙(詔勅)을 발표했지만, 많은 국수주의적인 기관들은 그 일을 망각하고 있는 듯 보이며, 평화운동을 창도하는 지식인 그룹도 탄압하기에 급급한 모습이다.”[19]

이것은 선의의 대사(大使)가 변명을 벗겨내고 고백한 일본에 대한 알몸과도 같은 진실이었다. 그리고 가가와는 그것을 공식적으로 활자화하겠다는 무거운 위험을 무릅썼다. 그의 싸늘한 평가는 오히려 절망적인 낙관주의의 다음 표현으로 끝나고 있다.

“앞서 기술된 기사에서는 일본의 그리스도교 운동의 비관적인 모습만 떠오를 것이다. 하지만 나는 낙담하고 있지 않으며 실망도 하지 않는다. 사랑과 십자가는 우리를 배반하지 않는다. 승리를 약속하고 있다. 과거의 경험이 우리에게 남겨준 가르침에 따르면, 일본의 사상적 파고는 10년 주기로 움직이고 있다. 지금으로부터 10년 후에는 이러한 혼란과 암흑의 시대는 빛과 희망의 시대로 바뀔 것이라는 게 나의 확신이다.”[20]

그의 예언은 정확했다. 하지만 가가와가 “다가오는 혼란과 암흑시대의 확장”을 충분히 예측하고 있었던 만큼, 위의 언급과 같은 낙관주의적 기대는 그의 예언 가운데서 점차 사라져 버리고 있었는지도 모른다. 가가와 집안의 일상은 계속 이어졌지만, 일본 국내의 다른 모든 곳처럼 공포가 만연되어 갔다. 가가와가 농림대신 등의 정부 고위 관료들과 만나면서 상태를 조금씩 완화시키기도 했다. 농림대신이었던 아리마 백작은 가가와의 농업 개발 사업을 지지하고 있었으며, 그전부터 협동조합운동의 지도자 중 한 명이었다. 다른 정부 고위 관료 중에는 일본이 미국과 원만한 관계를 유지하기 위해서 가가와는 매우 유용한 인물이라고 생각한 사람도 있었을지 모른다.[21] 일본이 전쟁을 위해서 필요로 하는 물자의 상당수는 미국 회사에서 만들어지고 있었기 때문이다. (사실, 미국에서 생산되던 전쟁물자는 그 양이 너무 많았기 때문에, 미국의 스탠리 존스와 같이 저명한 자유주의적 그리스도인들은 "간디의 방법을 일본에 적용하자!"라면서 일본에 대한 보이콧 운동을 전개하였다.)[22]

젊은 시절부터 평화주의자로 널리 알려져 있던 가가와는 가장 유력한 감시 대상자 가운데 한 명이었다. 또한 가가와는 더욱 엄격한 정보 통제를 촉구하고 있던 육군 대장 도조 히데키(東条英機)의 말에 의하면 "사람들의 생각을 혼란시킬 우려가 있는" 매우 독보적인 트러블 메이커(troublemaker)이기도 했다. 가가와는 독일의 나치즘뿐 아니라 러시아의 공산주의에 대해서도 격렬히 비판하고 있었다. 하지만 일본이 국익을 앞세워 이 두 나라와의 관계 개선을 도모하고 있을 때에도, 그에 확실한 반대 의사를 보였다.

농민조합기관지 간행위원회. 맨 앞줄에 가가와가 앉아 있고, 왼쪽 옆에 농민운동가이자 농림부대신을 역임한 아리마 요리야스(有馬頼寧)가 앉아 있다 ©賀川記念館

속죄애와 한 알의 밀

이러한 불안한 상황 속에서 가가와의 사회복지 사업은 오히려 돋보이고 있었다. '예수의 벗' 모임, 가가와 펠로우십, 거기에 딸린 여러 관련 조직의 협력자들이 조리 시설, 세틀먼트 시설, 협동조합, 그 외의 사업 등을 경영하고 있었다. 재단은 1938년 7월 10일에 200명의 손님을 불러 가가와의 결혼 25주년을 축하하는 기념식전을 하였다. 가가와는 부인 하루에 대해서 다음과 같이 말했다.

> "나는 노동자일 뿐이며, 그녀가 감독자입니다. 이 원칙이 있었기 때문에 우리는 지금까지 가정을 지켜 올 수 있었습니다. 첫 번째로, 저는 가장(家長)으로 불리지만 실질적으로는 집에 거의 머물고 있지 않았습니다. 1년 동안에 집에 돌아가 머문 날은 30일이 채 되지 않는 해가 많았습니다. … 망설임 없이 저는 아내를 '오쿠라 다이진'(大蔵大臣), 즉 '재무부장관'(Minister of Finance)이라고 부릅니다. 대가족을 유지하기 위한 모든 일은 아내에게 맡기고 있습니다. 전통적 '가족'이라는 관점에서 보면 저는 확실히 이상한 남편입니다. 저는 자주 사회사업을 펼치기 위해서 가진 돈의 마지막 한 푼까지 지출해 줄 것을 아내에게 부탁했습니다. 그 결과, 아내는 당장 내일의 식료품 구입을 위한 돈을 어디에서 마련하면 좋을지 고민해야 했습니다. 하지만 이런 경우에도 그녀는 불평 한 마디 없이 항상 어떻게든 식료품을 구해다 놓고 있었습니다. 날마다 문제가 발생하지만 아내는 그 해결 방법을 스스로 고안해 내고 있었습니다. 조금도 저를 걱정시키는 일이 없었습니다."[23]

가가와는 아직 설교를 하거나 여행을 하는 것이 허용되고 있었다. 1938년의 만주 강연 여행에서 그는 처음으로 마츠오카 요스케(松岡洋右)를 만났다. 가가와와는 전혀 다른 이상을 지닌 정치가로서 훗날 전범 죄인으로

기소되는 마츠오카는, 1933년에 일본이 국제연맹으로부터 탈퇴하는 것을 주도한 전쟁 추진 세력에 속한 관료였다. 1941년에는 그러한 강경파 입장이 다른 군국주의자에게서조차 너무 공격적이라는 평가를 받으며 외무대신에서 경질되었다. 마츠오카는 아시아 대륙을 보호 발전시켜 가야 한다는 일본의 신성한 역할을 강조한 창도자이기도 했다. 하지만 그와 같은 마츠오카에 대한 가가와의 태도는 놀라울 정도로 호의적이었다. 가가와는 다음과 같이 적고 있다.

> "나는 또다시 남만주철도 총재인 마츠오카 요스케 씨로부터 만찬회 초대를 받았다. 우리는 매우 친밀하게 이야기 나누었다. 그는 대륙 정책을 설명하였는데, 거기에는 종교적 색채가 녹아 있었다. 그의 성실함에 눈물이 흐를 것만 같았다. … 마츠오카 씨는 중국인을 끝까지 사랑하겠노라 결심하고 있다. 그의 모습 가운데에서 일본 정신의 정수(精髓)를 엿보았다."[24]

가가와가 제국주의자 마츠오카의 '사랑'이나 아시아를 지킨다는 구실을 이용한 대륙 침략의 부권적(父權的) 정당화에 속아 넘어갔다는 것은 조심스럽게 말하더라도 좀 심한 측면이 있다.

가가와가 행한 1930년대 후반의 여행 가운데에 가장 주목받은 것은, 1938년 12월 12일부터 29일까지 프로테스탄트 교회 중심의 세계그리스도교회의를 위해 인도 마드라스(Madras)의 탐바람(Tambaram)에 간 것이었다. 세속 세계에서 벌어지고 있던 진절머리 나는 온갖 정략과 술책은 이 회의에서 논의되고 있던 국제 협력의 정신을 부정하는 것이었다. 수많은 나라가 전쟁에 휘말려 들어가, 확실히 전쟁의 광기가 고조되고 있던 때에, 1928년부터 개최된 이래 처음으로 세계선교대회가 인도에서 열린 것이었다. 다양한 64개국으로부터 500명에 달하는 대표가 출석했다. 특히 전 세계의 비백인(非白人) 성직자 대표가 많이 출석했다. 회의는 '형제애'와 '토착문화의 존중'에 기초를 둔 평등의 축제였으며, 심지어는 옛날부터 그리스도교 안에 깊이 뿌리 내리고 있던 식민주의적 혹은 제국주의적 요소를 명백하게 포기

인도 탐바람에서 열린 세계그리스도교회의에 참석한 가가와 ⓒ賀川記念館

하기로 한 축제였다. 간디는 여러 대륙으로부터 여러 피부색의 대표단이 참석하였음을 언급하면서, 이 회의를 통해 '세계의 축소판'을 보았다고 말했다.[25]

그것은 유럽이나 미국의 그리스도교적 전통과는 다른 환경에서 열린 제3세계의 선명한 제전(祭典)이었다. 그곳에서는 쨍쨍 내리쬐는 햇빛이나 꽃이나 새 등이 있었고, 특히 크리스마스 시즌이었으므로 야외에서 다양한 회합도 열렸다. 매일 진행된 예배는 세계 각국의 다양한 언어와 음악으로 드려졌고, 각 나라의 대표적 찬송가를 노래하는 등, 그 자체로서 성령이 강림한 축제였다. 열대 기후의 위도에서 개최된 이 대회에 대해서 어느 백인 참가자는 다음과 같은 감상을 남겼다.

> "각국 대표단 40명의 주교는 갈색, 흑색, 황색의 피부가 많았고, 거기에 홍안의 백인이 몇 명 정도 함께 하고 있었다. 그들의 복식은 다양한 피부색만큼이나 변화무쌍하고 풍성했으며, 우리가 사상을 가르치는 방법도 그와 같았다."[26]

인도인과 아프리카인은 각각의 민족의상을 입은 채 느긋하게 휴식을 취하고 있었다. 즉 그곳의 기후에서는 윗도리도, 넥타이도, 성직자 특유의 로만 칼라도 필요 없었기 때문이다. 식민지에서 그리스도교가 퇴조해 간 가장 명백한 증거는 불타는 태양으로부터의 따가운 고통을 없애기 위해 홍안의 백인 형제들이 밀짚모자를 쓰고 있는 모습에서 잘 나타났다.

일본의 가장 유명한 그리스도인이었던 가가와는 일본의 그리스도교계에서 마드라스로 파견된 23명의 대표자 중 한 명이었다.[27] 함께 온 사람은 전기 작가 엑슬링과 세 명의 그리스도인 여성 지도자 가와이 미치(河井道), 구부시로 오치미(久布白落実), 고바야시 후미꼬(小林フミ子)였다. 여성의 권리는 일본 그리스도교 신자들의 주요한 관심사였으며, 특히 가가와에 있어서도 그러했다.

회의에서 발표된 선언서에 가가와가 끼친 영향력은 7권에 달하는 회의록 곳곳에서 쉽게 발견된다. 그리스도교의 사회적 책임에 관한 선언에 있어서의 여섯 개의 주요 항목은 다음과 같았다.

1. 우리는 인종, 피부색, 또는 문화와 관계없이, 누구든지 고귀한 한 명의 인간이라고 본다.
2. 우리는 인류를 협력의 한 단위로 본다.
3. 우리는 모든 인간이 자기 개발을 위해 기회의 평등을 가질 것을 요구한다.
4. 우리는 여러 국가에 전개되고 있는 경제적 기회의 현상이야말로, 가장 비그리스도교적이라고 본다. 왜냐하면 특정 국가에 세계의 원재료나 재정적 원조나 개방된 지역에 진출하는 특권적 지위를 부여하고 있지만, 다른 나라들에는 부정되고 있기 때문이다.
5. 전쟁은 인간성에 대한 침해이며, 그리스도교도의 양심에도 반하는 것이므로, 우리는 국제간의 분쟁을 해결하는 수단으로서의 전쟁을 거부한다. 우리는 선이 악에, 사랑이 미움에, 십자가가 이 세상에 대해 승리함을 믿으며, 그러한 무기로서의 그리스도교 신앙을 재확인한다.
6. 우리는 찢어져 혼란하고 있는 죄 많은 이 세계에, 하나님이 우리에게 주

가가와가 개최한 여성교육을 위한 좌담회 행사(1935) ⓒ賀川記念館

신 은혜, '하나님 나라'를 실현하자.[28)]

독일 대표부만이, 나치의 명백한 억압 아래에서 이 선언문에 참가하지 않았다.

가가와는 지도자 토론회나 결의안의 원안 만들기나, 혹은 다른 대표가 마드라스 그리스도교 대학의 광대한 부지를 산책하거나, 그곳의 흰색 타일 지붕의 건물 안에서의 협의에 참가하면서 즉석 간담회에 참가하기도 했다. 세속적 사업과 종교적 사업 양쪽 모두에 관심을 지닌 가가와는, 회의에 모인 사람들에게 그의 광범위한 역할에 대해 강연했다. 그것은 '사회정의'이며, 건강보험이며, 농촌을 빈곤으로부터 구하기 위한 협동조합의 시도였다고 본다. 일본이 협동조합적 수법으로 어떻게 의지해 왔는지를 알기 쉽게 설명하기 위해서 가가와는 솔직한 통계와 열의를 종합하여 늘 강연에 흥미를 더했다.

"우리는 농민을 위한 최초의 협동조합을 몇 년 전 독일로부터 도입했다. 그때까지 농민들은 고리대금업자들로부터 돈을 빌리고 있었다. 그런데 그 이자가 때로는 연리 25-30%까지 이르렀다. 정부는 부채 이자의 상한 선을 20%까지로 규정하고 있었지만, 고리대금업자들은 더 착취하기 위해 소작농을 압박할 수 있었다. 오늘날에는 1만 4천 개 이상의 협동조합이 농가를 위해 조직되어 있다. … 덴마크에서 배운 협동조합 계획을 기본으로 한, 농민들을 위한 네 종류의 보험이 있다. 즉 벼농사 및 양잠(누에치기)수확보험, 가축보험, 건강보험 협동조합 등이 그것이다. 거기에 더해서 국민건강보험조합도 있다."[29]

이러한 개선을 향한 열의는 넘쳤지만, 소작농의 고뇌와 일본의 심각하게 불공평한 부재지주 제도(不在地主制度)를 평가함에 있어서 가가와는 현실적으로 접근했다. 그의 농민조합이 타파를 주장하며 싸워 온 이 부재지주제도는, 제2차 세계대전 후의 연합국 점령군 사령부(GHQ)가 발령한 대규모 농지 개혁까지도 결코 없애지 못했다.

"1931년, 일본의 농민들은 경제 불황에 패닉 상태가 되고 말았다. 그 결과 많은 사람이 토지의 소유권을 잃어버려, 결국 오늘날에는 570만 농가 가운데 약 40%가 토지를 소유하지 못하고 있다. 난시 570만 농가의 30%만이 극히 얼마 안 되는 토지를 가지고 있다. 다시 말해 570만 농가의 70%는 소작농이며, 28%가 소규모 토지를 가지고 있을 뿐이다. 그리고 570만 농가의 오직 2%만이 유복한 상태이다. 농지 소유자의 65%가 마을이나 도시에 살고 있다. … 매년 3,000건의 토지쟁의가 발생하고 있다. 노동쟁의는 거의 그쳤지만 토지쟁의는 끊이지 않고 있다. 그 이유는 일본의 농가가 도시에 사는 농지 소유자에게 착취와 괴롭힘을 당하고 있기 때문이다."[30]

경제문제로부터 가가와의 신학으로 눈을 돌려 보면 인류의 죄에 대한 그의 고뇌가 어느 날 아침 예배에서 잘 전해지고 있다.

"골고다 언덕에 올라서면 십자가에 걸려 계시던 그리스도의 몸에서 방울져 뚝뚝 떨어지는 피가 보입니다. 인류의 죄를 대신해 죽으신 하나님의 어린 양이 내뱉는 고뇌의 음성이 들립니다. 십자가의 죽음은 나 때문에, 그리고 우리나라, 우리 민족, 더 나아가 전 세계의 인류 때문이었습니다. 나는 죄를 범했고 그러한 나를 위해 그리스도는 죽으셨습니다. 우리 민족은 죄를 범하였고 그리스도는 우리 민족을 위해 죽으셨습니다. 인류 전체가 죄에 빠졌으며 그 때문에 그리스도는 우리 모두를 위해 죽으셨습니다. 주여! 우리를 용서해 주옵소서. 그리스도이시며 죄의 대속자이신 구세주, 바로 그분 그리스도의 피로 인해 우리는 구원에 이릅니다.

19세기에 많은 신학자가 과학과 산업의 놀랄 만한 발전에 눈과 정신을 빼앗겨 죄의 대속에 대한 위대한 계시를 이해할 수 없었습니다. 하지만 20세기인 지금, 유럽의 (제1차) 세계대전과 전후의 경제적 공황에 따른 붕괴는 그 후 암흑과 같은 시대를 초래했습니다. 그러한 불황 가운데서 우리는 죄의 대속이 갖는 의미를 더욱 깊이 이해할 수 있게 되었습니다. 예수 그리스도의 안에 거하는 의식은 그 제자들에게는 너무나 심원한 것이었습니다. 따라서 죄의 대속을 그들은 충분히 이해할 수 없었습니다. 하지만 오늘날의 많은 사람들도 그 신비를 깊이 이해할 수 없습니다. … 죄의 대속이란 인류가 새롭게 각성하여 바뀐다는 것을 의미합니다."[31]

늘 그러했듯이 속죄애(贖罪愛)는 가가와 신학의 핵심이었다. 그리스도가 고통을 대신 받아 전 세계 인류의 죄를 대속(代贖)하시기 위해 죽으셨으니 그리스도인은 세계를 변혁하기 위하여 몸을 바쳐야 하며, 그를 통해 죄의 대속이라는 사명과 과업을 이어가지 않으면 안 된다. 가가와는, 변혁이 죽음을 계기로 해 어떻게 일어나는지 예증하기 위해서 '한 알의 밀' 비유를 반복해서 말했다. 한 알의 밀알이 땅에 떨어져 희생하여, 많은 결실을 내는 새로운 식물로 바뀌듯이, 진정한 그리스도인은 새로운 세계를 창조하기 위해서, 개인적 면뿐만 아니라 사회적 단계에서도 자기희생을 실천할 수 있으며, 이러한 '죽는다'라는 행위가 더욱 충실한 자아와 세계를 새롭게 잉태할 것이

가가와의 대표 저작 『한알의 밀』(一粒の麦, 1956, 좌)과 가가와가 처음 설립한 '농민복음학교'의 '한알의 밀 기숙사'(一麦寮, 1927, 우) ⓒ賀川記念館

라고 보았다.

가가와의 말은 속죄(대속)라는 전통적 도그마에 대한 단순한 이야기는 아니었기 때문에 영향력을 계속 발휘해 갔다. 그의 신학에서 그리스도의 죽음이 갖는 의미는 단지 한 번의 속죄라는 거래를 통해서 인류는 영원한 구원을 요구할 수 있다는 것이 아니었다. 그리스도의 희생은 그리스도의 신봉자라고 자처하는 모든 사람의 인생에서 실천되어야만 하는 것이라고 가가와는 주장했다. 가가와의 속죄(대속)의 신학에 신뢰가 깃드는 것은 그의 인생이 자신의 스승인 그리스도의 생애를 거울과 같이 투영시키고 있을 뿐 아니라, 그 스스로가 자기희생을 공연(公然)히 제시하고 있었기 때문이다. 그는 많은 사람이 인정하듯이 자신의 부활을 의미하는 성스러운 분위기를 몸에 풍기면서 나타났다.

간디와의 만남

하지만 가가와는 궁극적인 자기희생은 회피했다. 그 희생은 인류의 죄에 대한 속죄 – 전쟁으로부터 나라와 세계를 구원 – 에 바치는 그의 생애로서는 최고의 속죄가 될 것임에 틀림없었다. 가가와가 이러한 자기희생에 대해 심사숙고를 하던 것은, 회의 2주일 후인 1939년 1월 14일에 있었던 간디 방문의 기록에서도 잘 확인할 수 있다. 가가와가 직접 나서서 희생 제물이 되겠다는 뜻을 밝히는 것은 두 사람의 국제적 영웅이 긴박하게 나눈 대화가 중심 화제였다. 가가와는 바로돌리(Bardoli)를 방문했다. 간디는 그곳에 이미 약 10여 일 전에 와 있었다.[32)]

"가가와 박사, 당신의 명성은 만나기 전부터 이미 알고 있었습니다"라고 간디가 말하면서, 인사하기 위해 일어났다. 가가와는 인사로 화답하기 위해 무릎을 꿇었고, 남인도의 극심한 가뭄 문제나 협동조합운동이 어떻게 전개되고 있는지 등에 대해서 대화를 시작했다.

"(협동조합이) 번성하고 있다고는 말할 수 없습니다"라고 간디는 대답했다. "하지만 어떻게든 움직이고는 있습니다. 영국 정부가 시작한 것이기 때문에 안에서 자생적으로 발생한 것이 아니라 경직돼 있습니다. 판에 박힌 형태로 형식적인 운영이 이루어지고 있으며, 시대의 긴박함 때문에 충실히 성장할 여유를 확보하지 못하고 있습니다. 제가 들은 바에 의하면, 가가와 선생은 대규모 협동조합운동을 실천에 옮기고 있다고 하시더군요."

"네, 저희는 날마다 성장하고 있습니다"라고 가가와는 대답했다. "스스로 조직화한 3,500개의 생산자 협동조합이 설립돼 있습니다. 또한 국민건강보험협동조합, 수확보험협동조합, 저축협동조합도 조직돼 있습니다."

이어서 간디는 중국과의 전쟁 문제에 대해 화제를 돌렸다. "전쟁에 대해 일본인은 어떻게 느끼고 있습니까?"

"저는 일본에서는 오히려 이단자입니다"라고 가가와는 조용히 답했다. 계속해서 "저의 견해를 말씀드리는 것보다는 오히려, 간디 선생님이 저의 입장이라면 어떻게 하실지가 궁금합니다."

"저의 견해를 말하는 것은 뻔뻔스러운 일입니다"라고 간디는 대답했다.

"아니, 저는 선생님이라면 어떻게 하실 지를 꼭 듣고 싶다는 겁니다."라고 가가와는 말했다.

"저라면 이단적 사상을 표명할 것이고, 그 결과 총살을 당하겠지요"라고 간디는 날카롭게 대답했다. "저는 가가와 선생님의 협동조합과 하시는 모든 일을 천칭의 한쪽에 실어 귀국의 명예를 반대 측에 싣겠습니다. 만약 나라의 명예가 땅에 떨어지고 있음을 알게 되면, 가가와 선생님은 일본에 반대 의견을 표명할 테고, 그로 인해서 선생님의 죽음을 통해 일본을 살리실 수 있기를 소망합니다. 하지만 그것이 가능하기 위해서는 내적 확신(inner conviction)이 필요합니다. 제가 선생님의 입장에 서 있다고 해서 지금 제가 말하는 것을 모두 실행할 수 있을지는 미지수입니다. 하지만 선생님이 저에게 의견을 구하셨으니 저는 그에 대해 답해야 했던 것뿐입니다."

"확신은 있습니다. 하지만 동료들은 내가 생각을 돌이켜 포기해 주길 바라고 있습니다."

"그렇군요. 하지만 당신의 마음속 깊숙한 참된 친구가 '이렇게 하라'고 속삭일 때, 주변의 친구들이 수군거리는 것에 동요되어서는 안 됩니다. 친구라는 것은 아무리 좋아도 가끔은 당신을 속이는 경우가 있습니다. 그들은 다른 차원의 논의를 할 수 없습니다. 그들은 당신이 살아남아 일을 지속해 주길 바란다고 말합니다. 제가 형무소에 들어가려고 결단했을 때에도, 저의 주변 친구들은 같은 부탁을 해 왔습니다. 하지만 저는 친구들의 말을 듣지 않았습니다. 그 결과 사방이 차디찬 벽으로 둘러싸인 형무소 방 안에 갇히게 됐습니다만, 오히려 저는 그곳에서 자유의 빛을 발견했습니다. 저는 어두운 독방 안에 있었지만, 이 벽으로부터 그 무언가를 새롭게 보게 되었습니다. 밖에서는 절대로 안 보이는 것을 알게 되었습니다."

형무소의 꽉 막힌 벽을 경험한 적이 있는 가가와는 이 말에 큰 울림을 느꼈음이 틀림없다. 이내 그는 "인도에는 관개(灌漑)협동조합이 있습니까?"라고 물으며 화제를 바꾸었다.

"없습니다. 물론 귀국에서는 이미 설립되었지요? 가가와 선생님은 훌륭한 일을 완수하셨습니다. 우리는 선생님으로부터 많은 일을 배워야 합니다. 하지만 일본인들이 (중국인, 조선인 등에게 – 역자 주) 독극물이나 다른 무서운 약품들을 먹이거나, 중국을 통째로 삼켜 먹으려 하는 사실을 우리는 어떻게 이해하면 좋을까요? (만주의 731부대 생체실험 만행이나 만주사변과 중일전쟁 등을 의미하는 것 같다 – 역자 주) 이 내용들을 저는 네루(Nehru, Pandit Jawaharlal)로부터 받은 책 『전쟁의 의미』(*What War Means*)에서 읽었습니다. 어째서 일본은 그러한 잔학 행위를 범할 수 있었는지요? 그리고 귀국의 위대한 시인은 이 사실들에 대해서 인도주의적 전쟁이며 중국에는 축복이 된다고 읊었다지요?"

가가와는 대화 내용을 종교로 바꾸어서, 간디에게 비폭력주의의 가르침과 『바가바트기타』{*Bhagavad-Gita*, 힌두교도의 성전(聖典)이 된 종교 서사시로서 Mahabharata의 일부로 되어 있다 – 역자 주}를 어떻게 조화시킬 수 있을지에 대해서 물었다. 기타(*Gita*)의 폭력이 어떤 의미인지에 대해서 꽤 심각하고 예리한 신학 논쟁을 거친 뒤, 가가와는 인도의 농업 사정에 대해서 다시 화제를 바꾸었다. "인도는 10년마다 기근이 찾아오고 있더군요."

"매년 있는 일입니다. 기아(飢餓)는 변함없이 곁에 있는 우리의 친구입니다."

"그렇다면 나무를 더 많이 심어야 합니다, 연료용 나무, 가축 사료용 나무도 심고요. 쌀과 보리로는 식량 문제를 해결하는 데 충분하지 않기 때문에, 단백질을 생산하는 나무가 더 필요합니다."

"아니요. 그렇지 않습니다. 우리는 정부의 방식을 바꿀 필요가 있습니다." 간디의 대답은 의외의 반응이었다. 이어서 간디는 가가와의 여행 일정에 대해서 묻고, 샨티니케탄(Santiniketan)에 있는 인도의 저명한 시인이자 지성인이었던 라빈드라나트 타고르를 방문하라고 권했다.

"샨티니케탄을 가보지 않고서, 어떻게 인도를 와 보았다고 할 수 있겠습니까?"

"네, 저도 타고르 선생님의 시를 읽은 적이 있고, 그의 시들을 좋아합니다"라고 가가와는 대답했다.

"하지만 시인을 사랑해야 합니다."

"네, 『기탄잘리』(*Gitanjali*)를 매일 반복해서 읽으면, 비로소 시인과 매일 만날 수 있었습니다. 그러면 (시뿐만 아니라) 시인도 사랑하게 되었습니다. 물론 시인이 그 시보다 위대할지도 모릅니다만…." 가가와는 이렇게 대답했다.

이에 대해 간디는 반박했다. "때로는 그 반대가 진실인 경우도 있지만,

1940년에 샨티니케탄에서 만난 간디와 타고르

샨티니케탄은 1863년 세계적으로 유명한 벵골의 시인 라빈드라나트 타고르의 아버지인 마하리시 데벤드라나트가 세워서 기증한 명상 센터인 샨티니케탄 아슈람에서 비롯된 도시이다. 한국에 대해서도 '동방의 등불'이라는 시를 써서 널리 알려진 바 있는 타고르는, 서정시집 『기탄잘리』로 1913년 아시아인 최초로 노벨 문학상을 수상했다. 벵골어 문학을 발전시킨 한편, 인도의 문화와 문학, 정신을 세계에 알렸다 – 역자 주

타고르의 경우는 그의 위대한 시보다 시인 자신이 측량할 수 없을 만큼 위대합니다. 그런데 다른 질문입니다만, 가가와 선생님은 퐁디셰리(Pondicherry, 인도 남동부 해안 지역)도 방문하실 계획인가요? 현대의 인도를 배우시려면 샨티니케탄과 인도인 요가 수행자 오로빈도 고세(Aurobindo Ghose)의 아슈람(ashram) 양쪽 모두를 봐야 합니다. 나는 가가와 선생의 여행 계획 조언자가 누구인지 모릅니다만, 지금 이 순간만큼은 저를 여행 조언자로 선택해줘야 한다고 생각합니다."

"아니오, 간디 선생님은 인생의 귀한 길잡이십니다"라고 가가와는 대답했다. 이 대답은 확실히 정중한 칭찬 이상의 표현이었다. 실제로도 그러한 것이, 간디의 명쾌한 견해는 가가와가 지금껏 체험해 보지 못한 훨씬 깊고 어두운 십자가의 그림자를 드리우고 있었음이 틀림없었다. 간디는 위협 속에서도 시민 불복종의 의지를 결연히 표명하였다. 평화주의자였던 가가와는 동시에 급격히 국가주의자로도 성장해 가고 있었다. 간디를 찾은 일본에서 온 순례자는 군국주의 강경파인 마츠오카(松岡)에게 돌파구를 기대하고 있었는데, 이것은 완전히 풀 수 없는 모순이었다.

체포 수감된 '일본의 간디'

1939년 여름, 미일(美日)관계는 미국이 일본과 맺었던 통상조약 종료를 통고해 오면서 급격히 긴박해졌다. 가가와는 8월에 아래와 같은 해외 전보를 미국의 친구들과 종교 잡지 「크리스천 센추리」에 보냈다.

"현금(現今)의 일미(日米) 위기는 유감스럽습니다. 태평양의 평화와 세계의 파국을 피하기 위해 통상조약 부활에 귀하가 그리스도교 교도로서 영향력을 행사해 주시기를 바랍니다. 가가와 도요히코"[33)]

「크리스천 센추리」는 가가와에게 경의를 표했지만, 일본 군국주의의 팽창과 통상조약에 의해서 일본에 유입되고 있는 미국으로부터의 수출품을 중일전쟁에 투입해 사용하는 점을 반복해서 비판하였다.

"이러한 메시지는 강하게 머리와 가슴을 울려온다. 정보에 밝은 미국의 그리스도교도들은 누구든지 가가와를 그리스도 안의 한 형제로 생각하고 있다. 가가와는 법적으로는 외국인이지만, 국가주의를 넘어서는 하나님 나라(神國)의 동포다. 그는 개인적인 만남뿐 아니라, 사업의 성과들을 통해서도 많은 사람들에게 매우 좋은 평가를 받고 있다. 그의 빛나는 얼굴과 불타오를 듯한 언변의 인상과 고귀한 희생 정신이 태평양은 물론 인종적 차이마저 넘어 공감과 더불어 동포 의식마저 쉽게 가질 수 있도록 이끌었다. 그러한 정신을 소유한 일본인 그리스도인은 셀 수 없을 정도로 많을지 모르지만, 가가와의 정신에는 그들과 우리를 연결시키는 특별하면서도 천부적인 재능과 기술이 있었다. 그의 영향력이 미치는 한, 미국인은 일본인에 대한 무차별적 증오심을 감염시켜 나가려는 선전의 독약으로부터 거리를 둘 수 있었다. 한 마디로 말하면, 그는 한 사람의 인간이 성취할 수 있는 최대한의 것들, 다른 어떤 사람도 결코 완수할 수 없었던 일들을 이루어 냈다. 그 결과 우리는 그가 보내온 지 얼마 안 된 성명서의 의미를 냉정하게 생각해 볼 수 있는 것이다."[34]

사설은 다음과 같이 덧붙이고 있다.

"우리는 일본과 우호적이고 싶다. 무언가 일어나려고 해도, 우리는 미움을 품지 않을 것이다. 하지만 우리는 지금 일본 정부가 보이고 있는 행동 등을 실천에 옮기는 그 어떤 정부와도 협력할 수 없다. … 우리에게 영향력이 있었다고 해도, 그것을 사용할 수 없다. 미일 양국의 교역을 목적으로 체결된 통상조약이 계속 된다는 것은 미국산 엔진으로 움직이고, 미국산 석유로 연료를 보급한 비행기가 미국산 금속으로 제작된 폭탄을 싣고 가서, 중국의 번화한 도시에 떨어뜨리는 결과가 되기 때문이다. 가가와 자신은 평화주의자이며, 그의 진정성은 아무도 의심할 수 없다. 우리나라든 그의 나라든, 국가 간의 상호 신뢰가 회복되어 우호와 통상의 조약이 진실로 태평양 및 아시아의 평화에 도움이 되기 바란다. 또한 이 세계가 파국으로부터 벗어날 수 있도록 하기 위해서라면, 우리는 기쁨으로 그 대열에 참여할 것이다."[35]

가가와가 직면한 도덕적·정치적 혼란은 히틀러와 스탈린 사이의 불가침 조약에 의해 더 높아졌다. 일본은 러시아를 부분적으로 중립화시키기 위해 나치스에 명운을 던진 적이 있었다. 결국 국제 정치 무대에서 전개된 예상 밖의 체스 게임으로 인해, 히틀러는 일본을 배반하였지만, 일본과 독일은 여전히 동맹 관계를 유지하고 있었다. 일본 정부의 고위 관료를 만날 수 있었음에도 불구하고, 오히려 바로 그러한 이유 때문에 가가와는 그가 예전에 언급한 중일전쟁에 대한 비판 발언을 문제 삼은 특고고등경찰로부터 요주의 감시 대상이 되고 있었다. 1940년, 예수의 벗 모임이 설립한 만주의 협동조합운동 그룹을 방문했을 때, 그곳에 주둔 중이던 일본 군대의 행동을 비판하였는데, 그것이 문제가 되어 추방 직전의 상황까지 간 적이 있었다.

1937년 7월 8일, 북경(北京) 외곽의 노구교(盧溝橋)에서 야간 훈련 중이던 일본군과 경비 중이던 중국군이 충돌, 결국 일본군이 승리하여 노구교(루거우차오) 일대를 완전 점령하여 중일전쟁이 촉발되었다. 이후 남경(南京) 진주 과정에서 대학살이 벌어졌다. 노구교비(盧溝橋碑) 앞에서 만세를 외치는 일본군 병사들

1939년부터 1940년 정도까지 중일전쟁에 대한 가가와의 반대 의사 표명은 크게 신중해졌고, 그 결과 정부의 정책이나 행동에 대해 정면으로 반박하는 비평은 거의 하지 않게 되었다.

가가와가 생각한 중일전쟁 해결을 위한 최선의 방법은 일단 한번 충돌이 있게 되면 그때부터 일본은 "중국에 도움이 되도록 하자"라는 사고방식이었다. 이러한 생각은 일본의 지도자가 대동아공영권(大東亜共栄圏) 사상을 정당화하기 위해서 사용한 논리에 가까운 지극히 위험한 발상이었다. 그러한 공영권 이념에 의해서, 일본은 새로운 정의의 질서를 아시아에 건설하기 위한 무거운 책무를 담당하는 것이라고 본 것이다. 이러한 사상은, 당시 일본에 만연해 있던 일본인의 '선민사상'에 근거하고 있었다. 특별히 선택된 일본인은, 아시아의 여러 나라들을 서양의 제국주의나 러시아의 공산주의로부터 지켜내고 방위해야 하는 신성한 사명을 맡고 있다는 논리였다. 불행하게도 당시의 서양 열강은 일본 군국주의자들의 그러한 논의를 그럴듯하게 보일 수 있도록 충분한 부정적 이유와 근거를 마련해 주고 있었다.

가가와 자신도 일본인의 통합과 조화를 위해 그 필요성이 요구되는 천황의 권능에 대해서 조금씩 온정적 태도를 지녀 갔고, 국수주의자들의 경건한 레토릭에 영향에 조금씩 공명해 간 결과, 애국주의자의 대열에 서게 되었다. 그는 일본의 그리스도교회는 반드시 미국화 혹은 서양화를 의미하지 않는다고 주장하게 된다.

> "미국의 링컨은 위대한지도 모르지만, 일본을 분발하도록 이끄는 사람은 아니다. 우리도 17세기 초엽의 나카에 도주(中江藤樹) 같은 영웅을 갖고 있다. 그들은 우리를 연결시켜 심각한 불일치나 사회적 혼란을 막기 위해 무엇이 필요한지 잘 알고 있었다. 그러한 통합의 요소는 옥좌(玉座, 천황 – 역자 주)의 개념이다. 옥좌란 우리 일본인이 두말할 나위 없이 당연하게 받아들이는 중요한 그 어떤 존재이다. 나는 옥좌에 저촉되지 않는 이상, 이야기하고 싶은 것을 무엇이든 자유롭게 이야기할 수 있다. 예를 들어, 현 정부에 대해서도, 혹은 육군이나 해군에 대해서도 말이다. 나는 그리스도교도로서 애국자가 되지 않으면 안 된다. 만약 나의 충성심이 의심되면, 다음 날부터 나는 설교할 수 없다. 만약 복음을 전파할 수 없게 된다면 그것은 나에게 낭패이다. 따라서 나는 세계의 구원자이며 동시에 일본의 구원자이신 그리스도의 복음을 설교한다."[36]

가가와가 사랑과 아낌없는 노력을 쏟아부어 구축해 온 관용어린 진보적 세계가 1년도 지나지 않아 한순간에 무너져 사라졌다는 것은, 결코 놀랄 일이 아니다. 교회는 국가의 엄격한 종교 관리 영역의 지배하에 놓여 있었고, 그리스도교도는 설교 단상에서도 국가 정책을 위해서 자기 부정을 실행에 옮기도록 강요받았다. 가가와가 늘 칭찬하였던 감리교의 신자들은 암묵적으로 국가 정책에 동의하지 않았던 입장을 보인 결과, 그들의 교회 헌법(교리와 장정)을 일본 국책에 맞도록 수정해야만 했다. 젊은 가가와를 키워주고, 그에게 세계적 관점을 갖도록 자극하였던 선교사들은 일본에서 탈출하기 시작했다.

다가와 다이키치로는 일본의 그리스도교 문서협회 회장이었지만, 중일전쟁의 해결을 둘러싼 그의 이야기가 형법을 위반했다는 고발을 당하게 되었고, 결국 오사카 헌병대에 잡혀가서 심문을 당하며 답변을 강요받았다. 가가와가 열정적으로 지원해 온 사회대중당(社会大衆党)은 고노에 후미마로(近衛文磨) 수상이 거국일치 정당을 발족시킨 1940년 7월 6일에 해산 당하였다. 일본 노동총연맹도 7월 21일에 도쿄에서 마지막 집회를 연 후 해산 당했고, 정부가 공적으로 지원하는 조합에 합병되었다. 가가와의 오랜 동료인 스즈키 분지의 신호로, 동맹은 "천황폐하만세!"와 같은 애국적인 구호를 외치는 가운데 공식 해산을 단행해야 했다.

어느 학자에 의해 "청중을 마법에 거는 가가와"(Kagawa the spellbinder)라고까지 불린 가가와는 강연자로서의 절대적인 인기도 점점 쇠퇴해 감을 느꼈다. 심지어 그는 반그리스도교적인 플랭카드나 그리스도교 신자에 대한 차별적 언사와 야유로 인해 모욕적인 인사를 받기까지 했다. 이러한 그리스도교에 대한 차별과 냉대는 일본이 초국가주의적으로 변해가는 과정에서 더욱 심해졌다. 가가와는 대외적으로는 정부로부터 공식 반대에 직면하고 있음을 부정하고 있었지만 그것은 시간 문제였다. 1940년 8월 25일 일요일 아침, 그의 교회에서 비폭력에 대한 설교를 끝마치자 가가와는 군법을 위반했다는 혐의로 체포하였다. 경찰은 가가와를 오가와 기요즈미(小川清澄) 목사와 함께 시부야(渋谷)의 헌병대 본부에 연행하였다. 회중은 그들의 체포에 경악했다. 그 가운데 기쿠치 테츠야(菊池徹也)는 삭발을 한 뒤 항의 단식에 돌입하며, 가가와의 석방을 요구하는 기도회도 열렸다. 아내 하루는 정부 고위 관료를 방문하여, 남편의 석방을 위해 설득했지만 성공하지 못했다.

경찰은 18일에 걸쳐, 그의 행동이나 연설, 출판물의 문장, 영어 출판물의 내용 등을 포함하여 조사한 후 심문을 진행했다. 가가와가 펴내던 월간지 「구름기둥」과 더불어 여러 다른 정기간행물까지도 종이 부족을 핑계로 휴간 조치를 내렸다. 9월 11일, 스가모 형무소(巣鴨刑務所)에 옮겨진 뒤부터는 헌병대에 의해 더욱 엄격하게 심문 당했다. 하루가 개인적으로 외무대신 마츠오카 요스케에게 도움을 요청한 끝에 간신히 석방될 수 있었다.

특히 「가가와 달력」(*Kagawa Calendar*)이 관계 당국의 주목을 받았다. 해외에서 배포할 목적으로 7년 동안 발행되어 온 이 소책자는 가가와의 사진, 그의 저작으로부터의 인용문, 그리고 그의 사업 진행 경과에 대한 보도 기사를 포함하고 있었다. 1940년판은 중국인을 향한 가가와의 다음과 같은 사죄문 발췌로 시작되고 있었다.

> "백만 번 용서를 구한다 할지라도, 일본인의 죄를 용서받는 것은 어려울 것입니다. 이것은 저에게 견딜 수 없는 부끄러움을 느끼게 합니다."

그 외의 자료들도 군국주의자들을 초조하게 만든 것임에 틀림없다. 중국의 그리스도교도인 쳉 박사(Dr. Cheng)와 찍은 가가와의 사진에는 중일 그리스도인의 정신적 일치화합을 말한 쳉 박사의 메시지 등이 소개돼 있었다.

가가와는 『십자가에 대한 명상』(*Meditations on Cross*)에서 다음과 같은 예언적 내용을 인용하였다.

> "죄에 빠진 국가나 사회는, 죽음의 길(way of death)을 걷게 된다. 이웃 나라의 국민을 죽여서 미움과 적의의 씨를 뿌리는 나라는 뿌린 것을 거두면서 멸망에 이를 것이다."

더 놀라운 것은 이 인용문이 가가와가 중국인 학생과 대화를 나누던 와중에 발췌된 것이란 점이다. 그때 가가와는 군부를 비판하면서 자신이 선택한 길에 대해서 솔직하게 논하였다.

> "나는 일본의 성공을 예측할 수 없다. 일본이 국제연맹에 참여하는 이상, 군국주의자는 이제 독립적으로 행동하지 않을 것이라고 말하였던 것이 나의 생각이었다. 하지만 나는 착각하고 있었다. 우리에게는 평화를 추구하는 보통의 일본인을 길러내는 확실한 교육이 부족한 상태였다. 그리고 이제 나는 묻는다. 과연 무엇을 해야 하는 것일까? 감옥에 가야 할 것인가

아니면 제대로 교육하는 자리를 지켜야 하는가? 감옥에 가는 것은 쉬우며, 심지어 살해당하는 것도 간단하다. 하지만 나는 평화를 위해서 사람들을 제대로 교육하는 일을 선택하였다.”37)

가가와는 기소를 면하고 석방되었다. 향후 그의 활동 가운데 '평화 교육'은 불가능한 상태에 놓여 있었다. 그는 은퇴하여 세토나이카이(瀨戶內海)의 테시마(豊島)에 가겠노라 선언했다. 그곳에 자신이 설립한 요양소에서 결핵 환자를 위해 나머지 삶을 바칠 생각이었다. 하지만 6주간의 요양 뒤에 가가와는 설교를 재개하였다. 야리다 겐이치(鑓田研一)와 한 번 더 만주에 여행하였고, 그 후에도 순회 복음 선교활동을 지속했다.

가가와가 형무소에 구금돼 있을 때, 경찰은 확실히 그의 수감 태도를 보며 당혹해하면서 동시에 초조함을 느끼고 있었다. 다른 유명한 신비주의적 종교지도자처럼 가가와는 감옥의 구속 상태를 명상을 통한 신과의 영적 교류의 기회로 바꿀 수 있었다. 그는 실제로 투옥 기간 동안에 강력한 신비 체험을 하였고, 그 체험이 그에게 전쟁 시대의 고뇌를 참을 수 있게 만든 것처럼 보였다. 이틀에 걸쳐 감옥의 복도에서 정자세를 취하고 있던 그에게 헌

가가와의 중국에 대한 사죄 의식은 그의 동료 구로다 시로(黒田四郎)의 남경 전도활동으로 이어졌다. 1940년 1월 가가와 등이 중국에서의 활동을 지원 방문하였을 때. 맨 뒤 가운데에 가가와가 서 있다 ⓒ賀川記念館

병 대원은 "가가와, 바닥에 눕는 게 좋겠다. 그렇게 하지 않으면 병들 것이다"라고 했다. 하지만 가가와는 정서적으로 불안한 상태였기 때문에 누울 수 없었다.

가가와는 후에 그때의 사건을 다음과 같이 회고하였다.

> "일본과 중국은 극동의 쌍둥이 같은 관계라는 것을 알고 있었으므로, 나는 기도하며 눈물을 흘렸다. 만약 일본이 중국을 붕괴시키면, 그 후에는 결국 일본이 붕괴할 것이다. 그리고 만약 일본이 멸망한다면 중국도 또 다시 파멸을 맞겠지. 그때 나는 머리를 무릎 사이에 처박고, 통곡하며 울었다. 그때 신의 은총에 힘입어, '믿음으로 말미암아 그리스도께서 너희 마음에 계시게 하시옵고'(엡 3:17)라는 성경구절이 떠올랐다. 돌연 감옥과 나의 마음에 환한 빛이 가득해졌다. 그리스도가 내 안에 계신다는 생각에 강한 붙들림을 받으며 황홀경에 빠졌다. 내가 경험한 그 빛의 감각 덕분에 당시의 암흑 속에서도 빛을 발견하여, 도래해야만 하는 신생(新生) 일본의 모습을 분명히 떠올릴 수 있었다. 큰 기쁨에 눈물을 멈추었고, 나는 용기를 내어 담대함을 회복하였다. 그리스도는 신비로운 인물일 뿐만 아니라 나의 영혼과 육체 안에 머물고 계신 분이다. … 나는 형무소를 나올 때, 혹시 죽임을 당하게 되더라도 두려워할 필요가 없다고 확실히 깨달았다.[38]

경찰의 조사 대상이 된 기사의 몇 개가 게재된 잡지 중 하나인 「크리스천 센추리」는 가가와의 체포를 일본 그리스도교 신자들을 공포로 몰아넣어 완전히 복종시키는 방법이라고 해석했다. 그 잡지는 다음과 같이 경고했다.

> "이 그리스도의 종을 투옥한 사람들이 깨닫도록 하자. 투옥된 가가와는 자유롭던 가가와보다 훨씬 강하다는 것을 말이다."[39]

가가와의 체포를 보도한 여러 매체 중 하나인 「뉴욕 타임즈」는 그를 '일본의 간디'라고 불렀다. 이러한 보도는 가가와가 역사의 여러 절박한 시점에

하였던 그 어떤 행동보다도 일본의 군사적 이해 관계에 큰 타격을 주었다.

일본의 전략이나 국제적 술책에도 불구하고, 가가와는 여전히 미일(美日) 간의 평화 회복에 희망을 품고 있었다. 평화가 그의 최종 목표였으며, 전쟁을 막기 위한 마지막 노력을 기울이고 있었다. 1941년 초에 일본그리스도교연맹은 미국교회협의회 및 마드라스 회의(Madras Conference)를 주최한 뉴욕의 국제전도회의와 접촉했다. 또한 대표단이 미국의 교회 지도자들과 만나 의견을 교환하면서, 양국의 평화를 실현하기 위한 방안을 검토하는 회의도 준비했다.[40)]

대미 평화사절단 방문

일본 대표단 다섯 명이 3월 27일에 출항했다. 가가와(賀川), 오가와(小川), 거기에다 아베 요시무네(阿部義宗) 감독 등, 세 명이 9일에 뒤늦게 도착했다.[41)] 4월 20일부터 닷새 동안 양국 대표는 캘리포니아, 리버사이드의 교회 숙소에 모여서 함께 기도했고, 두 나라 입장의 차이점에 대해서 논의했다. 미국 측은 일본 정부의 신도(神道)에 대한 지원정책과 모든 그리스도교 교파들의 강제적 통합에 깊은 우려를 표명했다. 일본 측은 참전 사망자와 국민적 영웅들에게 경의를 표하는 수단으로서의 세속적인 신도(神道, 즉 국가신도, State Shinto – 역자 주)와 종교로서의 신도{교파신도, Kyoha(Sect) Shinto – 역자 주}의 구분을 이해시키기 위해 큰 노력을 기울였다. 프로테스탄트 교회로서 거의 가톨릭적인 중앙집권으로 이행되어 가던 상황이 싫었지만, 현실적으로 그것을 옹호하지 않을 수 없는 입장에 서 있음에 내면적 불쾌감에 휩싸여 있었다. 미일 간의 중심적 화제인 중일전쟁에 대해서는 생산적인 대화를 나눈 것처럼 보이지 않는다.

그러한 회의가 참가자들에게는 정신적 위로를 주었을지 모르지만, 양국의 그리스도교 신자들 사이의 친교를 부르짖는 총회 선언 이외에 정치적 세계에 대해서는 거의 아무런 성과도 내지 못했다. 참가자들에게는 종교가

'마음이 없는 세계의 마음'(the heart of a heartless world)이 되었다. 그리스도인들의 연대를 강조하는 선언과 대비되는 양국의 근본적 차이와 그 틈의 크기를 생각하면, 사실 기도하는 것 외에는 아무것도 할 수 없는 현실이었다.

참가자의 일부가 5월 9일부터 11일까지 아틀란틱시(Atlantic City)에서 회합을 열었고, 5월 29일부터 31일까지는 시카고에서 최종 회의를 열었다. 프린스턴 집회를 시작으로 가가와는 세인트루이스, 위치타(Wichita), 뉴욕 등에서 여러 프로테스탄트 교파의 모임에 참석해 강연했다. 몇 명의 참석자는 가가와 특유의 유머와 영적인 분위기가 최근의 미일 간 발생한 사건들로 인해 완전히 의기소침해져 버렸다고 말했다. 또한 일본의 중대한 문제를 논함에 있어서도 무엇인가 발뺌하는 태도가 보였다고 지적했다. 인터뷰 내용을 보면 다음과 같다.

> "오늘 마음 깊은 곳으로부터의 슬픔이 가가와를 감싸 안고 있다. 우리나라와의 전쟁 위협이 그의 인생에 비극의 검은 그림자를 심각하게 드리우고 있다. 가가와가 모든 일본 시민과 더불어 품고 있는 일본에 대한 사랑, 혹은 생존자와 사망자 사이에 흐르는 신비로운 가족애, 하지만 그 사랑만큼 끈끈한 미국을 향한 애착이 그의 내면 속에 강한 긴장감을 형성시키고 있다. 그가 사랑하는 미국은 그에게 배움의 터전이었으며, 또한 최근까지는 정신적·물질적 지원을 아낌없이 베풀던 나라이다."[42]

두 나라의 관계는 더욱 긴박해져 갔다. 미국 국무장관 코델 헐은 일본 정부의 주요 고위 관료들이 독일의 나치 정부를 계속 지지하는 이상 일본과의 어떠한 평화조약 체결도 실질적으로 불가능한 일이라고 주장했다. 일본은 상호안전보장 조약을 나치에 의해 프랑스에 세워진 비시(Vichy) 괴뢰정부와 6월 21일에 조인하였고, 프랑스령 인도차이나 점령의 길을 열었다. 미국은 7월 25일에 국내의 일본 자산 동결을 통해 보복하였으며, 일본과의 무역도 효과적으로 중지시켰다. 8월 1일, 일본에 대한 석유 수출도 금지된 가운데, 일본의 지도자들은 미국과 러시아와의 관계 개선에 마음을 졸이고 있었다.

1941년 방미평화사절단의 일원으로 로스엔젤레스를 방문한 가가와 ⓒ賀川記念館

전 지구적 규모로 확산되어 간 상호 무력 투쟁은 선의를 품은 성직자들도 어찌할 도리가 없을 만큼 무한히 팽창해 나가고 있었다.

미국을 여행하고 있던 동안 가가와는 여전히 평화 관계 수립을 간절히 바라면서 300회 이상의 강연을 했다. 뉴욕에 온 가가와는 수많은 종교인들에게 '속죄의 사랑'(redemptive love)을 실천해 달라고 요청했다.

> "만약 여러분이 일본이 그리스도교 국가가 되길 바란다면, 여러분은 일본에 그리스도를 주시지 않으면 안 된다. 우리가 제2차 유럽전쟁(나치에 의한 유럽 쪽의 제2차 세계대전)을 막을 수 없었던 것은 속죄의 사랑이 갖는 참 의미를 몰랐기 때문이다."[43)]

협동조합의 회원이나 지도자들에게 가가와는 보통 사람에게 힘을 보태주는 협동조합운동의 정신을 높게 평가하였다. 또한 일본에서 보이는 국가주의적 풍조와는 정반대의 보편적 정신을 함께 만들어 가자고 호소했다.

“인간의 의식은 ‘국가적 의식’, ‘계급적 의식’, ‘보편적 의식’ 등 세 가지 의식으로 나뉜다. 보편적 의식은 인종적 차별, 피부의 색에 의한 차별 등 어떠한 차별도 부정한다. 그러므로 우리는 보편적 정신을 가지지 않으면 안 된다. 우리는 (국가나 계급 등의) 그룹이 서로 다른 내용을 가르치는 고립된 교육을 행할 것이 아니라 보편적인 교육을 실시해야 한다. 그룹 의식은 전투기에 의한 폭격을 초래하지만, 보편적 의식은 서로 돕고 나누는 형제애를 실천하기 위한 방법과 능력을 개발한다.”[44)]

그의 강연 여행은 전운(戰雲)이 몰려오고 있었기 때문에 갑작스럽게 끝나버렸다. 가가와는 1941년 8월 타츠타마루(竜田丸)를 타고 귀국 길에 올랐다. 그 후 10년 동안 가가와는 미국에 다시 돌아올 수 없었다. 8월 말에 일본에 돌아온 가가와는 50명의 그리스도교 지도자 중 한 명으로서 가루이자와(나가노현) 가까이에 위치한 구츠카케(沓掛)에서 회의를 열어, 일본의 새로운 교회 통합 과정에 대하여 논의를 가졌다. 오랫동안 일본의 많은 사회 개혁가들을 격려해 온 행동주의적 그리스도교 그룹이었지만, 전시하에서는 결국 군국주의 정부를 싫어하면서도 동시에 적극적인 파트너가 되어 갔다.[45)] 이 회의에서 나온 애국적인 선언은 교회의 통합을 ‘신의 섭리’(divine providence)가 이루어진 중요한 사례라고도 해석했다.

가가와는 한 번 더 절망적인 기분으로 전쟁을 막기 위한 시도를 전개했다. 9월 5일, 아마 일본의 고노에 후미마로(近衛文麿) 수상과 만난 후, 가가와는 미국의 동료 및 협력자들에게 다음과 같은 해외 전보를 한 번 더 보냈다.

“정세가 매우 중대한 기로에 서 있습니다. 양국 간 협상 결렬을 막기 위한 새로운 방책을 내놓아야 하는 긴요한 때입니다. 인류의 미래가 위험합니다. 태평양의 평화 유지에 여러분이 최대한 노력해 줄 것을 부탁드립니다. 한없이 깊은 믿음으로 우리 모두 최선을 다합시다. 가가와 도요히코”[46)]

가가와와 일본인 협력자들은 프린스턴 신학교 시절부터의 친구인 스탠리 존스(E. Stanley Jones)와 국제적인 철야 기도회를 시작했다. 명성을 떨치고 있던 이 복음 전도자는 아시아에서도 전도활동을 왕성하게 펼쳐 왔으며, 사회적 복음도 높게 평가하는 진보적인 인사였고, 가가와 목사와는 위스콘신에 있는 레이크 제네바(Lake Geneva) 하기 대회에서 함께 시간을 보냈던 적이 있었다. 이때 두 사람은 새벽 호수에 나가 함께 평화를 위해 기도하였다.

감리교 선교사인 스탠리 존스(E. Stanley Jones, 1884~1972)는 미국 볼티모어 태생으로 애즈버리 신학교에서 공부했다. 스탠리 존스는 인도의 문화와 종교를 존중하여 다른 종교들도 비난하지 않는 가운데, 온건하게 예수의 복음을 전했다. 마하트마 간디와 서로 영향을 주고받았으며, 대표적 저서로는 『인도의 길을 걷고 있는 예수』, 자서전 『순례자의 노래』 등이 있다 – 역자 주

스탠리 존스 목사

"존스 당신이 워싱턴의 일본 대사 노무라(野村) 해군 제독을 만나면 참 좋겠다. 그는 평화를 바라고 있기 때문이다"라고 가가와는 존스에게 보증하고 권면했다. 일본의 군국주의자는, 만약 미국이 일본에 무엇인가 극적인 의사 표시를 하면, 즉 예를 들어, 일본인에게 영토의 일부를 제공(불하)해 준다는 등의 '생활권'과 관계되는 의사 표시를 해 오면, 일본이 지닌 미국에 대한 적개심도 풍선 바람 빠지듯이 사그라들 것이라고 가가와는 생각했다. 실제로 가가와는 "일본은 지금 인구 과잉 현상을 해결하기 위해서, 옷 입을 필요가 없을 만큼 충분히 따뜻한 지역의 땅이 필요하다"라고 말했던 적이 있는데, 이때의 발언은, 인구의 방출구로서 네델란드령 뉴기니의 일본 할양을 제안하였던 것이다.

이 제안은 존스에게 좋은 인상을 주었다. 실제로 그랬던 것이 남태평양의 뉴기니는 불과 125만의 적은 인구에 불과했기 때문이다. 뉴기니를 일본에 건네주면 인구 과잉 문제로 더 많은 영토나 자원을 확보하기 위해 나가 싸워야 한다는 군국주의자들의 주장을 깰 수 있다고 그는 이해했다. 또한 체면을 중시하는 일본의 지도자들에게 중국으로부터 철수하기 위한 능숙한 방

법을 가르쳐 주는 심리적 책략으로서도 그 방법은 도움이 된다고 생각했다. 존스는 일본의 지도자들이 내심 할양을 바라면서도, 5년 동안의 전쟁으로부터 스스로 철수하는 불명예를 감내하지 못하고 있다고 여겼다. 하지만 정부가 국민에게 새로운 영토를 주게 되면, 지도층은 면죄부를 얻게 될 것이다. 최종적으로 이 영토에 관한 양보는 일본을 추축(樞軸) 동맹국으로부터 탈퇴시킬 수 있다고 존스는 생각했다.[47]

추축국(樞軸國)이란, 제2차 세계대전 때, 연합국에 대항한 나라들, 즉 독일, 이탈리아, 일본의 세 나라를 주로 가리킨다. 하지만 알바니아, 불가리아, 핀란드, 헝가리, 루마니아, 에스파냐, 체코슬로바키아 등을 포함시키기도 한다 – 역자 주

생애의 긴 세월을 아시아에서 보낸 전도자 스탠리 존스는 간디와 더불어 서양 제국주의에 대한 경멸 의식을 공유하였고, 인종차별주의에도 반대하고 있었다. 하지만 위의 뉴기니 할양 제안의 논리 속에는 불충분한 요소들이 있었다. 그의 설명에 의하면, "서양 국가들은, 일본이 근대에 눈을 뜨기 이전, 즉 함부로 지배해도 상관없다고 여겨지던 시기부터 태평양의 여러 섬들을 강탈하였다. 뉴기니는 그 필요성을 전혀 인식하고 있지 않는 오스트레일리아와 네덜란드에 속해 있었다."[48] 존스는 어떠한 의미에서 볼 때, 뉴기니 태생도 아니고 일본인의 옹호자도 아니었다. 틀림없이 그는 일본이 중국과 전쟁을 하는 것에 대해서 냉엄하게 비난하고 있었다.

존스는 그 후 3개월의 대부분을 이 제안의 방법론에 대해 일본인과 논의하였으며, 미국의 정부 고위 관료들을 설득하는 일에 온 힘을 기울였다. 최종적으로 워싱턴 주재 일본 외교관 요청으로 12월 3일, 그는 보도진의 취재를 피해 백악관의 비밀 통로로 은밀히 진입하여, 루즈벨트 대통령과 개인적으로 면담했다. 그는 워싱턴 주재 일본 고위 관료들이 전달한 제안을 대통령과 검토하였다. 그 제안은 천황 히로히토(天皇裕仁)에게 직접 전보를 보내서, 태평양에서 촉발될지 모를 전쟁을 중지하도록 개입해 줄 것을 요청하는 내용이었다. 전보는 12월 5일 보내져서 12월 6일 히로히토 천황에게 도착했다. 같은 시간에 가가와는 존스와 루즈벨트에게 "일본의 총리대신은 교섭을 위한 회의 준비를 바라고 있다"는 내용을 담은 전보를 보냈다.

일본의 진주만 공격 직전의 1주일 동안, 존스는 휴일 밤낮도 없이 국제

기도회를 시작하여, 일본, 오스트레일리아, 중국의 친구들에게 전보를 보내며 모두 함께 기도해 줄 것을 부탁했다. 가가와도 다음과 같은 전보 메시지를 보냈다.

“일본의 교회 지도자는 1주일 동안 철야 기도회를 개최하는 중입니다. 이쪽에서도 최선을 다하고 있습니다.”[49)]

이 전보는 미국의 동료들이 태평양전쟁 전에 가가와로부터 받은 마지막 메시지였다. 마찬가지로 수많은 당시의 일본인에게도 이 메시지가 전쟁 발발 전에 들은 가가와의 마지막 음성이었다. 다작(多作)으로 유명한 가가와의 다양한 책들도 모두 금서로 지정되어 발행이 중단되었다. 경찰의 엄중한 감시 아래 가가와는 평화와 사회 정의의 복음을 직접 전할 수 없게 되었고, 애매하고 추상적인 말로만 표현이 가능했다. 이러한 상황은, 30년 이상 오랜 세월 복음을 실천해 오고, 설교와 강연을 실시해 온 그에게는 잔혹하기 이를 데 없는 검열의 암흑기였다.

존스는 그때의 기도에 대해서 다음과 같이 적었다.

“하나님 앞에 자신을 발가벗겨 손을 뻗어 간구하였으며, 침묵 가운데 우리의 가장 근원적인 자기 모습(deepest selves)을 하나님 앞에 드러내 보인 것입니다.”

가가와는 ‘하나님의 아픔’(pain of God), 즉 스스로 멸망을 향해 치닫는 인간의 광기를 지켜보셔야 하는 하나님의 고뇌에 대해 이야기한 적이 있다. 가가와가 철야 기도회를 마치고 초췌한 상태로 돌아왔을 때, 라디오에서는 가슴을 깊숙이 조여 오는 진주만 공격에 관한 뉴스가 흘러 나왔다. 미국 대통령의 전보 메시지가 전쟁 결단에 영향을 미치는 데는 그 시간이 이미 늦어 버렸던 것이다. 가가와는 자신을 적나라(赤裸裸)하게 내어 놓고 간구하는 기도와 괴로워하시는 하나님의 마음에 동참하는 타버릴 듯한 감각만 남고 말았다.

제10장

전시하의 평화주의자

제10장

전시하의 평화주의자

재갈을 물리다

가가와는 전쟁에 몰입해 가는 일본에 대한 반대 입장을 유보하고 때로는 그러한 흐름에 동조하는 듯한 모습을 보이기도 했다. 하지만 그가 전개해 온 평화주의적 활동 배경 때문에, 제2차 세계대전 시기 동안 그는 계속해서 요주의 인물로서 당국의 감시를 받았다. 실제로 가가와는 진주만(真珠湾) 공격 목전의 가을에 일본 국회 양원(참의원, 중의원)의 의원들에게 보고할 기회가 주어졌는데, 그 자리에서 일본이 전쟁을 시작하는 것에 반대 입장을 표명하였고, 미국 국민은 평화를 바라고 있다고 강조했다. 하지만 그는 전체주의 체제의 사상 통제하에 놓여 있었으며, 그에 대한 헌병대의 감시와 심문은 사태의 엄혹함을 실감케 했고, 몇 번이고 체포를 당하는 고통도 겪어야 했다.

가가와의 활동에 두려움을 느끼고 있던 헌병대는 그에 대한 기소를 주장하며 다음과 같이 말하고 있다.

"가가와 씨는 교회에서 행한 설교 가운데에 일화사변(日華事変, 중일전쟁)에 대해서 다음과 같이 말한 바 있다. '이 전쟁은, 의전(義戰)이 아니며, 오로지 중국 국민을 괴롭히는 것에서 끝날뿐 아니라, 일본에게도 그 어떤 이익조차 가져오지 못한다. 따라서 당장 중지해야 한다. 그럼에도 불구하고 지금처럼 전쟁을 오래 끌고 가면, 일본은 하나님의 분노를 사게 될 것이며, 중국에는 비참한 상황에 놓일 것이다.' 이와 같은 가가와 씨의 발언은 정부 당국의 정책 지령에 반하는 반전적(反戰的)인 견해를 표명하고 있다."[1)]

진주만 공격이 있은 후, 가가와가 쓴 책들은 엄격한 검열을 받게 된다. 한 해에 6권 이상의 책들을 내는 것이 가가와에게는 보통 일이었다. 이와 같은 다작(多作) 저술가였지만, 이제 그의 책은 시집과 소설, 과학 관련 번역서 등, 일부 비정치적 서적만 출판할 수 있었고, 나머지 책은 발행 중지 조치를 당해야 했다. 즉 시집 『천공과 흑토를 봉합시키며』(天空と黒土を縫合せて, 1943)라든가 『은교의 진로』(銀鮫の進路, 1942)와 같은 소설, 독일 신학자 바빙그(B. Babing)가 쓴 『과학과 신』(*Wissenchaft und Gott*)의 번역서를 내는 것 정도가 허용

1941년 미국에 평화사절단으로 출발하기 전 강연 및 장행회(壯行會)에서. 가가와의 얼굴은 매우 어둡다 ⓒ賀川記念館

될 뿐이었다. 심지어 농업경제학이나 농업신제도 등에 관한 정치적으로 중립적인 그의 논문이나 저술조차 발표가 허락되지 않았다.

헌병대와 그 부역자 등의 스파이 활동도 가가와의 설교와 강연 활동에 큰 방해가 되었다. 그는 투옥의 위험을 각오하지 않으면, 더 이상 군사 정부에 대한 공식적인 반대 의사 표명을 할 수 없게 되었다. 그의 출판물에 대한 검열이 없는 경우라 하더라도, 경우에 따라서는 종이 부족을 이유로 출판 부수가 대거 삭감되기도 했다. 가가와는 조심스럽게 활동하고 있었지만, 전시하에 '반전사상'(反戰思想)을 표명하여 두 번이나 체포되었다. 첫 번째는 1943년 5월의 일이고, 두 번째는 같은 해 11월의 일이었다. 후자의 경우는 도쿄에서 9일 동안 심문을 받았다. 이 기간의 대부분은 자택 연금으로 통제받으며 보내야 했다.

연합국과의 전쟁은 대부분의 일본인 가정이 그러했던 것처럼, 가가와 가족에게도 힘겨운 시기였다. 치바대학(千葉大學) 의학부에 재학 중이던 가가와의 장남 스미모토는 타마이 미치코(玉井道子)와 결혼하여, 대학의 구내 아파트에서 살았다. 장녀 지요코는 토호여자의학전문학교(東邦女子醫學專門學校)에 입학해 있던 중, 나가노현(長野県)에 피난을 떠나 있었다. 아내 하루의 모친은 전시 중, 도요시마(豊島)에 피난하여 전쟁이 끝날 때까지 돌아오지 못했다. 나머지 가족은 가미키타자와(上北沢)에 머물고 있었는데, 가가와의 조카딸 다카하시 시게(高橋しげ)는 그들과 함께 지내면서 우메코와 함께 게이센여학원(恵泉女学園)에 다니고 있었다. 시게와 우메코 모두는 전쟁이 끝나 미국에서 증여 물자 배급으로 헌 옷 등을 받게 될 때까지, 오빠 스미모토의 옷을 물려받아 입고 있었다.[2)]

가가와는 전시 중에 수송수단이 부족하였고, 또한 정부의 압력도 있었던 이유로 전도 여행을 자유롭게 떠날 수 없었기 때문에, 자택에서 연구 활동에 몰두하였다. 그의 여행은 대체로 도요시마농원(豊島農園)과 도쿄의 왕복 정도가 겨우 허용될 뿐이었다. 1940년 8월에 가가와가 처음 체포된 이후부터는 교회와 회중 사이가 당국에 대한 두려움이 고조되어 교회 출석자 수도 급감하였다. 하지만 그 와중에도 남은 절반의 교인들과 예수의 벗 모임의

전시하에 감시통제를 받던 가가와가 유일하게 왕래할 수 있었던 도요시마 농민복음학교 ⓒ賀川記念館

회원들 같이 핵심적인 그룹은 교회 일에 훨씬 더 충실하였다.

가가와가는 전쟁이 길어짐에 따라, 식료품과 배급 물품의 부족, 또한 의복류의 결핍 상태에 직면하였다. 가가와는 뒷마당에서 감자나 고구마 같은 작물을 재배하는 등, 농사일에도 신경을 썼다. 그는 먹을 수 있는 잡초를 채취할 수 있도록 아이들을 훈련시켰고, 이러한 잡초를 건조시켜 빻아 가루를 낸 뒤 경단처럼 만들었다. 설탕과 같은 배급품의 공급이 끊겼을 때도, 가가와는 암시장에서 구매하는 행위는 단호히 거부하고 있었다.

그 밖에도 가가와 가족은 경찰의 횡포로 몇 번이나 골치를 썩었다. 가가와의 딸 우메코는 아주 전형적인 사건 하나를 떠올리면서 이렇게 회고했다.

> "내가 학교에서 돌아왔을 때, 경찰이 아버지의 사상과 발언 등을 조사하기 위해, 우리 집의 책들을 한 권도 빠짐없이 들춰 보았기 때문에, 책이 온 사방에 흩어져 있는 일이 종종 있었습니다."[3)]

헌병대는 전쟁에 반대하는 사람들에게 투옥시킬 것이라는 협박을 통해 입에 재갈을 물리려 하고 있었다. 가가와도 예외는 아니었다. 그는 자신이 주관하던 잡지 「구름기둥」의 1940년 10월호에서 이미 정부에 대해 다음과 같은 사죄문을 게재해야만 했다.

“나는 국가가 처리하기 힘든 수많은 문제를 떠안고 있을 때에, 이와 같이 당국에 폐를 끼친 점에 대해서 죄송하게 생각합니다. 당국이 나를 심문한 것은 지극히 당연한 일이라 말해야 할 것입니다. 일본이 아직 국제연맹의 일원이었던 당시, 나는 무엇보다도 연맹과 협력하는 것이 중요하다는 점을 일관되게 강조했습니다. 따라서 중일전쟁 발발 후에도 내가 동일한 생각을 갖고 있지 않을까 하고 당국이 나를 의심하는 것은 무리 없는 일입니다.

하지만 나는 우리나라가 국가적 비상시에 직면하고 있는 이때에, 우리나라를 사랑하지 않을 수 없습니다. 이상(理想)은 말 그대로 이상입니다만, 성서(聖書)조차 우리가 스스로의 이상을 위해서 나라의 법률을 파괴하는 것은 금지하고 있습니다. 따라서 나는 중일전쟁 발발 이래 계속해서, 우리는 마지막 한 명까지도 이 나라를 지켜야 한다고 강조하였던 것입니다.”[4]

이런 종류의 공식적인 참회는 전쟁 반대자들에게서 자주 나타났던 현상이었다. 심지어 그중에는 (군국주의 파시즘) 체제에 대해 가장 앞장서 반대하던 공산당원들도 포함되어 있었다. 실제로 가가와는 지금까지 미국 내에서도 극찬을 받아 오던 중일전쟁 반대 입장에 대한 모든 기존 발언들을 일거에 철회하려는 모습이었다.

하지만 이 잡지의 같은 호에서 가가와는 천황에게 경의를 표시하며, 황실통치를 강화하려고 강조되던 황기 2,600년 기념의 해를 축하하면서, 자국의 심각하고 불쾌한 상황에는 저촉되지 않으면서, 아시아에서 일본이 감당해야 할 목표를 다음과 지지하고 있다.

“돌아보니 전능자(全能者)는 불사의(不思議)한 섭리를 일본에 기울여 황통연면어인자(皇統連綿御仁慈)의 한없으심에 진력을 다하시고, 백성을 사랑하시어 세계에 비교할 수 없는 통치자를 일본에게 주시었다. … 패도(覇道)는 오래되지 않았으며, 정의(正義)에 근거한 강력한 존재를 더 이상 기다릴 수 없다. 그럼에도 우리나라는 노예제도(奴隷制度)의 만풍(蛮風)이 없으며, 카스트 시스템의 질곡이 없으며, 절제(節制)와 호양(互譲)의 정신이 스스로 일어났고, 협용호학(侠勇好學)의 정신이 스스로 갖추어졌다. 또한 자연을 사랑하고, 청렴결백에 만족하여, 나라의 난(難)을 보고 생(生)을 거는 사람이 기백만이다. 세계에 유래 없이 드문 순풍(淳風)을 일으켜 완성시킬 수 있는 것도, 그 모두가 황조황종(皇祖皇宗)의 어인덕(御仁德)과 높은 곳에 계신 한 분의 어성덕(御成德) 덕분이라는 것을 생각하지 않을 수 없다. … 아니, 창조(創造)의 고투(苦闘)를 가질 뿐만 아니라, 세계수선(世界修繕)의 대사명(大使命)도 짊어지게 되어 있다. 구미(歐米)에서 사랑(愛)과 정의(正義)가 멸망해 갈 때, 우리는 일본(日本)이라는 나라에서 세계구제(世界救濟)의 손을 뻗어, 인류 사회(人類社會) 재건(再建)의 복음을 전해야 하는 것이다."[5]

성서와 역사에 대한 가가와의 이러한 해석은, 1921년에 항만 노동쟁의(스트라이크)를 이끌었던 그 도전적이였던 젊은 그리스도인이 전하던 메시지와는 아득하게 멀어진 내용이었다. 이제 가가와는 온순하게 일본의 전통을 잔미하고, 국민의 사상을 통제하고 있는 (파시즘) 체제를 지지하고 있었다. 그는 이미 1930년대에도 계속해서 정부에 대한 반대의 태도를 완화시켜 오고 있었기 때문에, 그의 평화주의도 결국 타협적인 산물이 되고 있었다. 결국 가가와는 그 특유의 국제주의와 비폭력주의(Opposition to violence)의 태도에도 불구하고, 일본에 대한 애국적인 충성심을 버리고 갈 수 없었던 것이다.

전쟁 마수의 현혹

일단 전쟁이 시작되자 태평양에서 전개되는 전투에 대해서 정확한 언론보도를 입수할 수 없었다. 그의 귀에 들려온 검열된 뉴스 정보에 의하면, 일본은 살아남기 위해 서구 세력과의 싸움에 뛰어들 수밖에 없었던 것처럼 보였다. 그러한 정황하에서는 자국의 생존이 다른 모든 가치에 비해 우선시되었다. 따라서 그가 실의(失意)에 가득 찬 사람이 되었던 것도 납득이 간다. 가가와는 전쟁에 대해 좋다고 생각하지 않았지만, 결국 일본의 전쟁 시도를 지지하는 처지가 되어 있었다. 그는 폭력을 몹시 싫어했지만, 그것을 자위의 최후 수단으로서 지지하게 된 것이다. 그는 비폭력에 의한 아시아의 재건을 바랐지만, 폭력에 의존하여 일본이 짜놓은 개혁의 일정표에는 동의하고 있었던 것이다. 그의 마음은 열렬한 애국주의와 충성심이라는 마음에 썩 내키지 않는 일종의 상투어들과 평화주의라는 자신의 기존 신념 사이에서 동요하고 있었다. 그는 일본의 침략에 대한 일관되고 전면적인 열성 지지자로서는 설 수 없었지만, 그것을 단호히 거절하는 것도 할 수 없었다. 이러한 모순에 의해서, 그의 마음은 깨지고 있었다기보다는 갈가리 찢어지고 있었다고 말할 수 있지 않을까?

가가와의 소박하고 순진한 애국주의는 제2차 세계대전이 시작되기 전에 이미 나타나고 있었다. 나고야의 아이치현립의전(愛知県立醫專) 출신으로, 가가와 함께 고베에 유아이진료소(友愛診療所, 훗날 예수단이 됨)를 세워 고베 지역 슬럼 구제 활동에 협력한 사회복지사업가인 마지마 유타카는 가가와와 나눈 대화를 다음과 같이 회고하고 있다.

> "전쟁 직전의 일이지만, 나는 그(가가와)에게 군국주의자들은 대미전(對美戰)을 향해 힘차게 내달리고 있다고 말했다. 그런데 매우 놀라웠던 것은, 가가와가 이렇게 말했던 것이다. '전쟁이 일어나면, 나는 그것을 지지합니다.' 나는 이 문제에 대해 그와 몇 번 논의하려고 했지만, 그때마다 나는 그로부터 겁쟁이로 불렸다. … 전쟁이 시작되고 나서 약 1년 정도 지나고 가가와가 나에게 말한 것은, 일본은 매우 강한 나라이며, 승리의 도상에서 있다는 것과 우리는 일본의 승리를 돕기 위해서 할 수 있는 한, 최선을 다해야 한다는 것이었다."[6)]

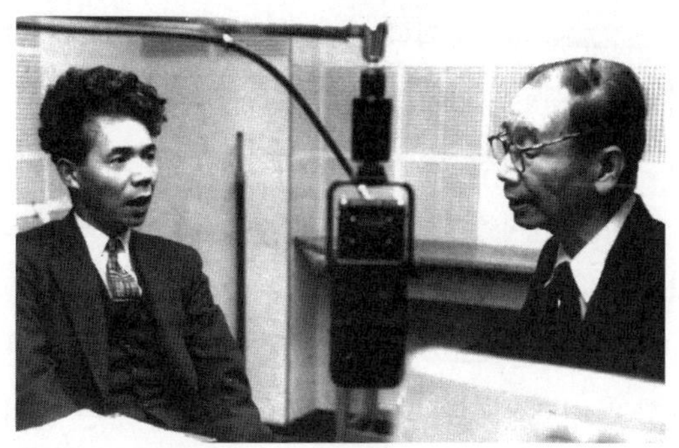

전후인 1957년에 문예평론가이자 목사인 사토 준이치로(佐古純一郎)와 라디오 대담 중인 가가와 ⓒ賀川記念館

가가와는 선전 기관과 자국의 후방 보급 능력에 관한 일본 정부의 조작이 가미된 평가에 현혹되고 있었던 것이다.[7)]

미국 내의 가가와 지지자들은 그러한 가가와의 전면적 태도 변화에 대해서, 전시 중에는 거의 혹은 전혀 몰랐다. 그들 가운데 몇몇 사람들은 전후에, 가가와가 일본 정부를 위한 선전 방송에 종사하고 있었다는 보도를 접하고, 크게 놀라거나 심지어는 환멸을 느끼는 경우도 있었다. 가가와가 행한 영어 방송은 미국이 전쟁에서 일으킨 잔학행위와 미국의 인종차별주의나 제국주의의 속성을 강한 어조로 비난하는 내용이었다.

미군 병사가, 전사한 일본 병사의 유골을 선물로 고국에 보내고 있다는 보도를 접한 뒤에는 가가와의 이러한 선전 행위를 신랄하게 비판하였다.

> "… 최악의 만행에 필적할 만한 잔인함이다. … 오늘 나는 미국이 '회칠한 무덤'(white grave)이라고 생각한다. 천지를 창조한 전지전능의 신이, 인종적 우월감에 기초한 그들의 세계 지배라는 비정상인 야망이 성공하도록 내버려 두실 것이라는 것, 그리고 동시에 그들이 자유와 해방을 입에 올리며 동양 인종에 대해 이 같은 부당한 전쟁을 하도록 허락하실 거라는 말을 나는 믿을 수 없다. 아! 이러한 학살의 죄를 통해, 그리스도의 이름을 심각하게 더럽히고 있는 미국에 재앙이 있으리라!"[8)]

널리 알려진 「도쿄 로즈」(*Tokyo Rose*)에 의한 선전을 포함하여, 이러한 일본의 모든 선전 방송의 목적은 미군 부대의 사기를 꺾고, 일본에는 승리를 향한 강한 의지가 있음을 그들에게 확신시키려는 것이었다. 일본의 매스미디어는 미국이 범한 전쟁 범죄의 실례에 대해서는 (비판적으로 – 역자 주) 보도했지만, 일본군이 행한 그와 같은 (잔혹) 행위에 대해서는 보도를 자제했다. 가가와는 일본의 선전 활동에 동원된 보도 내용 때문에, 전후 미국 육군 장교의 조사를 받았으며, 연합군 최고 사령관의 정책에 따라, 책임 있는 지위에 오를 수 없도록 추방 조치를 받았다. 이 조사에는 가가와를 끼워 넣으려고 하는 분명한 의도가 간파된다. 일본의 한 목사가 상하이(上海)에 모아 두었다고 여겨지는 한 통의 편지가 FBI에 발송돼 온 적이 있다. 그 내용은 가가와가 전쟁 직전에 행한 마지막 미국 여행에서 (일본 정부의) 스파이로 일하고 있었다는 것이었다.[9)]

가가와의 비판자들이 말하듯이, 그의 방송 활동을 군사 정부와의 완전한 공모라고 보는 것은 너무나 단순한 관점이다. 가가와에게는 일본이 자행한 잔학행위에 대한 항의의 정서도 분명히 있었을 것이다. 가가와는 어느 미국인 여성이 남자 친구(미군 병사)에게 받은 일본 병사의 두개골을 태연하게 바라보는 모습을 찍은 잡지 「라이프」(*Life*)의 사진을 알고 있었다. 일본 병사

米鬼の蠻行はこれだ
復讐に我らの血は沸き返る

미군 병사의 일본군 병사에 대한 유체손괴 행위는 당시의 일본 정부에도 알려졌고, 정부의 홍보지 「週報」 제407호(1944년 8월 9일자)에 "인골을 희롱하는 적의 본성이 드러낸 민족이야말로 말살해야 한다"(人骨弄ぶ敵の本性 かかる民族こそ抹殺さるべきである)는 내용이 소개되었다.(좌) 당시에는 광기 어린 일본 정부의 날조 선전이라는 설도 많았지만, 미국 병사에게 일본군 병사의 두개골을 기념 선물로 받은 뒤, 그 앞에서 답장을 쓰는 미국 여성의 사진이 「LIFE」誌 1944년 5월 22일자에 게재되어 사실로 드러났다.(우)

의 다리뼈를 깎아서 만든 편지 개봉용 나이프가 실제로 루즈벨트 대통령에게 보내진 바 있으며, 일본인의 뼈로 만든 각종 선물들을 찍은 사진도 다수 공개되었다. (미국의) 대통령은 이 기분 나쁜 선물들을 전시하기까지 했는데, 도쿄의 가톨릭 주교의 항의가 바티칸을 통해 미국에 전해지면서, 이 선물의 수취는 그 이후부터 거부된 바 있다.

미국에 대한 가가와의 경멸적 발언은 전쟁 중의 여러 기사나 인터뷰, 연설문 안에서 반복하여 등장한다. 자신은 일본에 충성을 다하겠다는 단언도 마찬가지로 소개된다. 가가와는 필리핀 여행을 계획하고 있던 1942년 10월 24일에 이렇게 적고 있다.

> "나는 우리나라를 위해서라면, 어디든지 나갈 예정이다. … 나는 (예전에) 필리핀 제도에 갔을 때, 그곳 소작농의 생활이 너무나 비참하다는 것을 알고 무척 놀랐다. 그 당시의 상황은 미국의 자본가들이 정한 제도하에서 농민들이 착취당하고 있었다고 설명할 수 있다. … 필리핀인, 특히 필리핀의 농민들은 대동아공영권(大東亜共栄圏)의 구성원으로서 필리핀 제도의 재건을 위해 공헌할 수 있게 되기 이전에, 우선 적절한 교육을 받을 필요가 있다."[10)]

1943년 크리스마스에 가가와는 미국인 포로들 앞에서, 미군에 의한 일본 시민을 향한 (전투기) 폭격을 공공연하게 비난하는 방송을 실시했다. 1944년 8월에 가가와는 라디오 방송으로 다음과 같이 소리 높여 외치고 있다.

> "재앙 있으리라! 미국이여! … '회칠한 무덤 같으니!'(마 23:27)라는 말은 미국을 표현하기 위해 만들어진 말이리라! 입으로는 평등을 주창하지만, 타민족을 압박하고, 말로는 자유를 조롱하듯 논하고 있지만, 저들만의 우월성을 유지하려 하는 그 방종(放縱)의 습성을 전능자께서는 허락하지 않으실 것이다. 미국은 '회칠한 무덤'이다. 그들의 자녀들은 일본 병사의 두개골을 희롱하며, 그들의 대통령은 일본 병사의 뼈로 만든 북 나이프를

받았다고 한다. 미국의 양심이 이 정도로까지 마비되어 있으니, 전능자의 심판을 받지 않고 도저히 존재할 수 있을까?"[11]

가가와는 일본을 아시아 해방을 위한 전쟁 영웅으로 전제하고, 대동아공영권에 대해서는 아시아를 서양 제국주의로부터 지키기 위한 수단으로서 묘사하고 있다. 하지만 이 시점에 있어서도, 그는 자국 정부로부터 의심을 받고 있었다. 그가 시도한 필리핀 여행도 군부가 여권 교부를 거부했기 때문에 결국 실현되지 못했다.[12] 그는 이미 과거에 일본의 군국주의와 제국주의를 비난한 적이 있었기 때문에, 여전히 의심받고 있었다. 한층 더 깊이 생각해 보면, 만약 가가와가 필리핀에 가서 일본군이 범하고 있는 잔학 행위의 흔적들을 직접 여러 곳에서 목격하면, 대동아공영권의 대구상(大構想)을 새롭게 비난하기 시작할지도 모른다는 걱정이 일본 당국 안에 있었던 것이다.

전시하에 가가와에게 허락된 유일한 국외 여행은 1944년 봄의 상하이, 북경, 난징, 항주로 이어지는 2개월 정도의 강연 여행이었다. 이 여행에 대해서도 가가와가 중국 국민들로부터 대동아선언(大東亞宣言)의 동조와 지지를 얻어내기 위해 활동했다는 비난이 전후에 수차례 이어졌다. 연합군 최고사령관의 조사보고서를 보면, 장로교회의 선교사로서 YMCA의 임원이기도 하였던 충 케 안 박사(Dr. Chung Ke An)가 공술서를 제출한 것으로 되어 있다. 그 내용을 보면 가가와는 도쿄의 YMCA에서 열린 어떤 모임에서 자신이 대동아선언을 가지고 간 것은, 아시아 여러 나라의 괴뢰 정부가 일본의 전쟁 시도를 적극 지원하도록 설득하기 위함이었

일본 국내에는 일본군의 잔학상은 알려지지 않고 오직 일본군 사체 훼손 등 미군의 야만성만이 강조 보도되었다. 사진은 1944년 4월 30일 뉴기니아 전선에서, 미해군 맥퍼슨 중위가 어뢰정 341호정 갑판 위에서 일본군 장병의 두개골을 조롱하는 모습 ©Australian war memorial

다고 말했다는 것이다. 하지만 가가와는 이 비난을 부정하면서, 자신은 중국의 그리스도인들에게 초대되어 오직 종교적인 목적으로만 중국을 순회했다고 말하였다. 가가와의 협력자인 오가와 기오즈미 목사는 가가와의 주장이 맞음을 확인시키며 수사원들에게 다음과 같이 말하였다. 즉 가가와는 이 (대동아) 선언에 포함되어 있는 '선린과 국제협력'(good neighborliness and international cooperation)의 원칙 정도는 추천할 만한 가치가 있다고 보아서 중국 국민에게 전달했을지 모르지만, 그것은 종교적 프로그램에 있어서의 부수적 표현에 불과했던 것이라고 주장했다. 불행한 일이지만, 전쟁의 문맥 가운데서는 '종교적 목적'조차 전쟁 협력의 촉구나 저항을 위축시키려는 선전 목적으로 활용될 수 있던 것이다.

가가와의 또 다른 발언을 보면, 같은 흐름의 제국주의 반대 입장도 엿볼 수 있다. 1943년 10월 2일의 간디 생일에 가가와는 전화(戰禍)가 인도까지 확대해 가는 상황을 이렇게 비판하고 있다.

> "미국은 군대를 인도에 보내고 있다. 그들은 그로 인해 인도에 사는 수백만 명의 생존을 위협하는 기근을 더욱 더 악화시키고 있다. 이러한 미국의 모습은 역사가에 의해서, 또한 미국사 서술에 있어서 최고 암흑기의 한 페이지로 평가될 것이다. 아시아의 모든 국민은 지금, 스스로의 자유를 얻기 위해 노력하고 있는 것이다."[13)]

그는 같은 해의 조금 앞선 시기에 『천공과 흑토를 봉합시키며』(天空と黒土を縫合せて, 1943)라는 시집의 서문에서 반서구적 감정을 실로 격렬한 어조의 분노로 담아내면서 이렇게 토로하고 있다.

> "루즈벨트의 국민만이 자유를 가지고 아시아의 민족만이 노예가 되지 않으면 안 된다는 괴상한 논리에 저 태양마저 조소한다. … 아시아를 자신들의 보호국처럼 생각한 처칠과 루즈벨트는 마침내 태평양을 피로 영원히 붉게 물들였다. 피의 회오리는 일어났도다! 진주만의 용사들이 흘린 피와

솔로몬 열도의 진충열사(盡忠烈士)가 흘린 열혈(熱血)과 의혈(義血)은 하늘을 향해 우뚝 섰다. '우리의 대군(大君– 천황이나 최고 지휘관을 의미 – 역자 주)을 위해서만 죽으리라! 후회는 없으리!' (大君のへにこそ死なめ, 省みはせじ) 사심(私心)을 모두 잊고 생사를 초월하여, 단지 황국(皇國)만을 섬기기로 한 그 적심(赤心)에는 새벽(曉)의 명성(明星)도 여명(黎明)이 가까워 옴을 깨닫게 하노라. … 아! 아시아는 눈을 떴도다! 인도는 해방을 외치고, 중화민국(中華民国)은 미영(米英)을 향하여 저주의 소리를 질렀다!" 14)

한편 가가와의 애국적인 미사여구에도 불구하고, 그러한 말들은 애국주의에 대한 그의 면역성을 길러 주지 못했다. 그는 1943년에 다시 한 번 헌병대에게 체포되어 조사를 받게 된다. 그 직후에 '국제전쟁반대자동맹'(The War Resisters' International)과 '유우와카이'(友和会)라는 두 평화주의 단체로부터 탈퇴하였다. 그는 앞의 단체에 다음과 같이 편지를 썼다.

"지금 일본인으로서의 나는 적국에 있는 반전(反戰) 동맹의 일원으로 남아 있는 것을 수치스럽게 여기게 되었다. 고로 각하는 나의 이름을 귀회의 명부에서 삭제해주시기 바란다.

헌병대의 강압 조사를 받고 토요시마 농원으로 돌아와 실의에 빠져 있는 가가와 ⓒ賀川記念館

생각하건대 미국은, 일본인에 대해서 차별대우를 과중하게 실시하여, 일본인의 북미 이주를 엄금하고 있으며, 그 토지 소유권 부여도 금지하고, 초등학교에서 일본 아동을 추방할 뿐 아니라, 통상조약도 파기하여, 마침내는 ABCD 포위로 일본을 압박해오고 있다. 마침내는 자금동결령을 내려 일본 경제를 사멸시키려는 시도를 일삼고 있다. 그 순간, 나는 오랫동안 가지고 있던 평화론을 태평양 바다 한가운데에 버리지 않을 수 없게 되었다. …

더욱 슬픈 것은 1490년대에 시작한 포르투갈의 인도 침략 이래, 스페인에 의한 침략, 네덜란드에 의한 침략, 영국에 의한 침략이 이어졌고, 19세기가 되어 유럽의 제국(諸國)은 서로 경쟁하듯 동양을 침략하여, 마지막에는 미국까지 쳐들어 가 1898년에 필리핀을 점령해 버렸다. 그리고 일본은 동양에서 고립되기에 이르렀다.

이제 진정한 의미의 동양에 있어서의 독립국은 일본뿐이다. 그러한 일본을 처칠과 루즈벨트가 격파하려는 계획을 세우고 있는 걸 보니, 아무리 충실한 평화론자라 하더라도 그 평화주의에 충실하기 힘들어진다.

나는 일본인 모두가 살육당하여, 나 혼자만 남게 되어도 동양의 독립과 자유를 일본을 통해서 지켜내야만 한다는 결의를 단호하게 내렸던 것이다."[15]

가가와의 국제주의 포기는 그가 국제기구에 관한 국제연합(UN) 회의를 미국에 의한 세계 지배 계획의 한 사례라고 보고, 공식적으로 비판하였던 것을 드러내는 첩보 보고서에 의해서 더욱 명확히 밝혀지고 있다.[16]

전쟁이 가가와의 태도를 어떻게 바꾸었는지를 나타내는 가장 설득력 있는 증거는 그가 전투를 묘사할 때, 그리스도교적인 말투를 시적으로 이용한 것에서 잘 확인된다. 1943년에 일본기독교단(日本基督教団)은 36곡의 찬미가를 담은 찬미가집 『흥아찬미가』(興亜讃美歌)를 발행하였다. 그 가운데 〈대동아공영권의 노래〉라는 곡은 가가와의 기고 작품인데, '아시아 해방의 싸움'을 그리스도교의 대의(大義)라며 다음과 같이 노래하고 있다.

① 세계의 어둠은 깊어도	一 世界の闇は 深くとも
마음속에 떠오르는 여명에	胸底のぼる 黎明に
동아(東亞)의 빛 불러내 일깨우자	東亜の光 呼び醒ませ

② 시련의 도가니 끓어올라도	二 試練の坩堝 滾れども
십자가 진 힘 솟는 이 한 몸으로	十字架負ひて いさむ身に
은혜의 비 쏟아져 내린다	めぐみの雨ぞ 降りそそぐ
③ 오호츠크해의 빙하도	三 オホツク海の 結氷も
사랑의 혈조(血潮)로 녹여 버리고	愛の血潮に うちとかし
아버지의 뜻을 세상에 이루리라	父のみこころ 世に成さん
④ 잠든 인도(印度)도 깨워 일으키고	四 ねむる印度も ゆりおこし
고통의 쇠사슬을 떨쳐 버리고	なやみの鉄鎖 ふりおとし
하나님 나라(神の国)를 세워보리라	神の国をば 打建てん
⑤ 아아 여명이여, 여명이여	五 ああ黎明よ 黎明よ
역사는 눈을 떠서 은혜 가운데로	歴史はさめて みめぐみに
아시아도 마침내 빛을 보리라	アジアも遂に 光見ぬ

미국으로 인해 절망하노라!

1944년 10월의 한 기사를 보면, 일본에 대한 미군의 폭격을 보면서 가가와가 미국에 대한 인식이 더욱 절망적으로 바뀌었음을 잘 보여준다. 미국에 대한 그의 분노는 폭격으로 인해 아시아에서의 그리스도교화(복음화)가 영원히 불가능해졌다는 한탄으로 변해 있었다. 그는 이렇게 말하고 있다.

"반성하라, 미국이여! 그리스도의 이름은 그들의 포탄에 의해서 너무나 더럽혀졌기에 아시아의 제 민족은 미국으로 인해 절망하노라!

아아, 결국 미국으로 인해 일본은 영원히 그리스도교적 교화(教化)를 맛볼 기회를 잃어 버렸다. 십자군이 영원히 중앙아시아를 그리스도로부터 격절(隔絕)시킨 것처럼 말이다. 이번의 태평양전쟁은 영원히 극동을 그리스도로부터 격리시켜 버렸다.

미국이여, 너의 물량(物量) 따위를 자랑하지 말라! 너희의 양심을 팔아치우고, 노예를 사들이고, 너희의 기계에 의해서 인류를 유물화(唯物化)할지라도, 너희 스스로가 물질화되어 버린 날에 무슨 희망이 있을까!

아아, 화(禍) 있을진저! 미국이여! 세계의 문명은 단일(單一)한 앵글로 색슨의 문화로만 조립해 낼 수 있다는 미망(迷妄)을 버리라! 인간의 인체가 기백억(幾百億)의 세포로 구성되어 있는 것처럼, 진정한 문명은 협동 일치의 문명이 되지 않으면 안 된다.

필리핀이 포위되어 다툼이 벌어졌기 때문에, 미국은 일본과 전쟁을 개시했다고 리프만(Lippmann)은 말한다. 하지만 먼로 선언(Monroe Doctrine)은 아시아도 미대륙 안에 포함시켜야 한다고 가르치고 있지 않은가?"[17]

라디오를 통한 가가와의 선전 방송의 횟수는 그렇게 많지는 않았던 것 같다. 그 스스로가 크리스마스에 몇 차례의 방송을 한 것 이외에는 방송을 별로 하지 않았다고 말한 바 있다. 그의 주장에 의하면, 한 번의 방송은 그가 전후(戰後) 수상으로 임명될 것이라는 미국 측의 선전에 대응하기 위해 이루어진 것이었다. 그는 그러한 소문 때문에, 우익에 암살 표적으로 되었을 것이다. 그는 그리스도인으로 잘 알려져 있었기 때문에, 그러한 소문은 일본의 그리스도교 교회 비판의 재료로 손쉽게 사용되었을 것이다.

가가와는 일본인에 의한 전쟁에 있어서의 잔학행위에 대해서는 제대로 읽거나 들을 수가 없었기 때문에, 미국에 의한 공중 폭격에 대해서만 한층 더 악마적이고 일방적이며, 부당하다는 생각을 갖게 되었던 것이다. 가가와의 전쟁에 대한 혐오는, 1945년 3월 10일의 도쿄 대공습 당시에 절정에 달했다. 이 공습에서는 몇 시간 만에 10만 명의 사망자가 발생했기 때문이다. '예수의 벗' 모임의 잡지 「불기둥」(火の柱) 1945년 6월호에 게재된 그의 논설을 보면, 또다시 미국인의 위선에 대해 다음과 같이 격렬한 비난을 쏟아내고 있다.

"미국에서도 같은 성서가 읽혀지고 있다. 하지만 미국인에게는 그리스도의 종교가 없다. 그들은 위선적이고, 심지어 이단적이다. 아시아인에 대

1945년 3월 도쿄 대공습으로 폐허가 된 도쿄 시내. 약 10만 명의 일본인이 사망했다.

해 차별대우를 하며, 아시아인이 어떻게 되든지, 또는 아시아인이 아무리 괴로워하여도 오직 자국만이 풍요로우면 그것으로 만족한다. 그러한 사고방식은 그리스도의 뜻과는 정반대의 생각이다. … 지금 세계의 거의 모든 나라가 일본에 선전 포고를 하고 있다. 중립국 스웨덴만이 일본을 이해하여, 일본의 전쟁 목적이 올바르고, 일본은 결코 나쁘지 않다고 말하고 있다."[18]

이러한 언설은 가가와가 애국적인 감정에 몰입해 들어가 미국에 대한 강한 분노를 느끼고 있었음을 알 수 있다. 그는 패전일 직전의 밤까지도, 이와 같은 미국에 대한 복잡한 분노의 감정을 지니고 있음을 표명하고 있었다. 미국에 의한 공군 폭격의 만행 때문에, 서양의 탐욕과 인종차별주의로부터 아시아를 구하기 위한 전쟁이라는 일본의 성스러운 사명을 지지한다고 반복해서 말하기를 주저하지 않았다. 그는 「닛폰타임즈」의 1945년 8월 8일자에 실린 기사에서 일본의 입장을 변호하면서, 불길에 싸인 도쿄의 광경에 다음과 같이 분노를 표시하고 있다.

"신문에 비평 기사를 쓰는 스웨덴의 엣센(Mr. Essen) 씨에 의하면, 미국이 실로 이상적인 국제 정책을 실천하려고 한다면, 대동아선언에 표명된 일본의 국제적 목적과 유사한 정책을 취하지 않으면 안 된다. 따라서 미국이 (인도네시아의) 보르네오 섬의 석유나 중국의 텅스텐 등을 함부로 갖고 싶어 한다면, 이 전쟁은 실로 어리석은 짓이라고밖에는 말할 수가 없다."[19]

가가와는 그가 말하였던 '천국으로서의 미국'(heaven America)의 정신에 호소하면서 다음과 같은 말을 이어갔다.

"조지 워싱턴은 미국의 자유를 위해 싸웠다. 미국이 만약 한 국가의 독립을 존중한다면, 일본이 그 민족 및 국가의 독립 및 자유를 위해 싸우고 있음을 잘 이해할 것이다. 에이브러햄 링컨은 흑인 노예를 해방시키기 위해 싸웠다. 만약 미국의 양심 가운데에 에이브러햄 링컨의 정신이 조금이라도 남아 있다면, 아시아 민족의 해방을 위해 이토록 고생하고 있는 일본의 입장을 잘 이해할 수 있을 것이다. … 만약 전쟁이 끝나 미국이 일본을 향해 토해냈던 전시 모략에 대해, 냉정한 문명비평가에게 비판받게 된다면, 미국의 공군이 한 일은 인도나 아프카니스탄에서 칭기즈칸 왕조가 행했던 잔학성보다 더욱 잔인한 것임을 스스로 깨닫게 될 것이다.
현대적 모습으로 바뀌었다뿐이지, 미국 공군의 일본 도시 폭격은 일본이 상하이나 난징에서 행했던 것 같은 주의 깊은 전략 폭격의 시도는 조금도 찾아볼 수 없다. 비오는 날에 구름 위에서 빗방울이 쏟아지듯 도쿄(東京)를 폭격한 1945년 3월 10일 도쿄의 혼조(本所) 후카가와(深川)의 경우처럼, 그 피폭 상대는 대부분 아이와 여자, 그리고 노인, 환자들이었으며, 단 하루만에 무고한 거주 시민 10만 명 정도가 한꺼번에 불에 타 죽임을 당하였다. 이러한 미국의 잔혹한 방식에 대하여, 세계사는 치욕을 느낄 것이다."[20]

가가와의 격분은 전시하의 단순한 선전보다 더욱 복잡한 것이었으며, 더 넓은 견지에서 평가될 만한 가치가 있다. 그것은 일본 땅에서 자행되고 있던 죽음과 파괴에 대한 스스로의 고뇌로부터 생겨난 것들이었다. 그것은 20세기의 전쟁이 새롭게 보여준 공포에 아연함이기도 하였지만, 자기 스스로도 그 공범자 가운데 한 명임을 깨닫고 있었기 때문이다. 근본적으로는 비폭력주의자였던 한 사람의 절규이기도 하였으며, 서양의 제국주의에 대한 스스로의 분노를 나타내는 것이기도 했다. 그러한 복잡한 내면으로부터 발생한 격분이 가가와 자신도 훗날 인정한 것처럼, 미국의 '천박함'에 대한 실망적 견해를 부분적으로 그 기초에 두고 있긴 했지만, 그 당시 그가 느끼고 있던 불만과 격노는 보다 깊은 수준에서 비롯되고 있었다.

폭력에 의한 계급투쟁에 대해서도 언제나 단호히 반대하고 있던 가가와는 이제 폭력에 대한 마르크스주의적인 표현을 이용하면서, 태평양전쟁을 아시아가 수행해야만 하는 서구 자본주의의 정복자들에 맞서는 계급투쟁의 성격이 있다고 설명하기에 이르렀다. 가가와는 태평양전쟁이 아시아가 서양의 멍에로부터 스스로를 해방시키기 위한 싸움이며, 일본은 스스로의 생존 자체가 위기에 처하고 있었기 때문에, 계속해서 싸우는 것 이외에 방도가 없었다고 보았다.

이 생각은 인종차별과 제국주의에 대한 그의 다년간의 비난을 더욱 강화하는 것이었다. 그는 1924년에 처음으로 미국 강연 여행을 떠났을 때에, 배일법(排日法)의 시행에 대해 예언자적인 경고문을 발표한 바 있었지만, 그때 이후 계속해서 서양의 인종차별과 식민지주의 야욕을 일관되게 비난해 오고 있었다. 그리고 10년 후인 1934년에는 영어권의 세계에서 강연을 전개하면서 이 생각을 다음과 같이 거침없이 토해내곤 했다.

> "일본은 정의 실현과 국가적 명예를 위해서만 온 마음을 다하고 있다. 일본인은 무엇보다도, 명분(체면)을 잃는 것을 싫어한다. … 일본인을 자극한 큰 이유는, 미국이 일본에 대해서 이민자 수의 할당제 적용을 거부했다는 것이 아니다. 일본인을 분노케 해서 싸움을 유도한 것은 이 행위가 황색 인종에 대한 모욕이라는 감정이었다. 일본은 정의가 널리 퍼지고, 스스로의 명예가 유지될 수 있도록, 그 정도로 배려하였던 것이다. … 정의와 명

예가 위기에 직면한 경우에, 일본은 전멸을 각오할지언정, 굽히는 일은 없을 것이다. 봉건적인 무사도(武士道) 정신이 그 정도로 일본인의 영혼을 지배하고 있는 것이다.

돈키호테를 비웃어선 안 된다! 일본은 이곳 극동에서 300년간 고립되어 있지 않았겠는가? 일본 스스로는 목도하고 있는 정의와 스스로 느끼고 있는 국가적 명예가 유지될 수 있다고 한다면, 심지어 300년의 고립일지언정 기꺼이 반복할 수 있다.

비 웃어선 안 된다! 서양의 인류국가는 이런 종류의 국제주의를 일본에 가르쳐 오지 않았던가? 미국이 먼로주의를 주창한 것은, 미국 특유의 국제적 고립을 일본에 가르친 것이 아니겠는가? 대영제국은 오랜 세월 침략을 거듭한 끝에 지구 표면의 5분의 1을 소유한 지금, 그 부당한 이득을 돌려줄 생각이 전혀 없는데, 말로만 '평화!' '평화!'라고 외치고 있지는 않은가?

그런데 일본이 그 아이 같은, 봉건적 꿈으로부터 눈을 뜨게 되는 것은 언제일까? 그것은 영국이 눈을 뜰 때다. 미국이 눈을 뜰 때다. 서양 제국에는 죄가 없다고 과연 누가 말할 수 있을까?" [21]

서양에 있던 가가와 흠모자들은 언뜻 보기에 가가와가 평화주의를 포기한 것처럼 보여서 쇼크를 받았을지도 모른다. 하지만 정말로 가가와는 스스로가 절대적인 평화주의자, 즉 자위(自衛)를 위해서라 할지라도, 무기의 소지를 단호히 거부하는 주의라고까지 주장한 적은 한 번도 없었다. 그는 언제나 평화주의에 대한 자신의 신념을 경제와 묶어서 생각했다. 나라가 전쟁의 경제적 요인을 배제하지 않으면, 평화에 관한 추상적인 논의에서 아무런 소득을 얻을 수 없을 거라고 주장하였다.

그는 이미 1931년에 그러한 생각을 통해, 평화주의자를 네 유형으로 나누어 설명했다. ① 감상적 평화주의자 ② 도덕적 평화주의자 ③ 합리적 평화주의자 ④ 경제적 또는 협동조합적 평화주의자로 분류한 것이었다. 앞의 세 유형에 대해서는 일정 부분 동의를 표시했지만, 세계 평화를 가져오기 위한 힘은 불충분하다고 지적하였다. 그는 감상적 평화주의자와 도덕적 평화주의자에 대해서, 너무나 개인주의적이고 영속적 영향을 미칠 수 없는 평화주의라고 비판하였다. 감상주의자에게 대해서 이렇게 말하였다.

> "그들은 정서적이다. 그들은 다툼이나 훤화(喧嘩)를 싫어한다. 그들의 생각은 매우 훌륭하다. … 그들이 안고 있는 감정과 이상(理想)은 훌륭하지만, 그들은 지극히 개인주의적이기 때문에, 그 훌륭한 감정과 훌륭한 정서를 가지고서도, 그들은 사회 혼란의 진상을 간파할 수 없다. 따라서 어떠한 나쁜 사태가 발생하게 되면, 그들에게서 어떤 영향력도 기대할 수 없다. 결국 이런 종류의 운동은 한순간에 소멸하게 된다."[22)]

절대적인 평화주의자 가가와라는 사람은 무엇보다도 미국의 감상적 혹은 도덕적인 평화주의자들이 주관적으로 판단한 산물이었다. 가가와의 진짜 모습은, 전쟁의 원인을 근절하기 위한 경제적 변혁을 전제하지 않고 진행되는 모든 무기 협정이나 평화 교섭에 회의적이었기 때문이다.

지금까지 소개해 온 것처럼, 가가와가 전한 가르침의 핵심 내용은, 서구의 제국주의와 인종차별이 결국 반작용으로 인한 재앙을 당할 수 있다는 경고에 있었다. 이러한 생각은 구미에 분포하는 그의 신봉자들 대부분에게서 충분히 깊은 이해를 얻을 수 없었다. 그들은 가가와의 종교적, 평화주의적, 그리고 협동조합적인 사상과 신념을 흡수한 반면, 백인 세계에게도 정의를 요구하던 그의 요청은 충분히 자신들의 것으로 내면화하지 못했다.

일본의 동지였던 독일 나치스와 이탈리아 파시스트가 유럽에서 항복하려고 하던 즈음에, 일본은 미국 공군에 의해 연일 무차별 대량 폭격을 받고 있었다. 그로 인해 가가와는 전쟁에 대한 분노가 끓어올라 폭발하기 직전이었다. 1945년 9월에 행한 그의 설교에는 이 폭격이 가져온 황폐함 때문에 일본의 복음화(그리스도교화)는 이제 불가능한 일이 될 것이라고 한탄하면서, 다음과 같이 반복해서 강조하였다.

"미국인들은 210만 호의 가옥을 전소시켰습니다. 그로 인해 그리스도교는 일본의 서민들에게 증오의 대상이 되고 있습니다. 도쿄에서만 25만 명이라는 엄청난 수의 사람들이 방공호에서 생활하고 있습니다. 식량과 가옥이 확보될 때까지, 훨씬 많은 사람들은 집과 고향으로 돌아올 수 없습니다. 하지만 겨울이 되면 식량과 옷도 바닥나고, 창고도 텅텅 비어 버립니다. … 지난 3월 10일의 도쿄 동부 지역에서는 3시간 만에 10만 명의 사람들이 죽임을 당했습니다. 관용과 배려의 행위만이 그리스도교를 소생시킬 수 있습니다. 단순히 말과 신조만으로는 안 됩니다."[23)]

그가 전시 중에 미국이 자행한 것들을 보고 몹시 충격을 받았다는 사실에는 의문의 여지가 없다. 그는 미국의 그러한 (비인도적) 행위에 대해 항의하고 있던 것이다.

실패한 예언자

가가와는 자신이 반미(反美) 선전활동을 한 것에 대해서도 솔직히 인정하였다. 잡지 「타임」의 기자가 전시하의 행동에 대해서 꼬치꼬치 캐물었을 때에도, 그는 다음과 같이 답변했다.

"네, 저는 그러한 (반미선전)활동을 했습니다. 고의적으로 했습니다. 미국이 전쟁에 이기면, 가가와가 일본의 수상이 될 것이라고 미국인들이 말했습니다. 하지만 그러한 발언으로 인해서, 저나 일본의 그리스도인들은 모두가 한순간에 매국노가 되어 버렸습니다. 따라서 저는 미국이 에이브러햄 링컨의 정신으로 돌아가지 않으면 안 된다고 일부러 말했습니다. 유감스럽게도 저는 세계적인(international) 그리스도교로부터 국가적인(national) 그리스도교로 내려오지 않을 수 없었습니다. 그 밖에 어쩔 도리가 없었습니다."[24)]

그는 선전 방송을 실시한 동기에 대해서 여러 번 말한 적이 있는데, 그때마다 이렇게 말하곤 했다.

> "일본인이라면 누구든지 그 동기를 잘 알고 있었습니다. 저는 위험 가운데 놓여 있었고, 그리스도인의 생명도 그러했습니다. 따라서 저는 라디오의 선전 방송을 하기 위해 나왔으며, 일본의 정책을 변호했습니다. 그것은 군국주의자를 지키고 비호하기 위함이 아니라, 그리스도교 교회를 지키기 위함이었습니다. 저에게 일본은 조국이므로, 일본이 미국에 정복되는 것을 좋아할 리 없습니다."[25]

그가 전시 중에 자행된 일본의 야만적 행동들에 대해서도, 미국에 대한 것과 똑같은 통렬한 비판을 퍼붓지 못한 것은 실패한 예언자로서의 가가와를 드러낸 것이라고 부언할 수도 있겠다. 그는 오랜 기간 진리를 억압해 온 정권에 의해서, 일본이 자행한 잔학 행위에 대해서는 모르는 채, 계속 몰려온 상태였는지도 모른다. 그러한 이유 때문에, 국민의 투쟁 의지를 고양 유지시키기 위해, 일본을 미국의 만행에 의한 죄 없는 희생자처럼 그려낼 마음을 갖게 되었는지도 모른다. 하지만 가가와는 중국에 대한 일본의 집중 폭격이나 난징에서 자행된 말로 형언하기 힘들 정도의 잔학 행위 등에 대해서도 잘 알고 있었을 것이며, 알아야만 했다. 1941년에 있었던 방미 활동 중 미국 매스컴에서는 이미 일본의 잔학성이 보도되고 있었기 때문이다. 가가와가 여러 번 사용한 표현 가운데, 일본의 "주의 깊은 공습"(신중한 폭격)이란 것은 스스로를 속이는 말에 불과했다.

놀라운 사실은 가가와의 미국인 청중 가운데, 중국에 대한 일본의 잔혹한 무력 공격을 문제 삼는 사람이 있었다는 증거가 없다는 것이다. 당시의 무력 공격이야말로 미일간의 주된 논쟁거리 중 하나였지만, 확실히 일본의 행동에 대해서 지극히 비판적이며 그 침략 행위를 무력하게 만들기 위해서 일본 상품에 대한 불매운동을 벌이던 자유주의적 그리스도인들도 그 청중 속에 포함돼 있었다.[26] 가가와에게는 성스러움과 명성이라는 후광이 별도로

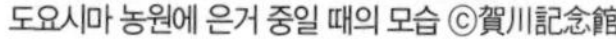

도요시마 농원에 은거 중일 때의 모습 ©賀川記念館

존재하고 있었기 때문에, 사람들은 그에게 고통스러운 질문 던지기를 주저하였을지도 모른다.

보다 현실적인 태도는 가가와를 액면 그대로 보는 것이다. 즉 전쟁 그 자체에는 분개하고 있지만, 중국대륙 침략을 정당화하기 위해 일본이 주창하고 있던 '대동아공영권' 논리에 대해서는 여전히 찬성하는 인물로 파악되는 것이다. 그는 아시아를 (서양 제국으로부터의) 속박에서 해방시킨다는 일본의 신성한 사명을 묵인하였다. 그가 전후(戰後)에 자신의 개인적 행동들에 대해 사죄를 표명하지 않았던 것은 그가 신념에 의해 그렇게 행동했음을 잘 보여준다. 미국인들은 태평양전쟁에 두 개의 측면이 있다는 사실을 잊기 쉽다. 그들은 진주만 공격이 호전적인 침략자(일본)가 죄 없는 (미국의) 국민들에게 범한 잔학 행위였다고 생각하고 있다. 따라서 일본인이 갖고 있던 내면세계의 복잡함, 즉 분노와 불안이 어떻게 조작되고, 다시 그 공포가 미국을 향해 뻗어 올 수 있었는지에 대해서는 이해하지 못하고 있다. 일본인들은 중국대륙과 바다에 관심을 갖게 되면서, 북쪽으로는 러시아가 서쪽으로는 아시아에 대한 약탈이, 남쪽으로는 필리핀과 인도차이나, 그리고 인도네시아의 식민지화가 눈에 들어왔던 것이다. 그들은 영미(英美)의 의도에 촉각을 곤두세우고 있었다. 그리고 자신들만이 서양 열강에 정복되어 있지 않은, 보기 드문 주요 국가 가운데 하나임을 자랑스럽게 간파하게 된 것이다.

이러한 관점에서 바라보면, 일본이 아시아에서 자신의 제국주의를 어떻게 성전(聖戰, Holy War)으로 해석해 낼 수 있었는지를 이해할 수 있게 된다. 일본의 제국관(帝國觀)은 세계를 공산주의와 사회주의로부터 구해낸다는, 전후 미국이 스스로를 설정하고 있던 입장과 결코 다른 것이 아니었다. 하지만 미국의 경우만큼 야심적인 것은 아니었고, 스스로를 아시아의 영토로 한정하여, 지구 전체의 치안 유지에까지 임하려 하지는 않았다. 그렇다고 해서 일본 국민이나 가가와에게 잘못이 없다고는 말하기 어렵다. 일본이 참혹한 침략 행위를 일으키며 내세웠던 명분은 '아시아 방위'였지만, 그러한 비백인(非白人) 세계의 방위를 위한답시고 인종차별주의 세력인 나치스와 동맹조약을 맺었다는 것은 참으로 위선적인 모순이며, 군국주의자들의 무모한 야심을 그 스스로가 여실히 폭로한 것이 아닐 수 없다.

일본에 대한 공중 폭격이 시작되면, 가가와는 자신이 평생 쌓아온 모든 일들이 말살될 거라는 사실을 깨달았다. 이미 고베 지역의 대공습으로 인해, 예수의 벗 모임의 관련 시설이 모두 소실되었다. 오사카 공습에서는 교회와 탁아소, 시칸지마 세틀먼트 시설이 모두 파괴되었다. 도쿄 대공습에서는, 그가 창설한 신용조합과 협동조합이 모두 전소(全燒)되었고 그 조직의 종업원도 여러 명 사망했다. 가가와의 주택 부근에서도 폭탄이 터졌지만, 다행히도 가가와의 가족들과 인척들은 무사했다.

마침내 가가와는 자기 나라에서 도망자가 되어 버렸다. 전시하의 마지막 몇 주 동안에 그는 일본의 패전에 책임이 있다고 여겨지는 사람들을 암살하기로 마음먹은 우익 광신도들에게서 자신이 표적이 되어 있음을 확신하고 몸을 숨겼다. 가가와에 대한 암살 계획을 듣게 된 어떤 관료는 도쿄를 떠나는 것이 좋겠다는 경고를 전해 왔다. 가가와는 그들이 자신을 죽이려는 동기가 전후(戰後) 가가와가 수상으로 임명될 것이고, 연합군의 일본 점령 과정에 가가와가 협력할 것이라는 미국 측 선전 활동이 있었기 때문이라고 생각했다. 가가와는 자신이 나름대로 존경받는 인물이라는 사실만으로, 그러한 초국가주의적인 우익 광신도들의 표적이 될 거라고는 생각지 못했다. 가가와는 도쿄의 북동쪽 60km 정도의 시골로 도망쳤고 그곳에 숨었다. 그곳은 도치기현(栃木県)의 마마다(間々田) 가까이에 위치한 농촌 마을이었다. 식량 부족으로 인해 그곳 생활은 실로 어려웠다. 가가와는 살아남기 위해 뽕나무 열매를 따 먹어야 할 정도였다.[27] 우여곡절 끝에 동료 고토 야스타로(後藤安太郎)의 공장으로 피난할 수 있었다. 고토는 예전부터 가가와의 (마츠자와) 교회에서 열심히 활동하던 사람이었다.

태평양전쟁의 결말은 너무나 잘 알려져 있다. 하지만 그 바닥 깊은 곳에서의 실상은 여전히 알려져 있지 않은 공포들로 가득 차 있다. 따라서 그것들을 제대로 묘사해 낼 적절한 표현을 찾아내는 것은 거의 불가능할 정도다. 합리적으로 이해할 수 없는 당시의 광기에 대해서 도무지 설명할 방법이 없다. 1945년 8월 6일과 9일에 히로시마(広島)와 나가사키(長崎)에서 자행된 대량 학살은 현대전(現代戰)의 상징임과 동시에 지구상의 모든 생명에 대한 위협이었다. 갑작스런 두 차례의 폭발은 인류가 쌓아온 전쟁과 무기의 역사 전체에 있어서 그야말로 정점(頂點)이 되었다. 우리는 과거까지 먼 태양의 표면에서나 존재하던 거대한 폭발의 파괴력을, 말 그대로 그 의미가 "태양의 근본"(sun root)인 '일본'(日本)이라는 나라에 퍼부었던 것이다.

미국의 일본에 대한 히로시마 원폭 투하 ©賀川記念館

히로시마와 나가사키에 원폭이 투하된 이후에도 일본 육군의 몇몇 지도자는 전쟁 속행을 결의하고 있었다. 8월 14일의 최고회의에서 항복의 결단을 조칙(詔勅)으로서 포고(布告)하는 것을 수용한 이는 바로 천황(쇼와)이었다. 일본이 항복을 선언한 후, 폐허 속의 혼란한 국민을 이끌기 위해서, 시급하게 새 정부가 설치되었다. 그때 그들을 돕기 위해 불려 간 인물이 한 명 있었다. 그의 눈은 거의 보이지 않았고, 병과 굶주림으로 인해 쇠약해져 있었으며, 연약하고 남루한 복장의 작은 몸집을 하고 있었다. 가가와 도요히코가 바로 그 한 사람이었다.

제11장

재건과 참회

제11장

재건과 참회

폐허 위에서

가가와는 온 몸과 마음을 다하여 전후 일본의 재건에 참가하였다. 그 과정은 역사상 가장 눈여겨보아야 할 중요한 사건 중 하나였다. 패전국의 일본인들이 적국(敵國)으로부터의 축복과 원조로 재건을 완수해 갔다는 사실은 그 재건 과정을 더욱 주목하게 만들었다. 철저한 패배로 나라는 황폐해졌고, 많은 일본인은 미국이 전쟁 때와 마찬가지로 잔인한 복수를 가해 올지도 모른다는 두려움에 떨고 있었다. 그런데 한때의 적국이었던 미국은 일본인들이 마음속으로 원하고 있던 원조의 손길을 내밀며 격려하였고, 동시에 전면적인 개혁을 요구하였다.

민주주의가 전체주의를 대신하기 시작했고, 언론과 출판의 자유가 일본의 역사상 처음으로 실현될 수 있었다. 또한 여성이 선거권(참정권)을 획득하였고, 노동자의 단결권 보장과 함께 대규모 농지 개혁이 이루어져 수백만의 소작농이 봉건 제도로부터 해방되었다. 냉소적인 관점에서 볼 때, 패전국 일본에 대한 점령 정책은 미국의 경제적 동기와 방위 전략에 의해서 추진되었다고 비판받을 수 있다. 하지만 그 당시의 미국은 역사상 가장 훌륭할 시기를 보내고 있었다.

점령 정책은 동맹 파업을 억압하였고, 수천 명의 공산주의자들을 인정사정없이 추방하였으나, 독점기업의 기득권을 완전히 제거하는 데 실패하였다는 점 등에서 실망스럽고 씁쓸한 점도 많았다. 하지만 그러한 몇몇 결점이 다방면에 걸쳐 진행된 개혁성과나 점령 정책에 의해서 길러진 용서와 관용, 그리고 정의의 가치관을 소멸시킬 수 있는 것은 아니었다. 그 당시의 정책은 인간의 자유, 인권, 인간 존재에 필요한 것을, 폭력, 복수, 탐욕, 인종차별주의 등에 우선하면서는 결단코 완수하기 힘들다는 점을 보여준 사례라고 볼 수 있다. (물론 미국은 후자의 부정적 가치를 다른 해외 지역의 정책에서 우선시하여 자주 행한 바 있기는 하지만 말이다.)

미일 관계가 차갑게 식은 역사적 상황에도 불구하고, 과거의 적국은 그 선의를 통해서 일본인을 놀라게 하였다. 미국의 점령은 가가와가 자주 반복하며 강조한 '지옥으로서의 미국'(hell America)과 '천국으로서의 미국'(heaven

1945년 9월 진주군 병사들이 도쿄 구단(九段)의 야스쿠니 신사(靖国神社)를 구경하는 모습. 전후 UN군의 점령하에서 연합국군총사령부(GHQ)는 일본의 비군사화를 지향하며, 군국주의의 상징이었던 야스쿠니 신사를 엄중한 감시하에 통제관리했다. 12월에는 국가와 종교의 관계를 분리하는 이른바 '신도지령'(神道指令)을 공포했다 ©ironna.jp

America)이라는 마니교적인 해석이 옳았음을 증명하였다. '지옥으로서의 미국'은 일본에 핵폭탄을 떨어뜨렸고, 태평양 연안의 일본계 미국인들을 강제 수용하였지만, 지금은 '천국으로서의 미국'으로 새롭게 교체되었다. 그것은 가가와가 사랑하고 칭찬해마지 않던 바로 그 미국이었다. 그가 '천국으로서의 미국'을 너무나 열광적으로 환영하였기 때문에, 일부 사람들이 의혹을 품었던 것도 당연한 일이었다.

가가와의 태도는 수백만 일본인의 전형적인 모습이었다. 다수 일본인들은 군국주의의 가능성에 모든 걸 바쳐 매진한 결과, 극심한 패배를 당하였고, 이제는 새로운 길을 시작하고자 결의를 다질 뿐이었다. 전쟁으로 인해 모든 게 소진되어 버린 상황에 그들은 진절머리 내고 있었으며, 오직 평화 가운데서 재건이 이뤄지길 바라고 있었다. 절망과 불명예스러움의 감정이 뒤섞인 가운데 그들은 나라를 지금까지와는 다른 방향으로 변화시켜 나가 보자는 하나의 결의에 차 있었다. 철저한 패배와 물리적인 파괴가 전면적인 개혁의 기회를 만들어 냈다. 1905년의 러일전쟁 당시, 젊은 가가와는 교정에 총을 내던졌지만, 러시아와의 전쟁에서 승리한 이후 문명화된 일본인은 그동안 업신여겨져 온 군국주의의 무서운 멍에를 제거해 주었다. 가가와는 패전의 결과로 도쿄가 괴멸되었지만, 동시에 그것은 재건의 기회가 되었던 1923년의 간토 대지진(대규모 빈민가의 일소를 가져옴)에 비유하고 있다.

전쟁의 막바지 시기에 시골로 피신해 보냈던 가가와는 정신적으로 씁쓸한 체험을 해야만 했다. 그 찝찝한 경험이란 것은 애국주의와 평화주의, 아시아 해방을 향한 소망과 군국주의에 대한 불신, 자포자기와 열광, 회개와 공연한 저항, 사랑과 분노의 혼합으로부터 오는 복잡한 내면 심리의 상태였다. 일본의 항복으로부터 1개월도 채 지나지 않은 때, 미국은 일본에 공식적으로 승리하였다. 가가와는 새로운 일본 정부의 영향력 있는 지위에 오를 수 있을 것이니 감사할 일이라는 말을 한 미국인에게 듣게 된다. 그 말을 들은 가가와는 "오히려 나는 죽는 편이 나았다"라며 슬프고 매정하게 대답하였다.[1)]

승리한 적국 미국과의 재회

가가와는 일본 패배의 비참한 상징이 되어 버린 수상 관저의 대형 회의실에서 남루하기 이를 데 없는 몇 치수 큰, 어디선가 받은 듯한 푸른 신사복을 입고 앉아 있었다. 신사복은 몸에 맞도록 핀이 꽂혀 있었으며, 주름살이 보이는 목을 감싼 와이셔츠 옷깃은 헐렁헐렁한 모습이었다. "우리는 지금 피에 젖은 관에 앉아 있다", 그리고 "천황의 두 각료가 여기서 살해되었다"라고 가가와는 울적한 표정으로 말했다.

그는 전쟁의 원인, 일본의 패배, 여러 사건에 관여했던 자신의 역할을 다시 이해하기 위해 애썼다. '미국의 승리 없이는 일본의 군국주의 폐지도 불가능했을까'라는 질문에 가가와는 다음과 같이 나직이 대답할 뿐이었다. "일본의 군국주의를 제거하는 데 외국의 병기를 빌릴 필요는 없었을 것입니다. 우리에게는 노동자 계급의 운동이 있었습니다."

"당신은 1941년부터 지금까지도 일본에 여전히 노동운동이 남아 있었다고 생각합니까?"라면서 기자는 가가와를 몰아 세웠다.

"아니요!"라며 가가와는 기자의 지적을 인정했다. 동시에 가가와는 다음과 같이 반론했다. "미국과 전쟁을 벌인 이래, 미국은 너무나 커졌고 일본은 너무나 작아졌기 때문에, 결국 미국이 우리를 말살할 것이라는 공포로부터 그것(노동운동)은 의도적으로 해체되었습니다." 하지만 일본 노동운동의 몰락의 이유를 미국 측에 전가하여 비판하려는 가가와의 이러한 시도는 실수였다. 왜냐하면 일본의 노동조합은 이미 미국과의 전쟁이 시작되기 훨씬 전부터 군국주의에 굴복하고 있었기 때문이다.

진주만 공격이 있은 뒤 미국은 어떻게 해야 했을까? 이 질문에 답하고, 그는 스스로의 잘못을 적에게 되돌려 던지면서 다음과 같이 말했다. "루즈벨트 대통령이 그리스도교 신앙인이었다면, 어째서 그는 일본과 전쟁을 하려고 한 것일까?" 가가와는 일본의 극동 정책 평가에 관해서 마음이 흔들리며 갈등하는 모습을 보였다. "나는 군국주의에 반대하지만, 동시에 아시아에 대한 백인의 지배에도 반대한다." 아시아 해방의 목표와 일본 스스로의 제국주의적 계획 사이에서 동일한 갈등이 있었고, 진주만 공격에 대한 가가와의 반응에도 그와 같은 복잡한 심리가 엿보였다. "나는 진주만 공격을 좋아하지 않았지만, 이것이 아시아를 독립으로 이끌 것이라고는 생각했다. … 나의 이상과 군국주의자의 이상은 다른 것이며 그것은 딜레마이다." 복음서에 나오는 "네 이웃을 네 몸과 같이 사랑하라"는 구절을 어떻게 해석할지에 대해서 가가와는 솔직히 기분 나쁜 궤변을 늘어놓았다.

> "아무도 이웃을 사랑하지 않으면 안 되지만, 거기에는 조건이 있다. 그리스도는 조건을 붙이고 계신다. 성령을 모독하였다면, 누구라도 그 죄가 용서될 수 없다."

가가와는 정부가 침묵을 지키도록 경고했으므로, 진주만 이후의 전쟁에 대해서는 항의하지 않았음을 인정했다. 그는 저항 행동을 하지 않았던 것에 대해서, 왕권신수설(王權神授說, divine right of kings)에 입각한 성서의 근본주의적 해석 이론을 인용하며 스스로를 변호했다. 다음의 질문과 대답 과정은 전후 가가와의 얼버무리는 모호한 태도를 잘 보여준다.

질문 : 그리스도교도로서의 신앙 견지에서 볼 때, 천황이 실수를 범하는 경우가 있을 수 있다고 말할 수 있습니까?

대답 : 아니요, 그런 것에 대해서는 말할 수 없습니다.

질문 : 그 대답은, 천황이 항상 올바르다는 의미입니까?

대답 : 저는 로마서 13장을 참조하고 싶습니다. 거기서 실질적으로 말하는 것은 '위로부터 권세가 주어진 것이니, 그러한 권위에는 따르라'는 것으로 천황이 바로 그러한 권위입니다.[2)]

메이지(明治)의 교육을 받고 자란 가가와는 천황제 그 자체의 결함을 인정하려고 하지는 않았다. 다른 많은 동시대 사람들과 같이 그는 천황에게 책

쇼와 천황의 복지시설 시찰을 안내하는 가가와 ©賀川記念館

임이 없으며, 단지 나쁜 조언자들에 의해서 1931년의 만주사변 이래 제2차 세계대전까지 계속해서 오판해 오게 된 것일 뿐이라고 보았다. 천황의 인격은 마치 전쟁의 잿더미 가운데서도 계속 빛나는 보석처럼 존재한다고 보았으며, 일본의 자존심이 거하는 마지막 보루처럼 여겼다. 책임있는 죄인은 주변의 조언자들, 군인들, 그리고 그 명령에 입 다물고 따르기만 한 모든 국민이었다. 하지만 몇 주가 지난 뒤, 가가와는 이러한 천황의 절대성 주장을 거둬들이면서 서구식 입헌군주제를 주창하기 시작한다.

일본을 위한 변명을 늘어놓기 위해 가가와는 일본의 전쟁 책임과 회개의 필요성을 인정했다.

> "우리는 너무 교만하여 자기반성이나 사랑, 그리고 지성이 부족하였습니다. 그리고 군국주의자들의 그릇된 지도(指導)와 미국에 대한 천박한 이해로 인해 잘못된 길에 들어섰습니다. … 그리고 나를 포함해 모든 사람이 회개해야 합니다."[3]

그와 함께 가가와는 일본에 자유와 민주주의가 회복되었다고 생각하면서 열렬한 반응을 보였다.

"그렇게 군대는 확실히 없어졌다. 포츠담 선언은 일본에 민주주의를 새롭게 만드는 것이 아니라 다시 부활시킨다고 약속하고 있다. 매우 기쁘다. 하지만 미국인은 일본에 미국과 같은 속도로 민주주의가 소생케 될 거라고 기대해서는 안 된다. 미국인은 1시간에 할 수 있는 것을 일본인은 하루도 더 걸릴 수 있기 때문이다."[4)]

가가와가 오랫동안 반대해 온 일본의 군사 조직 해체에 대해 이야기할 때, 그의 얼굴은 뿌리 깊은 근심거리로부터 해방되어 기뻐하는 아이와도 같았다.

역사를 돌이켜보건대, 일본이 군부 독재에 매몰되었던 것은 일본사 안에서도 하나의 탈선이었다고 가가와는 설명했다.

"하지만 육군이나 해군도 당을 결성할 수 없다. 어느 쪽이든 모두 사라져 버렸다. 일본은 좋은 처벌을 받았다. 천황은 육군과 해군을 없애는 조치, 그것도 영구적으로 없애는 조치에 서명했다. 일시적인 것이 아니라 영원히! … 일본은 전쟁을 매우 좋아하는 국가인 스웨덴과 같다. 구스타프 아돌프(Gustavus Adolphus)는 몇 번이고 전쟁에 뛰어들어, 어떤 때는 이겼고, 어떤 때는 졌다. 하지만 결국 전쟁은 쓸데없는 것임을 스웨덴은 깨달았다. 모두 과거의 일이다. 감옥은 미술관으로 새롭게 단장되었다. 쇼군(將軍)의 지배하에 있던 일본도, 250년의 풍요로운 평화로움 속에서 다도(茶道), 염색(染色) 등으로 자연애(自然愛)를 발전시켰다. 이번의 무서운 전쟁 체험은 우리가 중대한 잘못을 범했음을 잘 보여준다. 핵폭탄은 무서운 사건이었지만, 그것은 일본이 문화와 과학을 소홀히 한 결과, 그것이 얼마나 지체된 것이었는지는 잘 나타내 보였다."[5)]

● 구스타프 아돌프(Gustavus Adolphus)는, 프로테스탄트의 북의 사자로도 언급되고 있는 스웨덴의 왕으로 1611년부터 죽을 때까지 나라를 다스렸다. 신구교 항쟁으로 시작되어 독일 전역을 황폐하게 만든 30년 전쟁의 말기에, 궁지에 몰린 신교도 측을 도와 단숨에 전세를 역전시킨 것이 바로 구스타프 아돌프였다.

가가와의 그 말에는 진심이 담겨 있었으며 그 말은 "계산된 것이 아니고 즉석에서 나온 것들로서, 그의 신념으로부터 영향을 받은 것이었다. 그가 그렇게 믿고 기뻐하는 것은 명백했다."[6] 민주주의를 "소생케 한다"는 것에 대한 가가와의 지적은 매우 중요했다. 그것은 그 자체로서 일본의 존엄성을 주장하는 또 하나의 방법이었기 때문이다. 많은 미국인은 일본에 민주주의를 도입하는 것에 대해 환영하고는 있었지만, 전체주의에 대한 저항이 실패한 바로 그 직후에 재빨리 민주주의의 수용을 선언하는 가가와 같은 인물에게는 무척 회의적이었다. 일본인은 중요한 과제를 숨기면서 연합국을 회유하기 위해 단지 겉으로만 민주주의를 받아들이고 있는 것이며, 결국 다시 봉건적이고 군국주의적인 과거로 퇴행하지 않을까 하는 의심이 있었다. 하지만 이들 의혹을 품고 있던 미국인들이 간과하고 있던 것은 수십 년 전부터 일본이 민주주의를 향해 나아가고 있었으며, 가가와는 그것을 추진해 온 한 사람이었다는 사실이다.

몇 주일 뒤에 가가와는 일본의 패배가 '군국주의의 속박'으로부터 일본을 실제로 해방시켜 주었다는 점에서 '커다란 축복'(great blessing)이라고까지 말했다.[7] 또한 그는 공식적으로 여성 참정권의 개혁 등이 제안된 것을 환영했다. 빠른 시기에 그는 미국 점령 당국에 예방(禮訪)을 실시해, 자주 사용하던 '천국·지옥'의 미국론(美國論)을 되풀이하여 말했다.

> "두 종류의 미국인이 존재하는데, 한쪽에는 에이브러햄 링컨(Abraham Lincoln)이 서 있고, 또 한쪽에는 알 카포네(Al Capone)가 있다. 나는 맥아더(MacArthur) 원수와 그 영적인 삶의 방법을 믿고 있다. 맥아더 원수는 여러 점에서 관대하셔서 우리의 신뢰를 얻고 있다."[8]

● 알 카포네(Alphonse Gabriel Capone,1899–1947)는, 1920년대의 시카고 갱의 제왕이다.

하지만 가가와는 제국주의에 대한 경멸 혹은 일본에 더해진 폭력에 대한 분노를 철회하지는 않았으며, 평화주의의 높은 지평으로부터 도망갔던 사실에 대해서 사죄하지도 않았다. 그 점에 대해서 가가와는 "천만의 사람들이 집을 잃었을 때, 누구도 평화주의자로만 있을 수는 없다. 우리는 자위해야 했다"[9]라고 설명했다. 그는 시종일관 맥아더의 점령 정책에 대한 지지자였으며, 그것을 보증하면서 현저한 영향을 끼쳤다. 가가와는 맥아더를 향해 "그는 우리를 잘 알고 이해해 주고 있다"[10]면서 개인적인 신뢰를 표명했다. 점령 정책이 너무 부드럽고 관용적이라고 비난하면서, 일본에 대한 더욱 강력한 처벌을 주장한 맥아더 비판자들에 대해서 가가와는 다음과 같이 말했다.

극동군 사령관 맥아더와 초췌한 쇼와 천황. 가가와는 그 둘 사이에 놓여 있었다.

> "그처럼 말하는 사람들은 동양을 잘 모르기 때문이다. 맥아더 최고 사령관이 '관대함'과 '자유'와 '정의'라는 세 가지 가치를 선택한 것은 현명하다. 만약 그가 이러한 자세를 바꾼다면, 비극적인 일이 초래될 것이다."[11]

가가와가 맥아더의 정책을 아낌없이 칭찬하여도 진실어린 울림이 있었던 이유는 미국이나 서구의 제국주의와 인종차별주의를 전쟁의 원인이라고 생각하여 계속 비판해 왔기 때문이다. 그러한 가가와의 주장과 맥아더의 관용 정책은 대위법적으로 서로 영향을 주며 걸맞고 있었다. 연합국의 비위를 맞추기 위해서 침묵하고 있을 수도 있었지만, 가가와는 긴 세월에 걸친 아시아의 비탄(悲嘆)을 계속해서 발언했다. 그 대표적 성명이 바로 1945년 10월 9일에 일본의 한 일간지 신문에 실렸다.

“미국의 특파원 대부분이 나에게 전쟁의 원인이 무엇이었는지 물어 온다. 그 질문에 나는 ‘그것은 여러분들(서양인)이 동양을 향해 가해 온 400년의 침략 역사에 있다’ 라고 답한다.”[12)]

이 기사는 가가와를 전쟁 범죄인으로서 규정하여 추방할 수 있는 증거로 삼을 수 있었다. 즉 태평양연합국 최고사령부(SCAP)의 조사 파일에도 충분히 실릴 수 있는 근거 자료로서 위험천만한 내용으로 여겨졌다.

가가와는 그와 함께 경제적 문제도 전쟁의 주요 원인이라고 생각하면서 일본 경제의 부흥을 갈망하였다. (전쟁과 군대가 없다면) 군비 조달을 위한 막대한 지출을 감당할 필요가 없어지므로, 이 나라는 번영으로 나아갈 수 있다고 그는 예언했다.

“비무장을 통해서 일본은 모든 나라와 왕성한 교역을 실시할 수 있다.”[13)]

가가와는 석유와 같은 특정 필수품을 언급하면서, 일본은 이러한 물품을 차관으로 구입하고, 공업제품의 판매에서 얻은 수입으로 그 비용을 지출하는 게 좋다고 말했다. 또한 그는 협동조합 경제에 대한 지지를 계속 호소했다.

“그리스도교적 협동조합은 일본뿐만 아니라, 전 세계의 기초가 되지 않으면 안 된다.”

참회와 화해 뒤의 사회 재건

일본 정부는 우선 전후 최초의 수상으로 취임한 히가시쿠니노미야 나루히코(東久邇宮稔彦)의 내각에 참여해 줄 것을 가가와에게 의뢰했다. 히가시쿠니가 가가와에게 특별히 바란 것은 그리스도교적 시야에서 나라의 개혁을 돕는 것이었다.[14)] 황색 느낌이 도는 렌즈의 안경을 쓰고 곁눈질로 힐끔거리

히가시쿠니 수상의 내각에 협력한 가가와. 1945년 9월에는 수상과 함께 국제평화협회를 창설했다.
가운데 가가와의 왼쪽이 히가시쿠니 수상 ⓒ賀川記念館

는 작은 몸집의 남자에게 히가시쿠니는 다음과 같이 말했다.

> "가가와 선생, 일본이 파괴된 것은 우리가 충분한 군대를 가지고 있지 않았음이 아니고, 도덕의 올바른 기준을 잃은 채, 무작정 전쟁을 치르러 내달렸기 때문입니다. 만약 일본이 지금, 연합국에 복수하려고 한다면, 태평양 지역에서 전쟁은 영원히 계속 되겠지요. 거기서 우리는 새로운 윤리, 예를 들면 예수 그리스도의 윤리와 같은 기준이 필요합니다. 불교는 우리에게 원수를 용서하라고 가르치는 데 어려움이 있으며, 신도(神道)도 마찬가지입니다. 예수 그리스도만이 원수를 사랑할 수 있었습니다. 그러하니 가가와 선생, 만약 일본을 소생시키려 한다면, 우리에게는 국민 생활의 기본으로서 예수 그리스도가 필요합니다. 예수 그리스도의 사랑을 우리 국민의 마음에 심고자 하니, 협력을 부탁드리고 싶습니다."[15)]

가가와는 이러한 부탁에 크게 감동하였고, 재빨리 복음 전도의 본업(本業)으로서 그에 부응했다.

"각하! 그리스도교는 단순한 신념 혹은 주의가 아니며, 또한 윤리 체계도 아닙니다. 그것은 신(神)과 그리스도에 대한 확신입니다. 우선 각하 자신이 그리스도교 신앙인이 되고, 온 국민 앞에서 모범을 보이는 게 좋지 않을까 생각합니다."[16)]

이러한 상황에서조차 가가와는 그리스도교를 제대로 가르치고자 하였다. 그것은 가가와에게 그리스도교는 서양의 전통적 신앙이나 윤리 체계의 교의(敎義) 이상이었기 때문이다. 하지만 히가시쿠니에게 그리스도교는 일본을 위해 필요한 유용한 도덕적 강장제(强壯劑)일 수는 있지만, 개종자로서 신비주의자처럼 보이는 가가와와는 다른 것이며, 영혼을 흔들어 일깨우는 차원의 체험으로까지는 생각하지 않았다.

히가시쿠니는 육군 중장 이시하라 간지(石原完爾)의 강한 권유로 가가와를 내각에 참여토록 임명했으나, 이시하라는 도조(東条) 수상에 의해서 1944년에 사임당하고 만다. 이시하라는 내각에 가가와 도요히코와 같은 인물이 꼭 참여해야 한다고 조언하고 있었다.[17)] 복지나 원조 활동에 경험이 많은 인물로부터 실제적인 조언을 많이 얻을 수 있다는 점도 중요했지만, 무엇보다 먼저 고려했던 것은 가가와의 세계적인 이미지였다. 서양에 폭넓은 인맥을 확보한 일본인 그리스도교 지도자를 임명하는 것은 일본이 미국과 협력하고 싶다는 뜻을 강력히 전달하는 의사 표시이기도 했다.

가가와에게 있어서 전쟁 도발을 일삼는 서양의 역할로 일본의 해방을 이루어낸다는 것은 생각할 수 없는 일이었다. 가가와는 국민에게 스스로의 군국주의적 광기를 회개하도록 열심히 권면했다. 전 국민이 회개하는 '국민총참회 운동'을 도미타 미츠루(富田滿), 스즈키 고지(鈴木浩二), 무라타 시로, 가츠베 다케오(勝部武雄), 기마타 사토시(木俣敏) 등과 1945년 8월 29일의 일본기독교단 회합에서 제안하였다. 가가와는 이 운동의 취지에 대해서 히가시쿠니 앞에서도 열심히 도입해 줄 것을 권유했다.

그의 중요한 목표는 15년 전에 전개했던 '하나님 나라 운동' 때에 가졌던 활기 넘치는 복음 전도 여행을 한 번 더 시도해 보는 것이었다. 가가와는 그

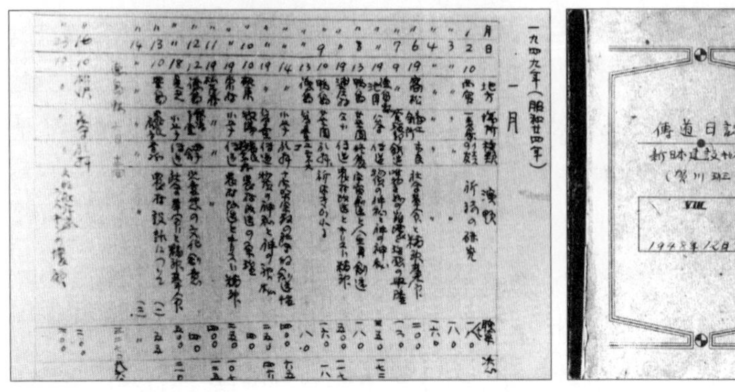
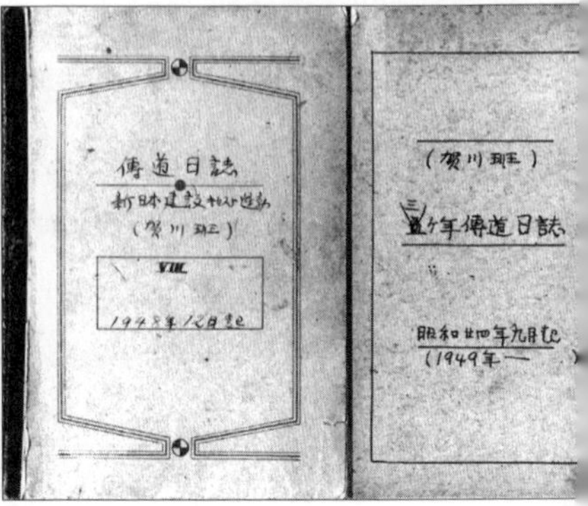

가가와의 신일본 건설 그리스도운동 일정표. 가가와는 수상에게 자신의 뜻이 충분히 전달되지 않자 본인 스스로가 신일본 건설 운동을 전개했다 ⓒ賀川記念館

방법이 현재의 일본에 그리스도교를 보급하기 위해서 가장 효과적이라고 여전히 믿고 있었다. 가가와는 히가시쿠니의 그리스도교에 대한 열의는 환영하면서도, 국가가 전도 활동의 스폰서가 되는 것을 피해야 한다고 수상에게 경고했다.

일본의 개혁, 군국주의의 폐기, 일본인에 대한 용서 등을 요구하면서 히가시쿠니가 미국에 보낸 탄원서는 가가와의 그것과 동일한 문장이었으며, 가가와의 영향을 받았다는 사실은 의심할 여지가 없었다.

> “미국 국민 여러분, 여러분은 진주만을 잊지 못 하실 것입니다. 우리 일본 국민은 원자폭탄이 가져온 참상을 잊고 평화애호 국가로서 새 출발하려고 합니다. 미국이 이겼고, 일본은 패배한 그 전쟁은 끝났습니다. 이제는 미움을 땅에 묻고 떠납시다. 이것은 현재의 내각을 조직한 이후부터 저의 정책입니다.”[18)]

히가시쿠니는 또한 미국 점령군의 태도를 상찬하면서 일본이 군국주의 지도자들로부터 해방되었다는 안심감을 다음과 같이 표출했다.

> “우리는 완전히 새롭고 평화로운 일본을 만들 생각입니다. 고도의 도덕적

원리와 문화가 다스리는 나라를 만들 생각입니다. 이 과제를 달성하려면 많은 세월이 필요하다고 나는 생각합니다. 우리 국내의 여러 모순은 일본이 패배한 결과, 만천하에 노출될 것입니다. 낡은 것과 새로운 것 사이의 충돌이 정당간의 분쟁이나 스트라이크(파업)의 형태를 취하게 될지도 모릅니다. 하지만 이러한 충돌을 꼭 피해야만 한다고 나는 생각하지 않습니다. 진보적이고 올바른 신생 일본이 이러한 충돌 과정 속에서 그 결실로서 새로 태어난다는 것이 나의 확고한 신념입니다."

히가시쿠니 수상은 일본에서 오랫동안 억압되어 온 표현의 자유를 확보하기 위한 방책이 채택될 것이라고 덧붙였다. 경제문제에 대해서도 다음과 같이 선언했다.

"우리는 미국의 자본과 기술이 쉬는 날 없이 일본에 유입되길 기대하고 있습니다. 진정한 우애 정신은 미국인과 일본인이 왕래하면서 친구가 될 때 비로소 움틀 것이기 때문입니다. 외교를 꼭 외교관에게만 맡겨야 하는 것은 아닙니다. 여러 분야의 관계자들 사이에서 이루어지는 직접적인 교류가 필요합니다.

그는 일본을 구하기 위해서는 종교의 힘에 의지해야 한다는 발언도 계속 내놓았다.

"참된 의미로서의 민주주의는 미국의 현명한 지도하에서 정치·경제·사회·생활의 모든 면에서 실현될 것입니다. … 연합국의 사람들이 피폐해진 일본 국민에게 원조의 손길을 내밀어 주길 희망합니다."

자국 일본을 향한 히가시쿠니의 비판은 가가와의 그것과 평행하고 있었다.

"도덕의 장악력이 일본에서는 상실돼 버렸습니다. 우리가 맞닥뜨린 비극의 원인 중 하나는 일본에 위대한 정치가가 나타나지 않았던 것이라고 말할 수 있습니다. 또 하나의 원인은 일본 국민들 가운데에 정의를 지키고자 하는 용기가 부족하였던 점을 들 수 있습니다. 그 결과, 일본 국민은 군국주의자나 관료가 잘못 지도해 나갈 때, 그것을 바로 잡지 못했습니다."

유감스럽게도 이 발언에 대한 최초 반응은 냉담했다. 실로 차가운 반응 가운데서 미국이 마음으로만 그리고 있었던 세계 경찰국가로서의 색깔을 처음으로 드러내는 계기였다. 국무장관 대행이었넌 딘 애치슨(Dean Acheson)의 부정적 반응은 다음과 같았다.

"이 발언만큼 일본인이 자신들이 저지른 행위의 성질이나 미국인의 마음을 잘못 이해하고 있음을 명확히 드러내는 것은 없다. 진주만은 일본에 대한 미움의 상징이 아니라, 일본의 배신행위에 대한 상징이다. 우리는 이러한 배신행위의 기회가 다시는 발생하지 말아야 한다는 것을 결의하고 있다."[19)]

애치슨은 잘못 생각하고 있었다. 히가시쿠니의 그 발언은 오히려 일본인과 미국인 양자에 대한 적극적인 이해를 반영하고 있었다. 일본 측은 그 자세를 철저히 변혁함으로써 스스로의 실행 능력을 명확히 인식하고 있었다. 일본이 전통에 얽매인 나라라고 보는 사람들은 혁명적 변화를 증명하는 놀랄 만한 사례들을 망각하고 있다. 그것은 불교의 도입과 그리스도교의 역동적 유입, 도쿠가와 막부의 확립, 그 붕괴와 천황제의 복고(復古), 또한 250년 동안 전 세계로부터 완전히 고립되고 있던 외국인 배척의 폐쇄적 국가가 서양의 정치체제와 기술, 철학을 재빨리 채용했었다는 등의 실제 사례다. 히가시쿠니와 가가와는 미국이 건설적이면서 상대방을 용서하는 특성이 있음을 정확히 판단하고 있었다. 그 특성은 단순한 실용주의(pragmatism) 일변도는 아니며, 관용과 선의와 정책에 기반을 둔 것이었다.

점령 초기부터 가가와는 일본에 대한 호의적인 조치를 얻어 내기 위해서 그 영향력을 행사하였다. 그때 강조한 것은 일본이 전쟁 국가로부터 세계 공동체의 평화적 일원으로 완전히 전환해 갈 것이라는 천명이었다. 그는 「요미우리호우치」(読売報知)의 8월 30일자에 〈맥아더 총사령관에게 기고함〉(マッカーサー総司令官に寄す)이라는 장문의 공개서한을 발표했다. 그 내용은 동정(同情)을 가지고 일본을 대해 주어서, 천황제(天皇制)를 수호해 나갈 수 있도록 조치해 달라고 최고사령관에 요청하고 있다. 며칠 후의 「닛폰타임즈」(*Nippon Times*)의 번역이 미국인들을 경악케 하였다. 왜냐하면 당시 대부분의 미국인은 일본의 전쟁 원흉을 천황으로 보고 있었는데, 가가와는 여전히 천황제에 경의를 표시하고 있었기 때문이다. 가가와의 편지 내용은 다음과 같다.

(二) 二版　昭和二十年八月三十日　(木曜日)

マッカーサー總司令官に寄す

賀川豊彦氏の叫び

世界平和の奉仕へ 廣い心と思遣り

新世界への出發にひらけ寛き門

脫皮して出直せ 迷ひ悩み自己改革に假借すな

蠟山政道氏

〈맥아더 총사령관에게 기고함〉이라는 가가와의 글

“맥아더 총사령관 각하, 일본은 8월 15일 패전국으로 낙인 찍혔습니다. 이것은 엄연한 사실이며, 의심할 수 없는 현실입니다. 하지만 (천황)폐하의 조서환발(詔書煥発) 1분 전까지도 전 국민의 전의(戰意)는 불타올라 육해공(陸海空) 3군의 총구가 한결 같이 귀관(貴官) 여러분의 가슴을 향해 겨눠져 있던 것도 사실입니다.

이러한 상반된 사실이 폐하의 어성(御声)에 의해서, 딱 일치하여 일본은 다음 시대로 이행하기 시작했습니다. 저는 먼저 이 포인트로부터 이야기하지 않을 수 없습니다.

총사령관 각하 귀관께서는 지난 28일의 아츠기(厚木, 가나가와현(神奈川県) 중앙부에 있는 도시로, 현재 미군의 아즈키(厚木) 항공 기지가 있는 곳이다 – 역자 주) 진주(進駐)의 지휘자로부터 그 진주가 평화적으로 일본 측이 만족할 만한 마음씀씀이 가운데에 선발 부대의 진주가 종료되었다는 보고를 받을 수 있었습니다.

그리고 각하는 다수의 일본인을 눈앞에서 직면하시게 되었습니다. 또한 그 일본인이 입을 꽉 깨문 표정으로 굳어 있었음을 보셨을 겁니다. 일본인은 끝까지 싸울 생각이었습니다. 이윽고 무서운 원자폭탄이 우리 심장부 근처로 낙하해 올 것이라 예상하고, 각오하지 않았던 사람은 물론 한 명도 없습니다. 또한 이 몸이 불타 없어질지라도, 전쟁은 폐하의 지휘가 있을 때까지 계속해 가지 않으면 안 된다는 것을 단 한 명의 일본인도 의심하지 않았던 게 사실입니다.

그러했던 것이, 폐하의 조서(詔書)를 통해 전쟁으로부터 평화로 완전히 전환되었습니다. 그 결의의 공고함과 새로운 이상을 향한 출발의 노력이 각하가 보시고 계신 일본인의 꽉 깨문 입가의 표정인 것입니다. 이와 같은 민족, 이와 같은 국가를 그 밖의 다른 예에서 확인하실 수 있으시겠습니까?"[20]

일본인의 방향 전환이 얼마나 확고한 것인지를 나타내기 위해, 과거 일본이 걸어온 길에서 보인 여러 구체적 사례를 인용하면서 가가와는 계속 말하였다.

"맥아더 총사령관 각하, 일본 국민은 언제나 천황 폐하의 뜻에 따라 살아갈 준비가 되어 있는 국민입니다. 폐하는 그 조서(詔書)로 이 전쟁이 국민에게 미치는 어려움을 고귀한 몸으로 받아 내셨습니다. 국민은 이 조서를 영접하며 울면서 제 한 몸을 참회하지 않는 사람이 단 한 명도 없었습니다. 귀관(맥아더 – 역자 주)은 유력한 군인이나 애국적인 사람들이 말 그대로 할복(割腹)하였던 일을 잘 아시겠지요. 이것은 그 옳고 그름(良否)을 별도로 하고, 폐하의 성은(聖恩)에 대한 한없는 죄송함으로 자살하였던 것입니다. 다른 국민은 물론 종래의 자기 행위가 폐하의 기대에 충분히 부응하지 못하였던 것을 회개하고, 그 자책의 마음을 폐하의 어명시(御明示)와 같이 세계 문화에 대한 공헌, 세계 평화를 위한 봉사로 곧바로 회심(廻心)하였습니다."[21]

천황에 대한 국민의 충성심을 구체적으로 설명한 다음, 가가와는 협동조합 경제의 국제적인 체제에 기초를 둔 세계의 경제 질서를 제안하였다. 세계 정부를 만들려는 샌프란시스코 회의의 선한 의도를 긍정적으로 평가하면서도, 그는 그것이 실패할 것이라는 점, 그리고 결국 세계 평화는 빈곤과 실업이라는 근본 문제가 해결되지 않으면 그 해결이 불가능하다는 점을 주장했다. 가가와는 의견 개진을 계속 이어갔다.

"샌프란시스코 회의의 제31 결의, 국가의 안전보장, 국제재판, 국제경찰의 설립만으로는 일본을 필두로 한 수많은 실업국가(失業國家)를 만들어 내는 꼴이 될 것입니다. 그것만으로도 세계는 너무나 좁은 문에 몰리게 될 것입니다. 무장 해제되어 상처 입은 후에, 방대한 배상 물품이 필요한 패잔(敗殘)의 몸을 이끄는 와중에 정신적인 우호의 손길이 뻗쳐 오지 않는다면 어떻게 재기할 수 있을까요? 결국은 곧장 타락하여 몰락의 구덩이로 떨어지는 것이 불가피합니다. 귀관들이 이상(理想)으로 삼는 새로운 세계 국가에는 들어가고 싶어도 들어갈 수 없는 처지에 빠지고 맙니다.

총사령관 각하! 일본은 샌프란시스코 회의가 이상으로 삼는 새로운 세계로부터 탈락하고자 함이 아닙니다. 괴로워하면서도 따라 붙음으로써 마음을 열고 새로운 시대를 맞이하는 것이 세계의 진운(進運)에 더욱 공헌할 수 있는 것이라고 봅니다. 이것은 명철하신 총사령관께서 쉽게 이해하실 거라고 믿습니다. 그 마음이란 무엇일까요? 구체적으로 말하면 국제협동조합(international cooperative system)의 설립입니다. … (중략) …

총사령관 각하, 전승국은 넓은 마음과 너그러움이 없으면 안 됩니다. 일본은 지금 조서(詔書)에서도 명시된 것처럼 훌륭한 세계 국가로서 출발하고자 하고 있습니다. 이에 대해서 쓸모없는 듯이 좁은 틀 안에 유폐(幽閉)해 두는 것은 귀관들께서 품고 계신 이상과 훨씬 먼 결과를 낳고 말 것입니다. 일본인의 폐하에 대한 이러한 심정과 인간으로서의 실력을 키워 나간다면, 일본의 신세계 봉사의 출발은 예상보다 훨씬 강력하게, 또 빨리 이루어낼 수 있을 것입니다.

각하의 외국인 수용소에 대한 급여 물품의 투하(投下)는 정확히 우라와(浦和, 사이타마현(埼玉県)의 현청소재지 – 역자 주)에 떨어졌습니다. 하지만 그것을 받은 사람들은 구마가야(熊谷, 사이타마현 북부의 소도시 – 역자 주)의 전쟁 난민들에게 그것을 다시 나누어 주었습니다. 이것은 무엇을 의미하는 것이겠습니까? 힘으로서 사태를 수습하는 것보다 마음으로 풀어 가는 것이 합당하다는 천고(千古)의 진리를 말해주는 것입니다.

원하옵건대 각하여! 일본인의 특징을 살려 신문화·신세계에 매진하는 일본에 박차를 가하기 위해 힘을 마구 발휘하지는 마시기 바랍니다! 그것이 샌프란시스코 회의의 논의 결과를 실현하는 가장 중요하고 구체적인 방법이라고 믿어 의심치 않습니다.”[22)]

가가와의 탄원은 연합국과 미국에 의해서 전후 처리 전략으로서 만들어져 있던 일본의 개혁과 재건의 종합 정책을 보강하는 데 도움이 되었다. 하지만 천황에 대한 경애어린 태도를 지나치게 드러낸 나머지, 가가와는 미국인으로부터 많은 비난을 받게 되는 위기를 스스로 초래했다.

미국 육군의 신문 「스타스 앤 스트라이프스」(*Stars and Stripes*)는 가가와를 공격하면서, 그가 “일본사회당의 발족 집회 단상에서 천황을 위해서 나아가자고 큰 소리로 만세 삼창을 했다”라고 비난했다.[23)] 이 반응은 오로지 기자의 선입관이 반영된 것이었는지도 모른다. 천황의 신성을 조금도 믿지 않았던 일본의 자유주의자들은 천황을 국가 통합의 상징으로서 남기는 것에 더 많은 가치를 인정하고 있었다. 사회당 스스로도 천황제 수호의 문제에 대해서는 사실상 분열되고 있었으며, 가가와는 당 내부에서 입헌군주제의 도입에 우호적인 그룹에 속해 있었다.

"칼을 쳐서 보습을!" – 승전국 미국의 지원

가가와는 전쟁 전부터 관여해 오던 정치, 평화, 전도, 출판, 협동조합 등의 여러 활동에다가 전후 구제 활동까지 더해져서 바쁜 나날이 이어졌다. 히가시쿠니 수상으로부터 임명을 받자마자, 가가와는 점령군 지령부(指令部)에 나가 맥아더의 참모를 만나면서, 식료품의 요청과 함께 겨울이 오기 전까지 공습으로 파괴된 주거 시설의 재건을 위한 목재 등을 요청하였다. 내각의 각료들은 괜히 책잡힐까봐 복지부동하고 있었고, 가가와는 주도면밀하게 지도력을 발휘했다. 준장 보너 펠러스(Bonner Fellers, 맥아더의 심리전 참모 – 역자 주)와 파렐(Thomas Francis Farrell) 등과 교섭하면서 목재, 쌀, 의약품 등을 대량으로 제공받았다.

보너 펠러스 장군(좌)과 파렐 장군(우)

전국 신문이 가가와의 활동을 기사로 다루었는데, 처음에는 군사용 목재가 3백만 가정에 제공되는 것, 또한 그가 200만 석 쌀과 50만 엔 상당의 의약품을 얻으려고 교섭 중이라는 등의 내용을 전했다. 일본 점령 상태로 확대된 가가와의 각종 '사업'과 점령군 당국과 좋은 관계를 형성하면서 그 활동이 대중에게 알려지는 것은 어느 쪽이든 모두 그의 일에 도움이 되었다. 가가와는 다음과 같이 말했다.

> "파렐 준장은 나의 오랜 친구로서, 25년 전에는 그가 나의 전기를 써 주었다. 그는 엄격한 도덕의 소유자로, 나의 한결같은 부탁에도 기꺼이 귀를 기울여 들어준다. … 나는 파렐 준장이 공습 희생자 원조를 위한 그리스도교위원회 의장을 맡고 있는 모습도 본 적이 있다."[24)]

언제나 자신을 무대 한가운데에 두는 가가와는 어떤 이들로부터는 튀고 싶어 안달난 사람처럼 비난의 대상이 된다. 또 다른 사람들로부터는 위대한 지도자, 혹은 행동하는 사람으로 비춰졌다. 이것은 처한 상황 가운데서 어떠한 가능성이라도 붙잡기 위해 두 눈을 크게 뜨고 사태를 직시하였음을 나타낸 것이다. 언제나 가가와는 일본인을 안심시켰으며, 연합국에 경의를 표하며 접근하였다. 그래서 맥아더 사령부와의 관계를 강화하는 것과 그의 여러 사업이 사령부의 협력을 필요로 한다고 말하였다. 그는 일본의 번영을 위한 일에 복귀한 것을 전 세계를 향해 말하였으며, 그의 사업은 "칼을 쳐서 보습을 만드는 것"(사 2:4)과 같이, 성서의 이미지(이 경우는 군사용 목재를 집 없는 이들의 주택 건립을 위해 재활용한 것)를 이용하여 도덕적 회개운동을 전개하였다.

가가와가 미군의 정보 장교와 개인적으로 회담한 내용은 공식적으로 발표된 그의 성명문과 시종일관 궤를 같이하고 있었다. 가가와가 특별히 주의를 기울여 강조한 것은 일본이 미국과 우호적인 관계를 맺고 싶다는 마음이 진실해야 한다는 것이었다. 1945년 10월 10일, 그는 일본인의 성격을 생각하면 전쟁에 진 것이, 오히려 궁극적으로는 최선의 결과가 되었음을 강하게 느낀다고 조사관에게 말했다. 이러한 느낌이 군인들에게도 미치고 있던 것은 "놀랄 만한 일"[25)]이라고 그는 말했다.

전시 중에 검열과 감시 등, 억압을 당하며 감옥살이를 해야만 했던 수천 명의 일본인 활동가들과 마찬가지로, 가가와는 연합군총사령부(SCAP, the Supreme Commander for the Allied Powers)에 의해서 선포된 정치적·사상적 자유의 회복에 기운을 북돋울 수 있었다. 그는 대중의 눈에는 개혁과 재건의 대변자이며, 외국의 신문사는 그의 해외에서 지명도 때문에 그를 자주 회견하였다. 가가와는 그러한 명성과 원조(援助) 활동의 경험, 조직 관리 능력 등에 이용 가치를 인정하는 여러 집단과 관련을 맺게 되었다.

9월에는 '국민영양회의'의 지도자로 임명되었고, 히가시쿠니 수상으로부터 제공받은 기금으로 국제평화협회(International Peace Association)를 조직했다. 10월에는 국회재건을 위한 의회제도 심의위원회의 위원이 되었다. 11월에는 일본협동조합동맹의 회장으로 피선되었다. 또한 일본교육자조합의 조직화도 도왔으며, 12월 2일의 발회식 때에는 그 단체의 의장을 맡고 동시에 회장으로 피선되었다. 가가와는 아베 이소, 다카노 이와사부로 등과 함께 새롭게 일본사회당(日本社會黨)을 결성하여, 그 첫 회의가 1945년 9월 22일에 열렸다. 그리고 그는 식료품대책심의회나 사회보험제도조사위원회 등의 원조나 조사 활동을 지도하는 위원으로 지명되기도 했다.

전쟁에 의해 억눌려 있던 가가와는 활기를 되찾았다. 연설을 하기 시작했고, 정치가에게 조언도 내놓으며, 협력의 복음을 강조하며 온 나라가 함께 회개할 것을 촉구했다. 그리고 그렇게 변화하는 일본의 모습을 국제사회에 소개했다. 전쟁이 끝난 지 6주도 채 지나지 않았지만, 가가와는 일본인의 자세를 완전히 변모시키기 위해 최대한 노력을 기울였다. 확실히 서양의 제국

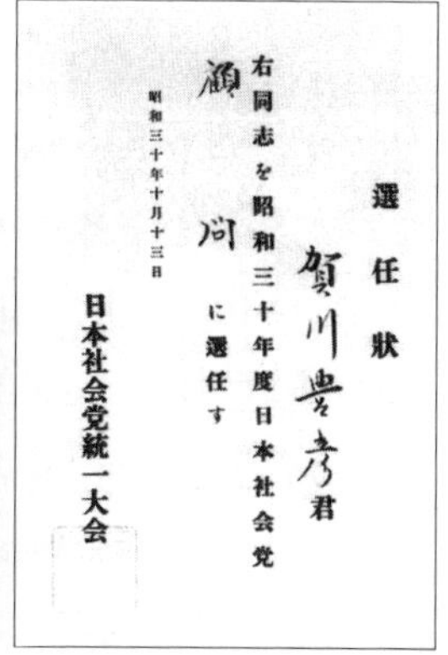

選任狀
賀川豊彦君
右同志を昭和三十年度日本社会党
顧問に選任す
昭和三十年十月十三日
日本社会党統一大会

사회당(社会党)의 동료들. 왼쪽부터 가와카미 조타로(河上丈太郎), 가가와(賀川), 스기야마(杉山)이다.(좌) 가가와에게 발급된 사회당 고문 선임장(우) ⓒ賀川記念館

주의가 일본의 군국주의자들에게 공격의 구실을 주었지만, 가가와는 군국주의라는 질병에 전쟁 책임이 있으며, 이 질병은 완전한 정신적 쇄신을 통해서 영구히 제거되어야 한다고 주장했다. 그의 다음 주장을 들어 보자.

> "국민의 재교육은 반드시 필요하다. 우리는 최근 밝혀진 수많은 사악한 행위들을 알게 되었다. 우리 동포는 참회함으로써 인류에 대해 그 책임을 통감하고 인정해야 한다. 예전에 마하트마 간디를 만났을 때, 그는 일본인 병사들이 자행한 잔혹한 행위들을 지적하였다. 만약 그들이 인도까지 침입해 오면, 똑같은 잔학 행위를 반복할 것이지 않겠느냐고 말하면서, 인도의 대중은 일본의 군대를 결코 환영하지 않을 것이라고 첨언했다. 일본군의 악행은 이같이 전 세계로부터 지탄을 받고 있었다. … 모든 일본인의 마음에 깊게 뿌리를 내리고 있는 군국주의의 잔재를 일본에서 없애 나가기 위해서는 사랑과 노동자 협동조합의 참 가치에 눈을 뜬 노동자가 많아져서, 신생 일본을 새롭게 건설해 나가야 한다. 그 1년 후의 일본은 정의와 고결한 도의(道義)를 통해서 난국을 헤쳐 나갈 수 있다고 나는 확신하고 있다."[26)]

다른 나라들의 죄가 무엇이든 상관없이, 일본은 바로 지금 자국의 죄악을 정면으로 응시하지 않으면 안 되었다. 서양 제국주의의 죄악이 어떤 것이든, 그리고 미국의 폭격이 매우 참혹한 것이었든지, 일본인은 자신들이 품었던 영토 야욕이나 전쟁 범죄를 인정하지 않을 수 없었다.

혼란 속에서 펼쳐진 가가와의 활동은 1946년이 되어서도 계속되었다. 2월에 가가와는 식료품대책심의위원회 위원으로 임명되었다. 새로운 그리스도교 출판사와 「그리스도신문」(キリスト新聞)을 창설하는데 충분한 자금(30만 엔)을 모았으며, 친구이자 그의 전기 작가이기도 했던 무토 도미오(武藤富男)를 편집자로 맞이했다. 5월에는 동포원호회의 운영위원회에 참가하였고, 도쿄 지부의 대표로 선임되었다. 1945년 12월부터 1946년의 6월의 사이에는 『민주주의』, 『신일본의 의식주』, 『신생활을 위한 도표』, 『협동조합

「그리스도신문」 창간 ⓒ賀川記念館

의 이론과 실제』, 『재건』 등, 신생 일본의 여러 핵심 과제를 다룬 5권의 책과 자료집을 출판했다.

그중에서도 의미 있는 일 하나는 2월에 히로히토 천황에게 초대를 받아 황궁에서 강의를 실시한 것이다. 가가와는 헐렁헐렁한 신사복을 입고 나타나 1시간 반에 걸쳐 이야기했으며, 천황에게 설교를 함으로써 마무리 지었다. 그는 각 쪽수가 접히고 해진 남루한 성경을 한 권 꺼내 재빨리 넘기면서, 남을 섬기는 것에 진정한 구원의 문을 여는 열쇠가 놓여 있음을 강조하는 구절을 찾아냈다.

> "누구든지 크고자 하는 자는 너희를 섬기는 자가 되고."(막 10:43)

이어서 가가와는 다음과 같이 덧붙였다.

> "통치자의 통치권은 폐하와 국민의 마음속에 있습니다. 다른 사람을 섬기는 일을 통해서, 사람도 국가도 신과 같이 될 수 있습니다."[27]

전시하 가가와의 행적에 대한 비판

이러한 활약에도 불구하고 가가와는 공직 추방의 조사를 당했다. 3월에 천황이 가가와를 귀족원 의원에게 임명했던 것이 자동적으로 공직 추방 대상자 조사의 방아쇠를 당기도록 했다. 즉 SCAP 사령부는 그와 같은 지위(귀족원 의원 등)에 이름을 올려놓은 피임명자가 자신의 결백을 증명하도록 명령을 받고 있었기 때문이다. 가가와는 귀족원의 한 자리를 차지하는 것이 한동안 연기되었고, 자신의 결백을 증명하게 된 시기인 1946년 1월 3일에는 새로운 헌법이 공포되었고, 그 헌법이 다음 해 5월에 발효됨에 따라 귀족원 자체는 폐지되어 없어지고 말았다.

그 조사 활동은 일본과 미국에서 많은 사람들의 주목을 받았다. 가가와의 친구들은 평화의 실현과 사회봉사에 있어서 빼어난 실적을 가진 사람들에게까지 무차별 공격을 가하는 상황에 대해 한탄하고 슬퍼했다. 국가의 부흥을 위해 꼭 도움이 필요한 인물에게까지 그 영향이 미친 것은 확실히 일본에게 또다시 주도권을 빼앗길까봐 두려워하였기 때문일 것이다. 300명의 성직자와 신도가 참석한 가운데 일본기독교단 도쿄교구 총회가 1946년 5월 21일에 개최되었는데, 그 자리에서 다음과 같은 성명서가 채택되었다.

> "최근 그리스도교인에 대한 고의적인 비방과 공격이 가열되고 있는데, 특히 가가와 도요히코 씨에 대해, 라디오 혹은 신문을 악용하여 근거 없는 사실을 기초로 하거나, 말 한 마디를 문장에서 떼내어 왜곡하는 증상을 일삼거나, 여론을 조작하는 것과 같은 시도가 계속되고 있다. 이러한 것들은 명백히 악의적 선전에 다름 아니다. 우리들은 가가와 씨가 시종 일관, 전시 중에도 일신의 위험을 무릅쓰고, 국제 도의의 보편적 고양과 절대 평화를 위해 고군분투해 온 것을 여러 다른 신앙·사상·언동 등을 통해서 확인하게 된다. 따라서 가가와 씨에 대한 비방에 항의하며, 그 근거 없음을 성명하고자 한다."[28]

같은 해 7월, 고베 시장 나카이 카즈오(中井一夫)는 다음과 같이 가가와를 지지하는 편지를 맥아더 원수에게 보냈다.

"가가와 박사가 예언자로서 평화와 민주주의의 열렬한 신봉자라는 사실은 의심의 여지가 없습니다. 그는 전후 신일본(新日本)의 지도자로서 가장 특별하고 자격 있는 인물이라고 믿습니다. 만일 그가 점령군의 명령에 의해서 추방되어야 한다면, 추방을 면할 수 있는 일본인은 아무도 없을 것입니다. … 지금이야말로 그가 오랫동안 품어 온 이상과 신념을 실현하고, 그가 큰 영향력을 끼쳐야 할 때입니다. 무거운 책임을 수행하고, 민주주의를 위해 중요한 사명을 완수해야 할 이 유일한 기회를 박탈한다면, 일본의 국민들은 그 가늠하기 힘든 손실에 대한 슬픔으로 가득 찰 것입니다."[29)]

1945년의 봄에 잡지 「뉴스위크」(*Newsweek*)는 가가와가 전시하에 일본인을 대상으로 선전 방송을 했다고 보도하였다. 「스타스 앤 스트라이프스」의 버나드 루빈(Barnard Rubin) 기자도 같은 맥락의 선동적인 기사를 이어갔다. 그 헤드라인을 보면, "그리스도인의 가면을 쓴 채, 이 일본 놈은 전쟁을 조장했다"(Under Christian Guise, This Jap Fostered War)라고까지 말하고 있다. 루빈은 가가와를 향해 일본 정부의 끄나풀이라고까지 비난했다.

"침략전쟁을 선동하고 나치스 당원처럼 인종적 입장에 서서 미국의 패배를 호소한 그는, 지금도 그리스도교 평화주의자, 혹은 사회개량가로서 미국에서 명성을 지니고 있다. 이자는 매우 교활한 인간임에 틀림없다.
그 사람은 바로 가가와 도요히코 박사이다. 그는 미국에서 행한 강연 집회에서도 높은 인기를 누린 한 사람이었다. 가가와의 '자석처럼 사람을 끌어당기는 인격'(magnetic personality)과 '신비로운 동양에서 온 그리스도교 개혁자'(Christian reformer from the mysterious East)라는 화려한 선전, 이 두 이미지의 조화가 많은 청중에게는 거부하기 힘든 매력으로 다가갔다.

이러한 가가와의 위장(僞裝)은 히치콕 영화(Hitchcock movie)의 '나치스 대리인'(Nazi Agent)과 같이 교묘하게 만들어 낼 수 있었다. 하지만 이제 확실히 그 종말에 이르렀다.

가가와가 미국에서 명성을 얻고 있다는 기사는 일본 정부의 통제하에 놓인 신문을 압박하여서 국민에게 전할 수 있었다. 그런 방식을 통해 전쟁 도발자로서 가가와의 모습은 미국과 벌이는 전쟁이 정의로운 전쟁이라는 것을 일본 국민에게 확신시키는 데 큰 효과를 볼 수 있었다. 즉 미국을 잘 알 뿐만 아니라, 미일 양국에서 잘 알려진 평화주의자이자 그리스도교 지도자인 가가와가 이 전쟁을 지지한다는 것은 그 전쟁의 정당성을 국민에게 납득시키는 데 더없이 좋은 소재가 되었을 거란 말이다."[30]

기사는 이어서 다음의 라디오 방송 하나를 인용하였다.

극동군사령부(SCAP)의 (전쟁 협력자) 추방 정책은 군국주의자들을 전후 일본의 권좌로부터 끌어 내리는 기획이었다. 훗날 재판에 회부되어 유죄 선고를 받고 처형된 전범자로부터 말단 공무원이나 언론인까지, 광범위한 인물에 대해 면밀히 조사를 진행했다.[31] 7개의 항목에 속하는 사람들이 추방의 후보자였다. 첫 여섯 개 항목은 전쟁의 진짜 설계자들, 즉 장교 이상의 군인, 극우성향의 국가주의 조직의 회원, 공무원 또는 공직자에 준하는 사람들 등이었다. 가가와는 다음과 같이 규정하기 힘든 총괄적 부류에 속하는 사람으로서 조사와 심문을 받았다.

"… 학자, 저널리스트, 신문편집자, 잡지나 다른 출판물의 비평가 또는 저자, 혹은 같은 지위에 있던 사람으로 그 저작, 강연, 연설, 기사, 뉴스 보도로 인해, 또는 침략이나 군국주의를 창도하거나, 그러한 선전 활동에 적극적으로 공헌함으로써, 다음의 부류에 들어간 사람, 또는 그 정치적, 사상적 학설에 의해서 대동아 또는 동아시아의 신질서를 위한 정책 혹은 동종의 정책, 만주사변, 중일전쟁, 또는 태평양전쟁 등에 이념적 기초를 제공한 사람도 그와 같다."[32]

그 당시, 가가와 주변에서 횡행하고 있던 비난을 면밀히 관찰해 보면, 고발하는 사람의 동기뿐 아니라, 가가와 자신의 심경도 잘 알 수 있다. 보도된 사실(이 책에 요약돼 있음)은 기본적으로는 정확성에 기반한 것처럼 보이지만, 루빈의 기사를 주의 깊게 읽어보면, 사실의 심각한 굴절이 확인된다. 루빈의 다음 발언을 들어보자.

> "가가와는 최근까지도 애국대중당의 지도자 고다마 요시오(児玉誉士夫)와 제휴하여 순회 연설을 행하고 있었다. 고다마는 전시하에 중국에서 자산이나 상품들을 몰수하여, 그것을 형편없는 가격으로 일본 해군에 매각시켜 갑부가 되었다. 최근까지도 고다마는 천황제를 지킨다는 의사를 공언해 가며, 순차적으로 출범한 초국가주의자의 '정당'(政黨)들로부터 원조를 받아 막대한 자금을 사용하고 있었다. … 이윽고 얼마 전 고다마는 전범 용의자로 체포되었다. 하지만 가가와는 덧붙여 그리스도교 평화주의자, 사회개혁자로서 게임을 계속 이어가고 있다."[33]

원래 공산주의자였던 루빈은 매카시 시대(McCarthy Era)로 불리는 1950년대 초기에, 미국 정부가 공산주의자와 그 동조자를 박해한 것처럼, '(반미)협력에 의한 죄'를 내세우는 책략을 활용하고 있다. 종전 직후에 막대한 재건작업이 요청되고 있던 혼란 속에서 가가와를 포함해 다른 누구와 일을 함께 할지, 강연 일정을 함께 할지를 선택할 만한 여유는 없었다. 고다마는 가가와와 함께 히가시쿠니가 임명한 여섯 명 이상의 특별 참여 인사 가운데 한 사람이었으며, 히가시쿠니는 참여자들의 신상을 면밀히 조사하지 않았다. 확실히 종전 직후에 고다마는 국가주의 광신자들의 집단 (할복) 자살을 (쓸데없는 짓이기는 했지만) 결사적으로 멈추게 하려고 애쓴 점에서 거의 영웅이 되어 있었다.

루빈이 그 일의 대가를 지불하게 된 것은 맥아더가 조사를 명했기 때문이었다. 대적(對敵) 정보국(Counter-Intelligence)의 주임이었던 엘리어트 소프(Elliot Thorpe) 준장이, 루빈의 보도는 "선전을 위한 거짓된 방패다"라고 결론을 내

려, 루빈은 「스타스 앤 스트라이프스」에서 해임되었다.[34)]

1946년 4월에 잡지 「더 크리스천 레지스터」(*The Christian Register*)에 게재된 휴 딘(Hugh Deane)의 기사는 루빈이 행한 가가와 비난의 재탕이었으며, 가가와를 제대로 만나보지도 않은 채, 그 시대적 배경의 한계 안에서 가가와의 행동을 고려해 보려는 최소한의 시도도 하지 않았다. 결국 딘의 결론은 루빈보다도 더욱 신랄했다.

> "분명히 가가와의 생각은 봉건주의적인데다 초국가주의적이다. 그것은 연합국이 일본인으로부터 근절하려는 생각이다. 그러한 의미로만 보아도, 가가와가 일본에서의 민주주의 실현을 위한 투쟁을 지도하는 인물의 대열에 추가되어서는 안 된다는 것이 명백해진다."[35)]

가가와에 대한 이러한 평가는 지극히 부당했다. 그 이유는 가가와가 봉건주의와 초국가주의의 붕괴를 언제나 환영하였던 인물이었고, 민주주의 또한 열렬히 지지해 왔기 때문이다. 가가와가 천황을 지지하였던 것은 봉건주의에 매달리기 위해서가 아니었다. 그는 천황이 민주주의로의 이행을 완화시키는 국민통합의 상징이라고 믿고 있었고, 그로 인해 입헌군주제에 찬성한다고 말하였던 것이다.

딘의 기사에 대한 미국인들의 반응은 실로 뜨거웠다. 어떤 독자는 가가와를 다음과 같이 보기까지 했다.

> "가가와는 … 그의 말에 속을 만큼 어리석고 단순한, 일부 미국인 선교사들의 신뢰를 이용하는 교묘한 선동자다. 그의 행동은 언제나 자신의 말과 모순되고 있었다. 깊은 신앙과 기골이 장대한 한 인간으로서 '그가 몸을 굽혔을 정도로 몸을 낮게 굽힌 사람' 은 없다."[36)]

하지만 위 인용문에서 언급된 (가가와를 신뢰한) 선교사들 가운데 한 명인 브럼보(Thoburn T. Brumbaugh)는 다른 입장에 서서 이 비난을 반대했다.

"… 절반의 진실과 교묘한 곡해로부터 야기되는 일련의 (가가와) 비난은 그에 대한 정당한 평가를 어렵게 만들고 있다. 하지만 우리는 공정한 마음의 소유자들에게 경고하고 호소해야 한다. 만일 독일이 항복한 이후, 마르틴 뉘묄러(Martin Niemöller)의 명성을 실추시켰던 것과 같은 방식으로 가가와의 명예를 손상시키려고 한다면, 그것은 민주적인 그리스도인인 척하면서, 예수 그리스도의 정신과 윤리가 크게 결핍된 세력에 자신을 희생시키는 것이 된다. …"[37]

이른바 '가가와 문제'(Kagawa Question)는 미국에 있어서도 특히 프로테스탄트 교회 관계자들 사이에서 큰 화제가 되었다. 어떤 작가는 1947년에, '가가와 도요히코란 인물에 대한 격렬한 논쟁'(The debates which today rage around the person of Toyohiko Kagawa)[38]이란 제목으로 관심을 나타내고 있으며, 한편 1951년의 끝자락에 루빈의 기사를 참조한 또 다른 작가는 다음과 같이 말하였다.

"미국 전역에서 가가와를 향해 일제히 가해진 욕설과 비난은 그리스도인들의 가가와에 대한 신뢰를 크게 흔들리게 만들었다. 그 메아리는 지금도 들려오고 있다."[39]

수백 쪽의 정보 수집과 토론을 반복한 후, 1947년 3월 18일 최고사령부 명령에 의해서 가가와는 추방을 면하게 되었고, 귀족원으로서의 임명도 승인되었다. 그렇지만 SCAP가 내린 가가와에 대한 최종 평가서의 내용은 적대감과 더불어 그에 대한 이해의 결여가 서로 뒤섞여 있다.

"가가와를 추방하는 것은 기술적으로는 불가능할지 모르지만, 그의 생각은 분명히 봉건주의와 초국가주의의 이데올로기에 빠져 있다. 그의 이념은 SCAP가 일본인에게서 정말로 근절시키려고 결의하고 있는 이념 그 자체였다. 일본의 (새로운) 리더십이 민주주의의 표면적인 화려함만을 바라보

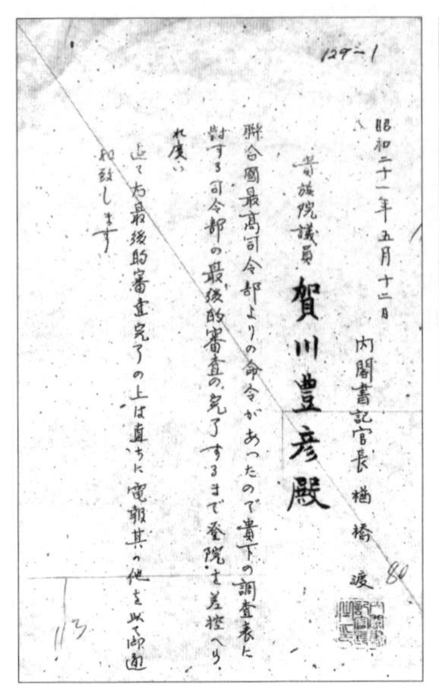
129-1

昭和二十一年五月十二日

内閣書記官長 楢橋 渡

貴族院議員 賀川豊彦殿

聯合國最高司令部よりの命令があつたので貴下の調査表に對する司令部の最後的審査の完了するまで登院を差控へられ度い

追て右最後的審査完了の上は直ちに電報其の他を以て御通知致します

賀川豊彦

貴族院令第一條第四號ニ依リ貴族院議員ニ任ス

昭和二十一年三月十二日

内閣總理大臣從二位勲一等男爵幣原喜重郎奉

가가와에 대한 귀족원 위촉장(좌)과 내각의 공식 임명장(우). 하지만 가가와는 단 한 번도 귀족원에 등원하지 않았다 ⓒ賀川記念館

고, 정치적 목적 달성을 위해 이용하려는 가가와 같은 가짜 자유주의자에게 주어진다면, 점령 정책의 완수는 기대할 수 없다. 가가와는 국민 주체성의 발전을 촉진하기는커녕 오히려 방해할 인물이며, 또한 사회적으로나 정치적으로나 일본의 민주주의 정착을 늦추는 타입의 인물이라고 볼 수 있다."[40]

이 문서는 뒷부분에 이르러 마지못해 가가와의 협의를 종결시켜야 한다고 권고하였다. 가가와에게 어려운 판단을 내리고 있는 이 공적인 판결 문건의 결정적인 부분은 1년 전에 소개된 휴 딘의 기사와 놀라울 정도로 비슷하다. 남아 있는 이 문서 초안의 대부분이 딘이 쓴 기사의 등사본처럼 보일 정도다. 딘의 기사를 출처로 밝히지 않은 채 작성된 이 불공정한 평가서는 그 표절 사실을 숨기기 위해서인지, 몇몇 단어와 어구가 횡선으로 지워지고 다른 용어로 바뀌어 있다.[41] 일본의 군국주의화에 깊이 관여한 수천 명의 사람들이 그 활동을 인정받고 있던 사실만 보아도, 가가와를 향한 음모의 가능성이 분명해 보인다. 저널리스트나 조사관이 정보를 선택적으로 사용하는 것은 용서되기 어렵다. 왜냐하면 가가와가 민주적 개혁을 지지하고 있던 충분한 증거가 일본어뿐만이 아니라 영어 문서로도 다수 공표되어 있었기 때문이다.

공직으로의 취임 반대 권고서는 어찌 됐든 가가와에게는 큰 의미가 없는 일이었을 것이다. 왜냐하면 가가와는 이미 1920년대 초부터 공직에 입후보해 달라는 요청에 대해 거듭 거절 의사를 밝혀 왔기 때문이다. 가가와는 늘 자신에게 주어진 사명에 대해서 촉매자(프로모터), 조언자, 조직 건설자, 설교자, 도덕과 종교의 교사일 뿐이라고 주장해 오고 있었다. 명확히 범위가 정해진 일, 타협과 내부 투쟁을 수반하는 정치가의 활동은 예언자적 기질을 발휘하고자 한 가가와에게는 너무 제약이 많았다.

정치 초월적인 잡부요 방랑자

가가와는 너무나 예술가적이고, 자립적이었기 때문에 정치가로서는 행복해질 수 없다고 생각한 것 같다. 1920년대부터 1930년대의 노동자 및 소작농민의 정치운동으로부터 가가와가 이탈한 것은 부차적인 역할에 내몰리거나, 지루한 내부 권력 투쟁에 늘 노출되는 상황에 대한 그의 혐오를 나타낸 것이다. 그는 관리상의 세세한 업무 등은 타인에게 맡기고, 핵심 과제에 대한 새로운 아이디어 구상을 좋아하는, 그래서 늘 꿈을 꾸는 '환상(幻想)의 사람'이었다. 그의 후반부 인생이 설교 활동이나 강연 활동에 온전히 바쳐질 수 있었던 것도 그러한 이유 때문인지 모른다. 어쨌든 그가 큰 힘을 발휘하여, 자신의 판단으로 폭넓은 영향력을 미친 것은 강단에서였다. 그는 휴일도 없이 무엇인가를 새롭게 조직하였고, 뒷받침하는 일을 했지만 자신이 지배하고 통제하는 관료주의적인 역할에는 오래 만족할 수 없었다. 그것은 가가와의 다음과 같은 말투에서도 잘 표현되었다.

> "나는 자유 계약의 잡부(雜夫), 방랑자(放浪者)입니다. 그런데 단순한 방랑자는 아니고 그리스도를 위한 방랑자입니다. … 나는 그리스도로부터 일이

주어지면, 그 일을 끝낼 때까지 계속 걸어가지 않으면 안 됩니다. 나는 바람과 같이 나아갑니다."[42]

가가와는 전후 다시 강연 여행을 시작했다. 그 활동을 지지한 것은 전일본기독신도대회(全日本基督信徒大会)였다. 그는 1946년 6월 9일의 오순절 주일에 이 대회의 의장 직분을 맡았다. 1만 명 넘는 사람이 도쿄의 아오야마가쿠인대학(青山學院大學) 강당에 모였다. 예배는 가츠베 다케오, 사이토 소이치(斎藤惣一), 오노무라 린조(小野村林蔵), 무라타 시로, 다카세 츠네노리(高瀬恒徳), 고자키 미치오, 구루마다 아키지(車田秋次) 등에 의해 거행되었다. 그 밖에도 그리스도교의 저명한 인사인 가와이 미치, 문부대신 다나카 고타로(田中耕太郎), 맥아더 극동사령부 군목 대령이었던 이반 베넷(Ivan L. Bennett) 등이 강연을 하였다. {참고로, 극동군사령부 군목과장 이반 베넷은, 감리교 선교사 쇼우(W. Show) 박사 등과 함께 한국군의 군종병과 창설을 처음 제안한 인물이기도 하다 – 역자 주}

회의는 전도 캠페인을 시작하였는데, 이때 가가와의 회개와 혁신을 바라는 기도문이 선언으로 채택되었다. 이 운동은 3년간 계속되었는데, 몇 가지 점에서 20년 전 구로다 시로와 함께 실시한 '하나님 나라'(神の国) 운동

소비생활협동조합법 시행 기념회에서 강연하는 가가와. 패전되던 해(1945)에 일본협동조합동맹이 결성되어 가가와가 초대 회장이 되었다. 전후 일본생협 운동은 이 동맹 조직을 통해 새롭게 전개되었고, 보험업법(1946), 농업협동조합법(1947), 소비생활협동조합법(1948), 중소기업협동조합법(1949), 수산업협동조합법(1950) 등의 기본 법률이 차례로 제정되었다. 한국은 2012년에 비로소 국회에서 협동조합 기본법이 제정되고 시행되었다 ©賀川記念館

의 전도 방식을 반복한 것이었다. 하지만 이번은 훨씬 야심찬 기획을 통해, "300만 명을 그리스도인으로!", "1억 명을 회개로 이끌자!"와 같은 표어를 내세웠다.

일본의 도덕적·물질적 재건을 제창한 이 운동의 과제는 세계평화에 대한 가가와의 관심 증대와 밀접하게 결부되어 있었다. 그해 가을에, 오가와 기오즈미와 고시오 간지(小塩完次)의 도움을 얻어 창립된 국제평화협회(The International Peace Association)가 평화 활동의 거점이 되었다. 협회의 주요 목적은 일본인을 평화주의적 태도로 이끌어, 군국주의적 정신을 "버리게 한다"는 것이었다. 평화 교육과 국제연합(UN) 가입으로의 준비가 그 구체적 목표였다. 기부금 약정 및 회원 신청서에는 일본 군국주의에 대한 비난과 협동조합, 경제 강령이라는 두 가지 내용이 게재돼 있었다.

'빵'과 '평화'와 '협동조합경제'의 문제는 분리될 수 없다고 믿었던 가가와는 다음과 같이 말하였다.

> "식료품 부족과 여러 생필품의 결핍이라는 위기 상황에 대처하려면, 이러한 물자를 해외로부터 수입하는 것이, 현재 우리에게 남겨진 유일한 희망으로 보입니다. 이러한 사정을 고려할 때, 우리는 이익만을 추구하는 기

신일본 건설을 위한 그리스도 운동 강연회 ©賀川記念館

존의 자본주의적 생각을 버리고, 민주주의의 원리를 받아들이지 않으면 안 됩니다. 우리는 서유럽 스칸디나비아 반도의 국가들에게서 잘 나타난 모델을 참고하고, 국제협동조합동맹(League of International Cooperatives)에 의해 만들어지는 항구적 세계평화로의 방책을 따르지 않으면 안 됩니다."

교육 분야에 있어서도 가가와는 군국주의를 세뇌시키기 위해 사용되었던 교과서의 개정 작업에 개인적으로 관련되었다. 또한 전쟁을 정책의 수단으로서 이용하는 것도 금지하였고, 여성들에게 선거권을 인정하는 신일본헌법(新日本憲法)을 예측하여, 그 원만한 수용을 위한 준비를 도왔다. 여권 신장의 창도자였던 간트레트 츠네코(ガントレット恒子, Gauntlett Tsuneko)가 부인연맹 담당국의 국장이 되었는데, 그 부국은 여성의 생각을 정치·경제·외교 등의 분야로까지 더 넓게 반영하고, 여성이 각 영역에서 주체적 역할을 수행할 수 있도록 해야 할 책임을 지니고 있었다.

한편 가가와는 평화를 적극적으로 추진하기 위해 잡지를 창간했다. 1947년에 「국가와 종교」(国家と宗教, *Religion and the State*)라는 잡지를 매입하였고, 그 이름을 「세계 국가」(世界國家, *The World State*)로 바꾸었다. 매월, 이 잡지에 평화주의나 세계연방에 대한 그의 생각이 소개되었다. 그는 그동안 전개되어 온 세계평화운동의 여러 관계를 새롭게 정리하여, 1948년 8월 세계연방주의자연맹(Union of World Federalists)의 창립 위원 중 한 사람이 되었다. 참정권 운동을 함께 전개하였던 오자키 유키오의 조력을 얻었고, 국회 안에 세계연방 건설을 위한 위원회를 설립시켰으며, 또한 가가와는 세계연방의 전 총재인 로버트 허친스(Robert Hutchins)

1945년에 '국제평화협회'를 창립한 이후 2년 뒤에 창간한 잡지 「세계국가」(1947. 1. 1) ©賀川記念館

가 기초한 전 세계적 정부기구의 건설계획, 즉 '세계헌법초안'(*Draft of a World Constitution*)을 번역하였다.

평화헌법 9조를 통한 긍지

가가와가 지니고 있던 일본인으로서의 긍지는 1946년 11월에, "정책 수단으로서의 전쟁을 절대적으로 부정"하는 '9조'의 내용을 포함한 일본국 헌법이 승인되고 나서 더욱 강해졌다. 가가와는 자국의 혁명적인 전쟁 포기 선언을 인류의 역사상 전례가 없으며, 모든 나라에 모범이 되는 훌륭한 것이라고 자랑스러워했다. 가가와는 신헌법이 점령군의 명령에 의해 일본인에게 강제된 것이라 주장하는 신헌법 반대론자들의 불평불만에 동요되지 않았다. 중요한 것은 일본의 새로운 헌법이 전쟁을 절대적으로 금지하고 있는 것이므로, 오히려 그것은 기뻐해야 할 이유였다. 군국주의 정신에 집착한 일본의 보수주의자들은 그러한 태도를 공격하였지만, 가가와는 시종일관 전쟁 포기 조항을 옹호하며, 전쟁 포기 선언이 전 세계에 모델을 제시한다고 말했다. 이 헌법 조항이 나라를 전쟁의 고통으로부터 해방시켜 줄 뿐만 아니라, 전쟁으로 인한 사회적·경제적 부담도 없애줄 것이라며 기뻐했다.

가가와는 다음과 같이 선언했다.

> "과다한 군비가 큰 부담이 되어, 군비 이외의 가치를 망각한 전형적인 현대 국가는 창과 독화살을 질질 끌고 다니는 알몸의 미개인을 떠올리게 한다. 오늘날의 국가는 개인 이상으로 야만스러운 상태에 가까워 보인다.
>
> 전쟁 포기를 통해서, 우리 일본은 야만스러운 시대부터 빠져 나갈 수 있게 되었다. 그리고 일본을 모든 나라들 가운데서 가장 진보적이고 문명화된 나라로 만들 수 있는 기회를 얻었다.
>
> 만약 이 일이 10년 전에만 진행되었다면, 역사는 전혀 다른 전개를 보고 있었을 것이다. 하지만 지금이라도 많이 늦었다고 볼 수 없다.

오사카 신사이바시(心斎橋)의 에비스바시(戎橋) 상점가에 내걸린 '축-신헌법실시기념' 간판 ©ironna.jp

> 신헌법은 세계평화 실현의 이정표가 될 것이다. 우리의 전쟁 포기를 통해서, 인류의 역사에 가운데서 처음으로 한 나라가 '칼을 가지는 자는 다 칼로 망하느니라' (마 26:52)라는 그리스도의 경고를 받아들인 것이 되었다.”[43]

가가와는 세계평화나 신헌법에 따르는 전면적 개혁에 대해서는 낙관적이었지만, 다른 점에 대해서는 불만족스러워했다. 그는 언제나 전후 일본의 도덕적 타락이나 진정한 정신적 재건을 하지 않고 있음을 한탄하였다. 암시장, 매춘, 유물론 확산, 공산주의자의 선동, 무장 강도, 호색문예, 댄스 홀, 술, 도덕적 퇴폐, 이러한 것들 모두가 그의 설교나 저작의 소재가 되었다. 그는 국제연합(UN)을 열광적으로 환영하고 있었지만, 안전보장이사회가 주요 열강에 의해서 지배되고 있었기 때문에, 점차 UN에 환멸을 느끼기 시작했다. 한국에서 UN이 주도하는 '경찰행동'(Police Action)에 대해서도, 처음에는 평화 유지를 위한 세계 정부의 합법적 시도로서 동정적인 입장을 보였지만, 이후에는 그것을 유력 국가 간의 단순한 전쟁이라고 보기 시작했다.

작가, 설교자, 평화주의자, 정치고문, 사회복지가, 행동주의자 등의 모습으로 다시 태어난 가가와는 자신의 메시지를 해외에 전할 준비가 되어 있었다. 하지만 불운하게도 그는 1949년의 세계연방회의에 출석할 수 없게 되었다. 연합국의 정책이 명하는 개혁 과제들을 추진해 왔음에도 불구하고, 점령군 사령부가 가가와에게 비자 발급을 거부하였기 때문이다. 1949년 12월, 그는 간신히 세계 여행이 가능하게 되었지만, 단 1년 이내의 기간에 불과하였다. 그는 영국, 독일, 덴마크, 스웨덴, 노르웨이를 방문하였고 1950년 7월 14일에는 비행기로 미국에 넘어 갔다. 유럽 여행은 대성공이었으며, 노르웨이 오슬로에서는 3만 5천 명의 군중이 그의 이야기를 듣기 위해 몰려들어 회의장 밖에도 인파가 넘쳐날 정도였다. 영국에서는 상하원 양쪽 모두로부터 환대를 받았고, 독일의 여러 교회에서는, 일본에서 찾아온 현자(賢者)의 이야기를 듣기 위해 수많은 군중이 넘쳐났다.

가가와가 전시하에 보여준 자세에 대한 논쟁이 일부 미국인에게 환멸을 일으켰지만, 여전히 그는 명사(名士)로서 이름을 떨쳤다. 뉴욕 아이들와일드 공항(Idlewild Airport, JFK 공항의 과거 이름)에서 보도 사진가와 가가와 위원회(Kagawa Committee)의 비서인 헨리 카펜터(J. Henry Carpenter)가 인솔하는 환영 인파가 연로하긴 했지만 정력적인 활동력을 보인 아담한 남자에게 인사를 했다. 왜소한 남자, 가가와는 주름투성이의 신사복을 입고 있었고, 주머니는 서류가 튀어 나올듯 부풀어 올라 있었다. 그는 군중에게 모자를 흔들며 답례했고, 내려와 그의 흠모자들과 악수를 시작했다. "고마워요, 이렇게 마중나와 주어서 정말 고마워요!"라며 모두에게 인사하였다.

> "돌아올 수 있어 참 좋다! 많은 친구들이 있는 이 나라에 돌아와서 참 좋다!"

시내로 들어가는 차 안에서 「뉴욕 타임즈」의 기자와 곧바로 회견을 시작하였는데, 매력적인 즉흥 답변으로 세계정세에 대한 특유의 비평을 쏟아냈다. 막 발발한 한국전쟁(Korean War)에 대해서 그는 "한국에, 아니, 어느 나라에도 원자폭탄을 사용해서는 안 된다"라고 말했다.[44] 더 좋은 방법은 세계

1950년 노르웨이에서 거행된 야외 강연회 모습
ⓒ賀川記念館

정부(world government)가 발전할 때까지 경찰행동(police action)을 확대하는 것이라고 주장했다. 그는 계급투쟁 이론에 비판적이었으며, "러시아가 세계정부에 참가하기 위해서는 폭력혁명 이론을 반성해야 한다"[45]고 공언했다.

가가와는 1936년에 벨 전화회사(Bell Telephone Laboratories)의 실험실을 방문하였고, 클린턴 데이비슨(Clinton J. Davison)의 전자 해석 실험을 관찰한 것을 생각해 내면서 과학에 대한 신비적인 견해를 요약해서 말했다.

> "우리는 원자력 과학을 종교적 견지로부터 이해해야 합니다. 나는 원자의 놀랄 만한 구성에 흥미가 있습니다. 우리는 원자를 인류의 이익을 위해서 이용해야 합니다."[46]

프랭클린 루즈벨트 거리로 나아가면서, 그는 유엔(UN) 빌딩의 건축 양식에 냉소적인 비평을 내놓았다. 사실 이러한 것들은, 미국에 상륙한 지 1시간 밖에 지나지 않아 이루어진 록펠러 센터에서의 NBC 라디오 인터뷰를 위한 단순한 준비운동에 불과했다. 그 후에는 200여 명의 종교 지도자들과 나누는 회합도 기다리고 있었다. 맥버니 영 기독청년회(McBurney Young YMCA)에서는 이미 점심 식사를 끝마친 관계자가 가가와가 도착하기만을 기다리고 있었다.

미국의 가가와 흠모자들(admirers)의 열의는 예나 지금이나 변함없이 강력했다. 그들은 가가와가 과거에 보여준 정력과 유머의 센스를 되찾았고, 잡다한 독서력을 반영해가며 여러 화제를 꺼내 놓아도 당당히 돌파하면서 차분한 마음으로 사람들을 즐겁게 해주는 것을 확인하고 매우 기뻐했다. 또한, 그가 자아내는 놀라울 정도의 평정심에 더욱 경외(敬畏)의 마음을 품게 되었다. 존경해야 할 인물, 그것도 예전과 같이 존경할 수 있는 인물에게 굶주려 있던 그들은 존경할 마음의 준비를 한 상태로 그곳에 와 있었다.

옛날부터 가가와를 지지해 온 헨리 카펜터 박사(Dr. J. Henry Carpenter)가 가가와를 열렬한 찬사와 함께 소개했다. 그는 이번 가가와의 여행을 후원하는 전국위원회의 실행 위원장이었다. 여행의 안내를 맡은 에머슨 브레드쇼(Emerson O. Bradshaw)의 아래와 같은 묘사는 충실한 흠모자가 느낀 두근거림과 기대감을 잘 나타내고 있다.

> "카펜터 박사의 소개는 짧았다. '우리는 모두 왜 여기에 와 있는지 잘 알고 있습니다!'라고 했다. 이어서 '우리는 오늘날 이 세계에서 가장 위대한 그리스도교의 지도자, 가가와 도요히코 박사가 이 나라에 오신 것을 환영하고 그 영예를 누리기 위해 이곳에 모였습니다!' 가가와는 조금 뒤돌아보고, 옆에 있던 소개자에게 상냥한 미소를 지은 뒤 앞으로 나갔다. 박수 소리가 끊이질 않았다. 그 박수갈채는 더욱 커졌으며, 홀의 누군가가 검은 옷을 입은 그 저명한 손님을 환영하기 위해 일어났으며, 다른 사람들은 물론 나의 눈에서 뜨거운 눈물이 흘러넘쳤다. 우리와 함께 보냈던 시간들을 헤아려 보니, 비참한 전쟁으로 인해 갈라져 있어야 했던 세월이 9년이라는 긴 시간이었음을 깨닫게 되었다. 그것은 동시에, 그의 행복과 귀환을 빌기 시작한 때로부터 9년이라는 긴 세월이 흘렀음을 의미하기도 했다. 그리고 드디어 그가 돌아왔다. 우리의 마음에는 기쁨이 넘쳤고, 그리스도의 정신이 그 회의장에 깃들어 있는 것처럼 느껴졌다."[47]

가가와는 "고마워요! 정말로 고마워요!"라고 그 환영에 대답했다.

“나는 미국의 모든 사람들에게 ‘고마워요’라고 말하고 싶습니다. 그리고 미국 전역을 ‘고마워요, 고마워요, 고마워요’라고 외치면서 돌고 싶습니다. 전쟁으로 인해 파괴된 후에도 여러분들은 많은 선교사 단체를 일본에 보내주셨습니다. 또한 일본에서 극도로 결핍돼 있던 생활 필수품을 많이 보내주셨습니다. 이처럼 훌륭한 선물에 대해서 진심으로 감사의 뜻을 전하게 해 주세요. 정말 고마워요.”[48]

일본에서 새롭게 전개된 선교 활동에 대한 감사와 원조의 손길을 바라는 호소가 ‘사회적 정의’, ‘협동조합경제’, ‘속죄의 사랑이 갖는 힘’, ‘그리스도교의 응용적 실천의 필요성’ 등의 강연 테마로 추가되어 전해졌다. 그는 일본의 평화헌법이 지닌 혁명적 특성과 세계연방주의 강령에 근거한 신세계 질서의 필요성을 강조했다. 이러한 생각은 그의 다양한 체험을 소개하는 개인적 화제 속에 교묘히 뒤섞여 전달되고 있었다.

예전과 같이, 가가와는 정신 활동과 집단적 세계의 관계에 대한 지속적인 관심을 설파했다. 그를 통해 개인과 사회와의 변증법적 관계의 의미를 집요하게 고찰했다. 정신세계의 내면적 변화는 그리스도인의 사회 활동으로 표현(표출)되는 것이 당연하며, 사회 활동의 참가는 보다 깊은 정신 활동으로 이어

‘원자력문명과 종교’라는 제목의 강연 모습. 종교와 과학, 역사와 인문학을 넘나드는 가가와의 해박함은 많은 이들을 신봉자로 만들었다 ©賀川記念館

진다는 것이었다. 이것은 그가 프로테스탄트의 종교 개혁을 어떻게 해석하고 있었는지를 잘 보여주는 것이기도 했다. 뉴욕의 세인트 존스 대성당(St. John the Divine)에서 6,000명의 군중을 앞에 두고 가가와는 다음과 같이 말했다.

“종교개혁은 신의 은총에 의해 인간의 내적 정신이 부흥하는 것입니다. 그것은 인류의 재창조(remaking of mankind)입니다. 일본인은 성서를 읽으며 신으로부터 다섯 가지의 은총을 받았습니다. 그것은 개개인의 참된 경신(敬神)의 정신(true spirit), 영혼과 가정 및 사회생활에서의 맑은 정신(purity of soul), 노동과 노동자에 대한 존경심(respect), 이웃에 대한 봉사(service), 그리고 평화의 마음(spirit of peace)입니다.”[49)]

위의 말을 인용한 것은 가가와가 종교개혁에 만족했음을 제시하기 위함이 아니다. 오히려 그는 경건한 척하는 개인주의나 교의 상의 불일치를 계속 비판했기 때문이다. 다음과 같이 그는 열변을 토해내고 있다.

“예수의 종교는 단순한 신조나 교의가 아니며, 그것은 생명입니다. 예수의 구원은 단순한 개인만의 것이 아니라, 가정, 인생, 사회, 더 나아가 인류 전체를 향하고 있습니다.”[50)]

그는 공격적인 질문을 받으면 그것을 수수께끼 풀기로 바꾸어 되물었다. 질문자가 질문의 근거를 스스로 생각하게 만드는 독특한 장기를 갖고 있었다. “공산주의에 반대하는가?”라며 추궁하면, 그는 언제나 “나는 폭력에 반대합니다”라고 대답하였다. 이러한 대답은 공산주의의 폭력적 측면에 대한 비판이었지만, 동시에 그것은 공산주의자를 향한 폭력을 옹호하는 자들이 스스로 반성하도록 이끄는 질책이기도 했다.

수년 전 그를 덮친 폭풍 같은 논쟁에 대해서, 감히 질문하려는 사람은 청중 중에 거의 없었다. 전쟁에 대한 그의 생각을 떠보았다고 해도 대답은 5년 전과 기본적으로 같았을 것이다.

“물론 나는, 미국의 폭탄이 200만 명의 시민의 생명을 빼앗았고, 1,000만의 사람들을 도시에서 시골로 몰아내었으며, 500개의 그리스도교 교회를 파괴했던 것에 분개하였습니다. 하지만 나는 미국의 그리스도인들이 지닌 성실함을 의심해 본 적이 없었습니다. 국가가 전쟁을 자행하게 될 때, 야만스럽게 되는 것을 나는 알고 있었습니다.”[51)]

또한 가가와는 자주 질문을 다른 방향으로 돌리면서, “미국인은 일본인처럼 용서하고, 잊어야 합니다”[52)]라고 말했다. 가가와는 전쟁의 일만 생각하고 있어서는 그 어떤 일도 완수할 수 없다고 느끼고 있었다. 그는 일본 군국주의의 몸서리칠 것만 같은 공포를 개탄스럽게 여겼지만, 미국인과 토론을 할 때 초점을 두었던 것은 일본이 전후에 직면한 긴급한 문제를 해결하기 위해 전쟁의 책임 소재를 정하는 것은 아니라고 믿었다. 일본은 더욱 더 빈곤과 실업, 인플레이션, 거기에 식료품과 의약품의 부족으로 괴로워하고 있었기 때문에, 가가와는 우선 그 나라를 어떻게 재건할지, 또한 이러한 참혹한 결과를 낳는 전쟁을 다시 일으키지 않기 위해 어떻게 해야 할지에 대해서 논의했다. 이것은 그가 ‘미국이라는 친구’와 논의하기 위해 가지고 온 긴급한 과제였다. 이야기를 나누면서 그가 계속 강조한 것은 용서와 재생(부활)이라는 그리스도교적 사고였으며, 과거를 옆에 놓아두고 ‘하나님 나라’, 즉 물질적으로든, 도덕적으로든 다시 새롭게 태어난 세계의 건설을 실현하자는 것이었다.

가가와는 아마도 전략적인 이유로 전쟁에 대해 길게 말하지 않았다고 생각된다. 그에게는 미국에서 계속 유지해 가야 할 하나의 이미지가 있었다. 만약 가가와의 ‘평화주의’가 비극적인 수준으로 타협을 강요당하였던 것이 논의되기 시작하고, 그로 인해 가가와가 완전히 솔직해졌다면, 그의 이미지는 크게 손상되었을지도 모른다. 마찬가지로 미국인 신봉자들도 가가와의 이미지가 손상되는 것을 바라지 않았다. 그들 역시 믿고 의지할 대상, 희망, 표본으로서의 가가와, 이 세상에서 활약하는 위대한 그리스도인, 혹은 (일본) 선교의 노력이 부질없지 않았음을 확인시켜주는 증거가 필요했다. 그 지점에서 과거 행적에 대해 왈가왈부하지 않겠노라는 암묵적인 상호 이해가 존재한 것 같다. 즉, 과거를 문제 삼아 이러쿵저러쿵 잡음을 만드는 것은 영웅에게 있어서도, 신봉자들에게 있어서도 비신화화(非神話化, demythologizing)라는 적잖이 마음이 불편해지는 작업이었기 때문이다.

뉴스 미디어는 1936년에 성공리에 끝난 바 있던 가가와의 강연 여행 때와 같은 대대적 홍보 보도는 실시하지 않았지만, 사실상 그는 과거보다 더 많은 주목을 받았으며, 그를 대하는 태도도 대부분 긍정적이었다. 라디오 출연도 가세하였고, 사진을 동반한 기사들도 「뉴욕 타임즈」로부터 「새크러먼트 비」(*Sacramento Bee*)에 이르기까지 여러 지면에 실렸다. 그는 한 주에 하루만 휴가를 내면서 그 일정을 모두 소화했는데, 그 열정은 사람들을 다시 경탄을 금치 못하게 했다. 이미 미국·캐나다에 이어 하와이 등의 서로 다른 137개 장소에서, 30만 명 이상의 사람들에게 강연하였으며, 거의 5만 마일 이상의 거리를 여행했다. 처음 2주 동안에만, 그는 뉴욕으로부터 오하이오, 아이오와, 오클라호마, 캘리포니아 등, 여러 지역을 방문하였다. 그의 호소는 더욱 강력해졌고, 이때의 강연 여행으로 그는 일본 재건을 위한 헌금을 10만 달러 이상 모았다.

위의 왼쪽부터 아인슈타인, 러셀, 아래의 왼쪽부터 부버, 니버

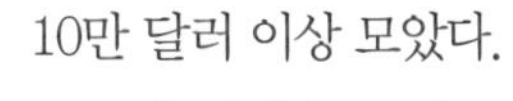

그의 명성은 그리스도교계에 한정되지 않았다. 미국 유태인회의 의장인 이스라엘 골드슈타인(Israel Goldstein) 랍비는 세계평화를 위한 계획안을 만들 12명의 유태인과 그리스도인 회의를 제안하였고, 아인슈타인, 슈바이처(Albert Schweitzer), 버트런드 러셀, 자크 마리탱(Jacques Maritain), 마르틴 부버, 엘리너 루즈벨트(Eleanor Roosevelt), 아놀드 토인비(Arnold

Toynbee), 라인홀드 니버(Reinhold Niebuhr) 등과 함께 가가와를 위원 명부에 넣었다. 그는 가가와를 향해 "일본의 그리스도교 지도자이며, 그의 종교는 전염성이 있다"[53]고 말했다. 가가와에 대한 분석의 최종적 결론을 말하면, 당시 가가와를 향한 기대와 신앙이 가가와 자신의 그것보다 더 컸다. 그것은 인류의 미래에 대한 신앙이 전쟁과 빈곤이라는 지옥으로부터 인류를 건져낼 수 있을 거라는 신앙이었다.

세계평화는 1960년 4월 23일에 71세를 일기로 생을 마감하기 전까지 마지막 10년 동안, 가가와가 지녔던 중요한 관심사였다. 노쇠함과 질병은 그의 활동력을 약화시켰지만, 그는 '평화의 세계질서'(world order of peace)를 수립하기 위한 운동에 온 힘을 쏟아부었다. 그가 추구한 '평화의 세계질서'란, 가가와 신앙의 핵심이었던 '사랑'을 통해 발현되는 것이며, 국제 협력의 경제 시스템 위에 쌓아 올릴 수 있는 것이었다.

제12장

평화를 만드는 사람

제12장

평화를 만드는 사람

순회 전도자로서의 만년

가가와는 생애의 마지막 10년 동안은, 건강이 허락하는 한 마츠자와교회(松沢教会)의 목사 겸 순회전도자로 활동했다. 교회에서는 설교와 함께 예배의 진행을 담당했고, 새로 들어온 신자들을 양육한 뒤, 세례를 집례해 주기도 했다.

전도 여행 중에도, 그는 늘 기진맥진할 때까지 설교를 이어갔으며, 건강을 염려하는 친구들은 늘 노심초사하며 낭패를 보기 일쑤였다. 가가와는 그리스도의 생애가 증명한 사랑의 가치와 의미를 청중에게 늘 열정적으로 전했다. 궁핍한 사람들의 신체적 고통을 줄이고, 모든 사람의 영혼도 함께 돌보라 말씀하신 그리스도의 명령에 따라야 한다고 역설했다. 그다지 많은 교육을 받지 못한 시골의 청중에게는 일상 가운데 겪은 실제 경험담을 소개하면서 '성서적인 농업'에 대해서도 알기 쉽게 전했다. 그는 틀에 박힌 순회강연 코스에서 소외된 벽촌들을 일부러 찾아가 복음과 함께 사회개조의 필요

마츠자와교회 교우들과 함께(1949) ⓒ賀川記念館

성을 함께 역설함으로써, 그야말로 전설적 인물로 회자되었다.

가가와는 종전 후에도 대체로 농촌에 있었지만, 250개 이상의 교회 설립을 도왔다고 평가받고 있다. 1951년의 일인데, 가가와의 강력한 요구에 의하여, 그의 존경하는 옛 은사인 찰스 로건(Charles Logan) 선교사도 은퇴 생활을 박차고 나와, 다시 일본전도 여행을 위해 돌아왔다. 그때 로건은 가가와의 거대한 영향력에 새롭게 놀라고 있었다. 그해 8월부터 9월까지의 첫 2주 동안에 로건은 홋카이도의 23개 지역은 물론 동북지방에서도 21개 지역에 교회가 생겨났음을 보고하고 있다. 로건은 "내가 어디를 가든지, 가가와 박사가 나보다 늘 먼저 그곳에서 사랑의 복음을 실천하고 있었음을 발견하였습니다"[1]라고 전하였다. 가가와를 관찰하는 사람들은 대부분 그러한 평가를 내놓았는데, 로건은 특히, 가가와가 자신의 영적 에너지의 원천을 생활 속에서 쉬이 하찮게 여기는 것들을 배려함으로써 얻어내는 모습, 또한 그 안에서 새로운 가치를 증명해 내는 방법에 감동하였다. 로건은 이렇게 말하고 있다.

"어떤 곳에서 사람들이 말해 준 이야기입니다. 가가와는 그곳의 청년들에게 산에서 도토리를 모아 온 뒤, 그것을 빻아 가루로 만들고, 카라멜과 섞어 맛을 내면, 그가 돌보고 있던 3,000명의 고아들에게 전해 주자고 제안했다 합니다. 홋카이도에서는 만주로부터 귀환한 사람들을 위한 그리스도인 마을을 건설하면 좋겠다면서, 도지사가 5,000초(町)의 토지를 가가와에게 제공했다는 사실도 알게 되었습니다."[2]

전도자로 일본에 돌아온 로건 박사 부부와의 재회 (1951) ⓒ賀川記念館

가가와는 관심 분야가 다양했기 때문에, 그 많은 직함을 모두 제시하기 힘들었지만, 특히 '전도자'(evangelist) 혹은 '목사'(pastor)라고 불리는 것을 기뻐했다. 목회적 봉사라는 이 천직(天職, vocation)이야말로, 그가 행한 모든 활동의 핵심이었기 때문이다. 그가 쓴 어떤 소설의 독일어판 서문에도 그는 일부러 "목사 가가와 도요히코"(Toyohiko Kagawa, *Pfarrer*)라고 서명했을 정도였다. (*Pfarrer*는 목사를 의미하는 독일어다.) 그 많은 위업을 달성하였음에도, 자신을 단지 목사라고만 지칭한 이 사람에게 많은 이들은 감동적인 겸허함을 느꼈다. 그것은 가끔 사용된 별명인 '웃는 성자'(the saint who laughs)라는 표현처럼, 청중을 매료시키는 가가와 특유의 수줍은 듯한 유머와 관련이 있었다.

아래에 소개된 독일어판 서문의 내용을 보면, 참 그리스도교의 씨를 뿌릴 때의 사랑과 신앙을 표현하는 가장 감동적인 문장 하나가 남아 있다.

"시골 사람들의 빈곤은 일본에만 볼 수 있는 모습이 아니다. 중국이나 인도에도 있고, 물론 미국이나 유럽에서조차 농민들은 똑같은 아픔을 안고 살아간다. 이들의 아픔을 완화시키는 것은 하나님과 이웃에 대한 사랑으로부터 나오는 명령이다.

하나님이 전하신 사랑의 메시지가 국민 전체에게 퍼져 가는 것은 나의 가장 큰 기쁨 중 하나다. 이 사명이 성취되어 일본이 '빛'으로서의 그리스도를 인정할 때, 아시아 세계 전체가 이 '빛'을 향해 방향을 바꿀 것이다. 하지만 그날이 올 때까지 우리는 더욱 더 많은 밀알의 씨를 뿌려 죽게 만들지 않으면 안 된다.

세계는 불안과 공포로 아우성치고 있다. 십자가의 참 뜻이 파묻혀 있는 한, 암흑의 힘이 지배한다. 우리는 복음을 더욱 더 깊이 이해하고 묵상해야 한다. 이와 같은 '한 알의 밀'이 되는 것이야말로 가장 중요한 모든 것의 본질이다.”[3]

이러한 정신으로 가가와는 전후에도 많은 종교 지도자와 사회사업가, 사회주의 정치가들에게 조언과 원조를 이어갔다. 도쿄의 노숙자들에 대한 지원 활동으로 유명한 다카하시 레이지(高橋玲二) 같은 그리스도교 사회사업가들은 가가와로부터 가장 많은 영향을 받고 혜택을 입은 사람들이었다.[4]

한때 맹렬하게 이어졌던 가가와의 저작 활동은 그 속도가 점차 떨어져 갔다. 1950년대 후반에 이르러 그 현상은 더욱 현저해졌다. 건강이 악화된 것, 시력이 쇠약해진 것, 수많은 프로젝트에 몰두한 것 때문에, 그의 저술 활동은 거의 마비상태가 되었다. 심지어 가가와의 이름이 필자 명단에 예정된 잡지는 수천 명의 새로운 독자가 구독을 신청하였을 정도였으나, 그러한 왕년의 인기 작가가 누리던 명성은 급속히 잊혀져 갔다. 가가와의 대표적인 베스트셀러가 일찍이 해안의 오두막이나 빈민가, 혹은 형무소나 배 위에서 순차적으로 집필되었던 것에 비해, 이제는 좀처럼 그러한 유명 저작이 탄생하지 않게 되었다. 그의 집필 활동은 순수하게 그 자체가 목적인 적은 드물었고, 상당수가 그가 전개한 다양한 프로젝트를 지원하기 위한 자금 획득의 수단으로 이루어졌다. 따라서 매년 꽤 팔리는 신간 서적 6권 정도를 휘몰아치며 출간했을 만큼의 절박한 필요성은 과거에 비해 적어져 갔다.

전국 각지에서 자신을 부르는 곳이면 마다하지 않고 떠난 전도 여행(1951) ⓒ賀川記念館

저술활동과 성서번역

하지만 가가와는 자신의 철학적 유서(遺書)라고 생각하면서, 책 한 권의 집필에 상당한 노력을 기울였다. 그것은 『우주의 목적』(宇宙の目的, *The Purpose of the Universe*)이라는 꽤 난해한 저작물인데, 마침내 1959년에 출간되었다. 그는 이 책에서 우주는 신이 중심으로 계시고, 더욱 더 아름다운 것, 더욱 더 복잡한 것에 의도적으로 진화하고 있다는 자신의 신비주의적 직감과 그 근거를 과학적인 사고를 통해 설명하고자 했다. 그것은 결국 악(惡)의 문제를 다루는 학문적 시도이기도 했다.

이 대작품은 그가 읽은 수많은 과학서적과 피에르 르콩트 뒤 노위(Pierre Lecomte Du Nouy)와 같은 학자들에게 깊은 영향을 받은 결과였다. 뒤 노이는 진화가 우연만으로는 일어날 리 없었다는 것을 통계적으로 증명하려 시도한 사람이다. 1940년대 후반에 뉘 노이가 일본을 방문하였을 때, 한 남성이 뒤 노이의 『인간의 운명』(*Human Destiny*)을 읽은 적이 있다고 말하자, 가가와는 "빈정거림에 능숙한 청년 유물론자는 이 훌륭한 책을 꼭 읽어야 합니다. 나는 꼭 그 책을 번역하고 싶습니다"라고 말하여, 그 남성을 놀라게 했다.[5] 그때 가가와는 출판사로부터 번역 허가를 얻을 수 있도록 도와달라고 그 남성

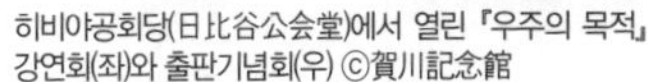

히비야공회당(日比谷公会堂)에서 열린 『우주의 목적』 강연회(좌)와 출판기념회(우) ⓒ賀川記念館

에게 부탁하였다. 그 책의 일본어판은 1950년에 출간되었다.

그 밖에도 가가와는 여러 출판 계획을 세우고 있었다. 예를 들면, 신약성서를 구어체 일본어로 새로이 번역하는 일이었다. 가가와는 개인 차원에 이 사업을 위해 자금을 내놓을 정도였고, 무토 도미오가 이 일을 도맡았다. 가가와는 여러 희랍어 사전을 사용해 가며, 번역문을 한 장 한 장 세세한 곳까지 체크해가며 번역했고, 무토에게도 조언을 줘 가면서 가끔은 서로 대신해 읽어가며 보완하는 방법을 제시하였다. 1953년 크리스마스에 마침내 이 구어역(口語譯) 신약성서도 출판되었다.

이 성서 출판 사업과 관련해서 무토는 가가와가 뜨거운 감정도 세상 물정에 대한 깊은 관심도 여전히 잃지 않고 있음을 나타내는 체험을 소개하고 있다. 언제나 실제적인 문제에 관심을 두는 경향이 강한 가가와가 수개월 후 구어역 성서의 매출은 어떻게 될지 전망하며 물은 적이 있었다. 무토는 2만 부가 팔렸고 현재 제3판을 인쇄 중이라고 대답했다. 그러자 가가와는 판

구어역 성서번역 작업 당시의 가가와(1952) ©賀川記念館

매 수익금은 정기적으로 들어오고 있는지 물어 왔다. 무토는 "상당히 호조를 보입니다만, 예외가 한 건 있습니다. 그것은 오사카 근처에 살고 있는 선교사 한 분으로, 청구 액수의 20% 밖에 지불해 주지 않고, 몇 번을 재촉해도 완납해 주질 않습니다. 더 나쁜 것은 지불 시기를 명시하고 맹세 받으려 할 때, 맹세하는 것은 성서가 금지하고 있는 것이라면서, 지불 약정일조차 분명히 말해주지 않는 태도입니다"라고 대답했다. 여기까지 말하고, 무토는 분노가 치밀어 올라 그 사람을 재판에 걸 생각이라면서 다음과 같이 말했다.

> "선생님, 저에게는 젊은 시절 도쿄 지방재판소에서 2년간 판사로서 일한 경험이 있습니다. 저는 이 선교사를 고소해서 그의 집에 집행 명령서를 보내고, 그의 양복 옷장의 내용물까지 모두 압류해 버릴 겁니다. 오사카의 신문이라는 신문은 죄다 이 사건에 관심을 갖게 되고 대대적으로 보도하겠지요. 그러면 그는 더 이상 일본에서 활동할 수 없게 될 겁니다. 저는 그런 선교사가 일본에 있다는 사실을 견딜 수 없습니다."[6]

갑자기 가가와는 슬픈 표정을 지으며 마루에 나가 무릎을 꿇고 두 손을 모아 이렇게 말하였다.

"무토 씨, 나를 봐서 그 사람을 용서해 주십시오. 날 봐서라도 용서해 주십시오!"

물론 무토는 이후 어떤 행동도 취하지 않았다. 그 2개월 후 지불해야 할 청구금액이 보내져 왔다. 가가와가 아와지시마(淡路島)에 전도 여행을 떠났던 어느 날, 그 선교사와 함께하게 되었는데, 여관에서 그와 하룻밤을 보내면서 그 빚을 갚으라는 듯한 '약간의 암시'를 했기 때문이다.

늙어가던 가가와는 반드시 성인다운 모습만 보이지는 않았다. 행동에 열심이었고, 자신의 기준에 미치지 못하는 제자는 돌려보낼 생각도 하였던 만큼, 만년이 되어도 가가와는 여전히 엄격하고 말을 마구 내뱉는 스타일의 사람이었다. 동료들은 가가와를 방문하거나 부탁할 일이 있어 들르면, 집에 들어가기 전에 자주 이렇게 묻곤 할 정도였다.

"오늘 목사님의 기분은 어떻습니까?"[7)]

만년의 가가와는 계속 평화운동에 관심을 집중하고 있었다. 그는 이미 1950년에 행한 여행에서, 미국이 주도하는 냉전 분위기에 걱정을 더해가고 있었다. 무토의 또 다른 추억담에서도 그러한 가가와의 염려가 나타나고 있

가가와는 평생 동안 총 380여 권의 저서를 집필, 출판하였다 ©賀川記念館

다. 가가와는 1950년 12월 27일에 하네다(羽田) 공항에 도착했을 때, 수많은 신문기자, 가메라맨, 사회당 지도자, 자신의 단체 회원, 일본인 팬들의 마중을 받았다. 이 광경을 묘사한 무토는 가가와가 악수하면서 그 장소를 빠져나갔다고 말하고 있다. 이어서 가가와는 사람들 속을 헤치며 무토에게 다가왔다. 처음에 가가와는 업무상의 조금은 반가운 소식이라며 귀에 대고 이렇게 속삭였다.

> "「그리스도신문」의 자금으로 캘리포니아에 사는 일본인들로부터 3천 달러를 조달하였습니다. 무토 씨, 미국은 또 전쟁을 하려 하고 있습니다. 미국은 자기 방위를 위해 일본을 대소련(對蘇聯) 요새로 삼으려 하고 있습니다. 조심해야 합니다."[8)]

세계평화 실현을 위한 가가와의 전략은 세계연방운동의 방침에 따라 국제적인 질서 수립을 역설하는 것이었다. 그는 일본의 협동조합운동과 국제적인 협동조합운동 그룹의 양쪽 모두와 관계를 맺고 있었기 때문에, 협동조합이야말로 평화롭고 합리적인 상업 활동의 수단이라고 강조했다. 그는 자신의 저작, 특히 자신이 내고 있던 잡지에 투고한 글을 통해서, 이러한 주장을 계속 이어갔다. 특히 그는 영어로 쓴 자신의 책 『우애의 경제학』에 요약된 생각을 늘 실천에 옮기고자 했다. 말하자면, 전쟁이란 것은 주요 강대국의 탐욕과 착취에 기인하고 있으므로, 평화 실현과 전 세계 부의 공정한 분배는 질서 있는 세계경제와 세계연방에 의해서만 가능하다는 생각이었다.

새로운 세계 질서, '세계연방'의 모색

『우애의 경제학』에서 가가와는 경제적 식민주의의 부당함을 비판하고 있다. 경제적 식민주의는 개발도상국을 계속 궁핍하게 만들고 있었기 때문이다. 그는 처음 주한(駐韓) 연합군이 한반도에 들어갔을 때는 평화 구축을 실현할 수 있는 국제 경찰이라고 지지하였을 만큼 국제연합(UN)에 큰 기대를 걸고 있었다. 하지만 동시에 이 조직이 제대로 된 합법적 권위를 부여받기 위해서는 국제연합 헌장이 개정되어야 한다고 주장하였다. 이미 1950년 여행 때에, 그는 자신의 입장을 미국인들에게 주의 깊게 설명하였고, 한반도의 정세에 대해서도 1931년 만주사변에 국제연맹이 어떻게 대응하였는지를 비교해 가면서 다음과 같은 분석을 내놓았다.

"일본이 1931년에 만주를 점령했을 때, 국제연맹은 1년 반 정도 우물쭈물하다가 마침내 일본의 행동을 비난하는 조사위원회의 보고서를 수리하였습니다. 이 보고서가 수리됨으로써 일본은 국제연맹을 탈퇴하였고, 중국에 대한 침략 행위를 계속 이어갔습니다. 국제연맹은 그토록 중대한 시기에 그 어떤 행동도 보이지 않음으로 인해서, 집단 체제를 통해 평화를 유지한다는 자신의 기본적 임무와 존재 목적을 완수하지 못했고, 이때부터 비로소 무력한 조직이 되었습니다.
북한군이 남한을 침입해 들어왔을 때, 국제연합(UN)은 국제연맹이 19년 전에 직면하였던 상황과 모든 점에서 유사한 상황에 봉착해 있었습니다. 국제연합(UN)은 이 말도 안 되는 침략을 저지하기 위해 거의 동시적으로 반응해 행동함으로써, 세계평화의 궁극적인 목표 달성을 위한 중요한 수단을 강구하였습니다. 이로 인해 세계 각국에 대한 스스로의 영향력을 약화시키기보다는 강화할 수 있었던 것입니다."[9)]

가가와는 동양과 서양 양쪽 세계의 약소국을 보호하는 경찰 체제의 필요성을 역설했다. 그는 미국인을 향해, 일본은 전쟁을 포기한 상태이기 때문에 이 같은 체제는 일본에게도 매우 중요한 대안이라면서 다음과 같이 말하고 있다.

"우리 일본인은 경찰 체제의 구축을 위한 이러한 첫걸음(initial step)을 특별히 환영하고 있습니다. 즉 우리는 어떠한 종류의 군비(軍備)도 금지하는 평화주의의 입장을 취함으로써, 외부로부터의 침략에 대한 방위에 관해서는 국제연합(UN)에 완전히 의존하고 있기 때문입니다."[10]

여기서 키워드는 바로 '첫걸음'(initial step)이었다. 그는 이러한 경찰 행동이 지구적인 평화 유지군으로 발전해 나갈 것이라는 일종의 신념을 품고 있었기 때문에, 미국의 간섭 행위조차 긍정적으로 상찬하며 다음과 같이 말하고 있다.

"미국이 남한의 방위를 위해서 즉석에서 결단하고 주저함 없이 행동한 것은, 이 나라(미국)에 대한 우리의 존경을 더욱 크게 하였으며, 그 정부와 시민들이 보여준 성실함과 선의에 대한 의심을 불식시키고 있다."[11]

가가와는 미국을 칭찬함으로써, 자신이 세계연방주의자들과 나누고 있던 이른바 '세계정부'(world government)에 대한 막연하고 포괄적인 비전을 미국인들이 지지하도록 설득해 보려는 의도를 지니고 있었다. 그는 한반도 정세가 세계 질서의 실제 형편을 잘 드러내고 있음을 역설하면서, 그 어느 나라 스스로도 항구적인 세계 평화를 위한 경찰관을 자처할 권리가 없음에도, 미국인들이 그 사명감을 스스로 인식하게 만들었다. 아마도 한반도에서 보인 미국의 행동은 새로운 세계 질서(global order)의 시작을 알리는 것과 같았다. 하지만 합법적인 세계 체제를 구축하기 위해서는 미국의 힘만이 아닌 그보다 더 큰 노력이 필요한 것이었다.

가가와는 이 점에 대해서 한층 더 자세히 다음과 같이 말하고 있다.

"세계경찰 체제 구축의 필요성은 지금이야말로 확실히 제시되고 있다. 하지만 제대로 된 세계경찰 체제(real world police system)를 실제로 확립하기 위해서 우리는 세계의 각 지역의회를 가져야 하며, 그 의회의 연대를 통해 세계연방정부(true federal world government)를 구성할 수 있을 것이다. 서독마저 포함한 유럽의 의회는 지금 잘 기능하고 있다. 이와 같은 의회는 극동

세계연방에 대해 역설하는 가가와. 상단에 "전쟁절멸, 세계연방운동"이라고 적혀 있다 ⓒ賀川記念館

에서도 절실히 필요하다. 세계합중국(United States of the World)이라 불러도 될 만한 세계연방정부(The federal world government)는 실행 능력이 있는 경찰 체제와 세계재판소를 가짐으로써, 각각의 정부가 반포한 법률과 재판소의 판결을 실시해 나갈 수 있을 것이다."[12]

국제연합(UN)뿐 아니라 미국의 정책 입안자들도 이 생각이 수많은 저명 인사들로부터 국제적 지지를 받고 있음을 알고 있었다. 하지만 그럼에도 불구하고 그 제안을 받아들일 준비가 되어 있지 않았다. 저명 인사들 중에는 알버트 아인슈타인, 윌리엄 더글라스(William O. Douglas), 노먼 커즌스(Norman Cousins), 훗날 캘리포니아주 출신 상원의원이 되는 알란 크란스톤(Alan Cranston), 그 밖에도 스탠다드석유(Standard Oil) 회장 홀리데이(W. T. Holiday)까지 포함되어 있었다. 가가와는 냉전 상황 속에서 미국이 전 지구적 자경단(自警團)의 역할을 드러내는 것을 보면서, 놀라움을 더해갈 수밖에 없었다. 한국전쟁(1950-53)이 세계정부 건설을 위한 좋은 전조로서의 시작이 아니라, 오늘날까지도 계속되는 지구적인 전쟁 행위의 또 하나의 새로운 징조가 되었기 때문이다.

가가와가 세계정부 건설을 요구하는 이 운동에 처음 관련을 맺은 것은

1947년으로 거슬러 올라간다. 이때 가가와는 세계연방 활동가이며 시카고 대학 학장이기도 하였던 로버트 허친스(Robert M. Hutchins)가 저술한 『세계헌법초안』(*Draft of a World Constitution*)을 번역하고 있었다. 가가와는 국제연합(UN) 안전보장이사회의 거부권을 지닌 대국(大國)들이 민주적인 절차 진행에 방해가 되고 있으며, 실제로 그 대국들은 유엔을 세계정부의 공정하고 효력 있는 수단보다는 초강대국만의 도구로 전락시키고 있다고 생각했기 때문이다.

또한 아직 국제연합(UN) 총회에 배석할 자격조차 없는 많은 나라들이 하루 빨리 회원국으로 가맹할 것을 요청하고 있었다. 마지막으로 그는 미국 국회의 상원과 유사한 상원의회와 인구 500만 명에게 투표권 한 표라는 방식의 비례대표제를 채택한 하원의회를 통해 완성되는 유엔 대표자의 이원제를 제안했다. 헤이그의 국제사법재판소가 여러 국가 간의 분쟁해결을 위한 법정이 되고, 국제경찰은 이 법정의 판결을 실행해야 할 책임을 부여받게 된다고도 말했다. 가가와는 그러한 세계 정부가 하룻밤 사이에 실현될 리 없음을 잘 알고 있었지만, 그가 하나의 모델로 삼았던 미합중국 헌법이 그 완성까지 30년이나 걸린 것을 자주 지적하고 있었다.

가가와는 1952년 11월 3일부터 4일간 히로시마에서 열린 제1회 세계연방 아시아회의의 의장으로 피선되었다. 이 회의에는 인도, 인도네시아, 말레이시아, 캄보디아, 베트남, 필리핀, 중국, 대만, 한국, 오키나와, 독일, 영국, 미국으로부터 350명의 대표자가 출석했다. 그곳에서 가가와는 영국의 위대한 농학자로서 1949년에 노벨평화상을 수상한 국제연합식량농업기구(UNFAO)의 책임자였던 보이드 오어(Lord Boyd-Orr) 경을 만났다.

가가와는 이 회의를 마친 후, 자신의 농업에 대한 높은 관심을 보이드 오어에게 전달했고, 그가 직접 일본의 농장을 견학할 수 있도록 여행을 안내했다. 보이드 오어는 일본의 농업 경영이 매우 효율적이라는 데 놀라워했고, 가가와가 자신감 있게 추진하고 있던 입체농업 프로젝트에 주목하였다.[13] 가가와가 미친 영향은 다음 회의에서 발표된 선언의 내용을 통해 잘 확인할 수 있다.

히로시마(広島)에서 개최된 제1회 세계연방 아시아회의에서 가가와는 의장을 맡았다 ⓒ賀川記念館

① 그 어떤 핵무기의 생산과 사용도 금지한다. ② 군비를 가능한 한 완전히 축소해 가고, 그 완전한 철폐를 궁극적인 목표로 한다. ③ 인종차별을 철폐하고, 기본적 인권을 실현한다. ④ 종교적 편견을 배제하고, 세계의 종교 간 협력과 그 실천을 도모한다. ⑤ 전쟁 포로를 가능한 한 조기에 석방한다. ⑥ 인구과잉 문제의 해결책으로서 세계 자원의 개발과 사용을 진행한다.

가가와는 냉엄한 정치 무대의 현실을 정면으로부터 마주할 때마다, 자신의 기본적인 종교적 입장에 근거하여 다음과 같이 말하고 있다.

"일본의 그리스도인은 지금 세계정부(world government)를 위해 일해야 한다는 도전을 받고 있다. 이러한 도전은 역사상 그 어떤 나라의 그리스도인에게도 요구된 적이 없던 것이다. … 국민의 거의 전부가 항구적 세계평화라는 주제에 관해 일치된 생각을 하고 있다. 사회민주운동(Social Democratic Movement)의 여러 큰 정당들을 포함한 대다수 국민은 이 목적을 달성하기 위한 방법을 더욱 더 잘 알아가고 있다. 그들은 '세계정부'야말로 진보를 위한 유일한 길임을 확신하고 있다. 심지어 이 나라의 그리스도교의 성장과 사회민주운동 사이에도 근본적인 관련성이 있다. 세계정부 실현을 위한 활동의 선두에 서 있는 것은 이 운동의 지도자들이기 때문에, 많은 일본인 그리스도인이 이러한 목표 달성을 위해 전심으로 애쓰고 있는 것이다."[14]

가가와는 그리스도인에게 다음과 같은 새로운 각오가 요청된다고 말했다.

"자신의 생명을 바침으로 비로소 세계의 범죄를 완화시킬 수 있습니다. 어떤 국민이 범죄 위험성을 높이면서, 그 범죄와 죄악에 대한 부채(책임)를 지불하려는 준비가 되어 있지 않다면, 그 범죄는 용서받기 힘들 것입니다."[15]

평화를 위해 자신을 내어 던지고 희생을 받아들이는 태도는, 스스로 죽음으로써 더욱 새롭고 풍부한 생명을 잉태하는 '한 알의 밀' 비유에 근거한 것이었다. 포도나무와 그 가지에 대한 비유는 가가와에게는 연대(連帶)를 촉구하는 또 하나의 메시지와 같았다. 그것은 가가와에게 사회 전체를 상호부조의 관계로서 새롭게 구축해야 한다는 필요성을 강조하는 일이었다. 가가와는 초대 그리스도교에 존재하였던 '사랑과 상호부조'라는 것이 세계적인 것이 되어서, 여러 나라 사이에 끝없이 자극이 되고 확장되어 가길 바랐다.

'하나님 나라'의 꿈, 국제적 협동조합 경제체제

세계정부를 보완할 수 있는 것은 그리스도가 우리에게 요청한 연대(連帶)의 구체적 표현인 '국제적인 협동조합 경제체제'일 것이다. 그러한 생각에 기초해서 가가와는 이렇게 말하였다.

“필요한 정치적 변화의 예비적 단계로서 사회경제적, 교육적, 종교적인 활동 분야에서 바람직한 목적을 달성하기 위해 매일같이 노력해야 한다. 그러지 않는다면 세계연방 구상은 공상으로만 끝나 버릴지 모른다. 현재로서 인류 전체를 ‘하나의 몸’(one body)으로 잘 묶어내고 합쳐 나갈 수 있는 가장 효과적인 대안은 바로 국제적인 경제협동조합운동이다. 이 운동은 모든 가정의 부엌살림이나 금전출납부와도 밀접하게 연결되며, 사회적 연대를 실현시킬 수 있는 가장 훌륭한 길을 제시해 주고 있다. 그것은 이익 추구의 동기, 자본의 축적, 재력의 집중 등을 중지시키고, 물질적 자원보다는 도덕성이라는 잠재적 거대 자원에 관심을 품고 있다. 또한 완전한 민주주의의 구체적인 실천을 주장하고 있다. 협동조합은 자발적 통제에 의해, 생산과 소비 사이에 균형을 확립하고 있다. 또한 실업을 예방하고 있다. 심지어는 생활수준을 끌어올려 사회의 안정을 꾀할 수도 있다. 하지만 그 충분한 이익과 진정한 소비 경제의 완성이란 국제평화가 확보 되지 않으면 달성할 수 없다.”16)

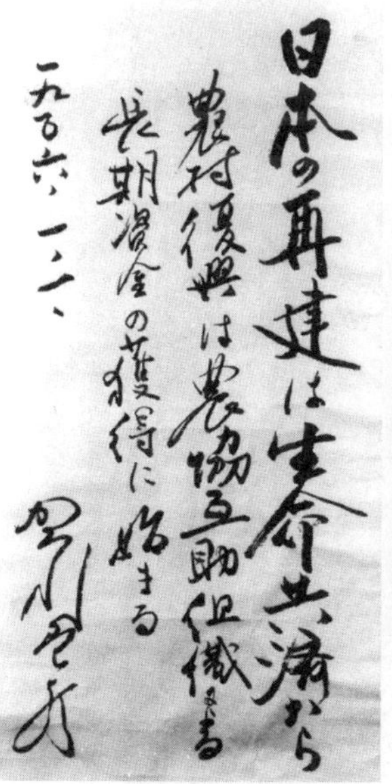

공제농업협동조합에 선물한 휘호 “일본의 재건은 생명공제로부터 – 농촌부흥은 농협상호조조직(農協 互助組織)으로부터 장기 자금의 획득이 시작된다”(1956. 1. 1)이라고 적혀 있다.(좌) 그리고 노동금고협회 총회에서 강연하는 가가와(우) ⓒ賀川記念館

가가와는 자신의 생각을 널리 권면하기 위해 해외여행을 계획했고, 1953년에 5개월 동안 브라질에 종교 강연으로 순회하였다. 그의 이야기는 순수하게 '종교적' 화제로만 한정되지 않았다. 성(聖)과 속(俗)이라는 오랜 구분법을 받아들이지 않았기 때문이다. 가가와에게 '하나님 나라' 건설이란 것은 그 안에 포함돼 있는 것을 늘 생각하는 것이었다. 즉 물질세계를 돌보고, 만물과 만인을 신적(神的)인 것의 표현으로서 취급하는 것이었다. 따라서 그는 브라질 사람들에게 농업에 관한 조언을 무상으로 해 주었고, '영구적인 지속 가능한 재배 방법'과 '환경보호'라는 자신의 신념을 자세히 가르쳤다. 가가와의 차녀 우메코는 1985년에 브라질의 마링가(Maringa)를 방문하였을 때, 아버지 도요히코가 '유칼리 나무 숲'(eucalyptus grove)으로 기억되고 있음을 보고 놀라워하였다. 그곳 마을의 사람들은 이렇게 말했다고 한다.

> "당신(우메코)의 아버님은 옛 정글이 벌채된 후, 토양이 유실되지 않도록 하기 위해, 이러한 나무를 식림(植林)하도록 조언해 주셨습니다. 지금도 이 수목은 밭을 살리는 데 정말 큰 도움이 되고 있습니다."[17]

브라질 전도활동 당시 농장에서(1953) ⓒ賀川記念館

건강이 안 좋아지면서 가가와의 활동은 점차 속도감이 떨어져 갔지만, 여전히 국제적인 주장을 개진키 위해 꾸준히 활동했다. 1954년 3월에는 UN식량농업기구(UNFAO) 총간사 보이드 오어(Lord Boyd-Orr)의 의뢰를 받아 세계연방(World Federation) 건설을 위한 세계운동(the World Movement)의 부총재가 되었다. 보이드 오어는 이 단체의 총재가 되었을 때, 그 조직이 부채로부터 벗어날 수 있

약소국을 배려하기 위해 마련된 '국제연합미가맹국회의' 의장을 맡고(1954) ⓒ賀川記念館

도록 돕기 위해 자신에게 수여된 노벨상의 상금 중 일부인 2천 파운드를 이미 지불한 상태였다. 같은 해 5월에 가가와는 UN의 비회원국회의의 의장을 맡았다.

국제세계연방운동(The thrust the World Movement for World Federation)이나 세계연방주의자연맹(the United World Federalists)과 같이, 같은 목적의식을 갖는 그룹들은 법적인 힘을 지닌 진정한 대표제를 채택한 세계정부(world government)를 확립하기 위해서, 국제연합헌장(the United Nations charter)을 가가와 및 그 밖의 여러 사람이 제안하는 방향에 따라 개정할 것을 주장했다. 가가와는 교회에서뿐만 아니라 수많은 단체들과 함께 이러한 주장을 지지해 줄 것을 계속 호소해 갔다.

WCC 참가와 평화의 메시지

1954년 7월부터 10월까지, 가가와는 미국과 캐나다에서 마지막 여행을 하고 있었다. 이 여행은 과거의 여행과는 달랐다. 왜냐하면 이번에는 공적인 행사의 출석 횟수가 줄어들었고, 과거에 그를 유명하게 만들었던 사전 선전 활동이 거의 없었기 때문이다. 가가와는 미국 일리노이 주 에반스톤(Evanston)의 노스웨스턴대학(North-westen University) 캠퍼스에서 8월 15일부터 시작된 제2회 세계교회대회(World Church Conference)에 출석하였다. 그 행사는 세계교회협의회(WCC, World Council of Churches)가 주최하는 전 세계 프로테스탄트(Protestant) 교회가 모두 모이는 중요한 이벤트였으며, 그해 최대 뉴스가 되는 사건 가운데 하나였다. 따라서 수백 명에 이르는 기자단이 모여들어 매스 미디어에서 크게 보도하고 있었다. 총 54개국 179개 교단을 대표하는 1,298명의 교계 인사들이 공적 신분으로 그 행사에 참가하고 있었다. 도합 12만 5천 명 이상의 사람들이 솔저 필드(Soldier Field)에서 야간에 열린 성대한 개회식에 참석했다. 이 많은 군중 앞에서 연설한 고위 지도자들 중에는 미국 대통령 아이젠하워(D. D. Eisenhower)와 유엔 사무총장 다그 함마르셸드(Dag Hammarskjöld)도 포함되어 있었다.

하지만 이번 행사에서 가가와가 맡았던 역할은 과거의 수많은 회합이나 대회와 달리 매우 작은 것에 불과했다. 그는 정식으로 초대된 내빈이었지만, 일본기독교단(日本基督教団)의 공식 대표단의 일원은 아니었다. 공적대표단 안에는 고자키 미치오, 무라타 시로, 오이시 시게하루(大石繁治), 일본성공회 대표 간 엔키치(菅円吉) 릿쿄대학 교수가 포함되어 있었다. 노령의 가가와는 이미 뒤쫓는 사람도 별로 없고 인터뷰를 요청하거나 사진을 찍자는 시도도 없이 조용하여 그 존재감과 영향력이 과거에 비해 약화되고 있었다.

'걸어 다니는 종합병원'(catalogue of diseases)이었던 가가와는 고령이 되면서 더욱 노쇠해졌다. 가가와는 인생의 중요한 시기에 행한 열정적인 전도활동에 자신의 모든 에너지를 소진해 버리고 말았다. 울혈성심부전(うっ血性心不全)의 발병과 거듭되는 투병 생활로 인해, 언뜻 보기에 왕성했던 그의 정력은 고갈되기 시작했다.

8월 17일에 가가와는 영국감리교회(British Methodist)의 빅터 존스(Victor Jones)와 함께, "우리나라에서 비그리스도교인에게 전도하는 것"(Reaching Non-Christians in Our Own Lands)이라는 주제로 강연을 하였고, 또 다른 집회의 사회를 맡기도 했다. 가가와는 이 모임에서 일본의 교회가 직면하고 있던 여러 어려움들을 요약하면서, 노동자 계급을 전도하는 것이 매우 중요하다면서 다음과 같이 말하였다.

> "우리가 노동자의 영혼을 그리스도교로 인도해 내지 못하면, 일본과 동양의 운명은 향후 몇 세기 안에 암담한 지경에 이를 것입니다. 우리 그리스도인이 만족하여서 주머니에 손을 넣은 채 이데올로기 논쟁에만 함몰돼 있다면, 그 사이에 공산주의자들이 스트라이크(파업)나 사보타주(태업)를 하고 있는 노동자들을 돕기 위해 움직이고, 그러한 운동을 전개하기 위해 많은 돈을 소비하게 됩니다."[18)]

그리스도인이 교파주의나 전도에 대한 재정적 지원의 태만 등으로 분열되고 있을 때에, 공산주의자들은 조직화된 단체를 통해 앞서 나가고 있다는 사실을 그는 한탄하고 있었다. 물론 이것은 가가와가 오랜 기간 생각해 온 주제였다. 왜냐하면 그는 늘 일본의 그리스도인이 안락한 생활에 만족한 채 교리상의 논쟁에 빠져 신자에게만 설교하는 것을 경계했기 때문이다. 가가와는 항상 교회 안의 신도만이 아니라 교회 밖의 민중(common people) 속에서 일하기를 권하고 있었기 때문이다. 하지만 그는 폭력에 의한 계급투쟁의 강조와 공산주의의 깊은 영적 측면의 결여를 자주 비판하였다. 동시에 그는 많은 그리스도인에게 빈궁한 이웃을 향한 헌신적 태도가 결핍돼 있음을 지적하기 위해 공산주의의 긍정적 측면을 근거로 들고 있었다.

지나간 전쟁 시기에 가가와가 주장하던 것이지만, '이른바' 그리스도교 국가의 행위는 그 자체로서 그리스도교가 아시아에서 확산돼 나가는 데 중요한 장해 요인이 되었다. 특히 그는 미국이 태평양에서 실시한 핵실험에 대해 크게 항의하였다. 왜냐하면 그로 인해 발생하는 방사능 물질들이 일본에서 심각한 건강상의 문제를 야기시키기 때문이었다. 가가와는 제2회 세계교회대회에서 다음과 같이 조소하듯 말하였다.

"만약 여러분이 수소폭탄 실험을 하고 싶으시다면, 그것은 알래스카에서 해 주세요! 하고 그리스도인뿐만 아니라 모든 일본인이 말하고 있습니다."[19]

고자키는 세계교회협의회에 대기실험에 반대하는 33,000명의 일본인 청년이 서명한 탄원서를 제출하였다. 이 문서에는 "세계의 모든 국민은 원자폭탄과 수소폭탄의 제조, 사용, 실험을 금지해야 한다"라고 적혀 있었으며, "전쟁을 멈추는 동시에 진정한 평화를 확고히 하도록 노력해야 한다"면서 모두의 동참을 요구하고 있었다.

가가와가 에어컨이 설치된 칸강당(Cahn Auditorium)에서 강연하고 있었을 때, 대표자들은 일리노이주의 나른해지는 8월 더위 속에서 주요한 종교 문제에 관해 논쟁하고 있었다. 공교롭게도 이 회의는 가가와가 그의 전 생애에 걸쳐 다루어 온 그리스도교와 세계에 있어서의 분열을 주제로 삼고 있었다. 로마 가톨릭 교회의 인사들과 몇몇 보수적인 프로테스탄트 신자들은 참석이 거부되었고, 공산주의 국가로부터 온 성직자들은 신문에서 공격을 받아 FBI의 미행을 받아야만 했다.

이 회의는 교리상의 입장차로 인해 뿌리 깊은 분열을 드러내고 말았으며,

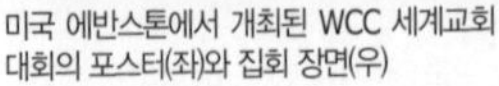
미국 에반스톤에서 개최된 WCC 세계교회대회의 포스터(좌)와 집회 장면(우)

공산주의에 대해서도 어떤 입장을 취할지에 대해 논쟁이 촉발됐다. 칭의(Justification)는 행함에 의한 것인가 아니면 신앙에 의한 것인가라는, 예로부터 이어져 온 오랜 논쟁이 다시 불거져, 신학자들 사이에서 큰 균열이 생겼다. 또 다른 쪽의 사람들은 신에 대한 인간의 전적인 의존을 강조하였고, '하나님 나라'는 신의 세속 세계에 대한 개입을 통해서 실현된다고 주장했다. 하지만 다른 편의 사람들은 '하나님 나라'를 이 땅에 이루기 위해서는 행동을 취해야 하는 인간의 의무가 중요하다고 역설했다. 이러한 것들은 확실히 가가와에게 참을 수 없는 종류의 신학적 입장차들이었다. 왜냐하면 신앙과 행위는 그의 사상과 목회적 실천에 있어서, 끊임없이 긴밀하게 얽히고설킨 것들이었기 때문이다.

아시아의 평화로부터 세계 평화를

그해 11월에 제2회 세계연방 아시아회의(Asian Conference on World Federation)가 다시 도쿄에서 열렸다. 그리고 연이어서 여러 특별한 회합과 제2회 아시아협동조합회의(Asian Cooperative Conference)가 개최됐다. 가가와는 또다시 제2회 세계연방 아시아회의의 의장을 맡게 되었다. 그는 이 시기에 일본의 개헌론자들에게 일본국 헌법의 반전(反戰) 조항을 강한 어조로 변호하였고, 그 조항이야말로 세계를 향한 하나의 표본으로서 계속 제시해야 한다고 주장했다.

만년의 가가와는 가끔 병상에 누워 있으면서도 세계국가(world government) 실현을 통해 세계의 평화를 일구어 가야 한다고 주장했다. 그는 1955년 3월 오사카에서 심장 쇠약으로 인해 2주 동안 병상에 있어야 했다. 하지만 그 와중에도 고집스럽게 집필을 도모하거나, 설교를 하거나, 진행 중인 프로젝트를 감독하거나, 그의 여러 이동 사무실에 오는 손님들을 접대하는 등의 일에 종사하면서 가족과 주변 동료를 계속 걱정시켰다.

그가 전개하던 사회사업은 전쟁 이전의 것만큼 대규모로 이루어지지는

'평화국가와 그리스도교'라는 제목의 강연회(1949. 10. 3) ⓒ賀川記念館

않았지만, 전시하의 참혹한 상태로부터는 상당부분 회복해 나가고 있었다. 가가와전국위원회(The Kagawa National Committee)는 39개의 프로젝트를 진행하기 위해 46명의 직원을 고용하고 있다면서 늘 자랑스럽게 소개하고 있었다. 그 프로젝트란 여러 개의 슬럼센터(slum centers), 탁아소, 농민학교, 모자원(widow's home), 갱생자 사회복귀 훈련소, 한센병요양소, 아동양호시설 등이었다. 미국의 친구들은 가가와 미국위원회(The American Kagawa Committee)가 1962년에 해산될 때까지, 이 활동의 지원을 위해 매월 1,000달러를 보내주었다.[20)]

그는 반복해서 평화실현을 촉구하는 메시지를 발언했고, 일본국 헌법 제9조의 의미를 높게 평가하면서 그 가치를 변호했다. 가가와는 공산주의의 침략을 막기 위해 일본의 재군비가 필요하다고 주장하는 사람들에 반대했다. 그들과 보조를 맞추는 가마꾼의 나머지 한쪽이 되기를 거부하면서, 일본이 외적의 위협에 대해 두려움을 느낀다면, 오히려 침략 행위를 예방할 수 있는 경찰력을 보유한 '진정한 세계정부'(genuine world government)를 창설하는 데 함께 노력해야 한다고 주장했다. 가가와는 일본인과 일본은 스스로가 저지른 전쟁의 비극으로 인해, 스스로가 전쟁을 전면적으로 포기한 역사상 최초의 국민이자 국가라고 보았다. 그런 의미에서 일본인은 선민(選民, chosen people)이 되었던 것이다. 가가와는 선교사와 같은 열정으로 이 메시지를 전 세계에게 전했다. 1956년 11월 26일에 도쿄에서 시작된 재군비반대대회(the Conference for the Renunciation of War)에서 그는 이렇게 말하고 있다.

> "일본 국민은 신헌법 제9조로 전쟁의 항구적 포기를 선언한 것입니다. 이것은 세계 역사상 대사건이라 할 수 있습니다. 우리는 그 어떤 희생을 치르더라도 이 조항을 준수해야 할 뿐만 아니라, 세계의 모든 시민들에게도 이 원칙을 함께 지켜 나가자고 설득하지 않으면 안 됩니다. 우리는 자국의 정치경제적 또는 사회적 구조를 근본적으로 개혁함과 동시에 일본인의 경제생활을 안정시켜 나가지 않으면 안 됩니다. 동시에 우리는 국제적인 긴장 상태 속에서, 자국의 중립적 입장을 견지하여 여러 국가 간의 대립을 조정하기 위해 노력해야 합니다."[21)]

가가와는 다른 문제에도 관여하고 있었다. 바로 한일관계 개선을 위해 1956년에는 일본의 하토야마 이치로(鳩山一郎) 총리대신과 만났을 뿐 아니라, 그 밖의 다른 한일 양국의 관료들과 회담을 가졌다. 가가와의 관심과 입장은 이승만 대통령에 대한 공개서한에 공식적으로 표명되어 있다.

가가와는 1957년에 강연 여행을 위해 태국에서 1개월을 보냈으며, 그해 가을에는 교토에서 열린 제3회 세계연방 아시아회의의 의장을 세 번째로 맡고 있다. 이듬해 1월에는 말레이시아에서 국제협동조합동맹이 주최한 동남아시아회의에 출석하였다.

1958년에는 두 명의 유명한 평화주의자 알버트 슈바이처(Albert Schweitzer)와 버트런드 러셀과 함께, 핵무기 실험을 중지시키기 위해 제네바(Geneva)에서 교섭 중이던 세계열강에게 보낸 공개서한에 서명하였다. 그 서한에는 다음과 같이 적혀 있다.

韓日間修交를熱望

日本 基督敎界의 元老

賀川氏本社特派員會見記

記者와會見하는賀川氏

그릇된感情을淸算

韓國民族은가장優秀하다

마치 隣國之間의 不和

이승만 대통령에게 보낸 공개 서한 보도, "한일간 수교를 열망 – 일본 기독교계 원로, 가가와 도요히코 회견기", 「동아일보」, 1958년 5월 9일자 2면

"우리가 여러분에게 전달하는 것은, 인간이 줄 수 있는 가장 고귀한 것입니다. 우리는 여러분에게 우리의 희망을 전달하려는 것입니다.
물론 여러분의 나라가 강력할지 모릅니다만, 단지 한 나라를 대표하고 있는 것이 아니라, 지상의 궁극의 권위를 대표하는 20억 명의 인류를 대표하고 있음을, 기억해 주시면 좋겠습니다. … 여러분을 실패의 방향으로 밀어 내려는 많은 목소리가 실제로 배후에서 나올 것이라는 것을 우리는 짐작하고 있습니다. 어떤 이들에게는 우리 시대의 필요나 위험을 이해시키기 어려울 수 있기 때문입니다.
하지만 그것이 여러분이 지닌 권한의 원천일 리 없습니다. 여러분의 권한은, 오직 하나의 원천으로부터 기인합니다. 그 원천이란 것은 '인류 공동체의 주권적 의지'(the sovereign will of the human community)입니다. 여러분이 우선적으로 책임지셔야 하는 것은 바로 이 공동체에 대한 책임인 것입니다. …
세계평화는 당연히 핵무기의 통제를 비롯한 많은 노력에 달려 있습니다. 그것은 전쟁의 근본 원인인 정의의 부재, 굶주림, 억압, 침략, 야망의 통제에 달려 있습니다. 우리는 이러한 위험에 대처하기 위해 '세계 공법의 힘'(powers of world law)에 기초한 강력한 국제연합(UN)의 대의(大義)에 의존하지 않으면 안 됩니다."[22)]

그가 생애 마지막으로 사람들 앞에 나선 공식 회의는 1958년 8월이었다. 그는 이때 도쿄에서 열린 그리스도교교육세계대회(the World Conference on

Christian Education)에 참가했다. 이 행사는 일본의 그리스도인들에게 매우 명예로운 행사였다. 즉 세계 사회에 일본이 열의를 가지고 다시금 복귀하는 상징적 의미를 지니는 행사였던 것이다. 전해진 바에 의하면, 이 대회는 그때까지 일본에서 개최된 국제회의 가운데 최대 규모였으며, 8월 6일 저녁에 센다가야(千駄ケ谷)의 도쿄시립체육관에서 열린 개회식에는 12,000명의 사람들이 모였다. 63개국으로부터 1,400명의 공식 대표가 출석하였고, 일본에서는 3,000명이 참가하였으며, 심지어 옵서버 참가자도 8,000명에 달했다.

이날 개회식은 20년 전의 마드라스(Madras) 대회처럼 국제적인 드라마 연출이 있어서, 각국 대표자들은 자국의 민족의상을 몸에 걸치고 강단 위를 향해 길게 행진하였다. 강단 위쪽에는 커다란 하얀 색 십자가가 걸려 있었고, '그리스도는 길이요 진리요 생명이다'라는 대회의 표어가 일본어 및 영어로 게시돼 있었다. 인도의 감독 쇼트 몬돌(Shot Mondol)이 많은 청중 앞에서 개회 선언을 했고, 일본그리스도교협의회 의장인 고자키 미치오가 개회 강연을 실시했다. 대회의 주제 찬송가는 아이치현 도요하시교회(豊橋教会)의 목사 야마구치 도쿠오(山口徳夫)가 작사하고 그리스도교주의 학교인 도쿄여자대학(東京女子大学) 음악과 교수인 이케미야 히데토시(池宮英才)가 작곡한 일본인의 작품이었다.

유네스코 평화 강연회(오사카, 1955) ⓒ賀川記念館

가가와와 그 동료 그리스도인들을 가장 뿌듯하게 만든 순간은 일본의 내각총리대신 기시 노부스케(岸信介)의 강연이었다. 기시 총리는 정면에 십자가가 걸린 행사 연단에 서서, 그리스도교가 근대 일본에 미친 영향을 높게 평가하면서 다음과 같이 말했다.

> "일본에서 그리스도교를 신앙하는 분들의 인구는 극히 소수에 불과하기 때문에, 일본을 그리스도교 국가라고 말할 수는 없습니다. 하지만 일본의 그리스도인은 제반 분야에서 현저한 지도력을 발휘함과 동시에, 일반인들을 겸손하게 섬기는 분들이며, 국민의 사회적 진보와 정신적 향상을 위해 크나큰 공헌을 하셨으며, 그 모범적 행위들로 인해, 그 신앙인의 비율로는 도저히 상상할 수 없을 정도의 강력한 도덕적 감화를 끼칠 수 있었습니다. 이 점에 대해서는 의문의 여지가 없습니다.
> 이러한 사실은, 이 대회에 대표로 참석하신 수많은 나라들의 경우에도 마찬가지일 거라고 생각합니다. 그 점을 생각할 때, 여러분이 도쿄에 특별히 모이신 것은 깊은 의미가 있다고 봅니다."[23]

비 그리스도교도였던 기시 총리는 일본에서 그리스도교는 바울 사도가 말한 '누룩'(leaven)과 같은 존재였다고 말했다. 그런데 이 말은 가가와가 이미 30년 전에 '100만인 구령운동'을 시작하면서 계속 주장해 오던 말이었다. 그리스도교가 일본에 미친 충격은 언제나 교회 회원의 숫자가 의미하는 것보다 훨씬 큰 영향력으로 나타났다. 이교(異教)의 제국(帝国)에서 이미 바울 사도가 겪었던 경험을 숙지하고 있던 가가와는 일본 전 국토가 즉석에서 회심하는 것과 같은 환상은 꿈에도 바라지 않았다. 다만 그는 실천하는 사랑을 통해 세속사회를 감응시키는 것을 꿈꾸었다. 즉 그 나라를 바꾸어가는 일을 하기 위한 충분한 숫자의 그리스도인을 만들어 내는 것에 더 큰 관심을 두었던 것이다. 가가와는 이 행사의 개회식에서 마무리 설교를 맡았는데, 자신이 좋아하는 성서적 주제를 즉 "아이와 같은 사랑과 믿음"을 가지라고 말씀하신 그리스도의 명령에 대해 다음과 같이 말하였다.

> "교사이신 여러분은 '사랑의 사람'이 되지 않으면 안 됩니다. 하나님이 여러분에게 맡기신 아이들을 사랑하고, 그들로부터 배우시기 바랍니다. 그

아이들의 열심, 즉 사랑에 대해서는 사랑으로 즉각 응답하는 그 아이들의 자세를 닮기 바랍니다. 그들에게서 배우지 않으면, 여러분은 저 하늘의 고향에 결코 들어가실 수 없게 되기 때문입니다."[24]

이 대회의 장소는 아오야마가쿠인대학(青山学院大学) 캠퍼스였다. 이곳은 가가와가 과거에도 몇 번이나 강연한 장소였다. 그는 여기서 전 총리대신이자 그리스도인 동료이고, 또한 사회주의자이기도 한 가타야마 데츠(片山哲)와 함께, 일본의 대표자로서 세계평화국제 그리스도인회의(the International Christian Conference for World Peace)를 구성하는 70명의 대표와 만났다. 이 대표들은 그 자리에서 히로시마와 나가사키에 대한 원폭 투하의 파괴적 결과에 관한 사실을 공표하고, 핵무기 금지를 이루기 위해 함께 노력해 갈 것을 결의하였다. 가가와는 이러한 노력을 촉진하기 위해 4년에 한 번은 다양한 장소에서 이 회의를 구체적으로 조직화해 가는 위원회의 위원장으로 임명되었다.

사랑과 평화의 사도, 영원히 잠들다

이 그룹에 속한 사람들은 그해 8월 15일에 도쿄에서 열린 제4회 핵무기 반대 세계대회(World Conference Against Nuclear Weapons)에도 참가했다. 이 대회는 일본이 핵무기를 수입하는 것에 반대하고, 미국과 영국에 의한 원폭 실험의 즉각 중지를 요구하였다. 또한 이들 국가 이외에 소련의 핵실험에 대해서도 무조건 금지에 합의해 줄 것을 권고했다. 일본의 대표단은 영국이 크리스마스 섬(Christmas Island, 인도양의 섬) 주변에서 새롭게 진행하려는 일련의 핵실험 계획도 중지할 것을 요구하는 특별 결의안을 제출했다.

가가와는 노령화로 인해 찾아오는 고통과 더불어 기쁨도 함께 맛보고 있었다. 장남 스미모토와 장녀 지요코는 의학부를 이미 졸업한 상태였고, 차녀 우메코는 목사가 될 결심을 하고 있었다. 교회, 학교, 협동조합의 매장,

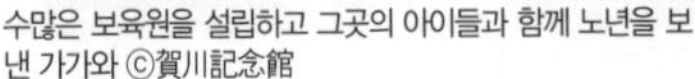

수많은 보육원을 설립하고 그곳의 아이들과 함께 노년을 보낸 가가와 ©賀川記念館

시범농장(demonstration farm) 등의 광범위한 활동 영역에는 다시금 활기가 넘쳐났고, 학생들과 노동자로 들썩이고 있었다.

자택에서는 여전히 폭넓은 지적인 관심을 드러냈다. 지금까지 탐독한 책 이상으로 수많은 새로운 서적이 넘쳐났다. 검은 머리가 점점 하얗게 쇠어 가던 노인 가가와였지만, 여전히 그는 무대의 중심에 서 있었고, 지혜를 나누어 주고 있었으며, 지팡이를 짚은 채 한쪽 발을 힘겨운 듯 질질 끌면서 방문객 한 사람 한 사람을 맞이하고 인사했다. 멜빵으로 매단 헐렁헐렁한 바지를 입고, 안경 너머로는 인자한 미소를 머금은 채, 자신의 시야는 눈이 아닌 마음 안쪽 깊숙이 있음을 뿌듯해하는 것 같았다. 그가 집 밖으로 나오면, 일하고 있던 젊은이들은 잠시 멈춰 서서 친애하는 선생님께 꼭 인사를 올렸다.

가가와가 아내 하루에 대해서 품고 있던 존경과 사랑의 마음은 시종 각별한 것이었다. 그 마음은 가가와가 1950년의 여행 중에 그녀를 위해 쓰고 모아둔 연가(戀歌) 가운데 하나에서도 아주 잘 표현되고 있다. 그 시의 내용은 다음과 같다.

나의 아내 그립고 그리워라	わが妻恋しいと恋し
39년의 진흙탕 길	三十九年の泥道を

함께 밟아와 준 아내가 그리워라　　ともにふみきし妻恋し

공장거리 뒷길에서　　工場街の裏道に
빈민굴의 가두에서　　貧民窟の街頭に
함께 기도해 준 아내가 그리워라　　共に祈りし妻恋し

헌병대 뒷문에서　　憲兵隊の裏門に
미결수 창구에서　　未決監の窓口に
눈물마저 삼키며 당당히 서 있던　　泣きもしないでたたずみし
내 아내가 그립고 그리워라　　わが妻恋しいと恋し

천만금을 손에 넣고　　千万金を手にしつつ
주반(襦袢, 기모노 안피) 소매를 바느질하여　　襦袢の袖口つくろいて
없는 이들 베풀어주던 아내가 그리워라　　人に施す妻恋し

있는 돈을 모두 써버리면　　財布の底をはたきつつ
책 모이 팔러 나가는　　書物数えて売りに行く
말없이 흔들림 없는 아내가 그리워라　　無口な強き妻恋し

싸락눈에도 서릿발에도 천둥소리에도　　霰に霜に雷鳴に
우산조차 쓰지 않고 달려 나가는　　傘もささずに走り行く
강인한 내 아내가 그리워라　　強きわが妻いと恋し

짙은 머리카락은 어느새 하얗게 물들고　　緑の髪は白くなり
피부에는 깊은 주름이 골을 이루고　　肌には深き皺よせて
젊고 고운 얼굴은 잃어버렸지만　　若きかんばせ失せゆけど

맑은 영의 우리 아내가 그리워라　　霊のわが妻いと恋し

눈먼 이 같은 남편 손을 붙잡고서　　めしいの夫の手を引きて
은혜를 헤아리는 나의 아내 그리워라[25)]　みめぐみ数える妻恋し

노쇠함으로 인한 육체적 피로에도 불구하고 달성하고자 하는 활동 목표의 의욕 때문에, 가가와의 사랑과 의분이 꺾이는 일은 없었다. 사회적 불의를 대하는 그의 분노는 그전과 마찬가지로 뜨겁게 불타오르고 있었다. 무엇보다도 그는 자주 유머나 비아냥거리는 풍자와 해학을 사용했다. 교육회의 참가를 위해 도쿄를 방문한 어떤 미국인이 사람에 따라서는 70세를 넘기면 이후의 수명이 늘어나기 마련이라고 말한 적이 있다. 그때 가가와는 딱 잘라 말하며 이렇게 대답한 적이 있다.

"우리나라에서는 그렇지는 않습니다!"[26)]

가가와는 '심화되는 물질주의와 성도덕의 붕괴'에 대해 말할 때도, 강도 높게 일본인을 비판하며, 자국이라고 좀처럼 봐주는 일이 없었다. 가가와는 그 문제의 원인에 대해서 다음과 같이 진단했다.

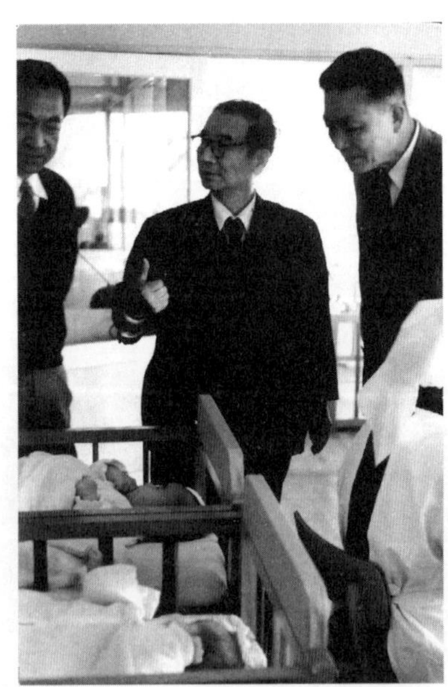
탁아소 운영 실태를 돌보는 노년의 가가와 ©賀川記念館

"근대주의와 자본주의를 구가하며 우리가 감내하게 된 상처이다. 탐욕어린 충동은 우리의 일상을 지배하기 시작했다. 우리의 경제는 재산 운용에 있어서, 여전히 그리스도교 윤리로부터 배울 필요가 있다."[27)]

또한 가가와는 다른 나라들이

나 기성교회 자체에 여전히 만족하지 않으면서 다음과 같이 말했다.

> "나는 어떤 종류의 종교회의(religious synod)에도 관여한 적이 없습니다. 나는 종교정치(religious politics)에 반대하기 때문입니다. 따라서 나는 그 어느 교회로부터도 급여를 받은 적이 없습니다. 유감스러운 일입니다만, 나는 A, B, C, D 국가, 즉 미국, 영국, 중국, 네덜란드와도 도저히 일체감을 가질 수 없습니다. 네 나라도 결국은 착취 국가이기 때문입니다."28)

미국에 의한 착취의 사례를 제시해 달라는 요청이 있었을 때, 그는 이렇게 즉답한 바 있다.

> "오키나와가 그렇습니다. 그들의 역사를 조사해 보세요. 오키나와가 일본 국민(the Japanese nation)의 발상지(birthplace)였다는 사실을 발견할 수 있으리라 생각합니다. 하지만 미국은 자신의 목적을 위해서 오키나와를 점유하고 있습니다."29)

가가와는 미국의 인종차별에 대해서도 여전히 비판적이었다. 아칸소 주(Arkansas)의 주도인 리틀락(Little Rock)에서 전개되고 있던 공민권 투쟁을 접하였을 때, 그는 이렇게 말하였다.

> "미국 남부에서 자행되는 흑인에 대한 차별은 너무나 심각합니다. 나는 1936년에 남부에 위치한 한 교회의 회중이, 인종에 의해서 분리되어 있다는 사실을 알았을 때, 그곳에서 예정돼 있던 설교를 거절한 것을 지금도 기억하고 있습니다."30)

가가와는 미국이 일본을 점령하고 있던 기간 중에 보인 훌륭한 모습들은 '천국적 행동'(heavenly conduct)이라고 아낌없이 칭찬했지만, 동시에 '지옥 같은 미국'(hell America)의 면모를 비판할 때에도 똑같이 기민한 모습을 보였다.

따라서 가가와는 핵실험의 위험성을 고발할 수 있는 강연 기회는 여간하여서는 거절하지 않았다. 그는 미국에서 온 방문객을 향해 자주 다음과 같이 역설했다.

> "방사능은 어디든지 있습니다. 여러분과 제가 방금 전 마신 녹차의 수분도 이미 오염되어 있습니다. 방사능은 우리가 먹고 있는 야채에도 포함되어 있습니다. 미국은 전쟁을 하지 않으면서도 이미 자살 행위를 하고 있습니다."[31)]

가가와는 그때 그때 기분에 따라서, 일종의 과학적 냉정함으로 그런 말들을 전달하는가 하면, 어떤 때는 분노의 목소리로 크게 외치는 경우도 있었다.

가가와의 전 생애에 걸친 활동을 통해 그의 친구나 신봉자들 중에는 이미 1954년에 노벨평화상 수상을 위한 운동을 펼치는 사람들이 나오기 시작했다. 알버트 슈바이처의 명예를 기념하는 헌정 논문집을 편집하고 있던 가가와의 전기 작가이기도 한 독일인 캐롤라 바르트(Carola Barth)는 같은 해에 한 발 앞서 나가, 가가와를 차기 수상자로 추천하고자 할 때 슈바이처 박사가 지지해 줄 것을 요청하기까지 했다. 그녀가 쓴 일기에 의하면, 그해 6월에 슈바이처 박사에게 한 통의 편지를 보내면서 가가와 추천을 지지해 달라고 요청한 내용이 소개돼 있다.

그녀는 이 문제를 널리 확대시키기 위해 그 밖의 여러 인물과도 이야기 나누었는데, 그중에는 브스케스 휴겐호르트(Buskes Jom Heugenholt), 폴만 부인(Frau Pohlmann), 프랑크(Herr Plank) 씨 등이 있다. 특히 프랑크는 슈바이처 박사로부터 물밑 운동을 도와주겠다는 약속도 받아 내었고, 슈바이처는 그녀에게 이 건을 성사시키려면 튀빙겐 대학의 노벨상 수상자 한 명에게 편지를 써 보라고 조언하기도 했다.

그 밖에도 슈바이처의 친구인 부비 부인(Frau Buvi) 같은 사람들도 바르트가 이 문제를 거론한 이후부터 가가와 추천의 지지 요청 편지를 쓰기 시작했다. 바르트는 이미 그해 1월부터 가가와의 추천에 대해 문의해 온 헬렌 토핑과 편지를 주고받는 중이었고, 후보자를 세운 뒤 실제 수상에까지 도달하려면 몇 년 이상 걸린다는 사실을 토핑에게 알리고 있다.[32)]

또한 바르트는 어느 시점에는 슈바이처와 만나서 가가와를 추천하는 일에 대하여 상의하게 된다. 1954년 7월 8일에 슈바이처가 그녀에게 보낸 편지를 보면, "우리가 직접 만나 가가와에 대해 서로 이야기 나눈 것을 결코 잊지 않겠다"고 말한 사실을 기록하고 있다. 슈바이처는 "나 자신도 가가와를 매우 존경하고 있으므로, 가가와의 노벨상 수상을 지원하겠다고 다짐한 약속을 잊어본 적이 없다"고 부언하고 있다. 심지어 슈바이처는 '자신이 매우 흥미롭게 관심을 가진 달력'[33)](이것은 아마도 9장에 서술되어 있는, 영문으로 인쇄된 가가와 달력을 의미한다고 생각된다 – 역자 주)을 언급하면서, 이 일을 도울 수 있게 해준 그녀에게 감사의 뜻까지 표명하고 있다.

가가와는 이러한 각계의 지원에도 불구하고, 여전히 알 수 없는 이유로 노벨상을 수상하지 못했다. 1955년에 노벨평화상에는 가가와를 포함하여 총 37명의 후보자가 추천되었지만, 한 명의 수상자도 나오지 않았다.[34)] 이

1959년 오사카여학원대학에서 거행된 가가와 생애의 마지막 전도강연 ⓒ賀川記念館

에 대한 한 가지 설명은 가가와가 전시 중에 선전 방송에 일시 종사했던 것이 여전히 그의 명성에 오점을 남기고 있었기 때문이라는 것이다. 확실히 가가와는 그 방송에 참여한 동기에 대해서 충분히 설명하지 않았다.[35] 그에 비해 가가와의 둘째 딸, 모미 우메코는 오랫동안 많은 이들로부터 너무 극단적이라고 평가받은 버트런드 러셀의 반핵운동에 동조하였기 때문에, 가가와가 끝내 노벨상을 받을 수 없게 된 거라고 느끼고 있었다. 세 번째 요인은 노벨상 수상자 전형 과정 자체에 왜곡이 있었을지도 모른다는 것이다. 가가와가 사망한 해인 1960년은 노벨상 수상자 선정 과정이 이어진 60년사 가운데서 노벨평화상이 서구유럽이나 미국 이외 지역의 개인에게 간신히 두 번째로 수여된 해였다.

그 와중에도 가가와는 자신의 전도 활동을 계속 이어가겠노라 천명하는 통에, 결국 그의 마지막 와병이 앞당겨지는 결과를 낳았다. 「그리스도신문」의 편집 주간인 무토 도미오가 회고록에서 전하고 있듯이, 가가와는 자신의 전도 활동을 '필사적인 전도'(desperate evangelism)라고 부르고 있었다. 그는 1958년까지 체력이 매우 쇠약해져 가고 있었기 때문에, 계단을 오르는 것만으로도 비틀거려 쓰러질 정도였다. 무토는 가가와에게 다음과 같이 경고하고 있다.

"선생님! 전도 여행은 이제 그만두십시오!"

"하지만 여기저기 교회로부터 와 달라는 부탁이 있어. 그 의뢰에 응하지 않을 수 없잖은가…."

가가와가 이렇게 대답하면, 무토는 다시 경고하였다.

"제발 그만두십시오! 교회와 일본을 위해서 선생님은 그 존재 자체로 의미가 있습니다. 집에 계시면서 요양해 주세요."

가가와는 그런 무토 씨를 향해, 비웃는 듯하면서 엄숙하게 또 이렇게 답했다.

“무토 씨, 어차피 이런 상태니까, ‘필사적인 전도’가 나의 일인 것입니다.”[36]

이 노인의 헌신은 확고부동하였다. 그는 반세기 이상 전(1909)에는 고베 신카와 슬럼가의 빗속에서 거의 죽기 직전까지 혼신을 다해 전도 활동을 펼치고 있었다. 그리고 황혼이 된 지금도, 똑같은 위험을 또다시 무릅쓰고 스스로의 사명을 다하고 있던 것이다. 결국 그는 1959년 1월에 심한 감기에 걸렸는데도, “전도 도상에서 죽는 것은 전도자에게 영광입니다”라면서, 고향인 시코쿠(四国)에 전도 여행을 떠난다고 완강히 주장했다.[37]

가가와는 걱정하는 친구들의 조언에 귀를 기울이지 않고, ‘예수의 벗’ 모임의 수양회가 끝나자마자 시코쿠행 배에 몸을 실었다. 그가 탄 배가 다카마츠(高松)에 도착하기까지 심한 통증으로 인해 제대로 설 수조차 없게 되었다. 결국 다카마츠의 성누가병원에 옮겨져 3월에 집에 돌아올 때까지 거의 3개월 동안 침대 위에 반수면 상태로 누워 있었다. 심장의 상태가 악화되고 있었기 때문에, 대부분의 시간을 침대에서 보내지 않으면 안 되었던 것이다. 그 순간에도 평화를 향한 가가와의 열정은 쇠약해질 리 없었다. 그 열정은 1959년 12월에 인도네시아에 보낸 편지 내용에서 가가와 특유의 현란한 수식이 없는 담백한 영어로 이렇게 감동적으로 표현되고 있다.

“인도네시아의 친애하는 벗들에게.

크리스마스가 가까워지고 있습니다. 저는 이 땅에 평화를 안겨 주신 그리스도의 탄생을 올해는 침대에 누워 축하하고자 합니다. 인도네시아 형제자매 여러분의 수많은 고귀한 생명이 내전으로 인한 유혈사태로, 매일매일 앗아져 가고 있다는 소식을 듣고, 지금 저는 슬픈 마음으로 북받쳐 오릅니다. 이 세계에 참된 평화가 도래하길 간절히 그리며 고대하고 있기에

1959년 시코쿠에서의 마지막 전도 여행 때, 중간에 쓰러져 다카마츠누가병원(高松ル力病院)에 입원하였다가 퇴원하던 날의 모습 ⓒ賀川記念館

마음이 더욱 아픕니다. 설령 형제와 동지 간의 의견에 차이가 나더라도, 한 나라가 두 개로 갈리어 격렬히 싸우는 것 이상으로 큰 비극은 없습니다.

저는 이 크리스마스의 때에 침대에 엎드려 인도네시아 전 국토에 다시 평화가 도래하길, 그리고 우리 인도네시아 형제자매들이 싸움을 멈춘 뒤, 평화를 만드는 회의 석상에서 마주 앉을 수 있기를 간절히 기도하고 바랍니다."[38]

가가와는 오랜 기간, 도쿄 마츠자와의 자택에서 와병 생활을 이어갔고, 체력은 봄을 맞아 자꾸만 쇠약해져 갔다. 벚꽃이 만발하여 그가 사랑한 자연이 새롭게 고동치던 1960년 4월 중순에 가가와는 잠시 건강을 회복하는 것처럼 보였지만 또다시 증세가 악화되었다. 4월 23일 저녁에 주치의 오다기리 노부오(小田切信男)가 왔을 때, 아내 하루는 가가와가 의식 불명이 된 지 3시간이 지났음을 알렸다. 진찰을 위해서 방에 들어간 의사는 가가와의 임종이 가까워왔음을 깨달았다. 1시간이 더 경과했다. 가가와는 갑자기 두 눈을 뜨고 사람들을 향해 미소를 지었다. 그리고 9시 13분에 숨을 거두었다. 다음과 같은 유언을 남긴 채….

> "교회를 건강하게 해 주세요! 일본을 구해 주세요! 세계에 평화가 올 수 있게 해 주세요!"
>
> (教会を強めてください。日本を救ってください。世界に平和を来らせて下さい。)

4월 26일에 가가와는 교회에서 거행된 검소한 장례식으로 남은 이들과 작별했다. 갑자기 공허해진 그의 빈 자리를 통해 그의 죽음의 의미가 지닌 크기와 무게가 깊이 이해되었다. 어떤 목격자는 그의 장례식 풍경을 이렇게 묘사하였다.

> "마츠자와 교회 뒤에 있는 가가와 패밀리의 초라한 집에는 얼마 전까지 사교성 넘치고 인간미 풍부하며 상냥함 가득한 분이 생생하게 살고 계셨지만, 이제는 쇠약해진 그의 마지막 모습을 바라보기 위해 관(棺) 바로 옆을 지나가며 흐느끼는 조문객과 친구들로 가득 차 있었다."[39]

공식 장례식이 그로부터 3일 후에 아오야마가쿠인대학에서 거행되었다. 이 고별 예식에서는 일본 천황이 가가와에게 일본 최고의 공로 훈장 가운데 하나인 '훈1등서보장'(勲一等瑞宝章)을 사후 수여하였음이 발표되었다.

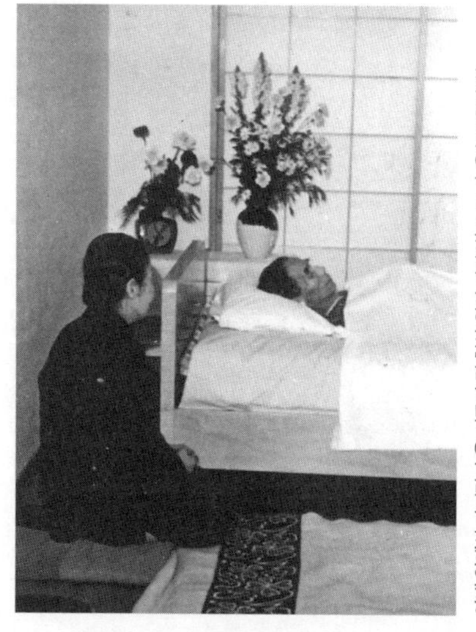

아내 앞에서 마지막 숨을 거두기 전 침상 위의 가가와(1960. 4) ⓒ賀川記念館

가가와는 도쿄 타마묘원(多摩霊園)의 긴 가지 늘어뜨린 떡갈나무와 은행나무 그늘과 쥐똥나

타마묘원 마츠자와교회 묘역에는, 가가와 일가는 물론, 가가와의 평생 동지 스기야마 모토지로(杉山元治郎), 무라시마 요리유키(村島帰之), 그리고 가가와의 제자로서 『百三人の賀川伝』을 쓴 마키노 나카조(牧野仲造) 등도 함께 잠들어 있다 ©賀川記念館

무와 대나무 울타리에 둘러싸인, 고즈넉한 작은 묘소에 묻혀 영원한 안식에 들어갔다. 검소하게 세워진 기념비에는 "가가와 도요히코 … 우리 아버지의 집에 거하리라"는 말로 시작되는 비문이 새겨졌다.

오늘날 가가와 도요히코는 어떤 의미인가?

오늘날 세계 상황은 가가와가 살던 시대에 직접 비판하였던 경제적 착취나 폭력에 기인하고 있다. 따라서 그가 남긴 사상과 생애의 모범은 그리스도인과 비그리스도인, 신앙인과 불가지론자를 불문하고, 다시금 주목하고 고찰해야 함에 분명하다. 우리는 그가 보인 실패나 약점마저도 직시함으로써, 그로부터 두려운 교훈을 깨닫고 배워야 한다.

가가와가 고군분투하며 달성하고자 했던 수많은 개혁 과제의 상당수는, 현대 일본 사회에서 구체적으로 실현되어가고 있다. 일본은 지금 보통 선거권을 비롯해 조합이나 정치단체 결성의 자유, 충분한 의료보호 제도, 훌륭한 교육 여건, 평화로운 주거 환경, 큰 폭으로 개선된 토지 소유권 제도 등, 가가와가 꿈꾸며 부지런히 추진하였던 수많은 사회사업의 결실을 향유하고 있다. 그 가운데에서도 생활협동조합운동은 크게 번영하고 있다. 일본이 전개하는 평화운동은 세계에서 가장 두드러진 모습 가운데 하나가 되었다. 정책 수단으로서의 전쟁을 금지하는 일본국 헌법 제9조는 군국주의 망령을 다시 부추기려고 하는 국가주의자들의 기획에도 불구하고 존속하고 있다. 그리스도교는 적어도 개종자의 수에 있어서는 가가와가 기대한 만큼 일본에서 늘어나지 않았지만, 이 나라가 품게 된 새로운 가치에 중요한 영향력을 계속 미치고 있다.

하지만 만약 그가 오늘날 우리와 함께 살아간다면, 이러한 진보에 대해서도 결코 만족하고 있지 않을 것이다. 틀림없이 그는 무기 생산이나 환경 파괴 등을 문제 삼으면서, 일본 기업의 그러한 역할에 대해 물음을 던질 것이며, 여전히 평화운동의 최전선에 머물고 있을 것이다. 일본에서든 개발도상국에서든, 어디에 있든지 노동자에 대한 착취를 보면 경영자에게 도전하고 저항할 것이다. 그는 소위 선진국이라는 여러 나라에서 목격한 정신적 공허함과 이기주의를 계속 비판해 갈 것이다. 가가와는 자본주의적인 문화나 가치관이 여전히, 상호부조 혹은 그리스도교적 윤리보다도 우리의 정신세계를 계속해서 강력히 지배하고 있음을 한심스럽게 바라볼 것이다.

분명히 가가와는 1,000만 명 넘는 사람들이 매년 아사(餓死)하는 한편, 인류가 매년 군비에 3조 달러 이상 낭비해가는 모습, 그리고 유엔(UN) 보고서에 따르면 1986년에만 30개 이상의 전쟁으로 500만 명의 사람들이 목숨을 잃고 있는 이 세계에서 평안하게 앉아만 있을 수 없을 것이다. 이러한 참혹한 모습들은 그가 삶의 모든 것, 즉 개인적이고 정치적이며, 혹은 정신적이고 경제적인 삶의 모든 분야에서 '복음'(Gospel)을 열심히 구현하려던 과제들이었다.

가가와는 언제나 그를 향한 비판자에 둘러싸여 있었다. 그가 등장한 첫 순간부터 그를 단순한 매명가(賣名家)라고 욕하는 사람들도 있었다. 맞다. 그들의 판단은 틀리지 않았다. 실제로 가가와는 사람들의 주목을 받고 싶어하는 강렬한 자아를 품고 있었다. 그리고 사람들에게 인정받고 싶은 강한 욕구로 가득 찬, 피곤함을 모르는 발전적 인물이었다. 그 밖의 사회운동가나 종교지도자들도, 가가와가 받았던 종류의 비난을 자주 받게 된다. 그들과 마찬가지로 가가와가 등불을 되 속에 숨겨 둔 것은, 그러면 그 불빛이 먼 곳까지 닿지 않으리라는 것을 알고 있었기 때문이다. 자신의 신념을 확산시키는 일에 진지한 사람은, 자신을 앞세워 가는 일에도 교묘한 능력을 발휘하지 않으면 안 되고, 또한 실패도 각오하지 않으면 안 된다. 문제는 자아의 크기가 아니고 그에 따라 결국 무엇을 이루었는가 하는 것이며, 그 최종적 판단은 그 사람이 이루어낸 성과에 따라 달라진다. 가가와는 분명히 사람들로부터 받는 관심과 주목도를 즐겼던 인물이지만, 인도주의적 혹은 종교적

어린이, 학생, 여성, 노인 등 사회적 약자를 늘 우선적으로 돌보았던 가가와 목사(1920년대의 전도 여행 중) ⓒ賀川記念館

프로젝트에의 지원을 얻기 위해 그것을 충분히 이용하였고, 자신은 그에 수반되는 금욕적이라 말할 수 있는 검박한 생활을 하고 있었다. 그는 자기중심성을 충분히 자각하고 있었기 때문에, 자신의 성격을 언제나 제어하기 위해 애썼으며, 전 생애에 걸쳐 스스로를 비판의 대상으로 보았다. 자신을 낮게 보이도록 만드는 유머는 가가와의 가장 큰 매력 중 하나였으며, 위인인 척 거드름 피우기보다는 오히려 희극 배우처럼 행동함으로써, 인간미 넘치는 성자로서의 인상을 주었다.

제2차 세계대전 후, 가가와의 명성은 간디와 같은 세계적인 명성을 잃고 점점 작아져 갔다. 그의 명성은 그를 비방하는 사람들뿐만 아니라, 그의 신봉자들에 의해서도 상처 입었는지 모른다. 가가와를 우러러보고 있던 서양의 추종자들은 끝내 그를 제단에서 제사지내 버렸는지도 모른다. 가가와를 모신 제단은 결국 참된 대화가 낳는 긴장감을 가가와로부터 없애 버렸는지도 모른다. 결국 가가와가 제단에서 내려오게 되었을 때, 많은 회의와 불만이 생겨나 '가가와 숭배 현상'(Kagawa cult)은 그 폭넓은 호소력을 잃어 버렸다.

간디와 가가와는 성인(聖人)과 같은 아우라, 비폭력주의적 신념, 자기희생의 정신, 자국민을 향한 뜨거운 사랑, 종교 재흥(再興)의 능력 등을 공통적으로 가지고 있었다. 하지만 두 사람을 비교하는 것은 처음부터 부적절했다. 두 사람이 놓인 역사적 상황은 현저하게 달랐기 때문이다. 간디의 운동은 비폭력을 통해서 자국 안의 식민지 지배세력을 추방하는 것이었다. 한편 가가와의 일본은 식민지 지배의 희생을 피해 나간 얼마 안 되는 드문 나라 가운데 하나였으며, 아시아로부터 서양 제국주의자들을 내쫓기 위한 장래가 불투명한 전쟁을 일으켜 폭력을 일삼고 있었다. 간디의 적대자는 제국주의의 침입자였으나, 가가와의 적은 자국 내의 군국주의 독재 권력자들이었다. 식민지를 유지해갈 의지마저 상실하고, 마침내는 전쟁으로 피폐해진 영국 제국보다도 가가와의 조국 일본은 훨씬 감당하기 벅찬 상대였다.

이처럼 간디는 명확한 목표를 가지고 있었지만, 가가와는 두 개의 갈등하는 가치, 즉 비폭력과 안팎에 엄존하는 제국주의와의 싸움 가운데 함정에 빠진 것처럼 제대로 움직일 수 없었다. 간디는 자신의 운동을 추진하기 위해서 민족주의의 힘을 이용할 수 있었지만, 가가와는 일본의 민족주의 그 자체가 폭력주의의 핵심 기반이었으므로 간디처럼 할 수는 없었다. 간디는 사회정의를 위한 투쟁을 토착 힌두교의 영향력을 이용한 영적 힘으로 이끌어 갈 수 있었지만, 가가와의 일본은 종교와 가치 체계가 서로 뒤섞인데다, 그 가운데 대표적 종교인 신도(神道)는 민족주의와도 강력히 결합돼 있었다. 그 결과 가가와는 그리스도교로 개종하였지만, 간디는 신약성서와 톨스토이의 평화주의를 자신의 사상과 행동 안에 반영시키면서, 오히려 그리스도교를 힌두교에 녹여갔다. 그에 비해 가가와는 토착 종교가 일본을 구하기 위한 도덕적 원천으로서는 턱없이 부족하다고 보았다.

간디는 근대 과학기술에 대해 진부하면서도 로맨틱한 적대감을 품고 있어, 굳이 어느 쪽인지 말하면 과학기술이 반종교적(unholy)이라고 보았다. 이에 비해 가가와는 오히려 근대 과학기술을 추구해야 될 과제로 보면서, 서로 보완해야 할 관계인 과학과 산업이 악한 속성만을 지니고 있다고는 생각지 않았다. 다만 과학기술에 대한 그릇된 사용법에 분노를 폭발시켰던 것이다. 세계에 비춰진 것에 비해, 훨씬 더 실용주의적 신비가(pragmatic mystics)의 한 명에 가까웠던 가가와는 과학이 신에게 봉사할 수 있으며, '하나님 나라 건설'을 위해서도 과학은 도움이 될 것이라고 기대했다. 간디가 오래된 물레를 돌리며 채식주의를 말하고 있던 동안에, 가가와는 보다 좋은 농업기계의 개량 방법을 고민하고 농민들이 돼지나 토끼도 함께 기를 것을 권면하고 있었다. 그는 적절한 과학기술, 환경적으로 건전한 농업, 거기에다 산아조절을 지지하고 있었다. 이러한 것들은 지금(1988년 집필 당시)으로부터 75년 전의 발전도상에 서 있던 나라에서는 시급히 필요한 것들이었다.

서양의 가가와 신봉자들은 '가가와의 협동조합운동'을 크게 환영하였고, '일본 4천만 노동자의 지도자'로서의 가가와에게도 큰 기대를 걸었다. 하지만 실제로는 협동조합도 노동운동도 가가와의 전유물이 아니었으며, 물론 그 누구의 것도 아니었다. 특히 일본이 태평양에서 미국과 갑작스런 전쟁을 일으키고, 군국주의자들이 양국 관계를 파괴한 이후부터는 더욱 그러했다. 서양의 가가와 신봉자들은 가가와가 모국에 있어서도 큰 인기와 신망을 받고 있을 거라며 과대평가하고 있었다. 실제로 가가와는 몇 가지 측면에서 자국보다는 오히려 해외에서 더 큰 영향력을 지니고 있었다.

가가와 신봉자들은 제2차 세계대전 전에 일본이 보인 끔찍한 사태들(중일전쟁, 난징대학살 등 – 역자 주)이 있음에도, 엄중한 현실에 대한 대화를 나누는 대신 가가와를 찬양하는 일에만 몰두하였다. 아래 인용문은 그러한 모습을 잘 나타내는 한 사례다.

> "과거 몇 년 동안, 가가와 도요히코의 이름은 세계의 수평선을 가로지른 혜성과 같이 빛나고 있었다. 큰 불안을 야기시킨 요란한 뉴스(중일전쟁 학살 등 – 역자 주)를 타전해 온 저 일본에서, 위대한 종교 지도자의 소리가 울려 퍼졌다. 불과 몇 년 전까지만 해도, 미국 각지의 프로테스탄트 교회에서 '가가와가 누구인가?'라는 질문이 많았다. 이제 그 질문은 '가가와는 어떤 의미를 지니는가?'라는 훨씬 더 깊은 수준의 질문이 나오게 되었다. 오늘날 미국은 가가와를 통해 많은 대답을 듣게 되었고, 가가와는 미국

그리스도교에 큰 영향을 미치고 있다. 가가와의 메시지는 국제적 형제애, 평화, 그리스도인의 일치, 바로 그러한 것들이기 때문이다. …

이러한 내용은 과거 몇 년 동안 서양 그리스도교계에 울려 퍼지고 있는 일본으로부터 온 목소리다. 어떤 이들은 벌벌 떠는 손으로 일본을 가리키며, 그들과의 전쟁 가능성에 대해 노심초사한다. 하지만 그들에게 우리는 자신 있게 미소를 지으며, '당신은 가가와를 잊고 있군요!'라고 말한다.

그 말을 건넨 우리는 자신의 말이 어떤 의미인지 잘 안다. 일본에는 실로 평화를 사랑하는 일본인이 최소한 95%가 있으며, 그들 가운데에 가가와가 성인처럼 받들어지고 있음을 우리는 알고 있었다. 일본인들은 가가와에게 바른 길로의 인도와 조언을 구하고 있다."[1]

이러한 영웅 숭배는 가가와에게 초인적 능력이 있다고 볼 정도였다. 초인적이라고까지 말하지는 않아도, 확실히 가가와가 일본에서 현실적으로 발휘할 수 있는 능력보다 훨씬 더 큰 힘이 있는 것처럼 그들은 생각했다.[2] 하지만 가가와도 혹은 그보다 훨씬 큰 영향력을 지닌 사람들조차, 대중을 그 어떤 '약속의 땅'(promised land)으로 이끌어 줄 수는 없었다. 미국의 가가와 신봉자들은 개성을 존중하지 않았고, 집단주의적 합의에 기초를 둔 다른 문화에 서양의 '위인'(great man) 역사이론을 임의로 투사하고 있었다.

불행하게도 일본의 전체주의를 저지하기 위한 전략을 만드는 노력 대신

전후, 사회 복지의 필요성에 대해 역설하는 가가와(1957) ©賀川記念館

에 가가와의 제자들은 가가와 같은 위인이 지도자인 이상, 95%에 가까운 사람들의 뜻은 반드시 실현될 거라고 믿었고, 그 믿음에 근거하여 그 아래에 모여들었다. 그런데 두 개의 주요 정당, 헌병대, 대기업, 지주, 관료, 거기에 정부의 검열관 등이 모든 권력을 장악하고 있었다. 수백만 명의 일본인은 아직 봉건적 가치관에 목매여 있어 권위에 도전하는 지도자에 대한 복종을 주저했다. 하물며 외래 종교를 주장한다는 이유만으로 피의자 취급을 받고 있던 가가와 같은 인물을 따르는 것은 있을 수 없는 일이었다. 정부의 압도적인 선전 활동과 검열로 인해서, 평화주의자라고 생각되던 사람들조차 전사(戰士)로 만들고, 투사(鬪士)로 바꾸어 놓았다. 가가와도 이미 살펴본 것처럼, 그러한 강력한 가짜 정보 조작의 희생자가 되고 말았다.

미국에서 나타난 가가와의 인기는 사회적이면서도 동시에 종교적 현상이었다. 그가 지니고 있던 그러한 카리스마는 정의하기 힘든 그 어떤 힘이었다. 누군가를 존경하고 싶은, 혹은 경외(敬畏)를 통해 수반되는 전율(*frisson*)을 체험하고 싶어 하는 인간적 욕망으로부터, 사람들은 신성한 존재와의 만남을 갈망하며 가가와 아래로 모였다. 이것은 가가와의 인상적인 개성을 더욱더 확대 재생산해 내었다. 아시아인으로서의 가가와는 카리스마 이상의 그 어떤 호소력을 지니고 있었다. 그는 다양한 방법으로 미국인이 가지고 있던 '미국적 신앙'(American faith)에 신뢰를 되찾을 수 있도록 도왔다. 모든 선교 활동이 거기에 투여되는 돈과 노고에 비해 적절한 의미를 지니는가에 대해서 늘 고민하던 사람들은 가가와를 통해 그러한 활동의 정당성과 이유를 찾아낼 수 있었다. 분명 가가와는 외국 전도의 가치를 인정받게 해주는 산 증거가 되어 주었다. 가가와의 존재만으로도 세계적 규모의 전도활동은 그 가치를 극적으로 증명 받을 수 있었다.

가장 중요한 것은 가가와가 다위니즘(Darwinism), 세속주의(secularism), 거기에다 19세기에 촉발된 혁명으로 인해 그리스도교 신앙이 깊은 회의와 공허감 속에 불안해할 때 그 해결의 실마리를 가가와에게서 찾았던 것이다. 제1차 세계대전과 대공황의 새로운 격랑 속에 휩쓸린 그리스도교 세계에 있어서, 많은 지식인의 종교적 심정은 기성 교회의 공허한 권유보다는, 오히려 엘리엇(T. S. Eliot)의 『황무지』(*Wasteland*)에 의해 더 잘 표현되고 있었다. 이러한 현대사에 불어닥친 공포는 그리스도교의 '복음'(good news)이 다른 신앙 체계에 비해 도덕적 우월성을 주장할 수 있는지에 대해서도 깊이 의심하도록 만드는 상대주의를 초래하고 있었다.

가가와는 그리스도교 신앙의 힘이 산 증거를 가져오고, 신앙은 행동(실천)을 통해서 구체화되어야 한다고 요구하는 사회 프로그램을 설명했다. 그는 그리스도교에 의해서 다시 태어났고, 그리스도교가 개인 혹은 집단의 수준으로 일본을 개혁해 가는 데 놀랄 만한 영향력을 미치고 있다고 말했다. 아시아인으로서의 가가와는 그 당시 서양 그리스도교가 복음에 대해 회의하고 의심을 품고 있던 것에 대해서, 복음은 지금도 세상의 빛이라는 사실을 단언할 수 있게 해 주었다. 가가와의 경험은 회의론자들을 향해, 지금이야말로 그리스도교를 저버릴 때가 아니라, 그 복음을 한 번 더 실천할 때라고 확신시켰다.

그는 자국 일본의 전통에 젖어 있는 사람이었기 때문에, 서양인들이 자신들의 전통(즉, 그리스도교)으로 돌아오라고 강하게 권할 수 있었다. 모든 그리스도교 세계가 진정한 그리스도교를 회복하고 거기로 돌아가야 한다고 그는 주장했다. 가가와의 그리스도교는 완전히 독자적인 것이었으며, 일본에 봉사하기 위해서 채용되고 있었다. 그것은 비(非)백인 세계에 열등감을 주려는 의도를 가졌던 자민족 우월주의적인 그리스도교는 아니었다. 이러한 그리스도교에 대해서, 서양 세계는 부끄러움을 느끼기 시작하고 있었다. 가가와가 생각한 그리스도교는 서양 국가가 위선적인 세계 지배를 달성하기 위해 이용한, 그러한 정복의 도구로서의 그리스도교가 아니었다. 오히려 완전히 반대로 가가와의 그리스도교는 해방을 위한 도구였다. 가가와는 자신의 행동, 저술, 그 밖의 말로 표현하기 힘든 독특한 성스러운 분위기에 힘입어, 의심과 회의로 그 신뢰가 땅에 떨어져 버린 종교적 신앙을 어떻게 회복하고 만끽할 수 있을지를 드러냈다. 그의 구체적인 사회 개혁과 신비주의적 활동의 조화는 사적이고 밀폐된 신앙 공간이 아니라, 고통 속에서 이 세상을 살아가지만 신앙을 통해 그 어려움을 헤쳐 나가려고 분투하는 사람들에게 특별한 매력이 있었다. 그에 더하여 가가와 특유의 '협력의 철학'(philosophy of coopertation)과 '사회적 복음'의 해석은 사회 개혁이 비폭력적 수단으로 달성될 수 있음을 실증해 보였다.

'가가와 현상'(Kagawa Phenomenon)의 몇 가지 측면이 1935년 츠루미 유스케(鶴見祐輔)를 통해 탁월하게 기술된 바 있다.

> "만약 30년 전(1905년경 - 역자 주)에 세계에 가장 널리 알려진 일본인이 누구였는지 묻는다면, 그 대답은 해군 제독 토고(東郷)였을지 모른다. 그리고 15년 전에는 누구일지 묻는다면, 아마 하야카와 세슈(早川雪洲)였을 것이다. 그런데 오늘날에 이르러서는 바로 가가와 도요히코일 것이다. …
> 서양 문명이 그들이 생각했던 만큼 우수한 것은 아니라는 것이 서서히 밝혀졌고, 서양인들도 눈을 뜨게 되었다. 그들은 완전히 새로운 것으로서 아시아에 서구가 갖고 있지 않은 것이 있음을 발견하기 시작했다. 그 하나는 아시아가 가지고 '사물을 바라보는 눈'(a way of looking at things)이다. 한 마디로 말하면 그것은 '문화'(Culture)라고 부를 수 있다. 아시아가 갖고 있는 이 '사물을 바라는 눈'에 덧붙여, 아시아는 서양인이 스스로 만들어 냈다고 생각하던 것을 훨씬 깊고 혹은 훨씬 더 순수한 형태로 간직하고 유지해 오고 있지 않았을까 하는 것이다. 그리스도교에 대해서는 어떠할까? 서구가 2,000년 동안 지켜왔다고 생각하는 그리스도교, 그 순수한 정신은 그들의 마음속에서 점점 악화되고 있다. 하지만 이 종교는 오히려 그 태어난 고향인 이곳 동양에서 부활의 가능성을 찾고 있지는 않을까?
> 이러한 이유로부터, 가가와 씨나 간디를 향한 서양인들의 열렬한 흠모와 숭배의 현상이 나타났다. 그것은 결국 서양인들의 자기부정에서 비롯된 산물이며, 우월감의 꿈에서 깬 백인종의 신음 소리라고 불러도 좋을지 모르겠다."[3)]

가가와를 예언자로 부르기만을 고집하는 사람들은 많은 점에서 그가 타협을 하였으며, 사회의 비판자 혹은 예언자로서의 역할을 방기(放棄)했던 사실은 알려고 노력하지 않았다. 가가와는 그처럼 위험한 역할로부터 몸을 한 발 뒤로 뺐으며, 1930년대에는 일본을 위한 유격대(partisan), 혹은 일종의 친선대사(ambassador)가 되었다. 일본의 문제를 외부세계의 사람들과 논의한다고 하는 그의 전략은 문제점들을 가볍게 취급하도록 하였고, 사태는 충분히 제어되고 있으며, 결국 선(善)의 힘이 우세하다는 인상을 주는 것처럼 보였다. 따라서 일본은 여전히 문제를 떠안고 있는 실상이었지만, 패닉에 빠질 이유도 없어 보였다.

그가 이러한 방침을 고수한 까닭에는 고결한 소망이 자리 잡고 있었다. 이러한 태도와 이미지를 유지함으로써 일본에 대한 적대감을 완화시키고, 그것은 결국 평화를 지키는 일이 될 거라고 기대했기 때문이다. 하지만 단순한 관계의 절충 정도만으로는 충분하지 않았다. 때로는 (미일 간에 – 역자 주) 마음 아픈 문제들이 들춰지고 고통스러운 토론이나 대결 구도가 노출됨으로써, 가가와라는 존재는 그 자체로 치유자로 여겨진 것이다. 물론 가가와는 위대한 그리스도인이었지만, 성전에서 환전상을 내쫓거나, 자신은 이 땅에 분쟁(분열)을 야기시키기 위해 왔다고 제자들에게 경고한 예수 그리스도의 말씀과 비교될 수 있는 정도는 아니었다.

> “뱀들아 독사의 새끼들아 너희가 어떻게 지옥의 판결을 피하겠느냐.”(마 23:33)
>
> “내가 세상에 화평을 주려고 온 줄로 아느냐 내가 너희에게 이르노니 아니라 도리어 분쟁하게 하려 함이로라.”(눅 12:51)

가가와는 감정적으로 세계대전 전, 일본이 지니고 있던 사회적 병리를 정면으로 직시할 수 없었으며, 따라서 신념에 기초하여 끝까지 싸울 수는 없었던 것 같다. 타인과 충돌하여 고통을 수반하는 상황을 인내하는 능력에는 한계가 있었다. 1920년대에 가가와가 노동운동·농민운동 혹은 정치운동에 임할 때에도, 그는 자신의 신념을 마지막까지 관철시키기 위해 싸우기보다는 서서히 뒷걸음질 치며 퇴장해 갔다. 그는 정부를 향한 도전과 저항도 결국 그만두었으며, 엄격한 비판도 점차 완화시켜 정치권력의 중심부에 질질 끌려다니는 신세가 되었다. 최종 결론으로서 가가와는 사람들 사이에 만연한 불일치와 대립을 극적으로 분출시키기보다는 이러한 분쟁 자체를 부정하면서, 사랑과 협동이라는 추상적 개념에 호소했다.

노년에도 공부와 실천을 게을리하지 않았던 가가와 ©賀川記念館

가가와가 어떤 행동을 취하기 위해 어떤 방법을 채택하였을지에 대해서, 우리는 단지 추측만 할 수 있을 뿐이다. 가가와는 자신의 선의(善意)를 확장시키는 대신, 일본 군국주의자들이 제국 건설을 정당화하기 위해 이용한, 서구의 인종차별과 식민지주의에 대한 날선 비판과 공격에 더 많은 에너지를 쏟을 수 있었는지도 모른다. 혹은 일본에 대한 더욱 강고한 국제적 제재와 고립을 주장하며, 일본 국내에서의 압제를 멈추기 위한 국제적 연대와 운동을 시작해야 했다고도 생각해 볼 수 있다. 미국이 자산 동결과 석유의 수출입 금지를 실시하여, 결국 일본에 대한 제재는 10년 정도 늦어졌고, 그 결과 전쟁을 막기는커녕 오히려 전쟁이 촉발되고 말았다.

이러한 '양 칼날의 성전'(double-edged crusade, 両刃の聖戰)이 시작됐다는 것은 가가와에게 망명 혹은 죽음을 가져왔을지도 모른다. 그런데 싸워야 할 수많은 상대가 존재하고 있음을 깨닫고 있던 가가와는 일찍이 다음과 같이 말하였다.

"누구나 나를 공격하고 있던 것 같다. 소련의 공산주의자도, 무정부주의자도, 자본주의자도, 입이 거친 문예비평가도, 자극적 기사만 쓰는 신문

기자도, 그리스도에 감히 맞설 수 없던 불교신자도, 그리스도를 주로 고백하면서도 가짜 그리스도교를 믿고 있던 많은 그리스도인들까지도 말이다.”[4)]

가가와는 의식적으로 자신을 돌베개 하나 없던 ‘인자’(人子)처럼, 그리고 건축자들이 버린 모퉁잇돌(corner-stone)로 묘사했다.

“적군이 동서남북 모든 방향으로부터 나를 향해 오는 것처럼 보였다. 갖추고 있던 나의 모든 토대가 부수어지고 당장 무너질 것만 같아 보였다. 계속 공격을 받아 마침내 피가 솟아나옴을 느꼈다. 그리고 자주, 나는 실패한 것임에 틀림없다는 생각이 엄습해 왔다. 그때마다 예수는 더 좋은 사회 질서를 수립하는 시도에 실패하기를 바라고 계시다는 걸 떠올렸다. 사회악(社會惡)에 맞서 나가면 누구든지 박해를 받게 된다. 따라서 사회정의를 위한 싸움을 수행하려면, 그리스도와 같은 용기가 필요하다. 정의를 위해 싸운다는 마음을 가지려면, 고통과 고난에 몸을 내던질 필요가 있다. 희생 없이는 진보도 없다. 고통을 모르면 신(神)의 뜻도 알 수가 없다. 어떻게 하면 실패할지에 대한 고민의 이유를 모른다면, 그리스도를 따른다는 게 무엇인지도 알 수가 없다. 예수는 싸우셨고, 이내 십자가 위에 달리셨던 것이다.”[5)]

가가와가 차마 행할 수 없었던 것은, 바로 골고다 언덕에서 예수가 걸어갔던 그 고독한 걸음이었다. 그리고 자신의 생명을 잃을지도 모른다는 공포 속에서도 그 속죄의 사랑을 실현하신 그리스도를 모방하는 시도는 끝내 이루지 못했다. 가가와에게는 우호적인 미국의 청중이 필요하였으며, 일본에서도 교류와 친분이 있는 관료들이나 전도 여행을 통해 만났던 수백만 명의 군중들이 있었다. ‘예수의 벗’ 모임이나 그 밖의 여러 조직 활동에 헌신적인 동료들이 있었기에, 그는 어디선가 자신의 뜻이 받아들여지길 바랐다. 간디는 가가와에게 동료들을 경계하라고 말했지만, 가가와는 오히려 수많은 친구를 필요로 했다. 그것도 이제는 그만 단념하라고 말해주는 친구들을 말이다.

하지만 모든 말과 행동이 끝났을 때, 가가와는 우리 모두가 바라고 달성할 수 있는 것보다도, 훨씬 더 먼 곳까지 자신만의 골고다 언덕을 오르고 있었다. 그는 신앙과 더불어 사회 활동에 대한 풍부한 영감(inspiration)을 지니고 있었다. 따라서 가가와는 오늘날에도 기억되고 있으며, 우리는 여전히 그를 모범으로 삼으며 그에게 배우고 있다.

감사의 글

로버트 실젠

아주 많은 분들이 이 책의 기획에 협력의 손길을 내밀어 주시고 격려해 주셨다. 짧은 지면을 통해 그 귀한 뜻과 모든 수고에 대해 충분한 답례를 표시할 수는 없을 것이다. 하지만 최대한 그 감사의 마음을 기록해 두고자 한다. 우선 자료 조사와 이 책의 집필을 위해 아낌없는 지원을 해주신 가가와 탄생 100년 기념사업 미국위원회(주로 마조리 바커(Marjorie Barker) F.D.B기금)에 깊은 감사의 마음을 전한다. 특히 집필 초기에 한쪽의 관점에 너무 치우친 평전을 쓰기보다는 가가와의 생애 가운데 쟁점이 되고 있는 몇 가지 측면을 진솔하게 채택할 수 있도록 허락해 주셨던 것에 대해서도, 감사의 뜻을 표시하고 싶다.

특히 가가와의 차녀 모미 우메코(籾井梅子) 목사께서 인터뷰에 흔쾌히 응해 주시고 솔직하게 답해 주신 점, 그리고 가족의 귀한 자료들을 제공해 주신 것도 큰 도움이 되었다. 야스코치 조지(George Yasukochi) 씨는 끈기 있게 책 전체의 편집 과정에 동참해 주었고, 질문과 충고를 병행해 주셨다. 오미 프랭크(Frank Omi) 씨는 가가와를 이해하는 데 도움이 되는 일본어 문헌을 번역해 주셨다. 구로다 앤드류(Andrew Kuroda) 씨의 도움은 각종 문헌이나 정부 문서의 입수를 위해서 필수적이었다. 모리스 리프만(Morris Lippman), 로버트 넵튠, 에밀 세케락은 미국의 생활협동조합운동에 대한 가가와의 영향력에 대해서, 토마스 그럽스(Thomas Grubbs) 목사는 미국 기독교회에 대한 가가와의 영향에 대해서, 또한 무라타 코지(Koji Murata) 씨와 타츠노 데이비드(David Tatsuno) 씨는 일본계 미국인에 대한 가가와의 영향에 대해 알려 주었다.

부락해방센터(部落解放センター, Buraku Liberation Center)의 로버트 스티버(Robert Stieber) 목사는 일본에서의 피차별 부락에 대해 가가와가 어떤 관계를 맺고 있었는지에 대해서 중요한 배경 정보를 제공해 주셨다. 또한 최근 독일에서 가가와 평전을 펴낸 칼 반 드레이(Carl Van Drey) 씨는 미국에서는 쉽게 구할 수 없는 자료들을 제공해 주셨다.

기본적인 참고문헌의 상당수는 캘리포니아 주립 버클리대학(UC Berkeley), 연합신학대학원(GTU, 버클리), 샌프란시스코대학(University of San Francisco) 등의 각 도서관에 소장된 방대한 책들로부터 구할 수 있었다.

가가와의 복잡다단한 인생을 평가하고 해석할 만한 자격이 없다고 생각한 나에게, 자신감을 가지고 이 일에 착수할 수 있도록 나를 격려해 주신 후루야 야스오(古屋安雄, 당시 ICU 교수) 선생님께 특별히 감사드리고 싶다. 후루야 선생님은 사반세기 전에 집필한 가가와론(賀川論)에서 학문적으로 접근한 가가와 평전이 아직도 발표되지 못하고 있음을 한탄하고 계셨다. 아마 이 책은 부분적으로나마 그 필요성에 응답하여 더 많은 연구를 재촉하는 자극제는 될 수 있을 것이다.

하시모토 히데오(橋本秀雄) 목사에게도 정보의 소재 파악과 분석에 대해서 도움을 아끼지 않으신 점, 그리고 개인적 경험을 함께 나누며 늘 따뜻한 격려를 잊지 않으셨던 것에 대해 다시금 심심한 감사의 말씀을 전하고 싶다. 이 많은 분들이 자신의 시간과 에너지를 할애하여 주셨기에, 이 책이 완성될 수 있었다. 따라서 이 책은 그리스도교에 기초한 '가가와 정신'이 여실히 녹아 있는 소중한 작품이다.

가가와 도요히코 평전을 소개하며

가야마 히사오(加山久夫)
가가와 도요히코 기념 마츠자와자료관 관장(賀川豊彦記念松沢資料館館長)
메이지가쿠인대학 명예교수(明治学院大学名誉教授)

이 책은 Robert Schildgen, *Toyohiko Kagawa. Apostle of Love and Social Justice*(Centenary Books, 1988)의 전역이다. 이 책의 영문판은 미국에서 가가와 도요히코 목사 탄생 100년을 기념하는 프로젝트로서 출판된 것이다. 하지만 저자는 이 책의 집필에 임함에 있어서, 가가와 도요히코를 역사 가운데서 엄밀히 평가하고, 그 내용을 비판적으로 검증하는 관점과 방법론을 전제로 한다고 밝혔다. 저자의 이러한 성실한 학문적 태도는 폭넓은 독자층에게 가가와 도요히코를 보다 설득력 있게 소개하여, 그 평가를 더욱 보편화시키는 데 기여했다고 말할 수 있다.

로버트 실젠 선생님은 위스콘신대학 및 인디애나대학 대학원에서 공부한 후, 버클리의 「*Co-op News*」 편집자로 1978년부터 85년까지 일했으며, 이후 오버린대학에서도 협동조합(코프) 전공으로 연구를 이어갔다. 그 후 미국에서 많은 독자를 확보하고 있는 환경 문제 대표 잡지인 「*Siera*」의 편집장으로 활약해 왔다.

실젠 선생님은 협동조합과의 관계를 통해서, 한편으론 현대신학에 있어서의 '해방신학'이나 '사회복음'의 연구를 통해서 가가와 도요히코에 관심을 갖게 되었다고 한다. 즉 빈곤이나 여러 차별로 인해 사회의 저변으로 쫓겨나 버린 사람들의 해방과 인간성의 회복을 예수가 가르친 '하나님 나라' 선교의 목표였다고 본 것이다. 따라서 그러한 문제들은 그리스도교의 전도자로서의 가가와에게 피할 수 없는 과제로 인식된 것이다. 하지만 현실 속에서 그리스도교는 지금까지 교회라는 테두리 속에 스스로를 가두기 십상이었다. 그러한 의미에서 가가와가 젊은 시절에 슬럼가에 뛰어들어 빈궁한 이들을 위해 열심히 사색하고 실천하였던 것, 그리고 그 후의 생애 가운데서 실로 여러 형태의 사회 개량 프로그램을 과감하게 전개한 것을 보면서, 저자는 가가와에게 강한 마음의 끌림을 느꼈을 것이다.

실젠 선생님은 이 책의 서장을 「간디·슈바이처·가가와」라고 쓰고 있지만, 그것은 한 시기, 특히 구미에 있어서의 가가와 도요히코의 평가가 어떠한 것이었는지를 잘 나타내 주고 있다. 하지만 그 후 가가와의 이름은 급속히 잊혀져 갔다. 앞의 두 사람(간디·슈바이처)과 비교해 볼 때 그 현상은 실로 현저하였다. 아마도 가가와의 너무나 다면적인 역할이나 사상이 그러한 현상의 한 요인이 되었다고 생각하지만, 가가와가 어떻게 평가되어 왔는지 그 자체가 가가와 연구에 있어서 또 하나의 흥미로운 테마가 될 것이다. 일본 교회에서 가가와 평가는 반드시 높다고 볼 수 없으며, 원래 가가와가 활동하고 있던 당대에도 그 지명도에 비해, 제대로 평가 받았다고 볼 수 없다. 하지만 한 인물을 어떻게 평가할 건지에 있어서, 평가의 좌표축 그 자체도 새롭게 음미되지 않으면 안 된다. 생전의 가가와는 자주 일본 그리스도교의 교회주의(教会主義)나 목사중심주의를 신랄하게 비판하였고, 교회에 사랑이 없다고 한탄하였다. 그에게는 하나님의 사랑이 지배하는 현실이 중요한 것이었기 때문에, 결국 그는 교회나 민족, 국가의 울타리를 넘어 섰다.

저자는 가가와 도요히코의 이미지를 구축하기 위해서 그리스도교 전도활동, 노동운동, 농민조합운동, 협동조합운동, 평화운동 등을 다면적으로 파헤쳐서 결국 그 전체상을 잘 그려내고 있다. 특히 지금까지 우리에게 제대로 알려지지 않았던 방대한 미국 측 사료를 폭넓게 구사한 점은 실로 의미가 깊다. 한편, 일본어 문헌에 직접 접근할 수 없었던 저자는 훌륭한 협력자들의 도움을 받아 놀라울 정도로 자세하고 치밀하게 일본 측 사료도 활용함으로써, 가가와 도요히코를 정확히 파악하고 생생하게 묘사해 냈다. 그것은 저자의 가가와를 향한 깊은 공감적 이해와 저널리스트로서의 뛰어난 감각 등이 크게 발휘된 덕분일 것이다. 이제부터 가가와 도요히코를 적극적으로 평가하는 사람도, 혹은 비판적으로 보는 사람도, 우선 이 책부터 꼭 읽어 주셨으면 한다. 그 작업을 통해 가가와 도요히코를 보다 정확하게 이해하는 새로운 관점이나 통찰을 얻을 수 있을 것이다.

또한 이 책을 많은 분들이 읽어 주어서 가가와 도요히코의 세계를 새롭게 알아 주셨으면 좋겠다. 현대는 가가와의 시대와는 다르고, 일본 및 한국 사회도 근대화와 민주화를 통해 큰 발전을 이루었다. 언뜻 보기에 가가와가 목표로 삼았던 대부분의 목표가 실현된 것처럼 보일지도 모르지만, 현대에 있어서 우리는 변함없이 심각한 빈곤의 문제를 확인하고 있으며, 노동이나 경제의 인간화라는 목표는 오늘날 다시금 중요한 과제로 다가오고 있다. 노동력은 단순한 재화나 물건이 아니며 노동자도 인간이라고 말하면서, '우애의 경제'나 '협동·상호부조의 마음'을 호소하였던 가가와 도요히코는 지금 이 순간에도 새롭게 우리에게 말을 걸어오고 있으며, 명확한 메시지를 갖고 있다. 평화 문제도 마찬가지이다. 일본의 평화헌법 탄생을 진심으로 기뻐하고, 그것을 세계평화 실현의 중요한 이정표로 생각한 가가와가 만약 지금의 일본과 세계의 현실을 바라보면 도저히 좌시할 수 없을 것이다. 그러한 의미에서도, 앞으로의 시대를 살아가고 만들어 갈 젊은 세대가 꼭 이 책을 읽어 주었으면 좋겠다.

가가와 도요히코 기념 마츠자와자료관(賀川豊彦記念·松沢資料館)은 '예수의 벗' 모임으로부터 협력을 받아서 일본어판의 출판을 성사시킬 수 있었다. 어려운 출판 사정 속에서도 이 책의 일본어 출판을 위해 애써주신 신교출판사(新教出版社)의 고바야시 노조무(小林望) 사장님께도 진심으로 사의를 표하고 싶다. 그리고 무엇보다 이 책이 한국어판이 '신앙과지성사'에서 출판되어 한국의 독자들이 가가와 도요히코 목사의 신앙과 삶, 활동과 사상을 엿볼 수 있게 되었다는 것에 감사드린다. 이 책을 계기로 한일관계는 물론 불안한 동북아시아의 정의로운 평화를 다시 생각할 수 있다면 더 큰 기쁨이 없을 것이다.

역자후기

가가와 도요히코는 누구일까?

이 책의 초역이 끝날 즈음이던 2016년 4월, 미국에서는 대통령 선거 예비 경선이 한창이었다. 당시 여당이었던 민주당에서는 사회민주주의자인 버니 샌더스(Bernie Sanders) 상원의원이 돌풍을 일으키고 있었다. 냉전 시대가 막을 내린지 오래인 21세기를 살아가고 있건만, 자본주의를 꽃피운 미국이란 초강대국의 시민들은 어째서 버니 샌더스에 주목하였던 것일까? 경선 토론회장에서 그가 남긴 연설은 그 이유를 짐작케 한다.

> "위대한 나라는 얼마나 많은 억만장자가 있는가, 군대가 얼마나 큰가에 의해 결정되는 게 아니라 가장 빈곤한 삶의 처지에 내몰려 있는 시민들을 어떻게 대하는가에 달려 있습니다!"(2016. 4. 12)

물신주의가 판치는 인간성 종말의 이 시대에 샌더스는 '국가'의 존재 이유를 쉽고도 담백하게 전하고 있다. 그런데 과연 그는 새롭게 등장한 인물일까? 대답은 "그렇지 않다"이다. 170여 년 전 영국의 로치데일에서는 협동조합을 일구던 무명의 샌더스가 이미 수없이 존재하고 있었다. 그리고 100여 년 전 이곳 극동의 아시아에서도 왜소한 체구의 샌더스 한 명이 세상을 바꾸기 위해 이미 몸부림치고 있었다. 그의 이름은 바로 '가가와 도요히코'다.

이 책의 번역을 착수하기 위해 저자 로버트 실젠 선생에게 연락했을 때 그는 이렇게 답장했다. 짧은 문장 속에 가가와에 대한 정확하고도 간명한 대답이 오롯이 담겨 있다.

> "소득 불균형과 빈부격차의 문제는 한국뿐 아니라 수많은 나라의 문제이지요. 저는 이런 풍조를 변혁시키기 위해서는 '협동'(cooperatives)이야말로 큰 힘이 될 거라 믿습니다. 또한 동아시아에서 고조되고 있는 여러 긴장감을 생각할 때, 가가와는 여전히 가치 있는 지혜를 전해주고 있습니다. 저는 평화와 경제적 정의를 역설한 그의 가르침이 여러 문제에 직면한 한국인들에게 영감과 힘을 북돋아 주길 희망합니다. 두 분의 활동을 위해서 기도하겠습니다. 다시 한 번 저의 가가와 평전을 한국어로 소개해 주시겠다는 뜻에 감사의 마음을 전합니다. Jul. 6, 2013. Cooperatively, Bob Schildgen"

가가와 도요히코는 근대 일본 그리스도교가 낳은 인물 가운데 가장 중요한 인물이 아닐 수 없다. 한일관계, 특히 한일의 그리스도교 관계사가 전공인 역자가 언젠가 한국의 학자들에게 근대 일본의 그리스도교 인물 중 누구를 아는지 물어보았다. 가장 많이 나온 대답은 김교신과 함석헌 등, 여러 한국인 제자를 두었던 우치무라 간조였다. 그 다음 인물이 다름 아닌 가가와였다. 그런데 그 누구도 가가와에 대한 전체적이고도 정확한 면모를 설명해내는 이는 없었다. 빈민운동가, 노동운동가, 성자(聖者), 그리스도교 평화주의자, 문학가 등등, 다양한 가가와의 이미지들 가운데 어느 한 측면만이 강조된 대답들이 나왔다. 조금 깊이 공부한 이들 중에는 "그 역시 어쩔 수 없는 제국주의의 신봉자"라는 냉소적 비판도 나왔다.

하지만 그들보다도 먼저, 역자 자신부터가 가가와 도요히코에 대해서는 어떠한 선이해와 편견에 휩싸여 있던 게 사실이다. 일본 유학 당시, 도시샤(同志社)대학의 도히 아키오(土肥昭夫) 교수의 연구실에서는 가가와의 그토록 빛나는 공적과 사상적 유산에도 불구하고, 그가 부분적으로 표시했던 '식민지 조선인', '만주', '타이완' 혹은 일본 내의 '브라크(部落)민'에 대한 인식에 대해 비판적으로 논의하고 있었다. 그런 부정적 평가의 분위기 속에서 가가와에 대한 역자의 첫 대면(對面)도 결코 긍정적인 것이 못되었다.

그 후 오랜 시간이 지났다. 한국의 모교에서 가르치다가 일본의 대학으로 소속을 옮겼는데, 공교롭게도 바로 지금 역자가 봉직하는 메이지가쿠인대학이 가가와 도요히코의 출신 학교다. 그리고 이 대학을 중심으로 '가가와 도요히코 연구회', ' 마츠자와 가가와 도요히코 자료관' 등이 연계되어 있고, 더구나 현재 역자가 소장을 맡고 있는 이 대학의 그리스도교연구소 안에도 가가와 도요히코 연구 그룹이 활동을 이어가고 있다. 이곳에서 역자는 도시샤에서의 기억을 떠올려 가며 비판적 야당 노릇을 종종 하곤 하였다. 그럼에도 불구하고 주위의 연구자들은 그러한 비판적 관점의 수용에 결코 인색치 않았다. 특히 가가와 도요히코 연구의 권위자이자 이 책의 일본어판(2007)의 대표 역자이신 가야마 히사오(加山久夫) 선생은 자신이 가가와 연구에 있어서 얼마나 폭넓은 시야를 구사하고 계신지 모른다. 이러한 분이 또한 역자가 소속된 대학의 명예교수로서 늘 격려와 응원을 아끼지 않으신다.

역사적 인물에 대한 온전한 이해와 평가 지평의 확장은 그 인물의 한계와 유약한 면모까지를 정확히 받아들이고, 공유하는 일에서부터 시작되는 것임을 믿는다. 결국 역자 자신은 가가와 도요히코에 대한 비판 관점을 먼저 논하면서, 그를 이해하게 된 셈이다. 그리고 바로 어느 시점에 이르러 결국 역자는 그 시대 이 땅에서 가가와 도요히코가 혼신을 다해 실현해 간 '협동조합' 하나만으로도 그는 충분히 추앙될 의의를 지닌 인물이며, 그가 그토록 따뜻한 약자에게 행한 '사랑 실천'을 더하여 보면, 참으로 음험한 시대를 건너서는 한 의인(義人)의 존재 기적을 말할 수 있다고 생각하기 시작했다. 특히 2012년 9월에 '가가와 도요히코와 21세기 그리스도교의 과제'(賀川豊彦と21世紀のキリスト教の課題)라는 주제로 메이지가쿠인대학에서 열린 제60회 일본그리스도교학회의 논의들은 그러한 고민을 더욱 심화시켰다.

그러고 있던 차에 이 책의 공동 역자이자 필자의 제자인 홍이표 목사가 가가와 도요히코의 평전을 함께 옮겨 보자고 제안해 왔다. 가가와의 헌신

100주년을 기념하던 2009년에 일본에 선교사로 파송된 홍 목사는 다름 아닌 가가와의 첫 활동무대였던 일본기독교단 효고교구(兵庫教區)에 부임해 왔다. 이 교구는 가가와가 빈민가에 처음 세웠던 예수단교회(イエス団教会)가 현재까지도 소속된 교구다. 또한 홍 목사는 그 아내 가미야마 미나코(神山美奈子) 목사와 함께 고베 동쪽의 니시노미야시(西宮市)에 위치한 고요엔교회(甲陽園教會)를 맡아 8년간 일했는데, 니시노미야는 다름 아닌 가가와 목사 가족의 자택이 있던 땅이다. 또한 그곳에 '농민복음학교'를 처음으로 설립(1927)하였고, 그 자리는 지금도 일본기독교단 '한 알의 밀 교회'(西宮一麦教会)로 이어지고 있다. 그러한 환경에서 홍 목사는 고베의 가가와 기념관이 가가와를 모르는 젊은이들을 위해 그의 헌신 100년을 기념해 펴낸 극화『劇画 死線を越えて一賀川豊彦がめざした愛と協同の社会』를 한글로 옮겼다.

또한 고베 지역은 역자와도 관계가 깊다. 가가와가 세례를 받은 미국 남장로교회가 고베신학교와 함께 설립한 '기독교청년관'은 현재의 '고베학생청년센터'인데, 이곳은 역자가 일본 유학 시절 '조선어강좌'를 맡아 봉사하던 곳이다. 지금도 그곳은 고베 지역 시민단체의 구심점이 되고 있다. 가가와 목사의 정신적·실천적 유산이 면면히 이어져 내려온 결과일 것이다. 그곳의 히다 유이치(飛田雄一) 관장과는 평생의 동지로서 우정을 이어가고 있는데, '조선인 및 중국인 강제동원진상규명네트워크' 공동대표를 맡아 가가와 목사가 못다 이룬 동아시아의 평화를 위해 헌신하고 있다. 그리고 최근까지 홍이표 목사가 새로 부임해 활동한 탄고미야즈교회(丹後宮津教会)가 속한 '탄고'(丹後) 지역도 1927년 대지진이 났을 때, 가가와가 직접 구호 활동을 펼친 곳이었다. 그러고 보니 두 역자가 활동한 곳 어디서든 가가와의 흔적을 느낀다. 떨어져 지내면서도 가가와 도요히코라는 '끈'을 통해 그가 늘 강조한 '신비적 연결'을 이어온 셈이다.

이처럼 선생과 제자가 순수한 학문적 목적으로 의기투합하여 책 한 권을 완성해 내는 것은, 제도화된 여타의 연구 프로젝트와는 비교할 수 없는 보람과 기쁨을 준다. 이 번역서가 그 경우일 것이다. 역자는 책의 앞부분에 대한 초역은 수행했지만, 전체의 기획과 일관된 정리, 그리고 저자 실젠 선생과의 연락, 더 나아가 한국 출판사와의 제반 상의에 이르기까지 거의 모든 역할을 홍이표 목사가 감당하였다. 따라서 이 후기마저도, 실은 홍 목사가 쓰는 것이 마땅한 일이었지만 내가 적게 되었다. 다시 한 번 홍이표 목사에게 고마움을 전한다.

원래 이 책의 초역은 2015년 가을에 마쳤으며, 2016년 가을 쯤에는 출판될 예정이었다. 하지만 극심한 출판계의 불황 속에서 당초 이 책을 출판하기로 한 출판사가 어려움을 토로해 왔다. 결국 2018년 정초가 되어 신앙과지성사를 통해 내놓게 되었다. 역자 후기를 쓸 무렵 미국의 대선은 혼전이었고, 한국의 집권 세력의 부정과 부패도 여전했다. 하지만 이 책의 출판이 지연되는 사이 참 많은 역사적 격변이 있었다. 미국의 새 대통령은 앞서 쓴 후기에서 언급한 버니 샌더스와 상극의 인물이 되었으며, 한국에서도 대통령이 탄핵되고 새 대통령이 당선되었다.

지난 10여 년 한국의 집권자들이 타락과 부패를 일삼는 동안, 한국 사회는 대량해고와 실업이 급증했고, 비정규직 양산과 함께 빈부격차가 심화되었다. 복지정책은 심하게 후퇴했으며, 남북관계는 물론 주변국과의 관계도 파탄에 이르러 동아시아의 정세는 불안해졌다. 이윽고 충격적인 국정농단을 마주한 뒤, 생업에 쫓기는 촛불 시민들이 겨울 내내 역사 변혁의 주체가 되었다. 천만 서울에서 10%의 인구에 해당하는 100만 명이 매주 거리를 가득 채웠다. 그런데 그 경이로운 풍경을 바라보면서 역자는 다시금 가가와 도요히코를 떠올렸다.

100여 년 전인 1921년의 고베시 인구는 63만 명(『神戸市統計書』 참조)이었다. 이 당시 가가와는 착취당하던 3만 5천명의 지역 노동자들을 이끌고 일본 최초의 초대형 스트라이크를 일으켰다. 고베 인구의 5-6%에 해당하는 시민들이 거리를 행진한 비폭력 평화시위… 정보통신의 발달 유무나 민주주의 제도나 시민의식의 구현 정도를 비교해 볼 때, 가가와의 그 새롭던 도전은 아시아에서 처음으로 목격된 놀라운 사건이 아닐 수 없었다. “사람이 먼저다!”라는 오늘날의 시대정신을 가가와는 이미 100여 년 전부터 다음과 같이 역설하고 있다.

> “궁핍함 속에서 괴로워하는 노동자들은 애처롭게도 최근 고베항에 적재된 저 화물들을 오히려 부럽게 올려다보고 있습니다. (…) 오늘 날은 정말이지 사람보다 물질이 더욱 존중받는 시대입니다. 상리(商利)의 목적인 화물은 사람보다도 존중받고, 사람은 물건보다도 가볍게 다루어지는 시대입니다. … 우리는 재화를 존경하는 현대 사회를 변화시켜, 인간을 존중하는 사회로 환원시키지 않으면 안 됩니다.” {본서의 제5장(pp.161-162)에서 재인용; 「賀川豊彦氏大講演集」, 『全集』, 第10巻, pp.70-71.}

이 평전의 번역은 2014년 세월호 참사를 목도한 뒤, 더 이상은 미룰 수 없는 작업이라는 마음으로 착수되었다. 사람의 생명이 눈앞의 돈과 이익 앞에서 한없이 경시되는 물신주의 사회가 지난 10여 년 동안 너무나 심화되었음을 통감했기 때문이다. 그 정점에서 마주한 세월호의 비극은 무엇이라도 하지 않고서는 견딜 수 없게 만들었다. 참담한 지경으로 추락한 한국 사회가 ‘사람’, ‘평화’, ‘민주주의’ 등의 이른바 ‘기본’부터 다시 고민해야 할 이 때에, 그 적절한 지도 교사로 가가와 도요히코 만한 인물이 없다는 생각이 들었던 것이다.

가가와는 슈바이처·간디와 더불어 당대의 현존하는 3대 성인으로 여겨졌다. 하지만 여러 인간적 한계, 특히 전시 하에 보인 국수주의적 태도가 비판받으며 전후에 서서히 잊혀져갔다. 그럼에도 불구하고 그는 우리와 같은 아시아인으로서, 가장 먼저 사랑과 협동의 정신으로 이 사회의 정의를 실현해 가고자 분투했다. 그의 길은 험난했지만, 불굴의 정신과 업적들은 오늘을 사는 우리에게도 여전히 큰 울림으로 다가온다.

특히 2013년 부산에서 개최된 제10차 WCC총회가 강조한 “생명·평화·정의”의 가치를 가가와 도요히코는 이미 한 세기 전부터 이 극동 지역에서 묵묵히 실현하기 위해 애썼음을 이 책으로 재확인하게 된다. 2018년의 한국은 정치·경제·문화는 물론이요, 종교의 영역에까지 수많은 과제가 산적해 있다. 교회는 희망을 주기는커녕 절망의 소식만 전하고 있다. 가가와 도요히코와 다시 만나 그의 음성을 경청하는 일이 의미를 갖는 이유이다.

역자는 수년 전 본서의 번역을 위해 영문판을 인터넷 중고서적 사이트를 통해 국제 주문을 한 바 있다. 그런데 태평양을 건너 일본의 번역자 품에 도착한 책의 원래 주인은 미국 캘리포니아에서 활동한 가가와 모미 우메코(Umeko, Kagawa Momii) 목사였다. 그가 아버지의 탄생 100주년을 기념한 영문 평전(1988)을 처음 받아들고, 자신의 이름과 날짜를 적어 놓은 것이 도착한 것이었다. 저자 실젠 선생은 우메코 목사와 여러 번 인터뷰 하였으며, 이 책 안에서도 그 내용이 수차례 인용되고 있으니, 참으로 기묘한 인연이 아닐 수 없다. 분명 이 책의 번역 과정에 가가와가(賀川家)의 보이지 않는 응원의 손길이 존재했음을 느낀다.

Kagawa Centennial Project
Umeko Kagawa Momii
Oct 28, 1988

마지막으로 이 책의 한국어 번역과 출판을 흔쾌히 허락해 주신 로버트 실젠(Robert Schildgen) 선생께 감사의 마음을 전한다. 일본에는 이미 수많은 가가와 평전이 나온 바 있지만, 저마다 너무나 주관적인 서술과 편협한 사료 선택, 그리고 선양과 찬미를 통한 성인전(聖人傳) 류의 책이 많았다. 특히 식민지 지배를 당한 한국인의 일본에 대한 편견어린 감정은 일본인이 집필한 평전에 대해 의구심을 갖게 할 수도 있다. 하지만 제3국의 시민인 실젠 선생은 그러한 편견을 불식시킨다. 자유로운 사료 선택과 그 무엇도 개의치 않는 비판이 이 책에는 여과 없이 담겨 있다. 동시에 협동조합 및 환경운동가로서의 입장에서 가가와가 인류에게 남긴 업적과 교훈에 대해 깊은 존경심과 칭찬 또한 아끼지 않았다. 이 책은 지금까지 나온 어떤 성과보다도 가장 객관적인 '가가와 도요히코 평전'이라 말할 수 있다. 따라서 일본에 대한 부정적 편견에 사로잡힌 한국인 독자들이라 할지라도 마음을 열고 읽을 수 있는 책이라 믿는다.

이 책의 번역 작업은 기본적으로 로버트 실젠(R. Schildgen) 선생의 영어판(1988) 원전을 기본 텍스트로 삼았다. 하지만 일본과 일본인을 다루는 평전인만큼 10년 전에 출간된 일본어판 『賀川豊彦—愛と社会正義を追い求めた生涯』(新教出版社, 2008)도 함께 참고하여 진행하였다. 고유명사와 더불어

인용된 수많은 1차 자료 등의 경우는 오히려 일본어판 원전의 빈번한 확인이 요구되었다. 선행된 일본어 번역으로 한국어판 작업을 더 수월하게 이끌어 주신 가야마 선생 등 가가와도요히코 기념 마츠자와 자료관 소속의 여러 연구자들의 노고에 감사드린다.

그리고 귀중한 가가와 관련 사진을 기탄없이 제공해주신 고베 가가와기념관의 니시 요시히토(西義人) 참사, 한국어판 출간을 격려해주신 신교출판사의 고바야시 노조무(小林望) 사장께도 감사를 전한다. 덕분에 귀중한 미공개 사진들이 한국어판에는 많이 소개될 수 있었다. 저자와의 연락 과정에서 도움을 준 교토대학의 스틱 린드버그(Stig Lindberg) 선생과 블라디미르 이보(Vladimirov Ivo) 선생, 최종교정에 도움을 준 홍승표 목사와 김형미 아이쿱협동조합연구소 소장, 그리고 이 책을 처음 기획하고 번역 작업을 이끌어 주신 도서출판 섬의 이정아 편집장, 어려운 출판 환경 속에서도 이 책의 출판을 결심해 주신 신앙과지성사의 최병천 사장께 특별한 고마움을 전한다.

2018년은 가가와 도요히코의 탄생 130년이 되는 해이다. 하지만 한국사회는 약자(弱者)들의 소외가 더욱 깊고 넓게 확대되고 있으며, 그리스도교는 그 책임을 거의 외면하고 있는 현실이다. 또한 역사적 과오를 점점 망각해 가는 일본의 위정자들은 한일 관계와 동북아시아의 미래를 어둡게 하고 있다. 앞으로 역사라는 엄중한 무대 위에서 우리가 걸어갈 길은 어떠할까? 신뢰할만한 가가와 도요히코의 평전을 한글로 펴내는 이 일이 그 험난할 여정에 귀한 참고와 지침이 될 수 있을 것이다.

2017년 12월
역자를 대표하여
도쿄 메이지가쿠인대학에서
서정민 씀

| 가가와 도요히코 연보 |

1888년 7월 10일, 가가와 준이치(賀川純一)와 도쿠시마(徳島)의 게이샤(芸者) 가오 가메(菅生かめ)의 2남으로 고베(神戸)에서 출생.

1892년 11월 19일, 아버지 준이치 병사.

1893년 1월 17일, 어머니 가메 병사. 누이와 함께 도쿠시마의 본가에 가서 의모(아버지의 본처)와 살기 시작함. 같은 해 4월, 제2호리에진조우소학교(第二堀江尋常小学校)에 입학.

1900년 4월, 현립도쿠시마중학교(県立徳島中学校)에 입학.

1902년 C. A. 로건 선교사로부터 영어를 배운다.

1903년 가가와 집안 파산. 숙부 집에서 머물게 됨.

1904년 2월 21일, H. W. 마이어스 선교사로부터 세례를 받음. (16세)

1905년 3월, 도쿠시마중학교를 졸업. 메이지가쿠인(明治学院) 고등부 신학예과에 입학.

1906년 8월, 도쿠시마 마이니치신문(徳島毎日新聞)에 "세계평화론"을 7회 연재. (18세)

1907년 3월, 메이지가쿠인 고등부 신학예과 졸업. 9월에 신설된 고베신학교(神戸神学校)로 전학하기로 결정. 그 사이에 오카자키교회(岡崎教会) 및 나가오 마치(長尾巻) 목사가 시무하던 도요바시교회(豊橋教会)에서 빈민구제와 전도활동을 돕는다. 그 과정에서 목격한 빈민구제 활동에 크게 감화됨. ● 8월에는 결핵으로 인한 발열 및 각혈이 악화되어 입원. (19세)

1908년 ● 요양을 위해 미카와(三河)의 후소우(府相)에 머무름. 이때 『비둘기 흉내』(鳩の真似)라는 책을 씀. 이 책은 훗날 베스트셀러가 되는 『사선을 넘어서』(死線を越えて)의 원작이 된다 ● 코 수술 후 고열이 발생해 위독해졌지만 기적적으로 회복함. ● 결핵성 치루 수술을 함. (20세)

1909년 9월, 고베 후키아이(葺合) 신카와(新川)에서 노방 전도를 개시. 12월 24일, 후키아이 신카와에 살면서 빈민구제 활동을 시작함. (21세)

1910년 새벽예배, 일요학교, 노방전도, 환자 간호 등의 활동으로 보냄.

1911년 6월, 고베신학교 졸업. 11월 빈민들 위한 간이 식당 "천국옥"(天国屋) 개점. 12월, 처녀작 『우정』(友情)을 출판. (24세)

1912년 스즈키 분지 등이 노동자 지원을 위한 '우애회'(友愛會) 조직. 훗날 가가와도 참가.

1913년 5월 27일, 고베일본기독교회(神戸日本基督教会)에서 시바 하루(芝ハル)와 결혼. 하루는 가가와가 설립한 구령단에서 봉사하던 여성. (25세)

1914년 8월 2일, 프린스턴대학 및 프린스턴신학교에 유학하기 위해 고베항 출항. (26세) 9월, 하루는 요코하마의 교리츠여자신학교(共立女子神学校)에 입학. '구령단' 명칭을 '예수단'으로 변경함.

1915년 11월, 프린스턴대학으로부터 석사학위(M.A.) 취득. 『빈민 심리의 연구』(貧民心理の研究) 출판. (27세)

1916년 프린스턴신학교로부터 신학학사학위(B.D.)를 취득. (28세)

1917년 귀국. 다시 고베에서 전도 활동과 사회사업 활동을 시작. 예수단 우애구제소 사업 개시. (29세)

1918년 일본기독교회(日本基督教会)에서 목사 안수를 받음. 노동운동에 참가, 우애회(友愛会) 간사이 노동동맹회(関西労働同盟会)의 지도자가 됨. (30세)

1919년 소비조합운동을 부흥시킴. 오사카에 구매조합 공익사(共益社)를 설립. 시집 『눈물의 이등분』(涙の二等分)을 출판. (31세)

1920년 고베구매조합(神戸購買組合)을 설립. 잡지 「개조」(改造) 1월호부터 소설 '사선을 넘어서'를 연재하기 시하였고, 10월에는 단행본 『사선을 넘어서』(死線を越えて)를 출판, 다이쇼 시기 최고의 베스트셀러가 됨. 중국의 상하이(上海)기독교청년회 하기대학 강사로 초청됨.(8-9월). (32세)

1921년 가가와 하루, 하세가와 하츠네 등이 협력하여 여성 노동자 교육 및 지원을 위한 '각성부인협회'를 설립. 가와사키·미쓰비시조선소(川崎·三菱造船所)의 노동쟁의가 촉발되었고, 그때 가가와가 참모로서 지도함. 고베 지역 노동자 집회에서 진행된 버트런드 러셀의 강연을 통역함. 예수의 벗 모임(イエスの友会), 나다(灘)구매조합을 설립. (33세)

1922년 하루와 함께 대만 전도 여행.(2.9-3.10), 스기야마 모토지로, 무라시마 등과 함께 고베 YMCA에서 일본농민조합을 결성. 무라시마 등과 협력하여 오사카노동학교를 개교, 고베 YMCA에서 행한 연설 가운데 문제가 되어 아이오이바시경찰서(相生橋警察署)에서 심문을 당함. 개인잡지 「구름기둥」(「雲の柱), 일본농민조합 기관지 「토지와 자유」(土地と自由)를 발간. 재단법인 '고베예수단' 설립. 고베에서 아인슈타인과 회담을 가짐. ● 늑막염으로 1개월간 입원함. 장남 준키(純基) 출생. (34세)

1923년 간토(関東) 대지진 구호 활동을 위해 활동 거점을 도쿄로 옮김. 이후 도쿄 혼조(本所)를 중심으로 구호활동을 실시함. ● 트라코마 악화로 입원함. (35세)

1924년 ● 과로로 인한 눈병 악화, 급성신장염까지 발병. 내각으로부터 제국경제회의위원으로 위촉됨. 전미대학연맹의 초청으로 미국 및 유럽, 예루살렘 등에서의 강연 여행(1924.11.26-1925.7.22). (36세)

1925년 일본한센병협회(日本救癩協会, 日本MTL) 창설에 참가. 시칸지마(四貫島) 세틀먼트 창설. 예수의 벗 모임 전국대회에서 '백만인 구령운동' 개시를 선언. 장녀 지요코(千代子) 출생. ● 교통사고로 인해 척추통 발병, 보름간 와상(臥床). (37세)

1926년 ● 눈병 악화로 인해 거의 실명상태에 이름. 아베 이소, 스에히로 이즈타로 등과 도쿄학생소비조합(東京学生消費組合)을 설립함. 현재의 전국대학생활협동조합연합회로 발전. '하나님 나라 운동'을 시작. 주거지를 니시노미야(西宮) 가와라기무라(瓦木村)로 옮김. (38세)

1927년 니시노미야 가와라기무라(瓦木村)의 자택에 농민복음학교(農民福音学校)를 개교함.{이 학교는 현재, 일본기독교단 니시노미야이치바쿠교회(西宮一麦教会, 한알의 밀 교회)가 되어 있음.} ● 와병 악화로 농민복음학교의 이치바쿠료(一麦寮)에서 보름간 요양. 중국 상하이에서 개최된 중국 그리스도교 경제회의에 일본 대표로 출석. 오쿠탄바(奥丹波) 지역의 지진 구호 활동을 펼쳤으나, ● 급성 중이염이 악화되어 아야베(綾部)에서 5일간 병상에 누움. 도쿄에는 고토소비조합(江東消費組合)을 설립. (39세)

1928년 ● 안과 수술을 받음. 전국비전동맹(全国非戦同盟)을 설립. 나카노고시치고(전당포)신용조합(中ノ郷質庫信用組合)을 설립. (40세)

1929년 도쿄시장 호리키리 젠지로우(堀切善次郎)로부터 받은 사회국장 취임 요청을 거부하여 촉탁

이 됨. 일본그리스도교연맹에 의해서 '하나님 나라 운동'이 공식 선언되어, 구로다 시로 등과 함께 전국 전도 여행을 떠남. 둘째 딸 우메코(梅子) 출생. (41세)

1930년 ● 폐렴과 신장염 합병, 도쿄 자택에서 요양. 중국의 초청을 받아 중부지방에서 협동조합 지도 활동과 전도 강연을 펼침.(7.19-8.30) 고텐바농민복음학교(御殿場農民福音学校) 타카네학원(高根学園)을 설립. ● 혈담이 나오기 시작해 효고현 니시노미야(西宮) 카와라기무라(瓦木村) 농민복음학교에서 요양함. (42세)

1931년 중국 전도활동 전개.(1.13-2.13), 캐나다, 런던에서 개최된 세계 YMCA 대회에 일본 대표로 초청되어 감.(7.10-11.12) 니토베 이나조(新渡戸稲造) 등과 함께 도쿄의료이용조합(東京医療利用組合)의 설립 운동을 개시함. (다음 해에 인가됨) 마츠자와교회(松沢教会), 마츠자와유치원(松沢幼稚園) 설립. (43세)

1932년 대만 전도활동(3.15-3.20). 내각으로부터 사회보장조사위원과 중앙직업소개위원회 위원으로 위촉되어 취임함. 무사시노농민복음학교(武蔵野農民福音学校) 개설. (44세)

1933년 아베 이소(安部磯雄) 등과 함께 일본협동조합학교를 설립. (45세)

1934년 필리핀 그리스도교연맹의 초청으로 필리핀·중국 등, 해외 전도 활동. (46세)

1935년 오스트레일리아 건국 100주년 기념 전도활동 뉴질랜드 강연 활동.(2.18-6.20) 12월부터 미국 정부 및 미국그리스도교연맹의 초청으로 6개월에 걸친 강연 활동. 그 가운데 뉴욕 로체스터신학교에서 라우센부쉬 강연. {그때 영어로 명저 『우애의 경제학』(*Brotherhood Economics*)을 발표.} 그 후 유럽의 국민보험제도를 시찰.(12.5- 이듬해 10.12)

1938년 재단법인 운주사(雲柱社)를 설립. 인도 마드라스에서 열린 세계선교대회에 강사로 출석함. 후카다 다네츠구(深田種嗣) 목사와 함께 만주 전도 여행.(5.23-6.20) 인도 마드라스 세계선교대회 강사로 출석(11.15-이듬해 3.18)하였고, 그 기간 중 간디 및 네루와 회담. (50세)

1940년 만주 전도활동(5.14-6.18) 반전(反戰) 사상 소지 혐의로 시부야헌병대(渋谷憲兵隊)에 검거되어 18일간(8.25-9.13) 구속됨. 출소 후 도요시마(豊島)에 은거하며 저술 활동. (52세)

1941년 그리스도교 평화사절단의 일원으로 방미하여 강연함. ● 신장염 재발. (53세)

1942년 ● 중이염으로 고통 받음. 교에이(共榮)화재해상보험 설립. ● 급성폐렴으로 중태에 빠짐. 나카노조합병원에 1개월간 입원한 뒤, 간사이 지역으로 옮겨 요양. 중국 북부지역(만주) 전도 활동. (54세)

1943년 5월, 반전사상, 사회주의사상 소지 혐의로 아이오이바시(相生橋) 경찰서에 구금됨. 11월에도 반전적(反戰的) 행위가 있었다는 이유로 도쿄 헌병대 본부에서 조사 받음. 공식적인 종교활동에 제재를 받게 되었고, 국제전쟁반대자동맹으로부터 강제 탈퇴하게 됨. (55세)

1944년 라디오 방송에서 미국을 대상으로 선전 방송을 함. 중국그리스도교연맹의 초청으로 중국에서 전도 활동.(10.20-이듬해 2.5.) (56세)

1945년 패전 후의 첫 번째 주일 예배(8월 19일)를 마츠자와교회(松沢教会)에서 드렸고, '세계국가'에 대해서 설교함. 8월 26일, 히가시쿠니 내각에 참여하게 되어, 후생성(厚生省) 고문, 의회제도심의회 위원으로 취임. 8월 30일, 〈맥아더 총사령관에게 기고함〉(マッカーサー総司令官に寄す)이라는 글을 「요미우리호우치」(読売報知)에 게재. 9월 27일, 국제평화협회를 설립하여, 그 기관지 「세계국가」(世界国家)를 발행함. 11월 2일, 일본사회당 창당에 참가. 일본협동조합동맹 초대 회장(11월) 취임 및 일본교육자조합 회장(12월)으로 취임. 국민영양회의 위원으로도 취임. (57세)

1946년 「그리스도신문」(キリスト新聞) 창간. 귀족원 의원에 칙선됨. 신일본건설그리스도운동(新日

本建設キリスト運動)을 선언, 주요 강사로서 전국을 돌며 연설. 식량대책심의회 위원으로 취임, 오비린학원(桜美林學園) 창립과 초대 이사장 취임, 평화학원(平和學園) 창립 및 초대 이사장 취임, 동포원호회 운영위원 취임, 사회보험제도조사위원회 위원으로 취임. (58세)

1947년 전국농민조합장에 추대됨. 노벨문학상 후보가 됨. (59세)

1948년 세계연방주의자 동맹에 설립위원으로 참여. ● 신장염으로 50여 일 동안 요양, 중앙아동복지위원회 위원으로 취임. 재차 노벨문학상 후보가 됨.

1949년 3월, 신일본건설그리스도운동을 종료함. 12월부터 1년 동안 유럽 및 북미 전도 활동.

1951년 하마마츠에서 강연한 후 협심증으로 발작하여 니시노미야(西宮)의 이치바쿠료(一麦寮)에서 요양함. 전국공제농협연합회 설립하며 고문으로 취임. 메이지가쿠인(明治學院)에서 '협동조합론'을 집중 강의함. 일본생활협동조합연합회 설립하며 회장으로 취임.

1952년 히로시마에서 열린 세계연방아시아회의(世界連邦アジア会議)에서 의장을 맡음. 제1회 농협공제사업 지도자 양성강습회 강사로 참가. (64세)

1953년 1월부터 반 년 동안 브라질 전도 활동. (65세)

1954년 세계연방세계운동(世界連邦世界運動) 부회장으로 취임. 가가와 부부, 재미(在美) 예수의 벗 모임 초청으로 방미하여 125회의 전도 강연. 7월, 미국 에반스톤에서 열린 제2회 세계기독교교회협의회(WCC)에 초청받음. 11월, 도쿄에서 개최된 제2회 세계연방 아시아회의 의장을 맡음. ● 오사카에서 강연 후 과로로 쓰러져 니시노미야 이치바쿠료(一麦寮)에서 요양. 노벨평화상 후보가 됨. (66세)

1955년 노벨평화상 후보에 재차 오름. (67세)

1956년 "일본의 재건은 생명공제로부터 농촌부흥은 농협보호조직에 의해 장기장금의 마련을 시작하며"(가가와 도요히코)라는 포스터를 사용함. 고베시 교육위원회 위원이 됨. 중앙우생(優生)보호심의회 위원으로 위촉됨. 세 번째로 노벨평화상 후보가 됨. (68세)

1957년 1월, 태국 전도활동. 교토(京都)에서 열린 제3회 세계연방 아시아회의에서 의장을 맡음. (69세)

1958년 말레이시아에서 열린 국제협동조합동맹 아시아회의에 일본 대표로 출석함. 『우주의 목적』(宇宙の目的, 毎日新聞社)을 출판. (70세)

1959년 ● 도쿠시마 전도활동 중 다카마츠에서 쓰러짐. 심근경색확장증 등의 합병증세로 다카마츠 누가내과병원에 입원. ● 도쿄에 돌아와 자택 요양. ● 자택 요양에 한계를 느껴 나카노조합병원에 입원. ● 본인의 희망으로 자택에 돌아감. 노벨평화상 후보로 재차 추천하자는 운동이 일어남. (71세)

1960년 4월 23일, 도쿄 가미키타자와(上北)의 자택에서 소천. 정부로부터 훈1등 즈이호쇼(瑞章, 일본최고훈장)을 받음. (72세)

● 표시는, 가가와가 앓았던 질병들.

| 주 |

프롤로그 – 간디, 슈바이처, 가가와

1) Gerhard Rosenkranz, *Flammendes Herz in Gottes Hand, von der Christlichen Rittershaft des Dr. Kagawa Toyohiko* (Stuttgart: Evangelische Missionsverlag, 1948).
2) *New York Times,* 5 September 1940, p.5.
3) Allan A. Hunter, *Three Trumpets Sound: Kagawa–Gandhi–Schweitzer* (New York: Association Press, 1939).
4) Kenneth Saunders, *Whither Asia?* (New York: The MacMillan Company, 1933).
5) *Modern Japanese Literature in Translation* (Tokyo: Kodansha International, Ltd. 1979), pp.90–91.
6) Alfred Kazin, "Pilgrims of Japan," *New York Times Book Review*, 9 February 1936, p.6.
7) Barnard Rubin, "Under Christian Guise, This Jap Fostered War", *Stars and Stripes*, Pacific edition, 20 December 1945, p.2. 이것은 가가와가 일본 정부에 협력하였고, 이후에 전범(戰犯) 판결을 받은 극우 군국주의 애국대중당의 고다마 요시오(児玉誉士夫)와 "유세하며 다녔다"고 비난한 수많은 기사들 가운데 첫 번째 보도였다.
8) Shiro Kuroda, *Ningen Kagawa Toyohiko* (Toyohiko Kagawa the Man) (Tokyo: Kirisuto Shimbunsha, 1970), p.9, trans. Yuzo Ota, "Kagawa Toyohiko: A Pacifist?" in Nobuya Bamba and John F. Howes, *Pacifism in Japan: The Christian and Socialist Tradition* (Vancouver: University of British Columbia Press, 1978), p.169. 일본에서 가가와의 명성에 대한 논의는 다음의 문헌을 참고 바람: Yasuo Furuya, "Toyohiko Kagawa (1888–1960): Blessed are the Poor" in H. T. Kerr, ed. *Sons of the Prophets* (Princeton, N. J. : Princeton University Press, 1963), pp.192–204. 〔古屋安雄, 『キリスト教の現代的展開』(新教出版社, 1969)에 수록된 「賀川豊彦」의 장〕
9) "Kagawa Arrives on Revival Tour," *New York Times,* 15 July, 1950, p.14.
10) *Ibid.*
11) 가가와의 개인적 혹은 가정에서의 상세한 일화들은 캘리포니아의 셀리나스(Salinas)에 사는 가가와의 차녀, 모미 우메코(籾井梅子) 님과 1986년부터 1987년까지 1년간 행한 여러 차례의 인터뷰에서 인용한 것이다.

제1장 신비적 반역자의 함성

1) 영어로 작성된 최초의 가가와에 대한 중요한 전기는, William Axling の*Kagawa* (New York: Harper & Brothers, 1932)였다. 전후에 간행된 두 편의 전기는 찰리 시몬(Charlie May Simon)의 *A Seed Shall Serve: the Story of Toyohiko Kagawa, Spiritual Leader of Japan* (New York: E. p.Dutton, 1958)과 시릴 데이비(Cyril J. Davey)의 *Kagawa of Japan* (New York: Abingdon Press, 1960)을 들 수 있다. 가가와의 생애에 대해서 그 밖에 네 편의 훌륭한 영문 자료를 입수했다. 그 가운데 가장 흥미를 끄는 것은 George B. Bikle, Jr. *The New Jerusalem: Aspects of Utopianism in the Thought of Kagawa Toyohiko* (Tuscon, Arizona: The

University of Arizona Press, 1976)이다. 가가와의 정치사상에 대해 고찰한 비클(Bikle)의 이 연구 성과는 가가와의 영적 성장과 그의 일본과의 관계를 이해하는 데 있어서 빼놓을 수 없는 수작이다. 비클의 철저한 조사와 통찰력 넘치는 저작에 필적할 만한 아래의 미간행 박사논문들도 그의 삶을 이해하는 데 매우 유용한 자료들이다; Arthur C. Knudten, *Toyohiko Kagawa and Some Social, Economic and Religious Tendencies in Modern Japan* (University of Southern California, 1946) 〔A. C. クヌーテン, 村島帰之·小川清澄訳, 『解放の預言者』, 警醒社書店, 1949〕 Willie Tsunetaka Nagai, *A Christian Labor Leader: Kagawa Toyohiko* (1888–1960) (University of Colorado, 1976), Ken Nishimura, *The Idea of Redemption in the Writings of Toyohiko Kagawa* (Emory University, 1966). 일본어 전기의 표준으로는 横山春一, 『賀川豊彦傳』 (新約書房, 1950)를 소개할 수 있으며, 그 밖의 가치 있는 자료로는, 隅谷三喜男, 『賀川豊彦』 (日本基督教団出版局, 1966), 武藤富男編, 『百三人の賀川伝』 (キリスト新聞社, 1960), 武藤富男, 『賀川豊彦』 (キリスト新聞社, 1981) 등을 들 수 있다.

2) Toyohiko Kagawa, *The Challenge of Redemptive Love*, trans. Marion Draper (New York: Abingdon Press, 1940), p.100. *Christ and Japan*, trans. William Axling (New York: Friendship Press, 1934)의 도처에 가가와의 개종 초기의 종교적 성장 과정에 관한 서술을 볼 수 있다.
3) Emerson O. Bradshaw, *Unconquerable Kagawa* (St. Paul: MacCalester Park, 1952), p.80.
4) 賀川益慶, 「誤解に苦しむ」 (『賀川豊彦全集』 第23巻, 月報 (1964年 8月)), pp.2–3 (Nishimura, op.cit. p.20). 이하부터는 『全集』이라고 표기함.
5) Toyohiko Kagawa, *op.cit.* pp.61–62.
6) Nishimura, *op.cit.* p.19.
7) H. W. Myers, "Toyohiko Kagawa–Japanese Apostle to the Poor," *The Missionary Review of the World*, vol.54 (July 1931), pp.501–502.
8) Toyohiko Kagawa, in "Kagawa's Boyhood Teacher and Friend Becomes His Coworker," *Kagawa Comes Home*: Friends of Jesus, vol.9 (June 1937), p.12.
9) *Ibid.* p.13
10) *Ibid.* p.12.
11) *Ibid.* p.13.
12) 모미 우메코(籾井梅子, 가가와 차녀, 이하 한자명 표기) 인터뷰.
13) 1902년에 일본에 온 로건(Logan) 일가(一家)는, 1897년 23세에 먼저 일본에 와 있던 마이어스(Myers)에 합류하여 같은 도쿠시마초(徳島町) 82번지의 주소에 머물렀다.
14) H. W. Myers, "Toyohiko Kagawa, Christian Labor Leader," *Missionary Review of the World*, vol.46 (October 1923), pp.807–811.
15) Myers, "Toyohiko Kagawa–Japanese Apostle to the Poor," p.502.
16) Toyohiko Kagawa, "Revealing Christ in Japan," *The Missionary Review of the World*, vol.54 (March 1931), p.166.
17) 賀川豊彦, 『神と贖罪愛の感激』 (『全集』 第3巻, pp.383–84).
18) Helen Topping, *Introducing Kagawa* (Chicago: Willet, Clark and Company, 1935), p.4.
19) Helen Topping, *Kagawa in Australia issue of Friends of Jesus* (Tokyo: 〔Friends of Jesus〕, 1936), p.54.
20) 날짜는 2월 21일이었을지도 모른다. 모순되는 기술이 있다. 〔1904년 2월 11일이 올바르다 – 역자 주〕

제2장 생각을 행동으로

1) 군국주의에 대한 소작농민들의 대응에 관한 논의는, Mikiso Hane, *Peasants, Rebels, and Outcastes*

(New York: Pantheon Books, 1982), pp.18-20 참조.

2) Cyril J. Davey, *Kagawa of Japan* (New York: Abingdon Press, 1960), p.20; 鑓田研一, 『日本の夜は明ける』 第2巻(第一書店, 1948年), 第1巻, pp.135-38에는 가가와가 집총을 거부했다는 기술이 있다.

3) 武藤富男編, 『百三人の賀川伝』, pp.53-54.

4) Robert E. Speer, "Kagawa, the Man," in *Toyohiko Kagawa, The Religion of Jesus*, trans. Helen Topping (Philadelphia: John C. Winston, Co. 1931), p.3.

5) William Axling, *Kagawa* (New York: Harper & Bros. 1932), pp.20-21; 横山春一, 『賀川豊彦傳』, pp.25-29에는 가가와의 강박 관념에 사로잡힌 듯한 독서 습관에 대해 기술되어 있다.

6) 横山春一, 『賀川豊彦傳』, pp.28-29.

7) *Ibid.* p.27.

8) Kiyoko Takeda Cho, "An Essay on Kagawa Toyohiko-the Place of Man in His Social Theory," *Asian Cultural Study* (Tokyo: International Christian University, n.d. [1960]), p.3.은 가가와가 혼란을 야기하기 십상인 강연에 대해 실망하던 모습을 소개하고 있다.

9) George B. Bikle, Jr. *The New Jerusalem: Utopianism in the Thought of Kagawa Toyohiko* (Tuscon: The University of Arizona Press, 1976), p.300에서는 이 코멘트를 무라타(村田)가 말했다고 하는 무토 도미오(武藤富男)의 1966년 9월 7일의 편지를 인용하고 있다.

10) *Ibid.* pp.35-44는 이 수필에 대해 탁월한 해석과 문제제기를 하고 있다.

11) *Ibid.* p.40.

12) *Ibid.*

13) *Ibid.* p.42

14) 横山春一, 『賀川豊彦傳』, p.31.

15) Richard H. Mitchell, *Thought Control in Prewar Japan* (Ithaca, New York: Cornell University Press, 1976); Rodger Swearingen and Paul Langer, *Red Flag in Japan: International Communism in Action, 1919-1951* (New York: Greenwood Press, 1968); Harry Emerson Wildes, *The Press and Social Currents in Japan* (Chicago: University of Chicago Press, 1927)은 모두가 경찰의 놀랄 만한 탄압과 강제진압의 광경과 정보 통제가 가져온 피해에 대한 동향의 심도 깊은 이해를 드러내고 있다.

16) Toyohiko Kagawa, "Kagawa's Boyhood Teacher and Friend Becomes His Coworker," *Kagawa Comes Home*, Friends of Jesus, vol.9 (June 1937), p.13.

17) Toyohiko Kagawa, *A Shooter at the Sun*, trans. T. Satchell (Kobe: Japan Chronicle Press, 1925), p.98. [『太陽を射るもの』, 『全集』 第14巻, p.376]

18) 横山春一, 『賀川豊彦傳』, pp.35-36.

19) 村島帰之, 『賀川豊彦病中闘史』 (1951), pp.34-35.

20) Axling, *op.cit.* p.21.

21) Davey, *op.cit.* p.26.

22) *Ibid.* p.27.

23) 横山春一, 『賀川豊彦傳』, p.28.

24) 黒田四郎, 『人間賀川豊彦』 (キリスト新聞社, 1970年), p.37.

25) 横山春一, 『賀川豊彦傳』, pp.38-39.

26) 武藤富男, *op.cit.* p.59.

27) 黒田四郎, *op.cit.* pp.42-43.

28) Muto, *op.cit.* p.72, trans. Bikle, *op.cit.* p.49.

29) 横山春一, 『賀川豊彦傳』, p.39.

30) Emerson O. Bradshaw, *Unconquerable Kagawa* (St. Paul: MacAlester Park Publishing Co. 1952), pp.82-

83.
31) *Ibid.* p.83.
32) Toyohiko Kagawa, *Before the Dawn*, trans. I. Fukumoto and T. Satchell (New York: George H. Doran, 1924), p.260. 〔『死線を越えて』, 『全集』 第14巻, p.143〕
33) Yoshitaka Kumano, "Poetic Christianity: Toyohiko Kagawa and Takeshi Fujii," trans. Akira Demura, *Japan Christian Quarterly*, vol.32 (Fall 1966), pp.235-245. 〔熊野義孝, 「賀川豊彦と藤井武の場合—詩的キリスト教」, 『熊野義孝全集』, 第12巻 수록〕
34) 村島帰之, *op.cit.* pp.46-48.
35) *Ibid.* pp.50-51.
36) 横山春一, 『賀川豊彦傳』, pp.46-47.
37) 필자가 소장하고 있는 번역 복사본으로부터 인용. 〔『全集』 第22巻, p.202〕
38) Donald Keene, *Dawn to the West: Japanese Literature of the Modern Era : Poetry, Drama, Criticism* (New York: Holt, Rinehart and Winston, 1984), p.551.
39) Kagawa, *A Shooter at the Sun*, p.84. 〔『太陽を射るもの』, 『全集』 第14巻〕
40) 賀川豊彦, 「小屋日記」 (『全集』 第22巻, p.143).
41) 横山春一, 『賀川豊彦傳』, p.42.
42) *Ibid.* p.46.
43) 村島帰之, *op.cit.* p.53.
44) 横山春一, 『賀川豊彦傳』, pp.47-48.
45) Bradshaw, *op.cit.* p.84.
46) 横山春一, *op.cit.* p.49.
47) Axling, *op.cit.* p.24.
48) *Ibid.*
49) 横山春一, *op.cit.* p.52, trans. Willie Tsunetaka Nagai, *A Christian Labor Leader: Kagawa Toyohiko* (1888-1960) (Doctoral thesis, University of Colorado, 1976), pp.100-101.
50) *Ibid.*
51) *Ibid.* pp.53-54, trans. Nagai, pp.101-102.
52) 「無の哲学」 〔『全集』 第24巻, pp.368-9.〕
53) Axling, *op.cit.* p.ix. 윌리엄 엑슬링(W. Axling)의 『賀川豊彦』는 가가와의 개종을 이상화하여 묘사한 것에 가장 큰 문제가 있었던 것으로 보인다. 그것은 가가와가 1904년 산상수훈을 처음으로 읽었을 때를 "다시 태어났다"고 묘사하고 있다. 오랜 세월에 걸친 가가와의 친구였던 엑슬링(Axling)은 이 영웅을 그리스도교가 가진 힘이 드러낸 극적인 사례로 나타내 보이려는 유혹에 빠지고 말았다. 자기 책의 서장의 가이드라인이 인용하고 있는 내용은 다음과 같다. "두 개의 가가와가 있다. 하나는 친구들이나 추종자의 열렬한 헌신의 대상이 되어 버려 후광에 가려진 이상화된 가가와이며, 또 하나는 높은 곳으로 향해 나아가기 위해 험난한 길 위에서 분투하는 새 길을 열어가는 한 인간로서의 가가와이다." 엑슬링은 가가와의 삶을 주의 깊게 기술했음에도 불구하고, Axling은 후자의 가가와를 꾸미고 포장해 버리고 말았다.

제3장 빈민가 속으로

1) 横山春一, 『賀川豊彦傳』, pp.58-60. 가가와의 빈민가에서의 최초 활동을 상세히 기록하고 있다.
2) Hyogo Prefecture Exhibitors' Association, Hyogo Prefecture and City of Kobe (Kobe, Japan: Pana-

ma-Pacific International Exposition, 1915), pp.4-5.

3) 소작농민이나 도시 노동자들의 비참한 상황, 혹은 양자 살해에 관해서는, Mikiso Hane, *Peasants, Rebels, and Outcastes: The Underside of Modern Japan* (New York: Pantheon Books, 1982)를 참조 바람.

4) Toyohiko Kagawa, *Chikaku o yabutte* (*Breaking the Earth Crust*) 〔賀川豊彦, 『地殻を破って』, 『全集』 第21巻, pp.3-137〕, as quoted in *Japan Weekly Chronikle*, 16 June 1921, p.842.

5) *Ibid.*

6) *Ibid.*

7) *Ibid.* p.843.

8) Helen F. Topping, *Friends of Jesus*, vol.4, no. 1, p.25 ff. and vol.2, no, 1, p.23 ff. quoted in Carola D. Barth, *Taten in Gottes Kraft* (Heilbronn: Eugen Salzer Verlag, 1937), pp.23-26.

9) Barth, *ibid.*; 横山, *op.cit*. pp.59-60.

10) Barth, *ibid.* pp.27-28.

11) Kagawa, *A Shooter at the Sun*, trans. T. Satchell (Kobe: Japan Chronicle Press, 1925), pp.6-7. 〔『太陽を射るもの』, p.237〕

12) *Ibid.* pp.7-8.(『太陽を射るもの』, p.238)

13) *Ibid.*

14) Kagawa, "Sechzehn Jahre Kriegsdienst fur Christus in Japan," *Zeitschrift fur Missionskunde und Religionswissenshaft*, vol.41 (1926), p.13.

15) Kagawa, *A Shooter at the Sun*, pp.7-8. 〔『太陽を射るもの』〕

16) H. W. Myers, "Toyohiko Kagawa, Christian Labor Leader," *The Missionary Review of the World*, vol.46 (October 1923), pp.807-811.

17) Robert E. Speer, "Kagawa the Man" in Toyohiko Kagawa, *The Religion of Jesus*, trans. Helen F. Topping (Philadelphia: The John C. Winston Company, 1931), pp.12-13.

18) 賀川豊彦, 『人間苦と人間建築』(『全集』 第9巻), pp.156-57.

19) William Axling, *Kagawa* (New York: Harper & Brothers, 1932), p.37.

20) Kagawa, *A Shooter at the Sun*, pp.78-79. 〔『太陽を射るもの』, p.347〕

21) *Ibid.* p.347.

22) *Ibid.* p.348.

23) *Ibid.* p.348.

24) *Ibid.* p.348.

25) *Ibid.* p.353.

26) *Ibid.* p.354.

27) 横山, *op.cit*. pp.96-99. ; 『太陽を射るもの』(『全集』 第14巻, p.257).

28) *Ibid.*

29) 『太陽を射るもの』(『全集』 第14巻, p.262).

30) "Mr Kagawa. A Few Reminiscences," *Japan Weekly Chronicle* (27 Nobember 1924), p.721.

31) *Ibid.*

32) 『死線を越えて』(『全集』 第14巻, p.210).

33) *Ibid.* p.210.

34) Michi Kawai and Ochimi Kubushiro, *Japanese Women Speak* (Boston: The Central Committee on the United Study of Foreign Missions, 1934), pp.139-140.

35) Speer, *op.cit*. pp.10-11.

36) *Ibid.*

37) 『太陽を射るもの』(『全集』 第14巻, p.338).

38) *Ibid.*

39) 『太陽を射るもの』(『全集』 第14巻, p.368).

40) "Kagawa of the Slums," *Japan Weekly Chronicle* (27 November 1924), pp.716–717.

41) Speer, *op.cit.* p.11.

제4장 아메리카 간주곡

1) 『太陽を射るもの』(『全集』 第14巻, p.381).

2) 가가와가 『빈민 심리의 연구』(貧民心理の硏究)라는 책에서 피차별 부락(민)에 대해 보여준 조잡하고 편협한 태도를 바꾸는데, 이러한 연구가 어느 정도 영향을 미쳤을지도 모른다. 다위니즘(Darwinism)으로부터 촉발되어 널리 유포되고 있던 우생학(優生學, eugenics)의 소위 '과학적' 개념을 사용하던 가가와는 자신의 책 『빈민 심리의 연구』에서 피차별 부락(민)을 유전적으로 열등한 존재라고 말했지만, 훗날 자신의 이러한 견해를 바꾸었다. 피차별 부락(민)에 대한 가가와의 문제점에 대해서는 이 책의 제6장을 참조하기 바람.

3) Kagawa, *op.cit.* p.102. (『全集』 第14巻, p.381)

4) Jan Karel van Baalen, *Kagawa the Christian* (Grands Rapids, Michigan: Wm. B. Eerdmans, 1936), pp.14–15.

5) *Ibid.* p.15.

6) *Ibid.* p.20.

7) *Ibid.* pp.18–19.

8) *Ibid.*

9) Kagawa, *op.cit.*는 하계의 고용 제한에 대해서 다음과 같이 말하고 있다; "프린스턴에서의 생활은 쾌적했지만, 여름휴가 때 일을 찾는 것이 그에게 있어선 큰 문제였다. 유럽에서의 전쟁으로 인해서 산업계는 불황의 늪을 헤어나오지 못했고, 그 결과 뉴욕에는 일자리가 없어졌다. 그는 백만장자들의 마천루가 솟아 있는 멋진 거리, 5번가를 기운 없이 헤매며 방황했다. 다행히 미국에서 보낸 첫 번째 여름 휴가 기간에 그는 뉴욕으로부터 20마일 떨어진 어느 부호의 여름 별장에서 관리인 일을 맡을 수 있게 되었다. 고용주는 펜실베이니아에 사는 탄광 재벌의 아들이었다. 그는 낭비가로 실로 무능한 사람이었기에, 부친이 한적한 그곳에 집을 빌려 아들이 살도록 하였다. 그 아내는 뛰어난 사교계의 리더였다. 그녀는 너그러운 사람으로 가가와에게도 친절히 대해 주었다. 그곳에서 함께 고용돼 있던 두 명의 여성도 가가와에게 친절했다. 그중 한 명은 미국 헌법의 기초자로 저명한 해밀튼 경의 후예라고 하였다. 해밀튼 부인은 그 집 전체를 총괄 관리하는 부인이었다. 그녀는 백발이 성성한 50대로 가가와에게 미국 전통 민요를 자주 불러 주었다. 요리를 맡은 여성은 35세 정도의 스웨덴 사람이었다. 그녀는 성격이 좋은 미인으로 독서와 산책을 좋아했다. 그 나이로는 안 보일 정도로 젊어 보였다. 그 별장은 거대한 공원의 한가운데에 위치해 있었기 때문에 가가와는 그와 마음이 맞는 요리 담당 여성과 자주 공원을 산책했다."

10) *Ibid.* p.103.

11) 横山春一, 『賀川豊彦傳』, p.112.

12) Kagawa, *op.cit.* p.103. (『全集』 第14巻, p.384)

13) *Ibid.* p.105. (*Ibid.* p.385)

14) 武藤富男, 『賀川豊彦』, pp.163–167.

15) *Ogden Standard*, 1 September 1916, p.4.

16) *Ibid.* 14 September 1916, p.12.

17) *Ibid.* 9 October 1916, p.1

18) *Ibid.* 21 November 1916, p.9.

19) *Ibid.* 4 January 1917, p.5.

20) 横山春一, 『賀川豊彦傳』, p.115.

21) *Ibid.* p.115에 따르면, 그는 시애틀(Seattle)에서 출발했다고 말한다. 하지만 자전 소설인 『太陽を射るもの』에서는, 오레곤(Oregon)의 아스토리아(Astoria)로부터 출발했다고 말하고 있다. 〔실제로는 1917년 탄바마루(丹波丸)라는 배를 타고 시애틀을 출항하여 5월 4일에 요코하마에 도착한 것이 정확하다 - 역자 주〕

22) Kagawa, *op.cit.* p.105. (『全集』 第14巻, p.386)

제5장 노동쟁의의 주도

1) 籾井梅子 인터뷰.

2) 賀川豊彦, 『精神運動と社会運動』 (『全集』 第8巻) p.484., trans. Willie Tsunetaka Nagai, *A Christian Labor Leader: Kagawa Toyohiko* (1888-1960) (Doctoral thesis´ University of Colorado, 1976), p.170.

3) 『全集』 第8巻, p.5.

4) Edwin O. Reischauer and Albert M. Craig, *Japan: Tradition and Transformation* (Boston: Houghton Mifflin Company, 1978), p.241. 〔가가와는 여성의 참정권(선거권)에 대해서도 같은 주장을 펼쳤다 - 역자 주〕

5) Kagawa, *Meditations on the Cross* (『十字架に就いての瞑想』, 『全集』 第3巻 所収), trans. Helen Topping and Marion Draper (Chicago and New York: Willet, Clark and Co. 1935), p.165.

6) 武藤富男編, 『百三人の賀川伝』, p.46.

7) 横山春一, 『賀川豊彦傳』, pp.123-124.

8) 賀川豊彦, 『人間苦と人間建築』 (『全集』 第9巻), p.78.

9) Ushisaburo Kobayasi, *The Basic Industries and Social History of Japan*, 1914-1918 (New Haven: Yale University Press, 1930), p.278.

10) Stephen S. Large, *The Rise of Labor in Japan: The Yuaikai* 1912-1919 (Tokyo: Sophia University, 1972), p.3. 라지(Large)의 우애회(友愛會)에 관한 연구, 그와 더불어 가가와가 우애회에 끼친 공헌에 대한 연구는 향후 연구과제로서 매우 매력적이다.

11) Harry Emerson Wildes, *Social Currents in Japan With Special Reference to the Press* (Chicago: The University of Chicago Press, 1927), p.127.

12) *Ibid.* pp.123-126.

13) Large, *op.cit.* p.11.

14) *Ibid.* pp.35-36.

15) *Ibid.* pp.31-32.

16) *Kagawa-shi daikoen shu* (Collected Lectures) (『賀川豊彦氏大講演集』, 『全集』 第10巻 수록), pp.70-71, trans. Nagai, *op.cit.* p.182.

17) 賀川豊彦, 「無産者階級の出現」, 『新神戸』 (1918年 8月 22日), p.1, trans. Nagai, *op.cit.* p.201.

18) 横山春一, *op.cit.* pp.126-127.

19) 賀川豊彦, 『労働者崇拝論』 (『全集』 第10巻 所収), p.18, trans. George B. Bikle, Jr. *The New Jerusalem: Aspects of Utopianism in the Thought of Kagawa Toyohiko* (Tuscon, Arizona: The University of Arizona Press, 1976), p.102.

20) *Ibid.* p.7.

21) *Ibid.* p.29.
22) *Ibid.* p.8, trans. Bikle, *op.cit.* p.103.
23) 賀川豊彦, 『自由組合論』(『全集』 第11巻 수록), p.48., trans, Nagai, *op.cit.* p.190.
24) Large, *op.cit.* p.123ff.
25) *Ibid.* p.126.
26) 隅谷三喜男, 『賀川豊彦』, p.67.
27) *Ibid.* trans. Kenneth C. Hendricks (*Manuscript in collection of Disciples of Christ HistoricalSociety*, Nashville, Tennessee), p.76.
28) Reischauer and Craig, *op.cit.* pp.237-238.
29) 『全集』 第10巻, p.19, trans. Nagai, *op.cit.* p.205.
30) 賀川豊彦, 「賃金奴隷の解放」, 『労働新聞』(1919年 6月 15日), p.1.
31) Large, *op.cit.* p.179.
32) Large, *Organized Workers and Socialist Politics in Interwar Japan* (Cambridge: Cambridge University Press, 1981), p.26. 전시체제하의 일본 노동운동과 정치운동을 면밀하게 추적하고 분석한 이 연구는 라지(Large)의 초기 저서의 후속작(속편)의 성격을 지닌다. 일본 정치와 노동계의 관계, 그리고 이들과 가가와가 어떤 관련이 있는지를 이해하기 위한 중요한 열쇠가 들어 있는 책이다.
33) *Ibid.*
34) *Ibid.*
35) *Ibid.* p.42.
36) *Ibid.*
37) 黒田四郎, 『人間賀川豊彦』, p.12, trans. Nagai, *op.cit.* pp.231-232.
38) *Japan Weekly Chronicle*, 7 October 1920, p.473. 이하 *JWC*라고 표기함.
39) *JWC*, 30 September 1920, p.455.
40) *JWC*.
41) *JWC*, 7 October 1920, p.473.
42) *JWC*, 10 February 1921, p.170.
43) Bikle, *op.cit.* pp.122-123 *et passim*.
44) "Mr. Kagawa of Kobe: A Christian Labourite," *JWC*, 26 May 1921, p.732.
45) *Ibid.*
46) *Ibid.*
47) *Ibid.*
48) 隅谷三喜男, *op.cit.* trans. Hendricks, *op.cit.* p.116.
49) "Labor Movement," *JWC*, 7 July 1921, p.30. 이 장의 고베 파업 과정에 대한 상세한 기술은, 주로 앞의 기사와 함께 스미야 미키오(隅谷三喜男)의 앞의 책에 소개된 내용을 인용하였음.
50) *JWC*, 14 July 1921, p.62.
51) *Ibid.*
52) 隅谷三喜男, *op.cit.* p.110, trans. Hendriks, *op.cit.* p.121.
53) *JWC*, 28 July 1921, p.130.
54) "The Struggle at the Shipyards," *JWC*, 28 July 1921, pp.136-138.
55) *Ibid.* p.138.
56) 隅谷三喜男, *op.cit.* trans. Hendricks, p.127.
57) William Axling, *Kagawa* (New York: Harper & Brothers, 1932), pp.51-53의 *JWC*에는 최종 원고가 온전히 실려 있다.

58) *JWC*, 11 August 1921, p.208.

59) 隅谷三喜男, *op.cit.* trans, Bickle, *op.cit.* p.136.

60) *JWC*, 1 December 1921, p.791.

61) Bikle, *op.cit.* p.95.

62) Bikle, *ibid.* pp.313–314.

제6장 농민과 피차별 부락민 곁을 지키며

1) 賀川豊彦, 「日本の村の社会問題」, 『救済研究』(1919年 1月), cited in George B. Bille, Jr, *The New Jerusalem: Aspects of Utopianism in the Thought of Kagawa Toyohiko* (Tuscon: The University of Arizona Press, 1976), pp.141–142.

2) 隅谷三喜男, 『賀川豊彦』, trans. Kenneth C. Hendricks (*manuscript in Disciples of Chrit Hisorical Society*, Nashville, Tennessee), p.141.

3) George Oakley Totten, III, *The Social Democratic Movement in Prewar Japan* (New Haven and London: Yale University Press, 1966), pp.35–36.

4) Mikiso Hane, *Peasants, Rebels and Outcastes: The Underside of Modern Japan* (New York, Pantheon Books, 1982), pp.38–40. 이 책은 소작농민의 비참한 생활상을 전하는 수많은 기사 가운데, 특히 생생한 모습을 묘사한 몇 개의 사례를 소개하고 있다.

5) 横田英夫, 『農林革命論』(東京博文館, 1914), p.44, quoted in Thomas R. H. Havens, *Farm and Nation in Modern Japan: Agrarian Nationalism, 1870–1940* (Princeton, N. J.: Princeton University Press, 1974), pp.123–124. 요코타(横田)는 노동운동이 일본의 농촌 지역에 미치는 영향을 똑같이 지적했다. "민주주의의 승리에 자극 받은 노동자의 자기의식이 오늘날, 노동자의 경제적 정신적 해방을 요구하는 노동운동을 더욱 대담하게 일으키고 있는 것은 아닐까 … 소작인이 국가 반역의 싹(발아)일 수도 있기 때문에 그동안 그들의 계급의식을 억눌러 왔지만, 오늘날 세계를 압도하고 있는 노동운농의 실제적 성과에 더욱 동요되고 있다. 그들은 자신의 노예적 정신의 옷을 날마다 벗어던지고 있지 않은가?", Cited in Havens, p.130.

6) Ann Waswo, *Japanese Landlords: The Decline of a Rural Elite* (Berkeley: University of California Press, 1977), p.7. 협소한 구역에서의 토지 소유를 믿을 수 없는 만큼 복잡해진 상태이며, 또 많은 수의 농민들이 분명하게 획정된 구역을 소유하면서도 그 밖에 임차(賃借) 토지를 경작하고 있었기 때문에, 임차지(賃借地)나 부재지주(不在地主) 등의 정확한 숫자는 아마도 확정되기 힘들 것이다.

7) Waswo, "In Search of Equity: Japanese Tenant Unions in the1920's," in *Conflict in Modern Japanese History*, Tetsuo Najita and J. Victor Koschmann, eds. (Princeton: Princeton University Press, 1982), p.367.

8) R. P. Dore, *Land Reform in Japan* (London: Oxford University Press, 1959), p.72.

9) "Organizing the Working Farmers," *Japan Weekly Chronicle*, 1 March 1923, p.304.

10) Totten, *op.cit.* pp.145–146.

11) Willie Tsunetaka Nagai, *A Christian Labor Leader: Kagawa Toyohiko* (1888–1960) (Doctoral thesis, University of Colorado, 1976), p.242.

12) Iwao F. Ayusawa, *A History of Labor in Modern Japan* (Honolulu: East–West Center Press, 1966), pp.162–163.

13) Tomio Muto, "Ushers to the Bible," *Japan Times* (11 August 1958), p.3.

14) *Ibid.*

15) "Kobe Labor Troubles," *JWC*, 30 March 1922, p.454.

16) "The Kawasaki Strike," *JWC*, 27 April 1922, p.607.

17) "Kawasaki Strike," *JWC*, 25 May 1922, p.761.

18) "Kagawa Denounces Capitalists," *JWC*, 1 June 1922, p.792.

19) "Tenant Farmers," *JWC*, 18 May 1922, p.712.

20) Ayusawa, *op.cit.* p.165. 조합의 가입자의 숫자는 변화가 많다. 예를 들어 스미야 미키오(隅谷三喜男)는 1923년 말의 회원 수를 10만 명이라고 표기했다. 하지만 조합원이 가장 많았을 때에는 60만 명까지도 훨씬 넘었다고 여겨진다.

21) *Ibid.* pp.164-165.

22) 賀川豊彦, 『立体農業の理論と実際』(『全集』 第12巻 수록), p.128, quoted in Bikle, *op.cit.* pp.204-205.

23) Bikle, *Ibid.* p.207.

24) *Ibid.* p.150.

25) Ayusawa, *op.cit.* pp.163-164.

26) Lawrence Lader, *The Margaret Sanger Story and the Fight for Birth Control* (Garden City, New York: Doubleday & Company, 1955), pp.186-196. See also *JWC*, 9 March 1922, p.344.

27) "Mrs. Sanger," *JWC*, 6 April 1922, p.509.

28) Ayusawa, *op.cit.* pp.122-123.

29) "Mr. Kagawa on Uselessness of Geneva Meeting," *JWC*, 17 August 1922, p.225.

30) *JWC*, 7 September 1922, p.322.

31) Motojiro Sugiyama, *Tochi to jiyu no tameni* (For Land and the Cause of Freedom) (Tokyo: Sugiyama Motojiro Den Kankokai, 1965), pp.205-206. Cited in Nagai, *op.cit.* p.129.

32) 工藤英一, 『部落問題事典』(部落解放研究センター, 1986), pp.101-102, trans. R. G. Stieber.

33) Stephen S. Large, *Organized Workers and Social Politics in Interwar Japan* (Cambridge: Cambridge University Press, 1981), 이 책은 좌익단체가 혼란 속에 집결하였던 생생한 역사를 보여준다. Totten, Social Democratic Movement in Prewar Japan은 이 복잡한 과정의 문제점을 사실 기록으로서 분명하게 정리한 지적인 성과물로서, 풍성한 자료들로 가득 찬 빼어난 저작임을 재차 강조하지 않을 수 없다.

34) Totten, *op.cit.* pp.409-413는 사회민주당 진영 내의 "무산자" 정당을 소개하고 있다.

35) Kagawa, *Love the Law of Life*, trans. J. Fullerton Gressit (Chicago: The John C. Winston Co. 1929), pp.229-230.

제7장 '하나님 나라' 운동

1) "Going to Yokohama," *JWC*, 13 September 1923, p.373.

2) *Ibid.* p.374.

3) Joseph Dahlman, *The Great Tokyo Earthquake*, trans. Victor F. Gettleman (New York: The America Press, 1924), 이 책은 여전히 불타고 있던 간토 대지진 직후의 동경 시내를 목격한 사람이 쓴 생생한 증언 기록이다.

4) Helen F. Topping, in *Toyohiko Kagawa*, *Love the Law of Life*, trans. J. Fullerton Gressit (Chicago: The John C. Winston Co. 1929), pp.13-14.

5) *Ibid.* p.8.

6) *JWC*, 15 May 1924, p.690.

7) *JWC*, 20 March 1924, p.402.

8) Akira Demura, trans. in Yoshitaka Kumano, "Poetic Christianity: Toyohiko Kagawa and Takeshi Fujii," *Japan Christian Quarterly*, vol.32 (Fall, 1966), p.241. (『全集』 第20巻, pp.94-95)

9) Herbert A. Miller, "Apostles of World Unity. Toyohiko Kagawa," *World Unity*, vol.9 (October 1931), pp.34-40.

10) Toyohiko Kagawa, "Facing a Crisis in Japan," *Missionary Review of the World*, vol.57 (October 1934), pp.465-466.

11) 隅谷三喜男, 『賀川豊彦』, trans. Kenneth C. Hendricks (manuscript in *Disciples of Christ Historical Society*, Nashville Tennessee), p.165.

12) 糀井梅子 인터뷰.

13) *JWC*, 15 May 1924, p.690.

14) Stephen S. Large, *Organized Workers and Socialist Politics in Interwar Japan* (Cambridge: Cambridge University Press, 1981) ; 이 책은 증대하는 억압이 사회 개혁과 어떻게 결부돼 있었는지에 대해서, 주목할 만한 논점을 제시하고 있다.

15) "Kagawa in Tokyo," *JWC*, 13 December 1923, p.827.

16) "Japanese Criticism of America: The Exclusion Bill and the Response," *JWC*, 8 May 1924, p.638.

17) "Conference of Coloured Races: Reactions to American Exclusion Bill," *JWC*, 1 May 1924, p.604.

18) *JWC*, 3 July 1924, p.604.

19) Kagawa, "Earthquake Relief," *The Christian Movement in Japan, Korea and Formosa*. Twenty Second Annual Issue, D. C. Holtom, ed. (Kobe: The Japan Chronicle Press, 1924), p.211; 이 시리즈는 훗날 *The Japan Christian Year Book*으로 종종 참조된다.

20) *JWC*, 23 October 1924, p.567.

21) 필자가 소장 중인 편지의 사본으로부터 참조.

22) *Ibid.*

23) Kagawa, "Sechzehn Jahre Kriegsdienst für Christus in Japan," translated by D. Dr. J. Witte, *Zeitschrift für Missionskund und Religionswissenschaft*, vol.41 (1926), pp.11-17.

24) Kagawa, "Christianity and Race Prejudice. A Japanese Plea," *The Friend*, vol.65 (3 April 1925), p.281.

25) *Ibid.*

26) *Ibid.*

27) *Ibid.*

28) 예를 들어, "Japanese Labor Friendly," *New York Times*, 12 March 1925, p.22 참조.

29) Kagawa, "Earthquake Relief," *op.cit.* p.210.

30) Kagawa, *Love the Law of Life*, p.57.

31) *Ibid.*

32) 賀川豊彦, 『精神運動と社会運動』 (『全集』 第8巻 수록), p.418, trans. Willie Tunetaka Nagai, *A Christian Labor Leader: Toyohiko Kagawa* (1888-1960) (Doctoral thesis, University of Colorado, 1976), p.249.

33) George Oakley Totten Ⅲ, *The Social Democratic Movements in Prewar Japan* (New Haven: Yale University Press, 1966), pp.54-55.

34) Large, *op.cit.* pp.102-104.

35) *Ibid.* pp.104–105.

36) *Ibid.* pp.105–106.

37) 당파 내부 논쟁의 놀라운 뒤얽힌 역사에 대해서는 Totten 및 Large가 쓴 탁월한 연구 성과를 참고할 것. 그들의 책에 상세히 기술되어 있으며, 흥미 있는 이들에게 귀중한 정보를 제공할 것이다.

38) 賀川豊彦, 『身辺雑記』(『全集』 第24巻 수록), p.73.

39) *Ibid.* p.6.

40) 隅谷, *op.cit.* pp.170–171.

41) Kagawa, "One Million Christian in Japan," *The Japan Christian Quarterly*, vol.3 (October 1928), p.337.

42) Kagawa, "Facing a Crisis in Japan," *op.cit.* pp.465–466.

43) George B. Bikle, Jr. *The New Jerusalem: Aspects of Utopianism in the Thought of Kagawa Toyohiko* (Tucson: The University of Arizona Press, 1976), p.319.

44) Kagawa, "The Discovery of Redeeming Love," *The Japan Christian Quarterly*, vol.12 (January 1937), p.9.

45) Rev. Clyde H. Roddy의 개인적 메모. 필자 소유의 사본 참조.

46) *Ibid.*

47) *Ibid.*

48) Idabelle Lewis Main, "Kagawa Wins Chinese Trust," *The Christian Century*, vol.51 (2 May 1934), pp.609–610에는 이때 상하이 방문에 대한 기술이 포함돼 있다.

49) *Ibid.*

50) John Gunther, *Inside Asia* (Harper & Brothers, 1942), p.80.

제8장 미국을 뒤흔든 일본의 협동조합 운동가

1) George Yasukochi, "Japanese Coopers to Visit Berkeley," February 25 1987, p.3 이하를 참조 바람. *For Peace and a Better Life* (Tokyo: Japanese Consumers' Cooperative Union, 1982).

2) 中林貞男, 「賀川先生と生協」, 『賀川の生協』, pp.2–3.

3) *Ibid.*

4) Letter to George Yasukochi, 20 August 1987; 필자 소유의 사본 참조.

5) T. T. Brumbaugh, "Kagawa on Cooperatives," *The Christian Century*, vol.52, February 27 1935, p.267.

6) Yoshio Honiden, *Cooperative Movement in Japan*, vol.1 (Tokyo: Maruzen, 1958), p.78.

7) *Ibid.* pp.8–10.

8) Harold E. Fey, "Looking at Life with Kagawa," *The Christian Century*, vol.47 (12 March 1930), p.331.

9) Brumbaugh, *op.cit.* p.269.

10) Galen Fisher, "The Cooperative Movement in Japan," *Pacific Affairs*, vol.11 (December 1938), pp.478–491.

11) R. D. McCoy, "Medical Cooperatives in Japan," in *The Japan Christian Year Book*, vol.34, Fred D. Gealy, ed. (Tokyo: Kyo Bun Kwan, 1936), pp.183–184, 186.

12) *A Short Description of the Work of Toyohiko Kagawa* (Tokyo: Kagawa Fellowship in Japan, 1937), pp.20–21.

13) McCoy, *op.cit.* pp.181–182.

14) *Ibid.* p.182.

15) *Ibid.* pp.183–184.

16) Ralph A. Felton, "The Rural Church in Japan (II)," *Japan Christian Quarterly*, vol.13 (April 1938), p.144.

17) Yusuke Tsurumi, "Toyohiko Kagawa," *The Japan Christian Quarterly*, vol.10 (April 1935), pp.113–114.

18) *The Christian Century*, vol.52 (18 August 1935), p.1041.

19) *The Christian Century*, vol.52 (18 December 1935), p.1637.

20) *The Japan Christian Quarterly*, vol.11 (January 1936), pp.4–5.

21) Quoted in *Christian Century*, vol.52 (13 November 1935), p.1443.

22) "Dr. Kagawa of Japan Held in San Francisco," *New York Times*, 20 December 1935, p.12.

23) *Time*, vol.26 (30 December 1935), pp.19–20.

24) "Roosevert Arranges Permit for Dr. Kagawa to Enter Coutry Despite His Eye Disease," *New York Times*, 21 December 1935, p.13.

25) *Time*, *loc. cit*.

26) *Ibid.*

27) "Kagawa Entry Protested," *New York Times*, 25 December 1935, p.3.

28) "Kagawa Tells D. C. Audience War Impossible," *Washington Post*, 19 January 1936, p.6.

29) "Kagawa's Wit Tinges Views," *Detroit News*, 28 March 1936, p.8.

30) "10,000 Hear Kagawa Urge U. S. to Dream," *Cleveland Plain Dealer*, 5 March 1936, p.1.

31) *Ibid.* p.4.

32) 잦은 환승과 극심한 여행 피로 때문에 중지된 것은 별도로 논의하더라도, 가가와의 강연 여행 일정을 충실하게 정리해 놓은 자료는, *The Publishers Weekly*, vol.128 (28 December 1935), p.2320 참조 바람. 정기간행물에 나타나 있는 지역별 날짜를 주의 깊게 살펴보면, 미국에서 보여준 가가와의 신비한 능력의 전개 과정을 흥미롭게 연구할 수 있는 기초가 제공될 것이다; 가가와 도요히코의 행적에 대한 상세한 기록은 沢和一郎編, 『賀川豊彦』II (日外アソシエーツ刊, 2006), pp.599–657를 참조 바람.

33) Campbell to Yasukochi letter.

34) "Southern Cities Greet Kagawa," *The Christian Century*, vol.53. (5 February 1936), p.241.

35) "Japanese here to Put Business on a Christian Basis," *Newsweek*, vol.6 (28 December 1935), p.22.

36) "Kagawa Captures New England," *The Christian Century*, vol.53 (13 May 1936), p.714.

37) "Kagawa Forsees New Depression," *The Christian Century*, vol.53 (4 March 1936), p.373.

38) *Ibid.* 13 May 1936, p.714.

39) Toyohiko Kagawa and E. R. Bowen, *Christian Brotherhood in Theory and Practice* (Thorn–town, Indiana: Friends of Jesus, 1936), p.8.

40) *Ibid.* p.15

41) *Ibid.* pp.15–16.

42) *Ibid.* p.17.

43) *Ibid.* p.19

44) "Japanese Christian Starts an American Church War," *Newsweek*, vol.7 (25 April 1936), p.42.

45) *Loc. cit*.

46) *Ibid.*

47) *Ibid.*

48) "Attack Opens on Kagawa," *The Christian Century*, vol.53 (8 April 1936), p.523.
49) "Insurance Agents Asked to Fight Cooperatives," *The Christian Century*, vol.53 (24 June 1936), p.893.
50) Toyohiko Kagawa, *Brotherhood Economics* (New York: Harper & Brothers, 1936), p.3.
51) *Ibid.* pp.165–166.
52) 아직도 그의 이론에는 일정한 정당성이 부여돼 있다. 정부 고관에게 부당한 압력을 가해 정치적 과정을 왜곡, 굴절시키는 이익 단체의 과도한 힘을 우려하는 사람들의 입장에서 보면, 이 압력 단체를 방패막이로 삼거나 입법기관의 뒷문이나 수도(서울)의 요정(料亭)에서 횡행되는 일들을 무턱대고 믿고 방치하는 것보다, 이 제도는 적어도 성실하게 운영되며, 각 이익 단체에 공적인 합법성을 부여하는 것일 수 있다.
53) George Yasukochi, "Voorhis lauds Japan's coopfounder," *Coop News* (Berkeley, California, 28 May 1984), pp.1, 15.
54) *New York Times,* 1 July 1936, p.1
55) *Time*, vol.28 (6 July 1936), p.38; 유럽에서 간행된 가장 최근의 가가와 전기에 대해서는, Carvan Drey, *Toyohiko Kagawa – ein Samurai Jesu Christi* (Stuttgart: Evangelisher Missiosverlag im Christlichen Verlagshaus GMBH, 1988)을 참조 바람. 1950년에 이루어진 가가와의 독일 방문에 대한 기술에 대해서는 같은 책의 pp.109–114를 참조 바람.

제9장 태평양전쟁의 광풍 속에서

1) "Missions to Leave Japanese Empire," *The Christian Century*, vol.58 (5 March 1941), p.337.
2) *Ibid.*
3) "Kagawa Scoffs at Talk of War," *New York Times,* 25 January 1936, p.16.
4) "Kagawa Lauds Takahashi," *New York Times,* 26 February 1936, p.9.
5) Stephen S. Large, *Organized Workers and ocialist Politics in Interwar Japan* (Cambrdge: Cambrdge University Press, 1981), pp.202–203.
6) Quoted in "Japan Gives War United Support," *The Christian Century*, vol.54 (1 September 1937), p.1082.
7) Galen M. Fisher, "Kagawa Returns to Japan," *The Christian Century*, vol.54 (9 June 1937), pp.741–742.
8) "Endowment Sought for Kagawa Projects," *The Christian Century*, vol.54 (17 February 1937), p.228.
9) Toyohiko Kagawa, "The Discovery of Redeeming Love," *The Japan Christian Quarterly*, vol.12 (January 1937), pp.7–12.
10) *Ibid.*
11) Hideo Horie, "Kaigai ni okeru jinja no mondai" (The Shinto Shrines Overseas), quoted in Daniel C. Holton, "The Religious World in Japan," *Japan Christian Year Book*, 37th Issue, Charles Wheeler Iglehart, ed. (Tokyo: The Christian Literature Society [Kyo Bun Kwan], 1939), pp.70–71.
12) Kagawa, *Christ and Japan*, William Axling, trans. (London: Student Christian Movement Press, 1934), p.80.
13) *Ibid.* pp.81–82.
14) *Ibid.* p.83.
15) *Ibid.* pp.82–83.
16) Quoted in Helen F. Topping, "Kagawa and the War," *The Christian Century*, vol.55 (4 May 1938),

pp.558-560.

17) Kagawa, "A Christian Chrismas Message," quoted in *The Missionary Review of the World*, vol.61 (December 1938), p.562,

18) Kagawa, "The Church and Present Trends," *Japan Christian Year Book*, 36th issue, Charles Wheeler Iglehart, ed. (Tokyo: The Christian Literature Society [Kyo Bun Kwan], 1938), pp.169-174.

19) *Ibid.* pp.170-171.

20) *Ibid.* p.174.

21) Nobutake Ike, *Japan's Decision for War* (Stanford, Califrnia: Stanford University Press, 1967)는 태평양전쟁 이전까지 외교적 선택의 기로에 서서 고뇌하던 일본 국회의원들의 모습을 자세히 고찰하고 있다. 지금까지 나온 이 시기를 다른 성과 가운데 가장 흥미로운 책 가운데 하나로서, 20세기의 국제적 역학관계와 힘의 논리와 그에 입각한 정책들이 붕괴해 가는 과정을 이해하는 데 유익하다. 일군의 정치 지도자가 전개한 '힘의 논리'와 그에 입각한 정책들은 악의(惡意), 혼란, 신경증, 탐욕, 모록(耄碌), 거기에다 정신 장해의 한 형태라 할 수 있는 애국심을 발생시켰다. 그 결과 수십억 명의 인류를 단순한 추상적 대상물로 취급해 버렸다. 이 책은 권위, 국가, 정당, 자본주의, 공산주의, 종교 등이 거짓된 신을 앙망하고 있음을 고발하고 있으며, 독자들에게 그러한 상념에 도전할 것을 촉구한다. 심지어 '힘의 논리와 정책'은 인류를 단순한 추상적 대상물로 전락시킨 것에 머물지 않고, 거대한 물신숭배로 매몰시키려 한다. 바로 그러한 점에서 이 책은 그러한 술책에 도전으로서 끝없는 저항을 이어가야 한다고 강조하고 있다.

22) E. Stanley Jones, "Apply Gandhi's Method to Japan," *The Christian Century*, vol.55 (19 January 1938), pp.75-76.

23) Kagawa, "My Wife," *Friends of Jesus*, vol.9 (June 1937), p.25.

24) 賀川豊彦, 「武蔵野の森より」, 『全集』 第24巻, p.258. quoted in Yuzo Ota "Kagawa Toyohiko: A Pacifist?" in Nobuya Bamba and John E. Howes, *Pacifism in Japan: The Christian and Socialist Tradition* (Vancouver: University of British Columbia Press, 1978), p.186.

25) D. C. Tedulker, *Mahatoma: Life of Mohandas Karamchand Gandhi*, 8 vols. (Delhi: The Publications Division, Ministry of Information and Broadcasting, Government of India, 1962), vol.5, pp.20-22.

26) Isabelle MacCausland, "Introduction to Madras," *Japan Christian Quarterly*, vol.4 (April 1939), pp.107-112.

27) 그 외의 대표자는 Howard W. Outerbridge, Edward M. Clark, 사이토 소이치(齋藤惣一, 일본 YMCA동맹), 스즈키 고지(鈴木浩二), Arthur Jorgensen, 사사키 신지(佐々木鎭二), C. W. Iglehart, 미우라 이노코(三浦家), 치바 유고로(千葉勇五郎, 일본침례교), 에비사와 아키라(海老沢亮, 일본그리스도교연맹 총간사), 유아사 하치로(湯浅八郎, 일본조합그리스도교회), 마츠모토 다쿠오(松本卓夫, 일본감리교회), 나라 츠네고로(奈良常五郎), 무라오 쇼이치(村尾昇一), John C. Mann, 히로노 주지로(廣野捨二郎), Isabelle MacCausland 등이었다.

28) "Madras Reports: by Missionary Delegates," *Japan Christian Quarterly*, vol.14 (April 1939), pp.133-134.

29) Toyohiko Kagawa, "The Need of Farmers in Japan," *The Missionary Review of the World*, vol.62 (March 1939), p.199.

30) *Ibid.*

31) Kagawa, "The Meaning of the Cross," *Meeting of the International Mission Council at Tamburam, Madras, India*, Dec. 12 to 29, 1938, 7 vols. (New York: International Missionary Council, 1939), vol.7, pp.21-25.

32) Mohandas Karamchand Gandhi, *The Collected Works of Mahatma Gandhi*, 90 vols (New Delhi: The

Publications Division, Ministry of Information and Broadcasting, Government of India, 1977), vol.68, pp.295–298.

33) "Message from Kagawa," *The Christian Century*, vol.56 (16 August 1939), p.990.

34) *Ibid.*

35) *Ibid.* p.991.

36) T. T. Brumbaugh, "Kagawa Outlines Mission Program," *The Christian Century*, vol.56 (December 1939), p.1523.

37) *Kagawa Calender,* 1940, p.16.

38) Emerson O. Bradshaw, *Unconquerable Kagawa* (St. Paul: MacAlester Park Publishing Company, 1952), p.134.

39) "Kagawa Imprisoned on Military Code Charge," *The Christian Century*, vol.57 (18 September 1940), pp.1131–1132.

40) 4월 초에 발간된 보고서에 의하면 일본의 대표 단원으로 피선된 것은 가가와와 일본 감리교회의 아베 요시무네(阿部義宗) 감독, 장로파 개혁교회의 타다(多田) 전 의장, 조합교회 목사 고자키 미치오(小崎道雄), 일본YMCA동맹 이사로 있던 사이토 소이치(齋藤惣一), 여성 교육자로 목사이기도 했던 가와이 미치(河井道), 국회의원으로 일본그리스도교연맹의 마츠야마 츠네지로(松山常次郎)였다. *The Christian Century*, vol. 57 (9 April 1941), p.508 참조.

41) 다른 일본인 대표자는 앞서 소개한 고자키(小崎), 사이토(齋藤), 가와이(河井), 마츠야마(松山)였고, 거기에 추가된 인물들로는 일본조합교회 전국협의회에서 봉직한 유아사 하치로(湯淺八郎)와 윌리엄 엑슬링(William Axling)이었다. 미국의 대표자는 감리교 캘리포니아연회 감독(Bishop)인 제임스 베이커(James C. Baker), 미국교회협의회의 부회장이었던 패서디나(Pasadena) 출신의 에드워드 데이(Edward Day), 미국교회협의회의 부총무 로즈웰 바네스(Roswell P. Barnes), 남캘리포니아 교회협의회 여성부의 로버트 보웬(Mrs. Robert L. Bowen) 부인, 미국 감리교 '선교와 교회' 위원회 해외선교부 서기인 랄프 디펜도르퍼(Ralph E. Diffendorfer), 샌프란시스코 미일협회 부회장 갈렌 피셔(Galen M. Fisher), 미국회중교회전국협의회 서기였던 더글라스 홀튼(Douglas Horton), 제3장로교회 목사 파울 존스톤(Paul C. Johnston), 예일대학 선교사학(宣教史學) 및 동양사 교수 케네스 라투레트(Kenneth Scott Latourette), YWCA 해외부 서기 사라 라이언(Sarah S. Lyon), 북미해외선교회의 총서기 에모리 로스(Emory Ross), 미국개혁파교회 해외선교위원회 서기 류먼 세이퍼(Luman J. Shafer), 로스앤젤레스 감독교회의 버트런드 스티븐스(Berthrand Stevens) 감독, 미국교회협의회 여성부 협동위원회 위원 어거스터스 트로우브릿지(Mrs. Augustus Trowbridge), 국제선교협의회 서기 A. L. 원슈이스(A. L. Warnshuis), 게티스버그(Gettysburg) 소재 루터파 신학교의 아벨 로스 웬츠(Abel Ross Wents) 학장 등이었다.

42) Harold E. Fey, "Kagawa Revisits America," *The Christian Century*, vol.58 (21 May 1941), pp.684–686.

43) "Kagawa Calls for Redemptive Love," *ibid.* (28 May 1941), p.729.

44) *Ibid.*

45) "The United Church Retreat at Kutukake," *Japan Christian Quarterly*, vol.16 (October 1941), pp.329–332.

46) "An Appeal from Japan," *The Christian Century*, vol.58 (17 September 1941), pp.1134–1136.

47) E. Stanley Jones, *A Song of Ascents* (Nashville: Abingdon Press, 1968), pp.194–207에는 미국과 일본의 화해, 조정을 위해 노력하는 존스 자신의 회고담이 등장한다.

48) *Ibid.* p.198.

49) *Ibid.* p.195.

제10장 전시하의 평화주의자

1) *General Headquarters / Supreme Commander for the Allied Powers Records* (RG331). *The National Archives of the United States*, Washington National Record Center. 이후에는 *GHQ/SCAP Memoranda* 라고 인용표시함.

2) 糀井梅子 인터뷰.

3) *Ibid.*

4) Toyohiko Kagawa, quoted in Yuzo Ota, "Kagawa Toyohiko: A Pacifist?" in Nobuya Bamba and John F. Howes, eds. *Pacifism in Japan: The Christian and Socialist Tradition* (Vancouver, B. C. : University of British Columbia Press, 1978), p.190.

5) 賀川豊彦, 「皇紀二千六百年」(『全集』第24巻), pp.398-399.

6) *GHQ/SCAP Memoranda*.

7) Nobutake Ike, *Japan's Decision for War* (Stanford, California: Stanford University Press, 1967)에는, 군사력의 평가에 관한 추측치에 관한 수많은 흥미로운 예들이 소개되고 있다.

8) Barnard Rubin, "Under Christian Guise, This Jap Fostered War," *Stars and Stripes*, Pacific edition (20 December 1945), p.2.

9) 문제의 편지는 로스앤젤레스 지구 법무국이 소장한 파일에 게재돼 있었다. 1941년 1월 4일자 서류에, 중국 상하이 일본인 조계지에 살던 나카야마 신타로(中山眞太良) 목사에 의해서 기록된 것으로 여겨진다. 편지에 발송 출처에 관한 기록이 나오지는 않지만, 조사하는 과정에서 그 당시 상하이에 살고 있던 나카야마 신타로(中山眞太良)라는 이름의 목사가 존재했음을 밝혀낼 수 있었다. {나오타로(直太郎)라고 오기되어 혼동되기도 했지만 신타로가 정확한 이름이다.} 그는 중국에 가기 전 미국 캘리포니아에 살던 중 일본계 2세 여성과 결혼하였다. SCAP의 조사에 의하면, 나카야마는 가가와 목사의 정치적 활동에 대해서 부정적이었을 뿐 아니라, 자신이 가가와 목사에게 편지를 쓴 사실도 부정했다. SCAP의 조사관은 가가와 목사의 추방 심사에 이 편지를 사용하지는 않았다. 그 이유는, 편지의 진위 여부를 조사관이 정확하게 판단할 수 없었으며, 또한 가가와에 대한 미국 내의 적대자가 가가와를 곤경에 처하도록 몰아가기 위해 날조했을 가능성도 있음을 조사관이 추측하였기 때문이다. 그 편지는 일본계 미국인의 평판을 훼손하기 위해 고의로 작성되었을 가능성도 존재했다. 그도 그런 것이, 그 편지가 스파이 활동을 충분히 암시하고 있었기 때문이다. 그러한 정황 때문에 조사관들은 그 편지의 조작 가능성에 무게를 두었다. 미국 당국은 일본계 미국인이 국내에서 스파이 활동을 하고 있다는 명백한 증거를 발견하지 못했기 때문이다. 아래는 SCAP 파일로부터 발췌한 내용이다.

"기뻐해야 할 일은, 작년에 가가와 도요히코도 힘을 합쳐서 추축국(일·독·이)을 지지하기로 결정한 사실이다. 아시다시피, 오랫동안 가가와는 일본 군부의 정당활동에 반대해 왔지만, 마츠오카(松岡) 외무대신과 내가 중개자가 되어 노력한 결과, 다행히 전향하여 나라(일본)를 살리는 길을 걷기로 결단했다. 일미(日米) 양국의 전쟁이 언제 터질지 모르지만, 충돌이 현실화되기 전까지는 모두가 비밀로 할 수 있기를 바라며, 보안이 유지되는 것을 전제로, 일본의 메신저로서 가가와 목사가 미국을 방문하고, 다방면의 국제적 활동을 펼쳐 힘이 되어 줄 것이다. 가가와 목사의 미국행의 목적은 외면적으로는 평화 실현을 위해 미국 교회와 협력하는 것으로 표방될 것이다. 하지만 내밀한 목적은 지도나 석유 파이프라인, 가스 파이프라인, 수도시설, 공공시설, 발전소와 송전선 등에 관한 자료를 수집하는 것이 될 것이다. 프레스노 위기관리위원회(Fresno Crisis Committee)의 여러분께서는 가능한 한 많은 자료를 수집하여 가가와 목사에게 건네 줄 수 있도록 노력해 주길 부탁드린다. 일본조합교회의 사카구치 다츠오(坂口竜雄) 목사, 즉 나의 후계자이며 가가와 목사의 동급생인 사카구치 씨가 도울 수 있는 일이라면 뭐든지 나서서 잘 협력해 주리라 믿어 의심치 않는다.

… 일미 간의 전쟁이 언제 시작될는지에 대해서는 확실하지 않지만, 모든 이들이 금년 중에는 시작될 거라고 본다다. 하지만 결코 두려워하지 말고, 오히려 표면적으로는 의연한 자세를 유지하여, 충성스러운 태도로 미국 그리스도교의 보호와 지지를 확보해 주기 바란다. 하지만 한편으론 일본의 전쟁 승리를 기원하도록 미국 동포들 사이에서 은밀하게 운동을 지도해 주기를 바란다. …"

10) *Nippon Times*, 24 October 1942. Quoted in Richard Terrill Baker, *Darkness of the Sun*: *The Story of Christianity in the Japanese Empire* (Nashville: Abingdon Cokesbury Press, 1947), pp.149-150.

11) 糿井梅子 목사가 소장 중인 연설문 복사본으로부터 참조. 이 연설문의 번역문은 「基督教新聞」(1944년 10월 4일자)에 게재되어 있다. 인용은, 『全集』 第24巻, pp.412-413에서 참조함.

12) Baker, *loc. cit*.

13) *GHQ/SCAP Memoranda*.

14) Quoted in Ota, *op.cit*. pp.179-180.

15) *Ibid*. p.191.

16) *GHQ/SCAP Memoranda*.

17) 賀川豊彦, 「米国滅亡の予言」(『全集』 第24巻, pp.412-413).

18) Quoted in GHQ/SCAP Memorandum.

19) 賀川豊彦, 「米国よリンコルンの精神に帰れ」, *Nippon Times*, 8 August 1945, p.2.

20) *Ibid*.

21) Kagawa, *Christ and Japan*, trans. William Axling (London: Student Christian Movement Press, 1934), pp.64-66.

22) Kagawa, *The Economic Foundation of World Peace* (N. p.: *Friends of Jesus*, 1932), pp.64-65. (이 본문은, Volume 5, no.1 of *Friends of Jesus*를 출처로 하며, 가가와의 여러 활동을 알리는 영문판의 간행물로서, 1920년대 후반부터 1930년대까지 부정기적으로 간행되었다.)

23) *Time* (24 September 1945), vol.46, pp.26-27.

24) Emerson O. Bradshaw, *Unconquerable Kagawa* (St. Paul: MacCalester Park, 1952), p.138.

25) "I Would Rather Be Dead," *The Christian Century*, vol.62 (26 September 1945), pp.1088-1089.

26) Soichi Saito, "The Significance of the Japanese Christian Deputation," 그리고 William Axling, "An Adventure in Christian Fellowship," *Japan Christian Quarterly*, vol.16 (July 1941), pp.225-230, 231-234, 또한 그 외의 기사는 그 회의가 평화실현을 위한 의미 있는 노력이었다기보다는 종교적 노력이었다는 인상을 준다. 정치적 입장 차이, 즉 예를 들면, 중국에서 일어난 전쟁 상황과 같이 곤혹스러운 화제의 토론은 피했던 것 같다. 회의에 있어서의 주요 화제나 대화는 일본 정부의 종교 생활에 대한 충격적인 전체주의적 통제 상황과 그 실태를 폭로하는 데 실패했고, 오히려 덮어버리고 말았다. 헌법상 보장된 '신교의 자유'와 그에 상반된 '국가종교(신도)의 존재'라는 깊은 모순적 상황은 우애주의의 관념 속에서 논의조차 되지 못한 채 묻혀 버리고 말았다. 그리스도교 선교사의 대부분은 일본 현지를 떠나 버려(혹은 추방), 일본 교회는 그러한 권력 체제에 거의 저항하지 않았다. 엑슬링(Axling)은 전시 체제하에서 체포되어 옥고를 치렀다.

27) Bradshaw, *loc. cit*.를 보면, 가가와는 이러한 시련을 그만의 특유한 종교적 회고담과 유머를 조합하여 말했다고 소개하고 있다; "나는 하나님의 사랑이 일본에서 계속 이어져 가기를 기도했다. 또한 폭격으로 인해 집을 잃고 어려움에 처하게 된 많은 사람들을 위해서 기도했다. 나는 거의 죽은 상태였다. 심각한 식량 부족으로 인해, 나는 단백질을 40%나 함유하고 있다고 알려진 뽕나무의 잎도 먹었다. 뽕나무 잎은 누에를 탐스럽게 길러 내지만, 나는 그 잎을 먹어도 체중이 줄어들어, 거의 누에고치처럼 찌그러 들었다."

제11장 재건과 참회

1) Jerry Thorp, "No Early Rebirth of Christianity in Japan−Kagawa," *Chicago Daily News* (11 September 1945), p.4.
2) *Ibid.*
3) *Ibid.*
4) *Time*, vol.46 (24 September 1945), pp.26−27.
5) *Ibid.*
6) *Ibid.*
7) Thomas Mackin, "As Kagawa Sees Japan's Future," *The Christian Century*, vol.62(10 October 1945), p.1154.
8) *Ibid.*
9) Thorpe, *loc. cit.*
10) Mackin, *loc. cit.*
11) *Ibid.*
12) *GHQ/SCAP Memoranda*.
13) Mackin *loc. cit.*
14) 히가시쿠니(東久邇)의 일기는 회합 일자를 8월 28일이라고 적고 있지만, 가가와는 그 이틀 전인 8월 26일이라고 적고 있다. (따라서 8월 26일이 정확하다.)
15) Emerson Bradshaw, *Unconquerable Kagawa* (St. Paul: MacCalester Park, 1952), p.139.
16) *Ibid.*
17) 『東久邇德仁日記』(德間書店, 1968), p.230.
18) "Higashikuni Bids U. S. Foget Dec. 7," *New York Times,* 15 September 1945, p.4.
19) *Ibid.*
20) *Nippon Times*, 2 September 1945, p.2 (『全集』第24卷, pp.413-416).
21) *Ibid.*
22) *Ibid.*
23) Barnard Rubin, "Under Christian Guise, This Jap Fostered War," *Stars and Stripes*, Pacific edition (20 December 1945), p.2.
24) "Toyohiko Kagawa Active for Welfare of Masses," *Nippon Times* (21 September1945), p.4.
25) Report of Interview with Toyohiko Kagawa, from T/5 Selznick to Lt. Pontius, *GHQ/SCAP Memoranda*.
26) *Nippon Times* (25 September 1945), p.3.
27) Clarence W. Hall, "Unconquerable Kagawa," *Christian Adovocate*, vol.126 (4 January 1951), pp.6−7, 23.
28) "Kagawa Supporters Uphold His Activities," *Nippon Times* (24 May 1946), p.3.
29) Quoted in *GHQ/SCAP Memoranda*.
30) Rubin, *loc. cit.*
31) 공직추방과 그 실시 배경이 된 개념에 대한 자세한 연구는 Hans H. Baerwald, *The Purge of Japanese Leaders Under the Ocupation* (University of California Publications in Political Science, vol.8) (Berkeley: University of California Press, 19−59)를 참조.
32) *GHQ/SCAP Memoranda*.
33) Rubin, *loc. cit.*

34) "Pettus, Rubin Ruled Loyal in IG Inquiry But Removal from Newspaper Is Upheld," *Stars and Stripes*, Pacific edition, 3 March 1946, p.1.

35) Hugh Deane, "Toyohiko Kagawa: Japan's Lost Leader," *The Christian Register*, vol.125 (April 1946), pp.158-159.

36) *The Christian Register*, vol.125 (June 1946), p.256.

37) *Ibid.*

38) Richard Terrill Baker, *Darkness of the Sun : The Story of Christianity in the Japanese Empire* (Abingdon-Cokesbury Press: New York-Nashville, 1947), p.145.

39) Clarence W. Hall, *op.cit.* pp.6-7, 23.

40) *GHQ/SCAP Memoranda*.

41) Deane의 기사는 다음과 같이 말한다. "가가와의 생각은 분명히 봉건주의와 극우 민족주의 이데올로기, 즉 연합국이 일본인의 정신으로부터 근절시키려 한 개념과 결합되어(wedded to) 있다"; SCAP의 원문 서류는 다음과 같이 말한다. "가가와의 생각은 분명히 봉건주의와 극우 민족주의 이데올로기와 결합되어(wedded to) 있다. 즉 연합국 정책이 일본인의 정신으로부터 근절시키려고 결의한 개념과 결합되고 있다"라고 적혀 있지만, "결합되어 있다"라는 부분이 삭제되어 "확인된다"(confirmed in)로 변경되었다. '개념'이라는 말에는 'very'가 첨부되어 "다름 아닌 그 개념"이란 표현으로 강조되었다. '연합국 정책'과 '근절한다'는 말도 삭제되어 각각, "SCAP"와 "뿌리를 뽑는다"로 바뀌어 있다. Deane은 계속해 이렇게 적고 있다; "도쿄의 연합국본부(GHQ)는 기본적으로 적절한 명령을 일본 정부에 전달했지만, 그 구체적 실현은 한참 먼 이야기라는 것이 공공연한 비밀이었다. 이러한 명령은 일본의 지도자들이 이전의 자유주의자들로 지금은 민주주의자의 가면을 쓰고 있지만, 이미 오래전에 정치적 파고 속에서 넘어졌던 가가와 같은 인물에게 권력을 넘겨준다는 것은 결코 실현되기 힘든 일이었다"; SCAP의 원안은 다음과 같았다. "만약 일본의 지도자들이 이전의 자유주의자들로, 지금은 민주주의자의 가면을 쓰고, 이미 오래전에 정치적 파고 속에서 넘어졌던 가가와 같은 인물에게 권력을 부여하는 하는 한, 점령 정책은 결코 실현될 수 없을 것이다"; 초안은 더욱더 가혹하게 다음과 같이 말하고 있다; "정치적 목적의 달성을 위해서 민주주의의 함정을 이용하는 가가와 같은 가짜 자유주의자."

42) Bradshaw, *op.cit.* p.17.

43) Kagawa, "We have Abandoned War," *The Christian Century*, vol.64 (3 December 1947), p.1483.

44) "Kagawa Arrives on Revival Tour," *New York Times* (15 July 19 50), p.14.

45) *Ibid.*

46) *Ibid.*

47) Bradshaw, *op.cit.* p.24.

48) *Ibid.* pp.24-25.

49) "Reformation Sunday Brings a Call for "Spirit of God" to "Move again," *New York Times* (30 October 1950), p.24.

50) "Peace in Home Urged by Japanese Leader," *New York Times* (4 November 1950), p.12.

51) Bradshaw, *op.cit.* p.32.

52) *Ibid.*

53) "Rabbi Names Group to Work Out Peace," *New York Times* (11 October 1953), p.28.

제12장 평화를 만드는 사람

1) Charles A. Logan, "Evangelistic Opportunities in Japan," *Japan Christian Quarterly*, vol.17 (Autumn 1951), pp.119–121.

2) *Ibid.* p.120.

3) Toyohiko Kagawa, *Ein Weisenkorn* (Basel: Basel Missionsbuchhand lung Gmbh.: 1954), p.5.

4) 다카하시(高橋)와의 관계에 대한 기술에 대해서는 Kenneth C. Hendricks, *The Shadow of His Hand: The Reiji Takahashi Story* (St. Louis: The Bethan Press, 1967)를 참조할 것.

5) Marianna Nugent Prichard, "Kagawa: A Time for Remembering," *The Christian Century*, vol.79 (18 April 1962), pp.494–496.

6) Tomio Muto, "Memories of Toyohiko Kagawa," *Japan Christian Year Book* 1961 (Tokyo: Kirisuto Shimbunsha, 1961), pp.45–46.

7) 籾井梅子 인터뷰.

8) *Ibid.* pp.47–48.

9) Kagawa, "The Korean Situation and the World Police System," *Motive*, vol.11 (November 1950), p.7.

10) *Ibid.*

11) *Ibid.*

12) *Ibid.*

13) Lord Boyd–Orr, As I Recall (London: MacGibbon and Kee, 1966), p.243.

14) Kagawa, "Japanese Christians and World Government," *Japan Christian Quaarterly*, vol.21 (1 October 1955), p.311.

15) *Ibid.* p.312.

16) *Ibid.* pp.314–315.

17) 籾井梅子 인터뷰.

18) *Ecumenical Press Service*, Special Assembly Edition, No. 5, 26 August 1954, p.4.

19) *Chicago Tribune*, 18 August 1954, p.2.

20) "Kagawa Makes a Dollar Go a Long Way," *The Christian Century*, vol.72 (7 December 1955), p.1420.

21) Quoted in Haruichi Yokoyama, *Toyohiko Kagawa and His Works* (Tokyo: Friends of Jesus, 1961), p.13.

22) Norman Cousins, *Albert Schweitzer's Mission: Healing and Peace* (New York: W. W. Norton, 1985), pp.231–233.

23) "12,000 Attend Opening Rite of Christian Convention," *Japan Times* (7 August 1958), pp.1–2.

24) Prichard, *op.cit.* p.496.

25) Quoted in Muto, *op.cit.* p.49.

26) Morris N. Kertzer, "My Visit with Kagawa," *The Christian Century*, vol.75 (24 September 1958), p.1076.

27) *Ibid.*

28) *Ibid.* p.1077.

29) *Ibid.*

30) *Ibid.*

31) *Ibid.*

32) Carola Barth Diary, *Carola Barth Collection*, Frankfurt.

33) Albert Schweitzer' *Letters in Carola Barth Collection*.

34) *Letter from Sverre Svanes of The Norwegian Nobel Institute to Karl Wandrey*, 2 July 1987.

35) Richard H. Drummond, "Kagawa: Christian Evangelist," *The Christian Century*, vol.77 (13 July 1960), pp.823–825는 가가와가 프로파간다 방송을 했기 때문에 노벨상을 받을 수 없었다는 소문이 있었음을 지적했다.
36) 武藤, *op.cit.* p.44.
37) 横山, *op.cit.* p.16.
38) *Ibid.* p.19.
39) Hendricks, *op.cit.* p.181.

에필로그 – 오늘날 가가와 도요히코는 어떤 의미인가?

1) Bertram B. Fowler, *Christian Science Monitor Weekly Magazine* (17 July 1935), p.3.
2) Yasuo Furuya, "Toyohiko Kagawa (1888–1960): Blessed Are the Poor," in H. T. Kerr, ed. *Sons of the Prophets* (Princeton: Princeton University Press, 1963), pp.192–204는 가가와의 일본에서의 명성에 관한 문제를 논하고 있다.
3) Yusuke Tsurumi, "Toyohiko Kagawa," *Japan Christian Quarterly*, vol.10 (April 1935), pp.111–112.
4) Emerson O. Bradshaw, *Unconquerable Kagawa* (St. Paul: MacCalester Park, 1952), p.116.
5) *Ibid.*

| 참고문헌 |

단행본

Axling, William. *Kagawa*. New York:Harper and Brothers, 1932.

Ayusawa, Iwao F. *A History of Labor in Modern Japan*. Honolulu: East-West Center Press, 1966.

Baker, Richard Terrill. *Darkness of the Sun: The Christianity in the Japanese Empire*. Nashville: Abingdon-Cokesbury Press, 1947.

Baerwald, Hans H. *The Purge of Japanese Leaders Under the Occupation*. (University of California Publications in Political Science, vol.8.) Berkeley: University of California Press, 1959.

Bamba, Nobuya and John F. Howes. *Pacifism in Japan: The Christian and Socialist Tradition*. Vancouver: University of British Columbia Press, 1978.

Barth, Carola D. *Taten in Gottes Kraft*. Heilbronn: Eugen Salzer Verlag, 1937. Bikle, George B. Jr. *The New Jerusalem: Aspects of Utopianism in the Thought of Kagawa Toyohik*o. Tuscon: The University of Arizona Press, 1976.

Boyd-Orr, Lord John. *As I Recall*. London: MacGibbon and Kee, 1966.

Bradshaw, Emerson O. *Unconquerable Kagawa*. St. Paul: MacCalester Park, 1952.

Cho, Kiyoko Takeda. "An Essay on Kagawa Toyohiko-the Place of Man in His Social Theory," *Asian Cultural Study*. Tokyo: International Christian University, [1960].

Cousins, Norman. *Albert Schweitzer' s Misson: Healing and Peace*. New York: W. W. Norton, 1985.

Dahlmann, Joseph. *The Great Tokyo Earthquake*. Translated by Victor F. Gettleman. New York: The America Press, 1942.

Davey, Cyril J. *Kagawa of Japan*. New York: Abingdon Press, 1960.

De Vos, George, and Hiroshi Wagatsuma. *Japan' s Invisible Race: Caste in Culture and Personality*. Berkeley: University of California Press, 1966.

Dore, R. P. *Land Reform in Japan*. London: Oxford University Press, 1959.

Furuya, Yasuo. "Toyohiko Kagawa (1888-1960): Blessed are the Poor," *Sons of the Prophets*, edited by T. Kerr. Princeton: Princeton University Press, 1963.

Gandhi, Mohandas Karamchand. *The Collected Works of Mahatma Gandhi*. Volume 68.

New Delhi: *Ministry of Information and Broadcastig*, Government of India, 1977.

Gunther, John. *Inside Asia*. New York: Harper and Brothers, 1942.

Hane, Mikiso. *Peasants, Rebels and Outcastes: The Underside of Modern Japan*. New York: Pantheon Books, 1982.

Havens, Thomas R. H. *Farm and Nation in Modern Japan: Agrarian Nationalism, 1870-1940*. Princeton: Princeton University Press, 1974.

Hendricks, Kenneth C. T*he Shadow of His Hand: The Reiji Takahashi Story*. St. Louis: The Bethany Press, 1967.

Higashikuni, *Naruhiko*. *Higashikuni Nikki*. Tokyo: Tokuma Shoten, 1968.

Honiden, Yoshio. *Cooperative Movement in Japa*n. Tokyo: Maruzen, 1958.

Hunter, Allan A. *Three Trumpets Sound: Kagawa–Gandhi–Schweitzer*. New York: Association Press, 1939.

Hyogo Prefecture Exhibitors' Association. Hyogo Prefecture and City of Kobe. Kobe, Japan: Panama–Pacific International Exposition, 1915.

Ike, Nobutaka. *Japan's Decision for War*. Stanford: Stanford University Press, 1967.

Japanese Consumers' Co–operative Union. *For Peace and a Better Life*. Tokyo: Japanese Consumers' Co–operative Union, 1982.

Kagawa Fellowship in Japan. *A Short Description of the Work of Toyohiko Kagawa*. Tokyo: Kagawa Fellowship in Japan, 1937.

Kagawa Toyohiko. *Before the Dawn*. *Translation of Crossing the Death Line* by I. Fukumoto and T. Satchell. New York: George H. Doran, 1924.

——————. *Brotherhood Economics*. New York: Harper and Brothers, 1936.

——————. *The Challenge of Redemptive Love*. Translated by Marion Draper. New York: Abingdon Press, 1940.

——————. *Christ and Japan*. Translated by William Axling. New York: Friendship Press, 1934. London: Student Christian Movement Press, 1934.

——————. The Economic Foundation of World Peace. N. p.: *Friends of Jesus*, 1932.

——————. *Ein Weizenkorn*. Basel: Basler Missionsbuchhandlung GMBH., 1954.

——————. *A Grain of Wheat*. London: Hodder and Stoughton, 1933.

——————. 『全集』全24巻 (キリスト新聞社)

——————. *Love the Law of Life*. Translated by J. Fullerton Gressit. Chicago: The John C. Winston Co., 1929.

——————. "The Meaning of the Cross," Meeting of the International Mission Council at Tamburam, Madras, India, Dec. 12 to 29, 1938. Volume 7. New York: International Missionary Council, 1939.

——————. *Meditations on the Cross*. Translated by Helen Topping and Marion Draper. Chicago and New York: Willet, Clark and Co., 1935.

——————. *A Shooter at the Sun*. Translated by T. Satchell. Kobe: Japan Chronicle Press, 1925.

——————. *The Thorn in the Flesh*. London: Student Christian Movement Press, 1936. Kagawa,

Toyohiko and E. R. Bowen. *Christian Brotherhood in Theory and Practice*. Thorntown, Indiana: Friends of Jesus, 1936.

Kawai, Michi, and Ochimi Kubushiro. *Japanese Women Speak*. Boston: The Central Committee on the United Study of Foreign Mission, 1934.

Keene, Donald. Dawn to the West: *Japanese Literature of the Modern Era*: *Poetry, Drama, Criticism*. New York: Holt, Rinehart and Winston, 1984.

Knudten, Arthur C. *Toyohiko Kagawa and Some Social, Economic and Religious Tendencies in Modern Japan*. University of Southern California, 1946.

Kobayashi Ushisaburo. *The Basic Industries and Social History of Japan*, 1914–1918. New Haven: Yale University Press, 1930.

Kodansha, International. *Modern Japanese Literature in Translation*. Tokyo: Kodansha International, Ltd., 1979.

Kudo, Eiichi. *Dictionary of the Buraku Problem*. Translated by R. G. Stieber. Osaka: Buraku Liberation Research Center, 1986.

黒田四郎.『人間賀川豊彦』(キリスト新聞社, 1970).

Jones, E. Stanley. *A Song of Ascents*. Nashiville: Abingdon Press, 1968.

Lader, Lawrence. *The Margaret Sanger Story and the Fight for Birth Control*. Garden City: Doubleday and Company, 1955.

Large, Stephen H. *Organized Workers and Socialist Politics in Interwar Japan*. Cambridge: Cambridge University Press, 1981.

———. *The Rise of Labor in Japan: The Yuaikai 1912–1919*. Tokyo: Sophia University Press, 1976.

Mitchell, Richard H. *Thought Control in Prewar Japan*. Ithaca: Cornell University Press, 1976.

村島帰之.『賀川豊彦病中』(ともしび社, 1951).

武藤富雄.『賀川豊彦』(キリスト新聞社, 1981).

武藤富雄編.『百三人の賀川伝』(キリスト新聞社, 1960).

Nagai, Willie Tsunetaka. *A Christian Labor Leader: Kagawa Toyohiko* (1888–1960). University of Colorado, 1976.

Nakabayashi, Sadao. "Kagawa sensei to seikyo," *Kagawa no seikyo*. Tokyo: n. d. Nishimura, Ken. *The Idea of Redemption in the Writings of Toyohiko Kagawa*. Emory University, 1966.

Reischauer, Edwin O., and Albert M. Craig. *Japan: Tradition and Transformation*. Boston: Houghton Mifflin Company, 1978.

Rosenkranz, Gerhard. *Flammendes Herz in Gottes Hand, von der Christlichen Ritterschaft des Dr. Kagawa Toyohiko*. Stuttgart: Evangelische Missionsverlag, 1948.

Saunders, Kenneth. *Whither Asia*? New York: The MacMIllan Company, 1933.

Simon, Charlie May. *A Seed Shall Serve: the Story of Toyohiko Kagawa*, Spiritual Leader of Modern Japan. New York: E. p.Dutton, 1958.

Speer, Robert E. "Kagawa, the Man," *The Religion of Jesus*, by Toyohiko Kagawa. Philadelphia: John C. Winston, Co., 1931.

杉山元治郎.『土地と自由のために』(杉山元治郎伝館刊行会, 1965).

隅谷三喜男.『賀川豊彦 人と思想』(日本キリスト教団出版局, 1966).

Swearingen, Rodger, and Paul Langer. *Red Flag in Japan: International Communism in Action, 1919–1951*. New York: Greenwood Press, 1968.

Tendulker, D. G. *Mahatma: Life of Mohandas Karamchand Gandhi*. Volume 5. Delhi: Ministry of Information and Broadcasting, Government of India, 1962.

Topping, Helen. *Introducing Kagawa*. Chicago: Willet, Clark and Company, 1935.

Totten, George Oakley Ⅲ. *The Social Democratic Movement in Prewar Japan*. New Haven and London: Yale Univrsity Press, 1966.

Van Baalen, Jan Karel. *Kagawa the Christian*. Grand Rapids, Michigan: Wm. B. Eerdmans, 1936.

Van Drey, Carl. *Toyohiko Kagawa–ein Samurai Jesu Christi*. Stuttgart: Evangelischer Missionsverlag im Christlichen Verlagshaus GMBH, 1988.

鎗田研一.『日本の夜は明ける』第二巻 (第一書店, 1948).

横田英夫.『農村組合論』(博文館, 1914).

横山春一.『賀川豊彦傳』(1951).
———. *Toyohiko Kagawa and His Works*. Tokyo: Friends of Jesus, 1961.
Waswo, Ann. "In Search of Equity: Japanese Tenant Unions in the 1920s," *Conflict in Modern Japanese History*, Tetsuo Najita and J. Victor Koschmann, eds. Princeton: Princeton University Press, 1982.
———. *Japanese Landlords: The Decline of a Rural Elite*. Berkeley: University of California Press, 1977.
Wildes, Harry Emerson. *Social Currents in Japan with Special Reference to the Press*. Chicago: University of Chicago Press, 1927.

논설 및 논평

Axling, William. "An Adventure in Christian Fellowship," *Japan Christian Quarterly*, 16 (July 1941), 231-234.
Brumbaugh, T. T. "Kagawa on Cooperatives," *The Christian Century*, 52 (February 27, 1935), 267.
Deane, Hugh. "Toyohiko Kagawa: Japan's Lost Leader," *The Christian Register*, 125 (April 1946), 158-159.
Drummond, Richard H. "Kagawa: Christian Evangelist," *The Christian Century*, 77 (13 July 1960), 823-825.
Felton, Ralph A. "The Rural Church in Japan (II)," *Japan Christian Quarterly*, 13 (April 1938), 144.
Fey, Harold E. "Kagawa Revisits America," *The Christian Century*, 58 (21 May 1941), 684-686.
———. "Looking at Life with Kagawa," *The Christian Century*, 47 (12 March 1930), 331.
Fisher, Galen. "The Cooperative Movement in Japan," *Pacific Affairs*, 11 (December 1938), 478-491.
———. "Kagawa Returns to Japan," *The Christian Century*, 54 (9 June 1937), 741-742.
Fowler, Bertram B. *Christian Science Monitor Weekly Magazine* (17 July 1935), 3.
Hall, Clarence W. "Unconquerable Kagawa," *Christian Advocate*, 126 (4 January 1951), 75-76.
Holtom, Daniel C. "The Religious World in Japan," *Japan Christian Year Book*, 37 (1939), 70-71.
Jones, E. Stanley. "Apply Gandhi' s Method to Japan," *The Christian Century*, 55 (19 January 1938), 75-76.
賀川益善,「誤解に苦しむ」(「賀川豊彦全集月報」23 (1964年 8月) pp.2-3.
賀川豊彦,「米国滅亡の預言」,『全集』第二四巻.
———.「賃金奴隷の解放」,『労働新聞』(1919年 6月 15日), p.1.
———. "A Christian Chrismas Message," *The Missionary Review of the World*, 61 (December 1938), 562.
———. "Christianity and Race Prejudice. A Japanese Plea," *The Friend*, 65 (3 April 1925), 281.
———. "Christianity in Japan Today," *The Christian Century*, 45 (12 January 1928), 50.
———. "The Church and Present Trends," *Japan Christian Year Book*, 36 (1938), 169-174.
———. "The Discovery of Redeeming Love," *The Japan Christian Quarterly*, 12 (January (44) 1937), 7-12.
———. "Earthquake Relief," *The Christian Movement in Japan, Korea and Formosa*, 22 (1924), 211.
———. "Facing a Crisis in Japan," *Missionary Review of the World*, 57 (October 1934), 465-466.
———. "Japanese Christians and World Government," *Japan Christian Quarterly*, 21 (October 1955),

311.
———. "The Korean Situation and the World Police System," *Motive*, 11 (November 1950), 7.
———. 「無産者階級の出現」, 『新神戸』 (1918年8 月22 日) 1頁.
———. "My Wife," *Friends of Jesus*, 9 (June 1937), 25.
———. "The Need of Farmers in Japan," *The Missionary Review of the World*, 62 (March 1939), 199.
———. 「日本の村の社会研究」, 『共済研究』 (1919年 1月).
———. "One Million Christians in Japan," *The Japan Christian Quarterly*, 3 (October 1928), 377.
———. "Revealing Christ in Japan," *The Missionary Review of the World*, 54 (March 1931), 166.
———. "Sechzehn Jare Kriegssdienst fur Christus in Japan," *Zeitschrift fur Missionskunde und Religionswissenschaft*, 41 (1926), 13.
———. "We have Abandoned War," *The Christian Century*, 64 (3 December 1947), 1483.
———. "A Word to America: Go Back to the Spirit of Abraham Lincoln," *Nippon Times* (8 August 1945), 2.
Kazin, Alfred. "Pilgrims of Japan," *New York Times Book Review* (9 February1936), 6.
Kertzer, Morris N. "My Visit with Kagawa," *The Christian Century*, 75 (24 September 1958), 1076.
Kumano, Yoshitaka. "Poetic Christianity: Toyohiko Kagawa and Takeshi Fujii," *Japan Christian Quarterly*, 32 (Fall 1966), 235–245.
Logan, Charles A., "Evangelistic Opportunities in Japan," *Japan Christian Quarterly*, 17 (Autumn 1951), 119–121.
MacCausland, Isabelle. "Introduction to Madras," *Japan Christian Quarterly*, 4 (April 1939), 107–112.
Mackin, Thomas. "As Kagawa Sees Japan's Future," *The Christian Century*, 62 (10 October 1945), 1154.
Main, Idabelle Lewis. "Kagawa Wins Chinese Trust," *The Christian Century*, 51 (2 May 1934), 609–610.
McCoy, R. D. "Medical Cooperatives in Japan," *The Japan Christian Year Book*, 34 (1936), 183–186.
Miller, Herbert A. "Apostles of World Unity XXXI Toyohiko Kagawa," *World Unity*, 9 (October 1931), 34–40.
Muto, Tomio. "Memories of Toyohiko Kagawa," *Japan Christian Year Book* (1961), 45–46.
———. "Ushers to the Bible," *Japan Times* (11 August 1958), 3.
Myers, H. W. "Toyohiko Kagawa, Christian Labor Leader," *Missionary Review of the World*, 46 (October 1923), 807–811.
———. "Toyohiko Kagawa – Japanese Apostle to the Poor," *Missionary Review of the World*, 54 (July 1931), 501–502.
Prichard, Marianna Nugent. "Kagawa: A Time for Remembering," *The Christian Century*, 79 (18 April 1962), 494–496.
Rubin, Barnard. "Under Christian Guise, This Jap Fostered War," *Stars and Stripes*, Pacific edition (20 December 1945), 2.
Saito, Soichi. "The Significance of the Japanese Christian Deputation," *Japan Christian Quarterly*, 16 (July 1941), 225–230.
Thorp, Jerry. "No Early Rebirth of Christianity in Japan–Kagawa," *Chicago Daily News* (11 September 1945), 4.
Topping, Helen F. "Kagawa and the War," *The Christian Century*, 55 (4 May 1938), 558–560.
Tsurumi, Yusuke. "Toyohiko Kagawa," *The Japan Christian Quarterly*, 10 (April 1935), 113–114.
Yasukochi, George. "Japanese Co–opers to Visit Berkeley," *Co–op News*[Berkeley], (25 February 1987), 3.

————————. "Voorhis lauds Japan's co-op founder," *Co-op News* [Berkeley], (28 May 1984), 1, 15.

정기간행물

Chicago Tribune, 1954.
Christian Adovocate, 4 January 1951.
The Christian Century, 1928, 1930, 1934–1941, 1945, 1947, 1955, 1958, 1960, 1962.
The Christian Register, 1946.
Christian Science Monitor Weekly Magazine, 17 July 1935.
Cleaveland Plain Dealer, 1936.
Co-op News [Berkeley, California], 1984, 1987.
Detroit News, 1936.
Friends of Jesus, 1931, 1932, 1936, 1937.
Japan Christian Quarterly, 1928, 1935, 1936, 1937, 1939, 1941, 1951, 1955, 1966.
The Japan Christian Year Book, 1924, 1936, 1938, 1939, 1961.
Japan Times, 1958, 1968.
Japan Weekly Chronicle, 1920, 1921, 1922, 1923, 1924.
Kirisuto Shimbun 4 October 1944.
The Missionary Review of the World, 1923, 1931, 1934, 1939.
New York Times, 1925, 1935, 1936, 1940, 1945, 1950, 1953.
Newsweek, 1935, 1936.
Nippon Times, 1942, 1945, 1946.
Ogden (*Utah*) *Standard*, 1916, 1917.
The Publishers Weekly, 28 December 1935.
Stars and Stripes, Pacific edition, 1946.
Time, 1935, 1936, 1945.
Washington Post, 1936.

미공개 자료

Frankufurt. Carola Barth Diary, Carola Barth Collection .
Washington, D. C. Record Group 331, General Headquarters / Supreme Commander for the Allied Powers Records, National Archives.

| 찾아보기 |

ㄴ

ㄷ

ㄹ

ㅁ

ㅇ

ㅈ

ㅊ

ㅋ

| 저자 소개

이 책의 저자 **로버트 실젠**(Robert Schildgen)은 미시시피 강이 흐르는 위스콘신 랭커스터의 농민 집안에서 태어났다. 1965년에 위스콘신대학을 졸업한 후, 1970년에는 인디애나대학 대학원으로 진학해 문학석사를 취득했다. 이후 자유기고자, 교사, 생활협동조합 운동가 등으로 활동하다가 버클리 생협이 발간하던 잡지 『Co-op News』 편집자로 부임해 1978년부터 85년까지 일했다. 이후 오버린대학에서 처음으로 개설한 '협동조합전공'에서 연구 활동을 이어갔는데, 이 시기에 사회복음과 해방신학의 가치를 재발견하였고, 가가와 도요히코와 협동조합에 대한 연구를 본격화하기 시작했다. 본 저서는 마침 가가와 탄생 100년 기념사업 미국위원회가 집필을 의뢰하여 1988년에 출판한 것이다. 그 후 미국에서 가장 오래되고 큰 조직 규모의 환경단체인 시에라 클럽이 발간하는 잡지 『Sierra』의 편집장을 맡아 활약해 왔다. 이 잡지는 미국에서 가장 많은 독자를 확보하고 있는 환경 문제의 대표적 잡지이다. 저자는 2008년에 출판된 책 『헤이 미스터 그린』을 비롯해, 현재도 신문잡지의 칼럼 등 저술 활동을 왕성하게 펼치고 있으며, 2012년에는 '협동조합과 환경'이라는 주제로 일본협동조합운동의 초청으로 일본에서의 순회강연을 펼쳤다.

| 역자 소개

서정민(徐正敏) 교수는 연세대 신학과를 졸업한 뒤, 석사를 거쳐 박사과정을 수료했다. 이후 일본 도시샤대학(同志社大學) 대학원에서 신학박사 학위(Th.D.)를 취득했다. 연세대 신과대학 교수로 기독교회사를 가르쳤으며, 한국기독교역사학회 회장을 역임했다. 현재는 가가와 도요히코가 수학한 메이지가쿠인대학(明治學院大學)의 교수 겸 동대학 그리스도교연구소 소장으로 재직 중이다. 한국기독교장로회 목사이며, 주요 저서와 번역서는 『日韓キリスト教関係史研究』(日本キリスト教団出版局, 2009), 『차별받는 그리스도-가시관의 신학』(구리바야시 데루오, 다산글방, 1994) 등 다수가 있다.

홍이표(洪伊杓) 박사는 연세대에서 신학과 법학을 전공하였으며, 동대학원에서 신학석사(Th.M.)를, 교토대학(京都大學)에서 문학석사(M.L.) 학위를 취득했다. 이후 교토대 박사과정(사상문화학 전공)을 수료하였고, 연세대 대학원에서 신학박사(Ph.D.) 학위를 받은 뒤, 메이지가쿠인대학 그리스도교연구소 협력연구원, 교토대학 강사 등으로 연구를 이어가고 있다. 감리교 선교사로 도일한 후, 가가와 목사의 고향이자 첫 활동의 무대였던 일본기독교단 효고교구를 거쳐 교토교구 탄고미야즈교회(丹後宮津教會) 주임목사로 활동했다.

밀알 아카데미 34

사랑과 사회 정의의 사도
가가와 도요히코 평전

지은이 로버트 실젠
옮긴이 서정민·홍이표
펴낸이 최병천

펴낸날 2018년 2월 26일(초판1쇄)

펴낸곳 신앙과지성사
출판등록 제9-136 (88. 1. 13)
주소 | 서울시 서대문구 연희로 177 옥산빌딩 2층
전화 | 335-6579 · 323-9867 · (F) 323-9866
E-mail | miral87@hanmail.net
홈페이지 | http://www.miral.co.kr/

ISBN 978-89-6907-185-9 94230
ISBN 978-89-85602-50-1 (세트)

값 28,000원